뮤추얼
펀드 상식

COMMON SENSE
on
MUTUAL
FUNDS

존 보글의 현명한 투자자들을 위한 지침서

뮤추얼 펀드 상식

COMMON SENSE
on
MUTUAL
FUNDS

존 보글 지음 | 황영기 · 노동래 옮김

10주년
기념판

ⵔ 연암사

존 보글의 현명한 투자자들을 위한 지침서

뮤추얼 펀드 상식

초판 발행   2017년 9월 20일
6쇄 발행   2025년 1월 10일

지은이   존 보글
옮긴이   황영기 · 노동래
발행인   권윤삼
발행처   도서출판 연암사

등록번호   제10-2339호
주소   121-826 서울시 마포구 월드컵로 165-4
전화   02-3142-7594
팩스   02-3142-9784

ISBN 979-11-5558-023-3   03320

값은 뒤표지에 있습니다. 잘못된 책은 바꿔드립니다.

연암사의 책은 독자가 만듭니다.
독자 여러분들의 소중한 의견을 기다립니다.
트위터   @yeonamsa
이메일   yeonamsa@gmail.com

이 도서의 국립중앙도서관 출판시도서목록(CIP)은
서지정보유통지원시스템 홈페이지(http://seoji.nl.go.kr)와
국가자료공동목록시스템(http://www.nl.go.kr/kolisnet)에서
이용하실 수 있습니다.
(CIP제어번호: CIP2017008356)

회전율이 낮은 저비용 인덱스 펀드에 투자하라

보글(Bogle)은 미국의 대중들에게 깊은 감사를 받을 자격이 있다. 첫째, 그는 투자자들에게 거친 금융시장을 항해하는 방법을 보여주기 위해 막대한 시간과 에너지를 할애한다. 둘째, 그는 아주 드물게 투자자의 이익을 전면에, 그리고 중심에 두는 금융기관인 뱅가드(Vanguard)를 설립했다. 보글의 노력이 없었다면 미국인들은 매력적인 대안이 거의 없는 금융시장에 직면하게 되었을 것이다.

보글은 아주 단순한 조언을 제시한다. "회전율이 낮고, 훈련된 포트폴리오 전략을 구사하는 저비용 인덱스 펀드를 고용하라." 하지만 그의 조언을 따르는 사람들이 별로 없다. 대다수의 투자자들은 적극적인 관리 게임을 하면서 이중으로 돈을 잃는다. 첫째, 그들은 언제나 시장 수익률을 상회하는 수익을 올려주겠다는 약속을 지키지 못하는, 적극적으로 관리하는 뮤추얼 펀드를 선택함으로써 손해를 본다. 시장 수익률에 미치지 못하는 결과는 너무 과도하고 궁극적으로 역효과를 낳는 트레이딩(이에 수반하는 시장에 대한 영향과 수수료)과 비합리적인 관리 수수료(펀드 매니저가 부가하는 가치를 훨씬 상회하는 수준)에 기인한다. 그리고 보글이 지적하듯이 대부분의 뮤추얼 펀드 매니저들은 세금이 중요하지 않은 것처럼 행동하는데, 그렇게 함으로써 투자자들에게 불필요하고 값비싼 세금 부담을 지운다 (이 세금 부담은 종종 일반 투자자들이 다음 해 4월 15일까지 세금을 신고 납부할 때 불의의 일격을 가한다).

둘째, 투자자들은 과거 실적에 기초해서 뮤추얼 펀드를 트레이딩함으로써 손해를 본다. 빛이 바랜 어제의 우상을 팔아 치우고 오늘 전망이 좋은 곳을 쫓아다님으로써 투자자들은 싸게 팔고 비싸게 산다(이는 돈을 벌기에는 나쁜 방법이다). 더욱이 열광적인 펀드 갈아타기가 종종 추가적인 세금 부담을 유발하기도 한다. 투자자들이 인덱스 펀드를 이용하라는 보글의 조언을 따른다면 낮은 비용에 힘입어 대다수의 펀드 매니저들보다 높은 수익을 올릴 것이다. 투자자들이 자산 배분에 있어서 꾸준한 접근법을 취한다면 시기를 잘못 잡는 것을 피하고 시장이 제공하는 수익을 거의 실현함으로써 혜택을 볼 것이다.

물론 나는 금융 전문가로서 나의 견해가 있으며, 보글의 투자 성공 방법에 두 가지 작은 수정을 제시하고자 한다. 나는 국제적 분산 투자, 특히 신흥 시장 익스포저(exposure, 위험 노출액)의 가치를 좀 더 강조하겠다. 둘째, 나는 미국 정부가 발행한 채권 보유를 제한하겠다. 최근 금융 위기 시 투자자들이 겪은 경험(그리고 1998년과 1987년의 시장 붕괴에서 투자자들의 경험)은 왜 신용 리스크(그리고 옵션 행사 가능성)에 대한 익스포저가 애초에 채권을 보유한 이유 자체를 훼손하는지를 생생하게 보여준다. 이 점을 염두에 두면 보글은 본질적인 요소들을 올바르게 파악하고 있다. 그의 조언을 따르라.

보글의 현명한 조언은 지금보다 훨씬 더 주목을 받을 가치가 있다. 개별 투자자들은 성공적인 투자 프로그램을 집행할 거라는 희망에 대해 스스로를 교육시켜야 한다. 투자자들이 어떤 접근법을 취하든 독서는 투자자 교육을 위한 필수적인 기초를 제공한다. 보글은 버튼 맬키엘(Burton Malkiel)과, 찰스 엘리스(Charles Ellis) 등과 함께(감히 나 자신도 그 가운데 포함시키겠다) 소수의 사려 깊은 저자 겸 실무자에 속하는데 이들은 조리에 맞고 사려 깊은 투자 방법을 명확히 제시한다. 이 책을 읽고 나서 맬키엘의

『시장 변화를 이기는 투자』(A Random Walk Down the Wall Street), 엘리스의 『투자의 법칙』(Winning the Loser's Game)과 내 저서『틀에 박히지 않은 성공』(Unconventional Success)으로 옮겨 가라. 이 소수의 책들은 뮤추얼 펀드 산업의 마케팅 과장 광고, 증권업계의 실없는 감언이설, TV 출연자들의 힘 빠지게 하는 소음들과 경쟁한다. 데일리 쇼(The Daily Show)에서 존 스튜어트(John Stewart)에게 속이 다 드러난 뒤에도 짐 크래머(Jim Crammer)는 창피한 줄 모르고 매드 머니(Mad Money) 시청자들에게 심각하게 해로운 조언을 계속하고 있다. 투자 세계의 모든 측면에서 짐 크래머는 보글의 반대편에 서 있다. 짐 크래머를 무시하고 보글에게 귀를 기울이라!

보글의 업적은 투자 대중을 교육시킨 데 국한되지 않는다. 그의 회사 뱅가드는 압도적으로 투자자들에게 손해를 안겨주는 뮤추얼 펀드 산업에서 대안을 제공해 준다. 이익에 의해 움직이지 않고 운영되는 오직 두 개의 뮤추얼 펀드 중 하나(내가 이사회 위원으로 있는 TIAA-CREF는 다른 하나다)인 뱅가드는 투자자들을 공정하게 대우한다. 뱅가드와 TIAA-CREF를 제외하면 대부분의 뮤추얼 펀드 관리회사들이 이익 창출을 추구하고, 투자자들에게 도움을 준다고 주장한다. 불행하게도 이익 동기가 수임인의 책임(fiduciary responsibility)과 충돌할 때에는 탐욕이 이기고 이익이 승리한다. 투자자의 이익에 도움이 된다는 생각은 사라지고 투자자들은 손해를 본다. 보글이 설득력 있게 얘기하는 것처럼 오늘날 이익에 의해 움직이는 뮤추얼 펀드 회사들은 마케팅에 세심한 주의를 기울이고, 높은 수수료를 확실하게 챙기며, 실제적인 투자 관리 면에서는 별로 제공하는 게 없다. 지각이 있는 투자자라면 적극적 관리라는 늪을 피하고 인덱스 투자의 확실성을 포용하며, 투자자 중심적인 펀드 매니저를 선택할 것이다.

펀드 산업의 구조적, 운영상, 성과상의 실패에 관한 그의 음울한 메시지에도 불구하고 보글은 낙관적인 세계관을 유지한다. 나는 스스로를 긍정적인 사람으로 생각하는 것을 좋아하지만 개별 투자자들이 성공할 가능성에 대해서는 우려한다. 최근에 퇴직자들을 부양해야 할 부담은 사용자에게서 종업원에게로 급격히 이동하였다. 이러한 정책 이동은 많은 문제들을 만들어 낸다. 첫째, 개인들은 충분히 저축하지 않는다. 둘째, 저축하는 사람들이 고소득을 올리는 경향이 있는데 이는 놀라운 일이 아니다. 연방준비위원회가 실시한 소비자 금융 조사의 통계수치는 소득 최상위 5분위의 88%는 확정 급부형 퇴직 연금(defined benefit plan)에 가입하고 있음을 보여주는데, 그들은 이 연금에 평균 26만 달러가 넘는 잔액을 보유하고 있다. 소득 최하위 5분위에서 확정 급부형 연금에 참여하는 비율은 11%에도 미치지 못하는데, 그들이 보유하고 있는 평균 잔액은 2천 달러도 안 된다. 퇴직 연금은 부자들만을 위한 것인가? 셋째, 부자든 가난하든 투자자들은 영리를 목적으로 하는 뮤추얼 펀드가 주도하는 불량한 선택 대안들에 직면해 있다. 넷째, 투자자들은 이처럼 불량한 투자 수단들을 택하며 이들을 사용해서 일관되게 잘못된 투자 시기 결정을 내린다. 그 결과 보글이 지적하는 것처럼 투자자들은 전 세계 증권 시장에 투자하는 데서 오는 보상의 공정한 몫을 받지 못하게 된다.

보글은 투자 대중에게 투자자들의 최상의 이익에 합치하도록 행동하는 보기 드문 투자회사인 뱅가드와 어떻게 개인 투자 포트폴리오를 관리할 것인가에 대하여 쉽게 접근할 수 있는 가이드인 『뮤추얼 펀드 상식』 책, 이렇게 두 가지의 멋진 선물을 주었다. 보글의 선물을 활용하고 이를 당신이 사랑하는 사람에게 넘겨주라.

데이비드 F. 스웬슨(David F. Swensen)
예일 대학교 최고투자책임자

개인 투자자와 전문가가 지켜야 할 투자 지침서

전 세계적으로 금융시장의 불확실성이 높아지고 증권시장의 변동이 심한 이때에 개인 투자자들이 지켜야 할 지침서로 존 보글은 『뮤추얼 펀드 상식』 10주년 개정판을 내놓았다. 이 책의 초판에서 저자는 자산을 축적하는 금융방법을 논하면서 20대부터 적은 금액이라도 비용이 저렴한 인덱스 펀드에 장기투자하라고 강조했다. 그리고 회전율이 높은 펀드 상품은 투자자의 자산을 불리는 도구가 아니라 펀드를 관리하는 회사나 매니저의 이익을 우선시한다는 점도 명확하게 밝혔다.

업계의 이단아로 불렸던 보글은 초판을 출간한 지 10년이 지난 시점에 금융환경을 재고하면서 자신이 강조하는 원칙들이 올바르다는 점을 다시 확인했다. 보글은 10주년 개정판에서 방대한 데이터와 다양한 자료, 금융 업계 전문가들의 견해를 추가로 제시하면서 이러한 사실을 우리에게 재확인시켜 주고 있다.

존 보글은 '현명한 투자자란 새로운 이론과 기법으로 무장한 사람이 아니라 기본적인 상식에 건전한 판단력을 더한 정도면 충분하다'라는 투자 철학을 뱅가드 펀드 운용에 적용하였으며, 이 펀드를 세계에서 가장 큰 규모의 뮤추얼 펀드로 성장시켰다. 1949년, 프린스턴 대학의 젊은 학생이던 존 보글이 졸업논문으로 쓴 짧은 논문 한 편에서 시작한 인덱스 펀드는 펀드 업계의 일대 혁신을 불러일으키고 1980년대 이후 장기 호황 국면에서 인덱스 펀드의 승리라는 결과를 얻었다. 인덱스 펀드의 핵심인 저비용과 높은 위험 조정 수익률은 시간이 흐를수록 그 진가를 발휘한다. 미국의 경우 장기투자 자산일수록 인덱스 펀드를 선호하며, 장기적인 투자를 해야 하는 연금 펀드나 기금 운영자들은 인덱스 운용 자산을 기반으로 자산 배분의 원칙을 세우는 것이 일반적이다.

"주식 종목 선정에 일생을 보낸 후 나는 인덱스 펀드가 우월하다는 보글의 주장에 대해 반론을 제기하기보다는 동조할 수밖에 없음을 시인하게 되었다"라고 제임스 크래머가 이야기한 것처럼 이 책은 투자자가 알아야 할 민감한 부분에 이르기까지 가감 없이 다루고 있다.

주식의 가치는 시대의 흐름이나 경기의 부침에 따라서 달라지며, 이는 일시적으로 주가를 상승시키거나 하락시키는 투기적 요인이 된다. 주식시장이나 채권시장은 투기가 아니라 투자 시장이며 장기투자를 통해서만 투기에 가까운 일시적인 변동성을 제거할 수 있다. 투자자들이 장기투자 태도를 유지하는 것은 쉬운 일이 아니다. 뉴스나 정보, 전문가들의 견해는 끊임없이 투자자를 유혹하여 무엇인가 사거나 팔도록 유도하고 있다. 개인적인 욕심과 두려움 역시 투자자들로 하여금 커다란 실수를 유발하게 한다. 장기적으로 훌륭한 투자임에도 불구하고 일시적으로 성과가 저조하다고 해서 팔아치우는 경우도 있다. 그러나 투자자들은 시장의 단기적인 움직임에 흔들려서도 안 되고 높은 수익을 올릴 펀드를 찾는 데 시간을 낭비해서도 안 되며, 현명한 펀드를 찾는 데 중점을 둬야 한다. 이러한 원칙에 잘 들어맞는 것이 바로 비용이 저렴한 인덱스 펀드에 장기투자하는 것이다. 이것이 보글이 제시하는 가장 상식적이면서도 가장 효율적인 투자 방법이다.

장기투자에 적합한 인덱스 펀드의 기본 조건은 인덱스를 구성하는 기업들의 안정성에 있다. 우리나라 기업들도 IMF 등 금융위기를 겪으면서 혹독한 구조조정을 통하여 기업경영이 투명해지고 기업가치가 장기적으로 상승할 수 있는 기반이 마련되었다. 또한 개인의 자산 중에서 금융 자산이 차지하는 비중이 점점 늘어나고 있기 때문에 대부분의 투자자들에게는 안정적인 노후생활을 위해 자산을 어떻게 관리해야 하는가가 관심사가 된 지 오래되었다. 이러한 영향으로 지난 수년간 펀드를 통한 간접투자 시장이 획기적인 성장을 기록하게 된 것이다.

이 책은 개인 투자자들이 따라야 할 현명한 투자 안내서 역할을 할 뿐만 아니라 금융 산업에 몸담고 있는 전문가들에게도 훌륭한 지침서가 될 것이다.

한국금융투자협회장
황영기

투자의 기본을 바로 세우는 필독서

참된 진리는 단순하고, 어느 시대, 어느 곳에서나 통하는 것 같다. "정직이 최상의 방책이다"라는 말처럼 말이다. 나는 오랫동안 은행과 증권회사의 컴플라이언스 부서에서 일하면서 투자자들의 탐욕과 금융기관의 탐욕이 결합하여 투자자들이 고통당하는 사례를 많이 보았다. 이는 투자자나 금융기관이 기본에 충실하지 않았기 때문이라고 할 수 있다. 쉼 없는 주가 등락에 일희일비하는 금융시장에서 이 책이 투자의 기본을 바로 세우는 지침서로 자리매김하기를 바란다.

인덱스 펀드의 창시자이자 세계에서 가장 큰 뮤추얼 펀드 회사인 뱅가드 그룹의 설립자인 보글은 "저비용 인덱스 펀드에 장기투자하라"고 충고하고 있다. 그리고 기본에 충실할 것을 10년 전에 나온 초판이나 개정판에서도 똑같이 당부하고 있다. 이 충고가 우리나라에도 적용될 수 있을까? 주택 자금, 결혼 자금, 자녀 학자금 등 목돈이 필요한 일반 서민들이 20~30년씩 지속적으로 투자할 여유가 없어 보이는데 어떻게 오랜 기간 뚝심 있게 투자를 계속할 수 있는가? 이 질문에 대한 내 대답은 저자가 이 책에서 강조하는 것처럼 노후 자금 준비는 일찍 시작할수록 좋으며, 노후 자금 대비용 투자는 적은 금액이라도 매월 일정하게 떼어서, 이 자금은 없다고 생각하고 인덱스 펀드에 투자해 두라는 것이다.

이 책은 투자자 입장에서 성공 투자 전략만 이야기하는 것이 아니라 투자자들의 성공 투자를 지원하기 위해 필요한 펀드 업계의 개혁 방향도 언급하고 있다. 금융 지식이 별로 없는 독자들도 쉽게 읽을 수 있도록 때로는 펀드 업계에서 일반적으로 사용하는 용어를 사용하지 않았고, 내용도 이해하기 쉽도록 보충했다. 예를 들어 '운용' 대신 '관리'라고 표현했고, 저자가 이야기한 특정 수치가 어떻게 산출됐는지 이해할 수 있도록 역자 주를 추가하기도 했다.

금융산업에 몸담고 있는 전문가는 신임의무와 고객에 대한 봉사를 강조하는 제4부의 내용에 특히 주의를 기울일 필요가 있다. 이 책은 기업가 정신과 리더십에 관해서도 다루고 있기 때문에 직업윤리에 관해서도 되돌아보게 한다. 이 책이 개인 투자자들과 금융 전문가들 모두에게 큰 도움이 되기 바란다.

노동래

이 책은 왜 독특한가

존 보글은 내가 읽어 본 여느 투자 서적들과는 달리 다른 저자들이 무시하는 예민한 문제들을 다루는 책을 썼다. 다른 책에서는 이 주제들에 대해 왜 관심을 기울이지 않는지 억측하고 싶지는 않지만, 나는 다른 전문가들의 시야가 보글의 시야보다 좁거나 그들이 독자들의 이익에 주의를 덜 기울인다고 생각한다.

사람들은 종종 보글이 단순히 개인 투자자들이 애써서 번 돈을 어떻게 관리해야 하는지에 관해 매우 진지한 투자 전문가이기만 한 것이 아니라는 점을 잊어버린다. 그는 기술과 확고함을 지닌 가장 위대한 뮤추얼 펀드 제국 중 하나를 세우고, 이 제국을 창립 당시에 비전을 품었던 방향으로 인도해 가는 매우 성공적인 사업가다. 그래서 이 책의 독자들은 각자 뮤추얼 펀드에 대해 독특한 경험이 있으며, 뮤추얼 펀드의 특성과 이러한 특성이 독자들의 돈주머니에 어떤 영향을 주는지에 대해 잘 알지 못하는 사람들로 간주된다.

회사 경영자들의 번지르르한 말에도 불구하고 우리의 경제 시스템에서는 판매자와 구매자 사이의 이익 상충이 내재되어 있다. 보글의 첫째 목표는 그러한 이익 상충 요소를 최소화함으로써 고객들을 위해 돈을 벌어 주는 기업을 세우는 것이었지만, 동시에 회사 자체도 계속 성장하고 지속가능할 수 있도록 성공적인 기업이 되는 것도 목표로 삼았다. 그러나 보글이 하려고 했던 일이 매우 복잡했으므로, 그는 매우 특별한 눈으로 경쟁을 바라보게 되었다. 이 책에서 전하는 분명한 메시지 중 하나는 그가 보기에 펀드 업계의 현황이 만족스럽지 않다는 것이다.

우리는 투자 관리 산업(확실히 이는 하나의 전문직종이라기보다는 산업이다)을 경제 시스템 전체의 틀 안에 있는 비즈니스로 보아야 한다. 투자 관리 비즈니스는 수익성이 매우 높다. 그래서 이 비즈니스는 예상 투자 수익률이 가장 높은 곳에 자본이 흘러들 것이라는 자본주의의 철칙에 반응한다. 지난 10년 동안 뮤추얼 펀드의 수는 2,710에서 6,870으로 증가했으며, 투자 매니저 수도 1,260에서 5,810으로 폭증했다. 다른 한편 투자 관리는 수익률이 높으면 새로운 경쟁자들이 시장 점유를 빼앗기 위해 분투하기 때문에 신규 자본이 들어와서 불가피하게 수익률을 떨어뜨릴 수밖에 없다는 자본주의 철칙의 또 다른 측면에 저항했다. 조셉 슘페터는 유명한 경구에서 이 프로세스를 '창조적 파괴'라 불렀다. 바로 이 프로세스 때문에 우리 경제가 큰 성공을 거뒀고, 자본주의 또한 엄청난 결함에도 불구하고 널리 수용되고 있는 것이다.

투자 관리회사들은 그런 것을 들어 본 적이 없다. 매니저 수 증가는 그들이 봉사하는 고객 수 증가를 훨씬 웃돈다. 마구잡이로 이 분야에 뛰어드는 사람들이 점점 많아짐에도 자리를 잡은 사람들의 수익성이 떨어지지 않는다. 때로는 신설 회사가 살아남지 못하거나 기반이 잡힌 회사가 끔찍한 실수를 저지르고 시야에서 사라지기도 하지만, 대부분의 투자 매니저들은 높은 자본 수익률을 올리고 있는데 다른 업종에서는 이러한 수준의 수익률이 부러울 뿐이다.

어떻게 투자하고, 자본 시장을 어떻게 이해해야 하는가에 대한 흔치 않은 지혜를 전달하는 보글의 기술만으로도 이 책을 읽어 보기에 충분한 이유가 되고도 남는다. 이 책이 주는 큰 메시지는 개인 투자자들의 부(富)에 일어나는 투자 성과는 그들의 자산을 관리하는 산업의 구조와 분리할 수 없다는 것이다. 투자자들의 복지에 큰 관심을 기울이고 있는 보글이 그러한 구조가 개인들의 재산에 어떤 의미가 있는지 들려주는 통찰력은 이 책을 가장 가치 있게 만드는 요소다. 이 통찰력은 읽기 쉬울 뿐만 아니라 수지맞는 일이기도 하다. 그리고 큰 보상도 가져다줄 것이다.

피터 L. 번스타인*

---

* 피터 번스타인은 2009년 6월 5일 90세의 나이로 사망했다. 경제학과 포트폴리오 전략 분야에서
그만큼 영향력 있고, 지적 기여를 한 사람은 없다.

모든 것은 단순성이 지배하는 기본으로 회귀한다

10년만에 얼마나 큰 변화가 일어날 수 있는가! 3번째 천년기의 처음 10년 동안에 (1999년에 이 책의 초판이 발행된 뒤 10년 동안에) 그 변화는 매우 컸다. 그 전 20년 동안에 미국 주식시장은 200년 역사 동안 가장 높은 수익률(평균 연 17%)을 경험했다. 지난 10년 동안 2000년~2002년과 2007년~2009년의 주요 약세장으로 주식 수익률은 마이너스로 바뀌었다. 연 마이너스 1.5%는 200년 역사상 10년 수익률이 가장 낮았던 두 번 중의 하나다.

이와 유사하게 우리의 경제는 길고 강한 번영의 시대에서 2008년~2009년의 극심한 침체로 시작되어 그 길이를 알 수 없는 새로운 시대로 바뀌었으며(현재는 침체가 끝난 것으로 보인다) 이를 뒤이어 온건한 회복이 이루어졌다. 그리고 이제 지난 세기에 우리의 경제를 특징지었던 3%라는 '과거의 정상' 성장률보다는 (물가 상승률을 조정한) 실질 경제 성장률이 연 2%에 그칠 가능성이 큰 '새로운 정상' 시대가 되었다.

위의 사례들은 우리의 세계가 얼마나 변할 수 있는지에 대한 몇 가지 예에 지나지 않는다. 이제 세계화가 당연시된다. 전쟁(사실은 전쟁들이) 평화를 뒤따랐다. 미국 연방 정부에서 공화당 정권이 민주당 정권으로 바뀐 것처럼 정치적 변화로 가득 찼다. 차입이 전례가 없고 지속할 수 없이 높은 수준으로 치솟았다. 그러나 시민들은 부채 수준을 줄이기 위해 애

쓰는 반면, 연방 부채는 사실상 폭발적으로 증가하고 있으며 조만간 감소할 기미는 별로 없다.

최근의 변화들은 어느 정도 뮤추얼 펀드 산업에 영향을 주었다. 주식 펀드에서 번 수익은 불가피하게 주식시장 수익률에 미치지 못하게 되어 있지만, 평균적으로 주식시장 수익률에 필적했다. 그러나 1990년대의 주식시장 모멘텀들은 고스란히 21세기로 넘어왔으며, 1990년대에 1조 달러에서 5조 달러로 성장했던 뮤추얼 펀드 자산은 2007년 가을까지는 12조 달러가 넘게 성장했다가 주식시장 붕괴 여파로 10조 달러로 줄어들었다. 그럼에도 뮤추얼 펀드는 계속해서 주주들을 끌어 모으고 있다. 10년 전에 5천만 명이었던 펀드 투자자들은 이제 9천 2백만 명이 되었다.

확실히 시대가 변했다. 펀드 산업은 미국의 금융, 퇴직, 경제 시스템에서 한층 더 중요한 요인이 되었다. 따라서 1940년 투자회사법의 용어를 사용하자면 펀드가 '대중의 이익과 투자자들의 이익이 되도록' 운영되는 것이 더 중요해졌다.

이 책의 초판이 나온 지 10년이 지난 시점인 2009년은 이 책의 개정판을 낼 뿐만 아니라 초판의 메시지를 평가하기에도 좋은 시점으로 보인다. 개정판을 내면서 나는 초판의 단어 하나도 바꾸지 않는 대신 방대한 데이터를 업데이트하고 그 이후에 전개되었던 중요한 사항들에 대해 논평했다(원한다면 이를 회고적이라 할 수도 있겠다). 이 논평들은 각 장마다 흩어져 있으며, 알아보기 쉽도록 처리했다. 나는 경험이 10년 전의 내 통찰력을 확인해 준 경우와 그렇지 않은 경우, 본질적으로 내가 옳았던 경우와 틀렸던 경우 모두를 솔직하게 묘사하기 위해 최선을 다했다.

나는 "뮤추얼 펀드를 통해 건전한 투자 프로그램을 개발함으로써 독자들이 보다 성공적인 투자자들이 되도록 도와준다"라는 첫 번째 목표가 확인되었음을 기쁘게 보고한다. 1999년 판에 제시했던 원칙들은 지금도 더욱 타당하다. 확실히 현명한 자산 배분(자신의 포트폴리오에서 주식과 채권 사이의 적절한 균형)이 성공의 열쇠다. 확실히 단순성이 지배한다. 확실히 주식시장은 궁극적으로 실물 경제와 기업의 사업, 이익 성장과 배당 수익률의 성과를 반영한다. 확실히 투자비용은 중요하다(세금도 중요하다). 확실히 수동적으로 관리되는 저비용 주식 인덱스 펀드 및 채권 인덱스 펀드가 계속해서 적극적으로 관리되는 펀드들보다 성과가 좋다.

그리고 확실히 (미국 시장과 국제적 시장을 포함한) 다양한 투자 부문들은 여전히 평균 또는 그 밑으로 회귀한다. 확실히 어제 성과가 좋았던 펀드가 오늘은 형편없는 성과를 보이는 것처럼, 개별 펀드들의 수익률은 시장 평균으로 회귀한다. 이 간단한 원칙들(나는 이를 '간단한 산술의 무자비한 규칙'에 기초한 것으로 묘사한다)은 성립해야만 했다. 그리고 이 원칙들은 성립하는 것으로 확인되었다. 결국 '시간이 지나면 기본적인 것들이 적용된다.'

'뮤추얼 펀드 산업에 변화를 위한 길을 표시한다'라는 나의 두 번째 목표는 실현되지 못했다. 개혁을 위한 나의 열정(과 이를 필요로 한다는 강력한 증거)에도 불구하고 사정이 악화되었다. 기술의 좋은 측면(속도, 효율성, 정보)이 나쁜 측면의 조연이 되었다(예를 들어 믿을 수 없을 정도로 복잡하고 리스크가 큰 금융 상품을 만들 수 있게 했으며, 투자자들에게 펀드를 주식처럼 취급하고 민첩하게 거래하게 했다). 마케팅이 관리보다 우세해졌고, 세일즈맨 정신이 청지기 정신보다 우선시되었다. 펀드의 이사들은 여전히 자신의 직무는 펀드 투자자들을 위한 수임인 역할을 하는 것임을 잊어버렸으며, 펀드 업계의 거버넌스 구조는 펀드 투자자들에게 불리하고 펀드 매니저들에게 유리한 상태로 남겨져 있다. 따라서 나는 겸손하게 (토마스 페인의 공식을 쓰자면) '시간과 이성'이 결합해서 펀드 산업의 개혁을 강제할 거라는 나의 희망은 여전히 실현되지 않고 있음을 인정한다.

요약하자면 나의 투자 원칙들은 참으로 (다시금 페인의 말로 표현하자면) (최소한 현명한 투자자들, 책임감 있는 조언자들, 정통한 학자들 사이에서는) '일반적인 호의를 받을 수 있을 만큼 충분히 멋이 있지만' 펀드 산업의 개혁을 위한 나의 십자군은 확실히 이에 실패했다. 그러나 시간과 이성은 거품이 꺼지고 난 이 시기에 더욱 내 편에 머물 것이고, 이는 불가피하게 향후 수십 년 동안에 투자에 관한 사고를 재형성할 것이라는 나의 말을 믿어주기 바란다.

나의 귀한 친구 고(故) 피터 번스타인(Peter L. Bernstein)이 1999년판 추천사에 통찰력 있게 쓴 것과 같이 '개별 투자자들의 부에 일어난 일들은 이 자산들을 관리하는 업계의 구조로부터 분리될 수 없다.' 이 구조는 큰 결함이 있으며, 뮤추얼 펀드를 신뢰하였던 많은 투자자들의 부를 감소시킨 것으로 증명되었다. 펀드 산업을 새롭게 건설하는 것이 필수적이지만, 널리 확산된 업계의 기득권으로 인해 개혁을 달성하려면 격렬한 투쟁이 수반될 것이다. 그래서 나는 이전 판의 서문 말미에 인용된 토마스 페인의 말로 나를 위로하고자 한다.

"투쟁이 격렬할수록 승리는 더욱더 영광스럽다."

존 보글
2009년 10월
펜실베이니아 포지 계곡에서

현명한 투자자가 되는 길은 상식에 있다

 나는 이 책을 쓰면서 첫째, 독자들이 보다 성공적인 투자자들이 되도록 도와주고, 둘째, 뮤추얼 펀드 업계의 변화를 위한 길을 표시한다는 두 가지 목표를 정했다. 첫 번째 목표는 익숙한 영역이다. 1993년에 출간된 『뮤추얼 펀드에 관한 보글의 견해』(Bogle on Mutual Fund)에서 나는 뮤추얼 펀드를 통한 건전한 투자 프로그램을 개발하는 상식적 접근법을 제시했다. 나는 널리 분산된 주식과 채권 포트폴리오가 장기투자에 필수라고 믿기 때문에 이 책은 오로지 뮤추얼 펀드에만 초점을 맞춘다. 왜냐하면 대부분의 투자자들에게 가장 합리적이고 효율적인 분산 투자 방법은 뮤추얼 펀드를 통하는 것이기 때문이다. 그러나 이 책은 내가 전에 쓴 책에서 밝힌 아이디어 중 몇 가지를 다루면서 그 이후의 중대한 투자 환경 변화도 다룬다.

 두 번째 목표는 전문가들에게는 그러지 않겠지만 내게는 새로운 영역이다. 지난 10년 동안 금융 강세장으로 인해 수백만 명의 투자자들이 뮤추얼 펀드를 선택했지만, 뮤추얼 펀드 업계는 펀드 주주들이 성공적인 장기투자를 할 수 있는 기회를 심각하게 감소시키려고 위협하는 실무 관행들을 받아들였다. 혼란을 가중시키는 뮤추얼 펀드 업계의 광고 속에서 이 책은 이러한 실무 관행들을 적시하고 건전한 투자 프로그램 실행을 위한 단순한 원칙들을 제시한다. 이 투자 원칙들은 또한 내가 업계의 변화를 요구하는 토대이기도 하다. 뮤추얼 펀드들이 미국의 각 가정에서 선택하는 투자 수단으로 남으려면 변화는 불가피하다.

이제 투자자들이 이러한 이슈들을 살펴보아야 한다. 현재 뮤추얼 펀드 주주들은 5천만 명에 달하고, 그 수가 급속히 늘어나고 있다. 1990년대가 시작될 때 1조 달러이던 펀드 자산은 5조 달러를 넘는다. 뮤추얼 펀드는 우리의 재정 생활에서 점점 더 중심 역할을 담당하게 되었다. 뮤추얼 펀드가 대부분의 투자자들에게 안전한 은퇴와 같은 중요한 목표에 도달하는 최상의 희망이 되었기 때문이다. 따라서 다가오는 세기에 펀드 주주들과 펀드 업계의 성공을 결정하는 이슈들을 고려할 필요성이 생긴 것이다.

이 책은 확실한 견해를 가지고 있다. 이 책의 견해는 뮤추얼 펀드 주주들에게는 점점 인정받고 있지만, 다른 뮤추얼 펀드 업계 리더들로부터는 인정받지 못하고 있다. 최소한 그들의 공개 발언을 통해서는 말이다. 사실 내 입장은 마지못해 받아들이거나, 의심의 눈초리를 보내거나, 정면으로 반대하거나, 심지어 신랄하게 비난하는 등 부정적인 반응을 받을 가능성이 더 크다.

내 견해는 이 업계의 소수의견이기 때문에(아마 업계 리더들 중에서도 고립무원일 것이다) 오직 상식과 이성에 의존해서 나의 견해가 받아들여지기를 바랄 뿐이다. 나는 과거 기록에 나타난 사실에 대한 세심한 분석에 집중했다. 역사는 단지 역사일 뿐이므로 나는 나의 투자 철학이 과거에 어떻게 통했는지와 더불어 왜 통했는지도 설명했다. 이 책에 제시된 투자 이론들이 실제로 통했던 이유는 단지 상식과 기초적인 논리로 볼 때 이 이론들이 통할 수밖에 없었기 때문이다. 사실 현명한 투자는 상식과 건전한 판단력에 지나지 않는다. 투자자들이 이러한 기초 원칙들을 일찍 깨달을수록 재무적 안정을 위해 가능한 최대의 자본을 더 잘 축적할 수 있을 것이다. 나는 내가 제시할 영원한 원칙을 전달하기 위해 이 책의 부제를 '현명한 투자자들을 위한 새로운 지침서'로 정했다. 펀드 주주들에게는 시간이 실제로 돈이다.

'상식'의 정의

옥스퍼드 영어사전 2판(OED II)에 실린 상식의 정의는 내가 말하는 원칙들의 정수를 표현하고 있다. 상식이란 '합리적인 존재들이 보유하고 있는 자연적인 지성이라는 재능, 모든 사람이 타고난 평범한 지혜, 건전한 실용적 감각'이다. 이 책의 모든 부분에서 내가 얘기한 논리가 뮤추얼 펀드 투자에서 상식에 대한 강력한 논증이 될 뿐만 아니라 뮤추얼 펀드 업계의 변화에 대한 설득력 있는 논거이기도 하다는 점을 확신하고, 이 특질들에게 경의를 표하고자 한다. 옥스퍼드 영어사전 2판은 또한 1888년에《런던 타임즈》에 실린 다음과 같은 적절한 말을 인용한다. "지성, 현명함, 건전한 판단, 명확한 인식, 그리고 상식이라고 불리는 사고의 건전성이 일반적으로 요구되었다." 나는 뮤추얼 펀드 투자자들도 궁극적으로 이러한 요구를 할 것이고, 펀드 주주들의 수와 뮤추얼 펀드에 투자된 자산 수준이 늘어남에 따라 이러한 요구가 점점 더 필수사항이 되리라 믿는다.

내가 이 책의 제목을 『뮤추얼 펀드 상식』으로 정한 이유는 앞에서 설명한 말들로 정의된 상식의 중요성을 강조하기 위함만이 아니라 '상식'은 1776년에 저술된 훌륭한 소책자의 제목이기 때문이다. 필라델피아 사람으로서 미국 헌법 제정자들 중 한 명인 저자 토마스 페인(Thomas Paine)은 영국의 조지 3세가 미국 식민 통치를 끝내는 데 최선을 다했다. 아마도 그는 다른 누구보다도 미국 혁명의 초석을 많이 다졌을 것이다. '상식'에 포함된 4개의 유인물들 중 첫 번째 유인물의 서두에서 토마스 페인은 자신이 직면한 도전을 다음과 같이 인정했다.

이 책에 나오는 의견들은 아직 일반적으로 받아들여질 만큼 충분한 호의를 얻지 못할 것이다. 어떤 사안에 대해 오랫동안 잘못이라고 생각하지 않는 습관이 들면 그것이 옳다는 피상적인 인상을 주게 되고, 처음에는 관습을 수호하라는 엄청난 요구에 직면하게 된다. 그러나 그 소동은 곧 가라앉는다. 시간은 이성보다 더 많은 개종자를 만든다.

펀드 업계에 대한 나의 생각이 대중적인 호의를 얻기에는 아직 충분하지 않을지도 모른다. 그럼에도 나는 틀림없이 뮤추얼 펀드 업계의 현상이 곧 타파되리라는 점을 받아들임에 있어서 강력한 합의가 형성되었다고 믿는다. 그러나 나는 개종자들을 만들기 위해서는 시간과 이성 모두가 필요할 것이고, 상식이 궁극적으로 이 개종을 촉진할 것이라고 기대한다.

그래서 나는 독자들에게 인내심을 가지고 뮤추얼 펀드의 성공 투자와 뮤추얼 펀드 업계에 관한 모든 사고에 새롭고도 중요한 방법들을 탐구하도록 요청한다. 나는 토마스 페인이 제시했던 아이디어와 같은 방식으로 아이디어를 제시한다.

이 책에서 나는 단순한 사실, 쉬운 주장 그리고 상식만을 제시한다. 그리고 독자들은 편견과 선입견을 버리고, 자신의 이성과 감정을 사용해서 스스로 결정하며, 인간의 참된 특성을 벗어버릴 것이 아니라 이를 입고, 오늘 너머로 시야를 넓히도록 요청될 뿐 다른 아무것도 준비할 필요가 없다.

이 책의 구성

이 책은 5부로 구성되어 있다. 1부에서 3부까지는 투자자들이 자신의 뮤추얼 펀드 포트폴리오를 구축할 때 가장 신경을 써야 하는 3개의 주요 영역인 투자 전략, 투자 선택, 투자 성과에서 상식적인 원칙들의 조사에 할애한다. 1부 '투자 전략'은 장기적 초점, 주식시장과 채권시장에서 버는 수익률의 성격, 그리고 투자자의 포트폴리오에서 자산 배분의 중요한 역할에 대해 이해할 필요가 있음을 강조한다. 1부의 각 장들은 상식과 단순성이 재무적 성공의 열쇠라는 결론으로 이끈다. 2부 '투자 선택'에서도 같은 결론이 이어진다. 2부에서는 먼저 인덱스 뮤추얼 펀드를 다루고, 다음에 개별 주식형 펀드와 채권형 펀드 및 각각의 범주에서 다양한 투자 스타일에 대해 언급한다. 글로벌 투자에 대해 상당히 깊이 탐색하며, 이 전략에 수반되는 추가적인 리스크를 강조하고, 다시금 상식이 오늘날의 대세임을 설명한다. 그리고 '성배' 추구에 대해 논의할 때에도 동일한 결론에 도달한다. 즉, 뮤추얼 펀드들은 예측 가능한 우수한 수익률을 제공한다.

3부 '투자 성과'는 과거의 펀드 수익률과 과거의 금융시장 수익률이 높았든 낮았든 향후에는 장기 평균으로 돌아가는 심원한(그러나 좀처럼 논의되지 않는) 경향 등 도전적인 투자의 현실에 관해 정신이 번쩍 들도록 상기시켜 준다. 또한 (결과가 의문스러운 데도 불구하고) 현재 (장기 절대 수익률보다는) 단기 상대적 수익률에 대해 초점을 맞추는 현상과 이로 인해 펀드 자산 성장에 미치는 부정적인 영향과 대부분 펀드의 엄청난 세금 비효율성에 대한 영향에 관하여 논의한다. 3부는 시간의 중요한 역할에 대한 연구로 끝맺는다. 시간은 수익률을 제고하고, 리스크를 감소시키며, 투자비용의 유해한 영향을 확대시킨다.

4부와 5부의 내용들이 성공적인 뮤추얼 펀드 투자 책에 포함된 것을 보고 놀라는 투자자들이 많을 것이다. 4부 '펀드 관리'에서 논의되는 이슈들이 이전 장들에서 논의된 일반적으로 부적정한 펀드 수익률의 주요 원인이라는 사실이 아니라면, 이 내용들은 이 책에 어울리지 않을 것이다. 그러나 펀드 업계는 전통적인 원칙들에서 벗어났다. 오늘날 뮤추얼 펀드 업계는 펀드 관리보다 마케팅에 초점을 맞추고 있으며, 종종 오늘날의 놀라운 정보 기술을 투자자들에게 해로운 방식으로 사용한다. 그래서 펀드 주주들의 이익이 잘 지켜지지 않는다. 나는 문제의 근원은 펀드 이사들이 펀드의 모든 운영을 외부 관리회사에 위임하는 뮤추얼 펀드 거버넌스와 뮤추얼 펀드 업계의 특수한 운영 구조에 있다고 생각한다. 이러한 문제에 대한 해결책으로 다시금 상식과 단순성을 제시한다.

펀드 업계가 펀드 투자자들의 이익을 훨씬 더 잘 보호할 수 있도록 업계를 구조 조정하는 것이 하나의 대안이 될 수 있을 것이다. 그러나 최상의 회사 구조라도 불가피하게 회사를 구성하는 개인들의 가치가 반영된다는 점을 인정하기에, 5부 '정신'에서 내가 독특한 구조를 갖춘 주요 뮤추얼 펀드 회사를 설립하면서 관여했던 기업가 정신과 리더십에 관한 개인의 경험을 논의한다. 나아가 그러한 독특한 환경 속에서 도움을 준 사람들과 도움을 받은 사람들 일부의 반응을 제시함으로써 이 책을 마무리한다.

더 나아가기 전에 이 책에 관해 몇 가지를 설명하고자 한다. 뒤에 나오는 내용들은 앞에서 확립한 원칙들에 근거하기 때문에 이 책을 순서대로 읽도록 구성했지만, 각 장 자체가 특정 이슈에 대해 독립적인 글이 되도록 했다. 그래서 때로는 특정 주제와 통계 수치들을 반복할 필요가 있었다. 나는 이러한 재강조가 독자들이 특정 이슈에 흥미를 느끼고 시간이 있을 때마다 이들에 초점을 맞출 수 있게 해줌으로써 충분히 보상되고도 남기를 희망한다. 강연이나 저널 또는 잡지에서 테스트했던 내용을 이 책에서 보다 더 발전시킨 것도 있기 때문에 일부 독자들은 각 장의 일부에 대해서는 익숙할 수도 있을 것이다. 그러나 어떤 형태로든 이 책에 나오는 내용들의 많은 부분은 여기에 처음 소개되는 내용들이다.

상식의 재현(再現)

내가 이 책에서 제시하는 상식 투자 원칙과 상식적인 산업 구조 원칙이 토마스 페인의 주장과 같이 '아직 일반적으로 받아들여질 만큼 충분한 호의를 얻지 못하고' 있지만, 나는 독자들이 '관습을 수호하라는 엄청난 요구'에 빠져들지 않기를 바란다. 마침내 식민지 시민들은(상식에 의해 지지된) 페인의 인상적인 주장에 호의를 보이게 되었고, 미국 독립전쟁이 일어나게 되었듯이 나는 뮤추얼 펀드 투자자들이 곧 나의 상식적인 주장에 호의를 보이기를 바란다.

이 책은 뮤추얼 펀드 투자자들이 당한 피해와 부정의는 우리 선조들이 영국의 압제로 입은 피해와 다르지 않음을 보여줄 것이다. 뮤추얼 펀드 업계는 펀드 매니저들이 부과하는 높은 수수료 형태의 '대표 없는 세금'으로 가득 차 있다. 이는 비생산적인 관리 정책과 과도한 수수료를 묵인하고 이러한 정책과 수수료가 펀드 주주들이 실현하는 수익률에 얼마나 부정적인 영향을 미치는지에 대해서는 적절하게 고려하지 않는 이사회에 의해 조장된다. 펀드 주주들은 미국 식민지 시민들과 마찬가지로 자신의 거버넌스에 대해 결정할 책임을 져야 한다.

토마스 페인이 지적한 것처럼 "왕에 대해 견제하지 않고 그에게 모든 것을 맡겨 두어서는 안 된다. 절대 권력에 대한 갈구는 군주제의 자연스러운 병폐다." 뮤추얼 펀드 관리회사는 펀드 주주들의 투자를 지배함에 있어서 왕의 권한을 획득한 듯하다. 18세기 영국의 귀족 정치가 왕의 모든 비위를 맞춰 준 것처럼 펀드의 이사회도 펀드 관리회사들의 비위를 맞춘다고 할 수 있지 않겠는가? 나는 펀드 관리회사들이 자신의 이익에 초점을 맞추는 데 대해서는 다툴 생각이 없다. 그러나 펀드 주주들이 실제로 뮤추얼 펀드를 소유함에도 펀드 주주들에게 귀속되는 이익과 펀드 관리회사들에게 귀속되는 이익 사이의 상충 관계에는 효과적인 독립적인 감시자나 견제 장치가 적용되지 않는 것 같다. 미국의 다른 모든 회사

27

들과 마찬가지로 뮤추얼 펀드 회사도 주주들이 통제해야 한다.

원칙과 관행

뮤추얼 펀드 투자자들은 이 책의 3부까지 설명된 건전한 투자 원칙과 관행들로 돌아가야 한다(그리고 자신이 소유한 펀드들이 이 원칙과 관행들로 돌아가도록 요구해야 한다). 그리고 업계의 회사 구조가 이러한 투자 원칙과 관행들을 버리도록 했기 때문에 펀드 투자자들은 오늘날 존재하는 소유와 통제 사이의 틈을 메우기 위해 조직 구조를 바꿔야 한다. 나는 독자들이 뮤추얼 펀드에 맡긴 자산의 수익률이 유의미하게 향상되기를 바라는 마음에서 독자들과 함께 이 이슈들을 논의하려 하였다.

독자들은 토마스 페인의 마지막 말을 들어 보지 못했을 것이다. 독자들이 이 책에서 논의된 중요한 이슈들을 숙고해 보면 분명히 이 책에 나오는 내용 중 일부는 이상하고, 또한 달성하기 어렵다고 생각할 것이다. 1776년에 토마스 페인이 '상식'의 네 번째 유인물을 다음과 같은 말로 끝맺을 때에도 그랬다.

이러한 절차들은 처음에는 이상하고 어렵게 보일 수도 있다. 그러나 우리가 이미 지나온 모든 단계들과 마찬가지로 이런 절차들도 시간이 좀 지나면 익숙해지고 동의할 수 있게 될 것이다. 그리고 독립이 선언될 때까지는 이 대륙은 뭔가 유쾌하지 않은 일을 해야만 한다는 것을 알면서도 날마다 미루고, 그 일이 끝나기를 바라면서도 시작하기를 싫어하고, 끊임없이 그것이 필요하다고 생각하는 사람이나 마찬가지일 것이다.

나는 환상을 가지고 있지 않다. 그 일은 쉽지 않으며, 분명히 내 생애 중에는 완전히 이루어지지 않을 것이다. 그러나 조지 워싱턴 장군의 지친 군사들이 1777년~1778년에 포지 계곡(Valley Forge)에서 야영을 하며 혹독한 겨울을 견디기 1년 전에 쓴 토마스 페인의 가장 유명한 말을 사용해서 이를 당신에게 상기시킬 필요는 없을 것이다.

"움츠러드는 것은 소심한 사람들의 일이다. 그러나 마음이 확고하고 양심에 거리낌이 없는 사람들은 죽을 때까지 자신의 원칙을 추구할 것이다. 지옥과 같은 압제는 쉽게 정복되지 않는다. 그러나 투쟁이 격렬할수록 승리는 더욱더 영광스럽다."

존 보글
펜실베이니아 포지 계곡에서

10주년 기념판 감사의 글

19년이라는 긴 시간 동안 나를 성실하게 보좌한 에밀리 스나이더(Emily Snyder)와 4년 동안 보글 금융시장 리서치 센터(Bogle Financial Markets Research Center)에서 충실하게 일하고 있는 사라 호프만(Sara Hoffman)에게 특별히 감사드린다. 그리고 이 책의 초판을 작업할 때 능력을 드러냈던 앤드류 클라키(Andrew Clarke)도 개정판에 도움을 주었다. 이들 모두에게 감사드린다.

뱅가드 사 외부에서는 저자 윌리엄 번스타인(Wiliam Bernstein)이 유용한 제안과 건설적인 비판을 다수 제공해 주었는데, 그의 조언과 비판들은 이 책의 조직과 구조를 향상시켜 주었다. 10주년 기념판을 위해서 멋진 추천사를 써준 데이비드 스웬슨(David Swensen)에게 특히 감사드린다. 고상한 성격과 높은 전문적 성취를 이룬 데이비드에게서 존중과 찬탄을 받는다는 것은 나의 경력에 대한 최고의 보상 중 하나다.

52년 동안 동고동락한 아내 이브(Eve)에게 감사드린다. 이브는 지금까지 내가 활동적으로 일할 수 있도록 인내심을 갖고 나를 이해해 주었다.

마지막으로 10년 동안 나를 도와주고 있는 케빈 러플린(Kevin Laughlin)에게 감사드린다. 나는 그 누구도 케빈처럼 데이터 제공, 리서치 수행, 편집, 출판사들과의 관계를 제대로 처리할 수 없었을 거라고 생각한다. 케빈이 날마다 내게 보여준 기량, 인내, 직업 정신, 침착성은 정말 놀라웠다.

초판 감사의 글

이 책에 기여한 모든 분들께 감사를 드리는 것은 중요한 일이다. 투자에 관한 나의 사고에 자양분을 제공해 주었던 저자들 몇 분을 인정하는 것으로 감사 표시를 시작하고자 한다. 나는 폴 사무엘슨(Paul Samelson)의 책을 1948년에 프린스턴 대학교에서 읽었고, 애덤 스미스(Adam Smith), 존 메이나드 케인즈(John Maynard Keynes), 찰스 엘리스(Charles Ellis), 윌리엄 샤피(William Sharpe), 피터 번스타인(Peter Bernstein), 워런 버핏(Warren Buffett), 아서 자이켈(Arthur Zeikel), 바이런 빈(Byron Wien), 제레미 시겔(Jeremy Siegel)의 책도 읽었다.

(내가 쓴 내용의 모든 부분에 그들이 동의하지는 않는다 해도) 이들의 지성이 이 책을 위한 지식의 틀을 개발하는 데 도움을 주었다. 지식적으로 훌륭한 또 다른 분들이 초고를 완성도 높은 최종 원고로 바꾸는 데 도움을 주었다. 프린스턴 대학교 버튼 G. 맬키엘(Burton G. Malkiel), 《머니(Money)》 부편집인 제이슨 츠바이크(Jason Zweig), 뱅가드 사장 크레이그 스톡(Craig Stock)과 제임스 M. 노리스(James M. Norris)는 시간을 내서 논평을 아끼지 않았다. 그렇지만 이 책의 최종 내용에 대해서는 전적으로 나의 책임임을 인정한다.

뱅가드의 시니어 의장 보좌역 앤드류 S. 클라키(Andrew S. Klarke)가 가장 중요한 역할을 했다. 그는 수많은 통계 수치들과 그래프들을 개발하는 데 있어서 일관되고 시의적절하게 지원해 주었으며, 이 책의 편집에

31

도움을 주었고, 내가 휘갈겨 쓴 편집상의 수정 내용들을 출판사가 이해할 수 있는 텍스트로 바꿔 주었다. 앤디는 모닝스타에서 뱅가드로 옮긴 지 2년이 채 안 되었고, 1년 정도 나를 도왔지만 현재 불세례를 경험하고서 최고의 기대를 능가하고 있다.

앤디는 이미 여러 장에 나오는 데이터에 상당한 노력을 기울였던 전임 보좌 월터 H. 렌하드(Walter H. Lenhard)를 이어 받았는데, 나는 아직도 월터에게 큰 빚을 지고 있다. 나는 또한 존 S. 워드(John S. Woerth), 모티머 J. 버클리(Mortimer J. Buckley), 거스 사우터(Gus Sauter), 매리 로위 케네디(Mary Lowe Kennedy) 등의 뱅가드 직원들에게 논평과 도움을 받았다. 그리고 이 책의 집필, 편집, 출판의 전 과정을 통해 핵심적인 역할을 한 와일리 출판사의 파멜라 반 기쎈(Pamela van Giessen, 특히 인덱스 펀드에 관한 장에서)에게 감사드린다. 마지막으로 오랫동안 인내와 충성심의 표본이었던 에밀리 A. 스나이더(Emily A. Snyder)는 구상 단계부터 이 책이 독자들 앞에 놓이기까지의 전 과정에서 자신의 몫을 훨씬 뛰어 넘는 기여를 했다.

뮤추얼 펀드 업계 외부에서는 수잔 C. 브로제나 박사(Susan C. Brozena, MD, FACC)가 이끄는 필라델피아의 하네만 병원(Hahnemann Hospital)에 있는 수호천사들의 놀라운 지원에 대해서도 감사드린다. 내가 3년 전에 심장 이식 수술을 받은 것은 참으로 기적이었으며, 그 수술을 받지 않았더라면 이 책은 절대로 존재하지 못했을 것이다. 나는 제2의 생명으로 계속 수행할 수 있게 된 작업의 결실인 이 책이 미국에서 뮤추얼 펀드를 소유하고 있는 사람들에게 큰 도움이 되기를 바라마지 않는다.

마지막으로 뮤추얼 펀드 업계에서 거의 50년 가까이 일해 온 내가 쉬엄쉬엄 일하게 되기를 희망하면서 이 과제에 쏟아 부은 수많은 시간들을 참아준 사랑하는 아내 이브(Eve)에게 가장 깊이 감사드린다. 아직은 내가 쉬엄쉬엄 일할 때가 오지 않았지만 아내에게 다음 책의 마감 시한을 정해 두지는 않겠다고 약속한다.

차례

PART 1 투자 전략

Chapter 1 장기투자—찬스와 정원 _41

10년 후 투자의 역설 | 찬스, 정원, 장기투자 | 10년 후 불만의 겨울 | 우리의 정원은 어떻게 성장해 왔는가 | 10년 후 1999년~2009년 총수익 | 주식시장 수익률 | 10년 후 주식 수익률과 리스크 | 채권시장 수익률 | 10년 후 채권 수익률과 리스크 | 성장을 위한 씨 뿌리기 | 금융시장은 매매를 위해 존재하는 것이 아니다 | 실무 관행은 원칙에서 벗어난다 | 10년 후 뮤추얼 펀드 투자자들의 마켓 타이밍 | 10년 후 펀드 투자자들은 여전히 단기 투자자로 머문다 | 10년 후 펀드 포트폴리오 회전율은 여전히 높다 | 장기적 성공을 위한 간단한 원칙 | 10년 후 투자 규칙을 바꾼다고?

Chapter 2 수익의 본질—오컴의 면도날 _87

10년 후 25년 주식 수익률 | 오컴의 면도날과 주식시장 | 10년 후 투자 수익률 — 주식시장 총수익률 대 펀더멘털 수익률 | 10년 후 지식의 열매 | 10년 후 과거에서 미래로 | 오컴의 면도날과 채권시장 | 적중과 이상 행태 | 10년 후 향후 10년의 주식 수익률 | 향후 10년의 채권 수익률 | 10년 후 향후 10년의 채권 수익률 | 미래 수익률 예측은 얼마나 중요한가? | 10년 후 수익의 본질

PART 1

On Investment strategy
투자 전략

투자자들이 가장 고민해야 할 것은 투자 전략이다. 투자란 내일을 위해 오늘 절약하고, 저축하겠다는 생각을 행동으로 옮기는 행위이다. 투자자들이 최적의 수익을 올리기 위해서는 장기투자를 해야 한다. 장기투자의 원칙은 잦은 포트폴리오 회전율을 피하고 오랜 기간 동안 건전하게 운용되는 펀드에 투자하는 것이다. 그러나 뮤추얼 펀드 매니저들이나 투자자들은 이런 원칙을 잘 지키지 않는다. 장기투자의 장점에 초점을 맞추기 위해 나는 이곳에서 미국 주식시장과 채권시장의 과거 수익률, 리스크, 그리고 다음과 같은 이 수익률들의 원천을 조사한다. (1) 이익과 배당으로 대표되는 펀더멘털. (2) 이 펀더멘털에 대한 시장의 평가의 폭넓은 변화로 대표되는 투기. 전자는 장기간 지속적으로 신뢰할 수 있는 모습으로 나타난다. 그러나 후자는 일시적이며 돌출적으로 나타난다. 이러한 역사적 교훈이 투자를 이해하는 핵심이다. 수익과 리스크에 관한 이 같은 고찰은 자산을 어떻게 배분하여 투자할 것인가에 대한 해답을 제시한다. 따라서 자산 배분의 문제는 현재 장기투자 수익률을 결정하는 가장 중요한 요소로 인정되고 있다. 다소 역설적으로 들리겠지만 복잡할수록 단순함을 추구해야 한다. 마지막으로 나는 생산적인 투자를 위한 장기적인 전략으로 그 효율성이 입증된 단순함에 대해 고찰하겠다.

투자에는 확실성이 없다.

그러나 장기 투자자인 우리는 이러한 대재앙의 가능성이

우리를 시장에서 물러서게 하는 이유로 여길 수 없다.

리스크 없이는 수익도 없기 때문이다.

정원에서 새싹이 서서히 자라서 계절이 진행됨에 따라 꽃을 피우고

여러 해에 걸쳐 뿌리가 튼튼해지는 것처럼 투자 성공에도 시간이 걸린다.

자신에게 가능한 한 긴 시간을 주라.

투자 금액이 적을지라도 20대에 투자를 시작하라.

당신의 포트폴리오는 복리의 기적이라는 자양분을 받아 시장의 부침을 뚫고 번성할 것이다.

Chapter 1

장기투자—찬스와 정원

투자는 신뢰 행위다. 우리는 회사 관리자들의 노력이 높은 투자 수익률을 가져다주리라는 확신, 혹은 적어도 그러한 희망을 품고 자본을 그들에게 맡긴다. 미국 기업의 주식과 채권을 살 때 우리는 미국 경제와 금융시장의 장기적 성공이 미래에도 지속될 거라고 믿는다.

마찬가지로 뮤추얼 펀드에 투자할 때 우리는 전문 펀드 매니저들이 우리가 맡긴 자산을 빈틈없이 지켜주리라 믿으며, 여러 종류의 주식과 채권에 나누어 투자함으로써 우리가 분산 투자(Diversification)의 중요성을 알고 있음을 보여준다. 분산된 포트폴리오는 개별 증권을 소유할 때 내재하는 리스크를 주식시장과 채권시장 리스크 수준으로 옮김으로써 개별 증권의 리스크를 최소화시켜 준다.

투자에 대한 사람들의 확신은 시장 상황에 따라 과열되거나 냉각되기도 한다. 그러나 투자에 대한 확신은 결코 사라지지 않는다. 이러한 확신은 대공황(The Great Depression)과 두 차례의 세계대전, 공산주의의 흥망성쇠, 그 외의 신경 쓰이는 많은 변화들—호황과 파산, 인플레이션과 디플레이션, 원자재 가격 충격, 정보 기술의 혁명, 금융시장의 세계화—을 거치면서도 없어지지 않고 살아남았다. 최근에는 1982년부터 시작되어 세기말까지 이렇다 할 중단 없이 가속된 주식시장 강세에 힘입어 우리의 확신이 (아마도 지나치게) 강화되었다.

2009년 말이 가까운 현재, 투자자들의 신뢰가 배반당했다는 결론을 피하기 어렵다. 우리 사회의 기업 관리자들(stewards)에 의해 창출되는 수익은 소위 금융 공학에 의해 만들어지고 대량의 리스크를 떠안음으로써만 산출되는, 그야말로 환상이었던 경우가 흔했다. 1933년 이후 가장 극심했던 경기 침체로 미국 경제의 성장이 중단되었다. 두 번의 붕괴(2000~2002년의 붕괴와 2007~2009년의 붕괴)를 겪고 나자 주식시장은 (배당금을 제외할 경우) 1996년 수준으로 되돌아갔다. 투자자의 부가 13년 동안 정체한 셈이다.

더구나 너무도 많은 전문적인 뮤추얼 펀드 매니저들이 우리가 그들에게 맡긴 자산에 대한 신중한 관리자 역할을 수행하지 못했다. 과도한 수수료 부과, 'pay-to-play'(뮤추얼 펀드 주식을 판매하는 증권회사들과의 계약) (불량 펀드를 판매해 준 증권회사들에게만 우량 펀드도 판매할 수 있도록 하는 방식. 역자 주), 장기투자보다 단기 투기 치중 등 주주들의 희생 하에 펀드 매니저의 배를 불리는 관행이 만연하다. (2002년에 뉴욕 주 검찰총장 엘리엇 스피처(Eliot Spitzer)가 밝힌) 최대의 수임 의무 위반 사건들 중에는 10여 곳의 주요 펀드 매니저들이 일부 우대 투자자 그룹(흔히 헤지 펀드들)에게 뮤추얼 펀드의 장기 개인 주주들의 직접적인 희생 하에 복잡한 단기 마켓 타이밍에 관여하도록 허용한 사례도 있었다.

어느 경우든 새로운 천 년이 시작되고 10년이 지난 지금, 주식에 대한 투자자의 신뢰가 사라질 지경에 이르고 있는 듯하다. 1982년 ~1999년의 오랜 강세장에 의해 투자에 대한 확신이 과도하게 강화되었다는 이전의 내 우려는 선견지명이었던 듯하다. 확신이 높으면 주가도 높게 형성된다. 이제 우리는 동전의 다른 면을 볼 수 있기를 희망한다(나는 그러리라고 기대한다). 확신이 낮을 때에는 주가가 매력적일 가능성이 있다. 투자자의 확신과 주가가 동행하는 이러한 병렬을 '투자의 역설'이라 불러도 무방할 것이다.

찬스, 정원, 장기투자

예측하지 못한 경제적 충격이 투자 전망에 대한 우리의 신뢰를 무너뜨릴 정도로 극심한 불황을 초래할 수도 있지 않을까? 그럴지도 모른다. 바다가 잔잔할 거라고 지나치게 확신하면 폭풍의 위험을 미처 생각하지 못할 수도 있다. 역사는 투자자들의 열성이 주가를 투기 수준 또는 그 이상의 소용돌이로 몰아넣어 예기치 않은 손실을 입게 한 사례들로 가득차 있다. 투자에는 확실성이 없다. 그러나 장기 투자자인 우리는 이러한 대재앙의 가능성이 우리를 시장에서 물러나도록 허용할 이유가 없다. 리스크 없이는 수익도 없기 때문이다.

'리스크'(Risk)에 대한 또 다른 말은 '기회나 운'(chance)이다. 야심적이고 빠르게 변하는 복잡한 세상에서 정원사 '찬스'(여기에서는 Chance가 사람 이름을 뜻하는 고유 대명사로 사용되었지만 영어권에서는 '기회나 운'이라는 뜻으로 들릴 수 있음에 유의하기 바람. 역자 주)의 이야기는 장기 투자자들에게 영감을 주는 메시지를 담고 있다. 찬스가 일하는 정원의 계절들은 경제와 금융시장의 사이클과 궤를 같이하며, 우리는 과거의 패턴이 미래의 행로를 결정한다는 그의 믿음을 본받을 수 있다.

찬스는 중년이 되도록 다른 사람들과는 접촉하지 않은 채 어느 부자의 저택 외진 방에서 살았다. 그의 유일한 취미는 텔레비전 시청과 정원 관리였다. 어느 날 저택의 주인이 죽자 찬스는 난생처음 세상 구경을 나갔다가 대통령 자문위원을 맡고 있는 어떤 유력한 기업가의 리무진에 치이는 사고를 당하게 된다. 기업가가 치료를 위해 데려갔을 때, 찬스는 자신을 '정원사 찬스(Chance Gardener)'라고 소개했다. 하지만 혼

란스러운 상황에서 그의 이름은 곧바로 '챈시 가디너(Chauncey Gardiner)'
가 되었다.

대통령이 기업가를 방문했을 때, 회복 중인 찬스가 동석하게 되었다.
당시 미국 경제는 슬럼프에 빠졌고, 우량 기업들은 어려운 상태에 놓였
으며, 주식시장은 붕괴되고 있었다. 찬스는 예기치 않게 조언을 부탁받
았다.

찬스는 움츠러들었다. 찬스는 갑자기 생각의 뿌리들이 젖은 땅을 뚫고
나와 우호적이지 않은 분위기로 얽혀 들어간다고 생각했다. 마침내 찬
스가 입을 열었다. "정원에서는 성장에 계절이 있습니다. 봄과 여름이
지나면 가을과 겨울이 옵니다. 그리고 다시 봄과 여름이 찾아오지요.
뿌리가 잘리지 않는 한 현재 모든 것이 괜찮고, 앞으로도 모든 것이 괜
찮을 것입니다."

찬스가 천천히 눈을 들어 대통령을 바라보니 대통령은 찬스의 대답에
만족한 것 같았다. 사실은 찬스의 대답에 아주 즐거워했다.

"가디너 씨, 당신의 말은 제가 오랫동안 들어왔던 말들 중에서 가장 상
쾌하고 낙관적인 말입니다. 많은 사람들이 자연과 사회는 하나라는 것
을 잊고 있습니다. 자연과 마찬가지로 우리의 경제 시스템도 장기적으
로는 안정적이고 합리적인 상태를 유지합니다. 그것이 바로 우리가 경
제 시스템의 처분에 맡기기를 두려워하지 말아야 하는 이유입니다. 우
리는 불가피한 자연의 계절은 환영하면서, 경제의 계절에는 당혹해 합
니다. 우리는 얼마나 어리석습니까?"[1]

이 이야기는 내가 지어낸 것이 아니라 저지 코진스키(Jerzy Kosinski)의

소설『그곳에 머무르기』(Being There)의 초반부를 간략히 요약한 것이다. 이 소설은 피터 셀러스(Peter Sellers) 주연의 영화로 만들어지기도 했다. 기본적으로 나는 찬스와 마찬가지로 낙관론자다. 나는 우리 경제가 건강하고 안정적이라고 생각한다. 우리 경제에는 성장의 계절과 쇠퇴의 계절이 있지만 뿌리는 여전히 굳건하다. 계절의 변화에도 불구하고 우리 경제는 가장 어두운 재앙에서 되살아나 상승세를 지속하고 있다.

[그림 1-1] 실질 국민총생산, 2000년 달러 가치 기준(1900~2009)

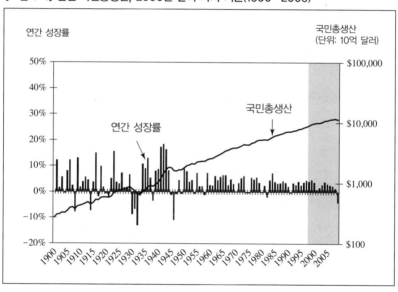

[그림 1-1]은 20세기의 경제 성장 연대기다. 대공황 시기의 가장 어두운 날들에도 미래에 대한 신뢰는 보상을 받았다. 1929년부터 1933년까지 미국의 경제 생산은 누적적으로 27% 감소했지만, 곧 회복되어 1930년대의 나머지 기간 중에는 누적적으로 50% 증가했다. 2차 대전을 위해 고안되었던 경제 인프라가 평화 시의 상품과 서비스 생산으로 적응되어야 했던 1944년부터 1947년까지 생산이 13% 감소했다. 그러나 곧 성장

의 계절에 접어들어 4년 내에 감소분을 모두 회복했다. 과거 50년 동안 우리 경제는 경기 순환에 매우 민감한 자본집약적 공업 경제에서 극단적인 호황과 불황에 덜 민감한 거대한 서비스 경제로 진화했다.

장기 성장이 최소한 미국에서는 우리 경제가 나가고 있는 방향인 것 같다. 20세기 중에 미국의 실질 국민총생산(GNP)은 연 평균 3.5% 상승했으며, 현대 경제 시기(modern economic era)라고 할 수 있는 2차 세계대전 이후의 반세기 동안에는 연 평균 2.9% 상승했다. 우리는 불가피하게 쇠퇴의 계절을 경험하겠지만, 장기적인 성장 패턴이 그 뒤를 이을 것이라고 확신할 수 있다.

화려한 가을과 메마른 겨울, 초록의 봄과 따뜻한 여름이 반복되는 사이클 안에서 주식시장 또한 상승 궤도를 따라왔다. 이 장에서는 가장 중요한 투자 자산인 주식과 채권의 장기적 수익과 리스크를 검토할 것이다. 과거의 기록은 성공적인 투자 전략의 바탕이 되는 교훈들을 담고 있다. 나는 과거 자료가 투자에 성공하려면 장기 투자자가 되어야 한다는 한 가지 결론을 매우 강력하게 지지하고 있음을 보여주려고 한다. 주식과 채권시장은 단기적으로는 예측할 수 없지만, 시장의 장기적인 리스크와 수익 패턴은 영속성이 있어서 충분히 투자 성공으로 이끄는 장기 전략의 토대 역할을 할 수 있다. 과거의 패턴이 과거의 기록에 깊이 새겨져 있고 미래에 지속된다는 보장은 없지만, 과거에 대한 연구와 스스로 관리하는 어느 정도의 상식은 영리한 투자자들이 의지할 수 있는 최상의 근거는 된다.

주식시장과 채권시장에서 장기투자의 대안은 단기투자다. 금융관련 매체와 전문 투자자 및 개인 투자자들의 실제 관행에서 볼 수 있는 많은 예들은 단기투자 전략이 본질적으로 위험함을 보여준다. 지금처럼 열광적인 시기에는 많은 투자자들이 건전한 장기투자 원칙을 버리고 금융시장에 널리 유행하고 있는 열광적인 단기 행동에 몰두하고 있다. 단기 이익을 위해 주식과 펀드를 거래하고 시장을 뒤쫓는(to time the market, 시장이 오를 것으로 예상되면 뛰어들고, 하락할 것으로 예상되면 빠져나가는) 비생산적인 시도로 인해 장기투자를 추구하도록 고안된 투자 포트폴리오가 급격하게 회전되고 있다. 우리는 투자 수익률을 직접 통제할 수는 없지만, 미래에 대한 신뢰로 뒷받침되는 장기투자 프로그램은 우리가 통제할 수 있는 요소들인 리스크, 비용, 시간에 대해 세심한 주의를 기울이게 함으로써 이익을 본다.

10년 후　불만의 겨울

　지난 10년 간 주식시장에서 만난 재앙에도 불구하고 우리 경제는 계속 견고하게 성장해서 1.7%의 (인플레이션을 조정한) 실질 성장률을 기록했는데, 이는 현대 경제 시대의 성장률 3.4%의 정확히 절반에 해당한다. 2008년에 침체가 시작되었음에도 2008년 전체로는 실제 국민총생산(GNP)은 1.3% 증가했으나, 2009년에는 4% 하락할 것으로 전망된다(GNP 하락은 1991년 이후 최초임).

　그러나 이 불만의 겨울(2008년 중반에서 2009년 겨울)이 지난 뒤에 우리는 회복의 봄과 여름을 누리고 있다. 나의 생각일 뿐이지만 주식시장은 우리 경제 수준과 비교할 때 10년 전보다 더 가치가 있다. 당시에 미국 주식의 시가 총액은 미국 GNP의 1.8배로 역대 최고였다. 2009년 중반에 시가 총액은 10조 달러이고, GNP는 14조 달러로 시가 대 GNP 비율이 0.7배로 떨어졌다. 이는 이전의 최고점 대비 60%가 하락한 것이며 대략 역사적 평균과 동일한 수준이다.

　이에 근거할 때 주가는 현실적이며 장기적으로 매력적일 가능성이 있다. 우리는 감정에 의존하지 말고 생산적이고 혁신적인 미국 경제가 어떻게 성장할 것인지 이해할 필요가 있다. 그러지 않고 경제 성장에 사이클이라는 계절이 있다는 사실에 대해 속상해 하면 정원사 찬스가 우리를 조롱할 것이다.

우리의 정원은 어떻게 성장해 왔는가

주식과 채권 수익률의 오랜 역사를 검토할 때, 나는 펜실베이니아 대학 와튼 스쿨의 제러미 시겔(Jeremy J. Siegel) 교수의 연구에 크게 의존했다. 이 저술은 다소 상세하지만 장기투자를 해야 하는 강력한 이유를 제공하고 있기 때문에 주의 깊게 연구할 가치가 있다. 찬스라면 금융시장이라는 정원은 투자가 꽃을 피울 많은 기회를 제공한다고 말했을 것이다.

『장기투자 바이블』(Stocks for the Long Run)[2]이라는 훌륭한 저서에서 시겔 교수가 제시한 [그림 1-2]는 주식, 채권, 단기 국채, 금의 주요 금융 자산 중에서 주식이 가장 높은 수익률을 제공했음을 보여준다. 이 그래프는 1802년부터 2008년까지 미국 주식시장의 전체 역사를 보여준다. 1802년에 주식에 1만 달러를 투자해서, 그 이후의 모든 배당을 재투자했다면(세금을 무시할 경우) 1997년에는 (인플레이션을 조정한) 실질 최종 가치가 56억 달러에 도달했을 것이다. 같은 금액을 장기 국채에 투자하고 이자를 모두 재투자했다면 1997년의 최종 가치가 8백만 달러를 조금 상회했을 것이다. 주식은 연 7%의 실질 성장률을 보였고, 채권은 연 3.5% 성장했다. (전체 기간 동안 복리로 불어나는) 주식의 연간 수익률의 상당한 우위는, 최소한 196년의 투자 기간(므두셀라처럼 오래 사는 사람이 적용할 만한 장기투자*)을 가진 투자자들에게는 최종 가치에서 엄청난 차이를 가져온다.

증권시장의 초창기 이후 주식 수익률은 시겔 교수가 연구한 3개의 기간 모두에 대해 일관성을 보인다. 첫 번째 기간은 1802년부터 1870년

---

* 성서에 나오는 노아의 조상 므두셀라는 969세까지 살았다고 전해진다. 이는 분명히 경제의 계절과 사이클에 관해 독특한 관점을 개발하기에 충분한 시간이다.

까지로, 시겔은 이 기간에 "미국이 농업 경제에서 산업 경제로 전환했다"[3]라고 언급했다. 1871년부터 1925년까지의 두 번째 기간에 미국은 국제적으로 중요한 경제적, 정치적 강대국이 되었다. 그리고 1926년부터 현재까지의 세 번째 기간은 일반적으로 현대 주식시장의 역사로 간주된다.**

[그림 1-2] 최초 1만 달러 투자에 따른 총 실질 수익(1802~2008)

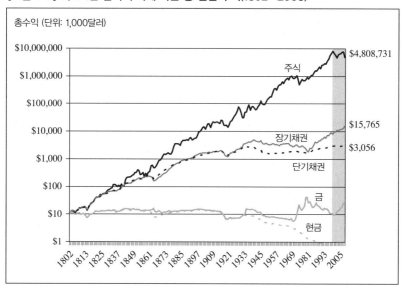

이러한 장기 데이터는 미국 금융시장만을 커버한다. (대부분의 연구들은 다른 나라 주식들은 수익률이 낮았던 반면에 리스크는 훨씬 높았음을 보여준다.) 초기 데이터는 단편적인 수익률 자료에 기초하고 있고, 생존한 대기업에 초점을 맞추는 경향이 있으며, 오늘날의 특징이나 규모와는 매우 다른 주식

** 첫 번째 기간에 대한 자료는 다소 일회성이다(anecdotal). 두 번째 기간의 데이터는 존경받는 독립적 연구 그룹 Cowles Commission의 1938년 연구에 기초하며, 세 번째 기간은 매우 존중받는 S&P 지수의 전체 역사를 포함하고 있다.

시장에서 도출된 것이다(이때에는 오늘날과 같은 엄격하고 투명한 회계기준 하에서 보고된 이익에 비교할 만한 회사 이익에 관한 자료가 없다). 1800년대 초기에 보고된 수익률은 주로 은행 주식에 기초했고 남북전쟁 후에는 철도 회사 주식에 기초했으며 20세기 초에는 밧줄, 삼실, 가죽 분야의 주요한 회사를 포함한 상품(commodity) 주식에 의존했다. 원래의 다우존스 산업 평균 지수에 편입된 12개 회사 중 제너럴 일렉트릭만이 살아남았다. 그러나 주식시장에는 이런 변화와 상관없이 지속되는 특징이 있다. 시겔 교수가 조사한 기간 모두에 대해 미국 주식시장은 약 7%의 실질 수익률을 제공하는 경향을 보였는데, 1871년부터 1925년까지는 다소 낮고 현대에는 다소 높았다.

시겔 교수는 채권시장에서는 지금도 확정 수익 투자의 성과에 대한 벤치마크 역할을 하는 미국 장기 국채 수익률을 조사했다. 채권의 장기 실질 수익률은 평균 3.5%였다. 그러나 주식시장에서 제공된 장기 실질 수익률이 매우 안정적이었던 것과 달리 채권시장의 실질 수익률은 기간에 따라 매우 달라서 처음 두 기간 동안에는 평균 4.8%를 기록했으나 세 번째 기간에는 2.0%로 하락했다. 채권 수익률은 특히 20세기 후반에 변동성이 심해지고 예측이 불가능해졌다.

10년 후 | 1999년~2009년 총수익

1997년 말에 1802년의 1만 달러 투자 원금에 대한 누적 총수익은 560만 달러에 달했다. 이 금액은 1999년 말에는 810만 달러가 되리라고 예상되었으나, 2009년 중반 현재 1996년 말 수준을 약간 웃도는 480만 달러로 떨어졌다. 그 결과 2세기 이상의 실질 주가 수익률은 1999년까지는 연 7%였는데, 2009년 중반까지의 주가수익률은 연 6.5%가 되었다. 이는 의심할 나위 없이 과거의 주가 수익률이 미래에도 계속 이어지리라고 추정하고 이에 의존하는 것에 대한 경고일 뿐 아니라 미래에 대한 보다 합리적인 기대치다. 주식시장은 결코 보험 통계표가 아니다.

채권시장도 마찬가지다. 미국 장기 국채 실질 수익률은 1997년까지는 연 평균 3.5%였는데, 그 후 10년 동안에는 6.2%로 뛰어 올랐다(2009년의 이자율 상승으로 2009년 중반까지의 연간 수익률은 4.5%로 떨어졌다). 이러한 수익률 상승은 쉽게 예측할 수 있었는데, 이는 주로 미국 장기 국채 수익률이 1998년 중반에 5.25%로 양호한 수준이었기 때문이었다. 그러나 그 후 10년이 넘는 기간 동안 자산가액이 복리로 불어났고, 이자율이 훨씬 더 낮아져(채권 가격이 상승함) 최초에 채권에 1만 달러를 투자한 원금은 1997년의 810만 달러에서 2009년 중반의 1,350만 달러로 50%가 넘게 늘어났는데, 이는 주식 포트폴리오 누적 가치의 가파른 하락과 뚜렷이 대조된다. 이 대조는, 만일 그러한 증거가 필요하다면, 투자 프로그램에서 주식과 채권 사이의 균형이 중요하다는 또 하나의 증거를 제공한다.

최근의 기간 동안 단기 국채는 1.0%가 조금 안 되는 실질 수익률을 기록했는데, 이는 단기 국채가 상당한 플러스(+)의 실질 수익률을 낳기 위해 필요한 여분의 프리미엄 없이 인플레이션에 대한 헤지를 제공해 왔다는 오랜 역사와 일치하는 것이다. 금융시장의 시련기에는 흔히 피난처로 금을 찾는다. 예상한 대로 1999년~2009년의 10년 동안 귀금속 가격은 세 배가 넘게 올랐다. 그러나 금 가격은 전적으로 시장의 예상에 근거하기 때문에 금은 대체로 순전한 투기다. 금은 내부 수익률을 제공하지 않는다. 수익 성장과 배당 수익을 제공하는 주식이나 이자를 지급하는 채권과 달리, 금은 아무런 내재가치도 제공하지 않는다. 그래서 앞의 그림에서 보는 것처럼 200년이 넘는 기간 동안 금에 투자한 원금 1만 달러는 실질 금액 기준으로 겨우 26,000달러로 불어났을 뿐이다. 사실 금값은 실질 가치 기준으로 1980년에 붐이 일던 시기의 정점 대비 거의 40%를 상실했다.

주식시장 수익률

먼저 주식시장을 보자. 〈표 1-1〉은 주식시장의 명목 수익률과 실질 수익률을 보여주는 두 개의 열을 포함하고 있다. 높은 수치가 명목 수익률이다. 명목 수익률은 물가 상승을 조정하지 않은 수치다. 실질 수익률은 물가 상승을 수정하였기 때문에 투자자의 구매력 성장을 더 정확히 반영한다. 투자의 목적은 실질적인 부의 축적(상품 및 서비스에 대한 지불 능력 향상)이기 때문에 장기 투자자의 궁극적인 초점은 명목 수익률이 아니라 실질 수익률에 맞춰져야 한다.

〈표 1-1〉 주식시장 연평균 수익률(1802~2008)

	총 명목 수익률(%)	물가 상승률(%)	총 실질 수익률(%)
1802~1870	7.1	0.1	7.0
1871~1925	7.2	0.6	6.6
1926~1997	10.6	3.1	7.2
1802~1997	8.4	1.3	7.0
1982~1997	16.7	3.4	12.8
1998~2008	1.3	2.5	−1.2
1982~2008	10.1	3.1	6.8
1802~2008	8.0	1.4	6.5
1926~2008	9.3	3.0	6.1

주식시장 초기에는 실질 수익률과 명목 수익률 사이에 별로 차이가 없었다. 1802년부터 1870년까지의 첫 번째 기간(이 기간의 자료 출처는 모호하다) 동안의 물가 상승률은 연 0.1%로 추정된다. 따라서 실질 수익률은 7.1%의 명목 수익률보다 0.1% 포인트만 낮았다.

19세기의 대부분의 기간 동안 물가 상승률은 매우 낮은 수준에 머물렀다. 주식시장의 두 번째 주요 기간인 1871년부터 1925년까지의 기간에는 후반부의 급격한 물가 상승률에도 불구하고 수익률은 첫 번째 기간의 수익률과 거의 같았다. 주식시장의 명목 수익률은 복리 연 7.2%였고 실질 수익률은 6.6%였다. 이 차이는 연 평균 0.6%의 물가 상승률에 기인한다.

현대에는 물가 상승률이 급격히 상승해 연평균 3.1%가 되었고, 이에 따라 실질 수익률과 명목 수익률의 차이가 벌어졌다. 1926년 이후 주식시장은 연 10.6%의 명목 수익률과 물가 상승률 조정 후 7.2%의 실질 수익률을 제공했다. 2차 세계대전 이후에는 물가 상승률이 특히 높았다. 예를 들어 1966년부터 1981년까지 물가 상승률은 연 7.0%로 치솟았다. 연 6.6%의 명목 주식 수익률은 실제로는 −0.4%의 실질 수익률에 해당했다. 보다 최근에는 물가 상승률이 잦아들었다. 대부분의 기간 동안 장기 강세장을 이어갔던 1982년부터 1997년 사이의 실질 수익률은 평균 12.8%였는데 이 수치는 미국 역사상 그런 정도의 기간에 대해 가장 높은 수익률에 근접한다(1865년부터 1880년까지의 실질 수익률은 14.2%였다).

현대의 높은 물가 상승률은 부분적으로는 우리 경제가 금본위 화폐 시스템에서 지폐본위 시스템으로 바뀐 결과다. 금본위 제도 하에서는 1달러당 특정 양의 금으로 전환할 수 있었다. 달러가 달러의 가치에 대한 대중의 집합적인 신뢰 자체에 의해 지탱되는 현대의 지폐 본위 시스템 하에서 미국 정부가 화폐를 새로 발행할 능력에 대한 제한은 훨씬 줄어들었다. 가끔씩 화폐 공급의 급격한 증가가 고삐 없는 급격한 물가 상승을 초래했다. 그러나 주식의 실질 장기 수익률에 대한 영향은 중립적이었던 것으로 나타났다. 명목 수익률이 물가 상승률과 나란히 상승할 때에도 실질 수익률은 19세기에서와 마찬가지로 약 7.0%로 안정적인 수준을 보였다.

주식시장 리스크

주식시장의 실질 수익률은 장기간에 걸쳐 놀라울 정도로 안정적이었지만 연 수익률은 해마다 상당한 변화를 보였다. 우리는 연 수익률의 표준편차를 사용해서 수익률의 변동성을 측정한다. 〈표 1-2〉는 주식시장 역사상 3개의 주요 기간과 1982년 이후의 연 수익률의 변동성을 보여준다. 이 표는 또한 각 기간의 연 수익률 최고치와 최저치도 보여주고 있다. 1802년부터 1870년까지 연 수익률은 평균 7%였고 표준편차는 16.9%였다. 달리 말하자면 이 기간의 3분의 2는 −9.9%에서 +23.9% 사이의 실질 수익률을 기록했다(주식 수익률이 정규 분포를 따른다고 가정할 경우 ±2 표준편차 범위에 해당. 역자 주). 1871년부터 1925년까지는 연 수익률 표준편차가 16.8%로 첫 번째 기간의 수치와 비슷하다. 1926년부터 현재까지는 수익률 표준편차가 20.4%로 상승했다. 〈표 1-2〉가 보여주는 것처럼 주식 연 수익률은 평균에서 ±2 표준편차를 벗어날 수도 있다. 1862년에 기록된 주식시장의 최고 실질 수익률은 66.6%였다. 1931년에 기록된 사상 최저 실질 수익률은 −38.6%였다. 쉽게 말하자면 투자자들은 주식시장의 실질 수익률 역사에 명백히 드러나는 압도적인 패턴을 보고서 특정 연도의 수익률을 예측할 수 없다.

〈표 1-2〉 주식시장 연간 변동성(1802~2008)

	실질 연간 수익률 표준편차	실질 연간 수익률 최고치(%)	실질 연간 수익률 최저치(%)
1802~1870	16.9	66.6	−29.9
1871~1925	16.8	56.1	−31.2
1926~1997	20.4	57.1	−38.6
1802~1997	18.1	66.6	−38.6
1982~1997	13.2	31.0	−11.5
1998~2008	20.8	29.2	−37.3
1982~2008	17.4	32.5	−37.3
1802~2008	18.3	66.6	−38.6
1926~2008	20.5	57.1	−38.6

그럼에도 이처럼 넓은 변동폭은 장기간에 대해서는 크게 줄어드는 경향이 있다. [그림 1-3]은 18.1%의 1년 표준편차가 불과 5년에 대해 절반 아래인 7.5%로 감소함을 보여준다. 수익률 10년 표준편차는 또다시 거의 절반 수준인 4.4%로 감소한다. 투자 기간이 10년으로 늘어나면 대부분의 변동성 예봉은 제거되지만 변동성은 투자기간이 길어질수록 계속 줄어들어서 50년의 투자기간에 대해서는 변동성이 1%에 불과하게 되고 수익률 상한은 7.7%, 하한은 5.7%가 된다. 투자 기간이 길수록 연평균 수익률의 변동성은 줄어든다. 투자자들은 투자 기간을 과소평가하지 말아야 한다. 어떤 투자자가 25세에 퇴직연금에 출연하기 시작해서 75세나 그 이상의 나이에 은퇴할 때 축적된 자본을 인출한다고 가정할 경우 그 투자자의 투자 기간은 50년 이상이 될 것이다. 우리 동료들, 대학들과 영속적인 기관들 중에는 실제로 무한정의 투자 기간을 지니고 있는 곳이 많다.

표준편차: 표준편차란 무엇인가?

표준편차는 변동성에 대한 학문적인 척도로 받아들여지고 있다. 표준편차는 특정 기간 동안 가능한 투자 수익률의 범위를 나타내 준다. 예를 들어 어떤 투자자가 연 평균 10%의 수익률을 올렸고, 연 수익률이 투자 연도들의 2/3에 해당하는 연도 중에 −5%에서 +25%(평균에서 위 아래로 15% 포인트에 해당하는 범위)의 범위에 걸쳐 있었다면, 표준편차는 15로 정의된다. 연 수익률의 95%는 (평균으로부터) 표준편차 값의 두 배 범위 내에 존재하게 된다(수익률이 정규 분포를 보인다고 가정할 경우. 역자 주).

[그림 1-3] 주식시장 연간 수익률 범위

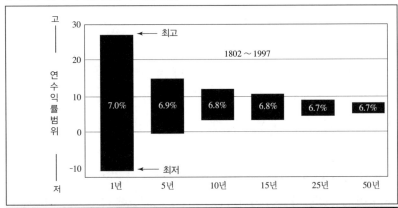

수익률 표준편차(%)					
최고	25.1	14.4	11.2	10.3	8.7	7.7
최저	−11.1	−0.6	2.4	3.4	4.7	5.7
표준편차	18.1	7.5	4.4	3.3	2.0	1.0

10년 후 [그림 1-3] 주식시장 연간 수익률 범위*

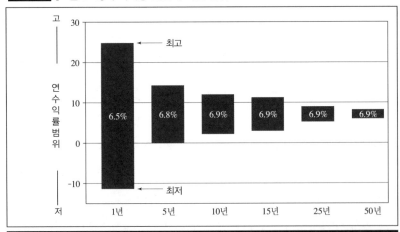

수익률 표준편차(%)					
최고	24.8	14.2	11.5	10.9	8.3	7.9
최저	−11.7	−0.6	2.3	2.9	5.5	5.8
표준편차	18.3	7.4	4.6	4.0	1.4	1.0

* 장기 표준편차와 부의 축적 사이의 관계는 502쪽에서 논의된다.

1982년에서 1997년의 기간 동안 미국 주식은 역사상 최고의 15년간 연 수익률을 제공했다(명목 수익률 16.7%, 실질 수익률 12.8%). 하지만 이 이득은 겨우 2년 만에 사라지기 시작했다. 1997년 이후 연간 수익률은 간신히 플러스를 기록했고(연간 1.3%) 실질 수익률은 −1.2%였다. 그런 시기가 실망스러울 수도 있지만, 그 결과는 거의 불가피해 보인다. 초기의 상승과 이후의 반전을 결합하면 1982년부터 2009년까지의 전체 기간(처음의 강세장과 이후의 약세장)에 대한 수익률은 연 평균 6.8%의 실질 수익률을 기록했다. 이는 그 이전의 시기에서 제공한 수익률과 거의 정확하게 일치하는 수준이다.

대조적으로 리스크는 지난 10년 동안 비교적 일정한 수준으로 유지되었다. 표준편차로 측정했을 때 1998년부터 2009년까지의 시기 동안 20.8%의 연간 주식 변동성은 현대 시기(1926년부터 현재까지)의 20.5%보다 약간 높기는 하지만 이와 크게 다르지 않았다. 여기서 주는 메시지는 주식은 항상 변동성이 크다는 점이다. 그러한 변동성이 조만간 누그러지리라고 기대할 이유가 거의 없다.

채권시장 수익률

아마도 채권시장의 과거 수익률이 주식 수익률보다 일관성이 훨씬 더 적다는 사실에 놀랄 것이다. 1802년 이후 미국의 장기 국채는 연 3.5%의 실질 수익률을 기록했지만 〈표 1-3〉에서 볼 수 있듯이 이 기간의 채권 수익률은 상당한 변동성을 보인다. 1802년부터 1870년까지 미국 장기 국채의 연평균 실질 수익률은 4.8%였다. 1871년부터 1925년까지는 평균 3.7%였다. 그러나 1926년 이후에는 장기 국채는 겨우 2.0%의 실질 수익률을 기록했다. 2차 세계대전 이후의 기간 동안에는 실질 채권 수익률의 일관성이 훨씬 작았다. 1966년부터 1981년까지 실질 수익률은 −4.2%였다. 1982년부터 1997년까지는 채권시장이 주식시장 실질 수익률 12.8%에는 미치지 못하지만 연 9.6%의 실질 수익률을 보여 상황이 완전히 역전되었다.

〈표 1-3〉 채권시장 연평균 수익률 – 미국 장기 국채(1802~2008)

	총 명목 수익률(%)	물가 상승률(%)	총 실질 수익률(%)
1802~1870	4.9	0.1	4.8
1871~1925	4.3	0.6	3.7
1926~1997	5.2	3.1	2.0
1802~1997	4.8	1.3	3.5
1982~1997	13.4	3.4	9.6
1998~2008	8.8	2.5	6.2
1985~2008	11.6	3.1	8.3
1802~2008	5.1	1.4	3.6
1926~2008	5.7	3.0	2.6

과거 장기 수익률에 관한 주의사항

장기투자에 관한 이러한 논의는 주식시장과 채권시장에서 실현된 평균 장기 수익률에 크게 의존한다. 그러나 투자자들은 평균 개념을 사용하게 되면 불가피하게 과거에 존재했던 수익률의 큰 변동 폭을 최소화하는 경향이 있다는 점을 유의해야 한다. 스티븐 제이 구드(Stephen Jay Gould)는 『Full House: The Spread of Excellence from Plato to Darwin』에서 이를 다음과 같이 표현했다.

"변동성은 근본적인 실재를 보여주며 계산된 평균은 추상적으로 된다." 구드의 인용문은 경제학자이며 저술가인 피터 번스타인[4]의 최근 보고서에 인용되었는데, 그는 다음과 같은 멋진 논평을 덧붙였다.

장기 평균은 봉화와 같이, 또는 요부와 같이 빛을 발하면서 투자자들에게 미래의 장기 수익률이 과거 수익률과 비슷할 거라고 끊임없이 유혹한다. (도중에 있었던 수익률의 큰 변동성은) 투자 기간이 길어질수록 감소하는 경향이 있기 때문에 평균 수익률이 우리의 기대치를 결정한다.

그러나 이런 수익률의 변동은 사소한 우연들의 풀(pool)이 아니며 사건들의 개별적인 에피소드들도 아니다. 각각의 에피소드는 시장이 어떻게 움직이는지 이해하는 데 있어서 똑같이 효과가 있으며 모두가 중요하다. 또한 각각의 에피소드는 이전의 에피소드의 결과이기도 하다. 여기서 '에피소드'는 어제 일어난 일일 수도 있고 지난 분기에 일어났던 일이었을 수도 있으며, 70년 혹은 100년 전에 일어났던 일일 수도 있다.

번스타인은 이어서 포드 재단의 재무담당자인 로렌스 시겔 (Laurence Siegel)이 《저널 오브 포트폴리오 매니지먼트》에 게재한 논문에서 다음과 같은 퉁명스러운 논평을 인용했다.

리스크는 단기 변동성이 아니다. 왜냐하면 장기 투자자들은 이를 무시할 수 있기 때문이다. 그보다는 미리 정해진 수익률이 없고 실현되지 않을 수도 있는 예상 수익률만 있기 때문에 리스크는 장기 수익률이 끔찍해질 수 있는 가능성이다.

이 논평들은 금융시장에 있어서 미래 수익률의 불확실성에 대한 유익한 환기물이다. 그러나 이러한 논평들이 장기에 집중하는 것이 단기에 집중하는 것보다 훨씬 낮다는 나의 핵심적인 메시지 가치를 떨어뜨리지는 않는다. 다만 이 교훈을 배운 투자자들이 매우 드물 뿐이다.

채권시장 리스크

채권은 주식보다 수익률이 낮은 한편 리스크도 적다. 〈표 1-4〉는 주요 3기간 동안과 1982년부터 1997년까지의 채권 연 수익률의 표준편차와 최고, 최저치를 보여준다. 1802년 이후 채권 수익률의 연평균 표준편차는 8.8%로 주식 수익률 표준편차의 1/2에도 미치지 못한다. 1802년부터 1870년까지 채권 수익률의 표준편차는 8.3%였다. 두 번째 주요 기간인 1871년부터 1925년까지는 변동성이 다소 낮아져서 연 수익률 표준편차가 6.4%였다. 반대로 1926년 이후에는 채권 수익률 연 표준편차가 10.6%로 상승했다. 1982년부터 1997년까지는 연 13.6%에 달해서 과거의 패턴과 달리 같은 기간 동안의 주식 수익률 표준편차 13.2%보다 높았다. 이처럼 과거의 패턴에서 벗어난 이유는 물가 상승률이 이전 기간 동안에 급격하고 극적으로 변화했다가 이 기간에 변화를 멈춘 결과일 수도 있다.

〈표 1-4〉 채권시장 연간 변동성－장기 국채(1802~2008)

	실질 연 수익률 표준편차	실질 연 수익률 최고치(%)	실질 연 수익률 최저치(%)
1802~1870	8.3	29.8	−21.9
1871~1925	6.4	17.8	−16.9
1926~1997	10.6	35.1	−15.5
1802~1997	8.8	35.1	−21.9
1982~1997	13.6	35.1	−21.9
1998~2008	8.9	19.4	−11.3
1982~2008	11.8	28.6	−11.3
1802~2008	8.8	35.1	−21.9
1926~2008	10.4	35.1	−15.5

기간마다 달랐던 물가 상승률 변화가 주식시장의 실질 수익률에는 거의 영향을 주지 못했지만, 채권의 실질 수익률에는 심대한 영향을 미쳤다. 채권의 이자 지급액은 채권이 만기 상환될 때까지 일정한 횟수에 대

해 고정되어 있다. 급격한 물가 상승 시기에는 고정된 이자 지급액의 실질 가치가 크게 하락해서 채권의 실질 수익률을 감소시킨다. 투자자들이 물가가 급격하게 상승할 것으로 예상할 경우 예상 물가 상승을 보상하고 수용할 만한 실질 수익률을 확보하기 위해 채권 발행자에게 이에 상응하는 높은 이자율을 지급하도록 요구할 것이다. 그러나 과거의 기록을 보면 투자자들이 종종 급속한 물가 상승을 예측하지 못했음을 보여준다. 예를 들어 투자자들은 2차 세계대전 이후 35년 동안은 물가 상승률을 무시하다가 1980년대 초에야 이에 대한 보상을 요구했다. 그러나 1982년이 되자 물가 상승률은 거의 정복되었다('전쟁의 대미를 장식하는 장군들' 이라는 말이 떠오른다). 실질 채권 수익률은 큰 폭으로 변동했다. 현실적인 투자 기간 동안에 과거 채권 수익률을 향후 수익률 예상의 기초로 삼는 것은 아무런 도움이 되지 못한다.

그런데 최근에는 채권의 전통적인 2가지 리스크를 제거한 새로운 형태의 미국 국채가 등장했다. 무이자 할인 채권은 25년 혹은 그 이상의 기간 동안에 확정 고정 수익률을 보장해서 투자자들에게 특정 장기 수익률(대개 동일 만기의 일반적인 이자 지급 채권의 현재 이자율 수준으로 정해진다)을 고정시킬 수 있게 해준다. 인플레이션을 헤지하는 채권도 있는데 이러한 채권은 이자율은 낮지만 소비자 물가지수 상승 위험에 대해 완전히 보호해준다. 그러나 어느 경우에도 이러한 채권들의 명목 수익률이나 실질 수익률이 전통적인 채권 수익률을 초과한다는 보장은 없다. 단지 이러한 채권들은 수익률 예측 가능성이 더 클 뿐이다.

10년 후　**채권 수이률과 리스크**

1978년에서 1981년의 기간 동안 이자율 폭등은 1982년에서 1997년까지 연 평균 13.4%라는 놀라운 장기 채권 수익률의 배경이 되었다. 그 이후 이자율이 안정된 뒤 하락함에 따라 평균 채권 수익률은 하락했지만 그 이후에도 과거 수준 대비 예외적으로 높은 연 평균 8.8%를 기록했다. 이 시기의 인상적인 수익률 상승으로 채권 장기 수익률은 1997년까지는 4.8%였는데, 2008년까지의 수익률은 5.1%로 상승했다. 최근의 물가 상승률이 평균보다 높았기 때문에 실질 수익률은 각각 3.5%와 3.6%로 사실상 같은 수준을 유지했다.

1997년 이후 장기 미국 국채 실질 수익률은 평균 6.2%로, 이는 역대 최고 수준에 가까운 이자율로 시작한 1982년~1997년 동안의 실질 수익률 9.6%보다 훨씬 낮은 수준이다. 1982년부터 2009년 중반까지의 수익률을 계산해 보면 평균 실질 수익률은 8.3%로 양호한 수준을 기록했다. 그러나 이 시기 종료 시점에 장기 국채 수익률이 약 4.5%에 불과한 점을 감안할 때 이처럼 높았던 과거 수익률이 되풀이되기는 사실상 불가능하다. 향후 장기 국채 수익률은 4%에서 5% 사이가 될 가능성이 높다.

지난 2세기 동안 채권 수익률의 변동성은 주식 수익률 변동성의 약 절반에 머물렀다. 과거 채권 수익률의 표준편차는 8.8%로 주식 수익률 변동성 18.3%의 절반 정도에 불과하다. 그러나 1980년대 초기와 2008년~2009년의 매우 큰 변동성으로 인해 그 시기의 채권 수익률 표준편차 11.8%는 동일 기간의 주식 수익률 변동성 17.4%에 더 가까웠다.

성장을 위한 씨 뿌리기

주식과 채권의 장기적인 리스크와 수익률은 장기투자를 위한 상식 투자 전략의 개요를 제안한다. 첫째, 장기 투자자는 주식에 상당 부분을 투자해야 한다. 1802년 이후 그리고 시겔 교수가 연구한 각 기간 동안 주식은 채권보다 높은 수익을 실현해서 물가 상승 위협에 대한 보호뿐 아니라 최상의 장기 성장 기회도 제공했다. 만약 리스크를 장기투자 기간 동안 실질 수익을 벌어들이지 못할 가능성이라고 정의한다면 채권의 리스크가 주식의 리스크보다 크다는 사실을 데이터가 명확하게 보여준다. 우리의 경제라는 정원이 기본적으로 건강하고 비옥하다고 믿는다면 장기적인 보상을 거둬들이는 가장 좋은 방법은 보통주에 대한 투자가 명확하게 허용하듯이 성장에 대한 전망을 가지고 씨를 뿌리는 것이다. 그러나 예기치 않은 추운 겨울이 시작할 가능성에도 잘 대비해야 하는데 채권이 여기에서 중요한 역할을 한다.

1802년 이후 미국의 오랜 역사에서 주식시장의 변동성은 채권시장의 변동성보다 컸다. 단기적으로는 주식이 채권보다 위험하다. 장기적으로도 주식이 채권보다 수익률이 낮을 수도 있으며 실제로 그렇게 되기도 한다. 실제로 미국 증권 시장 설립 이후 187개의 회전 10년(rolling 10-year period) 기간 동안에 채권은 38개의 기간 동안(5번 중 한 번) 주식보다 수익률이 높았다. 그러나 투자 기간이 늘어나면 채권시장의 실적이 높았던 경우는 예외적인 수준으로 줄어든다. 1802년 이후 172개의 회전 25년 기간을 조사해 보면 채권이 주식보다 높은 수익률을 기록하는 경우는 8번에 불과한데 이는 겨우 21번에 1번꼴이다. 단기적으로 또는 보다 장기간에 걸쳐서도 주식 수익률이 채권 수익률보다 낮을 가능성에 대비해서 장기 투자자들은 포트폴리오에 채권을 포함시켜야 한다. 이것이 균형투자 프로그램인데 이 전략에 대해서는 3장에서 자세히 논의할 것이다. 주식과 채권에 적절히 배분하고 성장과 쇠퇴라는 불가피한 계절에도 불구하고 그 포트폴리오를 유지한다면 이익도 축적하고 역경에도 견딜 수 있는 좋은 입장에 있게 될 것이다.

금융시장은 매매를 위해 존재하는 것이 아니다

여기에 제시된 시장 수익률이 장기투자 전략 결정에 아무리 유용하다

할지라도 시장 수익률에는 중요한 결함이 있다. 이 수익률들은 투자비용이 소요되지 않는 전적으로 이론적인 투자의 가능성을 반영한다. 전체적으로 시장 수익률은 불가피하게 투자비용에 의해 감소되기 때문에 투자자들은 시장 수익률보다 덜 벌게 된다. 뮤추얼 펀드 업계에서는 투자비용의 범위는 매우 넓다. 공격적으로 관리되는 소형주 주식 펀드에서는 자산에 대해 부과되는 총비용(운영 경비와 거래 비용 포함)이 3%에 달할 수도 있다. 특정 지수에 편입된 주식을 사서 보유하는 소극적 관리 펀드인 시장 인덱스 펀드의 비용이 가장 낮다. 인덱스 펀드는 자문 수수료나 거래 비용이 수반되지 않고 최소한의 운영 비용만 발생하기 때문에 비용이 자산의 0.2% 혹은 그 이하로까지 유지될 수 있다. 평균적으로 시장 수익률보다 높은 수익을 올리기 위해 증권을 매매하는 전문적인 자문사들에 의해 관리되는 보통주 뮤추얼 펀드들은 자산의 약 1.5%에 달하는 연간 운영 경비(이 비율은 경비율로 알려져 있다)를 발생시킨다. 포트폴리오 거래 비용(transaction cost)을 보수적으로 0.5%로 추정할 경우, 총비용이 총수익률을 최소 연 2% 포인트 감소시킨다.

미래 수익률의 기대 수준을 추정할 때 장기 투자자는 투자 수익률 중 이러한 비용에 의해 소모될 부분을 주의해야 한다. 비용은 명목 수익률과 실질 수익률에서 똑같은 % 포인트를 삭감하지만 지속적인 물가 상승률을 감안하면 언제나 비용이 실질 수익률을 갉아먹는 비율이 더 크다. 예를 들어 어떤 주식의 연간 명목 수익률이 10%라고 가정하자. 업계 평균 수준의 비용을 발생시키는 뮤추얼 펀드는 2% 포인트의 수익률, 즉 시장 연 수익률의 1/5을 갉아먹는다. 물가 상승률이 3%라고 가정하면 시장의 실질 수익률은 7%가 되는데 이 경우 비용은 시장 실질 수익률의 거의 1/3을 소모한다. 그리고 투자자들은 조만간에 세금도 지불해야 한다. 옳든 그르든 간에 세금은 실질 수익이 아니라 (더 많은) 명목 수익에 부과된다. 펀드 수익과 자본 이득 배분에 대한 세금이 세전 실질 수익률을

2% 포인트 더 감소시켜서 세후 수익률을 5%로 낮춘다면(이는 다소 온건한 가정이다) 2%의 뮤추얼 펀드 총비용은 시장 실질 세후 수익률의 40%를 소모하게 된다. 확실히 장기 투자자들은 비용을 가장 적게 지불해야 주식시장이 제공하는 실질 수익률의 대부분을 챙길 기회가 커진다.

파이 이론

이제 비용이 실제 세계에 미치는 영향을 살펴보자. 1926년에 시작된 현대 주식시장에서 주식시장이 투자자들에게 약 11%의 명목 수익률을 제공했다고 가정하자(이 수치는 물가 상승률을 고려하지 않았으며, 예외적이었던 1982년부터 1997년까지 연 17%의 수익률을 포함한다). 이 수익률을 평평한 원형의 판(예를 들어 파이)이라고 가정하면 수익률 11%는 정의상 시장 참여자들 모두가 나누어 가질 수 있는 몫 전체다. 11%보다 높은 수익률을 올린 투자자가 있다면 이에 해당하는 금액이 11%보다 낮은 수익률을 올린 투자자들에 의해 상쇄되어야 한다. 이것이 바로 비용을 공제하기 전의 전체 파이다. 성공적인 투자자가 11%보다 2% 높은 수익을 올린다면, 이 2%는 실패한 투자자들의 평균 수익 미달분에 의해 상쇄될 것이다. 한 그룹이 13%의 수익률을 올리면 다른 그룹은 9%의 수익률을 올린다.

이제 모든 시장 참여자들의 투자비용이 2%라고 가정하자. 11%의 총파이 중 시장 참여자들에게 나누어질 순 파이는 9%로 줄어들었다. 이렇게 단순하다. 승자들은 11%의 순수익률을 올리고(시장의 총수익률과 같다) 패자들은 7%의 순수익률(시장 총수익률에 4% 미달한다)을 기록한다. 비용을 공제한 뒤에 승자들은 겨우 시장 수익률을 달성하고 패자들은 시장 수익률에 비해 4% 포인트를 잃는다는 사실은 왜 시장 수익률을 올리기가 쉽지 않은지를 암시한다. 이기지 못할 공산이 크다.

파이의 비유는 혁신적일 것이 별로 없고 아래와 같이 초등학교 2학년 수준의 수학일 뿐이다.

$$총\ 시장\ 수익률 - 비용\ =\ 순\ 시장\ 수익률$$

그러면 아래의 삼단논법이 명확해진다.

1. 모든 투자자들이 전체 주식시장을 소유한다. 따라서 (하나의 그룹으로 본) 적극적 투자자들과 소극적 투자자들(이 두 그룹이 항상 모든 주식을 보유한다)의 수익률은 주식시장의 총수익률과 같아야 한다.
2. 적극적인 투자자 그룹이 부담하는 관리 비용과 거래 비용은 소극적인 투자자 그룹이 부담하는 비용보다 높다.
3. 그러므로 적극 투자와 소극 투자가 정의상 동일한 총수익률을 올린다면 소극적인 투자자들이 더 높은 순수익률을 올려야 한다.
   증명 끝.

불확실성으로 가득한 금융시장에서 기초적이고 자명한 확실성이 있다면 확실히 위에서 증명한 사실이 바로 그것이다. 이것이 바로 점점 더 증가하고 있는 소극적 투자 기법(관리되지 않는 인덱스 펀드가 가장 주목할 만함)의 기초를 이루는 원칙인데 나는 이 책에서 이에 대해 훨씬 더 자세하게 얘기할 것이다. 새뮤얼슨(Samuelson), 토빈(Tobin), 모딜리아니(Modigliani), 샤프(Sharpe), 마코위츠(Markowitz), 밀러(Miller) 등과 같은 노벨 경제학상 수상자들과 금융 전문가들에 의해 개발된 방대한 수식과 효율적 시장 이론에 대한 우아한 증명도 환영해야 한다. 그러나 복잡한 문제들에 대한 간단한 해법을 찾기 위해 효율적 프런티어의 가장 먼 지점(부담한 리스크 대비 최적의 효용을 제공하는 시장 수익률)에 다가갈 필요는 없다. 4장에서 다루겠지만 금융 자산을 축적하는 심각한 게임에서는 단순함이 복잡함을 이긴다.

실무 관행은 원칙에서 벗어난다

파이 이론에 의해 명확하게 확립된 시장 수익률을 이길 공산이 낮다는 사실은 다소 극단적인 의미를 함축하고 있다. 장기투자의 이상이 분산된 주식과 채권 포트폴리오에 지각 있는 균형을 유지하고 시장의 계절 변화에 무관하게 이를 보유하며 비용을 최소로 유지하는 것이라면 이 원칙이 실무 관행에서 뮤추얼 펀드 매니저와 뮤추얼 펀드 투자자 모두에게 존중되어야 한다. 그러나 이 원칙은 두 집단 모두에게서 지켜질 때보다 지켜지지 않을 때가 더 많다. 시장 수익률보다 높은 수익률을 추구한다는 도전 과제가 우리가 배웠어야 할 교훈을 흐리게 한 것 같다. 《하트퍼드 신보》의 편집인 고(故) 찰스 더들리 워너(Charles Dudley Warner)가 날씨를 주제로 한 말을 내 말로 바꿔 써 본다.

"누구나 장기투자에 대해 이야기하지만 이를 조금이라도 실천하는 사람은 드물다."

투자자, 전문가, 개인들이 역사의 교훈을 모르는 것은 아니다. 이 교훈에 주의를 기울이려 하지 않을 뿐이다. 너무도 많은 포트폴리오 매니저, 투자 자문가, 증권 브로커들과 너무도 많은 금융 매체 및 TV에 나오는 박식한 사람들이 매스컴에서 단기 전망, 시장의 예상 추이, 유망한 주식(그리고 이보다 빈도는 덜하지만 전망이 좋지 않은 주식)에 대해 이야기한다. 그래서 오늘날의 과열된 투자 풍토가 '너무 늦기 전에 지금 행동하라'라는 구호처럼 긴급한 행동을 요구하는 것 같다.

단기적 접근법으로 장기투자에 임하는 데에 결함이 있음을 보여주기 위해 나는 널리 퍼져 있는 두 가지의 단기투자 전략을 검토하고, 뮤추얼 펀드 투자자들이 이 전략을 따르다 어떻게 손해를 입게 되는지 보여줄 것이다. 첫 번째는 마켓 타이밍(market timing-주식시장 하락을 피하기 위해 자산을 주식에서 채권으로 옮기거나 현금으로 바꾸었다가 다음번의 주식시장 고조에 편승하기 위해 다시 주식으로 옮기기)이다. 마켓 타이밍은 대부분의 실천자들에게 의도와 반대되는 결과를 가져오기 쉽다. 그들이 시장에 참여하면 주가가 하락하고 시장에서 빠져나가면 주가가 오른다.

종이 신호를 보내 투자자들이 언제 주식시장에 들어가고 언제 나가야 하는지 알려준다는 아이디어는 신빙성이 없다. 나는 이 업계에서 거의 50년 동안 일해 왔지만, 마켓 타이밍 전략을 일관성 있게 성공시키는 사람을 보지 못했다. 그리고 이 전략을 일관성 있게 성공시키는 사람을 알고 있다는 사람도 만나지 못했다. 그럼에도 마켓 타이밍은 뮤추얼 펀드 투자자나 전문 펀드 포트폴리오 매니저들이 점점 더 수용하고 있는 듯하다.

두 번째 단기적인 전략은 장기투자 포트폴리오의 급격한 회전이다. 이 전략도 뮤추얼 펀드 투자자들과 펀드 매니저들의 투자 행태에 너무도 명백하게 드러난다. 이 전략은 실행 비용이 많이 소요되며, 마켓 타이밍 전략과 유사하게 투자자들이 특히 매력적인 주식이나 뮤추얼 펀드에 투자하여 성장을 지켜보고 있다가 정점에 이르면 투자액을 회수할 수 있다는 믿음에 입각하고 있다. 마켓 타이밍 전략과 마찬가지로 빠른 회전이 펀드 투자자들이나 펀드 매니저들의 수익을 향상시켜 준다는 증거를 보여주는 기록은 없다.

언론에서의 마켓 타이밍 ― '주식시장의 죽음'

금융 매체는 마켓 타이밍이나 다른 방법을 통해 시장 수익률보다 우수한 실적을 올리려는 영원한 노력을 검토하기에 좋은 장소다. 대중매체는 투자자들의 투자 의사결정에 의해 정해지는 금융시장의 행동을 반영한다. 매체는 또한 시장의 행동을 조명함으로써(그리고 어떤 면에서는 선정적으로 만듦으로써) 시장의 영향을 확대하기도 한다.

미국에서 가장 존경받는 비즈니스 정기 간행물 중 하나인 《비즈니스 위크》에 실렸던 두 개의 커버 기사를 살펴보자. 《비즈니스 위크》는 1979년 8월 13일자에 '주식시장의 죽음'이라는 커버스토리를 실었다. [그림 1-4]에서 볼 수 있듯이 기사가 실린 시점이 이보다 더 운이 없을 수는 없었다. 이 글이 실렸을 때 다우존스 산업평균 지수는 840이었다. 다우 지수는 1980년 말에는 960으로 상승했다. 다우지수는 그 후 2년간 하락하여, 1982년 7월에는 800을 기록했다가 1983년 5월에는 1,200으로 상승했다. 《비즈니스 위크》는 1979년 8월 기사 게재 시점의 주가에서 50% 이상 상승한 뒤인 1983년 5월 9일자에 '주식시장의 부활'이라는 기사를 실었다. 1983년의 기사가 발표된 후 나는 동료 중 한 명에게 "조심해, 이제 재미는 끝났어"라고 말했다. 그리고 비록 잠깐이었지만 주식시장의 재미는 옆길로 샜다. 《비즈니스 위크》는 다우존스 산업평균 지수가 840일 때 '매도'하라고 했고, 다우 지수가 1,200으로 오른 뒤에 '매수'하라고 했다. 그러나 매수 권고 2년 후인 1985년 5월에도 다우 지수는 여전히 1,200에 머물렀다.

[그림 1-4] 언론의 보도대로 투자하기 - 《비즈니스 위크》와 《타임》

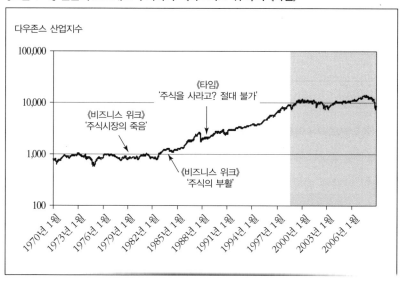

《비즈니스 위크》의 사례만 고르면 불공평하다. 《타임》 역시 주식시장의 미래 행로에 대해 강력하고 명확한 입장을 취하는 위험에 대해 《비즈

니스 위크》 사례와 같이 신랄한 예를 보여준다. 《타임》지는 1988년 9월 26일자 커버스토리에 커다란 곰 사진을 곁들여 '주식을 사라고? 절대 불가!' 라는 기사를 실었다. 이 기사는 주식시장에 대한 보석 같은 교훈들을 포함하였다. "그것은 위험한 게임이다. 그것은 상황이 더 악화되고 있음에 대한 신임 투표다. 시장은 투기장이 되었다. 개미 투자자들은 멸종 위기에 처해 있다. 주식시장은 세상에서 가장 투기적인 사업이 되었다." 이 기사가 실렸을 때 다우존스 산업 평균지수는 1987년 10월의 시장 붕괴 직전에 도달한 2,700의 정점에서 2,000 수준으로 하락해 있었다. 이 기사 이후 다우 지수는 최고 9,000에 이르렀다. 4배가 넘게 오른 것이다. 투자자들이 《타임》의 결론에 따라 행동했더라면 역사상 가장 강력했던 강세장에서 소외된 채 한숨을 쉴 수밖에 없었을 것이다.

나는 《비즈니스 위크》와 《타임》을 혹평하거나 이들을 완벽한 반대 신호 제시자(그들의 조언이 일관되게 틀려서 그들이 말하는 반대로 행동하면 이익을 낼 수 있다고 믿을 수 있는 놀라운 정보의 원천)로 추켜세울 생각이 없다. 내가 말하려는 요점은 다음과 같다. 주식시장은 월간, 연간 등 단기간의 관점에서는 예측할 수 없다. 우리는 주식시장이 예측 가능하다고 기대해서는 안 되며, 투자 의사 결정을 당시에 널리 퍼져 있는 견해에 고취된 충동에 기초해서도 안 된다. 유력한 언론의 머리기사에 나온 것이든, 우리의 일상적인 희망과 공포로부터 나온 것이든, 행동하라는 이러한 요구는 일반적으로 단기적 관점을 취하며 장기적인 시각을 흐리게 할 뿐이다.

뮤추얼 펀드 투자자들의 마켓 타이밍

불행하게도 입수 가능한 데이터들은 개인 뮤추얼 펀드 주주들이 언론에 의해서나 시장의 변동성에 대한 감정적 대응에 의해 생겨난 충동을 무시하기보다는 이러한 충동에 활발하게 반응하며 군중을 추종함을 시사한다. 펀드 주주들이 주가 변동에 과잉 반응하기 때문에 뮤추얼 펀드 투자는 극도로 '시장에 민감'함이 밝혀졌다. 주가의 고점과 저점, 그리고 펀드 자산 대비 주식형 뮤추얼 펀드의 현금 유·출입액 백분비율을 보여주는 [그림 1-5]를 고려해 보라. 1973년부터 1974년까지 주가가 48% 하락한 이후 투자자들은 1975년 2분기부터 1981년 1분기까지 24분기 연속으로 그들이 보유한 주식형 뮤추얼 펀드에서 현금을 인출했다. 누적 총 인출금액은 140억 달러였는데, 이는 이 기간 초 자산 규모의 44%에 해당하는 금액이다. 그 후 1982년 3분기부터 시장이 장기 강세장을 시작하기 직전에 펀드 투자자들은 다시 자금을 유입하기 시작했다. 1987년 3분기까지는 현금 유입액이 초기 펀드 자산의 122%인 800억 달러에 이르렀다.

[그림 1-5] 주식형 펀드 자금 유·출입(1970~2008)

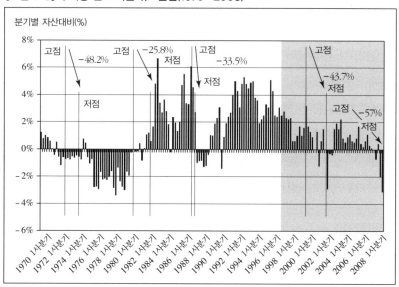

투자자들은 특히 1987년의 처음 9개월 동안 펀드에 많은 금액을 투입했다(800억 달러의 누적 유입액 중 280억 달러가 이 기간에 유입되었다). 투자자들은 대부분 가격이 오른 상태에서 매수한 것으로 드러났다. 이미 많이 오른 상

태에서 투자한 것이다. 그 뒤에 1987년 10월의 주식시장 붕괴가 찾아왔고 투자자의 돈이 빠져나갔다. 주식시장 붕괴 후 1년 반 동안 주식형 펀드 환매는 급증했으나 신규 주식 매입은 감소해서 분기마다 거의 5%의 주식형 펀드 자산이 청산되었다. 그때쯤에는 주식 가치 평가가 보다 현실적인 수준에 도달해 있었다. 슬프게도, 주식에서 손을 뗀 투자자들은 주식 반등이 찾아오기 직전에 시장 참여를 포기한 것이다.

1987년 10월에 주식시장이 붕괴하자 그 전까지는 합리적이었던 많은 투자자들이 주식시장을 외면했다. 그러나 강세장이 맹위를 회복하자마자 바로 그 투자자들이 다시 태도를 바꿨다. 주식형 펀드의 자금 유입이 빠르게 회복되었고, 1998년 중반까지 매분기 순유입이 이어졌다. 작은 물방울로 시작되어 세찬 강물을 이룬 것이다. 강세장이 처음 시작된 1983년 1년 동안에 10억 달러를 기록했던 순매입액은 1997년에는 200배 넘게 증가된 2,190억 달러에 이르렀다. 만일 투자자들의 거대한 뮤추얼 펀드 자금 유입과 유출이 향후 주가 방향에 대한 반대 지표라면 최근 일어나고 있는 펀드 업계의 자금 유입은 좋은 소식이 아닐지도 모른다. 그러나 향후 주식시장이 어떻게 전개되든 이 수치는 다음과 같은 주식시장의 커다란 역설 중 하나를 보여주는 또 다른 증거다. 주가가 높을 때에는 투자자들이 시류에 편승하기를 원하고, 주식이 저가로 거래되고 있으면 앞다퉈 주식을 팔려 한다.

10년 후 뮤추얼 펀드 투자자들의 마켓 타이밍

뮤추얼 펀드 투자자들은 1998년~2009년 동안 일관성 있게 비생산적인 투자 패턴을 계속했다. 투자자들은 이 시기 전반부의 특징이었던 강세장의 강력한 상승기였던 2000년 중반까지 6,500억 달러를 투입했지만, 2002년의 저점에 접근할 때부터 저점에서 회복할 때에는 920억 달러를 인출했고, 2007년 가을에 시장이 회복하는 듯이 보일 때까지 7,250억 달러를 투입했다. 그 뒤 1929년~1933년 이후 주가가 가장 급격하게 하락하자 다시 인출이 시작되어서 2009년 봄에 주가가 저점에 도달할 때까지 주식형 펀드에서 2,280억 달러를 인출했다. 투자자들은 결코 교훈을 얻지 못할 것인가?

펀드 주주들이 단기 투자자가 되어간다

투자자의 단기투자 성향은 단순히 주식형 펀드에 대한 애증 관계에만 반영되는 것이 아니다. 투자자들은 주식형 펀드 보유의 급격한 회전이라는 또 다른 단기 전략을 채택하게 되었다. 투자자들이 그들의 뮤추얼 펀드 포트폴리오에서 높은 회전율 정책을 따르는 경향이 매우 높아졌다.

[그림 1-6] 주식형 펀드 투자자들의 연간 회전율(1952~2008)

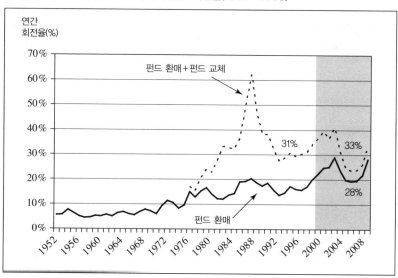

[그림 1-6]이 보여주듯이 1960년대와 1970년대 대부분의 기간 동안 회전율은 연 8% 범위에 머물렀다. 이는 펀드 보유자들의 주식 평균 보

유 기간이 12.5년임을 시사한다(추정 보유 기간은 단순히 회전율의 역수다). 현재 펀드 주식 보유 회전율은 연 31%에 이르는데 이는 전형적인 주식형 펀드 투자자들이 그들의 주식을 겨우 3년 보유함을 시사한다(31%는 매년 평균 17%에 달하는 주식형 펀드 환매율과 주식형 펀드에서 다른 주식형 펀드나 채권형 펀드 또는 MMF로 이동하는 비율 14%를 합한 수치다). 보유 기간이 이처럼 짧으면 영리한 장기투자 전략 실행에 방해가 되기 때문에 뮤추얼 펀드 보유 기간 75% 단축은 매우 비생산적이다.

이 차트에서 특히 주목할 점은 1987년에 주식 회전율이 심한 상승세를 보였다는 점이다. 최고 회전율을 기록한 시기가 가장 최근의 주요 주식시장 하락 시기와 일치한다는 것은 우연이 아니다. 이 기간의 회전율은 62%였다(겨우 1.6년의 보유 기간에 해당함). 투자자들이 향후 주가 급락 시 유사한 환매 행태를 따를 경우 어떤 일이 일어날지 모르겠다.

10년 후   펀드 투자자들은 여전히 단기 투자자로 머문다

뮤추얼 펀드 주주들의 단기투자 증가는 2002년까지 계속되었는데 당시의 회전율은 연간 41%에 달했다(이는 투자자들의 평균 보유기간이 2년 반으로 추정됨을 의미함). 그 뒤에 뮤추얼 펀드 마켓 타이밍 스캔들이 밝혀졌다. 많은 대형 펀드 그룹들이 특권을 누린 투자자들에게 미국시장 종료 시에 몇 시간 전에 종료된 유럽과 (특히) 일본시장에서 형성된 가격으로 뮤추얼 펀드의 주식을 거래함으로써 거의 확실한 이익을 챙길 수 있게 해주었다.

이러한 기회주의적인 투자자들, 흔히 헤지 펀드들은 뮤추얼 펀드에 대한 장기 투자자들의 직접적인 희생 하에 그릇된 이익을 챙겼다. 뮤추얼 펀드 판매자들과 헤지펀드 매니저들 사이의 검은 거래가 밝혀지자 이러한 불법적인 관행이 중단되었다. 이에 대한 강력한 항의로 회전율이 거의 절반가량 떨어져 2004년부터 2007년 사이의 회전율은 24%로 낮아졌다. 그러나 2007년에서 2009년의 주식시장 붕괴 기간 동안 환매율이 36%로 치솟았다. 이러한 광적인 행동은 뮤추얼 펀드는 일반적으로 장기 보유한다는 주장이 잘못되었음을 보여준다. 불법이든 아니든 뮤추얼 펀드 주식에 대한 그처럼 활발한 거래는 업계의 스캔들이다. 그것은 또한 영리한 투자에 반한다.

펀드 매니저 따라 하기

펀드 투자자들이 정말로 단기투자 철학을 가지게 되었다는 데는 의심의 여지가 없다. 그들은 자신들이 소유하고 있는 펀드를 운용하는 포트폴리오 매니저들로부터 이 철학을 배웠다. 1940년대부터 1960년대 중반까지는 전형적인 일반 주식형 펀드의 연평균 포트폴리오 회전율은 17%로 적정한 수준이었다. 1997년에는 미국 주식형 펀드의 평균 회전율은 5배나 상승한 85%에 이르게 되었다. 포트폴리오 매니저들은 평균적으로 그들의 포트폴리오에 주식을 겨우 1년 남짓 보유할 뿐이다. 이는 고객의 자산을 신중하게 관리할 수임인(fiduciary) 책임을 지고 있는 투자자문사들에게는 기이한 행동이었다. 그들은 신중한 수임인이라기보다는 단기 투기꾼들처럼 포트폴리오를 이리저리 움직인다. 과거 몇 년 동안 다른 사람들의 돈을 관리하는 포트폴리오 매니저들은 정교한 통신기술의 확산에 편승하여 시장 수익률을 상회하기 위해 초단기 매매라는 새로운 방법을 채택했다. 이 방법은 투자자들에게 엄청난 세금뿐만 아니라 막대한 포트폴리오 거래 비용을 부담시키는 관행이다. 컬럼비아 대학교 로스쿨의 루이스 로웬스타인(Louis Lowenstein) 교수가 1998년 논문에서 밝힌 것처럼 뮤추얼 펀드 매니저들은 '순간적인 주가를 지속적으로 강조한다. 그들은 특정 기업의 특성들과 뉘앙스들을 안중에 두지 않는다.' 내가 '모범 실무 관행' 뮤추얼 펀드(비교적 견실한 저회전 정책을 따르는 뮤추얼 편드)라고 묘사한 펀드들이 보여준 모범에도 불구하고, 뮤추얼 펀드 업계는 훨씬 덜 생산적인 길을 걷고 있다. [그림 1-7]은 펀드 포트폴리오 회전율의 놀라운 상승을 보여준다.

[그림 1-7] 뮤추얼 펀드 포트폴리오 회전율(1946~2009)

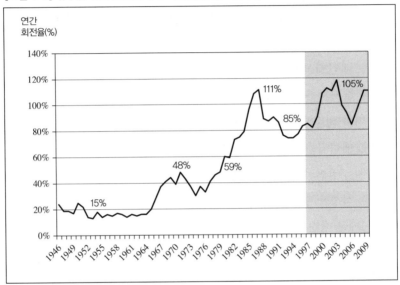

펀드 매니저들은 또한 의심할 나위 없이 미국에서 가장 성공적인 투자 매니저인 워런 버핏(Warren Buffet)이 수립한 장기투자의 교훈도 무시한다. 버핏의 거대한 포트폴리오(비교적 소수의 주식에 한정됨)는 회전율이 낮을 뿐만 아니라 거의 0에 가깝다. 버핏이 운용하는 투자 지주 회사 버크셔 헤서웨이(Berkshire Hathaway)의 1996년 연례 보고서에 버핏의 철학이 이렇게 묘사되어 있다.

"우리는 비활동성(inactivity)이 영리한 행동이라고 생각합니다. 우리는 대부분의 사업가들도 그러하듯이 연방 준비은행의 할인율이 조금 변한다거나 월가의 어느 전문가가 시장에 대한 견해를 바꾸었다고 해서 수익성이 매우 높은 우리의 소수 지분을 열광적으로 매매할 생각을 하지 않습니다."

수임인들이 왜 버핏의 원칙과 다르게 행동하는지 의아하게 생각하는 사람들도 있을 것이다. 버핏은 매우 생산적인 자신의 투자 방법을 다음과 같이 설명했다. "기업의 (현재의) 내재 가치 대비 어느 수준에서 가격이 형성되어 있는지에 관계없이 주요 보유종목의 대부분을 유지한다. 이는 죽음이 우리를 갈라놓을 때까지라는 태도다. 우리는 향후 10년 혹은 20년 후에 강점을 지닐 것이 확실하다고 믿는 기업들을 추구한다. 격동하는 산업에 대한 투자자로서의 우리의 반응은 우주 탐사에 대한 우리의 반응과 유사하다. 우리는 그 노고에 박수를 보내지만 우주선에 타고 싶지는 않다."

버핏은 뮤추얼 펀드의 특징인 높은 회전율과 친해지려 하지 않는다. "투자 매니저들이 더 활동적이다. 그들의 행동과 비교하면 스님이 춤추는 것이 오히려 차분해 보인다. '기관 투자자' 라는 용어는 '거대한 새우' '진흙을 뒤집어 쓴 숙녀 레슬러' '비싸지 않은 변호사' 라는 말들에 필적할 만큼 모순적인 것이 되어 버렸다."

현대의 뮤추얼 펀드 업계가 이런 상황에 놓여 있는 가운데 버핏은 다음과 같은 올바른 결론에 도달한다. "특정 회사의 경제 사정을 알지는 못하지만 미국 산업의 장기적인 소유자가 되기를 원하는 사람은 정기적으로 인덱스 펀드에 투자해야 한다." 이렇게 함으로써 "아무것도 모르는 투자자라 해도 실제로는 대부분의 투자 전문가들보다 높은 수익률을 얻을 수 있다. 역설적이지만 '멍청한' 돈이 자신의 한계를 인식하게 되면, 더 이상 멍청하지 않게 된다." 꾸준한 거북이가 간헐적으로 뛴 토끼를 이긴 우화에서와 같이 장기로 투자된 돈이 투기자금과의 경쟁에서 이긴다. 뮤추얼 펀드 업계는 이 자명한 이치를 무시하고 있다.

펀드 업계의 급격한 회전이 잘 집행된 월등한 수익 실현 계획의 부작용이라고 볼 수 있는지 생각해 보자. 명확한 답은 업계 전체적으로 봐서 그렇지 않다는 것이다. 현재 모든 주식의 3분의 1을 관리하고 있는 펀드 매니저들은 대체로 다른 투자자들과 거래하는 것이 아니라 자신들끼리 거래한다. 따라서 펀드 주주들 전체적으로는 매매 손익이 발생하지 않는다. 그것은 제로섬(zero-sum) 게임이다. 그러나 이 점이 아주 중요한데, 이러한 거래를 집행하는 증권사의 수중에 돈이 떨어지게 되어 펀드 매니저들 사이의 상호 거래는 네거티브 섬(negative-sum) 게임이 된다. 이 결론을 확인하는 증거들이 있다. 《모닝스타》의 최근 조사는 포트폴리오 매니저들이 포트폴리오 회전을 통해 수익률을 유의미하게 개선할 수 없으며, 결국 회전을 통해 수익률이 소폭 개선될 수 있다 해도 이는 보다 리스크가 높은 주식을 통해 이루어진 것이라는 사실을 발견했다. 이 연구는 펀드 업계의 높은 회전율 정책에 대한 고무적인 방어 역할을 할 수 없다.

더구나 수년간 행해진 나의 연구(나는 이 연구가 체계적이지 않음을 인정한다)는 《모닝스타》의 결과가 너무 낙관적일 수도 있음을 시사한다. 내가 관찰한 바에 의하면 압도적 다수의 펀드들은 향후 12개월 동안 어떤 일이 일어나든 아무런 행동도 취하지 않고 연초의 포트폴리오를 보유했더라면 더 높은 수익을 얻을 수 있었다. 이유가 무엇이든 간에 회전율이 높은 오늘날 전문적인 매니저들이 시장 평균보다 낮은 수익을 올리는 정도는 오랫동안 펀드 업계의 특징이었던 낮은 회전율을 보이던 시절보다 커졌다. 나는 적정 수준을 벗어난 트레이딩에 의해 발생한 고비용이 시장 수익률 하회 정도의 격차가 벌어진 데 대해 부분적인 책임이 있다고 제안한다.

지극히 창의적인 이 업계에서 우리는 확실히 장기투자 포트폴리오를 매우 활발하게 단기적으로 관리하면 지각 있는 매수 후 보유 전략보다 나은 결과를 낼 수 있다는, 솔깃하지만 궁극적으로 공허한 약속을 하고 있는 단기 전략이 셀 수도 없이 많이 개발되는 것을 목격하고 있다. 그러니 마켓 타이밍은 지금까지는 실패작이며, 투자 포트폴리오의 높은 회전율도 효율적이지 않다. 비용이 많이 들고 세금 면에서 비효율적인 회전이 증가할수록 (펀드 및 펀드 투자자 모두에게) 이러한 실무 관행은 더 많은 피해를 입히게 되어 있는 것 같다.

단기 투기가 장기투자를 대체하고 있다

나는 1951년에 뮤추얼 펀드에 관한 프린스턴 대학 졸업논문을 쓸 때 금융시장에서 뮤추얼 펀드 포트폴리오 거래의 역할에 대한 섣부른 낙관론에 대하여 우려를 표시했다. 나는 펀드 매니저들이 주가 변화 예측보다는 투자 가치 평가에 초점을 맞추고 전문적인 분석 능력을 갖출 때 시장에 "주가에 대한 대중의 평가가 아니라 본질적으로 기업의 실적에 근거한 안정적이고, 정교하고, 현명하고, 분석적인 주식 수요를 가져올 것"이라고 결론을 내렸다.

이러한 나의 접근법은 시장에서 투기의 강력한 역할이 "자신의 투자에 관해 특별한 지식이 없는 사람들이 주식을 점점 더 많이 소유하고 전통적인 주식 평가가 많은 사람들의 대중 심리에 기초하고 있다"는 사실에 기반을 두고 있기 때문에 나왔다. 이것은 증권업계에서 전문 투자자들과 전문가들은 대중의 의견을 상쇄할 수 없기 때문에 그들이 대중의 가치 평가 변화를 예측하려 할 것이라는 케인즈 (John Maynard Keynes)의 주장에 대한 나의 대응이었다.

케인즈에 대한 나의 반대 의견은 뮤추얼 펀드와 기타 금융기관들의 중요성이 더 커질 것이라는 기대에 기초하였다. 나는 그들이 투자에 대한 전문 지식에 의존할 것이고, 잘 모르는 개인들의 심리가 아니라 (케인즈의 말로 표현하자면, "시장 참여자들이 전체적으로 (특정 주식의 가치에 대한) 평균 의견이라고 기대하는 것을 찾아내기"가 아니라) 해당 주식의 장기 전망에 기초하여 주식을 정확하게 평가할 것이라고 주장했다. 뮤추얼 펀드 회전율이 연 20%에 훨씬 미치지 못했던 당시에 나는 뮤추얼 펀드가 계속 성장하면 "투자는 더 이상 (케인즈의 말을 사용하자면) '단지 투기의 소용돌이 속의 거품'이 아닐 것"이라고 결론을 내렸다.

하지만 펀드 포트폴리오 회전율 수치가 보여주는 것처럼, 젊은 시절의 낙관주의는 잘못된 것이었다. 오늘날 업계의 관행은 장기투자와는 거리가 멀고 법률이 허용하는 한도 내에서 단기 투기에 가깝다.

10년 후　펀드 포트폴리오 회전율은 여전히 높다

뮤추얼 펀드 전체로 볼 때 포트폴리오의 높은 회전율은 명백히 비생산적임에도 지난 10년 동안 기록적인 수준의 거래 활동이 계속되었다. 사실 2009년의 평균적인 주식형 펀드 포트폴리오 회전율은 연간 105%로서 1997년의 85%보다 높았다.

이러한 회전율의 차원들은 경악할 만하다. 2009년 중반의 평균 자산이 약 3.5조 달러였는데 주식형 펀드 매니저들은 약 2.9조 달러의 주식을 사고 3조 달러를 팔아서(부분적으로는 펀드 투자자들의 순 청산을 커버하기 위해서였음) 총 거래량은 5.9조 달러에 달했다. 이는 이들 포트폴리오의 시장 가치의 2배에 가까운 수치였다. [그림 1-7]을 살펴보면 이처럼 슬픈 사실이 분명해진다. 연간 포트폴리오 회전율은 1946년~1965년 시기 동안 20%를 밑도는 합리적인 수준에서 안정되었는데 지난 25년 동안에는 약 100%라는 새로운 (그리고 옹호할 수 없는) 안정 수준으로 상승하였다. 전체적으로 볼 때 이 업계는 단기 투기의 어리석음을 선호해서 장기투자의 지혜를 버렸다.

투자의 경제학 이해하기

내 견해로는 (뮤추얼 펀드 투자자에 의한, 그리고 그들을 위한) 마켓 타이밍과 높은 회전율은 투자자들이 투자의 경제학을 이해하지 못한 채 투자 과정에만 열중하고 있음을 보여준다. 2장에서 명확하게 보여주는 것처럼 금융시장의 장기 수익 원천은 쉽게 설명될 수 있다. 그것은 주식시장의 경우 기업의 이익과 배당이며, 채권시장의 경우 이자 지급이다. 그러나 시장 수익률은 투자비용을 차감하기 전에 계산되며 확실히 한 투자자에게서 다른 투자자에게 수익을 옮기지만 투기나 급격한 거래에 근거하지 않는다. 장기 투자자에게 수익이란 근저를 이루는 기업의 경제성과 관련이 있지, 기계적인 주식 매매 프로세스와는 아무런 관련이 없다. 나는 뮤추얼 펀드 투자 예술은 단순함과 상식에 놓여 있다고 주장하고자 한다.

개별 주식의 가치가 해당 주식을 발행하는 기업으로부터 나온다면 전체 증권시장은 단순히 종이로 된 주식 증서를 모아 둔 것이 아니라 모든 기업의 유·무형의 순자산 총액을 대표한다. 비용을 고려하지 않으면 투자자들은 필연적으로 기업에 의해 산출되는 수익과 배당에 근접하는 장기 수익을 얻게 될 것이다. 투자 포트폴리오의 급속한 회전은 회사의 수익과 배당 수준을 증가시킬 수 없기 때문에 궁극적으로 투자자 전체로 볼 때 어떠한 가치도 만들어 내지 못한다. 마켓 타이밍 또한 기업들의 내재가치에 어떤 영향도 줄 수 없다. 합리적으로 구성된 주식과 채권 포트폴리오를 시장 성쇠에 관계없이 지속적으로 유지하는 것이 여전히 장기 투자자들의 이상적인 투자 방법이다.

장기적 성공을 위한 간단한 원칙

대부분의 투자자들이 이상적인 장기투자 방법을 받아들이지 않고 있지만, 이 이상은 의외로 실현하기 쉽다. 실제 뮤추얼 펀드 세계에서 현명한 투자자들이라면 자신이 통제할 수 있는 장기투자 요소들에 대해 주의를 기울여야 한다. 이렇게 말하는 것보다는 실제로 실행하기가 어렵든 쉽든 투자자는 시장의 단기적 방향이나 향후의 유명한 펀드를 찾기보다는 영리한 펀드 선택에 중점을 둬야 한다. 펀드 선택의 핵심은 향후의 수익률이 아니라 자신이 통제할 수 있는 리스크, 비용, 시간에 초점을 맞추는 것이다.

정원에서 새싹이 서서히 자라서 계절이 진행됨에 따라 꽃을 피우고 여러 해에 걸쳐 뿌리가 튼튼해지는 것처럼 투자 성공에도 시간이 걸린다. 자신에게 가능한 한 긴 시간을 주라. 투자 금액이 적을지라도 20대에 투자를 시작하라. 당신의 포트폴리오는 복리의 기적이라는 자양분을 받아 시장의 부침을 뚫고 번성할 것이다. 예를 들어 10년 동안 시장의 명목 수익률이 연 10%라면, 시초에 1만 달러를 투자할 경우 10년 후에는 투자 원금의 2.5배가 넘는 거의 2만 6,000달러에 달하게 된다(7%의 실질 수익률을 가정할 경우 10년 후 최종 가치는 초기 구매력의 거의 2배에 달한다). 50년 동안 위의 예에서와 같은 연 10%의 수익률을 가정하면 1만 달러는 최초 투자액의 거의 120배인 120만 달러가 될 것이다.

실제 상황에서 복리의 강력한 힘을 알아보기 위해 투자자문 비용, 포트폴리오 운용 및 관리 비용, 매매 비용, 세금 등의 비용의 부정적인 함의에 대해 특히 주의를 기울이라. 은퇴 자금비축 기간이 끝날 때 분산 투자된 각자의 포트폴리오에서 거둔 수익률은 시장 수익률보다 투자자들이 부담하는 비용과 세금에 상응하는 만큼 낮을 것이다. 연간 수익률의 차이가 작을지라도 이러한 차이가 오랜 기간에 걸쳐 쌓이면 최종적으로 축적하는 자본액에 엄청난 차이를 만들 것이다. 당신의 포트폴리오가 복리의 마술로부터 혜택을 받을 수 있도록 충분한 시간을 주고 비용 발생을 최소화하라. 비용은 마치 잡초처럼 정원의 성장을 방해한다는 사실을 잊지 마라.

이와 같이 간단한 원칙들이 투자에 대한 투자자들의 신뢰를 보상해 주는 장기투자 전략의 토대다. 이상적인 장기투자 원칙에서 벗어나는 대부분의 뮤추얼 펀드 투자자의 기대는 무너지기만 할 뿐이다. 값비싼 단기 전략을 통한 비현실적인 성과 추구는 투자 성공의 가장 중요한 비밀 중 하나인 단순성에서 벗어나게 한다. 투자 절차가 복잡해질수록 실망의 어두운 길로 접어들 가능성이 높아진다. 단순한 계획을 따르고 시장의 사이클이 자신의 길을 가게 하라. 마지막으로 투자에는 비밀이 없다는 것이 투자의 비밀이다.

이제 나는 정원사 찬스의 지혜로 돌아가겠다. 우리는 긴 봄과 여름(역사상 가장 길었던 주식 상승장)을 겪었다. 그러나 우리에게는 '가을과 겨울도 있다.' 계절은 변하기 마련이니 계절의 변화에 놀라지 마라. 사실은 지금이 계절이 변할 때일 수도 있다. 그러나 당신이 몇 가지 단순한 규칙에 의존한다면 장기적으로 당신의 투자가 생존하고 번성할 것이다.

- **투자는 필수 사항이다:** 가장 큰 리스크는 단기 가격 변동 리스크가 아니라(그럼에도 불구하고 실제적이기는 하다) 장기적으로 당신의 돈을 적절한 수익률이 작동하도록 투자하지 않는 리스크다.
- **시간은 친구다:** 당신 자신에게 가능한 한 긴 시간을 주라. 소액이라도 20대부터 투자하기 시작해서 결코 멈추지 마라. 힘든 시기에 소액이라도 투자하면 투자의 페이스를 유지하는 데 도움이 되며 투자가 습관이 될 것이다. 복리 효과는 기적이다.
- **충동은 적이다:** 당신의 투자 프로그램에서 감정을 제거하라. 미래 수익에 대하여 합리적으로 기대하고 계절이 변하더라도 합리적인 기대를 바꾸지 마라. 춥고 어두운 겨울은 밝고 풍성한 봄에 자리를 내줄 것이다.
- **기본적인 산술이 통한다:** 투자비용을 통제하라. 순수익은 단순히 투자 포트폴리오의 총수익에서 발생비용(판매 수수료, 자문 수수료, 거래 비

용)을 차감한 것이다. 낮은 비용은 당신의 과제를 보다 쉽게 해준다.

- **단순성을 고수하라:** 절차를 복잡하게 하지 마라. 기본적인 투자는 아래와 같이 단순하다. 주식·채권·현금보유에 대한 합리적 자산 배분, 우량 증권을 강조하는 중도적인 펀드 선택, 리스크와 수익, (이를 잊지 않아야 한다) 비용 사이의 주의 깊은 균형 유지.
- **경로를 유지하라:** 어떤 일이 일어나든 당신의 프로그램을 고수하라. 나는 "경로를 유지하라"고 수천 번 말했는데, 이는 나의 진심이다. 이것은 내가 당신에게 줄 수 있는 가장 중요한 투자의 지혜다.

단기적으로 불확실한 날들을 그냥 굴러가게 하고 확신을 가지고 미래에 대처하라. 미래의 겨울은 평소보다 더 길고 추울 수도 있고, 여름은 더 길고 더울 수도 있다. 그러나 장기적으로는 우리의 경제와 금융시장은 안정적이고 합리적이다. 단기 가격 변동, 시장 심리, 그릇된 희망, 공포, 탐욕이 좋은 투자 판단을 방해하지 못하게 하라. 당신이 찬스의 교훈을 기억한다면 당신은 성공할 것이다.

나는 정원을 잘 알고 있다. 나는 그곳에서 일생 동안 일했다. 그 안에 있는 모든 것은 적당한 경로를 따라 튼튼하게 성장할 것이다. 그리고 정원에는 모든 종류의 새로운 나무와 꽃들을 위한 공간이 충분하다. 만약 당신이 당신의 정원을 사랑한다면, 그곳에서 일하는 것과 기다리는 것을 피하지 마라. 그러면 적당한 계절에 정원이 무성해지는 것을 반드시 보게 될 것이다.[5]

10년 후　**투자 규칙을 바꾼다고?**

절대 그러지 마라! 지난 10년 동안 내게 여섯 가지 영리한 투자 규칙 중 하나라도 바꾸도록 설득할 만한 일은 (주식시장이나 채권시장, 그리고 펀드 투자자들이나 펀드 매니저들의 행동 어느 곳에서든) 조금도 일어나지 않았다. 확실히 우리가 최근에 헤쳐 나왔던 겨울은 통상적인 겨울보다 더 길고 추웠다. 그러나 영원한 계절들과 자신이 기르는 정원에 대한 찬스의 평가와 상식 투자는 이 투자 규칙들이 어느 시대에나 통한다는 점을 다시 한 번 상기시켜 준다.

그런데 투자자들이 펀드 매니저, 회사 임원, 그리고 금융시장과 관련을 맺는 규칙은 어떠한가? 이 규칙들은 반드시 변해야 한다. 그것도 당장에 말이다. 전통적인 수임인 의무(fiduciary duty)를 재확립해서 회사의 관리자들과 펀드 매니저들이 자본을 투입하는 투자자들의 이익만을 위해 행동하게 해야 한다. 그때에만 투자가 다시금 신뢰의 행동이 될 것이다.

1) Jerzy Kosinski, *Being There* (New York: Harcourt Brace Jovanovich, 1970), pp 54-55.
2) J. J. Siegel, *Stocks for the Long Run*, 2nd ed. (New York: McGraw-Hill, 1998), p.11. Reproduced with permission.
3) *Ibid.*, p.5.
4) Peter L. Benstein, "Off the Average, or the Hole in the Doughnut," *Economics and Portfolio Strategy* (September 1, 1997).
5) Kosinski, *Being There*, pp.66-67.

장기 투자자들에게 있어서 강세장은
대부분의 투자자들이 생각하는 것만큼 이익이 되지 않으며
약세장도 대부분의 투자자들이 생각하는 것만큼 피해를 끼치지 않는다.
강세장은 자산 가치를 높이지만
이에 비례하여 그 시점 이후로는 포트폴리오가 낼 수 있는
미래 실질 수익률의 감소를 가져오며
약세장은 이와 반대로 포트폴리오 가치는 감소시키지만
다른 조건이 동일하다면 이는 대체로 미래 수익률의 증가로 상쇄된다.

Chapter 2

수익의 본질―오컴의 면도날

　전도서의 설교자는 이렇게 말했다. "지나간 것들은 기억해 주지 않는다. 앞으로 오게 될 것들도 기억해 주지 않을 것이다." 이 철학은 확실히 금융시장의 변덕스럽고 예측할 수 없는 단기 변동성에 대해 우려하는 투자자들에게 해당하는 말이다. 그러나 장기투자 전략을 개발할 때에는 과거를 기억하는 것이 필수적이다. 왜냐하면 과거는 우리가 증권 가격을 움직이는 힘을 이해하는 데 도움을 줄 수 있기 때문이다. 금융의 실재에 대해 합리적으로 분석하면 과거에 주식과 채권에서 산출된 장기 수익의 원천과 패턴에 대한 통찰력을 얻을 수 있다. 이러한 통찰력은 미래 수익의 본질을 결정하는 건전한 토대를 제공하고 향후 투자에 관한 합리적인 대화의 토대도 형성할 수 있다.

　14세기 영국의 철학자인 오컴의 윌리엄(Sir William of Occam)은 간단한 설명일수록 올바를 확률이 높다는 통찰력을 제공했다. 이 공리는 '오컴의 면도날(Occam's Razor)'로 알려지게 되었는데 나는 금융시장에 접근할 때 이를 분석 방법으로 사용한다. 나는 윌리엄 경의 면도날을 사용해서 복잡한 방법론을 모두 잘라내고 투자 수익의 원천을 3개의 본질적인 구성 요소로 나누었다. 이 분석은 개별 증권의 성과는 예측할 수 없으며, 증권 포트폴리오의 성과도 단기간에 대해서는 예측할 수 없다는 내 확신을 고려한다. 포트폴리오의 장기성과도 예측할 수는 없지만 과거 수익을 주의 깊게 조사하면 미래 수익 파라미터들에 관한 어느 정도의 확률 수립에 도움이 될 수 있다. 이는 현명한 투자자들에게 미래 수익의 합리적 기대에 대한 토대를 제공한다.

금융시장에 대한 오컴의 면도날 적용은 과도하지 않은 비용으로 운영되며 광범위하게 분산 투자된 뮤추얼 펀드를 선택해서 장기 보유하는 투자자들에게 가장 적합하다. 이 장에서 제시되는 시장의 완전한 수익률은 총수익률을 나타낸다. 그러나 투자자들을 하나의 그룹으로 볼 때 그들은 불가피하게 이보다 덜 번다. (1장에서 설명한 투자비용을 상기해 보라.) 따라서 예상 시장 수익률이 얼마이든, 이러한 비용을 감안하기 위해 기대 시장 수익률에서 2% 포인트 또는 그 이상을 낮춰야 한다.

장기투자 수익률은 전통적으로 광범위한 주식시장과 채권시장을 추종하는 시장지수로 측정되기 때문에, 나의 분석은 동일한 벤치마크를 따르는 인덱스 펀드들과 직접적인 관련성이 가장 높다. (인덱스 펀드들은 5장에서 설명한다.) 시가 총액이 큰 기업들을 강조하는 분산된 주식형 펀드들과, 우량 채권들에 투자하는 펀드들도 이 분석에 잘 들어맞는다. 두 경우 모두, 비용이 가장 낮은 펀드들에게서 펀드 수익률과 시장 수익률 간의 차이가 최소화된다.

10년 후 | 25년 주식 수익률

1980년대와 1990년대의 강세장에 힘입어 25년 주식 실질 수익률은 계속 상승했다. 1999년에 끝난 25년 기간 동안의 연 수익률 11.7%는 1882년에 도달했던 역대 최고 수준에 필적했으며 1967년에 도달했던 현대의 직전 고점을 약간 웃돌았다. 그 뒤 2000년~2002년의 약세장을 겪은 뒤 25년 회전 수익률(rolling 25-year return)은 7.8%로 떨어졌으며, 2009년 중반까지의 25년 수익률은 6%로 추가 하락했는데, 이는 장기 평균 수익률 6.5%에 가까운 수준이지만, 25년 수익률 최고 수준에 비하면 약 절반 수준이다.

시간이 지남에 따라 차츰 이전 강세장의 흥분이 사라져 가면 25년 수익률은 더 떨어질 것이 분명하다. 예를 들어 향후 15년 동안 주식 시장 연 평균 수익률이 6.5%가 된다면(이는 가정이지 예측이 아니다) 2024년에 25년 수익률은 연간 약 2%로 하락하게 될 것이다. 이는 1859년, 1953년, 그리고 1980년~1990년에 도달했던 3.0%라는 이전 저점보다 낮고, 1931년에 도달했던 2.1%보다도 낮은 초라한 수익률이 될 것이다. [그림 2-1]에 제시된 데이터는 과거의 패턴이 되풀이된다는 점을 분명히 확인해 준다. 그러나 언제 이들 정점과 저점이 발생할 것인지를 미리 아는 것은 우리의 능력 밖이다.

오컴의 면도날과 주식시장

우리의 담론은 거의 200년에 이르는 여정이다. 1장에서 살펴본 것처럼 1802년 이후 주식의 연 실질 수익률(인플레이션 조정 후)은 1862년에는 최고 67%와 1931년에는 최저 −39%를 기록하는 등 중간에 엄청난 변동이 있기는 했지만, 연 7% 근처에 안착했다. 연 7%의 수익률이 시장의 장기 수익률에 대해 놀라우리만큼 일관성이 있는 표준으로 판명되었지만, 106% 포인트나 될 정도로 큰 연간 최고 수익률과 최저 수익률 차이는 주식시장의 단기 리스크를 환기시켜 주는 강력한 요소다.

1장의 [그림 1-2]는 거의 200년 동안의 주식 수익률을 보여주었다. 1802년 초에 주식에 투자한 1만 달러가 연평균 7%의 실질 수익률로 불어났다면, 지금은 실질 금액(물가 상승 조정 후)으로 56억 달러의 가치가 있을 것이다. 이제 시겔 교수의 데이터에서 투자 기간을 25년 단위로 나눠서 보다 단기적인 수익률을 살펴보자.

196년 동안의 연 수익률 최고치와 최저치는 106% 포인트라는 큰 차이를 보인다. [그림 2-1]에서 보는 것처럼, 서로 겹치는 172개의 25년 평균으로 보면 최고와 최저 사이의 차이는 훨씬 줄어든다. 이들 각각의 기간 동안 주식 연 실질 수익률은 플러스인 2%에서 12% 사이에 놓여 있다(회전 25년 기간 중 투자 수익률이 마이너스인 적은 없었다). 이 기간 중 실질 연 수익률 평균은 6.7%였고 표준편차는 2%였다. 이 중 2/3에 해당하는 기간 동안 연 수익률은 평균에서 위아래 방향으로 각각 2% 포인트 떨어진 4.7%에서 8.7% 범위 안에 들었다.

[그림 2-1] 회전 25년 주식 실질 수익률(1826~2008)

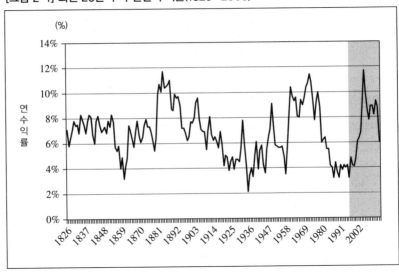

무엇이 이 수익률을 설명하는가? 이 수익률은 어디에서 왔는가? 수익률의 본질은 무엇인가? 왜 시간이 지남에 따라 변동이 줄어드는가? 결국 주식시장에는 몇 가지 영원한 특징이 있는 것 같다. 시간 단위가 1년에서 25년으로 증가함에 따라 투기의 강력한 단기적 영향력은 감소하고, 투자 수익률은 배당 수익률과 이익 성장률이라는 투자의 펀더멘털에 정확하지는 않을지라도 거의 가깝게 일치하게 된다. 이 두 요소는 주식

수익률의 견인력을 구성하는데, 1930년대에 콜스 위원회(Cowles Commission)가 수행한 세심한 연구 대상 기간 중 첫 해인 1871년 이후의 기간에 대해 우리는 이 펀더멘털의 영향을 어느 정도 정확하게 추적할 수 있다.

우리는 과거 데이터를 사용해서 "왜 주식은 7%의 장기 실질 수익률을 제공했는가"라는 단순한 질문에 대해 미국 기업의 이익과 배당 증가 때문이라고 답할 수 있다.* 1871년부터 1997년까지 물가 상승을 고려한 실질 배당 수익률과 이익 성장률의 합은 6.7%다. 달리 말하면, 배당 수익률과 이익에서 도출된 주식 장기 실질 총수익률은 주식시장 자체가 실제로 제공했던 7%의 실질 수익률과 거의 같다. 다른 모든 요소들을 다 합해도 근본적인 이 두 요소에 의해 제공된 수익률에 큰 영향을 주지 않았다.

물론 이 평균을 중심으로 큰 폭의 변동도 있었다. 그러한 변동성은 1달러의 이익에 대하여 투자자들이 지불하고자 하는 가치 평가(valuation)인 주가 수익 배율(PER; Price-Earnings Ratio)의 변화에 의해 야기되었다. 이 투기적인 요소는 펀더멘털 수익률 7%에 연간 4% 포인트를 증가시키거나 감소시킬 정도로 강력할 때도 있었다. 예를 들어 25년 동안 주가 수익 배율이 8배에서 20배로 오를 경우 수익률이 4% 포인트 증가하고, 20배에서 7배로 떨어질 경우에는 4% 포인트 감소하게 된다. 그렇다면 주식의 펀더멘털 수익률과 실질 수익률의 차이는 투기적 요인 즉, 보통주에 대한 투자자들의 가치 평가(이는 주가와 기업의 주당 이익 사이의 관계로 측정됨)의 변화에 의해 설명된다.

---

* 이 데이터는 1871년에서 1997년의 과거 배당 수익률과 이익 성장에 기초한 것이다. 1802년~1870년 사이의 기간에는 총수익률 데이터만 구할 수 있고 구성요소는 구할 수 없다. 그러나 두 시기 모두에 대해 주식 실질 수익률은 일반적으로 7%였는데, 이로써 2세기의 데이터가 주식 실질 수익률의 일관성을 확립해 준다. 2세기라면 우리와 같이 기대 수명이 짧은 인간들에게는 확실히 충분히 긴 테스트 기간이다.

[그림 2-2] 펀더멘털 수익률 대 시장 수익률(1872~2008)

[그림 2-2]는 주식 장기 실질 수익률 결정에 있어서 펀더멘털 수익률이 결정적 역할을 하고 있음을 여실히 보여준다. 이 그림에서 1871년~1997년의 기간 동안 펀더멘털에 의해 창출된 누적 수익률과 주식시장 수익률을 비교하면 두 선들은 거듭해서 벌어지지만 결국은 수렴된다. 앞서거니 뒤서거니 하는 이 차이들은 주가 수익 배율의 변화에 의해 설명되지만, 확실히 펀더멘털이 이 관계를 지배한다.

10년 후 | **투자 수익률—주식시장 총수익률 대 펀더멘털 수익률**

주식시장 수익률을 형성함에 있어서 펀더멘털 수익률(시초 배당 수익률과 이후의 수익 성장률의 합계)이 지배적인 역할을 한다는 점은 1997년에 시작된 시기에 재확인되었다(이는 별로 놀랄 일이 아니다). 2000년 초까지 투기로 인해 누적 시장 수익률이 동 기간의 펀더멘털 수익률(나는 이를 투자 수익률이라고 정의하기도 한다)을 훨씬 상회했지만, 이 두 수치는 2002

년~2003년에 수렴했다. 그 뒤 2007년에 금융위기가 시작되어 경제 침체가 이어졌던 2009년에는, 배당이 약 20% 삭감되었고 기업의 수익이 줄어들었다. 펀더멘털 수익률이 마이너스로 돌아섰고, 시장 수익률도 마이너스를 기록해서 2009년 중순 무렵에 두 지표의 누적 수익률 수준은 사실상 동일했다. 즉, 연간 장기 펀더멘털 실질 수익률은 6.2%였고, 장기 주식시장 수익률은 6.1%였다.

최근 시기의 사건들은 두 종류의 기업 수익의 중요한 구분을 고려하도록 요구한다. (1) 영업이익 – 기업의 상시 비즈니스 활동에 의해 올린 이익. (2) 회계상 이익 – 영업 이익에서 다음 사항들을 가감한 수치(거의 언제나 차감한 수치임). 1) 투자 손실을 고려하기 위한 자산 상각('반복되지 않는' 항목이라고 말함) 2) 회사 가치를 떨어뜨린 합병 3) 영업권 잠식 등. 이러한 구분은 1980년대까지는 거의 존재하지 않았는데, 최근에 이 구분이 경악할 수준에 이르렀다. 전통적인 은행들과 투자 은행들이 보유하고 있던 엄청난 규모의 부도 채권 상각으로 인해 2008년 S&P 500 지수의 영업 이익은 49.51달러였는데, 회계 이익은 14.88달러였다. 이처럼 낮아진(그리고 실망스러운) 수준에서는 강력한 반등이 거의 확실하다.

회계 이익의 높은 변동성에도 불구하고 우리의 가장 최근의 데이터는 영업 이익에만 의존한다. 회계 이익이 회사의 장기적인 성공에 대해 타당한 유일한 척도라는 사실에도 불구하고, 월가의 시장 전략가들은 (내재된 낙관주의를 포함하여 명백한 이유로) 여전히 보다 안정적인 영업 이익에 초점을 맞추는데, 영업 이익을 사용하면 주가 수익 배율(PER)이 보다 일관성이 있게 된다. 따라서 최근의 수치는 이익을 과대 표시하고 PER을 과소 표시하는 경향이 있다.

오컴의 면도날 입문

오컴의 면도날에 대한 예의상 나는 단순한 이론을 전개할 것이다. 아래의 변수들이 장기적으로 주식시장 수익률을 결정한다.

- 시초 투자 시의 배당 수익률
- 그 이후 이익 성장률
- 투자 기간 중의 주가 수익 배율 변화

위의 세 가지 요소들이 장기간에 걸친 주식시장 수익률의 거의 대부분을 설명한다. 이 세 요인들이 총수익률에 기여하는 바를 분석함으로써 미래 수익률에 대해 합리적으로 고려할 수 있다. 시초 배당 수익률은 이미 알고 있다. 이익 성장률은 대개 상당히 좁은 범위 내로 예측할 수 있다. 그런데 주가 수익 배율 변화는 매우 투기적임이 입증되었다. 총수익률은 이 세 가지 요인들의 합이다. 예를 들어 3%의 시초 배당 수익률에 이후 10년 동안 이익 성장률이 연 7%로 예상된다면 수익률은 연 10%가 될 것이다. 주가 수익 배율이 기초의 15배에서 기말에 18배로 변할 것으로 예측될 경우 총수익률에 2%가 더해져 주식 수익률은 12%가 될 것이다. 이 단순한 계산이 〈표 2-1〉에 제시된 과거 자료 분석의 기초다.

1장에서 언급한 것처럼 장기 투자자의 주된 목표는 높은 실질 수익률을 올리는 것이다. 실질 수익률은 인플레이션을 조정하였기 때문에 구매력의 실질적인 증가를 나타낸다. 그러나 이 분석에서 나는 명목 수익률에 의존한다. 배당 수익률, 이익 성장률, 주가 수익 배율에 관한 가장 정확한 데이터들은 명목 수치로 표시되기 때문이다. 우리는 인플레이션이 총 시장 수익률에 미치는 영향을 알지만, 인플레이션의 영향을 수익의 세 가지 구성 요소에 할당하는 방법은 없다. 물론 명목 수익률과 실질 수익률 모두의 경우에 있어서 실제 수익률과 오컴의 면도날 방법으로 계산한 수익률 사이의 차이는 동일하다.

〈표 2-1〉 주식시장 10년간 명목 수익률(1927~2009)

기간		1	2		3	1+2+3		
기초 1.1	기말 12.31	초기 배당 수익률	10년간 평균 이익 성장률*	P/E 비율**	P/E 효과***	계산된 수익률	실질 수익률	차이
1927	1936	5.1	−1.9	16.8	4.5	7.7	7.8	−0.1
1930	1939	4.5	−5.7	13.9	0.4	−0.8	−0.1	−0.7
1940	1949	5.0	9.9	7.2	−6.3	8.6	9.2	−0.6
1950	1959	6.8	3.9	17.7	9.4	20.1	19.4	+0.7
1960	1969	3.1	5.5	15.9	−1.0	7.6	7.8	−0.2
1970	1979	3.4	9.9	7.3	−7.6	5.7	5.9	−0.2
1980	1989	5.2	4.4	15.5	7.8	17.4	17.5	−0.1
1990	1997	3.1	7.3	24.1	5.7	16.1	16.6	−0.5
평균		4.5%	4.2%	14.8	1.6%	10.3%	10.5%	−0.2%
1990	1999	3.1	7.7	29.7	6.7	17.5	18.2	−0.7
2000	2009년 중반	1.2	−1.9	25.0	−1.8	−2.5	−2.0	−0.5
1927~2009년 중반		4.2%	4.2%	25	1.0%	9.4%	9.7%	−0.3%

* 평균 이익 성장률(영업 이익).
** 초기 주가 수익 배율: 10.9배.
*** 주가 수익 배율 변화로 발생한 10년간 수익률.
주: S&P 500 종합 주가 지수 데이터에 근거함.

이 분석은 1926년에 시작된 현대 주식시장 시대를 대상으로 한다. 나는 오컴의 모델을 사용해서 25년이 아닌 10년 주식시장 수익률을 조사하는데, 이는 [그림 2-1]에서 보여주는 바와 같은 25년의 투자를 생각할 만큼의 인내심을 보여줄 투자자들이 별로 없을 것으로 생각하기 때문이다(그 생각이 아무리 어리석을지라도 말이다). 그러나 투자 기간을 10년으로만 잡아도 1일 단위 심지어 연 단위로 시장을 견인하는 난폭하고 때로는 설명할 수 없는 단기 요인들을 무시할 수 있게 된다.

〈표 2-1〉이 가리키는 것처럼 시초 배당 수익률, 이익 성장률, 주가 수

익 배율 변화의 합은 1926년부터 1997년까지 6번의 온전한 10년 기간과 2번의 부분적인 10년 기간 동안 주식에서 제공된 실제 명목 수익률에 대한 매우 정확한 근사치를 산출한다. 한 번도 두 값의 차이가 1% 포인트를 벗어난 적이 없었다. 예를 들어 1960년 1월부터 1969년 12월까지 시초 배당 수익률(3.1%), 10년 평균 연 이익 성장률(5.5%), 연간 환산 주가 수익 배율 변화율(-1.0%)의 합은 7.6%로 이는 이 10년 기간 동안에 주식이 실제로 번 7.8%에 비해 불과 0.2% 포인트 낮은 수치다. 전체 기간에 대해서는, 계산된 주식 수익률 연 10.3%는 실제 수익률 10.5%와 거의 같다. 이 두 수익률이 비슷하다는 점은 명백하다.

투자와 투기

수익률 구성 요소들에 대한 오컴의 면도날 접근법은 아마도 20세기의 가장 영향력 있는 경제학자인 케인즈(John Maynard Keynes)의 철학과도 맥을 같이 한다. 케인즈는 아래와 같은 금융 수익 원천을 제시했다.

- **투자**(그는 이를 '사업(enterprise)'이라 불렀다): 현재 상태가 무한히 계속되리라는 가정 하에 전체 기간에 대해 자산의 미래 수익을 예측하는 활동
- **투기**: 종래의 가치 평가(valuation)가 유리하게 변하리라고 희망하는 시장 심리 예측 활동

오컴의 면도날 모델에서 시초 배당 수익률과 미래 10년 동안의 이익 성장률(두 가지 투자 펀더멘털)의 결합은 케인즈의 사업 개념(자산의 생애 동안의 추정 수익)과 유사하며, 주가 수익 배율의 변화는 투기(가치 평가 토대에서의 변화, 또는 투자자 정서의 척도)와 유사하다. 투자자들은 자신의 기대가 높을 때는 기업의 이익에 대해 더 많이 지불하고, 미래에 대한 확신을 잃으면 덜

96

지불한다. 주가가 이익의 21배 이상으로 형성되면 분위기는 활력이 넘치게 된다. 이익의 7배 수준에서는 분위기가 절망 상태에 이른다. 결국 주가 수익 배율은 1달러의 이익에 대해 지불되는 가격을 의미한다. 그러나 가치평가(즉, PER)가 이익의 21배에서 7배로 떨어질 경우 주가는 67% 떨어진다. 만약 PER가 7에서 21배로 올라가면 주가는 200% 상승한다. 주가 수익 배율에 변화가 없으면 주식 총수익률은 거의 전적으로 시초 배당 수익률과 이익 성장률에 의존한다.

〈표 2-1〉이 보여주는 것처럼 장기적으로는 투자, 즉 사업이 투기보다 우세했다. 1926년부터 1997년까지 8개의 연속적인 10년 기간 동안에 초기 명목 배당 수익률은 평균 4.5%였고, 이익 성장률은 평균 4.2%였다. 이 두 요소의 합이 주식 펀더멘털 수익률 8.7%이다. 이는 같은 회전 기간 동안 주식에 의해 실제로 제공된 명목 수익률 10.5%보다 낮은 수준이다. 나머지 1.8%는 투기로 돌릴 수 있다(또는 우리의 분석이 정확하지 않을 가능성도 있다). 요약하면 투자의 펀더멘털(배당과 순이익)이 지나간 것들에 관해 기억할 올바른 것들이다. 장기적으로 투기의 역할은 수익률 형성에 중립적 요인임이 입증되었다. 투기는 영원히 지속될 수 없다. 투기가 수익률을 상승시킨 시기 뒤에 투기가 수익률을 하락시킨 시기가 뒤따랐다. 수익률에 대한 투기의 영향이 단기적으로는 아무리 크거나 지배적일지라도 이러한 영향이 반복될 것이라고 기대하는 것은 그릇된 예측이다. 투기는 미래를 예측하기 위해 기억해야 할 올바른 요소가 아니다.

지식의 결실

이 분석 연습의 요점은 실용적이다. 만일 장기투자 수익률을 합리적으

---

* 1926년~1997년 기간 중 61개의 모든 '회전' 10년 기간을 보더라도 결과는 거의 같다.

로 정확하게 예측할 수 있는 가능성이 높고, 펀더멘털(이익과 배당)이 실제로 실현할 수 있는 장기 수익률 형성의 주된 세력이라면, 투자 기간이 장기인 투자자들에게는 펀더멘털 요소들에 초점을 맞추는 전략이 투기 전략보다 성공적이지 않겠는가?

(몇 주 또는 몇 달 동안에는 보잘 것 없는 배당 수익과 이익 성장을 무시하는) 단기투자 전략은 투자와는 거의 아무런 관계가 없고, 투기와 밀접한 관계가 있다. 즉, 단기투자 전략은 단지 미래 어느 시점에 우리가 분산 투자된 주식과 채권을 팔려 할 때, 다른 투자자들이 이에 대해 얼마나 지불하려고 할지에 대한 추측일 뿐이다.

우리가 목격하는 때로는 놀라울 정도의 일별, 주별, 월별 변동은 일반적으로 투기가 유일한 원인이다. 그러나 투기는 보다 장기간 동안에도 중요한 역할을 할 수도 있다. 예를 들면 1980년대에 주식시장은 참으로 놀랍게도 연 17.5%의 수익률을 기록했는데, 실상 이 수익률은 5.2%의 시초 배당 수익률, 4.4%의 이익 성장률, 그리고 주가 수익 배율이 7.3배에서 15.5배로 2배가 넘게 증가함에 따른 연 7.8%의 가치평가 상승에서 도출되었다. 투기 요소가 각각의 펀더멘털 요소를 크게 능가했으며, 이 두 요소를 합한 수준에 근접하였다.

투기에 열중하는 사람은 실망스러운 상황을 경험할 수도 있다. 1970년대에 주식은 평균 5.9%의 수익률을 실현했는데, 이는 시초 배당 수익률 3.4%, 이익 성장률 9.9%, 그리고 주가 수익 배율이 15.9배에서 7.3배로 감소한 데 따른 연 −7.6%의 가치평가 감소에 의해 설명될 수 있다. 시장의 신뢰 상실이 투자 펀더멘털에 의해 창출된 호성적에 큰 부담을 가했다. 1980년대가 '황금기'라면, 1970년대는 '깡통 시기'로 불릴 수 있다(〈표 2-2〉 참조). 두 시기의 20년 합산 수익률이 11.5%에 달했다는 것은 전적으로 우연만은 아닐 수도 있다. 이 수치는 11.4%의 펀더멘털 수익률(평균 배당 수익률 4.3%와 평균 이익 성장률 7.1%의 합)에 아주 가깝다. 주가이익 비율은 15.9배에서 15.5배로 약간 떨어져서 수익률을 0.1% 떨어뜨렸을 뿐이다. 이 요인들을 합한 결과는 금융시장이 보여주는 경향이 있는 '정상 상태로의 복귀' 특성을 여실히 보여준다.*

〈표 2-2〉 깡통 10년, 황금 20년, 그리고 또 다른 깡통 10년

주식 수익률 구성 요소	1970년대 (깡통시대)	1980년대 (황금시대)	1990년대 (황금시대)	2000년대 (깡통시대)
투자 요소				
배당 수익률	3.4%	5.2%	3.1%	1.2%
이익 성장률	9.9	4.4	7.7	−1.9
펀더멘털 총수익률	13.3	9.6	10.8	−0.7
투기적 요소	−7.6	7.8	6.7	−1.8
계산된 수익률	5.7%	17.4%	17.5%	−2.5
실제 시장 수익률	5.9%	17.5%	18.2%	−2.0

10년 후　지식의 열매

단기적으로는 (주지하다시피 20년까지도) 투기가 주도할 수 있지만, 장기적으로는 불가피하게 투자 수익률이 시장 수익률을 좌우한다. 1980년대와 1990년대의 10년 황금기들을 별개의 사건들로 보지 않고 1970년대와 2000년대의 10년 깡통 시기들 사이에 낀 기간의 일부로 볼 경우 해당 기간 전체에 대한 주식 명목 수익률(연 평균 7.3%)은 역사적 평균 9.0%에 상당히 가깝다. '더 많이 변할수록, 더 동일하게 유지된다.'

지난 10년 동안 우리는 낮은 초기 배당 수익률(1%를 조금 넘는 수준), 이익 성장률 급락(연 마이너스 2%), 그리고 (후행 12개월분 이익을 사용한 PER이

---

* 이 경향은 평균 회귀라고 불린다. 나는 이를 금융시장의 중력 법칙이라 부른다. 이에 대해서는 10장에서 자세히 설명한다.

32에서 현재의 25로 떨어짐에 따른) 오래 지체된 투기 수익률의 평균 회귀의 영향을 보았다. 현재 주가 수익 배율이 싼 것은 아니지만, 배당 수익률(2.6%)은 두 배 이상 올랐으며 (지금처럼 낮아진 수준으로부터의) 추정 이익 성장률은 장기 평균을 크게 웃돌 수 있을 것이다. 따라서 현재 팽배해 있는 비관주의는 지나친 것으로 밝혀질 수도 있다.

과거에서 미래로

1990년대가 시작할 때 나는 이들 장기 데이터가 향후 10년에 대한 예측 틀을 제공하는 데 도움이 될 수 있다고 생각했다. 나는 1990년 1월 1일의 시초 주식 배당 수익률이 3.1%임을 알고 있었다. 다른 두 변수들인 향후 10년간의 이익 성장률과 주가 수익 배율 변화만 예측하면 되었다. 이러한 예측에 도움이 되도록 나는 〈표 2-3〉에서와 유사한 자료를 이용했다. 예를 들어;

- 미래의 이익 성장률이 8%이고 주가 수익 배율이 15.5배에서 보다 전통적인 14배로 하락한다면 주식 총수익률은 연 약 10.3%가 될 것이다. 이 표가 작성될 당시에 8%의 예상 이익 성장률은 과거 성장률 5.8%에 비하면 공격적인 수준이었다. 반면 주가 수익 배율 예측치는 당시 수준보다 낮았지만 과거 평균보다는 높았다.
- "10.3%는 너무 낮다. 1990년대는 1980년대와 비슷할 것이다"라고 말하는 사람이 있을 것이다. 그러나 3.1%의 시초 배당 수익률을 감안할 경우 1980년대처럼 17%의 높은 수익률을 얻으려면 9%의 이익 성장률을 실현하고 주가 수익 배율이 24배로 상승해야 한다. 이는 공격적인 이익 추정과 주가 수익 배율이었기 때문에 궁극적으로 시장이 하락해서 조정되어야만 하는 상당한 고평가 수준에 해당했다.

〈표 2-3〉 1990년대 주식시장 총수익률표

순이익 성장률	주식시장 총수익률						
	0%	2%	4%	6%	8%	10%	12%
6	-5.1	-3.4	-1.7	0.0	1.8	3.6	5.3
8	-2.6	-0.9	0.9	2.8	4.6	6.4	8.2
10	0.6	1.2	3.1	4.9	6.8	8.7	10.6
12	1.1	3.0	4.9	6.8	8.7	10.6	12.5
14	2.5	4.5	6.4	8.3	10.3	12.2	14.2
16	3.8	5.8	7.8	9.7	11.7	13.7	15.7
18	5.0	7.0	9.0	11.0	13.0	15.0	17.0
20	6.0	8.1	10.1	12.1	14.1	16.2	18.2
22	6.7	8.7	10.8	12.9	14.9	17.0	19.1
24	7.6	9.7	11.7	13.8	15.9	18.0	20.1
26	8.4	10.5	12.6	14.7	16.8	18.9	21.0
28	9.2	11.3	13.4	15.6	17.7	19.8	21.9

(기간말 주가 수익 비율)

초기 배당 수익률=3.1% ; 초기 주가 수익 배율=15.5.

10년 후 〈표 2-3〉 2010년대 주식시장 총수익률표

순이익 성장률	주식시장 총수익률						
	0%	2%	4%	6%	8%	10%	12%
6	-10.7%	-8.7%	-6.7%	-4.7%	-2.7%	-0.7%	1.3%
8	-8.2	-6.2	-4.2	-2.2	-0.2	1.8	3.8
10	-6.2	-4.2	-2.2	-0.2	1.8	3.8	5.8
12	-4.5	-2.5	-0.5	1.5	3.5	5.5	7.5
14	-3.0	-1.0	1.0	3.0	5.0	7.0	9.0
16	-1.8	0.2	2.2	4.2	6.2	8.2	10.2
18	-0.6	1.4	3.4	5.4	7.4	9.2	11.4
20	0.4	2.4	4.4	6.4	8.4	10.4	12.4
22	1.3	3.3	5.3	7.3	9.3	11.3	13.3
24	2.2	4.2	6.2	8.2	10.2	12.2	14.2
26	3.0	5.0	7.0	9.0	11.0	13.0	15.0
28	3.7	5.7	7.7	9.7	11.7	13.7	15.7

(기간말 주가 수익 비율)

초기 배당 수익률=2.6% ; 초기 주가 수익 배율=25.

- "이것은 너무 높다. 나는 6%의 이익 성장률과 12배의 주가 수익 배율을 예상한다"라고 말하는 사람도 있을 것이다. 이는 연 6.8%의 수익률에 해당하는데 재앙적인 상황을 가정하지 않으면서도 과거 평균 10.3%의 2/3에 해당하는 수익률을 예측하는 셈이다.

나는 1991년에 발행된 《저널 오브 포트폴리오 매니지먼트》에 기고한 논문에서 나의 추론을 이렇게 설명했다.

이 예의 요점은 이 모델이 1990년대 주식 수익률에 대한 합리적인 논의의 틀을 수립했다는 점이다. 이례적으로 낙관적인 정서로 1999년의 주가 수익 배율이 높게 형성되고(그렇게 되지 말라는 법도 없다) 10년 동안 이익 성장률이 과거의 어느 10년 동안보다 높아지지 않는 한(그렇게 되지 말라는 법도 없다) 1990년대의 주식 수익률은 8%에서 12%의 범위에 들고, 평균은 연 10%가 정도가 될 것이다.[1]

내가 "그렇게 되지 말라는 법도 없다"라고 말한 것은 이제 와서 보니 거의 예언적이었던 것 같다. 1990년대 중반 이후 우리는 미국 경제의 보기 드문 호황과 이례적으로 견고한 기업 이익 증가, 그리고 투자자들의 극단적인 낙관주의에 근거한 사상 최고의 주가 수익 배율의 결합을 경험했다. 이러한 요소들이 합쳐져서 주식 수익률은 애초의 기본 예상치를 훨씬 넘어섰고 내가 낙관적일 경우의 수익률로 예상했던 13%도 초과했다.

면도날 연마

나는 1991년 논문이 발표된 직후 나의 추정을 좀 더 다듬기로 했다. 다양한 조건 하에서 다른 수익률 범위를 보여주는 표를 사용하는 대신,

나는 과거의 10년기들에 대해 예상할 수도 있었을 수익률을 회고적으로 제공할 수 있는 모델을 개발했다. 나는 각 10년의 시초에 배당 수익률과 시장의 주가 수익 배율을 알고 있었다. 예측은 10년기 말의 각 10년에 대해 어느 정도의 이익 성장률이 예상될 수 있었겠는가와 기말 주가 수익 배율이 어느 정도로 예상되었을지 회고적으로 추정하는 것이었다.

각각의 변수와 추정 기간에 대해 미리 예측한다는 것은 쓸모없는 일이었을 것이다. 어떻게 10년 전에 향후 이익 성장률이 얼마나 될지, 그리고 투자자들이 그 이익에 대해 어느 정도의 가치를 부여할지 알 수 있겠는가? 나는 이러한 문제들을 피하기로 했다. 대신 나는 (이미 알려진) 초기 배당 수익률에다 과거에 시장이 경험했던 평균 이익 성장률을 더했고, 추정 기간 말의 주가 수익 배율은 그 이전 기간의 평균 주가 수익 배율과 같다고 가정했다.

53개의 회전 10년 기간에 대한 결과를 조사했더니 놀라운 결과가 나왔다. S&P 500 지수 실질 수익률과 단순히 과거에 의존한 나의 추정 수익률은 일부 예외를 제외하면 상당히 일치했다. 예외의 대부분은 1930년대의 충격적인 환경과 2차 세계대전 무렵의 혼란기에 발생했다. 1997년까지의 자료를 업데이트한 [그림 2-3]은 1926년 이후의 각각의 회전 10년에 대해 실제 수익률과 나의 모델에서 예측한 수익률을 비교한다. ([그림 2-3]이 보여주는 것처럼 이 예측의 신뢰성에 대한 예외가 1990년대 말의 커다란 강세장에서 재등장했다.) 통계적 용어로 말하자면 추정 수익률과 실제 수익률 사이의 상관계수 +0.54는 완전하지는 않을지라도 상당히 인상적이다(이는 확실히 우연에 의해 예측할 경우 상관계수 0.00보다 훨씬 나은 수준이며, 각각의 예측이 정확히 들어맞을 경우에 보일 수 있는 수치 +1.00의 완벽한 상관관계 쪽으로 절반 이상을 향하고 있는 수치다).

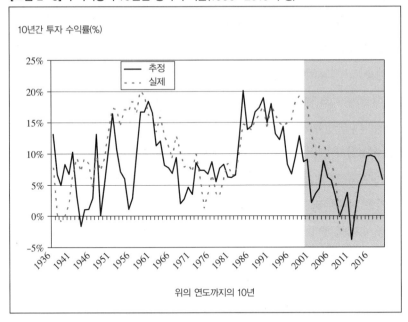

[그림 2-3] 주식시장의 10년간 명목 수익률(1936~2019 추정)

10년간 투자 수익률(%)

위의 연도까지의 10년

오컴의 면도날 실제 적용

물론 과거 데이터를 검증할 때는 항상 의심의 눈으로 관찰해야 한다 (`자백할 때까지 고문한다`는 것이 과거 데이터를 바라보는 전통적인 방법이다). 나의 방법론이 예측 도구로서 어떤 성과를 냈는지 살펴봐야 이에 대해 진정한 검증을 했다고 할 수 있다. 그 결과는 신통하지 않거나 혼합되었다.

1991년에 나는, 주식은 1990년대에 연 10%의 수익률을 제공할 것으로 예상할 수 있다고 말했다. 이후 《저널 오브 포트폴리오 매니지먼트》 두 번째 기고에서 나는 과거를 토대로 보다 정확한 예측을 제공했다.[2] 시초 배당 수익률 3.1%에 연 6.6%(이전 30년 평균)로 가정된 이익 성장률을 더하면, 1990년대에 연 9.7%의 투자 수익률이 나온다. 투기 수익률에 관해서는, 당시에 15.5배이던 주가 수익 배율이 지난 30년 동안의 평균치인 14.1배로 떨어진다고 가정할 경우 연 수익률에 −1.0%의 감소 효과가 있다. 이를 모두 감안하면 시장 수익률은 8.7%로 예상되는데 이는 내가 전에 대략 추정했던 수치보다 다소 낮은 수준이다.

나는 내가 발견한 내용을 합리적 기대이론의 변형 중 하나로 제시했는데, 이 모델은 기본적인 추정 도구로 유용할 수 있다. 1926년 이후 53개의 모든 회전 10년 기간에 대해 주의 깊게 조사한 결과, 이 모델의 결과는 해당 기간 중 1/3에 대해서는 상당히 정확했고, 1/3의 기간에 대해서는 어느 정도 괜찮았으며, 나머지 1/3에 대해서는 신통하지 않았다. 나는 이처럼 분석 결과가 다르게 나타나는 것을 주식시장이 이따금 일탈 행태를 보여주고 있음에 대한 건강한 환기물이라고 설명했다. 나는 예측이 빗나갈 수 있음을 항상 염두에 두면서 다음과 같이 경고했다(지나고 보니 이 경고는 예언자적이었다). "이러한 일탈 행태가 우리 앞에 놓여 있을 가능성을 고려하지 않고 이 새로운 예측 도구를 적용하는 것은 현명하지 못할 것이다."

10년 후 과거에서 미래로

1990년대의 연간 주식 투자 수익률이 8%에서 10% 사이일 것으로 예측한 나의 추정(여러 조건들이 부여되었음)은 너무 보수적이었지만, 나는 운 좋게도 '1990년대는' 3.1%의 배당 수익률, 9%의 이익 성장률, PER가 24배로 상승한 결과 실현된 '1980년대의 17%라는 놀라운 수익률과 유사한' 수익을 올릴 수 있다는 (내게는)일어날 것 같지 않았던 가능성을 열어 두었다. 과연 이익은 거의 연 8% 성장했고, PER은 24에서 멈추지 않았다. PER은 33배로 올랐고 주식시장의 총 수익률은 18%가 되었다.

그러나 최종적으로 시간은 내 편이 되어 주었다. 주식시장은 계속해서 아주 이상한 행태를 보일 것이라는 나의 경고는 확실히 사실로 드러났다. 1990년대의 18%라는 놀라운 수익률은 새천년의 처음 10년 기간에는 마이너스 2%의 수익률로 이어졌다. 그 결과 20년 평균 수익은 7.8%가 되었는데, 이는 내가 20년 전에 추정했던 8%에서 10% 사이의 낮은 쪽에 가까운 수치다. 나는 이 결과를 오컴의 면도날 방법론에 대한 강력한 재확인이자 비교적 단기간에 대한 수익률 추정은 사실상 불가능하지만 장기적으로는 대개 시간과 펀더멘털이 말해 준다는 경고로 여긴다.

결과 발표

내 수익률 분석은 두 번 정확했지만 기대대로 되지 않았다는 점에서만 정확했다. 나의 예측에 의하면 10년간 총수익률이 8.7%여야 했다. 놀랍게도 1990년대의 전반부(1990년~1994년)의 실제 수익률은 8.7%였다. 나의 논문에 기초한 장기투자 펀더멘털이 종종 단기 수익률에 주된 영향을 주는 투기 요소들을 압도했다. 그럼에도 1995년에 《저널 오브 포트폴리오 매니지먼트》에 실린 논문에서 놀라우리만큼 정확했던 예측에 대해 점검할 때, 나는 예측 수익률과 실제 수익률이 거의 정확히 일치했던 데에는 운이 주요한 역할을 했음을 인정했다.[3]

내가 1991년에 이상한 일들이 일어날 수도 있다고 했던 말도 너무도 빨리 적중했다. 제멋대로 구는 일탈 행태가 정말로 바로 우리 앞에 놓여 있었다. 사실은 이러한 일탈이 1990년대의 후반기 동안에 주식시장을 강타할 참이었다. 마치 수익률 예측은 틀리기 쉽고 겸허하게 하는 일임을 증명하려는 듯이 1995년이 시작되자 주가는 뛰어오르기 시작했고, 놀랍게도 강세가 3년 넘게 계속되어 수익률은 연 평균 31%를 기록했다. 1998년 말 즈음에는 실제 수익률과 나의 예측(10% 내외)은 아무런 관련이 없게 되었다. 90년대를 12개월밖에 남겨두지 않은 현재까지 주식 평균 수익률은 18%를 기록하고 있다. 앞으로 남은 1년 동안 주가가 20% 하락하더라도 평균 수익률은 13.5%가 되는데, 이 수치는 내가 앞에서 낙관적일 경우에 예상했던 13.0%(9%의 이익 성장률과 기말 주가 수익 배율 17배에 근거한 수치)보다 약간 높은 수치다.

1994년 이후 무슨 일이 일어났는가?

1990년대 후반의 견고한 시장 수익률은 두 가지 예외적인 상황을 반영한다. 첫째, 1990년대가 시작된 2년 후에 기업들의 이익이 1926년 이후의 이익 성장률 6.9%의 2배가 넘는 비율로 성장하기 시작했다. 기업의 이익은 1991년의 침체된 수준에서 위로 도약하여 1997년까지 연 16.6% 증가했다. 그러나 흥미롭게도 1990년 1월부터의 이익 성장률은 내가 과거 데이터를 통해 도출한 예측치 6.6%보다 약간 높은 7.3%였다. 시초 배당 수익률 3.1%를 적용한 나의 투자 수익률(또는 펀더멘털 수익률) 예측치 9.7%는 실제 수익률 10.4%와 비교했을 때 상당히 정확했다.

둘째, 그러나 이례적인 기업 이익 증가를 반영해서 주가의 투기적인 요소들이 전면으로 도약했다. 1990년 초부터 1998년 중반까지 주식시장의 주가 수익 배율은 이익의 15.5배에서 27배로 부풀었다. 1926년 이후 이 수준을 초과한 적은 한 번밖에 없었다. 주가 수익 배율의 이처럼 엄청난 팽창(내가 계산했던 과거 평균 14.1배로 약간 하락한 예상치와 현저히 대비된다)이 나의 예측과 시장의 실제 수익률 차이의 대부분을 설명한다. 사실상 예측 불가능한 그러한 주가 수익 배율 상승으로 10.4%의 펀더멘털 수익률에 연 6.7% 포인트가 더해지면 17.1%의 주식 총 시장 수익률이 나오게 되는데, 이 수치는 실제 수익률인 17.8%와 비교하여 0.7% 포인트의 차이가 있을 뿐이다.

뒤돌아보니 주가 수익 배율의 역사적 평균 회귀에 내가 근거했던 시초의 예측은 실패로 입증되었다. 이는 또한 내가 투자자들에게 투자에 관해 "시장보다 많이 안다고 생각하지 마라"고 자주 들려주었던 말을 확인해 주었다. 어느 누구도 시장보다 많이 알지 못한다. 다른 방식으로 말하자면 변화무쌍하고 불확실한 금융시장에서 합리성은 단지 합리적인 기대 범위만을, 그것도 장기에 걸쳐서만 제공한다. (더구나 이 책을 쓰고 있는 현재, 1990년대는 아직 끝나지 않았으며 아직도 투자자들을 놀라게 할 수도 있다.) 정의상, 합리적 모델은 '비이성적 낙관주의' 위에 세워진 주식시장의 거품 예측에는 무기력하다. 만일 우리가 1990년대 후반에 참으로 거품을 경험하고 있고, 만일 미연방준비위원회 의장 앨런 그린스펀이 주가에 대해 1996년에 했던 경고가 옳다면 말이다. 우리는 지나고 나서야 역사의 결과를 알 수 있을 뿐이다.

오컴의 면도날과 채권시장

채권시장의 수익률 예측 방식은 주식시장의 수익률 예측 방법과 매우 다르지만 오컴의 면도날은 주식시장보다 채권시장의 미래 수익 예측 틀 수립에 더 유용한 것으로 나타났다. 나의 단순한 방법론은 월가의 계량경제학 학자들이 만들어 낸 채권시장 모델들에 비하면 매우 조잡하지만 미래 채권 수익률을 고려함에 있어서는 최소한 그 모델들만큼 유용한 듯하다.

내 채권 수익률 분석은 주식 수익률 분석에 사용되었던 것과 같은 1926년 이후 시기 조사에서부터 시작한다. 미국 장기 국채의 62년 명목 수익률은 평균 5.2%인데, 이는 1926년부터 1979년까지의 보잘 것 없는 연 3.1%와 그 뒤의 이례적인 11.8%의 이상한 조합이었다. 그러나 채권에서의 과거 수익률은 (주식에서의 과거 수익률과는 달리) 미래 수익률 예측 시 의미가 없다. '절대로 채권을 사지 마라'는 잘못된 교훈을 제외하면 채권시장에서는 과거의 모든 교훈이 관련이 없다.

그러나 다행스럽게도 단순한 설명이 올바른 설명이며, 이는 오컴의 면도날 개념을 더 강화해 준다. 특정 10년 기간 초의 시초 이자율이 이후의 수익률을 결정하는 압도적인 힘이다. 각 10년 기간의 시초의 미국 장기 정부 채권 이자율을 보여주는 〈표 2-4〉에 의하면 시초 이자율은 미래 수익률에 대한 매우 효율적인 지표다. 주식시장에서 시초 배당 수익률을 미리 아는 것처럼 채권시장에서도 시초 이자율은 이미 알려져 있기 때문에 효율적이다. 그러나 장기 채권의 시초 이자율은 채권의 총수익률을 결정하는 다른 두 요인인 재투자율(이자가 복리로 투자되는 이율)과 기말(기간 말) 수익률을 훨씬 능가하는 주된 요인이다.

〈표 2-4〉 채권시장 10년 명목 수익률 - 장기 미국 정부 채권(1927~2008)

기간				
기초(1.1)	기말(12.31)	초기 수익률*	실질 수익률	차이
1927	1936	3.5	4.9	1.4
1930	1939	3.4	4.9	1.5
1940	1949	2.3	3.2	0.9
1950	1959	2.1	0.1	−2.0
1960	1969	4.5	1.4	−3.1
1970	1979	6.9	5.5	−1.4
1980	1989	10.1	12.6	2.5
1990	1997	8.2	9.9	1.7
1990	1999	8.2	8.8	0.6
2000	2008	6.8	10.5	3.7
평균		5.3%	5.9%	0.6%

* 2008년 말 수익률은 3.0%였다.

이 변수들은 앞에서 소개한 케인즈의 두 요인 수익률 공식에 깔끔하게 들어맞는다. 나는 현재의 이자율을 케인즈의 첫 번째 요인인 투자 혹은 사업에 해당한다고 본다. 왜냐하면 현재 상태(즉, 이자 지급액)가 무한히 계속된다고 가정할 경우 장기 국채의 이자 지급액은 해당 자산의 전 기간에 대한 향후 수익률에 이자 수익에 대한 정확한 진술이기 때문이다. 수령한 이자의 재투자율을 결정하는 이 기간 중의 평균 이율과 10년 후의 채권 수익률은 케인즈가 말한 두 번째 요인인 투기, 즉 전통적인 가치 평가 토대가 유리하게 변하기를 바라는 희망사항에 해당한다. 따라서 일반적인 이자율 수준의 변화는 채권 만기 도래 전의 중간 기간의 채권시장 가치 증가 또는 감소를 초래할 것이다. (그러나 미국 국채를 만기까지 보유하면 연방 정부가 액면 금액을 상환할 것이다.)

　수령한 이자의 재투자율 중요성이 기말 이율에 필적할 경우에는 이자가 장기 채권 수익률의 압도적인 부분이기 때문에 채권 수익률 예측에 있어서 재투자율이 매우 중요하다. 그러나 이자율 변화는 채권 가격과 채권 재투자 수익률에 대해 상반되는 효과가 있다. 즉, 시장 이자율이 높아지면 만기 전의 채권 가격은 하락하지만 이자의 재투자 수익률은 높아진다(이자율이 낮아지면 그 반대다). 그 결과 시초 이자율이 향후 10년의 수익률 예상에서 중요한 변수로 남는다. 이 하나의 변수가 이후 채권의 수익률과 매우 강한 상관관계(+0.93)가 있다. 이는 주식 수익률을 예측하기 위해 오컴의 면도날 모델에서 사용했던 배당 수익률, 과거 이익 성장률, 평균 주가 수익 배율의 합과 실제 수익률 사이의 상관관계 +0.54보다 훨씬 강한 수준이다. (1장에서 살펴보았듯이 순수 할인 정부 채권은 보유 기간 중간에는 변동성이 매우 크지만, 만기 보유하는 투자자에게는 만기 리스크와 재투자 리스크를 제거해 준다.)

　내가 채권 수익률을 예측한 1991년 《저널 오브 포트폴리오 매니지먼트》 논문에서 나는 과거의 데이터를 이용하는 대신에 장기 정부 채권의 시초 이자율과 일련의 다양한 재투자율 가정, 그리고 10년 후의 일련의 기말 이자율이라는 세 요인 모두를 사용하는 간단한 표를 사용했다. 내가 이 표를 사용한 목적은 주식의 경우에서와 같이 미래 채권 수익률 예상 틀을 만드는 것이었다(〈표 2-5〉를 보라).

　이 표에서 시초 이자율이 9%라고 가정할 경우 10년 후 기말 이자율이 11%로 오르고, 평균 재투자율이 7%라면 채권은 7.4%의 낮은 수익률을 제공할 것이다. 그 반대의 경우 즉, 기말 이율은 7%로 하락하고 재투자율은 11%가 된다면 채권 수익률은 10.7%로 상승할 것이다. 흥미롭게도, 이처럼 거의 상반되는 현상이 발생하더라도 미래 수익률은 7.4%에서 10.7% 사이에 머물게 돼서 그 차이는 그다지 크지 않을 것이다.

〈표 2-5〉 1990년대 채권시장 총수익률 표

재투자 수익률(%) (10년)	채권시장 총수익률*						
	6%	7%	8%	9%	10%	11%	12%
기말수익률 12	6.6%	7.0%	7.3%	7.7%	8.0%	8.4%	8.2%
11	7.1	7.4	7.7	8.1	8.5	8.5	9.2
10	7.5	7.8	8.2	8.5	8.7	9.3	9.7
9	8.0	8.3	8.6	9.0	9.4	9.9	10.1
8	8.5	8.8	9.3	9.5	9.9	10.2	10.6
7	9.0	9.6	9.6	10.0	10.4	10.7	11.1
6	10.0	9.8	10.2	10.5	10.9	11.3	11.7

* 초기 수익률 9%의 20년 만기채권.

10년 후 〈표 2-5〉 2010년대 채권시장 총수익률 표

재투자 수익률(%) (10년)	채권시장 총수익률*						
	4%	5%	6%	7%	8%	9%	10%
기말수익률 10	0.2%	0.8%	1.4%	2.0%	2.7%	3.4%	4.1%
9	0.9	1.5	2.2	2.8	3.5	4.2	4.9
8	1.8	2.4	3.0	3.6	4.3	5.0	5.7
7	2.6	3.2	3.8	4.5	5.1	5.8	6.5
6	3.5	4.1	4.7	5.4	6.0	6.7	7.4
5	4.4	5.0	5.6	6.3	7.0	7.6	8.4
4	5.3	6.0	6.6	7.2	7.9	8.6	9.3

* 초기 수익률 5%의 20년 만기채권.

1990년대가 시작될 때 나는 오컴의 면도날을 이용해서 향후 10년 동

안의 채권 수익률 추정에 대한 몇 가지 지침을 제공했다. 과거 장기간의 채권 수익률 평균 연 5.2%와 1980년대 채권 수익률 12.6%를 고려할 때, 나는 1980년대에 필적할 만한 성과는 현실적이지 않으며 장기 평균의 반복도 거의 생각할 수 없을 것이라는 의견을 피력했다. 아마도 국채 수익률의 최상의 기준점은 현재의 만기 수익률인 8.2%가 될 것이고, 이를 기준으로 1980년대의 고점과 1970년대의 중간 수준(5.5%)의 범위까지 변동을 보일 수 있을 것이다.

오컴의 정신에 따라 나는 재투자 수익률이나 만기시의 수익률을 추정하지 않고 단지 시초 이자율만 고려했다. 1990년대의 중간인 1994년까지 채권 수익률은 8.3%로 나의 예측치인 8.2%와 매우 가까웠다. 실제로 추정 채권 수익률은 우연히도 주식 수익률처럼 실제 수익률과 거의 같았다. 1990년대 전반부에는 오컴의 면도날이 주식과 채권의 수익률을 매우 정확히 예측했다.

그 후 1995년에는 이자율이 폭락하여 채권 가격이 급등하고 연 수익률은 연 10.4%로 상승했다. 이는 낙관적인 시나리오 하에서의 나의 예측치보다 다소 양호한 수준이었다. 그러나 1998년 중반까지 이자율의 급격한 하락에 따른 재투자율 하락으로 채권 수익률은 이미 9.9%로 떨어져 있다. 현재 재투자율이 5.25%임을 고려할 때, 1990년대의 나머지 기간 동안 수익률은 더 떨어질 가능성이 있다. 이자율이 현재 수준 근처에 머물 것으로 가정할 경우 1990년대 10년 동안의 연평균 수익률은 9% 정도가 될 것이다. 이는 예측치인 8.3%에 근접한 수치이며 예상 범위 안에 드는 수치다.

적중과 이상 행태

내가 1995년에 《저널 오브 포트폴리오 매니지먼트》에 기고했던 논문에서 1990년대 전반부의 주식과 채권 수익률에 관한 나의 예측이 적중한 것은 순전히 운이었다고 말했다. 여기서 운은 수익률이 투기의 영향 없이 오로지 투자 펀더멘털을 반영했음을 의미했다. 이는 참으로 보기 드문 우연이다. 나는 남은 기간에도 예측이 맞을지는 두고 봐야 한다고 덧붙였다. 현재 시점에서 볼 때 1990년대의 채권 수익률은 나의 예측과 상당히 근접할 것으로 보이지만, 주식은 전혀 그렇지 않을 가능성이 크다. 이는 이상 행태를 보이는 시장이 주식 가치 평가를 전례가 없는 수준으로 올려놓았기 때문이다.

1992년부터 1998년까지 미국 기업들이 이전 5년 동안의 저조한 수익성에서 벗어나 강력한 수익성 회복을 보인 추세를 계속 이어갈지 (또는 주식시장의 열광적인 투기자들에 의해 수익률이 확대되었는지) 두고 볼 일이다. 그러나 런던에 기반을 둔《이코노미스트》편집인을 포함한 일부 평론가들은 "미국은 심각한 자산 거품을 경험하고 있다"라고 주장한다. 《이코노미스트》는 1998년 4월에 열광적인 투기가 급속한 통화 공급 확대와 맞물려 자산 가격, 특히 주가 상승에 기름을 끼얹었다고 논평했다.

저명한 언론에서 거품이라는 단어를 사용했다는 사실만으로도 금융계를 자극하기에 충분했다. 《뉴욕 타임스》는 '경제 거품 이론' 이라는 제목의 사설에서 "아무리 노력할지라도 염려할 가치가 있는 거품을 발견할 수 없는 듯이 보이는 경제학자들에 의해 만들어진 거품을 제외하면 어떠한 거품도 존재하지 않는다"라고 주장했다. 《월스트리트 저널》도 '거품 이론을 터트리자' 는 기사로《뉴욕 타임스》의 의견에 동조하면서, 거품에 대한 걱정을 '가공의 재앙에 대한 편집증' 으로 묘사했다.

그러나 이후에 우리가 사실상 거품을 경험하고 있다는 생각이 더욱 퍼져갔다. 모건 스탠리 딘 위터(Morgan Stanley Dean Witter)는《이코노믹스》게시판에 '미국의 거대한 거품' 이라는 머리기사를 실었으며, '거품 터트리기' 라는 제목의《뉴요커》기사는 노벨상을 수상한 경제학자이자 통화 역사가인 밀턴 프리드먼의 "1929년 시장과 오늘날의 시장 모두 거품이다. 나는 오늘날의 거품이 더 클 수도 있다고 생각한다"라는 말을 인용하면서 그도 거품이 존재한다는 데 동의한다고 했다. 어쨌거나, 어느 누구도 "오랫동안 검증된 기준에 의할 때 현재 가격이 궤도를 벗어났다는 데에 의문을 제기할 여지가 별로 없다"라고 보도한《이코노미스트》에 동의하지 않을 수 없을 것이다. 지금은 미래를 예측하기 어려운 시기다.

향후 10년의 주식 수익률

매우 벅찬 일이기는 하지만 오컴의 면도날이 1999년 이후의 수익률에 대해 어떻게 시사하는지 알아보기로 하자. 과거 주식 수익률에 대해 우리가 알고 있는 사실들, 즉 수익률의 펀더멘털 요소들(배당 수익률과 이익 성장률)의 상대적 일관성과 투기적인 요소(주가 수익 배율)의 변동성에 비추어 볼 때 오컴의 면도날 방법은 1998년 말의 주가는 높은 수준임을 시사한다. 핵심 요소들은 다음과 같다.

- 배당 수익률은 사상 최저 수준인 1.4%로, 1926년 이후 평균 4.3%와 비교된다.
- 이익 성장률은 1992년~1997년의 높은 수준(연 16.6%)에서 낮아지고 있다.
- 1998년 이익 성장률은 약 5%로 예상되는 데, 이는 2차 세계대전 종료 이후 평균 6.6%에 미치지 못하는 수준이다.
- 주가 수익 배율은 27배로 사상 최고 수준인데, 이는 확실히 과거의 평균치인 14배보다 훨씬 높은 수준이다.

이러한 주식시장을 배경으로, 우리는 완전 고용이 달성되고 과잉 설비가 거의 없는 호황을 누리고 있는데 이는 우리를 이러한 호황에 이르게 한 경제 성장이 되풀이되기 어려울 수도 있음을 시사한다. 그러나 10년 앞을 내다볼 때 이익이 과거 평균 6.6%로 성장하거나 10%까지 상승한다 해도(이는 비관적인 시나리오가 아니다) 주식의 펀더멘털 수익률은 8.0%에서 11.4% 사이가 될 것이다. 주가 수익 배율이 27배를 유지할 경우 순수한 투자 수익률은 향후 10년간 시장의 실제 수익률과 같을 것이다. 이는 연 30%가 넘었던 지난 몇 년간의 수익률과는 아주 큰 차이다.

그러나 주가 수익 배율이 27배로 계속 유지되려면 주식시장의 리스크에 대한 전통적인 접근방식의 전면적인 수정이 요구된다. 주가 수익 배율이 20배로 유지된다고 해도 21세기 처음 10년 동안의 명목 주식 수익률은 8%~11%의 펀더멘털 수익률 범위에서 3% 포인트가 낮아진 5%~8% 범위에 머물 것이다(물론 현재 이익 성장률과 주가 수익 배율 모두에 대해 더 높아진 새로운 평균이 확립되고 있는 중일 수도 있다. 이 가능성에 대해서는 10장에서 다룰 것이다).

다른 한편, 목소리가 큰 일부 시장 전문가들은 미국 기업의 수익성에 대한 족쇄를 벗어버렸다고 믿는다. 이들은 1990년대의 고통스러운 구조조정, 정보기술 혁명과 세계 무역의 호황 덕에 족쇄가 풀린 미국 기업들이 세계를 지배할 것이라고 확신한다. 또한 이처럼 화려한 신시대에는 견고한 이익 성장에 의해 뒷받침되는 20배 이상의 주가 수익 배율이 행복감에 도취된 예외가 아니라 표준이 될 것이라고 믿는다.

타고난 경계심으로 인해 나는 이들과 견해를 달리 하지만 우리가 최소한 어느 정도의 지속적인 장기 기업 이익 성장률 상승의 혜택을 누리기 시작했을 수도 있다(나는 투자자들에게 종종 들려주는 조언인 "주식시장에서는 어떤 일도 일어날 수 있음을 잊지 마라"는 말을 다시 떠올려본다). 만일 이익 성장률이 현대의 표준인 6.6%에서 더 높은 새로운 표준인 8%로 높아진 것이 사실이라면 주가 수익 배율이 과거 표준인 14배에서 20배까지 상승하는 것이 정당화될 수도 있다. 그러나 주가 수익 배율이 이 정도 상승한다 해도(이는 결코 사소한 수준이 아니다) 주가 수익 배율 27배에서 형성된 현재의 주가 수준을 지지할 미래의 수익률을 창출해 내기에는 충분하지 않다.

향후 10년의 채권 수익률

주식시장보다 덜 뚜렷하기는 하지만 채권시장에도 낙관론이 팽배해 있다. 현재 미국 장기 국채 수익률은 약 5.25%로서, 이자율이 1970년 초 이래 볼 수 없었던 수준으로 떨어져 있다. 그러나 인플레이션이 가라앉은 것으로 보이기 때문에, 역사적 기준에 의하면 채권은 여전히 양호한 실질 수익률을 제공한다. 최근의 채권 이율에 근거할 때, 오컴의 면도날 방법에 의한 채권의 미래 수익률은 상당히 좁은 범위로 압축된다.

- '정상적인' 상황을 가정할 경우(즉, 이자율이 5%~9% 범위에 있을 것으로 가정할 경우) 채권은 향후 10년간 5%를 조금 웃도는 수익률에서 1% 포인트 정도가 가감된 수익률을 제공할 것이다.
- 극단적인 상황에서는(이자율이 4%~10%일 경우) 최상의 경우에 있어서는 8.6%의 총수익률을, 최악의 경우에는 3.1%의 총수익률을 올릴 것이다.
- 이러한 극단적인 상황의 경우 기말 이율에 대한 총수익률의 민감도는 재투자율에 대한 총수익률 민감도의 2배가 될 것이다. 따라서 10년 후의 채권 이율이 얼마가 될 것인가라는 까다로운 질문은 전통적인 예측을 특히 어렵게 한다.

나는 여기서 이자율이 4%로 변해서 최소한 당분간만이라도 그 수준으로 유지될 수 없다거나(그럴 가능성은 낮아 보인다) 10%로 되어서(그럴 가능성은 더 낮아 보인다) 최소한 당분간만이라도 그 수준에 머물지 못할 것이라고 주장하려는 것이 아니다. 나는 다만 현재의 채권 이자율을 안다면 향후 10년에 걸친 채권 수익률 예측에 필요한 대부분을 알고 있는 셈이라는 기본적인 사항을 지적하고자 할 뿐이다. 이제 우리는 '이자 수령액의 재투자율은 얼마일 것인가? 기말의 이율은 얼마일 것인가?' 라는 다른 가정들에 대하여 합리적으로 논의할 수 있다.

10년 후 │ 향후 10년의 채권 수익률

주식 수익률의 원천들이 크게 변할 수 있기 때문에 추정 주가 수익률은 고통스러운 오류에 빠지기 쉽다. 초기 배당률은 알려진 요소이지만 이익 성장률은 10년 동안에도 상당한 변화를 겪을 수 있으며, 주가 이익 배율은 투자자의 희망, 탐욕, 두려움에 기초하고 있기 때문에 예측하기가 매우 어렵다. 감정이 이성보다 예측하기 어렵다는 점은 놀라운 일이 아니다.

그러나 채권 수익률의 원천은 현재 이자율이라는 하나의 강력한 결정 요인뿐인데, 이는 이미 알려져 있다. 그래서 나는 10년 전에 1998년 말의 장기 미국 국채 이자율 5.25%에 기초해서 장기 국채 수익률을 5.25%로 예측했다. 그 후 10년의 채권 실제 수익률은 6.2%를 달성했는데, 이는 상당히 괜찮은 예측이었다.

그래서 2009년 중반의 장기 국채 수익률 4.5%에 기초해서 나는 향후 10년 동안의 채권 수익률은 4%에서 6%가 될 것이라고 상당히 자신 있게 예상한다. 물론 이자율에 극적인 변화가 있을 경우 이 수치는 3% 또는 7%로 낮아지거나 높아질 수도 있지만, 이는 두고 보면 알 일이다. 그러나 이처럼 넓은 범위조차도 투자 전략 형성에 있어서 유용한 기준을 제공해 준다.

미래로 돌아오다

나는 르누아르(Renoir)의 "단순성만큼 혼란스러운 것도 없다"라는 말을 알고 있지만, 오컴의 면도날이나 나의 3단계 수익률 평가 개념의 단순성에 대해 변명하지 않는다. 그리고 이 말을 덧붙이고 싶다. "과거의 수익률이 미래에도 직선적으로 그대로 실현되리라고 맹목적으로 기대하는 것만큼 쓸 데 없는 짓도 없다." 금융 저널에 실리는 너무도 많은 복잡한 학문적 투자 전략과 예측 방법론들은 대부분 과거 경험에 바탕을 두며 선정된 특정 기간에 전적으로 의존하는 경우도 많다. 그들 중 일부는 거의 마술 수준이다. 오컴의 면도날에서 요구되는 단순성은 투자 이론을 어지럽히는 많은 혼란들을 없애는 데 도움이 될 수 있다. 오컴의 면도날은 주로 과거 수익률 연구에서 배울 수 있는 교훈과 미래 수익률 요소들에 대한 우리의 견해에 근거하여 미래의 가능성들에 대한 단순하면서도 합리적인 그림을 제시한다. 오컴의 면도날은 미래의 수익률이 얼마일지를 말해 주지는 않지만, 우리가 가정하기를 원하는 수익률을 얻기 위해 주식과 채권 수익률의 요소들이 얼마가 되어야 하는지는 말해 줄 것이다.

반복하자면 금융시장에서는 어떠한 일도 일어날 수 있음을 알기 때문에 당신은 나의 결론에 찬성하지 않을 수 있다. 그리고 대체로 그런 일들이 일어난다. 시장이 언제나 합리적인 것은 아니기 때문에 합리적인 예측 방법론에 대해서조차 맹목적으로 집착할 이유가 없다. 판단은 허용될 뿐만 아니라 장려된다. 그러나 우리가 방금 전에 마친 이론적 고찰의 주제는 이견은 단지 직관에 근거할 것이 아니라 사실에 토대를 두고 자료에 근거해야 한다는 것이다. 오컴의 면도날 이론을 익혀두면 투자자들이 자산을 어디에 투자해야 할지에 대해 현명한 결정을 내리도록 도움을 줄 것이다. 투자의 펀더멘털에 초점을 맞추고 투기라는 찌꺼기를 무시한다면, 우리는 워런 버핏과 같은 결론에 도달할 수 있을 것이다.

"주식시장은 단기적으로는 투 · 계표기이지만, 장기적으로는 계량기다."[4]

미래 수익률 예측은 얼마나 중요한가?

투자자들은 금융시장의 미래 행로에 대해 생각하지 않을 수 없다. 이 장에서 나는 무엇보다도 시장 수익률을 견인하는 요소들을 살펴보았다. 그러나 투자에서 투자 펀더멘털과 투기 사이의 관계에 대한 합리적 분석이 우리에게 시장 수익률을 정확하게 예측할 수 있는 확률을 높여주기는 하지만(그 이상은 아니다) 장기 투자자들이 이러한 분석에 시간을 소모할 가치가 없을 수도 있다는 현실을 직시해야 한다. 승산이 100번 중 55번인 경우는 말할 것도 없고, 10번 중 8번일지라도 우리의 포트폴리오를 도박장으로 가져가 한 번의 게임에 모든 돈을 거는 것은 어리석은 짓이다.

피터 번스타인(Peter Bernstein)과 로버트 아놋(Robert Arnott)은《저널 오브 포트폴리오 매니지먼트》의 최근 논문에서 '강세장인지 약세장인지 당신이 정말로 신경을 써야 하는가?' 라고 의문을 제기했다. 그들은 다음과 같은 결론을 내렸다.

"대부분의 장기 투자자들에게 있어서 강세장은 대부분의 투자자들이 생각하는 것만큼 이익이 되지 않으며, 약세장도 대부분의 투자자들이 생각하는 것만큼 피해를 끼치지 않는다. 강세장은 자산 가치를 높이지만 이에 비례하여 그 시점 이후로는 포트폴리오가 낼 수 있는 미래 실질 수익률의 감소를 가져오며, 약세장은 이와 반대로 포트폴리오 가치는 감소시키지만 다른 조건이 동일하다면 이는 대체로 미래 수익률의 증가로 상쇄된다."[5]

포트폴리오를 구축하는 초기단계에는 약세장이, 후기에는 강세장이 되면 이상적일 것이다. 그러나 이러한 시기는 우리가 통제할 수 없다!

시장의 믿을 수 없는 모멘텀이 지속되고 개인 투자자들의 계속되는 거액의 매수가 꺾이지 않으며 참으로 새로운 글로벌 성장 시대로 진입했다고 믿는 사람들은 자신의 주식 투자 비율을 유지하거나 늘릴 것이다. 그러나 이익 및 배당과 같은 펀더멘털이 중요하고 충분한 시간이 지나면 장기 평균과 비슷한 수준으로 회귀할 것으로 믿는 사람들은(나도 그렇게 믿는다) 최소한 어느 정도는 이처럼 강력한 강세장에서 높은 수익률을 견인하고 있는 강력한 바람에 반대되는 쪽에 의지할 것이다. 그리고 또 한 차례의 주가 대폭락이 멀지 않았다고 믿는 사람들은 주식 익스포저를 훨씬 더 많이 줄일 것이다. 그러나 미래가 어떻게 되든 주식은 계속 장기 투자자들의 선택, 즉 적절한 균형을 이룬 자산 할당 프로그램의 지배적인 구성 부분으로 남아 있을 것이다.

그러니 지성과 상식을 가지고 투자하라. 미래를 고려할 때 현명하고 합리적인 대화를 하라. 언제나 자산의 일정 부분을 주식과 채권 양쪽에 투자하고 이 비율에 급격하고 극단적인 변화를 주지 마라. 그리고 나의 예언을 포함하여 당신에게 주어지는 모든 예측에 대해 의심하라. 만약 자본 축적을 위한 현명한 길을 찾았다면 어떤 일이 일어나도 그 길을 유지하라.

오컴의 면도날과 단순한 개념의 역할에 대해 경의를 표하면서, 나는 독자들이 주식과 채권이 장기간에 걸쳐 제공할 수 있는 수익률 범위에 대한 합리적 기대를 가지고 무엇이 근본적이고 무엇이 일시적인지(무엇이 투자이고 무엇이 투기인지) 더 잘 이해했기를 바란다. 이제 우리는 장기투자 전략의 가장 기본적 요소인 주식과 채권 투자 사이의 자산 배분에 대해 살펴볼 수 있게 되었다.

10년 후 | 수익의 본질

초판에서의 명확한 결론('이익 및 배당금과 같은 펀더멘털이 중요하다. 충분한 시간이 흐르면 역사적 평균과 유사한 수익률로 수렴할 것이다')은 나로 하여금 곧 끝나게 될 '이 거대한 강세장의 고수익을 견인하고 있는 강력한 바람에 맞설 최소한의 의지물' 또는 '보다 대폭적인 주식 익스포저의 감축'을 권고하게 했다. 주지하다시피 이 조언은 완벽하지는 않았을지라도 최소한 옳은 방향이었다.

그러나 최근의 불행한 사건들에도 불구하고 내가 10년 전에 표현했던 기본 원칙들은 하나도 변경하지 않는다. 주식 수익률의 원천은 여전히 다음의 두 가지다. (1) 초기 배당 수익률과 그 이후의 연간 이익 성장률로 구성된 투자 (또는 펀더멘털) 수익률. (2) 투자자들이 1달러의 이익에 대해 지불할 용의가 있는 가격(PER) 변화의 영향인 투기 수익률. 주식 수익률은 장기적으로는 투자 수익률에 의해 견인되며 (단기적으로는 매우 중요하며 예측할 수 없는) 투기 수익률은 사라지게 된다. 이는 확실히 단순하다. 그러나 그것이 바로 오컴이 우리에게 말하는 바가 아닌가?

1) John C. Bogle, "Investing in the 1990's: Remembrance of Past, and Things Yet to Come," *The Journal of Portfolio Management*(Spring, 1991), pp.5-14.
2) John C. Bogle, "Investing in the 1990's; Occam's Razor Revisited," *The Journal of Portfolio Management* (Fall, 1991), pp.88-91.
3) John C. Bogle, "The 1990's at the Halfway Mark," *The Journal of Portfolio Management*(Summer, 1995), pp.21-31.
4) "Look at All Those Beautiful Scantily Clad Girls out There," *Forbes*(November 1, 1974).
5) Peter L. Bernstein and Robert Arnott, "Bull Market? Bear Market? Should You Really Care?" *The Journal of Portfolio Management*(Fall, 1997), pp.26-29.

On Asset Allocation

자산 배분—성과 귀인의 수수께끼

자산 배분도 정원에 관한 찬스의 교훈보다 복잡할 게 없다. 우리는 금융시장을 신뢰하면서 투자하며 경제 사이클의 계절들에 따라 꽃을 피우고 시드는 서로 다른 자산 군들에 포트폴리오를 분산하여 투자한다. 단순한 분산 투자 논리를 따라서 우리는 궁핍의 시대에 살아남으면서도 시장의 풍부한 계절에 최대로 동참하고자 한다.

대부분의 투자자들이 선택할 수 있는 주요 자산군은 (총수익률 극대화를 위한) (보통) 주식과 (합리적 수입을 위한) 채권, 그리고 (원금의 안정성을 위한) 현금 유보금이다. 각각은 리스크가 다르다. 주식의 변동성이 가장 크고 채권의 변동성은 주식 변동성보다 작으며 현금 유보금의 명목 가치는 변하지 않는다.

탈무드에서 현대 포트폴리오 이론까지

지난 25년 동안 우리는 단순한 분산 투자 논리를 금융 학계에서 개발된 '현대 포트폴리오 이론' 이라는 엄격한 통계 모델의 관점에서 틀을 짜게 되었다. 투자자들은 거의 보편적으로 이 이론을 받아들이고 있는데, 이 이론은 투자자의 리스크 수용 의사를 최적화하는 수익률을 추구하는 투자 포트폴리오 개발에 근거하고 있다. 여기에서 리스크는 예상 수익의 단기 변동이라는 관점에서 정의된다.

가장 포괄적인 형태의 현대 포트폴리오 이론에 의하면 포트폴리오 구성은 국내 주식, 채권, 현금 유보금뿐만 아니라 해외 투자, 공매도 포지션, 외환, 그리고 금융시장의 다양한 상품(예를 들어 금) 등 모든 유동성 자산군을 포함해야 한다고 말한다. 이처럼 넓은 범위가 이론적으로 매력적일 수는 있지만, 기본 개념은 그리 복잡할 필요가 없다. 사실 1,400년도 더 전에 탈무드는 다음과 같은 단순한 자산 배분 전략을 제시했다. "재산은 항상 세 가지 형태로 유지해야 한다. 즉, 3분의 1은 부동산으로, 3분의 1은 상품으로, 그리고 나머지는 유동 자산으로 보유해야 한다."[1] 나의 충고도 고대 유대인의 전통과 법에서 추천된 충고와 크게 다르지 않다.

　그러나 투자 포트폴리오에 대한 나의 초점은 부동산과 상품보다는 시장성 유가증권인 주식과 채권에 맞춰진다. 단순성을 위해서 나는 MMF 같은 현금 유보금은 등식에서 제외한다. 왜냐하면 현금 유보금의 수익률은 미미하기 때문에 장기 자본 축적을 위한 투자가 아니라 단기적 필요와 긴급한 필요에 대비하기 위한 저축으로 봐야 한다. 투자자들에게는 단기 채권이 MMF보다 나은 대안이다. 단기 채권은 이자율 변동에 비교적 덜 민감한 반면, 장기 채권은 매우 민감하다. 이 책에서 제시되는 대부분의 예들은 중기 채권과 장기 채권에 바탕을 둔다.

　탈무드의 자산 배분 조언과 마찬가지로 나의 가이드라인도 단순하다. 허술한 출발점으로는 3분의 2는 주식에, 3분의 1은 채권에 배분한다. 이 업계에서 일하기 시작한 첫날부터 나는 나의 멘토였던 펀드 산업의 선구자이자, 웰링턴 펀드(Wellington Fund)의 설립자 고(故) 월터 모건(Walter L. Morgan)의 포트폴리오 균형 철학에 매료되었다. 균형을 유지함으로써 은퇴를 대비한 재산 축적과 같은 투자 목적을 달성하기 위해 주식시장의 수익률을 최적화하는 한편, 어느 정도의 채권 보유에 의해 손실 리스크를 견딜 수 있는 수준으로 유지할 수 있다. 주식시장의 장기 호황으로 일부 자문사들에게는 균형 투자가 구식이고 답답하게 보이기는 하지만 (아마도 그로 인해) 나는 오늘날에도 (그 어느 때보다 열렬히) 균형 투자 정책을 옹호한다.

내 가이드라인은 또한 내가 투자의 4가지 차원이라고 부르는 (1) 수익률 (2) 리스크 (3) 비용 (4) 시간을 존중한다. 주식과 채권에 대한 포트폴리오의 장기 배분을 결정할 때, 벌 것으로 예상할 수 있는 실질 수익률과 포트폴리오가 노출되게 될 리스크에 대한 의사결정을 해야 한다. 또한 부담하게 될 투자 비용도 고려해야 한다. 비용은 수익을 감소시키고 부담해야 하는 리스크를 증가시키는 경향이 있다. 수익률, 리스크, 비용을 정육면체의 3차원 상의 길이, 폭, 높이라고 생각하라. 그리고 시간은 다른 3개의 차원들 각자와 상호작용하는 시간상의 4번째 차원으로 생각하라. 즉, 투자 기간이 길수록 더 많은 리스크를 안아야 하고, 짧을수록 리스크 수준도 낮아진다.

리스크를 가장 앞에 두라

지금까지 나는 리스크를 대체로 월간 또는 연간 수익률의 표준편차나 변동성처럼 학문적인 용어로 표현했다(이에 대해서는 1장에서 설명했다). 그러나 실상은 리스크는 계량화하기가 무척 어려운 개념이다. 리스크는 재정 형편이나 심리에 과도한 피해를 주지 않으면서 어느 정도의 손실을 입을 여유가 있는지와 관련이 있다. 〈표 3-1〉은 현대 주식시장의 통계치를 입수할 수 있는 첫 해인 1926년 이후 주식과 채권에 자산 배분을 달리한 투자자들의 손실의 빈도와 정도에 대한 역사적 통찰력을 제공한다. 이 기간 동안 주식시장은 3년 반마다 한 번꼴로 마이너스 수익률을 제공했다. 주가가 하락한 연도의 평균 손실률은 12%였다. 이 표는 또한 20%에서 80%까지 채권을 보유했을 경우 평균 포트폴리오 가치 하락이 어느 정도나 완화되는지도 보여준다. 예를 들어 전형적인 보수적 균형 배분인 주식 60% 채권 40%의 경우 투자 손실이 발생한 연도는 20번에서 16번으로 줄고(4년에 한 번꼴) 손실도 평균 약 8%로 12%일 경우에 비해 1/3이 줄어든다.

<표 3-1> 위험과 자산 배분(1926~1997)

주식/채권 배분* (%)	손실을 기록한 연도 수	평균 연간 손실 (%)	3년간 손실(%) 1930~1932	2년간 손실(%) 1973~1974
100/0	20	-12.3	-60.9	-37.3
80/20	19	-9.8	-45.6	-29.2
60/40	16	-8.2	-30.2	-21.1
40/60	15	-5.5	-14.9	-13.0
20/80	14	-3.7	+0.5	-4.9

* 자산 배분은 매년 재조정되었다.

10년 후 〈표 3-1〉 위험과 자산 배분(1926~2009)

주식/ 채권 배분* (%)	손실을 기록한 연도 수	평균 연간 손실 (%)	3년간 손실(%) 1930~1932	2년간 손실(%) 1973~1974	2년간 손실(%) 2008~2009
100/0	24	-13.6	-60.9	-37.3	-24.9
80/20	23	-10.7	-45.6	-29.2	-19.9
60/40	19	-8.2	-30.2	-21.1	-14.9
40/60	17	-5.2	-14.9	-13.0	-9.9
20/80	15	-3.6	+0.5	-4.9	-4.9

* 자산 배분은 매년 재조정되었다.

1929년부터 1932년까지 3년 동안의 시장 하락은 '최악의 경우'에 해당하는 시나리오라 할 수 있을 것이다. 당시에 모두 주식으로 구성된 포트폴리오는 손실률이 -61%에 달했다. 그러나 채권은 실제로 16% 올랐고, 채권 40%와 주식 60%의 자산 배분을 3년 동안 유지한 경우 주식에만 투자한 경우의 절반 수준인 30%의 손실을 보았다. 40년 후인 1973년~1974년에는 과거 67년 동안 두 번째로 큰 대폭락을 경험했다(흥미롭게도, 25년이나 지난 이 기간이 가장 최근에 있었던 주식시장의 큰 하락이었다). 비교적 짧은 기간 동안에, 현재의 강세장에서 가장 열광적인 자문사들이 옹호하는 것처럼 오직 주식에만 투자한 포트폴리오는 (배당을 포함하더라도) 37%의 손실을 입었다. 이 경우에도 채권에 40%를 투자했다면 손실이 완화되었을 것이다. 단기간에 21%의 자본 손실이 대수롭지 않다고 할 수는 없겠지만, 이는 주식으로만 구성된 포트폴리오의 손실률 37%의 절반을 약간 웃도는 수준에 지나지 않는다.

10년 후   리스크와 자산 배분

내가 1973년~1974년의 2년 동안 주식시장이 37% 하락한 것과 같은 최악의 상황이 되풀이될 수 있다고 경고한 바 있는데, 최근의 사건들은 나의 경고를 지지하는 듯하다. 사실 2007년~2008년에 주식시장은 위의 수치와 아주 가까운 33% 하락하였다. 포트폴리오를 채권에 배분했더라면 그 리스크는 줄어들었을 것이다. 주식과 채권에 각각 20%와 80%를 배분했더라면 −6.5%를 기록했을 텐데, 이는 1973년~1974년의 주식시장 붕괴 때의 −4.9%와 상당히 유사한 결과다(〈표 3-1〉에서 볼 수 있는 것처럼 주식/채권의 배분을 달리한 포트폴리오들의 수익률도 1973년~1974년의 결과와 꽤를 같이 한다). 물론 향후의 결과는 두고 봐야 한다.

확실히 2008년~2009년의 2년 동안에 시장의 붕괴와 이에 이은 회복은 또 다른 최악의 상황을 제공했다. 주식 2년(2009년 9월까지) 누적 수익률은 −25%를 기록했는데 주식/채권을 60/40으로 배분한 포트폴리오의 가치는 15%만 떨어졌을 것이다.

장기적으로 본 리스크

위의 예들은 채권이 주식보다 더 나은 투자 대상이라고 시사하는가? 1973년~1974년의 주식시장 붕괴로 혼이 난 일부 투자자들은 그런 결론에 도달할 만도 하다. 그러나 장기 투자자들이 그렇게 했다면 결과는 비극적이었을 것이다. 왜냐하면 이후 23년 동안 주식은 연 16.6%의 수익률을 제공한 반면, 채권 수익률은 10%에 지나지 않았기 때문이다. 채권 40%와 주식 60% 배분으로 시작해서 그대로 유지한 포트폴리오는 14.6%의 수익을 누렸을 것이다(기간 말에 이 포트폴리오는 주식 비율이 86%로 올라가 있었을 것이다).

채권은 주식의 대안이라기보다는 정기적인 수입 원천과 주식 포트폴리오의 변동성 완화 요소로 사용되는 것이 가장 좋다. 장기 투자자의 목표는 단기적으로 원금을 보존하는 것이 아니라 물가 상승률이 조정된 장기 실질 수익률을 얻는 데 있다는 사실을 명심하라. 주식시장은 극심한 단기 손실을 안겨줄 수 있지만 1장에서 살펴본 것처럼 주식은 대부분의 투자기간(1802년 이래로 25년의 투자 기간 중 95%, 10년의 투자 기간 중 80%의 경우)에서 채권보다 높은 실질 장기 수익률을 기록했다.

변동성이 있는 채권 실질 수익률의 장기 평균은 약 3.5%로서 이는 주식의 실질 수익률 7%의 절반 수준이다. 달리 말하자면 주식은 채권보다 구매력이 두 배 증가했다. 앞에서 살펴보았듯이 아주 작은 수익률 차이라도 오랜 기간 복리로 계산되면 그 격차가 엄청나게 벌어지게 된다. 주식이 단기적으로는 변동성이 매우 크지만 장기 투자자라면 그 리스크를 취하지 않을 여유가 없다.

그리고 장기적으로는 수익은 크게 증가하고 리스크는 현저하게 감소한다는 사실을 잊지 마라. 1장의 [그림 1-3]에서 살펴본 것처럼 보유 기간이 늘어날수록 주식 수익률의 변동성은 빠른 속도로 감소한다. 주식 수익률의 1년 표준편차는 18.1%인 반면에 25년 동안의 표준편차는 2.0%로 감소한다. 단지 10년만 보유할 경우에도 표준편차의 대부분이 감소하며 이때의 표준편차는 4.4%까지 줄어든다.

균형에서 얻는 이익

균형 투자 프로그램의 가장 큰 이점은 리스크를 보다 구미에 맞게 만들어 준다는 점이다. 채권에 일정부분을 투자함으로써 주식의 단기 변동성을 완화하여 리스크를 꺼리는 장기 투자자에게 오랫동안 높은 주식 비중을 유지할 수 있는 용기와 신념을 준다. 당신의 독특한 상황(투자 목표, 투자 기간, 리스크 수용도, 금융 자원)에 따라 주식과 채권의 비중을 선택하라.

〈표 3-2〉는 위에서 제시한 다양한 자산 배분을 (a) 1973년~1974년 하락기의 2년 전부터 하락기까지(1971~1974) (b) 2년간의 하락기와 그 후 2년간(1973~1976), (c) 하락기 2년과 그 전후 2년의 6년간(1971~1976) 유지했을 경우의 수익률을 보여준다. (이 수치들은 각각의 연도 말에 주식시장과 채권시장의 상이한 실적 때문에 연초의 자산 배분 비중이 바뀌고 난 뒤, 연초의 배분 비율에 따라 포트폴리오를 재조정한다고 가정한다.)

〈표 3-2〉 리스크, 시간, 그리고 자산 배분(1971~2009)

주식/ 채권 배분 (%)*	연간 총수익(%)				
	1971 ~1974	1973 ~1976	1971 ~1976	1971 ~1997	1971 ~2009
100/0	-3.9	1.7	6.4	13.3	9.6
80/20	-1.8	3.1	7.0	12.7	9.7
60/40	0.2	4.4	7.4	12.0	9.7
40/60	2.1	5.5	7.7	11.2	9.6
20/80	3.8	6.4	7.8	10.4	9.2
0/100	5.4	7.1	7.9	9.2	8.7

* 자산 배분은 매년 재조정되었다.

여기에서 정원사 찬스의 말이 크게 부각된다. 활황이라는 여름이 없이도 이전의 봄과 이후의 가을은 대부분의 포트폴리오 배분에서 이익을 내기에 충분했다. 자산의 100%와 80%를 주식에 투자한 가장 공격적인 두 개의 포트폴리오만이 손실을 냈는데, 그것도 1971년~1974년 기간에만 손실을 기록했다. 이 기간들은 극심한 약세장 부근의 연도들을 살펴보았기 때문에, 채권에 가장 많은 자산을 투자한 포트폴리오가 세 기간 모두 가장 양호한 결과를 보였다. 사실은 채권에만 투자한 포트폴리오가 가장 우수한 성과를 보였을 것이다.

그러나 똑같은 자산 배분에 대해서 더 오랜 기간의 결과를 살펴보면 주식 장기투자 비중을 더 높여야 한다는 점을 분명하게 알 수 있다. 1970년 후의 27년 동안 투자 수익률은 포트폴리오의 주식 투자 비율에 비례하여 증가했다. 〈표 3-2〉에서 보여주는 것처럼 주식에 80%, 채권에 20%를 투자한 포트폴리오는 연 12.7%의 수익률을 올렸다. 반대로 주식에 20%, 채권에 80%를 투자한 포트폴리오의 수익률은 10.4%였다. 전체 기간 동안의 시초에 1만 달러를 주식 80%, 채권 20%의 포트폴리오에 투자했다면 기간 말에는 252,300달러로 늘어나 있었을 것이다. 이는 주식 20%, 채권 80%인 포트폴리오에 투자한 경우의 144,600달러보다 107,700달러 많은 금액이다. 주식 배분 비중이 클수록 평균 장기 수익률이 높다. 1970년대 초반과 같은 혹독한 겨울에도 불구하고 금융시장의 계절은 결국은 변한다. 봄이 오고 그 다음에는 여름이 온다. 적절한 균형을 이룬 포트폴리오가 혜택을 입기 좋은 위치에 있게 된다.

10년 후 ░ **리스크, 시간, 그리고 자산 배분**

2000년~2002년과 2007년~2009년의 심각한 약세장에도 불구하고 1971년 이후의 연간 주식 수익률은 1971년~1997년 동안의 13.3%라는 예외적으로 높은 수익률을 훨씬 밑돌기는 하지만 (연 9.6% 로) 여전히 양호한 수준을 보였다. 그러나 그 시기는 채권 수익률이 9%대로 시작했으며, 그 기간의 채권 수익률은 주식 수익률과 사실상 같았음을 기억해야 한다. 따라서 주식/채권 배분 비율을 달리한

다양한 포트폴리오들의 연간 수익률도 8.7%에서 9.7%로 사실상 동일했다.

채권 수익률이 주식 수익률에 비해 그처럼 경쟁력이 있는 것은 이례적이다(그러나 전례가 없는 것은 아니다). 그러나 주식 프리미엄이 이렇게 적은 시기에는 균형 펀드 투자자들의 수익률이 비교적 좋은데 이 경우 견고한 주식 수익률과 역사적 평균을 훨씬 웃도는 채권 수익률 양쪽에서 이득을 본다.

자신의 균형을 찾아라

자신의 필요에 적합한 적절한 균형을 어떻게 결정할 것인가? 나는 여전히 [그림 3-1]에 제시된 것처럼 사사분면에 투자 생애 주기가 다른 젊은 투자자와 나이든 투자자를 위한 배분을 제안하는 단순한 모델을 옹호한다. 이 모델은 장기적으로는 주식이 1802년 이후 채권보다 나은 실적을 냈듯이 앞으로도 그럴 것이라고 가정한다. 또한 주식 수익률은 표준편차가 높은 데에서 알 수 있듯이 채권 수익률보다 예측 가능성이 낮다고 가정한다. 이 가정들은 과거 기록과도 일치한다.

[그림 3-1] 기본 자산 배분 모델(주식/채권)

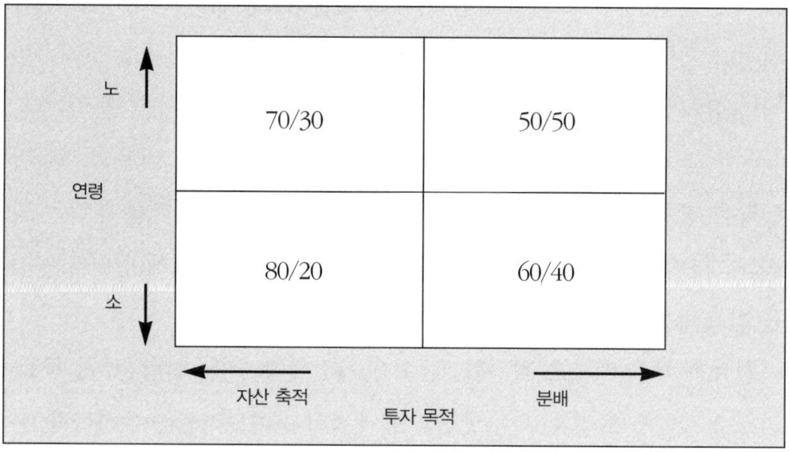

이 표의 주안점은 상식에 근거를 두고 있다. 자산을 모으는 시기인 개인 투자 사이클의 축적 국면 동안에는 투자하지 않으면 소비할 돈을 따로 떼어 놓는다(이는 결코 쉽지 않지만 필수적이다). 이 시기에는 자본을 투자하고 투자에 따른 배당금과 자본 이득 배분액을 재투자한다. 이들 자산은 당장 쓸 필요가 없기 때문에 높은 수익률을 좇아 더 많은 리스크를 추구할 수 있다. 젊은 투자자라면 포트폴리오의 80% 이상을 주식에 투자하고 나머지를 채권에 투자할 수 있다. 자산 축적 국면이 시작되고 나서 일정 기간이 지나면 나이가 들게 되고 포트폴리오의 가치가 하락할 경우에는 이를 복구할 수 있는 시간이 줄어들게 된다. 그때쯤이면 주식의 비중을 70% 이내로 억제할 수 있을 것이다.

투자 사이클에서 분배 국면(축적 국면의 열매를 즐기는 시기) 동안에는 비교적 고정된 자본 풀에서 창출되는 수입에 의존하게 된다. 투자에서 창출되는 수입을 인출하고 상당한 단기 손실을 입을 여유가 없게 된다. 분배 국면이 시작될 때는 주식 비중을 60% 정도로 줄일 수 있다. 나이가 들어감에 따라 주식 비중을 50%로 줄일 수도 있다. 그렇게 할지라도 적절한 수입을 얻기는 벅찰 수 있다. 블루칩 주식들의 배당 수익률이 약 1.4%이고 미국 장기 국채 이자 수익률이 약 5.4%였던 1998년 하반기에, 주식과 채권에 50대 50으로 투자된 시장 포트폴리오는 3.3%의 수익을 냈을 것이다. 전형적인 주식 펀드와 채권 펀드의 평균 운영비용을 고려하면 이와 유사한 뮤추얼 펀드는 단지 2.0%의 (배당 및 이자) 수익을 낼 것이다. (이는 당신의 수입의 40%가 줄어든 것이다.) 이 단순한 계산은 펀드 비용의 커다란 영향을 강조해 준다. 펀드 비용의 역할이 매우 중요하기 때문에 나는 당신의 자산 배분에 관한 투자 의사 결정 시 펀드를 잘 선택해야 된다는 점을 반복해서 강조하고 있다.

전략적 자산 배분을 결정할 때는 자신의 재정 상황, 연령, 투자 목표, 리스크 성향을 고려해서 이 모델의 대략적인 가이드라인을 수정하라. 은퇴 자금을 마련하기 위해 막 투자를 시작한, 리스크 감내도가 높은 젊은 투자자(약 25세 전후)가 때를 가리지 않고 규칙적으로 투자할 수 있다고 확신할 경우 전액을 주식에 배분하는 것도 무모한 전략이 아닐 것이다. 리스크를 매우 싫어하며 상당한 재산을 축적한 분배 국면의 노년 투자자라면 주식 비중을 30%까지 낮출 수 있을 것이다. 이 의사결정에서 핵심 요인은 투자될 돈과 이미 축적되어 있는 자본 사이의 관계다. 예를 들어 매월 150달러를 개인 퇴직 계좌(또는 확정 급부형 기업연금이나 저축 프로그램)에 이제 막 투자하기 시작한 젊은 투자자는 시간이 우군이며 투자 시초에는 잃을 것도 별로 없다. 반면에 이보다 나이가 많은 투자자는 수익 기회와 이보다 훨씬 크고 중요한 자본 손실 리스크를 동시에 고려해야 한다. 적절한 보수를 받는 직장에서 40년을 근무한 투자자라면 과세 이연 연금 계좌에 100만 달러가 넘는 자산을 축적할 수 있는 시대가 되었다.

나이, 재산, 자산 배분—엇갈리는 견해

나이와 재산 수준의 조합은 리스크 수준에 대한 합리적인 대용물이 될 수 있다는 주장은 자명한 것으로 보인다. 이제 막 자본을 축적하기 시작해서 잃을 것이 별로 없는 젊은이는 상당한 리스크를 취하고, 주식 수익률로부터 최대의 이점을 추구하고, 시간이 단기 변동성을 해결하도록 시간에 의존할 수 있다. 큰 자산을 축적한 나이든 사람은 손실을 회복할 수 있는 시간이 적기 때문에 더 큰 확실성과 낮은 리스크, 그리고 자본 수익률을 희생하더라도 지속적인 (배당 및 이자) 수입을 추구해야 한다.

반대되는 주장도 있다. 젊고 근근이 살아간다면, 왜 조금이라도 주식 리스크를 취하는가? 당신이 늙고 적절한 퇴직 수입이 있다면, 왜 계속해서 주식 투자를 증가시켜 가능한 한 많은 자산을 자손에게 물려주지 않는가? 그렇다면 젊은 투자자의 투자 기간은 짧고, 나이든 투자자의 투자 기간은 거의 무한하지 않은가?

인생에는 다른 사실들도 있다. 빚은 얼마나 되는가? 현금흐름은 플러스인가, 아니면 마이너스인가? 수입은 증가하고 있는가, 감소하고 있는가? 자녀들의 대학 교육은 어떤가? 확정급부형 연금(사회 보장 포함)에서 얼마를 기대할 수 있는가? 당신은 공격적인 리스크 수용자인가, 아니면 조심스러운 보수주의자인가?

학계에서는 금융자본 대 인적자본 문제도 제기한다. 젊은 월급 생활자의 미래 노동력의 현재 가치에 비하면 투자의 중요성은 왜소해진다. 말하자면 "내가 나의 포트폴리오에서 가장 큰 자산이다." 미래에 축적될 비교적 작은 규모의 금융자본에 집중하는 것보다는 커다란 인적 자본 잠재력을 극대화시키는 방식으로 생활을 꾸려나가는 것이 낫지 않을까? 인적자본의 가치와 주식시장의 가치는 모두 미국 경제의 성장에 크게 영향을 받기 때문에 서로 상관관계가 높지 않은가?

이는 모두 어려운 질문들이지만, 고려해 볼 만한 가치가 있다. 그러나 투자자들의 환경이 다양해서 모든 투자자들에게 적절한 해답을 제공하기는 어렵기 때문에 나는 나이와 자산 수준을 자산 배분의 기초를 정하는 대략적인 방법으로 사용하는 것이 (모든 투자자들에게는 아니라 해도) 대부분의 투자자들에게는 현명한 출발점이라고 생각한다. 자산 배분은 만병통치약이 아니다. 그러나 자산 배분은 불완전하기는 하지만 금융시장의 불가피한 불확실성에 대한 합리적인 접근법이다.

10년 후 자신의 자산 배분 균형 잡기

나이가 들어감에 따라 주식 비중을 줄이고 채권 비중을 늘린다는 기본 원칙이 재확인되었고, 그 외에도 많은 원칙들이 재확인되었다.

2007년~2009년의 주식시장 붕괴는 주식에만 투자한 포트폴리오에 큰 피해를 입혔지만, 채권은 플러스의 수익률을 제공해서 그러한 리스크를 완화하는 역할을 해냈다.

이러한 주식시장 붕괴가 일어나기 훨씬 전에 나는 분배 국면에 있는 고령의 투자자들을 위해 주식/채권 비중 50/50의 어림셈 자산 배분 모델을 수정했다. 그보다 나는 (조잡한 출발점으로서) 투자자의 채권 비중은 자신의 나이와 같아야 한다고 권고했다. 그럴 경우 65세의 투자자라면 채권/주식 비중 65/35의 배분을 고려할 것이다.

확실히 그러한 어림셈은 투자자의 목표, 리스크 용인 수준, 전반적인 재무 상태를 반영해서 조정되어야 한다(예를 들어 연금과 사회 보장 급여는 채권과 같은 투자로 간주될 것이다). 요점은 나이가 들어갈수록 일반적으로 (1) 보호해야 할 부가 늘어나고 (2) 심각한 손실을 만회할 시간이 적어지며 (3) (이자 및 배당금) 투자 수익의 필요가 커지고 (4) 시장이 널뛸 때 신경이 더 쓰이게 된다는 것이다. 이러한 네 가지 요인 모두 나이가 들수록 채권 비중을 높이도록 제안한다.

배분 비율 조정

전략적 장기 자산 배분을 결정하고 나면, 이 비율을 비교적 고정시킬 것인지 아니면 변동시킬 것인지 정해야 한다. 두 가지 주요 대안이 있다. (1) 원래의 배분 비율을 유지하기 위해 정기적으로 주식과 채권을 매매해서 전략적 배분 투자 비율을 고정시킨다. (2) 최초의 배분 비율만 정하고 투자 이익은 그대로 놔둔다. 두 번째의 경우, 최초의 배분 비율은 점차 주식과 채권의 상대적 성과를 반영하여 변화되어 간다.

첫 번째 방법인 고정 비율 배분의 경우에는 가끔씩 포트폴리오 재조정이 필요하다. 주식시장의 활황으로 주식 60%, 채권 40%의 비율로 시작한 포트폴리오가 주식 70%, 채권 30%로 바뀌게 되면 주식을 일부 팔아서 채권에 투자할 수도 있다. 포트폴리오 조정이 과세 의무를 발생시키지 않는 과세 이연 퇴직 계좌에서는 포트폴리오를 쉽게 조정할 수 있다. 그러나 과세 대상 계좌에서는 오늘 증권을 팔면 세금상 불리한 결과가 촉발될 가능성이 크다. 만약 보유 자산이 주로 과세 계좌에 있다면 향후의 기여액을 채권에 투자함으로써 포트폴리오를 점진적으로 원래의 비율로 회복시키는 것이 현명한 방법이다. 고정 비율 전략의 장점은 주가 상승시 자동적으로 이익을 실현하고 주식 익스포저를 줄인다는 점이다. 마찬가지로 주식 가치가 떨어져 주식 비중이 떨어질 경우 (채권 매도 대금이나 신규 투자 자금으로 주식을 매입함으로써) 주식 보유를 늘려 리스크와 수익 사이의 원래의 균형을 비교적 일정하게 유지할 것이다. 많은 투자자들은 포트폴리오에 대해 어떤 행동도 취하지 않고 주식시장의 흐름에 따라 리스크 노출액이 커지도록 허용하기(이는 직관적이기는 하지만 비생산적인 전략이다) 보다, 주식과 채권의 안정적인 균형을 유지할 때(직관에 반하지만 생산적인 전략임이 입증될 것이다) 마음이 더 편안할 것이다.

만약 원래의 자산 배분을 그대로 두는 방법을 택한다면, 이는 사실상 선의의 무시 전략을 따르는 셈이다. 최초의 배분 비율이 결정된 뒤, 리스크와 수익의 균형은 금융시장의 리듬에 맞춰 춤추게 될 것이다. 주식 60%와 채권 40%로 시작된 포트폴리오가 주식 75% 이상, 채권 25% 이하로 바뀔 수도 있다. 최근의 예를 보면 현재의 강세장이 시작되기 전인 1982년에 주식과 채권에 50 대 50으로 배분한 투자자의 경우 16년이상 지난 현재에는 주식과 채권의 비중이 76%와 24%가 되어 있을 것이다.

세 번째 대안이 있기는 하지만 이 방법은 대담하고 자신 있는 투자자에게만 해당된다. 이 방법은 '행로를 유지하라'는 원칙을 포기하지 않으면서 폭풍이 임박해 있을 경우 중간에 행로 수정을 허용한다. 합리적인 예측의 결과, 어떤 자산이 다른 자산보다 더 나은 투자 기회를 제공할 것으로 보이면 덜 매력적으로 판단된 자산 군에서 일부를 더 매력적으로 판단된 자산 군으로 옮길 수 있다. 이러한 정책은 전술적 자산 배분으로 불린다. 이는 (기술, 통찰력, 운이 있을 경우) 고정 비율법이나 선의의 무시 정책보다 장기 수익률을 약간 더 올릴 수도 있는 기회주의적이고 일시적이며 공격적인 정책이다.

우리는 기술과 통찰력 모든 면에서 자신의 능력을 과대평가하는 경향이 있기는 하지만 기술과 통찰력이 있다는 것은 대단한 일이다. 그러나 운도 중요한 역할을 한다. 많은 투자자들이 올바르게 판단하지만 그릇된 시점에 그렇게 한다. 너무 이르거나, 너무 늦으면 아무 소용이 없다. 그러므로 전술적 자산 배분 전략이 사용된다 하더라도 이 전략은 조금만 사용되어야 한다. 예를 들어 당신의 최적 자산 배분이 주식 65%라면, 이 비율의 변화를 상하 15% 이내로 제한하고(주식 비율을 50%에서 80% 범위 내로 유지) 이 변화를 점진적으로 실행하라. 나의 견해로는 주식 포지션을 하룻밤 사이에 줄였다가 '올바른 시기'에 회복시킬 수 있는 기술, 통찰력, 그리고 운이 있다는 것은 완전히 터무니없는 주장이다. 대담한 사람이라면 전술적 자산 배분을 시도해 볼만 하지만 모든 자산을 한번에 배팅하는 전술적 자산 배분은 바보들이나 할 짓이다.

전술적 자산 배분에서 무엇이 약간의 자산 배분 이동을 좌우하는가? 주식이 채권에 비해 상당히 과대평가되어 있다는 우려가 한 가지 예가 될 것이다. 신념과 용기, 그리고 자기 규율을 갖춘 투자자들은 주의에 경의를 표함으로써 이득을 볼 수 있다. 나는 '경의'라고 했지 '굴복'이라고 하지 않았다. 불확실성이 불가피한 세상에서 주식 포지션 비중 축소는 15% 포인트를 넘지 않아야 한다. 만약 포트폴리오의 65%를 주식으로 보유하고 있었다면 최소 50%는 주식으로 유지해야 하고, 50%를 보유하고 있었다면 최소 35%는 유지하는 식으로 말이다. 약간의 조심은 단순히 신중함을 의미할 수도 있지만 비교적 리스크를 싫어할 경우 잠을 더 잘 자게 될 수도 있기 때문에 이는 작지 않은 축복이다. 다음 격언처럼 지혜를 깨닫기 위해서 하지 않아도 되는 투자 경험을 할 필요는 없다.

"늙은 조종사도 있고 대담한 조종사도 있다. 그러나 늙고 대담한 조종사는 없다."

세 번째 차원

이상적인 자산 배분은 리스크와 수익이라는 투자의 명백한 두 가지 차원을 구현한다. 투자비용은 좀 더 미묘하지만 똑같이 중요한 투자의 세 번째 차원이다. 비용이 자산 배분만큼이나 중요하다는 생각은 뮤추얼 펀드 업계에서 널리 공유되고 있지 않다. 결국 장기간의 강세장에서 주식이 거의 연 20% 가까운 수익률을 올려왔고 최근 수년 동안에는 연 30%의 수익률을 올렸다. 현재 채권 수익률은 겨우 약 5.5%에 지나지 않다 보니 자산 배분에 비해 비용의 중요성은 미미할 수밖에 없었다. 비용은 좀처럼 연 2%~3% 포인트를 넘지 않는다. 그래서 업계에서는 자산 배분에 최우선순위를 두어야 한다는 말이 통용되어 왔다. 비용의 영향을 무시함으로써, 업계는 은연중에 비용이 중요하지 않다고 주장한다. 그러나 업계의 통설은 옳지 않다.

하지만 1986년에 발표된 엄격한 학술 연구는 통설을 확인하는 것처럼 보였다. 《파이낸셜 애널리스트 저널》에서 저자 브린슨(Brinson), 후드(Hood), 비보어(Bebower)는 "투자 정책(자산 배분)이 투자 전략(마켓 타이밍과 종목 선택)보다 중요하며, 평균적으로 [연금] 총수익률 변동의 93.6%를 설명한다"라고 보고했다.[2] 이 말은 자산 배분이라는 주제에서 기념비적인 인용이라 할 수 있다. 이 말은 확실히 가장 많이 인용되고 있다.

저자들은 계속해서 이렇게 말한다. "투자 전략이 상당한 수익률을 가져올 수도 있지만, 이는 투자 정책(자산 군과 이들의 일반적인 비중 선택)에서 비롯되는 수익 기여분에 비하면 미미한 수준이다." 다시 말하자면 자산 배분에서 비롯되는 수익 기여분이 다른 요소들을 압도한다.

1983년까지의 10년 동안을 대상으로 한 이 연구 결과는 같은 저자들이 1987년까지의 10년 동안을 대상으로 해서 1991년에《파이낸셜 애널리스트 저널》에 게재한 후속 논문에서 재확인되었다.[3] 이 기간 중 자산 배분의 영향은 91.5%로 계산되어, 전편의 결과와 별로 변화가 없었다.

금융의 경전

나는 적절히 이해된다면, 이 결론에 이의를 제기할 수 없다고 생각한다. 그러나 불행하게도 이 결론은 상당한 오해를 받아왔다. 이 결론은 흔히 자산 배분이 수익률의 분기 변동이 아니라 연금이 실제로 번 연 수익률의 차이를 설명한다는 의미로 인용되어 왔다. 나도 처음에는 주식, 채권, 현금의 자산 배분이 "기관에서 운영하는 연금에 의해 달성된 총수익률 차이 중 94%를 설명했다"라고 언급함으로써 똑같은 실수를 저질렀음을 고백한다. 다행히도 나는 올바른 결론이 무엇인지를 제시함으로써 실수를 줄였다. "장기 펀드 투자자라면 어떤 특정 주식형 펀드, 또는 어떤 특정 채권형 펀드에 투자해야 하는가라는 문제에는 덜 집중하고, 주식형 펀드와 채권형 펀드의 투자 배분에 더 집중함으로써 이득을 볼 수 있을 것이다." 나는 지금도 이 결론을 지지하지만 분명히 다음과 같은 조건을 덧붙일 것이다. "… 비용이 일정하고 낮은 수준으로 유지된다면 말이다." 달리 말하자면 저비용 펀드 중에서 선택하라는 것이다.

《파이낸셜 애널리스트 저널》에 발표된 뛰어난 논문으로 1997년에 그레이엄 앤 도드(Graham & Dodd) 상을 수상한 윌리엄 쟝크(William Jahnke)는 널리 퍼져 있는 오해를 폭로했다.[4] 그는 비록 자산 배분이 포트폴리오의 분기 수익률 변동의 93.6%를 설명할 수는 있지만, 단기 수익률의 작은 변동은 대부분의 투자자에게 거의 아무런 의미가 없다고 주장했다. 원래의 연구 데이터를 사용해서 쟝크는 투자 정책(연금의 통상적인 주식, 채권, 현금 유보액에 대한 배분)은 장기 총수익률 차이의 14.6%밖에 설명하지 않

139

는다는 결론을 내렸다. 그리고 쟝크는 다음과 같은 강력한 결론을 제시했다. "많은 개인 투자자들에게 있어서 자산 배분 정책이나 마켓 타이밍, 종목 선택이 아니라 비용이 가장 중요한 포트폴리오 성과 결정 요인이다."[5]

나는 중간적인 입장을 취하고 있는데, 이는 아마도 특징이 없어 보일 수도 있을 것이다. 자산 배분은 정말 중요하다. 그러나 비용도 매우 중요하다. 이 두 요인에 비교하면, 우량 주식과 채권에 분산된 포트폴리오에 투자할 때의 다른 요인들은 그다지 중요하지 않다.

10년 후   **경비율(Expense Rations)**

주식형 펀드, 혼합형 펀드, 채권형 펀드, 연금 펀드의 비용 비율 프로필은 기본적으로 10년 전에 비해 거의 변하지 않았다. 각 그룹에서 상위 25%에 속하는 펀드는 하위 25%에 속하는 펀드에 비해 평균 1%가 넘는 비용 비율을 보이는데, 이는 장기간 동안 복리 효과를 감안하면 상당한 차이다(그러나 뒤에서 설명하는 것처럼 투자자들에게 발생하는 비용은 경비율만이 아니다).

비용이 관점을 어떻게 바꾸는가?

브린슨, 후드, 비보어의 연구(이후에는 BHB라 한다)에서는 자문 수수료, 관리 비용 및 보관 비용을 고려하지 않았다. 공정을 기하자면, 그럴 필요가 없었을 것이다. 이 연구의 성격(주로 누적 연 수익률보다는 분기 변동에 초점을 맞추었음)과 자문 수수료의 변동이 그리 크지 않은 기관 연금 펀드의 성격(수수료는 보통 자산의 연 0.40%에서 0.80%의 좁은 범위에서 정해진다)에 비추어 볼 때 비용은 결론에 큰 영향을 미치지 않았을 것이다.

뮤추얼 펀드 업계의 비용은 얘기가 다르다. 뮤추얼 펀드의 비용은 연금 펀드 비용보다 펀드간 비용 차이도 크고 일반적으로 비용 수준도 훨씬 높다. 주식형 펀드의 비용 비율은 연평균 1.5%이며, 0.2%~2.2% 이상의 범위를 보인다. 혼합형 펀드의 비용 평균은 1.4%이며 비용 범위는 0.2%~1.8% 이상이다. 채권형 펀드의 비용은 0.2%에서 1.5% 이상의 범위를 보인다(그림 3-2를 보라). 뮤추얼 펀드 간의 큰 비용 차이가 분기 수익률에는 큰 영향을 주지 않지만, 장기 수익률 차이에는 큰 영향을 미친다. 많은 데이터들을 통해 투자비용은 자산 배분과 함께 장기 수익률에 영향을 미치는 핵심 요인임을 확인할 수 있다. 결론적으로 말해서 비용은 중요하다.

비용을 분석할 때 나는 혼합형 뮤추얼 펀드를 선택했는데, 그 이유는 이들의 자산 배분 패턴이 BHB가 연구한 연금 펀드의 자산 배분 패턴과 유사했기 때문이다(대개 보통주 주식에 60%~65%를 투자한다). 1997년 12월 31일까지의 10년간의 자료에 기초한 연구 결과는 자산 배분의 영향이 마켓 타이밍과 종목 선택의 영향을 압도한다는 BHB의 기본적인 발견사항을 재확인했다. 사실 혼합형 뮤추얼 펀드의 분기 수익률 변동의 84.9%가 자산 배분에 의해 설명되었는데, 이 수치는 연금 펀드 연구 결과와 매우 유사하다. 〈표 3-3〉의 결과 비교가 보여주는 것처럼 두 연구의 결과는 놀라울 정도로 유사하다.

수익률 변동에서 총수익률로 관점을 돌리면, 연금과 뮤추얼 펀드 모두 비용 전 수익률이 시장 지수 벤치마크 수익률보다 약간 낮았다. 연금 펀드 연구에서 BHB는 주식에 대해서는 S&P 500 지수를, 채권에 대해서는 첫 번째 연구에서는 리먼의 국채/회사채 지수(Lehman Government/Corporate Bond Index)를, 두 번째 연구에서는 살로먼 투자 등급 채권 지수(Saloman Broad Investment Grade Bond Index)를 사용했다. 그리고 현금에 대해서는 각각의 연구에서 미국 단기 국채로 구성된 시장 벤치마크를 사용했다. 혼합형 뮤추얼 펀드에 관한 연구에서, 우리는 유사한 벤치마크를 사용했

[그림 3-2] 포트폴리오 경비율

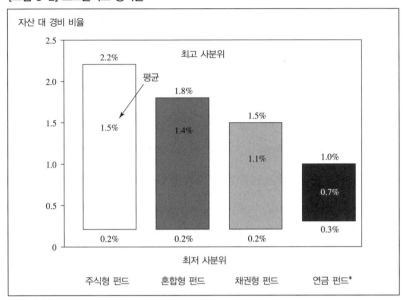

* 추정치임.

10년 후 [그림 3-2] 포트폴리오 경비율

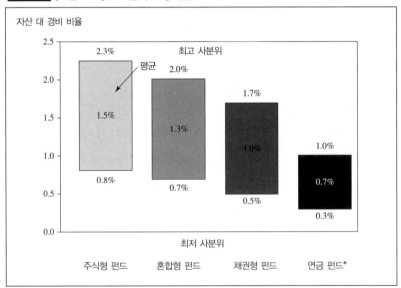

* 추정치임.

다. 주식은 S&P 500 지수, 채권은 리먼의 국채/회사채 지수, 현금은 미국 단기 국채를 사용했다(S&P 500 지수 대신 시장 전체 윌셔 5000 지수를 사용해도 두 연구 결과는 크게 다르지 않았다).

〈표 3-3〉 수익률 변동 원천*

요인	BHB 연구	뮤추얼 펀드 연구
자산 배분	92.5%	84.9%
자산 배분 변화와 종목 선택	7.5	15.1
합계	100.0%	100.0%

* BHB는 1986년과 1991년 연구의 평균치; 뮤추얼 펀드 연구는 1997년 말까지 10년간의 자료에 근거함.

(오래전부터 확인되어 온 것처럼) 적극적으로 관리하는 매니저들이 비용을 공제하기 전에도 평균적으로 적절한 시장지수를 상회하지 못한다는 점이 증명되고 있다. 이는 매니저들이 연금 펀드나 뮤추얼 펀드 어느 쪽에 자문을 제공해도 마찬가지였다. 어느 경우에도 그들은 성공적이지 않았다 〈표 3-4〉를 보라).

〈표 3-4〉 뮤추얼 펀드와 연금 펀드 매니저들의 성과

	연금 펀드 연구(%)	뮤추얼 펀드 연구(%)
비용 공제 전 매니저 수익률		
지수 수익률	11.8	14.2
펀드 수익률 (비용 공제 전)	11.2	14.1
비용 공제 전 수익률 차이	-0.6	-0.1
비용 공제 후 매니저 수익률		
평균 비용 비율	-0.6	-1.1
펀드 수익률 (비용 공제 후)*	10.6	13.0
비용 공제 후 수익률 차이	-1.2	-1.2

* 판매 수수료는 제외.

적극적으로 관리하는 매니저들이 소극적인 시장지수를 앞지름으로써 가치를 부가하는 데 실패한다는 사실은 대체로 개별 종목 선정 효과가 없음(또는 그렇게 부르길 원한다면, 매우 효율적인 시장)을 반영한다. 사실상의 가치 감소는 포트폴리오 거래 비용(비록 정확히 계량화할 수는 없지만, 거래 비용은 확실히 존재한다)에 의해 야기되었을 가능성이 높다. 종목 선정이 효과가 없고 거래 비용이 발생한다는 이 두 가지 요인들은 의심할 나위 없이 연금 펀드와 뮤추얼 펀드가 적극적으로 관리되지 않는 인덱스 포트폴리오에 비해 낮은 성과를 나타내는 데 큰 역할을 했다.

그러나 운영 경비율을 고려하면 매니저들의 실패는 자명해진다.* 〈표 3-4〉는 우리 연구의 비용 공제 후 결과도 보여준다. 연금 펀드와 뮤추얼 펀드의 시장 수익률 부족분은 연 1.2% 포인트로, 이는 시장지수 수익률의 약 8% 감소분에 해당한다. 비용이 뮤추얼 펀드의 수익률 부족분의 92%를 차지했다. 더구나 이 연구 대상 기간이 종료된 이후 혼합형 펀드의 평균 경비율은 1.1%에서 1.4%로 올라서 벤치마크 펀드들의 수익률 부족 폭이 앞으로 커질 거라는 불길한 신호를 보내고 있다.

우리의 표본에 포함된 혼합형 펀드의 비용과 순수익률 사이에는 상당히 체계적인 관계가 있음이 밝혀졌다. 사실 비용을 고려하지 않을 때는 2, 3, 4분위의 총수익률은 1987~1997년 동안 약 14%, 1994~2009년 동안 약 7%로 거의 같다. 그 결과가 〈표 3-5〉에 나와 있다. 각각의 사분위에서 낮은 비용이 필연적으로 높은 순수익률로 이어졌다는 것은 그다지 놀라운 일이 아니다.

금상첨화인 것은 비용이 가장 낮은 그룹이 혼합형 펀드 평균보다 더 많은 리스크에 노출되지 않고도 높은 수익률을 달성했다는 점이다. 혼합형 펀드들 사이의 자산 배분 정책상 차이(4개 펀드는 그룹 평균보다 주식 비중을

---

* 펀드 판매 수수료를 조정하면 뮤추얼 펀드의 수익률 부족분은 훨씬 더 분명해질 것이다. 판매 수수료를 징수하는 펀드들의 경우 판매 수수료는 총 연 수익률의 약 0.6% 포인트를 소모할 것이다. 판매 수수료가 있는 펀드들과 없는 펀드들을 합하면, 수익률 축소분은 약 0.4% 포인트가 될 것이다.

〈표 3-5〉 혼합형 펀드: 수익률 대 비용*

	순수익률(%)	경비율(%)	총수익률(%)
1987~1997 비용 4분위			
1사분위(최저 비용)	14.0	0.6	14.6
2사분위	13.2	1.0	14.2
3사분위	12.6	1.2	13.8
4사분위(최고 비용)	12.1	1.7	13.8
평균	13.0%	1.1%	14.1%
	순수익률(%)	**경비율(%)**	**총수익률(%)**
1994~2009 비용 4분위			
1사분위(최저 비용)	7.1	0.7	7.8
2사분위	6.0	1.0	7.1
3사분위	5.8	1.2	6.9
4사분위(최고 비용)	5.0	1.9	6.9
평균	6.0%	1.2%	7.2%

* 1998년의 경우, 4개 4분위 그룹의 비용은 각각: 0.7%(최저), 1.0%, 1.2%, 그리고 1.9%(최고)였음.

매우 높게 유지했다)는 총수익률에서 생겨난 약간의 의미있는 차이에 대해 설명했다. 그러나 (표준편차로 측정된) 리스크를 고려할 경우 비용이 낮은 사분위 그룹만이 높은 리스크 조정 수익률을 보였다. 특히 저비용 사분위의 평균 리스크 조정 수익률(샤프 비율*을 사용함)은 평균보다 15% 높았으나, 비용이 보다 높은 3개 사분위 그룹의 리스크 조정 수익률은 전체 그룹 평균보다 4% 낮았다(저비용 사분위 펀드들의 평균 샤프 비율은 0.94였고, 비용이 보다 높은 3개의 사분위 펀드들 각각의 평균 샤프비율은 0.79였다). 이와 같은 비용과 수익률의 관계는 '비용이 중요하다'는 명제를 강력하게 납득시켜 준다.

혼합형 뮤추얼 펀드에 대한 이 연구의 결론은 BHB의 말에 다음과 같

---

* 노벨상 수상자 윌리엄 샤프(Willaim F. Sharpe)에 의해 개발된 샤프 비율은 리스크 조정 수익률을 계산하는 일반적인 토대다. 이 비율은 리스크 (보다 정확하게는, 표준편차로 측정된 변동성) 단위 당 연 초과 수익률(무위험 미국 단기 국채 수익률을 초과하는 수익률)의 비율이다.

은 중요한 주의 사항을 덧붙이도록 요구한다. "투자 전략이 상당한 수익을 가져올 수는 있지만, 이는 투자 정책에서 나오는 수익 기여에 비하면 미미하며, 총수익률은 비용에 큰 영향을 받는다."

이 결론은 혼합형 뮤추얼 펀드에 관한 제한적인 연구에서만 도출된 것이 아니라 1991년부터 1996년까지 운용된 741개의 모든 국내 주식형 뮤추얼 펀드들의 수익률에 대한 포괄적인 연구에서도 같은 결론이 도출된다. 6장에서 살펴보게 되듯이, 펀드 투자 스타일(성장주 대 가치주)과 시가 총액(대형주 대 소형주)을 고려하면 저비용 사분위에 속하는 펀드들이 고비용 사분위 펀드들을 일관되게 앞질렀다. 이러한 일반적인 영향이 채권형 펀드에서도 되풀이된다. 이에 대해서는 7장에서 자세히 살펴본다.

| 10년 후 | 혼합형 펀드 비용과 수익률 |

10년 전의 혼합형 펀드 비용과 수익률에 대한 데이터를 업데이트하고, 기간을 15년으로 늘려도 이전에 내렸던 결론을 거의 완벽하게 확인해 준다. 경비율이 올라갈수록 각 사분위에서 수익률은 하락한다. 저비용 사분위 펀드에서 번 수익률 우위는 이전 기간에는 연 1.9% 포인트였으며 최근 기간에는 2.1% 포인트였다. 그리고 이처럼 특수하고 (그러나 즐길 수 있는) 동일한 패턴이 총수익률과 순수익률 모두에서 나타난다. 비용이 가장 낮은 펀드들이 (예상한 대로) 가장 높은 순수익률을 보일 뿐만 아니라 비용을 공제하기 전의 총수익률도 가장 높다. (여기에서도 두 번째 기간은 첫 번째 기간과 궤를 같이 한다. 즉, 비용이 가장 낮은 펀드들이 최근 기간에 연 0.9% 포인트의 비용 전 수익률 우위를 보였는데, 이는 이전 기간의 0.8% 포인트 우위와 거의 같은 수준이다.) 왜 그런지는 명확하지 않지만, 이는 단순한 저비용 전략을 더욱 강화해 주는 패턴이다. "비용이 적게 드는 연못에서 고기를 잡으라!"

낮은 비용은 펀드 수익률을 올려준다

또한 어떤 이유에서든 저비용은 수익률 최상위 사분위 펀드들의 총수익률 우위를 체계적으로 확대시켰다. 무작위성이 이유인 것 같지는 않다. 아마도 고비용 펀드들은 과다한 비용을 상쇄하기 위해 여분의 이자/배당 수익률이나 낮은 등급의 유가증권들을 추구했지만, 이에 내재된 추가적인 리스크가 자업자득이 된 듯하다. 아무튼, 혼합형 펀드 비용이 10bp(0.1%) 포인트 내려갈 때마다 평균적으로 순수익률이 17bp(0.17%) 포인트 향상되었다. 고비용이 순이익에 미치는 부정적인 레버리지 효과가 거의 2배에 달했다.

이러한 수치가 무엇을 의미하는지 이해하기 위해 다음의 예를 생각해 보자. 10%의 순수익률을 올린 고비용 펀드의 경우보다 1.1% 포인트의 비용 우위를 보이는 저비용 펀드는(고비용 혼합형 펀드의 경비율은 평균 1.7%인 반면 저비용 펀드는 0.6%였다) 단순히 11.1%의 총수익률을 올리는 것이 아니라 11.9%의 총수익률을 올리게 된다(위에서 언급된 레버리지 효과로 1.1의 1.7배인 1.87%의 총수익률 제고 효과가 있게 됨. 역자 주). 이는 고비용 펀드의 연 수익률 10%에서 19%가 향상되는 것이다. 이러한 차이가 10년간 복리로 계산되면 큰 금액이 되고, 25년이면 치솟아 오르게 되고, 50년이면 천문학적인 금액이 된다. 즉, 시초에 1만 달러를 50년간 투자할 경우 고비용 펀드의 최종 자산 가치는 1,173,900달러이지만 저비용 펀드의 최종 자산 가치는 2,763,800달러로 2.5배의 차이가 나게 된다(〈표 3-6〉을 참조하라). 내가 말한 것처럼 25세에 401(k) 과세 이연 저축을 시작해서 75세에 축적된 자산의 과실을 향유하며 살아갈 투자자에게는 50년의 투자 기간이 주어지게 된다. 그 결과에 대해서는 이 표의 수치들이 스스로 말해 준다.

비용의 강력한 영향(그리고 이에 수반하는 유리한 레버리지)에 대한 이해를 바탕으로 우리는 이제 자산 배분 정책에 대한 비용의 함의를 살펴볼 수 있게 되었다. 비용의 함의를 살필 때 주식과 채권의 장기 수익률의 관계에 초점을 맞출 것이다.

〈표 3-6〉 1만 달러 투자에 대한 비용의 누적 영향

투자년수	고비용 10% 수익률	저비용 11.9% 수익률
10	25,900달러	30,800달러
25	108,300	166,200
50	1,173,900	2,763,800

비용에 관한 세 가지 관점

펀드 비용에 대한 투자자들의 전통적인 관점에서는 펀드 비용을 펀드 자산에 대한 백분율(뮤추얼 펀드의 경우 공표된 경비율)로 간주한다. 이 비율은 비용이 가장 낮은 주식형 펀드(흔히 시장 인덱스 펀드인 경우가 이에 해당한다)의 경우 연간 자산의 0.2%이고 평균적인 주식형 펀드는 1.5% 수준이며 비용이 가장 높은 주식형 펀드(경비율 최상위 사분위에 속하는 펀드)는 2.2%에 이른다. 그러나 초심자들은 가장 비용율이 높은 펀드에 대해서도 비용의 영향을 사소하게 생각하는 경향이 있다. 다음과 같이 질문하는 투자자도 있을 것이다. "1% 포인트 정도가 정말로 중요합니까?"

두 번째 관점은 비용이 매우 중요함을 보여준다. 비용을 10년 보유 기간 동안에 소요되는 초기 투자금액에 대한 비율로 생각해 보자. 이 경우 비용 범위는 가장 낮은 수치는 2.8%에 불과하며 평균은 19.8%, 가장 높은 수치는 28.1%에 이른다. 이 비율을 금액으로 환산하면 이 관점이 더 큰 영향력을 발휘하게 해줄지도 모른다. 1만 달러의 초기 투자금(이 금액은 연간 5%씩 불어난다고 가정하자)에 대해 연 0.2%의 비용을 부과하면 투자자가 10년 동안 부담하는 비용은 280달러에 불과할 것이다. 그러나 비용 비율이 2.2%라면 비용은 10년간 2,810달러에 달할 것이다. 이 비용은 '실제 돈'이다. 그러나 당신도 상상할 수 있는 것처럼 뮤추얼 펀드 업계

는 이 관점을 취하면 비용 이슈를 부각시키기 때문에 그다지 관심을 보이지 않는다.

비용을 주식의 연 기대 수익률에 대한 비율이라는 세 번째 관점에서 생각할 수도 있다. 같은 예(경비율 0.2%, 1.5%, 2.2%)를 사용하고 장기 시장 수익률을 10%로 가정할 경우 비용은 연 수익률의 2%, 15%, 22%를 소모해서 투자자들이 얻는 순수익률은 9.8%, 8.5%, 7.8%로 낮아질 것이다. 펀드 판매자들은 이러한 수익 감소를 좀처럼 언급하지 않지만 그 규모는 상당하다. 그리고 이러한 수익 감소는 펀드에 투자할 때 경험하는 엄연한 사실이다.

네 번째 관점

비용에 관한 네 번째 관점은 비용을 주식의 리스크 프리미엄에 대한 비율로 본다. 이 관점은 모든 관점 중에서 가장 놀라운 관점이다. 주식 리스크 프리미엄에 대한 비용의 영향을 평가하기 위해 단순한 예를 들어보자. 미국 장기 국채의 장기 수익률이 6%이고, 주식의 기대 수익률이 8.5%라고 가정하자. 이 경우 리스크 프리미엄은 2.5%가 될 것이다. 극단적인 예로 미국 장기 국채에 대한 주식 리스크 프리미엄이 2.5%이고 주식형 펀드가 2.5%(예컨대, 2%의 경비율과 0.5%의 거래비용)의 높은 비용을 수반할 경우 투자자들은 어떤 선택을 하든 차이가 없을 것이다. 이론상으로는 두 가지 선택의 장기 수익률이 같아진다는 의미다. 추가적인 리스크를 취하는 데 대한 프리미엄이 없어져 버리면 비용이 주식 리스크 프리미엄의 100%를 소모해 버리게 된다.

이 관점에서 보면 투자에 수반되는 모든 비용(자문 수수료, 기타 펀드 비용과 거래 비용)은 리스크 프리미엄을 갉아먹는다. 비용이 가장 높은 펀드의 경우 비용이 수익률의 성격 자체를 변화시키기 때문에 이는 종류의 차이라 할 수도 있지만, 펀드들 간 비용의 차이는 단순히 정도의 차이라 할 수 있다. 〈표 3-7〉은 다양한 수준의 리스크 프리미엄 중에서 뮤추얼 펀드 비용으로 소모되는 비율을 보여준다. 단순화를 위해 경비율 이외에도 0.1%~1.0%를 차지하는 거래 비용은 무시했다. 이는 펀드에 유리하게 작용한다.

〈표 3-7〉 비용에 의해 소진되는 주식 리스크 프리미엄 비율

| 펀드그룹 | 경비율* | 주식 리스크 프리미엄 | | | |
		2%	3%	4%	5%
저비용	0.2	10	7	5	4
평균비용	1.5	75	50	38	30
고비용	2.2	110	73	55	44

* 주의: 거래 비용은 제외되었음.

주식 리스크 프리미엄

주식의 리스크 프리미엄은 간단히 말하자면 투자자들이 무위험 자산인 미국 장기 국채 대신 보통주를 소유함으로써 추가적으로 부담하는 리스크에 대한 보상으로 요구하는 추가적인 수익률이다. 이 프리미엄은 사후적으로(즉, 과거 일정 기간 동안 두 수익률 간의 차이,) 또는 사전적으로(각각의 향후 기대 수익률 간의 차이) 계산할 수 있다.

현재 주식시장과 채권시장의 수익률 수준으로 판단해 보면 2%~3% 정도의 리스크 프리미엄이 향후 10년에 대한 합리적이고 조심스러운 예상치일 것이다. 사실 많은 저명한 투자 자문사들(일부를 부록 1에 언급했다)은 2% 이하의 예상치를 제시했다.

자산 배분과 비용

(1802년 이후) 주식의 과거 리스크 프리미엄 평균은 3.5%였다. [그림 3-3]이 보여주는 것처럼 리스크 프리미엄은 전 기간 중 절반 정도는 0%와

5% 사이의 범위에서 움직였으며, 1947년과 1970년 사이에 끝난 10년 기간에 대해서만 일관성 있게 5%를 상회했다. 누구도 미래의 리스크 프리미엄에 대해 확신할 수 없기 때문에 나는 이후의 분석에서 과거 평균치 3.5%를 사용할 것이다.

당신이 현재 뮤추얼 펀드에 실제로 투자하는 투자자로서 자산 배분에 관한 의사결정을 위해 필요한 사항들을 조사한다고 가정해 보자. 논의의 목적상, 당신은 주식과 채권의 비율을 65%와 35%로 유지하기를 원하며, 비용이 당신의 결정에 대해 미치는 영향을 알아보기 원한다고 가정하자. 또 주식의 장기 수익률은 10%, 채권은 6.5%로서 리스크 프리미엄은 3.5%라고 가정하자. 당신은 채권에 배분한 금액은 장기 국채를 보유하리라 결심한다. 주식에 대한 투자는 가장 낮은 비용(0.2%)의 펀드와 비용이 가장 높은 사분위(경비율 2.2%)에 속하는 펀드 중에서 선택할 수 있다. 저비용 프로그램은 8.6%의 수익률을 제공하고 고비용 프로그램은 7.3%의 수익률을 제공한다(〈표 3-8〉을 보라).

[그림 3-3] 미국 장기 국채 대비 주식 리스크 프리미엄(1802~1997)

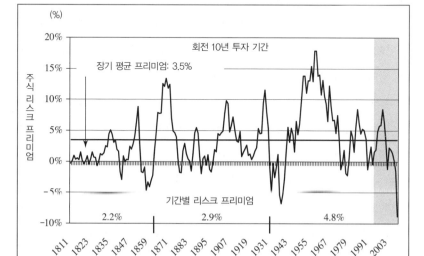

〈표 3-8〉 비용, 수익률, 그리고 자산 배분

	연 수익률	
	저비용펀드	고비용펀드
주식	9.8%	7.8%
채권	6.5	6.5
65/35 혼합 포트폴리오	8.6%	7.3%

　가정된 수익률에서 1.3% 포인트의 차이(리스크는 같게 유지할 경우)는 의미 있는 차이이다. 저비용 프로그램을 택할 경우 시초에 1만 달러를 투자하면 10년 후에는 22,800달러, 25년 후에는 78,700달러로 늘어날 것이다(세금 차감 전). 그러나 고비용 프로그램은 각각 20,200달러와 58,200달러로 불려 줄 것이다. 이는 25년의 장기 투자자에게 (최초 투자 금액의 2배가 넘는) 20,500달러 차이가 있음을 나타낸다.

　그러나 이제 리스크 프리미엄의 관점에서 조금 다른 방식으로 상황을 살펴보자. 당신은 내가 설정한 기본 전제인 10%의 주식 수익률과 3.5%의 리스크 프리미엄을 인정하고, 장기적으로 7.5%의 수익률을 얻는다는 희망과 목표를 가지고 투자한다고 가정하자. 이 경우 저비용 주식형 펀드와 고비용 주식형 펀드를 선택할 때 자산 배분 비율은 어떻게 될 것인가? 저비용 프로그램을 선택한다면 주식에 30%, 채권에 70%를 투자하면 된다. 그러나 고비용 프로그램을 선택한다면 자산 배분 비율은 주식 75%와 채권 25%가 될 것이다. 적어도 리스크의 노출액에 엄청난 차이가 난다. 사실 고비용 포트폴리오에 투자한다면 똑같은 수익률을 위해 2.5배나 큰 리스크에 노출되어야 할 것이다.

　달리 말하자면 단지 저비용 펀드를 선택함으로써 주식시장 리스크에 대한 노출을 45% 포인트 줄일 수 있다(리스크 60% 감소). 이 예는 명백히 다른 요인들이 일정하게 유지되며, 비용은 장기성과에 있어서 체계적인 차이를 만든다고 가정한다. 이 예는 또한 오랜 기간의 경험에 비추어 볼 때

사전에 최고의 실적을 내는 하나의 펀드를 선택할 수는 없다고 가정한다. 그러나 경험에 의하면, 저비용이라는 기준에 의존함으로써 최고 성과를 내는 펀드 그룹들을 사전에 선택할 수 있다.

우리는 과거에 실현된 주식 프리미엄에 대해서는 알 수 있지만, 미래의 주식 프리미엄이 어떻게 형성될 것인지에 대해서는 확신할 수 없다. 다음과 같은 약세장과 강세장이라는 두 가지 미래 환경이 시사하는 바를 고려해 보자. (1) 주식 수익률 7%, 채권 수익률 6%로 리스크 프리미엄은 1% 포인트가 되는 경우, (2) 주식 수익률 12%, 채권 수익률 8%로 리스크 프리미엄은 4% 포인트가 되는 경우(〈표 3-9〉를 보라). (1)의 경우, 저비용 펀드는 1% 포인트의 리스크 프리미엄 중 20%를 소모하는 반면에 고비용 펀드는 리스크 프리미엄의 220%를 소모한다(업계에서 주식형 펀드의 25%의 평균 비용이 2.2%임을 상기하라). (2)의 경우, 저비용 펀드의 비용은 4% 포인트의 리스크 프리미엄 중에서 5%를 소비하는 반면에 고비용 펀드는 55%를 소비하게 될 것이다.

요약하자면 내가 가정한 전제와 추정치의 범위를 인정한다면 고비용, 평균비용, 저비용 포트폴리오별로 다양한 자산 배분에 따라 얻을 수 있는 수익률을 보여주는 〈표 3-9〉에 표시되어 있는 것처럼 명확하게 선택할 수 있다. 예를 들어 (1)의 경우와 같은 약세장에서 투자자는 포트폴리오의 80%를 채권에 투자하는 저비용 펀드를 선택하여 6.2%를 벌어서 주식에 80%를 투자하는 고비용 펀드를 선택하는 경우의 5.0%의 순수익률보다 높은 수익을 얻을 수 있을 것이다. (2)의 경우와 같은 강세장에서는 주식, 채권 비중이 각각 40%, 60%인 저비용 포트폴리오를 선택하는 투자자가 9.5%의 수익률을 기대할 수 있는데 이는 주식에 두 배나 많이 투자하는 포트폴리오(고비용 80/20 펀드)의 9.4%보다 높은 수준이다. 투자자는 단순히 비용을 고려함으로써 주식 비중을 50% 줄이고도 높은 수익률을 실현할 수 있다. 즉, 더 낮은 리스크를 취하고서도 더 높은 수익을 얻을 수 있다.

〈표 3-9〉 약세장과 강세장의 비용, 수익률 그리고 자산 배분

| 자산 배분 | | 약세장
연 총수익률
주식 7%
채권 6%
리스크 프리미엄 1% | | | 강세장
연 총수익률
주식 12%
채권 8%
리스크 프리미엄 4% | | |
| | | 펀드 수익 | | | 펀드 수익 | | |
주식	채권	고비용	평균비용	저비용	고비용	평균비용	저비용
80%	20%	5.0%	5.6%	6.6%	9.4%	10.0%	11.0%
70	30	5.2	5.7	6.6	9.3	9.8	10.7
60	40	5.3	5.7	6.5	9.1	9.5	10.3
50	50	5.4	5.8	6.4	8.9	9.3	9.9
40	60	5.5	5.8	6.3	8.7	9.0	9.5
30	70	5.6	5.9	6.2	8.5	8.8	9.1
20	80	5.8	5.9	6.2	8.4	8.5	8.8

* 고비용 펀드의 경비율: 2.2%.   * 평균적인 펀드의 경비율: 1.5%.   * 저비용 펀드의 경비율: 0.2%.

10년 후 주식 리스크 프리미엄

1980년대와 1990년대에 주식이 장기 미국 국채에 비해 올린 평균 리스크 프리미엄은 장기 평균 3.5%에 가까웠다. 그러나 주식 리스크 프리미엄은 7.5% 포인트로 치솟은 뒤에 2007년에 끝난 10년 동안에는 마이너스 1.5% 포인트로 떨어졌다(주식 수익률은 3.4%였던 반면, 채권 수익률은 4.9%였다.) 그리고 2008년에는 사상 최저인 마이너스 8.8%(주식 수익률 −3.1%, 채권 수익률 5.7%)가 되었다. 이처럼 불가능해 보이는 일들이 언제든 발생할 수 있다. 그러나 향후 10년 동안 주식 수익률이 7%에서 10%로 회복되고 국채 수익률이 약 4.5%를 기록한다면, 주식 리스크 프리미엄이 플러스로 돌아오리라는 희망을 가질 수 있다(나는 그렇게 예상한다).

비용인가, 자산 배분인가?

〈표 3-10〉에는 비용이 자산 배분에 미치는 영향에 대한 네 가지 관점이 요약되어 있다. 이 표의 결과는 우리가 앞서 BHB의 결론에 덧붙인 수정사항을 분명하게 재확인시켰다. "투자 전략이 상당한 수익을 가져올 수는 있지만, 이는 투자 정책에서 나오는 수익 기여에 비하면 미미하며, 총수익률은 비용에 큰 영향을 받는다." 이 표는 또한 쟝크가 이보다 나아가 "비용은 포트폴리오 성과의 가장 중요한 결정 요인"이라고 한 말을 고려할 가치가 있음도 보여준다.

〈표 3-10〉 주식형 펀드 비용

	저비용	평균비용	고비용
1. 자산 대비 연간 경비율	0.2%	1.5%	2.2%
2. 비용이 연 수익률 10%에서 차지하는 비율	2.0	15.0	22.0
3. 10년간 비용이 초기 투자액에서 차지하는 비율	2.8	19.8	28.1
4. 비용이 리스크 프리미엄 3.5%에서 차지하는 비율	5.7	42.9	62.9

자산 배분 문제에 직면해서 자신의 자산 배분 전략을 결정할 때, 다음과 같은 선택 가능한 대안들을 고려하라.

1. 관리되는 자산에 대한 연간 비용 비율 – 전통적인 척도

투자자는 자산관리 비용으로 자산의 0.2%를 지불하거나 2.2%를 지불할 수 있다. 선택은 투자자의 몫이다.

2. 총 주식 수익률에 대한 연간 비용 비율

투자자는 연 수익률의 2%에서 22%까지를 포기할 수 있다. 선택은 투자자의 몫이다.

3. 초기 자본에 대한 누적 비용 비율

투자자는 10년 동안 초기 자본의 2.8%에서 28.1%까지를 지불할

수 있다(1만 달러를 투자할 경우에는 280달러부터 2,810달러까지). 선택은 투자
자의 몫이다.

4. **주식 리스크 프리미엄에 대한 연간 비용 비율**

이는 중요한 새 개념이다. 투자자는 과거 리스크 프리미엄 평균의
5.7%에서 63%까지 포기할 수 있다. 역시 선택은 투자자의 몫이다.

이러한 주요 대안들은 투자자의 자산 배분 의사 결정과 이후의 실적에
커다란 영향을 줄 것이다. 투자자는 비용이 정말로 중요하다는 점을 깨
닫기만 하면 된다. 이 개념은 투자자들이 자신의 투자 포트폴리오를 위
한 적절한 전략적 자산 배분을 결정할 때 단지 나중에 생각하는 요소로
여기지 말고 반드시 높은 우선순위를 부여해야 한다. 여기에 성과 귀인
이라는 수수께끼에 대한 간단한 해답이 존재하기 때문이다.

성과는 자산 배분에 의해 결정되는가 아니면 비용에 의해 결정되는
가? 이 질문에 대해 상식은 두 요소 모두에 의해 결정된다는 답을 주며,
데이터들은 이를 확인해 준다.

10년 후 　자산 배분

나의 원칙들은 주식 수익률을 망친 10년의 기간에 대해 테스트되
었지만, 투자자 포트폴리오에서 적절한 자산 배분 정하기에 대한 나
의 권고 중 어떤 아이디어도(심지어 어떤 단어도) 변경할 만한 것이 없다.
그러나 나는 뮤추얼 펀드 비용 추정에 있어서 너무 조심스러웠다고
생각한다. 내가 순전히 펀드의 경비율에만 의존해서 비용의 영향을
계산한 것은 오류였다.

사실 1.5%의 경비율은 일부에 지나지 않는다. 적극적으로 관리되
는 대부분의 주식형 펀드들은 숨겨진 포트폴리오 회전 비용을 부담

하는데 이 비용은 아마도 평균적으로 연 0.5에서 0.8%에 달할 것이다. 또한 나는 대부분의 펀드에 부과하는 판매수수료의 영향을 고려하지 못했다. 5%의 선취 수수료를 5년에 걸쳐 상각하면 연 1%의 비용이 발생하고 10년에 걸쳐 상각하면 연 0.5%의 비용이 발생한다. 따라서 총비용 중앙값은 쉽사리 연 2.5%에 달할 수 있다. 그러면 〈표 3-10〉에서 중간의 예는 비용이 자산의 2.5%가 될 것이고, 이는 10% 수익률의 25%, 초기 투자액의 53%, 그리고 3.5%로 가정한 주식 프리미엄의 무려 71%에 해당한다.

그러니 가장 효율적인 리스크 조정 수익률을 내기 위해 포트폴리오에서 위험 자산의 비중을 최소화하는 것이 목표라면 저비용이 필수적이다. 부담하는 리스크를 보상하기 위해 존재하는 주식 프리미엄의 거의 $\frac{3}{4}$ 을 양도하는 것이 무슨 의미가 있는가? 원래의 원칙이 재확인되었다. 투자 비용 최소화는 포트폴리오 리스크를 최소화하는 본질적인 부분이다.

1) Kenneth L. Fisher and Meir Statman, "Investment Advice from Mutual Fund Companies: Closer to the Talmud Than to Markowitz," *The Journal of Portfolio Management* (Fall, 1997), pp.9-24.

2) Gary P. Brinson, L. Randolph Hood, and Gilbert L. Beebower, "Determinants of Portfolio Performance," *Financial Analysis Journal* (July/August, 1986), pp.39-44. Quoted passage is on p.39.

3) Gary P. Brinson, Brian D. Singer, and Gilbert L. Beebower, "Determinants of Portfolrforio Pemance II: An Update," *Financial Analysis Journal* (May/June, 1991), pp.40-48.

4) William Jahnke, "The Asset Allocation Hoax," *Journal of Financial Planning* (February, 1997), pp.109-113.

5) *Ibid.*, p.110.

단순성에 의존하라.
단순성은 당신이 가야 할 곳에 도달하도록 도와줄 것이다.
올바르게 매수하고 이를 꼭 붙들고 있어라.
세상이 복잡해질수록 재정 목표를 달성하기 위해서는
더욱더 단순성을 추구해야 한다.
오래된 세이크교의 찬가는 단순성에 대해 다음과 같이 묘사하고 있다.
"단순해지는 것은 선물이다.
자유로워지는 것은 선물이다.
가야 할 곳에 도달하는 것은 선물이다."

Chapter 4

단순성—목적지에 도달하는 방법

우리는 누구나 무한한 정보를 활용할 수 있는 세상에 살고 있다. 한때는 투자 전문가의 전유물이었던 금융지식, 수치, 이론 등을 이제는 일반 투자자들도 손쉽게 접할 수 있게 되었다. 투자자들은 더 이상 투자 전문가의 조언에 의존할 필요가 없어졌으며 인터넷을 통해 마음대로 매매할 수 있는 시대가 되었다. 정보화 시대는 투자 지형도를 완전히 바꿔놓았다.

오늘날 투자자들은 원하든 원하지 않든 여기저기서 쏟아져 나오는 투자 정보에 폭격 당하고 있다. 복잡한 계량 분석, 실시간 주식 시황 등의 정보는 개인용 컴퓨터가 없어도 어느 도서관에서나 이용할 수 있다. 이제 일반 투자자들은 뮤추얼 펀드 매니저들에게 그들의 '알파(벤치마크 대비 초과 수익. 역자 주)'에 대해 질문한다. 투자자들은 펀드의 '샤프 비율(Sharpe Ratio)'을 알고 싶어 하며, '복잡성 이론(Complexity Theory)'과 '행동 재무학(Behavioral Finance)'에 관한 기사를 읽는다.

그러나 정보의 홍수가 반드시 더 나은 수익률로 직결되는 것은 아니다. 그 대신 데이터의 양에 초점을 맞추게 되고 보다 정교하고 복잡한 정보를 원하게 된다. 이러한 정보들이 수익률 제고에 도움이 될지도 모른다. 우리가 살고 있는 세상은 이전보다 더 복잡할 수도 그렇지 않을 수도 있지만, 투자 프로세스는 확실히 더 복잡해졌다. 흥분하게 만들면서도 무서울 정도로 정신을 멍하게 하는 정보에 둘러싸인 오늘날의 투자 환경에서 현명한 투자자들은 어떻게 행동해야 하는가?

단순성에 의존하라. 아주 역설적이지만 우리 주위의 세상이 복잡해질수록 우리의 재정 목표를 달성하기 위해서는 더욱더 단순성을 추구해야 한다. 생산적인 투자를 위한 장기 전략으로서의 단순성의 위엄이나 입증된 효과성을 과소평가해서는 안 된다. 실로 단순성은 재무적 성공으로 이끄는 열쇠다. 셰이크교의 오래된 찬가는 이에 대해 잘 묘사하고 있다.

단순해지는 것은 선물이다.
자유로워지는 것은 선물이다.
가야 할 곳에 도달하는 것은 선물이다.

나는 당신이 투자 성공을 추구함에 있어서 '목적지에 도달하도록' 도와주기 위한 몇 가지 교훈을 제공하고자 한다. 우선 현실적인 투자 성공 개념을 묘사하는 데에서부터 시작하자. 이 과업의 성격에 대한 나의 정의는 다음과 같다. 투자의 핵심 과제는 당신이 투자하는 금융 자산 군이 실현하는 수익 중 가능하면 가장 높은 비율을 실현하는 것이다. 그 비율은 100%에 미달하리라는 점을 인식하고 이를 받아들이면서 말이다.

당신은 왜 금융 자산 군이 실현하는 수익의 100%를 실현하지 못하는가? 비용 때문이다. 앞에서 살펴본 것처럼 우리는 현금 유보금, 채권, 주식 등 각각의 금융 자산 군에 대한 투자 의사 결정에 관여하는 기관에 비용을 지불해야 한다. 뻔한 얘기를 하자면 우리는 양도성 예금증서나 MMF 수익률은 단기 어음의 시장 수익률보다 낮을 수밖에 없다는 사실을 알고 있다. 정부나 기업들이 지불하는 이자에서 거래 비용, 정보 비용, 편의 비용 등의 금융 중개 비용이 차감되기 때문이다.

이와 유사하게 우리는 채권형 펀드의 수익률이 해당 포트폴리오에 포함되어 있는 채권의 평균 수익률보다 높을 거라고 기대하지 않는다. (그리고 그렇게 기대해서도 안 된다.) 전체적으로 볼 때 채권형 뮤추얼 펀드의 과도한 비용 때문에 시장 수익률과 투자자에게 돌아오는 펀드 수익률 차이는 매우 크다. 그 차이가 매우 커서 대부분의 채권형 펀드 투자 성과가 시장 수익률에 미치지 못한다.

이 명제는 세 번째 주요 유동 금융 자산인 주식의 영역에도 적용된다. 모든 투자자들을 하나의 그룹으로 볼 경우 투자자들이 주식시장 전체의 수익률보다 높은 수익률을 올린다는 것은 수학적으로 불가능하다(정의상의 모순이다). 주식형 펀드 보유 비용이 높은 점에 비추어 볼 때 전체 투자 대상 기간 중 시장 수익률에 비해 어느 정도라도 유의한 수익률 우위를 보일 수 있는 펀드는 소수에 지나지 않으리라는 점은 수학적으로 확실한 사실이다.

10년 후   단순성의 가치

내가 10년 전에 경고했던 유해한 경향이 강화되었는데 이로 인해 투자에서 더 단순해질 필요가 커졌다(그리고 아마도 우리의 생활과 직업에서도 마찬가지일 것이다). 우리의 금융 시스템과 경제를 절단낸 미친 듯이 위험한 금융상품들(부외 구조화 투자 도구들(structured investment vehicles; SIVs), 담보부 부채 증권(CDOs), 신용 부도 스왑(CDSs) 등)은 내가 당시에 투자자들에게 권고했고 지금도 권고하고 있는 명확성, 투명성, 단순성의 필요를 확인해 줄 뿐이다.

다른 모든 방법이 실패할 경우, 단순성에 의지하라

나는 책에서 읽었거나 주위에서 들은 대부분의 통념에 도전하라고 제안한다. 투자자들은 상당한 양의 상식을 알고 있다. 그 상식에 주의를 기울여라. 그러나 종종 전문가인 양하는 사람들이 투자의 마술, 금융의 요술, 매혹적인 해법과 같은 어리석은 이야기들을 선전하고 있다. 그런 것들은 무시하라. 어떤 이야기를 듣거나 읽든지 우리는 오늘날 불확실한 금융시장, 변동이 심하고 상호 관련된 증권시장에 투자하며 살아가고 있다는 사실을 잊지 마라. "새 시대에서 살고 있다"라는 말을 들어 보았을 것이다. 그러나 나는 인류의 역사에서 수많은 새 시대가 예언되었지만, 실제로 실현된 새 시대는 소수에 지나지 않았다는 점을 강력히 경고하고자 한다.

나는 수없이 많은 조언 중에서 현실적으로 가능한 최고의 수익을 올리기 위해서는 단순성에 근거해 투자해야 한다는 나의 조언이 가장 기본적이라고 생각한다. 투자자 전체로 볼 때 어떤 자산 군에서든 해당 자산이 제공하는 수익의 100%를 얻을 수는 없다는 현실을 인정하는 것이 투자 의사 결정을 단순화시키는 첫걸음이다. 그렇다면 각 자산군이 제공하는 수익의 100%에 근접하면서 상당한 투자 자산을 축적하기 위한 최적의 방법은 무엇일까? 그것은 수세기 동안 현명하고 균형 잡힌 사람들이 의존해 온 일상적 가치인 상식, 검소, 현실적인 기대, 끈기와 인내에 의존하는 것이다. 나는 투자에 있어서 이런 특징들은 장기적으로 반드시 보상을 받으리라고 장담한다.

어디서부터 시작해야 하는가? 단순성의 궁극(ultimate in simplicity)은 저비용이라는 추가적인 덕목을 수반한다는 점을 고려하라. 모든 방법 중에서 가장 단순한 방법은 단 하나의 혼합형 시장 인덱스 펀드에 투자하는 것이다. 그 방법은 효과적이다. 이러한 펀드는 주식에 약 65%, 채권에 약 35%를 투자하는 전형적인 보수적 투자자에게 광범위하게 분산된 중도적 투자 프로그램을 제공한다. 이러한 포트폴리오는 완전히 '인덱스화' 되어 있다. 즉, 이 펀드의 주식과 채권은 적극적으로 관리되지 않고 전체 미국 주식시장과 채권시장의 광범위한 섹션을 대표하기만 한다. (다음 장은 이 개념에 대해 상당히 깊게 살펴본다.) 지난 50년간 이러한 펀드에 투자했더라면 주식시장과 채권시장이 결합된 수익률의 98%에 해당하는 수익을 실현했을 것이다. 투자에서 이보다 훨씬 나은 수익률을 달성할 수는 없다.

포트폴리오가 비교적 동질적인 경향이 있고 가치주와 성장주를 모두 포함하며 중장기 만기의 우량 등급 채권으로 구성되는 (대개 소액의 현금 유보금을 포함한다) 경향이 있는 혼합형 뮤추얼 펀드의 누적 수익률 평가를 통해 위에서 설명한 내용을 증명해 보도록 하자. 평균적인 혼합형 펀드의 누적 수익률과 리먼 우량 회사채 지수 35%, S&P 500 주식 지수 65%로 구성되고(매년 비율이 재조정된다) 판매 수수료가 없으며 연 0.2%를 비용으로 공제하는 가상의 혼합형 인덱스 펀드의 누적 수익률을 비교해 보자. 우리는 역사의 교훈을 통해 보다 넓은 시야를 얻기 위해 지난 반세기를 거슬러 올라가 볼 것이다. [그림 4-1]은 1947년에 1만 달러로 시작한 투자 결과를 보여준다.

[그림 4-1] 혼합형 펀드에 50년 동안 1만 달러를 투자했을 경우의 수익(1947~1997)

	관리되는 혼합형 펀드	혼합형 인덱스 펀드
연 수익률	9.8%	10.7%
시장 수익 대비 연 수익률	90%	98%
시장 수익 대비 최종 수익률	61%	92%

주의: 혼합형 인덱스 펀드의 수익률은 비용(자산의 0.2%)을 공제한 것임.

[그림 4-1] 혼합형 펀드에 50년간 1만 달러를 투자했을 경우의 수익
(1958~2008)

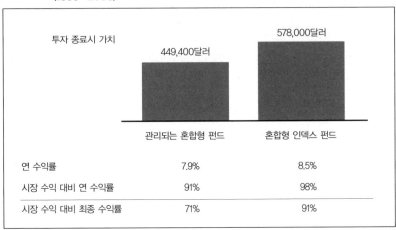

	관리되는 혼합형 펀드	혼합형 인덱스 펀드
투자 종료시 가치	449,400달러	578,000달러
연 수익률	7.9%	8.5%
시장 수익 대비 연 수익률	91%	98%
시장 수익 대비 최종 수익률	71%	91%

세 가지 주요 관찰 사항을 주목하라.

1. 50년이 경과한 후 최초 투자 금액 1만 달러는 소극적으로 관리된
   인덱스 펀드의 경우 1,615,000달러가 되었을 것이고, 적극적으로
   관리하는 전통적인 펀드의 경우 1,080,000달러가 되었을 것이다.
   복리로 계산한 연간 수익률은 인덱스 펀드의 경우 10.7%였고, 적극
   적으로 관리한 펀드의 경우 9.8%였다(시장 지수의 경우 10.9%였다). 시간
   과 복리 효과가 결합해서 적극적으로 관리되는 평균적인 펀드에 비
   해 겨우 연 0.9% 포인트의 수익률 우위를 보이는 인덱스 펀드가 누
   적 자산에서 535,000달러라는 큰 차이를 만들어 냈다. 사소한 것들
   에 큰 의미가 있다.

2. 인덱스 펀드의 우위는 마법이 아니다. 적극적으로 관리되는 펀드의
   고비용이 이 수익률 차이의 100%를 설명해 준다. 대상 기간 동안
   평균적인 혼합형 펀드는 평균적으로 연 운영 경비율이 0.9%였다.
   포트폴리오 교체 비용으로 대략 0.2%의 추가 비용이 발생하여 결
   국 총 1.1%의 비용이 발생했다. 반면 인덱스 펀드의 비용은 0.2%

에 불과해서 0.9% 포인트의 우위가 발생했다. 이러한 비용의 우위가 두 펀드 사이의 순수익률 차이를 만들어 냈다.

3. 적극적으로 관리한 펀드는 연간으로는 주식 65%, 채권 35%로 구성된 포트폴리오가 실현한 시장 수익률의 90%를 달성했지만, 50년이 지난 뒤 펀드의 최종 가치는 시장 포트폴리오의 61%에 지나지 않았다. 반면 혼합형 인덱스 펀드의 최종 가치는 시장 포트폴리오의 92%로서 이는 적극적으로 관리한 펀드의 최종 가치보다 무려 50% 이상 큰 금액이었다.

50년은 확실히 긴 시간이다. 오늘날의 뮤추얼 펀드 업계를 평가하기에는 최근 15년이 더 적절할 수도 있으니, 최근 15년간 살아남은 35개 혼합형 펀드를 살펴보기로 하자(그림 4-2). 이 결과는 최고의 펀드 매니저를 찾기 위해 힘을 낭비하지 않는 것이 좋았을 거라는 점을 보여준다. 최근 15년 동안(주식 수익률이 사상 최고치에 가까웠던 강세장의 대부분이 포함되었음) 단 2개 펀드만이 전체 기간에 대해 저비용 인덱스 펀드를 앞섰다. 적극적으로 관리되는 혼합형 펀드의 평균 수익률은 연 12.8%, 혼합형 인덱스 펀드의 수익률은 연 14.7%였는데, 두 펀드의 리스크 수준은 큰 차이가 없었다. 투자자들이 여전히 12.8%의 순수익을 거두고 있다면 1.9% 포인트 차이는 중요하지 않을 수도 있을 것이다. 그러나 주식 수익률이 보다 정상적인 수준으로 낮아진다면(그렇게 되기 쉽다) 그 차이는 더 두드러질 것이다.

최근 15년간의 1.9% 포인트의 비교 우위는 50년 동안의 비교 우위 0.9% 포인트의 두 배를 넘어섰는데, 이는 아마도 앞으로 일어날 일들의 징조일 것이다. 그 결과 시초에 1만 달러를 투자했을 경우 15년 후에는 인덱스 펀드의 경우 78,200달러로 불어났고, 적극적으로 관리된 펀드의

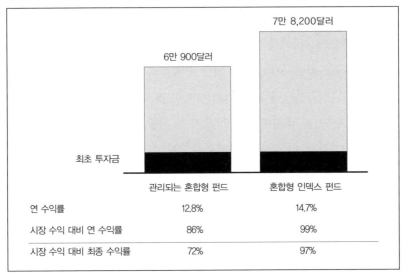

[그림 4-2] 혼합형 펀드에 15년간(1983.6~1998.6) 1만 달러를 투자했을 경우의 수익

7만 8,200달러

6만 900달러

최초 투자금

	관리되는 혼합형 펀드	혼합형 인덱스 펀드
연 수익률	12.8%	14.7%
시장 수익 대비 연 수익률	86%	99%
시장 수익 대비 최종 수익률	72%	97%

주의: 혼합형 인덱스 펀드의 수익률은 비용(자산의 0.2%)을 공제한 것임.

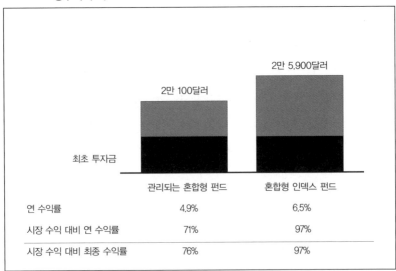

10년 후 [그림 4-2] 혼합형 펀드에 15년간(1993~2008) 1만 달러를 투자했을 경우의 수익

2만 5,900달러

2만 100달러

최초 투자금

	관리되는 혼합형 펀드	혼합형 인덱스 펀드
연 수익률	4.9%	6.5%
시장 수익 대비 연 수익률	71%	97%
시장 수익 대비 최종 수익률	76%	97%

주의: 혼합형 인덱스 펀드의 수익률은 비용(자산의 0.2%)을 공제한 것임.

경우 60,900달러가 되었다. 인덱스 펀드의 우위만 해도 시초 투자 금액의 2배에 가까운 17,300달러다. 또한 이 기간에 지수의 수익률은 14.9%로 적극적으로 관리된 펀드의 수익률보다 높았으며, 인덱스 펀드는 연 0.2%의 비용을 공제하고 나서 시장 수익률의 99%를 실현하였다. 하나의 혼합형 인덱스 펀드에 투자하는 것은 단순성의 궁극일 뿐 아니라 생산적인 선택이기도 하다.

10년 후 혼합형 펀드와 단순성

50년간에 걸친 혼합형 펀드의 자산 축적은 신통하지 않았다. 이는 물론 이 기간들의 최초 10년간의 놀라운 실적이 과거 10년의 초라한 실적으로 대체된 결과다. 그러나 소극적으로 관리되는 혼합형 인덱스 펀드 수익률과 적극적으로 관리되는 펀드와의 차이는 사실상 변하지 않았다. 인덱스 펀드 수익률 우위는 두 번째 시기에는 연간 0.6% 포인트였고 첫 번째 시기에는 연간 0.9% 포인트였다. 이 우위의 주요 이유(그리고 완전히 예측할 수 있는 이유)는 동일하다. 즉, 낮은 경비율에 반영된 인덱스 펀드의 상당한 비용 우위가 그 이유다. 인덱스 펀드의 비용은 연 0.2%인데 비해 적극적으로 관리되는 펀드의 비용은 연 1.0%로 연 0.8% 포인트의 수익 증가가 해마다 되풀이된 것이다.

지난 15년 동안 인덱스 펀드와 적극적으로 관리되는 펀드의 총수익률 모두 상당히 움츠러들었지만 그 기간 동안의 낮은 주식시장 수익률에도 불구하고 인덱스 펀드의 수익률 우위는 더 컸다. 적극적으로 관리되는 평균적인 펀드는 겨우 연 4.9%의 수익률을 올렸지만 소극적으로 관리되는 인덱스 펀드는 이보다 훨씬 양호한 연 6.5%의 수익률을 올렸다. 이 또한 주로 혼합형 인덱스 펀드가 운영 경비율을 최소화함으로써 향유한 우위에 원인을 돌릴 수 있다. 확실히 지난 10년 동안의 우울했던 시장 상황에 비추어 볼 때 6.5%는 그만하면 괜찮은 수준 이상이며 혼합형 펀드는 (대체로) 안정적인 채권 수익률과 (대체로) 변동이 훨씬 큰 주식 수익률의 균형을 유지함으로써 보수적인 투자자들에게 매우 유익한 역할을 한다는 점을 상기시켜 준다고 할 것이다.

시장 상황의 극적인 변화에도 불구하고 균형잡힌 혼합형 지수 누적 수익률 대비 혼합형 인덱스 펀드 누적 수익률은 변하지 않았다. 두 기간의 누적 지수 수익률 대비 혼합형 인덱스 펀드 15년 수익률은 모두 97%였다. 적극적으로 관리되는 평균적인 혼합형 펀드는 첫 번째 기간에는 지수 누적 수익률의 72%밖에 벌지 못했고 두 번째 기간에는 76%를 벌었다.

주식 포트폴리오와 단순성

대부분의 사람들과 마찬가지로 당신도 자신의 투자 균형을 직접 통제하고 싶어 하는 투자자일 수 있다. 충분히 그럴 수 있다. 이제 단순성의 가치에 대한 두 번째 예로 주식 포트폴리오를 하나의 주식형 인덱스 펀드에 투자하는 경우를 살펴보기로 하자. 여기에서도 지난 15년 동안 인덱스 펀드 투자의 실적은 참으로 괄목할 만했다. 전체 주식시장 지수(윌셔 5000)는 분산 투자된 평균적인 주식형 펀드의 수익률을 매년 2.5% 포인트 앞질렀다. 또한 주식에서도 인덱스 펀드는 연 시장 수익률 16.0%의 99%를 실현했다. 두 펀드 간의 누적 수익의 차이는 참으로 엄청난 규모로서 최초 투자액의 두 배를 넘는 23,500달러였다([그림 4-3]을 보라). 이 차이는 주로 약 2% 포인트에 달하는 일반적인 주식형 펀드의 총비용(경비율과 포트폴리오 거래 비용 합계액)에 기인한다.

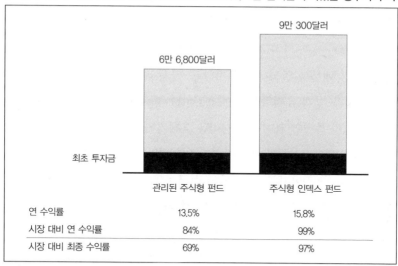

[그림 4-3] 주식형 펀드에 15년간(1983.6~1998.6) 1만 달러를 투자했을 경우의 수익

	관리된 주식형 펀드	주식형 인덱스 펀드
연 수익률	13.5%	15.8%
시장 대비 연 수익률	84%	99%
시장 대비 최종 수익률	69%	97%

주의: 주식형 인덱스 펀드의 수익률은 비용(자산의 0.2%)을 공제한 것임.

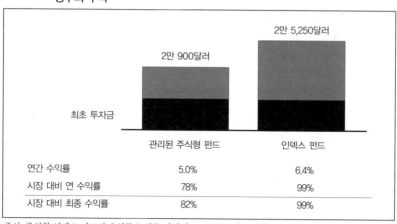

10년 후 [그림 4-3] 주식형 펀드에 15년간(1993~2008) 1만 달러를 투자했을 경우의 수익

	관리된 주식형 펀드	인덱스 펀드
연간 수익률	5.0%	6.4%
시장 대비 연 수익률	78%	99%
시장 대비 최종 수익률	82%	99%

주의: 주식형 인덱스 펀드의 수익률은 비용(자산의 0.2%)을 공제한 것임.

혼합형 펀드의 경우에서와 마찬가지로(주식형 펀드의 경우 그 정도가 더 큼) 지난 15년간 주식형 펀드의 성과 비교에 따르면 시장 수익률의 100%를 실현할 수는 없을지라도 현실적으로 시장 수익률을 가장 많이 실현하기 위해 단순한 인덱스에 투자하는 방법이 정당화된다.

내가 위에서 설명한 것처럼 전체 주식시장(혼합형 인덱스 펀드의 경우 전체 채권시장을 포함함)에 투자하고, 최고의 펀드 매니저를 선정하려고 노력하지 않고, 자산 배분을 일정하게 유지하고, 마켓 타이밍을 시도하지 않으며, 거래 활동을 낮게 유지하고(세금도 최소화하고) 마지막으로 적극적으로 관리되는 펀드의 특징인 과대한 투자비용을 제거하는 것이 바로 단순성의 정수(精髓)다. 실제로 이 방법은 효과가 있었다. 이 방법의 향후 결과가 덜 성공적이라 할 경우에도 이 방법이 적극적으로 관리되는 펀드와 비교해서 현저하게 열등한 누적 성과를 제공하리라고 상상하기는 어렵다. 인덱스 펀드의 성공은 다른 모든 방법이 실패할 경우 단순성에 의존하라는 기본적인 투자의 지혜를 재확인해 준다.

현실주의자인 나는 '다른 모든 방법이 실패할 것'이라고 생각하는 사람은 별로 많지 않다는 점을 알고 있다. 실제 세계에서는 너무도 인간적인 많은 특성들이 단순하면서도 모든 것을 포괄하는 인덱스 펀드 투자에 방해가 된다.

"봄이 영원하기를 바란다."
"나는 평균보다는 잘하고 있다."
"그 게임은 비싸기는 하지만 재미있다."
"그 예는 너무 좋으니 사실일 수가 없다."
"그렇게 단순할 리가 없다."

위와 같은 말들은 적극적으로 관리되는 펀드들에 의존하여 자신의 투자 전략을 실행한다는 전통적인 방법을 택한 투자자들의 말과 사고에 보편적으로 등장하는 상투어들이다.

최근 시기의 시장 상황에 비추어 볼 때 혼합형 인덱스 펀드가 100% 주식형 인덱스 펀드(이 경우 S&P 500 지수에 기초한 펀드)보다 나은 실적을 거뒀다는 점은 놀랄 일이 아니다. 주식형 인덱스 펀드의 수익률은 혼합형 인덱스 펀드의 수익률에 가까웠지만(연 6.4% 대 연 6.5%) 혼합형 펀드는 주식에 65%만을 투자한 반면 주식형 인덱스 펀드는 주식에 100%를 투자함으로써 훨씬 큰 리스크를 떠안았다. 확실히 인덱스 펀드가 전액 주식 투자 전략에서든 주식/채권 혼합 투자 전략에서든 다양한 투자 기간과 다양한 시기에 대해 수익률 우위를 보인다는 사실은 우리의 본능이 말해 주는 데이터와 정확히 일치한다. 즉, 비용은 중요하다.

인덱스 투자를 하지 않기로 할 경우

인덱스 펀드가 단순성의 출발점이라 하더라도 단순성의 전부라고는 할 수 없다. 역사를 되짚어보면 장기적으로는 적극적으로 관리되는 펀드 5개 중 1개만 시장 지수를 앞질렀다(세후 수익률로 계산하고 나면, 7개 중 1개 펀드만이 시장 지수를 앞질렀다). 단순한 몇 가지 상식적인 원리들이 펀드 선택과 시장 수익률에 근접한 수익률(다시 한 번 말하거니와 시장 수익률의 100%에 미치지 않을 가능성이 높다)을 내는 데 도움이 될 것이다. 비록 시장을 앞지를 가망은 없다 하더라도 펀드를 현명하게 고르면 최소한 중대한 실패를 막는 데 도움이 될 것이다. 인덱스 투자 방법을 강력하게 지지하는 투자의 달인 워런 버핏도 포트폴리오를 구성하는 또 다른 방법이 있을 수 있다는 데 동의한다.

"당신이 자신의 포트폴리오를 구성하기 위해 선택해야 할 경우 기억할 만한 몇 가지 사항이 있다. 현명한 투자는 쉽다고 말할 수는 없지만 그렇다고 복잡하지도 않다. 투자자가 필요로 하는 것은 선택한 기업을 정확히 평가할 수 있는 능력이다. '선택한'이라는 단어에 주목해야 한다. 모든 기업, 심지어 많은 기업에 대해 전문가가 될 필요는 없다. 당신의 능력 범위 내에 있는 회사들을 평가할 수 있기만 하면 된다. 그 능력의 크기는 중요하지 않다. 그러나 그 한계를 아는 것은 매우 중요하다."[1]

프러시아의 장군 칼 폰 클라우제비츠(Karl von Clausewitz)는 이렇게 말했다. "좋은 계획의 가장 큰 적은 완벽한 계획을 꿈꾸는 것이다." 나는 인덱스 전략이 좋은 전략이라고 믿고 있지만 그보다 더 좋은 전략을 찾아내려는 사람이 있을 수 있다. 전략이 완벽하지 않고 찾아내기가 어려워서 이례적인 성공을 거둘 가능성이 아무리 낮다 해도 말이다. 그래서 나는 투자 자금 전부를 인덱스 펀드에 투자하거나 적어도 인덱스 펀드를 포트폴리오의 핵심으로 사용하는 방법을 따르라고 촉구하면서도 인덱스 펀드가 과거에 높은 수익률을 올릴 수 있게 해 준 이점을 활용하도록 도움을 줄 8가지의 기본 규칙이라는 또 하나의 단순한 접근법을 제공하고자 한다. 이 8가지 규칙들은 복잡하지 않다. 그러나 이 규칙들은 당신의 투자 프로그램을 위한 펀드를 현명하게 선택하도록 도움을 줄 것이다.

규칙 1: 저비용 펀드를 선택하라

나는 일종의 광신자(비용이 펀드의 장기 수익률 결정에 중대한 역할을 한다는 메시지를 전하는 사도)로 알려져 있다는 말을 많이 듣는다. "비용이 중요하다(cost matters)"라는 말을 하도 오래 하고 다녔더니 나의 추종자 중 한 명이 플렉시글라스(투명 플라스틱)에 이를 라틴어로 번역해서 'Pretium Refert'이라고 새겨 주었다. 비용은 정말로 중요하다. 나는 비용이 수익률과 자산 배분에 미치는 영향에 대해 앞에서 설명했다. 나는 수년 동안 비용에 대해 같은 말을 되풀이해 왔는데 1996년 버크셔-헤서웨이의 연례 보고서에 다음과 같은 워런 버핏의 글이 실린 것을 보고 아주 반가웠다.

"비용은 아주 중요하다. 예를 들어 주식형 뮤추얼 펀드는 평균 약 100 bp(1%)의 회사 경비를 발생시키는데(펀드 매니저에 대한 지급액이 대부분임) 이 비용은 투자자들이 장기적으로 실현하는 수익의 10% 이상을 잠식할 수 있다."[2]

유감스럽게도 워런 버핏은 비용을 매우 보수적으로 계산했다. 현재 평균적인 주식형 펀드는 비용으로 100bp(1bp는 0.01%임. 역자 주)가 아니라 155bp를 부과하며 최소 50bp의 포트폴리오 거래 비용을 발생시킨다. 이 비용을 모두 합치면 200bp 이상이 된다. 내가 만약 워런 버핏의 글을 고쳐 쓴다면 이 비용은 "투자자들이 장기적으로 실현하는 수익의 20% 이상을 잠식할 수 있다"라고 할 것이다. 또한 슬프게도(그리고 믿을 수 없게도) 채권형 펀드의 수수료도 1%를 넘는다. 이는 어떠한 이자율 수준에서도, 특히 오늘날 미국의 장기 국채 명목 수익률이 5.25%에 지나지 않는 점을 감안할 때 전혀 정당화될 수 없는 부담이다. 5.25%의 명목 수익 중 비용이 1% 포인트라면 채권 수익률의 거의 20%를 삭감당하는 셈이다. 나는 이런 정도의 비용은 수용할 수 없다고 생각한다.

낮은 비용률은 특정 펀드가 좋은 실적을 올릴 수 있는 단 하나의 중요한 원인이다. 따라서 펀드 수익률 형성에서 비용율의 역할을 신중히 고려하라. 적극적으로 관리되는 펀드를 선택할 경우 저비용 펀드를 선택함으로써 인덱스의 이점을 취하라. 수익률 최상위 사분위에 도달하는 가장 확실한 길은 비용 최하위 사분위 펀드를 선택하는 것이다. 〈표 4-1〉은 다른 기간(1991년부터 1996년까지의 5년간)에 대한 대형주 펀드의 실적을 보여준다(구체적인 수치는 6장에 나와 있다).

<표 4-1> 대형주 펀드: 수익과 비용(1991~1966)

	비용 공제 전 총수익률(%)	경비율 (%)	비용 공제 후 총수익률(%)
비용 최저 사분위	14.7	0.5	14.2
비용 최고 사분위	14.0	1.7	12.3
저비용으로 인한 이익	+0.7	-1.2	+1.9

10년 후 <표 4-1> 대형주 펀드: 수익과 비용(2003~2008)

	비용 공제 전 총수익률(%)	경비율 (%)	비용 공제 후 총수익률(%)
비용 최저 사분위	-1.7	0.7	-2.3
비용 최고 사분위	-1.4	2.0	-3.4
저비용으로 인한 이익	-0.3	-1.3	+1.1

두 그룹 모두 비슷한 비용 공제 전 수익률을 실현했음에 주목하라. 그러나 1.2% 포인트의 비용 우위가 저비용 펀드의 1.9% 포인트 성과 우위의 주된 요인이었다. 이 연결 관계는 우연이 아니다. 저비용은 고수익의 시녀다.

적극적으로 관리되는 펀드에서 포트폴리오에 포함된 증권을 매매할 때 발생하는 비용은 숨겨져 있지만, 그럼에도 이는 실제 비용이다. 펀드 포트폴리오 회전율은 평균 연 80%에 달한다. 포트폴리오 회전은 비용이 많이 드는데 보다 가시적인 펀드 비용에 약 0.5%~1.0% 포인트를 가산시킨다. 따라서 회전율이 낮은 펀드를 선호하라. 그러나 이는 비용이 낮기 때문만은 아니다. 회전율이 낮은 펀드는 상당한 세제상의 이점도 제공한다.

적극적으로 관리되는 펀드가 포트폴리오 증권을 더 오래 보유할수록 주주들에게 돌아가는 자본 이득 이연의 가치가 커진다. 회전율이 높은 많은 펀드들은 세금 면에서 비효율적일 뿐만 아니라 비용도 많이 들어간다. 따라서 현재의 미실현 자본 이득과 아울러 세후 수익률을 고려할 필요가 있다. 미실현 이득은 향후 상당한 자본 이득 배분과 이에 따른 불필요한 세금 부담으로 이어질 수 있다. 적극적으로 관리되는 펀드의 세후 수익률이 인덱스 펀드의 세후 수익률을 앞지를 가망은 더 낮아진다. 따라서 과세 이연 퇴직 연금 이외의 펀드에 투자하고 있다면 세금도 비용이라는 점을 잊지 마라.

저비용 펀드의 중요성을 펀드 선택 가이드라인으로 삼을 뿐 아니라 이 경고를 첫 번째 규칙으로 삼는 것이 좋다는 것 외에는 더 이상 할 말이 없다. 나는 노벨 경제학상 수상자로서 최근의 인터뷰에서 다음과 같이 말한 윌리엄 샤프를 지지한다. "맨 먼저 살펴야 할 것은 경비율이다." 투자자들은 그의 충고를 따라야 하며 비용 차이를 최소화하는 것만으로도 펀드가 성공적으로 경쟁할 수 있는 가능성을 훨씬 높여 주기 때문에 저비용 적극관리 펀드 중에서 선택하면 저비용 인덱스 펀드(비용이 20bp 이하다)의 수익률을 초과할 수 있는 희박한 가능성이 그나마 최대화된다는 점을 인식해야 한다. 결국 비용이 40bp인 저비용 펀드가 요트 경주에서 20노트의 바람에 맞서는 격이라면 고비용 펀드(150bp)는 130노트의 태풍과 싸우는 격이다.

10년 후 ｜ **저비용 펀드 선택하기**

보다 단기간의 데이터를 조사하거나 수익률이 마이너스를 보이는 경우에도 저비용은 여전히 보다 우수한 수익률의 열쇠다. (〈표 4-1〉에서 볼 수 있는 것처럼) 최근 5년 동안 저비용 펀드는 상위 고비용 사분위에 속하는 펀드에 비해 다소 낮은 연간 총수익률(비용 차감 전)을 보였지만(연 0.3% 포인트 뒤짐) 이 그룹의 비용 우위(1.3% 포인트)가 그 차이를 능가해서 저비용 펀드의 비용 공제 후 총수익이 1% 포인트 높았다. 이로써 인덱스 펀드의 연 수익률이 적극적으로 관리되는 펀드 수익률에 비해 1/3 향상되었다.

이 분석을 15년으로 확대하면 펀드 비용과 수익률 사이의 보다 전통적인 관계로 돌아가는 것을 볼 수 있다. 이 경우 저비용 사분위의 총수익률 6.7%는 고비용 그룹에서 시현한 6.2%에 비해 0.5% 포인트 높은 수준이었다. 이처럼 높은 펀드 운용 성과에 저비용 펀드의 1.4% 포인트 비용 우위가 합쳐져 1.9% 포인트 높은 연간 순수익률을 기록했다. 즉, 저비용 사분위의 연간 수익률은 6.1%였고 고비용 사분위의 수익률은 4.2%였다.

규칙 2: 추가되는 자문 비용을 주의 깊게 고려하라

많은 투자자들은 자산 배분과 펀드 선택 시 개인적인 지도를 필요로 한다. 그러나 그럴 필요가 없는 투자자들도 많다. 지도가 필요 없는 사람들은 판매 수수료가 없는 약 3,000개의 노 로드 펀드(no-load fund) 중에서 선택할 수 있는데, 이러한 펀드는 자립적이고 영리하며 정보를 갖춘 투자자들이 금융기관의 판매 요원이나 금융 자문에게 의존하지 않고서 주식을 사는 단순성의 정수(精髓)가 된다. 펀드가 적절히 선택된다고 가정할 경우 판매 보수가 없는 펀드를 매입하는 것이 펀드 보유 비용을 가장 적게 들이는 방법이며, 이럴 때 비용이 미래의 수익에서 소모하는 비율이 가장 적어지게 될 것이다.

지도를 필요로 하는 투자자들은 등록된 투자 자문(adviser)과 투자 중개인(brokerage account executive)의 서비스를 받을 수 있는데 이들 중 다수가 적절한 가격으로 고객에게 서비스를 제공하고 있다. 좋은 투자 자문들은 투자자에게 맞춤 서비스를 제공하고 투자의 함정을 피하도록 도와주며 가치 있는 자산 배분과 펀드 선택 서비스를 제공한다. 그러나 우리와 마찬가지로 그들도 밥값을 해야 하며 당신이 그들을 통해 투자할 가치가 있게 해주는 귀중한 서비스를 제공해야 한다. 그러나 나는 그들이 사전에 최고 성과를 내는 펀드 매니저를 선택할 수 있으리라고 믿지 않으며

(아무도 그럴 수 없다) 그럴 수 있다고 주장하는 매니저들을 피할 것이다. 최고의 투자 자문들은 당신이 장기투자 전략과 이를 실행하기 위한 영리한 계획을 개발하도록 도움을 줄 수 있다.

당신은 투자 자문의 서비스에 정확히 어느 정도의 비용이 드는지 알아야 한다. 등록된 '수수료만' 받는 투자 자문들로부터 자문 서비스를 받을 수 있는데, 이들은 대개 자산의 1% 이상에 해당하는 연간 수수료를 징수한다. 판매 수수료를 받는 증권회사 직원들로부터 이 서비스를 받을 수도 있다. 수수료는 뮤추얼 펀드의 실적을 상당히 끌어내린다. 특히 펀드를 단기간 보유할 경우에는 이 영향이 더 커진다. 몇 년 동안만 펀드를 보유할 것으로 예상하면서 6%의 보수를 지불하는 것은 어리석은 일이다. 반면에 펀드를 10년간 보유한다면 총 6%의 보수는 연 0.6%에 해당하여 그리 과도하지 않은 수준이라 할 수 있을 것이다. 요컨대 자문에 대한 합리적인 가격 지불(특히 투자 자문이 저비용 펀드를 추천하여 자신의 비용과 펀드의 비용을 합한 고객의 '총비용'을 최소화하도록 도움을 줄 경우)은 당신이 받는 서비스에 비추어 충분히 수용할 수도 있을 것이다.

외관상으로는 노 로드 펀드이지만 숨겨진 보수(12b-1 수수료라고 알려진 수수료로서 해마다 수익에서 차감되는 특별한 종류의 판매 수수료)를 징수하는 많은 펀드들을 조심하라. 이러한 수수료는 당신의 연 수익률에서 1% 포인트를 추가로 감소시킬 수도 있다. 정규적인 펀드의 비용이 1.5% 포인트일 때, 여기에 12b-1 수수료 1% 포인트가 더해지면 총비용이 포트폴리오 장기 수익률 10%의 1/4을 소모해서 당신이 실제로 버는 수익률을 7.5%로 감소시킬 수 있다. 펀드 주식을 5~6년 내에 환매할 경우 차감 폭은 더 커질 수 있다. 12b-1 수수료를 판매 요원의 보수 지급에 사용하지 않고 공격적인 광고와 마케팅 프로그램을 통한 펀드 판매 촉진에 사용하는 펀드들도 있다. 이러한 수수료는 당신에게 아무런 혜택을 제공하지 않으면서도 당신의 주머니에서 지급된다. 그러니 12b-1 수수료를 부과하는 펀드를 주의하라.

무엇보다도 랩어카운트('랩 계좌' 내에 여러 뮤추얼 펀드들을 모아 놓고선 이에 대해 추가 수수료를 징수한다)를 주의하라. 적극적으로 관리되는 펀드 패키지 보유가 합리적인 상황에 놓일 수도 있지만 그런 패키지를 보유하기 위해 매년 자산의 2% 이상을 지불하는 것은 합리적이지 않다. 나의 판단으로는 총비용(펀드 비용과 랩 수수료 합계)으로 연 4%를 지불하는 투자자는 금융 시장의 총수익률에 근접하는 수익을 올릴 수 있는 기회를 파괴하고 있는 셈이다. 어떤 펀드라도 수익률에 그런 정도의 부담을 안고서는 경쟁력을 유지할 수 없다. 그런 펀드는 경주에서 이길 수 없다.

규칙 3: 과거의 펀드 성과를 과대평가하지 마라

세 번째 규칙은 경험이 많든 초보든 간에 대부분의 투자자들의 눈길을 끄는 첫째 요소인 펀드의 과거 실적(track record)과 관련이 있다('트랙 레코드'라는 표현에 함축된 경마 비유는 아마도 고의가 아닐 것이다). 그러나 과거 기록이 순 혈종 경주마가 어떻게 달릴지 평가하는 데에는 도움이 될지 몰라도(이 분야에서도 그리 효과적이지 않을 수도 있다) 펀드 매니저가 어떤 성과를 올릴지 평가하는 데에는 대개 완전히 오도(誤導)한다. 이 세상에 펀드의 과거 기록에 근거하여 해당 펀드의 미래 절대 수익률을 예측할 수 있는 방법은 없다. 누군가가 주식시장의 미래 절대 수익률을 정확히 예측할 수 있다 하더라도(이것도 쉬운 일이 아니다!) 개별 뮤추얼 펀드가 시장 수익률 대비 얼마만큼의 수익률을 올릴지 예측할 수 있는 방법은 없다. 인덱스 펀드의 상대 수익률만이 유일한 예외일 것이다.

이제 앞서 말한 나의 주장에 다소 모순되는 이야기를 하겠다. 확실하지는 않을지라도 가능성이 매우 높은 두 가지를 예측할 수 있다.

1. 비정상적으로 높은 비용을 지불해야 하는 펀드들은 적절한 시장 지

수 대비 성과가 나쁠 가능성이 높다.

2. 적절한 시장 지수 대비 상당히 우수한 실적을 냈던 펀드들은 장기적으로 시장 평균을 향해, 그리고 대개는 시장 평균 밑으로 회귀할 것이다.

평균 회귀(수익률이 높은 펀드의 수익률은 하락하고 낮은 펀드의 수익률은 상승하게 하는 금융시장에서의 중력 법칙)는 명확하고 계량화할 수 있으며, 확실히 거의 불가피하다(10장에서 평균 회귀와, 평균 회귀가 포트폴리오 선택에 주는 함의에 대해 좀 더 설명한다).

〈표 4-2〉에 요약된 두 편의 연구 결과는 수익률 최상위 사분위 성장형 펀드와 안정 성장형 펀드의 10년 후 시장 수익률 대비 성과를 보여준다. 이 펀드들 중 99%는 평균으로 회귀했다. 단지 1개 펀드만이 예외였다는 점을 주목하라. 1970년대와 1980년대를 지배했고 업계 최대의 펀드가 되었던 펀드도 1990년대에 평균으로 회귀했다. 때로는 평균으로의 회귀에 시간이 걸리기도 한다.

〈표 4-2〉 평균 회귀

기간	최상위 사분위 펀드 수	평균 혹은 그 이하로 회귀* 펀드 수	평균 혹은 그 이하로 회귀* 비율(%)
1970년대~1980년대	34	33	97
1987년대~1997년대	44	44	100
1970년대~1997년대 합계	78	77	99
1980년대~1990년대	40	36	90
1990년대~2000년대	44	44	100
1970년대~2000년대 합계	173	141	82

* S&P 500 지수.

뮤추얼 펀드 업계는 최고 성과를 내는 대부분의 펀드들이 결국은 그 우위를 상실한다는 점을 잘 알고 있다. 펀드 스폰서들이 활발하고, 값비싸고, 궁극적으로 오도하는 과거 성과 광고와 판촉을 계속하는 이유는 오직 하나다. 과거에 고수익을 냈던 펀드 판촉 활동에 나서면 투자자들로부터 거액의 신규 자금을 끌어들일 수 있고, 투자 자문들 또한 거액의 새로운 수수료 수입이 생기기 때문이다. 펀드 매니저들은 일시적인 과거의 성공에 대해 높은 보수를 받고 있다. 절대 수익률이 낮거나 평균 이하의 상대 수익률을 보였다는 내용의 뮤추얼 펀드 광고를 본 적이 있는가? (지난 15년간 주식형 펀드의 95%가 S&P 500 지수를 이기지 못했다.) 과거 성과에 기초한 펀드 판촉은 잘못된 방향으로 이끈다. 이들을 무시하라.

10년 후　평균 회귀

10년 전에 인용된 평균으로의 회귀라는 강력한 패턴은 지난 10년 동안에도 계속되었다. 1990년대에 상위 사분위에 속했던 99개의 일반적인 주식형 펀드 중 72~73%가 S&P 500 지수의 평균 또는 그 밑쪽으로 옮겨갔다. 이처럼 동일한 패턴이 각각 독특한 주식시장 상황을 보인 4번의 10년간에 걸쳐 지속되었다면, 이는 확실히 주의를 기울일 가치가 있다. 과거에 양호한 실적을 올렸다 해서 미래의 성공이 보장된다는 증거가 (하나도) 없다. 이 원칙에 대한 가장 명백한 증거는 레그 메이슨 가치 신탁(Legg Mason Value Trust)의 기록이다. 이 펀드는 15년 연속(1991년에서 2005년까지) S&P 500 지수를 앞질렀으나 2006년부터 2008년까지는 S&P 500 지수에 비해 43% 포인트나 뒤쳐졌다(이 펀드의 수익률은 -66%였고 S&P 500 지수 수익률은 -23%였다).

규칙 4: 과거 성과를 사용해서 일관성과 리스크를 평가하라

과거의 성과를 과대평가해서는 안 된다는 세 번째 규칙에도 불구하고 과거의 성과가 펀드 선택에 도움을 줄 수 있는 중요한 역할이 있다. 펀드의 과거 장기 수익률을 보여주는 하나의 숫자는 무시해야 하지만 과거 수익률의 특성을 연구함으로써 많은 것을 배울 수 있다. 무엇보다도 일관성을 살펴보라. 나는 뮤추얼 펀드를 평가할 때(나는 오랜 기간 동안 수백 개의 펀드를 평가해 왔다) 투자 정책과 목적이 비슷한 펀드들 속에서 순위를 보고자 한다(즉, 나는 대형 가치주 펀드는 다른 대형 가치주 펀드들과 비교하고, 소형 성장주 펀드는 다른 소형 성장주 펀드와 비교한다).

모닝스타 뮤추얼 펀드는 이러한 비교를 쉽게 할 수 있게 해준다. 모닝스타 뮤추얼 펀드는 간단한 차트에 특정 펀드가 과거 12년 동안 각각의 그룹에서 수익률 1사분위, 2사분위, 3사분위, 4사분위 중 어디에 속했는지 보여준다. 이 표는 해당 펀드의 정책의 일관성과 펀드 매니저의 상대적 성공 여부 모두를 보여준다. 내 생각에는 어느 펀드가 최고의 성과를 낸다고 평가받기 위해서는 적어도 6년에서 9년간 상위 1, 2사분위에 속해야 하며 최하위 사분위에 속했던 기간은 1, 2년을 넘어서는 안 된다. 나는 대개 4~5년간 최하위 사분위에 속했던 펀드라면 비록 그만큼의 기간 동안 최상위 사분위에 속했다 해도 투자 대상에서 제외할 것이다.

[그림 4-4]는 내가 정한 정책을 반영하는 두 개 펀드의 실례를 보여준다. '양호'한 펀드는 상위 50%에 10번, 최하위 사분위에 1번, 3사분위에 1번 포함되었다. 반면 '불량'한 펀드는 상위 50%에 6번, 최하위 4분위에 4번, 3사분위에 2번 포함되었다. 나는 [그림 4-4]에 인덱스 펀드의 성적도 함께 표시했다. 주목할 점으로서(미래에도 이처럼 유리한 패턴이 반복되리라고 기대해서는 안 된다는 주의를 주고 싶다) S&P 500 지수 펀드는 최하위 사분위에 포함된 시기는 단 한 차례도 없이 상위 1, 2사분위에 11번 포함되었다. 어쨌든 일관성은 뮤추얼 펀드에게는 미덕이다. 지혜로운 투자자라면 펀드를 선택하는 과정에서 일관성에 높은 가중치를 줄 것이다.

나는 성과라는 단어를 사용할 때 관심을 수익률에 제한하지 않는다. 리스크는 투자에서 매우 중요한 요소다. 나는 특히 목표와 정책이 유사한 동료 그룹 펀드에 대비한 모닝스타 리스크 평점(펀드의 수익률이 무위험 미

[그림 4-4] 모닝스타의 펀드 성과 특성표: 일관성*

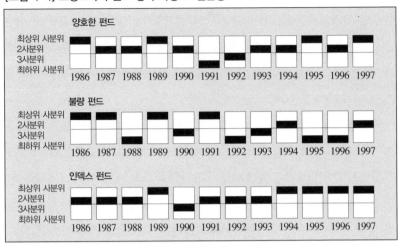

* 모닝스타의 각 스타일 범주 내의 사분위.

10년 후 **[그림 4-4] 모닝스타의 펀드 성과 특성표: 일관성***

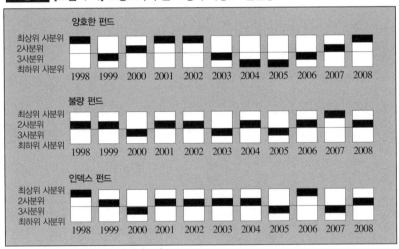

* 모닝스타의 각 스타일 범주 내의 사분위.

국 단기 국채 수익률보다 저조했던 달의 펀드 수익률에 기초한다)을 알기 원한다. 이 평점은 펀드가 일반적으로 얼마나 많은 리스크를 떠안는지에 대한 대략적인 안내자 역할을 한다. 실제로 펀드들이 부담하는 리스크에는 차이가 있다. 평균적인 대형 가치주 펀드의 리스크 수준(평균보다 22% 낮다)은 소형 성장주 펀드 리스크(평균보다 93% 높다)의 절반에 그쳤다.

〈표 4-3〉은 9개의 기본적인 투자 스타일에 대한 모닝스타 리스크 평
점을 비교한다. 리스크는 중요하다. 펀드의 미래 수익률은 전혀 예측할
수 없지만 펀드들 간의 상대적인 리스크 차이는 예측가능성이 큰 것으로
입증되었다.

현명한 투자자는 리스크(어떻게 측정되든, 그리고 지나고 나서 측정하는 경우를 제
외하면 아무리 파악하기 어려운 개념이든 간에)에 가장 주의를 기울여야 한다. 당신
이 어떻게 생각하든 시장이 항상 상승하지는 않는다.

〈표 4-3〉 리스크 특성*(펀드 평균=100)

	1998		
	유형		
시가 총액	가치주	혼성주	성장주
대형주	78	84	114
중형주	85	105	156
소형주	104	140	193
	2008		
	유형		
시가 총액	가치주	혼성주	성장주
대형주	66	68	97
중형주	86	103	144
소형주	101	117	169

* 이 매트릭스에서 각 펀드는 9가지 유형 중 하나에 위치하게 된다. 상·하의 열은 포트폴리오 내 종목의
시가 총액 규모를 나타낸다. 좌·우의 행은 투자 스타일, 즉 가치주(PER는 낮고, 배당 수익률은 높은 주
식), 성장주(그 반대의 경우), 혹은 그 두 가지의 혼합을 나타낸다. S&P 500 지수 펀드는 대형 혼성주에 속
하며, 상대적 리스크 수치 65를 보였다. 대상 기간은 2009년 5월에 끝난 10년간이다.

10년 후   일관성과 리스크

10년 전에 내가 말한 것처럼 "당신이 어떻게 생각하든 시장이 항
상 오르지는 않는다." 그런데 지난 10년 동안 1999년에 내가 경고했

던 일이 발생했다. 실적과 리스크 민감도에서 일관성에 대한 고려가 전보다 더 중요한 것으로 입증되었다.

마찬가지로 펀드 수익률 실현에서 일관성의 중요성에 관한 나의 아이디어도 지난 10년 동안에 완전히 확인되었다. 내가 일관성이 '양호한' 것으로 지목한 펀드(워싱턴 뮤추얼 펀드)는 그 이후 11년 동안 대체로 이 기준에 부합하였다. 이 펀드는 놀랍게도 2004년과 2005년에 최하위 사분위로 전락했지만, 그 이후 일관성이 있는 패턴으로 되돌아갔다.

다른 한편 일관성 면에서 '불량' 펀드(아메리칸 센추리 성장 펀드)는 일관성이 없었는데, 그 이후 놀라울 정도로 일관성을 보여 1996년 이후 최하위 사분위에 속한 적이 없었고, 최상위 사분위에 속한 것은 한 해에 불과했다. 더 나은 방향으로 변한 이유는 1998년과 2000년에 지명된 새로운 포트폴리오 매니저들 때문인 것이 분명한데, 이는 분명히 과거의 패턴을 기반으로 미래를 추정할 때 예측할 수 없는 요인이다.

인덱스 펀드(뱅가드 500 인덱스 펀드)는 최근 기간에 대해서도 이전 기간의 일관성을 보여주었다. 인덱스 펀드는 1994년부터 1997년까지 실현했던 최상위 4분위 순위를 그 이후 기간에서는 두 개 연도에만 실현했지만 나는 이에 대해 별로 놀라지 않았다. 나는 초판에서 투자자들에게 "(이 펀드의) 수익률 패턴이 미래에도 이처럼 우호적으로 되풀이될 것으로 기대하지 마라"고 경고했다. 그러나 인덱스 펀드는 최하위 사분위는 피했으며, 11개 연도 중 8개 연도에서 2사분위 이상의 실적을 올렸고, 3사분위는 3번만 기록했는데 이는 '예사로 있는 일'이다.

펀드의 성과는 변동성이 크지만 펀드의 리스크 프로필은 매우 안정적이며 10년 전에 보여준 패턴이 거의 바뀌지 않았다. 리스크는 대형 포트폴리오에서 소형 포트폴리오로 옮겨갈수록, 그리고 가치지향 포트폴리오에서 성장지향 포트폴리오로 옮겨갈수록 꾸준히 증가한다.

규칙 5: 스타들을 주의하라

여기서 나는 주로 최근에 스타로 떠오른 펀드 매니저에 대해 언급하고 있다. 슬프게도 실상 마이클 조던, 아놀드 파머, 로버트 레드포드, 로렌스 올리비에와 같이 지속할 수 있는 힘이 있었던 뮤추얼 펀드 슈퍼스타는 거의 없었다. 내가 알기로는 이런 범주에 들 수도 있는 극소수의 사람들 중 사전에 그러한 위업을 이루리라고 알려진 사람은 없었다. 피터 린치(Peter Lynch), 존 네프(John Neff), 마이클 프라이스(Michael Price) 같은 사람들도 화려한 기록을 세우기 이전인 1972년에 누가 그들의 이름을 들어 본 적이 있었는가?

그들의 빛이 한동안 밝게 빛날 수는 있다 하더라도 많은 슈퍼스타들은 특정 펀드와 관련을 맺는 기간이 한정되는 듯하다. 평균적으로 포트폴리오 매니저들이 특정 펀드를 운용하는 기간은 5년 정도다. 가장 크고 가장 공격적인 (그리고 한 때 가장 인기가 있었던) 펀드 조직들 중 한 곳에서는 매니저가 담당하는 평균 기간이 겨우 2년 반이었다. (매니저 변경에 수반되는 포트폴리오 교체는 무거운 비용 부담을 가져온다.) 이런 슈퍼스타들은 혜성에 가깝다. 그들은 한때 창공을 빛내고 다 타버린 뒤 어두운 우주로 사라진다. 원한다면 뛰어난 매니저를 구하되, 스타 지위가 아니라 그들의 전문성, 경험, 꾸준함에 의존하라.

스타 시스템(스타 매니저와 다른 개념이다)에 대해서도 주의하라. 가장 잘 알려진 스타들은 물론 모닝스타 뮤추얼 펀드로부터 별 5개 등급을 받은 펀드들이다(나는 이 펀드들을 샛별들(Morning-stars)이라 부른다). 펀드 업계에서는 스타 시스템을 받아들이고 투자자들에게 이 시스템에 기초하여 투자하도록 권유한다. 이 시스템에서는 4개 또는 5개의 별을 받은 펀드를 성공적인 펀드로 간주하고, 1개 또는 2개(때로는 심지어 3개)의 별을 받은 펀드는 실패한 펀드로 분류한다. 그러나 모닝스타 뮤추얼 펀드의 편집자도 인정하듯이 모닝스타의 펀드 등급은 예측력이 거의 없다.

《허버트 파이낸셜 다이제스트》는 신규로 별 5개를 받은 펀드를 매입하고 최고 등급을 잃으면 환매할 경우, 시장 리스크보다 높은 리스크 수준을 부담하면서 시장 수익률보다 낮은 수익률을 올리게 됨을 보여주었다. 이는 좋은 조합이 아니다. 허버트의 방법론에 함축된 잦은 펀드 교체에 근거해서 나는 그 결론을 받아들인다. 그러나 나라면 그보다는 더 관대하게 행동하겠다. 나는 현재 3개, 4개, 5개의 별을 받고 있는 펀드들을 장기 보유하고 있으면 별 1개를 받고 있는 펀드들보다 나은 수익률을 올릴 것이라는 점을 거의 의심하지 않는다. 스타 포트폴리오 매니저는 무시하고 스타 등급이 가장 낮은 펀드들에 대해서는 의심하며 스타 등급이 높은 펀드들에 초점을 맞추라(그러나 그 펀드들을 자주 매매하지는 마라).

규칙 6: 자산 규모를 주의하라

펀드들은 감당할 수 없을 정도로 규모가 커질 수 있다. 이것은 아주 간단하다. 다음과 같은 특성이 있는 대형 펀드 조직을 피하라. (1) 신규 투자자에 대한 펀드 모집 마감 (즉, 그들의 주식 제공 종료) 경험이 없는 펀드, (2) 자신의 투자 목표와 상관없이 자신의 투자 성과를 일반 대중의 투자 성과와 차별화시킬 능력 범위를 넘어서서 무한히 커지게 하려는 것으로 보이는 펀드.

어떤 펀드가 '너무 큰' 펀드인지는 복잡한 문제다. 펀드 규모는 펀드 스타일, 관리 철학, 포트폴리오 전략과 관련이 있다. 예를 들어 주로 대형주에 투자하는 펀드는 자산 규모가 200억, 300억 달러일 때에도 비교적 성공적으로 관리될 수 있다(참으로 이례적인 실적을 내지는 않는다 할지라도 말이다. 지난 5년간 그런 규모의 펀드 중 S&P 500 지수의 수익률을 넘어선 펀드는 하나도 없었다).

소형주(대개 시가 총액 2억 5천만 달러 미만)에 공격적으로 투자하는 펀드에게는 자산 규모 3억 달러도 너무 크다고 할 수 있을 것이다.

규칙 4에서 언급한 것처럼 장기간의 펀드 사분위 순위를 살펴보면 규모의 성장이 상대적 수익률에 영향을 주었는지를 확인할 수 있다. [그림 4-5]는 한때 인기가 있던 어느 중형 성장주 펀드의 규모가 커짐에 따라 실적이 크게 악화된 것을 보여준다. 이 펀드는 1991년에서 1995년까지의 5년 중 4년간 최상위 사분위에 속했고, 자산 규모가 1,200만 달러에서 10억 달러대로 커졌다. 그러나 자산 규모가 20억 달러로 불어나고, 이어서 60억 달러가 된 해부터는 3년 연속으로 수익률 최하위 사분위에 머물렀다. 이 펀드의 '모멘텀' 전략(강력한 이익 동력이 있는 주식을 매수하는 전략) 실패가 수익률 악화의 일부 원인일 수는 있지만 자산 규모가 수익률에 방해가 되었다는 것만은 확실하다. 이는 현재 이 펀드를 고려하는 투자자들에게 긍정적인 메시지가 아니다.

[그림 4-5] 성과 특성*: 문제 펀드

* 모닝스타 스타일 범주 내의 사분위.

10년 후 **[그림 4-5] 성과 특성*: 문제 펀드**

* 모닝스타 스타일 범주 내의 사분위.

최적의 펀드 규모는 여러 요인에 의존한다. 예를 들어 광범한 채권시장에 기반을 둔 인덱스 펀드는 규모의 제한 없이 성장할 수 있을 것이다. 포트폴리오 회전율이 낮고 투자자들로부터 비교적 꾸준히 현금이 유입되는 거대한 펀드는 회전율이 높고, 현금의 유출입이 펀드의 단기 실적을 반영할 뿐만 아니라 단기 실적에 의해 확대되어서 현금흐름의 변동성이 큰 펀드보다 쉽게 관리될 수 있다. 자산 규모가 큰 경우에는 복수의 매니저를 두는 펀드(특히 펀드가 서로 관련이 없는 매니저들을 사용하는 경우)가 하나의 관리 조직이 감독하는 펀드보다 성공적일 수 있다. 그러나 펀드가 두셋, 또는 네 곳의 탁월한 매니저를 선택할 때 직면하는 어려움을 과소평가하지 마라. 쉬운 해답은 없다.

(현재 및 잠재적인) 규모는 매우 중요한 문제다. 규모가 지나치게 크면 투자 성과가 탁월해질 가능성을 말살할 수 있고, 아마도 그 가능성을 말살할 것이다. 펀드들의 과거 실적을 보면 절대 다수의 펀드들은 규모가 작았을 때 최고의 성적을 냈다. 작은 것은 아름다웠지만 '성공처럼 실패하는 것도 없다.' 이런 펀드들이 대중의 마음을 끌거나 보다 가능성이 있기로는 규모의 문제라는 잠재적 위험을 알지 못하는 대중에게 활발하게 판매될 때에는 이들의 전성기는 이미 끝난 것이다. 12장에서 설명하겠지만 현명한 투자자들에게는 제어되지 않는 펀드 자산 규모 성장은 하나의 경고 신호다.

10년 후 ‖ 자산 규모에 관해

내가 당시 필그림 백스터 성장주 펀드(현재는 올드 뮤추얼 성장주)를 '문제 펀드'로 지정했을 때 이 펀드의 주주들에게 문제가 얼마나 심각할지 전혀 예상하지 못했다. 이 펀드가 1990년대에 아주 작은 규모였을 때 달성했던 놀라운 투자 성과는 이 펀드가 1993년에서 1995년까지 평균 약 10억 달러로 성장할 때까지 계속되었다.

그러나 투자자들이 과거의 뛰어난 수익률에 매료되기 시작하면 재미는 끝나게 되어 있다. 자본이 밀려들어서 이 펀드의 자산은 1995년에 60억 달러로 정점에 달했다. 그러나 이 펀드의 수익률은 1996년, 1997년, 1998년에 4사분위로 떨어졌고, 2000년과 2001년 그리고 2003년과 2004년에 또다시 4사분위를 기록했다. 이 펀드는 9년 중 7년이나 4사분위를 기록하여 참으로 경악스러운 수익률을 보였다. 물론 이 펀드의 이전의 성공에 따라 자본이 유입된 것과 궤를 같이 해서 수익률이 하락하자 자본이 유출되었다. 1995년 펀드 자산의 약 95%가 사라졌으며 2009년 중반에는 60억 달러 중 3억 달러만 남았다. 지난 10년 동안 이 펀드 투자자들은 연 마이너스 6.9%의 수익률을 올렸다. 이 펀드 투자자들은 자본의 51%를 잃었다. 30억 달러가 허공으로 사라진 셈이다.

한편 이 펀드 설립자 헤럴드 백스터(Harold Vaxter)와 게리 필그림(Gary Pilgrim)은 펀드 관리 수수료의 이익, 금융 재벌에 대한 (수차례의) 자산관리회사 지분 매각 대금, 그리고 자신들의 펀드 주식에 대한 불법적인 시간대 트레이딩에 관여해서 번 불법적인 이득으로부터 수억 달러를 긁어모았다. 그런데도 아무런 형사 기소도 이루어지지 않았다. 두 명의 창업자들은 SEC와 뉴욕 검찰총장에 의해 제기된 민사 소송을 겨우 1억 6천만 달러에 해결하고 거액의 개인적 이익을 챙겼다. 이 '문제 펀드'는 최근 시기에 펀드 매니저들이 어떻게 펀드 주주들의 신뢰를 오용했는지에 관한 가장 불명예스러운 사례 중 하나로 판명되었다. 내가 1999년에 말한 것처럼 자그마한 펀드의 좋은 실적은 '영리한 투자자들에 대한 경고 신호'가 되어야 한다.

규칙 7: 너무 많은 펀드를 보유하지 마라

앞의 예에서 보여준 주식 65%, 채권 35%를 보유하는 하나의 기성품 혼합형 인덱스 펀드는 많은 투자자들의 요구를 충족시킬 수 있다. 주식 비율을 높이거나 낮춘 주식과 채권의 맞춤형 인덱스 펀드는 더 많은 사람들의 요구를 충족시킬 수 있다. 그런데 적극적으로 관리되는 펀드에 투자하려는 투자자들에게 최적의 펀드 수는 몇 개일까?

나는 일반적으로 4~5개가 넘는 주식형 펀드에 투자할 필요가 없다고 믿는다. 펀드 수가 너무 많으면 과도한 분산 투자를 초래할 수 있다. 펀드의 분산 투자가 과도해지면 이 포트폴리오의 성과는 불가피하게 인덱스 펀드의 성과와 유사해지게 된다. 그러나 과도한 분산 투자와 인덱스 펀드보다 높은 비용으로 인해 이 포트폴리오의 수익률은 거의 확실히 인덱스 펀드 수익률에 미치지 못할 것이다. 더구나 과도하게 분산되어 있다 할지라도 이런 포트폴리오(예를 들어 2개의 대형 성장주/가치주 혼성 펀드와 2개의 소형 성장주 펀드로 구성된 포트폴리오)는 단기적으로는 시장 수익률보다 변동성이 클 수도 있다. 그러므로 일반적인 리스크의 정의에 따른다면 이 포트폴리오는 인덱스 펀드보다 리스크가 더 클 것이다. 유사한 성과를 보이면서도 비용은 비싸고 리스크도 크다면 무슨 소용이 있는가?

《모닝스타 뮤추얼 펀드》의 최근 연구(이러한 문제를 체계적으로 다루는 몇 개 되지 않는 간행물 중의 하나임)는 무작위로 선택한 주식형 펀드를 4개 초과하여 보유해도 리스크를 그다지 줄이지 않는다는 결론을 내렸다. 펀드 4개를 보유하면 그 이후에는 펀드 수를 30개(믿을 수 없을 정도로 많은 펀드 보유 숫자다!)까지 늘리더라도 리스크는 상당히 일정하게 유지된다. 모닝스타는 펀드 수가 30개를 넘는 경우는 더 이상 계산하지 않았다. [그림 4-6]은 펀드의 수가 늘어남에 따라 펀드 포트폴리오의 표준편차가 얼마나 줄어드는지 보여준다.

모닝스타는 하나의 대형주 혼성 펀드를 보유해도 여러 개의 펀드 포트폴리오보다 리스크 수준을 줄일 수 있다고 언급했다. 나는 [그림 4-6]에 그런 펀드를 추가했다. 그러나 모닝스타는 하나의 전체 시장 인덱

스 펀드가 30개의 펀드로 이루어진 포트폴리오만큼 리스크도가 낮다는
점은 언급하지 않았다. 모닝스타는 또한 시초에 5만 달러를 투자한다고
가정하면 펀드 선택에 따라 85,000달러에서 116,000달러까지 증가할
수 있었을 것이고, 1개의 시장 인덱스 펀드에 투자했을 경우에는
113,000달러(전체 범위의 상위에 속한다)로 증가할 수 있었을 것이라는 사실
을 언급할 수도 있었을 텐데, 이 또한 언급하지 않았다. 다수의 펀드로
분산 투자하면 리스크를 통제하는 장점이 있다는 주장은 별로 설득력이
없어 보인다.

[그림 4-6] 다수의 펀드 보유를 통한 리스크 감소

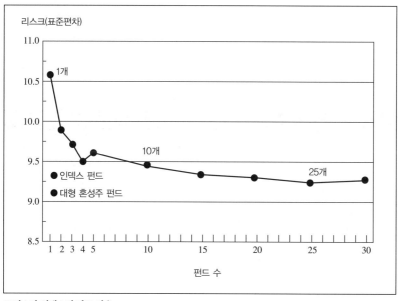

모닝스타 인베스터 자료 이용.

나는 해외 펀드가 투자자의 포트폴리오에 반드시 필요한 부분이라는
주장을 납득할 수 없다는 말을 덧붙이고 싶다. 해외 펀드가 포트폴리오
의 변동성을 줄일 수는 있지만, 해외 펀드의 경제적 리스크와 환리스크

로 수익률을 훨씬 크게 감소시킬 수 있다. 이론적인 최적 포트폴리오는 각 지역의 펀드를 시장 비중에 따라 고르게 보유해야 한다는 아이디어는 내가 생각하는 수준보다 훨씬 더 나아가는 것이다(8장에서 해외 투자의 장점과 단점을 설명한다). 내가 내린 최상의 판단은 해외 펀드 보유는 주식 투자 금액의 최대 20%를 넘지 않아야 하며, 대부분의 포트폴리오에서는 해외 투자 비중이 0%라도 무방하다는 것이다.

각 펀드들이 보유하는 개별 종목들이 불가피하게 겹칠 수밖에 없음을 감안할 때 하나의 포트폴리오에 20개의 분산된 펀드를 보유해서(즉, 각각 의 펀드에 자산의 5%를 투자한다) 1,000개의 개별 보통주 주식을 보유하는 것이 무슨 의미가 있는가? 내게는 전혀 의미가 없다. 아마도 〈표 4-4〉에 제시된 것과 같이 5개의 펀드로 구성된 단순한 포트폴리오라면 적극적인 주식 운용을 추구하는 투자자들의 필요를 채워줄 수 있을 것이다.

〈표 4-4〉 단순한 5개 펀드로 이루어진 포트폴리오

펀드	투자비율(%)	15년 수익률
대형주	50%	6.5%
중형주	10	9.0
소형주	20	7.8
특수업종 투자 펀드*	10	10.4
해외 투자 펀드	10	3.5
합 계 / 평균	100%	7.1%

* 이 경우 의료업.

이 포트폴리오는 확실히 시장 인덱스 펀드와는 다르겠지만(그리고 리스크도 다소 높은 편이다) 포트폴리오를 구성하는 5개 펀드를 잘 선택한다면 가치를 부가할 수 있는 기회를 제공할 수도 있다. 선택된 각각의 펀드들은 이 포트폴리오를 완전히 분산 투자함에 있어서 유의한 영향을 줘야 할 것이다.

나는 다섯 종목으로 이루어진 단순한 주식형 포트폴리오를 바꾸지 않았지만, 점점 더 모든 (또는 대부분의) 포트폴리오들이 미국 전체 시장에 기초한 광범위한 시장 지수 또는 S&P 500에 상당한 비중을 할애해야 한다고 확신한다. 지난 10년 동안 적극적으로 관리되는 주식형 펀드 중 시장 수익률보다 양호한 수익을 내는 펀드를 고르기는 실재라기보다는 과장 광고임이 확인되었다. 설상가상으로 선택 프로세스는 과거의 높은 실적에 비중을 두는데 실적을 뒤따라가는 것도 생산적이지 않음이 증명되었다. 그래서 펀드 투자자들이 거둔 금액 가중 수익률(좋은 실적을 거둔 뒤 더 많은 돈을 투입한 투자자들이 올린 수익률)이 펀드 스스로 보고한 시간 가중 수익률에 상당히 뒤쳐지게 된다.

또 다른 두 가지 수정 사항은 다음과 같다. (1) (주로 지수화된) 주식형 펀드 포트폴리오의 핵심에 대해서는 '진지한 자금' 계좌로 생각하고, '재미 삼아 투자하는' 계좌에 대해서는 추측(또는 통찰력)을 사용하여 적극적인 (심지어 고위험) 펀드를 사용하라. 나는 진지한 자금 비중이 최소한 전체 자금의 90%가 되기를 권고한다. (2) 나는 해외 투자에 대해 하나의 자산 부류로 얘기했지만, 이제 해외 부문에는 두 개의 구별되는 부분, 즉 선진 시장(영국, 독일, 프랑스 등)과 신흥 시장(싱가포르, 중국, 인도, 브라질 등)이 있다고 믿는다. 나는 선진 시장에 많은 자금을 투자할 이유가 별로 없다고 생각하며, 신흥 시장(보다 작지만 급속도로 성장하고 있으며 물론 리스크도 더 크다)을 강조하고자 한다. 그러나 포트폴리오의 해외 부분은 주식 포지션의 20%가 넘지 않도록 제한하는 것이 좋다.

규칙 8 : 당신에게 적합한 펀드 포트폴리오를 매입했다면
이를 유지하라

장기 목표를 결정하고, 자신의 리스크 감내도를 정의하고, 하나의 인덱스 펀드나 자신의 목표를 충족시킬 수 있는 소수의 적극적으로 관리되는 펀드를 선택하고 나면, 이 코스를 유지하라. 이 포트폴리오를 굳게 붙잡으라. 투자 과정이 복잡해지면 생각이 어지러워지고 이성이 필요한 재무 계획에 감정을 개입하게 되는 경우가 너무도 흔하다. 나는 탐욕, 공포, 환희와 희망은 (성급한 행동으로 전환될 경우) 투자 성과에 열악한 시장 수익률만큼이나 파괴적인 영향을 줄 수 있다는 데에 절대적으로 공감한다. 존경받고 있는 버핏이 이전에 한 말을 다시 강조한다. "가만히 있는 것이 영리한 행동이다." 이 점을 절대로 잊지 마라.

펀드를 계속 유지하는 열쇠는 올바르게 매입하는 것이다. 올바르게 매입하기 위해서는 완전히 이해되지 않는 펀드를 선택하지 않고, 과거 기록에 근거해서 선택하지 않으며, 남들이 그 펀드가 인기가 있다고 말한다거나 그 펀드의 매니저가 스타이기 때문에 선택하지 않고, 펀드들이 모닝스타에서 별 5개를 받았다 해서 이를 선택하지도 않고 절대로 고비용 펀드를 선택하지 않아야 한다. 이러한 근본적인 오류들을 피했다면 단지 당신의 펀드 성과를 지켜보기만 하면 된다. 애초에 영리하게 선택했다면, 펀드의 연례 성과 평가는 괜찮을 수밖에 없다. 그리고 비교 대상 펀드들에 비해 때때로 극단적이지 않은 저성과를 보이더라도 참을성 있게 견뎌라. 지속적인 성과 부진, 급진적인 정책 변경, 관리회사 합병, 수수료 인상이나 12b-1 수수료 부과 등 주요 사건들은 경보 신호로 여겨야 한다. 그러나 투자하기 전에 조사하라는 익숙한 말을 수정한다면 나는 이렇게 촉구하고 싶다. "처분하기 전에 조사하라."

펀드는 주식의 개별 종목처럼 불가피하게 직면하는 성과의 좋고 나쁨에 따라 다른 펀드로 갈아타는 방식으로 선택하지 마라. 자산의 수탁자

(trustee)를 지정해서 평생 동안 관계를 맺을 때와 같은 수준으로 사려 깊게 고려해서 펀드를 선택하라. 이러한 접근법이 단순성의 핵심이다. 수십 년 전에는 미국의 최고 부자들은 하나의 수탁자, 혹은 투자 자문에게 전 재산을 돌보게 하고 이들과 계속 관계를 유지했다. 널리 분산 투자된 뮤추얼 펀드에 투자하는 계좌는 실상은 분산 투자된 신탁 펀드와 다를 바 없다(뮤추얼 펀드가 일반적으로 더 분산 투자되어 있다는 점이 다를 뿐이다). 여러 층의 분산 투자를 겹겹이 쌓아올리려는 유혹을 억눌러라. 펀드에 투자했다면 펀드 업계에 높은 수준의 수탁자 책임에 걸맞게 행동하는 뮤추얼 펀드를 제공하도록 요구하라. 당신은 그럴 자격이 있다.

단순성 혹은 복잡성?

단순함의 반대는 복잡함이다. 워런 버핏의 버크셔 헤서웨이 파트너인 찰스 멍거(Charles T. Munger)에 따르면 최근 많은 대형 재단들과 대학의 기부금 펀드들은 버니 콘필드(Bernie Cornfield)의 '펀드에 투자하는 펀드(Funds of Funds)'를 모델로 삼으려 했다고 한다. 그들은 보다 복잡해지고 더 많은 투자 카운셀러를 두며, 어느 카운셀러가 최고인지 결정하기 위해 또 다른 컨설턴트들을 두며, 해외 증권을 포함한 다양한 범주에 펀드를 할당한다. 이 모든 복잡함에 대해 한 가지 분명한 사실이 있다. 연간 총비용이 쉽사리 순자산의 3%에 달하고 이 중간 관리인들에게 기초 자산의 3%를 지불할 수 있다. 주식의 실질 총수익률이 오랫동안 연 5% 수준으로 쪼그라들고, 이 중간 관리인들이 언제나 존재해 왔던 것처럼 계속 존재한다면, 평균적인 투자자들은 오랜 기간 동안 마음이 편하지 않은 수익률 축소 모드에 있게 될 것이다. 나는 인덱스 투자가 평범한 재단이 현재 하고 있는 투자 방식보다 현명하다고 생각한다. 멍거는 확실히 단순성의 손을 들어 준다.

단순성의 패러다임

단순성은 당신이 가야 할 곳에 도달하도록 도와줄 것이다. 올바르게 매수하고 이를 꼭 붙들고 있어라. 그리고 8개의 기본적인 투자 규칙들을 따르라. 복잡한 세상에서 단순성을 고수하라. 인덱스 투자가 자신 취향이 아니라 하더라도 이 규칙들은 견고한 장기 수익률을 추구할 때 상당한 이점을 제공할 것이다. 투자에 대한 나의 접근법은 개념은 단순하지만 이를 실행하기는 절대 쉽지 않다. 내가 위에서 말한 기준을 통과하는 펀드 수는 그리 많지 않음을 알게 될 것이다. 그런 펀드들이 더 많아져야 한다.

내가 제공한 8가지 규칙들은 인덱스 펀드가 현재 탁월한 지위를 차지하고 있고 개인 투자자들과 기관 투자자들 모두에게 받아들여지게 했던 바로 그 이점, 즉 단순성이라는 패러다임을 줄 수 있는 펀드 포트폴리오를 선택하도록 도와주기 위해 고안되었다. 이러한 유사성은 우연이 아니다. 그러니 전략을 고려할 때 저비용 인덱스 펀드를 무시할 수 없다.

투자의 가장 중요한 과제는 (투자자의 실제 수익률이 시장 수익률에 미치지 못하리라는 점이 거의 확실하기는 하지만) 시장 수익률을 최대로 취득하는 것임을 잊지 마라. 그러나 단순히 시장 수익률과 투자자의 실제 수익률을 비교하기만 하면 이 과제의 중요성이 상당히 과소평가된다. 복리 효과 때문에 시장에서 달성할 수 있는 자산 수준과 실제로 달성하는 자산의 격차가 급속히 커진다는 점을 기억하라. 예컨대 시장 연간 수익률의 90%를 실현할 경우(시장 수익률 10% 대 투자자의 실현 수익률 9%) 10년 후 투자자의 자산 증가는 시장 자산 증가의 86%에 불과하게 되고, 25년 후에는 76%에 지나지 않게 된다. 다시 말하지만 작은 차이라도 큰 의미가 있다.

인덱스 투자가 전세계를 지배하지는 않을 테지만 일부는 지배할 것이다. 그러나 인덱스 투자가 잘 통하는 이유는 대부분의 펀드들(이 펀드들은 과도한 비용을 부담하고, 과거의 성공적인 실적이 계속될 가능성이 희박함에도 과거 성적에 의

196

존해서 판촉활동을 하며, 단기성과에 초점을 맞추는 전략 하에서 관리된다)이 잘 통하지 않기 때문이다. 이러한 이유로 인덱스 펀드(인덱스 펀드는 정말로 잘 통한다)는 주식시장에서 버는 수익률을 최대로 많이 실현할 수 있는 최적의 수단임이 증명되었다. 그러나 인덱스 펀드가 유일한 방법은 아니다.

이 장에서 나는 수동적으로 관리되는 시장 인덱스 펀드의 가치와 적극적으로 관리되는 펀드를 단순하고 성공적으로 선택하는 기초를 제시하고자 했다. 어떤 길을 따르든지(다행스럽게도, 당신은 두 가지 길을 따를 수 있는 능력을 갖추고 있다) 당신은 투자 관점에서 '단순해지는 선물'과 우리를 습격하는 정보의 소음으로부터 '자유로워지는 선물'을 얻게 될 것이다. 나는 이러한 기본적인 기준을 따른다면, 장기 재무 계획을 실행함에 있어서 '가야 할 곳에 도달하는 선물'을 얻게 될 것이라고 확신한다.

10년 후	단순성에 관한 업데이트

격동의 10년이 흘렀어도 나의 메시지는 약간의 변경만 가하면 전과 동일하다. '가야 할 곳에 가는 것'은 '단순해지는 선물'의 가치에 대해 명확히 이해하고 상식을 실행하는 데 달려 있다.

---

1) Berkshire Hathaway Inc., Chairmas Letter, 1996.
2) *Ibid.*

펀드가 주식 개별 종목처럼 불가피하게 직면하는 성과의 좋고 나쁨에 따라
다른 펀드로 갈아타는 방식으로 선택하지 마라.
자산의 수탁자를 지정해서 평생 동안 관계를 맺을 때와 같은 수준으로
사려 깊게 고려해서 펀드를 선택하라.
이러한 접근법이 단순성의 핵심이다.
널리 분산 투자된 뮤추얼 펀드에 투자하는 계좌는
실상은 분산 투자된 신탁 펀드와 다를 바 없다.
펀드에 투자했다면 펀드 업계에 높은 수준의 수탁자 책임에 걸맞게 행동하는
뮤추얼 펀드를 제공하도록 요구하라.
당신은 그럴 자격이 있다.

PART 2

On Investment Choices
투자 대안

뮤추얼 펀드들은 현재 다양한 여러 투자 대안들을 제공하고 있다. 모든 대안들을 살펴보기에 앞서 5장에서는 소극적으로 관리되는 저비용 인덱스 펀드들의 실제 성과를 보여줄 것이다. 그러고 나서 6장에서 주식형 펀드들을 투자 지향점에 따라 가치주/성장주/혼성주로, 시가 총액에 따라 대형주/중형주/소형주로 나누는 투자 스타일을 살펴본다. 주식형 펀드의 수익률과 리스크의 변동성은 모든 유형의 펀드들을 비교할 때보다 유사한 스타일을 따르는 시장 지수들과 동료 그룹들을 비교할 때 현저하게 감소한다. 7장에서 논의할 다양한 스타일의 채권 펀드들의 수익률에서도 동일한 결론을 얻을 수 있다. 이 세 개의 장들은 때로는 매우 값비싼 적극적 관리의 효능에 대해서 문제를 제기하고 높은 뮤추얼 펀드 비용을 극복하기에 충분한 초과 수익을 올린 펀드 매니저는 거의 없다고 결론짓는다.

8장에서는 해외 주식 투자 전략의 이점에 대해 평가한다. 나는 미국의 투자자들이 해외에 투자할 필요가 있는지에 대해 회의적인 견해를 제시하지만 내 말에 설득되지 않는 사람들에게는 최적의 해외 투자 방법을 제안한다. 마지막으로 9장에서는 사전에 실적이 우수한 펀드를 찾으려 노력하는 것과 펀드를 활발하게 여기저기 옮기는 것이 소용없음을 설명한다. 여기서 나의 조사는 주요 학자들의 연구, 과거에 매우 우수한 수익률을 제공했던 펀드들의 실적, 펀드 선택을 추천하는 자문사의 실적, 그리고 뮤추얼 펀드를 선택한 전문적인 자문사들의 실제 투자 성과에 의존한다. 이들 각자의 분석은 우수한 성과라는 '성배'는 적극적으로 관리되는 펀드들을 선택하는 펀드 투자자들에 의해 발견될 가능성이 별로 없음을 시사한다. 오히려 이 성배는 상식적인 원칙들 안에서 발견될 것이다.

워런 버핏은 버크셔 헤서웨이 사의 1996년 연례 보고서에서 다음과 같이 말했다.
"기관 투자자나 개인 투자자를 막론하고
대부분의 투자자들은 최소한의 수수료를 요구하는
인덱스 펀드를 통하는 것이 주식을 소유하는 가장 좋은 방법임을 알게 될 것이다.
이 경로를 따르는 사람들은 틀림없이
대다수의 투자 전문가들이 가져다주는 순수익보다
높은 수익을 얻게 될 것이다."

Chapter 5

On Indexing
The triumph of experience over hope

인덱스 투자—희망에 대한 경험의 승리

아주 오래전인 1978년에 나는 최초의 인덱스 펀드인 뱅가드 인덱스 펀드의 세 번째 연례보고서에서 내가 말하려는 요점을 주장하기 위해 영국의 사전 편찬자 새뮤얼 존슨(Samuel Johnson)의 다음과 같은 말을 인용했다. "희망이 경험을 이겼다." 존슨 박사의 말은 두 번째 결혼한 남자에 대해 재치 있게 언급한 것이지만, 나는 《기관 투자자(Institutional Investor)》라는 잡지가 수행한 연기금의 매니저들에 대한 투표를 언급하기 위해 이를 뒤집어 표현했다. 이 잡지에 의하면 지난 10년 동안 자금 관리 전문가들 중 17%만 S&P 500 지수보다 높은 수익률을 올렸는데 그들 중 95%는 향후 10년 동안 S&P 500 지수를 앞지를 것으로 기대했다.

그 이후 우리는 그들의 기대와는 달리 '경험이 희망을 이겼다'는 사실을 목격했다. S&P 지수를 이기겠다는 기대는 무너졌다. 1978년 이전에 그토록 많은 전문적인 관리자들의 특징이 되었던 뼈저린 경험이 계속해서 반복되었다. S&P 500 지수는 그 이후 20년 동안 생존한 모든 주식형 뮤추얼 펀드 매니저들의 79%를 앞질렀다. 나는 1995년 초에 무모하게도 『인덱스 투자의 승리』(The Triumph of Indexing)라는 소책자를 출간했다. 여기에서 S&P 500 지수의 상대적 성과와 내가 오랫동안 기다려 왔던 투자 대중의 인덱스 펀드 수용 증가에 대해 묘사했다.

이 소책자의 발간은 시의 적절했던 것으로 판명되었다. 오히려 '승리'

라는 말조차 인덱스 펀드가 거둔 대성공을 표현하기에 역부족이었다. 투자 성과 측면에서는 대형주에 기운 S&P 500 지수보다 더 적극적으로 관리되는 모든 주식형 펀드들의 96%보다 나은 실적을 거뒀다. 보다 더 시장 전체를 대표하는 윌셔 5000 지수는 모든 주식형 펀드들의 86%를 앞질렀는데, 이 또한 대단한 성과였다. 수용 측면에서 인덱스 뮤추얼 펀드 자산은 300억 달러에서 2,000억 달러로 6배 넘게 증가했다.

1995년에 주식형 펀드 자산의 3%에 불과했던 인덱스 뮤추얼 펀드는 겨우 3년 만에 6.4%를 차지하게 되었다. 1998년에 인덱스 펀드에 500억 달러의 현금이 유입된 것으로 추정되는데 이는 전체 주식형 펀드 현금 유입액의 25%에 해당했다. 인덱스 펀드는 전체 뮤추얼 펀드 업계에서 가장 빨리 성장하는 부문이 되었다.

전형적인 투자자들에게는 인덱스 펀드가 영웅이 될 가능성이 별로 없다. 인덱스 펀드는 영리하고 재치 있고 기량이 뛰어난 펀드 매니저들이 가져다준다고 추정되는 혜택 없이 대개 최저 수준의 비용으로 관리되며 광범위하게 분산 투자된 포트폴리오일 뿐이다. 인덱스 펀드는 단순히 특정 지수의 가중치에 비례하여 해당 지수에 편입된 증권을 매입해서 보유한다. 이 개념은 뚜렷한 단순성이다.

그러나 1975년에 S&P 500 주가 지수에 근거한 최초의 인덱스 펀드가 만들어진 이후, 이 개념은 승리를 거두고 있다. 인덱스 펀드는 단순성의 정수(精髓)이기 때문에, 그리고 인덱스 펀드는 펀드 선택 프로세스에서 핵심적인 투자 대상이기 때문에(다른 모든 뮤추얼 펀드들의 실적이 최종적으로 인덱스 펀드의 실적과 비교해서 평가되어야 한다) 나는 이 책의 제2부를 인덱스 펀드에 대한 찬성과 반대 논의로 시작한다. 그러나 고백은 영혼에 좋으므로, 나는 25년 전에 최초로 인덱스 펀드를 시작한 인덱스 투자의 사도로 묘사되어 왔음을 시인한다. 현재 나는 인덱스 펀드를 처음 만들었던 때보다 이 개념에 대한 더 강력한 신봉자다.

출발은 늦었지만 이 개념은 투자자들로부터 꾸준히 수용되었을 뿐만 아니라 적극적으로 관리되는 전통적 뮤추얼 펀드 평가시 중요한 역할을 하게 되었다. 인덱스 펀드는 이제 투자 전략, 자산 배분, 펀드 선택에 관한 논쟁을 지배하는 기준이라고 할 수 있다. 내가 1975년에 최초로 실적을 살펴보았을 때 S&P 500 지수는 이전 25년 동안 적극적으로 관리되는 뮤추얼 펀드보다 약 연 1.6% 포인트를 앞섰다. 현재 수치를 업데이트하면 S&P 500 지수의 장기 실적은 적극적으로 관리되는 펀드들에 비해 연 1.3% 포인트의 우위를 보였으며, 지난 15년 동안은 그 차이가 연 4.0% 포인트로 벌어졌다. 〈표 5-1〉은 소극적으로 관리되는 지수와 적극적으로 관리되는 평균적인 주식형 펀드의 수익률을 다양한 기간에 걸쳐 보여준다.

〈표 5-1〉 S&P 500 지수와 주식형 뮤추얼 펀드 비교(1997년 12월 31일까지의 연 수익률)

기간(년)	S&P 500 지수(%)	평균적인 주식형 펀드(%)	지수의 우위(%)
50	13.1	11.8	1.3
40	12.3	11.5	0.8
30	12.5	10.8	1.7
25	14.3	13.9	0.4
20	17.4	15.6	1.8
15	17.2	13.2	4.0
10	18.6	15.2	3.4
5	23.1	18.1	5.0

10년 후 〈표 5-1〉 S&P 500 지수와 주식형 뮤추얼 펀드 비교
(2008년 12월 31일까지의 연 수익률)

기간(년)	S&P 500 지수(%)	평균적인 주식형 펀드(%)	지수의 우위(%)
50	9.2	8.0	1.2
40	9.0	7.6	1.4
30	11.0	9.3	1.7
25	9.8	7.7	2.1
20	8.4	6.6	1.8
15	6.5	4.8	1.6
10	−1.4	−0.9	−0.4
5	−2.2	−3.3	1.1

* 평균적인 주식형 펀드 수익률은 생존자 편향(survivor bias)과 판매 수수료를 감안한 0.6%의 차감을 포함하고 있다.

나는 지난 15년 동안 S&P 500 지수를 지배하는 대형주들이 중소형주 대비 큰 수익률 격차로 전반적인 시장을 주도했음을 인정한다. 나는 가까운 장래에 소형주들이 인기를 회복하면 가속화하고 있는 S&P 500 지수의 수익률 우위가 후퇴하거나 S&P 500 지수가 소형주들보다 수익률이 저조할 수도 있음을 강조하고자 한다. 그러나 이를 인정한다 해도 현재 이 지수의 수익률 우위는 여전히 인상적이며, 이러한 수익률 우위는 확실히 인덱스 펀드가 학계, 금융 매체, 똑똑한 많은 투자 자문, 투자 대중들로부터 강력한 지지를 받고 있는 토대가 되고 있다.

그러나 지난 10년 동안 인덱스 펀드가 보여준 참으로 이례적인 3.4% 포인트의 수익률 차이가 앞으로는 이어지지 않을 수도 있지만 인덱스 펀드의 미래는 밝다. 지난 10년 동안의 수익률 차이의 절반(연 1.7%)만 계속되더라도 자본 축적액에 큰 차이가 날 수 있다. S&P 500 지수의 연 수익률이 12.5%이고 평균적인 뮤추얼 펀드의 수익률이 10.8%라고 가정하자(이는 지난 30년간의 실제 수익률이다). 이러한 수익률이 앞으로 30년 동안 지속될 경우 1만 달러의 초기 투자액은 지수에서는 342,400달러이고 관리된 펀드에서는 216,900달러가 되어 125,000달러라는 엄청난 차이를 가져오게 된다. 이 차이는 확실히 인덱스 펀드의 승리가 계속됨을 나타낼 것이다. [그림 5-1]은 30년간 연 복리로 불어난 각각의 투자 결과를 제시한다.

이러한 차이가 미래에도 지속될 것인가는 단지 예상일 뿐이다. 그러나 이 차이의 대부분이 시장 지수는 비용이 들지 않는 반면 뮤추얼 펀드들은 무거운 비용을 부담한다는 단순한 사실에 의해 설명된다는 점은 예상이 아니라 엄연한 사실이다. 실제로 평균적인 주식형 뮤추얼 펀드가 부담하는 연간 비용은 1975년 이전 30년 동안에는 자산 대비 1.0% 또는 그보다 다소 높은 수준이던 것이 오늘날에는 최저 2.0%로 증가했기 때문에, 뮤추얼 펀드의 비용이 펀드 업계의 수익률 열세를 만들어 낸데 대한 주된 책임이 있으며, S&P 500 지수의 지배적인 편입 종목인 대형주들이 보인 최근의 우수한 성과는 말하자면 금상첨화 격이었다는 것이 확실해진다.

[그림 5-1] S&P 500 지수와 주식형 펀드에 1만 달러를 투자했을 때 30년 후의 차이*

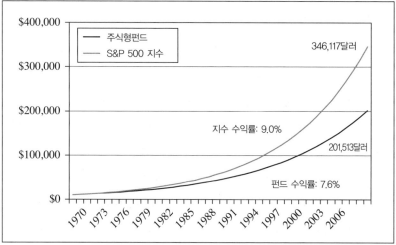

* S&P 500 지수와 평균적인 미국의 일반 주식형 펀드에 대해 1968~2008년까지 평균 수익률에 기초해 연 복리로 계산함.

특히 금융관련 언론들이 인덱스 투자를 찬양하기 시작했다. 1997년 초에 인덱스 펀드들은 《뉴욕 타임스》와 《월스트리트 저널》의 주요 1면 기사로 실렸다. 거의 동시에 《타임》과 《뉴스위크》는 인덱스 투자에 관한 이야기들을 실었다. 가장 열성적인 인정은 《머니》라는 경제지에서 나왔는데 1995년에 주필 타일러 마티슨(Tyler Mathisen)이 '보글이 승리하다: 인덱스 펀드는 오늘날 대부분의 포트폴리오들의 중추가 되어야 한다' 라는 제목의 머리기사를 썼다. 다마스커스로 가는 도중의 사울처럼 《머니》는 신의 출현을 경험했다.

사도라는 말의 사전상 정의('메신저, 특히 중요한 신념이나 체계의 최초의 옹호자')를 사용하자면 나는 인덱스 뮤추얼 펀드의 사도 자격이 있다고 생각한다. 나는 1951년에 프린스턴 대학교 학위 과정에서 뮤추얼 펀드에 대한 논문을 쓴 이래로 과연 펀드 매니저가 주식시장의 평균 수익률을 상회할 수 있는 능력이 있는지에 관해 의문을 가졌으며 시장 인덱스 펀드에 관한 작은 아이디어를 품게 되었다. 그리고 1975년에 뱅가드 인덱스 트러스트를 창설한 이후 나는 점점 더 열정과 소신을 가지고 인덱스 투자라는 복음을 설교하고 있다.

오랫동안 나의 설교에 귀 기울이는 사람이 없었다. 최초의 인덱스 뮤추얼 펀드의 역사를 간략히 회고해 보면 이 펀드는 S&P 500 지수의 성과와 더딘 자금 유입이라는 면에서 출발이 신통치 않았고, 일반 투자자들에게 너무도 서서히 받아들여지다가 1990년대 후반에 비로소 눈부신 성공을 거두었다. 인덱스 투자에 대한 오랜 비판은 이러한 배경에서 이해할 수 있을 것이다. 이 기록은 인덱스 투자의 이례적인 성공이 지속될 수 있는지에 대해 회의적인 비판자들에 의해 만들어진 주장들을 이해할 수 있도록 해줄 것이다. 인덱스 투자의 장점에 대해 좀 더 구체적으로 알아봄으로써 나는 인덱스 투자는 현명한 장기 투자자들에게 매우 강력한 전략임을 보여주기를 희망한다.

인덱스 선택

S&P의 500 종합 주가 지수는 미국 최대의 500개 회사를 포함한다. 1926년까지 거슬러 올라가는 이 지수는 각 기업의 시장 가치를 가중하여 이 지수에 포함된 주식들의 수익률을 측정한다. 1998년 현재 이들 주식의 가치는 9조 달러로서 미국 전체 주식 12.2조 달러의 75%를 차지하고 있다.

미국의 전체 주식시장은 윌셔 5000 지수에 의해 측정된다(현재 이 지수는 7,400개의 주식으로 구성되어 있지만, 지금도 윌셔 5000이라는 이름이 그대로 사용되고 있다). 1970년에 시작된 윌셔 5000 지수는 더 포괄적임에도 불구하고 짧은 역사로 인해 덜 알려져 있는데 S&P 500 지수에 포함된 대형 주식들 외에도 미국 주식시장을 구성하는 중소형 주식들도 포함한다.

대형주, 중형주, 소형주 범주에서 성장주와 가치주를 위한 주식시장 지수, 다양한 산업 부문을 위한 지수, 대부분의 국가들과 지역 시장을 위한 지수, 그리고 글로벌 시장 전체를 위한 지수들도 있다. 또한 미국과 전 세계의 채권시장 지수, 그리고 채권시장 내의 다양한 하위 부문들의 지수들도 있다.

결론적으로 시장성이 있는 어떤 금융 자산 범주에 대해서도 가격지수를 만들 수 있다. 설계자의 상상력에 따라서 어떠한 지수라도 선택할 수 있다. 그리고 지수가 있는 곳에는 인덱스 펀드가 있을 수 있다. 인덱스 펀드들은 현재 60개의 다양한 지수들을 추종하고 있는데, 대다수의 인덱스 뮤추얼 펀드 자산들은 S&P 500 지수에 연동되어 있다.

역사의 교훈

나는 오래전부터 역사를 아는 것이 중요하다고 믿어 왔다. 인덱스 펀드의 역사는 인덱스 펀드의 장점을 이해하는 좋은 출발점 역할을 한다. 나는 인덱스 투자 개념을 발명하지는 않았지만, 오랫동안 이 개념의 신봉자였다. 인덱스 펀드가 (역경을 넘어) 뮤추얼 펀드 세계의 실제가 되리라고 확신했다. 그것은 일리가 있었을 뿐만 아니라 저비용이 금융시장에서 실현할 수 있는 수익률을 얻는 데 있어서 (완벽하지는 않더라도) 어느 정도의 차이를 만들어 낸다는 나의 신념과 들어맞았다. 앞에서 언급한 것처럼 장기 투자자가 금융시장의 수익률을 모두 실현한다는 것은 결코 만만한 목표가 아니다.

인덱스 투자 개념의 선구자는 웰스 파고 은행의 윌리엄 파우스(Willam Fouse)와 존 맥쿠운(John McQuown)이었다. 1969년~1971년까지 그들은 학계의 모델에서 인덱스 투자로 발전된 원칙과 기법을 연구했다. 그들의 노력은 600만 달러의 샘소나이트 사(Samsonite Corporation) 연금 계좌 설정으로 이어졌는데 이 계좌는 뉴욕 증권거래소에 상장된 모든 주식에 대해 동일한 가중치를 두는 전략을 사용했다. 파우즈는 이 계좌의 집행을 '악몽'이라고 묘사했다. 이 전략은 1976년에 중단되었고, S&P 500 종합 지수를 사용한 시가 가중 전략으로 대체되었다. 웰스 파고 은행에 의해서 운용된 최초의 계좌들은 자사의 연금 펀드와 일리노이 벨 전화 회사의 연금 펀드 구성 요소들이었다.

1971년에 보스턴의 배터리마치 파이낸셜 매니지먼트는 인덱스 투자라는 아이디어를 독자적으로 추구하기로 했다. 개발자들은 이 회사의 설립자들인 제러미 그랜덤(Jeremy Grantham)과 딘 르바른(Dean LeBaron)이었다. 그랜덤은 1971년 하버드 경영대학원의 세미나에서 이 아이디어를 설명했지만 1973년까지는 아무도 이를 수용하지 않았다. 이러한 노력에 대해 배터리마치는 1972년에 《펜션 앤 인베스트먼트(Pension & Investment)》라는 잡지에서 수여하는 모호한 업적 상(Dubious Achievement Award)을 수상했다. 2년 후인 1974년 12월에 그들은 마침내 최초의 인덱스 고객을 유치했다.

1974년에 시카고의 아메리칸 내셔널 은행은 S&P 500 지수를 모델로 공동 신탁 펀드를 개설했다. 최소 투자 단위는 10만 달러였다. 그 즈음에 이 아이디어가 학계와 이를 신봉한 최초의 금융 기관이었던 위의 세 회사에서 일반 대중으로 퍼지기 시작했다. 점차 언론기관에서도 인덱스 투자에 대해 언급하기 시작했다. 인덱스 펀드를 만들라는 요청은 매우 영리하고 멀리 내다보는 안목이 있는 세 사람에게서 나왔다. 나는 거의 25년 전에 내게 영감을 주었고, 지금도 읽고 있는 그들의 기사들을 잘 간직하고 있다.

'판단에 대한 도전'

첫 번째 기사는 MIT대 파이낸스 교수이자 노벨 경제학상 수상자인 새뮤얼슨이 쓴 '판단에 대한 도전'이었다. 《저널 오브 포트폴리오 매니지먼트》 1974년 가을 호에서 그는 "최소한 일부의 재단들이라도 (이에 비추어서 그들의 내부 자금 운용자들의 역량을 측정할 단순한 모델을 만든다는 목적만으로라도) S&P 500 지수를 추종하는 자체 포트폴리오를 구성하라고 간청했다. 아마도 대학은퇴 주식기금(CREF: College Retirement Equities Fund)은 관리되지 않는 분산 투자된 펀드를 시험 삼아 운용할 수도 있겠지만 나는 그들이 그럴 거라고는 생각하지 않는다. (또는) 미국 경제 학회(American Economic Association)라면 회원들을 위해 판매 수수료와 관리 수수료가 없고, 사실상 거래-회전이 없는 펀드 설정을 고려할 수도 있을 것이다." 그러나 그는 극복할 수 없는 어려움일 수도 있는 다음과 같은 문제를 지적했다. "2만 명의 지압사들이라면 모를까 2만 명의 경제학자들 중에서는 (펀드에 자금을 공급할) 여분의 자금이 없을 수도 있다."

새뮤얼슨 박사는 이 글을 마무리하면서 소극적인 인덱스가 대부분의 적극적인 매니저들보다 높은 성과를 낸다는 사실에 동의하지 않는 사람들에게 "(공개된 자료들에 접근할 수 있는 학자들은 일관성 있게 뛰어난 실적을 내는 관리자를 찾기가 사실상 불가능하다는) 이 불편한 진실을 폐기하려면, 이에 반하는 증거가 있을 때에만 그렇게 하라"고 촉구했다. 지금까지 그러한 증거를 산출하려고 시도한 사람이 있었다는 기록은 없으며, 그런 증거가 나올 것 같지도 않다. 그러나 새뮤얼슨 박사는 누군가, 어디에선가 인덱스 펀드를 시작하라는 암묵적인 도전을 제기하였다.

'패자의 게임'

1년 후에 그리니치 어쏘시에이츠(Greenwich Associates)의 매니징 파트너 찰스 엘리스(Charles D. Ellis)는 《파이낸셜 애널리스트 저널》 1975년 7/8월 호에 '패자의 게임'이라는 제목의 중요한 기사를 썼다. 엘리스는 "투자 관리 비즈니스는 전문 매니저들이 시장을 이길 수 있다는 단순하고 기본적인 믿음에 기초하고 있다. 그 가정은 틀린 것 같다"라며 도발적이고 대담하게 말했다. 그는 지난 10년 동안 85%의 기관 투자자들의 수익률이 S&P 500 지수의 수익률보다 저조했는데, 이는 주로 기관 투자자들이 그들의 업계에서 지배적인 세력이 되었으며 앞으로도 그런 상태를 유지하게 될 환경 속에서 매니저들이 벌어들인 수익의 20%를 비용으로 소모해서 "자금 관리가 승자의 게임에서 패자의 게임으로 바뀌게 했기 때문"이라고 지적했다. "최종 결과는 누가 이길 수 있느냐에 의해서가 아니라 누가 가장 적게 잃을 수 있느냐에 의해 결정된다"라는 것이다. 그는 이어서 "잭팟을 터뜨릴 때마다 20%를 가져가는 도박장에서 하는 도박은 확실히 패자의 게임이다. 따라서 자금 관리는 패자의 게임이 되었다"라고 말했다.

엘리스는 인덱스 펀드를 창설하라고 요구하지는 않았지만, 다음과 같은 질문을 했다. "지수는 반드시 수동적인 인덱스 포트폴리오로 이끄는가?" 그는 이렇게 답했다. "아니다. 반드시 그 방향으로 갈 필요는 없다. 절대 그렇지 않다. 그러나 만일 시장을 이길 수 없다면, 확실히 시장 합류를 고려해 봐야 한다. 인덱스 펀드는 그렇게 하는 하나의 방법이다." 물론 실제 세계에서는 비용을 제하고서도 인덱스 수익률을 일관되게 능가하기는 고사하고 인덱스 수익률에 필적할 만큼 충분한 수익을 내는 매니저들은 극소수에 지나지 않는다. 그리고 이러한 극소수의 매니저들조차 사전에 식별하기란 매우 어렵다.

운이 밀물로 바뀌다

"인간사에는 밀물과 썰물이 있는데 밀물을 타면 행운으로 이어진다." 셰익스피어는 브루터스의 입을 빌려 이렇게 이야기했다. 역설적이게도 인덱스 펀드 업계에서는 어떤 의미에서는 운이 투자의 흐름을 인덱스 펀드로 향하게 하는 데 도움이 되었다. 1975년 7월에 《포춘》은 세 번째 획기적인 기사를 실었다. 부 편집자 에바(A.E. Ehrbar)가 '일부 뮤추얼 펀드는 일리가 있다' 라는 글을 썼다. 에바는 지금은 당연하게 받아들여지지만, 그 당시에는 공감을 얻기 힘들었던 몇 가지 결론에 도달했다. "펀드들이 일관성 있게 시장 수익률을 상회할 수는 없지만 그들은 과도한 리서치(즉, 관리 수수료)와 트레이딩 비용을 만들어냄으로써 일관성 있게 시장 수익률을 하회할 수 있다. 확실히 뮤추얼 펀드를 사려는 사람들은 의사결정을 내리기 전에 비용을 고려해야 한다."

또한 "최근에 이렇다 할 발전이 없었고 뮤추얼 펀드 업계는 아직 인덱스 펀드를 제공하지 않고 있다"라고 언급하며 인덱스 뮤추얼 펀드가 조만간에 만들어진다는 데에 회의를 표명했다. 그러나 에바는 뮤추얼 펀드 투자자들에게 '경비율과 관리 수수료가 적고 판매 보수를 받지 않고 시장 전체와 같은 정도의 리스크를 부담하면서 언제나 모든 자산을 투자하는 정책을 가지고 있는 펀드'를 최선의 대안으로 제시했다. 에바는 자신이 곧 형성될 최초의 인덱스 뮤추얼 펀드를 상당히 정확하게 묘사했음을 깨닫지 못했을 것이다.

기회는 발명의 어머니

인덱스 뮤추얼 펀드를 촉구하는 이러한 호소들은 저항할 수 없었다. 나는 더 이상 인덱스 펀드 개발 기회에 대한 나의 열정을 뱅가드 안에 가둬둘 수 없었다. 학계에서는 잘 알려져 있었지만 투자 업계에는 잘 알려져 있지 않았던 과거 펀드 성과에 관한 리서치에 근거해서, 나는 인덱스 펀드가 잘 될 것이라고 확신했다. 더구나 내가

1974년에 설립한 회사는 비용이 들지 않는 지수를 본뜨는 인덱스 펀드를 보유하는 데 핵심인 저비용 펀드에 중점을 두었다. 이 기사로 발표된 기초적인 이론이 현실화되고 실제 세계에서 통할 수 있음을 증명한다는 것은 일생일대의 기회였다. 하지만 일반 투자자들의 수요는 없었다. 그래서 나는 (프랑스 경제학자 장 뱁티스트 세이(Jean Baptiste Say)의 이름을 딴 세이의 법칙(Say's Law)인) '공급은 스스로 수요를 창출한다'를 믿기로 했다. 1975년이 다 가기 전에, 뱅가드는 S&P 500 종합 주가 지수를 본떠 최초의 인덱스 뮤추얼 펀드를 만들었다.

10년 후   인덱스 투자의 승리

내가 10년 전에 '인덱스 투자의 승리'라고 묘사한 것을 인정하는 투자자들이나 금융시장 내부자들은 별로 없었다. 그러나 10년이 넘는 기간 동안 발생한 사건들을 겪고 난 뒤에는 좋든 싫든, 인덱스 펀드 투자가 승리했다는 사실에 동의하지 않을 수 없을 것이다. 초판에서 나는 당시 총자산 2천억 달러이던 인덱스 뮤추얼 펀드가 1995년에는 주식형 펀드의 3%였는데 1998년에는 6.4%로 성장했음을 지적했다. 2009년 중반에는 인덱스 펀드 자산은 4,600억 달러로 치솟아 주식형 펀드 자산의 11%를 점했다. 인덱스 펀드에 대한 현금 유입은 훨씬 더 강력했다. 지난 2년간 투자자들은 적극적으로 관리되는 펀드에서 2,810억 달러를 인출했지만, 인덱스 펀드 보유에는 500억 달러를 추가했다.

S&P 500 지수가 실현한 수익률도 일관성 있게 주식형 펀드 수익률보다 우수했다. 모닝스타의 최근 데이터에 의하면 S&P 500을 추종하는 저비용 인덱스 펀드는 과거 8개 연도 중 6개 연도에서 대부분의 대형주 펀드들보다 실적이 좋았음을 보여준다. 실적이 뒤졌던

2개 연도에서도 적극적으로 관리되는 펀드의 49%와 40%보다 실적이 좋았는데, 이 '패배' 기록조차 적극적으로 관리되는 많은 펀드 매니저들의 부러움의 대상이 되었을 것이다.

본 개정 증보판의 [그림 5-1]은 초판보다 두드러지지는 않지만, 1.4% 포인트의 50년 수익률 우위는 내가 뱅가드 이사들에게 세계 최초의 인덱스 펀드를 만들자고 제안하기 위해 준비하면서 1946년~1975년의 30년간의 실적을 비교했을 때 S&P 500 지수가 보였던 1.3% 포인트의 우위와 거의 같다.

[그림 5-1]을 2008년까지의 자료를 사용해 업데이트하면 S&P 500 지수의 상대적 실적은 초판과 매우 흡사하다. 어둠의 10년이 끝나고 난 직후에 최초 투자금 1만 달러는 최종적으로 346,117달러가 되었다. 이는 1999년 판에 보고된 342,400달러보다 약간 높은 수치다. 이에 반해 평균적인 주식형 펀드의 누적 수익은 216,900달러에서 201,513달러로 감소했다. 인덱스 펀드를 보유함으로써 144,604달러(최초 투자금의 14배)의 가치를 향상한 것은 승리라는 용어 사용을 완전히 (그보다 훨씬 더!) 정당화하는 듯하다.

인덱스 펀드 투자는 장기 전략이다

최근에 인덱스 펀드가 거둔 성공은 부분적으로는 시장 자체의 시가 총액 대부분을 차지하는 대형 우량주 위주로 다양하게 분산된 포트폴리오를 매우 저렴한 비용으로 취득하여 보유하는 것이 영리한 장기 전략일 뿐 아니라 매우 생산적인 전략이라는 인식에 기초했다. 또한 이러한 성공은 지난 5년간 S&P 500 지수의 괄목할 만한 성과에 의해서 창출되기도 했는데 이 기간 동안 S&P 500 지수 수익률과 평균적인 미국의 뮤추얼 펀드 수익률의 격차는 사상 최고에 달했다.

그러나 현명한 투자자들에게 인덱스 펀드를 추천하는 이유는 인덱스 펀드의 장기적인 장점(광범위한 분산 투자, 시장을 구성하는 주식들에 필적하는 가중치, 최소한의 포트폴리오 회전, 저비용)에 있다. 가장 현명한 투자자라고 할 수 있는 워런 버핏이 버크셔 헤서웨이 사의 1996년 연례 보고서에 표명한 다음과 같은 말을 고려해 보라.

"기관 투자자나 개인 투자자를 막론하고 대부분의 투자자들은 최소한의 수수료를 요구하는 인덱스 펀드를 통하는 것이 주식을 소유하는 가장 좋은 방법임을 알게 될 것이다. 이 경로를 따르는 사람들은 틀림없이 대다수의 투자 전문가들이 가져다주는 (수수료와 비용을 차감하고 난 뒤의) 순수익보다 높은 수익을 얻게 될 것이다."

향후 시장 상황이 어떻게 변하든 인덱스 펀드의 장점 때문에 이 전략을 선택한 장기 투자자들은 실망할 가능성이 낮다. 반면에 단지 최근에 S&P 500 지수가 보여준 높은 수익률이 미래에도 지속될 것이라고 기대하고 인덱스 전략을 선택한 단기 투자자들은 자신의 선택을 후회할 가능성이 있다. 과거의 기록을 보면 S&P 500 지수가 평균적인 뮤추얼 펀드보다 상당히 낮은 수익을 올렸던 기간이 있었음을 알 수 있다. [그림 5-2]는 1963년 이후 각각의 연도에 S&P 500 지수보다 수익률이 낮았던 뮤추얼 펀드의 비율을 보여준다.

인덱스의 전반적인 성공에도 불구하고 [그림 5-2]에서 보여주는 것처럼 세 번의 기간(1965년~1968년, 1977년~1980년, 1991년~1993년) 동안은 지수의 성과가 뒤졌다. 그 이유는 무엇이었는가? 첫 번째 기간은 '묻지마' 투자 기간이 포함되었는데 이때에는 극도로 위험한 소형주가 이례적으로 높은 수익률을 보였으며, 뮤추얼 펀드 업계는 다수의 매우 공격적인 '묻지마' 펀드를 만들어서 이에 대응하였다. 이 기간 동안 뮤추얼 펀드 업계의 보수적인 특성이 변해서 펀드들은 자신의 특성과 달리 높은 리스크를 받아들였고 S&P 500 지수의 보다 온건한 단기 수익률은 적절하지 않은 것으로 보였다. 뮤추얼 펀드 매니저들이 손쉽게 시장의 수익률을 상회할 수 있다는 인식이 커졌다. 그러나 1968년도에 '묻지마' 거품이 터지자 새로 생겨난 펀드들이 붕괴되었고, 평균적인 펀드들의 실적이 저조해졌으며, 1969년에서 1976년까지 S&P 500 지수는 큰 폭의 우위를 회복했다.

[그림 5-2] 1963~2008년까지 S&P 500 지수 수익률보다 뒤진 일반 주식형 펀드 비율

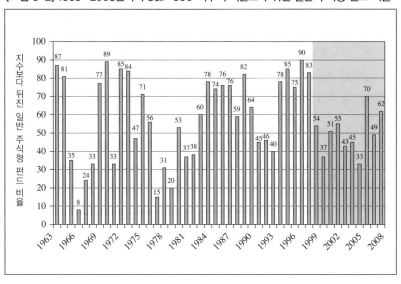

두 번째 궤도 이탈은 그 직후에 발생했다. 1977년~1980년에 주식시장이 1973년과 1974년의 하락에서 벗어나 계속 상승하자(고점은 저점 대비 50% 상승했음) 소형주들이 다시 전면에 나섰다. 그리고 당시 S&P 500 지수에서는 높은 비중을 차지했으나 고도로 분산 투자된 뮤추얼 펀드들에서는 비중이 훨씬 낮았던 대형주들의 실적이 특히 저조했다(IBM 7.2%, AT&T 6.4%, GM 2.6%). 이 3종목의 평균 4년 누적 수익률은 7%였던 반면, S&P 500 지수에 편입된 다른 주식들의 수익률은 69%였다(지수 전체의 누적 수익

률은 55%였다). 묻지마 투자 시대의 여파 가운데에서 상황은 정상으로 복귀했고 지수는 그 이후 8년 동안 우위를 유지했다.

그 후 S&P 500 지수가 뮤추얼 펀드에 비해 낮은 수익률을 기록했던 가장 최근의 시기가 찾아왔다. 주된 이유는 기본적인 것이었다. 1991년 ~1993년 사이에 소형주와 중형주가 대형주보다 수익률이 높았다. S&P 500 지수는 이 기간 동안 연 15.6%라는 양호한 실적을 거두었지만, 시장의 나머지 주식들은 연 22.5% 상승했다.* 그 결과 S&P 500 지수는 적극적으로 관리되는 모든 펀드들의 (절반이 안 되는, 그러나 절반에서 그리 많이 차이가 나지는 않는) 44%만을 앞섰다(그렇지만 실상 수익률 차이는 그리 크지 않았다. 전체 시장 윌셔 5000 주가 지수 수익률은 17.7%로 주식형 펀드들의 53%보다 높은 수익률을 기록했다). 그러나 이 시기 이후 S&P 500 지수는 곧바로 사상 최대의 수익률 우위를 보였다. 1994년~1998년 사이에 S&P 500 지수는 4년 연속 적극적으로 관리되는 펀드의 75%에서 90%를 앞질렀다.

이러한 수익률 우위가 계속 이어졌으니 대형주가 주도하는 S&P 500 지수가 숨고르기를 한다 해도 놀랄 일이 아닐 것이다. S&P 500 지수는 여전히 GE(지수 시가 총액의 3.1%를 차지함), MS(2.4%), 코카콜라(2.2%), 엑손(2%), 머크(Merck; 1.6%) 등과 같은 다국적 기업들에 의해 주도된다. 그러나 S&P 500 지수는 예전보다 집중도가 줄어들었다. 현재 이 지수 편입 종목 중 시가 총액 상위 5개 업체의 비중은 11%인데 이는 20년 전 상위 5개 업체 비중 22%의 절반에 지나지 않는다. 20년 전의 상위 5대 업체들은 흥미롭게도 현재 S&P 500 지수의 8%만을 차지한다. 이 종목들의 중요성 축소는 인덱스 투자의 효력이 이러한 잠재적인 방해 요소들을 극복했음을 의미한다. 새롭게 성장하는 기업들이 부진한 기업들의 자리를 매

---

* 시장의 나머지는 전체 시장 윌셔 5000 주가 지수에서 S&P 500 지수에 편입된 종목을 제외한 모든 주식들을 포함하는 윌셔 4500 주가 지수로 측정한다.

워서 지수가 장기 실적 우위를 유지할 수 있게 해주었다.

시간이 지남에 따라 시기도 변하고 상황도 변한다. 그리고 널리 칭송을 받는 S&P 500 지수의 성공에 기초를 둔 인덱스 투자 전략에 대한 믿음도 향후 때때로 시험을 받을 것이다. 그러나 장기 전략으로서 인덱스 투자는 여전히 설득력이 있다.

10년 후	장기 전략으로서의 인덱스 투자

1994년부터 1998년까지 5년 동안 이례적으로 우수한 성과를 보인 뒤에(당시 S&P 500 지수는 해마다 적극적으로 운용되는 주식형 펀드의 75%에서 90%보다 실적이 좋았다) 나는 "대형주 중심의 S&P 500 지수가 숨 고르기에 들어간다 해도 그다지 놀랄 일이 아니다"라고 제안했다. 그리고 S&P 500 지수는 실제로 숨을 골랐다. 그럼에도 이 지수는 그 후 10년 동안 5개 연도에서 최소한 주식형 펀드의 50%보다 실적이 좋았으며, 2개 연도에서는 주식형 펀드의 60%보다 실적이 좋았다. 인덱스 펀드 투자는 여전히 좋은 장기 전략이다.

S&P 500 지수는 시장이 아니다

인덱스 펀드는 흔히 인덱스 펀드의 특수 형태인 S&P 500 지수를 모델로 한 펀드와 같은 말로 사용된다. 최초의 인덱스 뮤추얼 펀드는 정확히 그러한 형태로 만들어졌는데 이는 S&P 500 지수에 다음과 같은 특성이 있기 때문이다. (1) 기관 투자자들이 자신의 상대적 성과와 포트폴리오 매니저들의 실적을 평가하는 기준으로 가장 널리 사용되고 있었다(그 당시 뮤추얼 펀드들은 일반적으로 투자자들에게 비교 기준을 제공하지 않았다). (2) 가장 잘 알려진 두 개의 지수 가운데 구조적으로 더 건전하게 만들어진 지수였다(S&P 500 지수는 시가 총액 가중 방식으로 계산되지만, 다우존스 산업 평균 지수는 오직 30개 종목의 주식 한 주의 가격 가중방식에 의해서 계산한다). (3) 25년 전에는 전체 시장의 90%를 대표했고 현재는 전체 시장의 75%를 대표하고 있어서 시장 전체에 대한 견고한 대용물이었다. 두 번째 인덱스 뮤추얼 펀드는 10년 후에 등장했는데 이 역시 S&P 500 지수에 근거하여 만들어졌고 이후 만들어진 인덱스 펀드의 대다수도 이 지수를 따랐다.

그러나 S&P 500 지수에 편입된 대형주들에 의해 대표되는 시장의 75%는 시장 자체가 아니다. 이 지수에는 소형주와 중형주(이들은 대개 가격 변동성도 높다)들은 제외되어 있다. 그럼에도 인덱스 투자의 핵심 이론은 시장의 모든 주식을 보유하는 데에 근거한다. 이론상으로는, 미국의 모든 상장회사들로 구성된 윌셔 5000 지수가 기본적인 인덱스 뮤추얼 펀드의 더 나은 기준이다.

S&P 500 지수에 편입된 대형주들이 1982년에 시작된 장기 강세장을 이끌었는데 최초의 S&P 500 지수 인덱스 펀드는 특히 성과가 좋았으며, 실용주의가 신조를 이겼다. 그러나 전체 시장을 대표하는 인덱스 펀드가 서서히 등장하기 시작했다. 뱅가드는 윌셔 5000 주가 지수 기반의 인덱스 펀드를 만든 소수의 회사들 중 최초의 회사였다. 그러나 S&P 500 지수는 여전히 대부분의 뮤추얼 펀드와 연기금 계좌에서 주된 측정 기준으로 남아 있다.

어떤 지수가 선택되느냐가 중요한가? 장기적으로는 그렇지 않다. 윌셔 5000 주가 지수가 구성된 1970년 이후, 두 지수의 총수익률은 참으로 절묘하게도 연 13.7%로 같았다. 따라서 윌셔 4500 주가 지수로 측정할 때 시장의 25%를 차지하는 중소형주들의 수익률도 연평균 13.7%였다. 기간에 의존하는 비교는 의심스러울 수밖에 없지만, 1970년에서 1998년까지가 두 지수의 수익률을 비교할 수 있는 최장 기간이다. 수익률이 정확히 일치한다는 것은 다소 과장일 수도 있지만 나는 투자 특성이 다른 주식들의 30년간의 수익률들이 아주 가깝게 수렴한다는 사실을 관찰할 때 뭔가 중요한 것을 배울 수 있다고 확신한다.

그러나 단기적으로는 지수 선택이 중요하다. 두 지수들의 수익률 차이는 해마다 다르다. S&P 500 지수보다 수익률이 낮았던 미국의 모든 유형의 분산 투자된 주식형 뮤추얼 펀드의 비율을 보여주는 비교 자료를 보면 S&P 500 지수의 최근의 우위는 이 지수의 내재적인 강점을 과장하고 있으며, 1976년부터 1979년까지의 S&P 500 지수 수익률 열위는 이 지수의 약점을 과장하고 있다.

예를 들어 1976년부터 1979년 사이에, S&P 500 지수는 모든 주식형 펀드의 22%보다 우위를 보였지만 윌셔 5000 지수는 44%보다 우위를 보였다. 반면에 1995년부터 1998년 사이의 S&P 500 지수는 모든 펀드들의 82%보다 우위를 보인 반면, 윌셔 5000 지수는 겨우(이 단어가 정확한 단어라면 말이다) 72%만을 앞질렀다. [그림 5–3]은 지난 28년 동안 두 지수들의 상대적인 실적을 비교한다.

[그림 5–3] 시장 지수들보다 낮은 성과를 낸 일반 주식형 펀드 비율

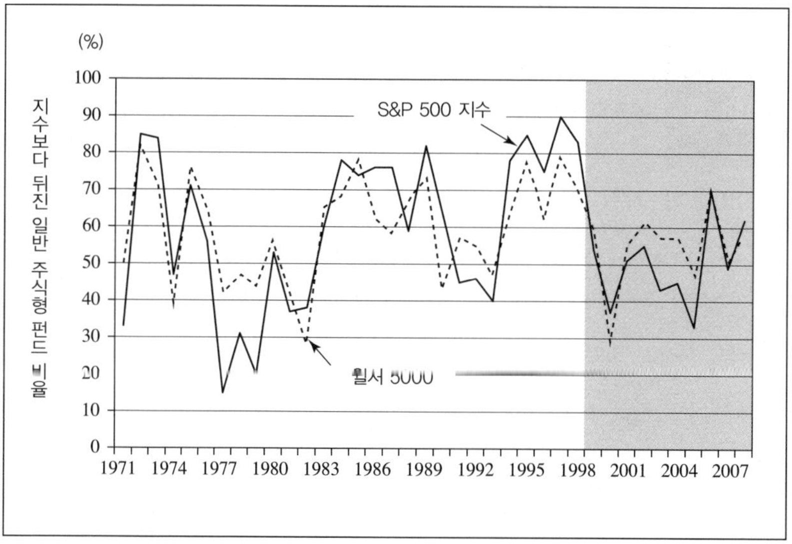

이에 비추어 뮤추얼 펀드의 수익률을 측정할 완벽한 기준을 찾는 것은 어렵다. 미국 주식형 펀드들의 총자산은 대형주, 중형주, 소형주들의 주식시장 가치와 유사한 비율로 투자되지만, 주식형 펀드의 수는 중소형주 쪽으로 치우쳐 있다. [그림 5-4]는 이 비교를 보여준다.

구체적으로는 모든 주식들의 시가 총액의 75%를 대형주들이 차지하고 있고, 15%를 중형주들이, 10%를 소형주들이 차지하고 있다. 주식형 펀드의 자산 배분은 이와 거의 동일하다. 그러나 펀드 수에서는 현재 대형주 52%, 중형주 26%, 소형주 22%로 나누어져 있어서 변동성이 높은 펀드들에 더 높은 가중치가 부여되고 있다. 그러나 애널리스트들은 실적이 S&P 500 지수를 밑돈 펀드 비율을 계산할 때 펀드 수를 기준으로 한다. 따라서 대형주들이 시장 전체의 수익률보다 앞서거나 뒤쳐짐에 따라 연 수익률에 상당한 차이가 생길 것이다. 대형주들의 수익률이 시장 수익률보다 높을 때에는 S&P 500 지수의 성공이 과장될 것이고, 대형주가 뒤처진다면 S&P 500 지수의 실패가 과장될 것이다. 그러나 장기적으로는 이러한 차이가 문제되지 않았다. 단순한 비교 결과는 잘 알지 못하는 투자자들을 잘못 인도할 수 있음을 기억하라.

10년 후 | **S&P 500 지수는 시장이 아니다**

10년이 넘는 시간이 흘렀지만 주식형 펀드의 포트폴리오 구성은 [그림 5-4]에서 보듯이 이 책의 초판과 그다지 변하지 않았으며, 펀드 수에서는 전체 주식시장을 반영하지 않을지라도 총자산 구성면에서는 주식시장을 반영하고 있다. 이상하게도 1998년부터는 S&P 500 지수 수익률은 -0.2%였고, 윌셔 5000 지수 수익률은 0.5%로 S&P 500 지수의 연간 수익률이 윌셔 5000 지수 수익률과 거의 같았다(중간에 1%에서 2%의 그다지 크지 않은 차이가 있었음은 물론이다). 나는 전에 다음과

[그림 5-4] 지수 대비 주식형 펀드 구성*

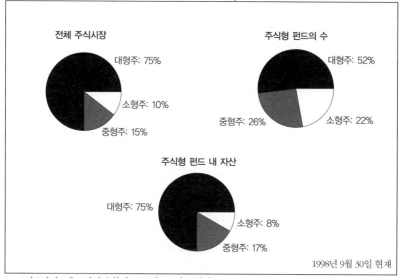

전체 주식시장

대형주: 75%
소형주: 10%
중형주: 15%

주식형 펀드의 수

대형주: 52%
중형주: 26%
소형주: 22%

주식형 펀드 내 자산

대형주: 75%
소형주: 8%
중형주: 17%

1998년 9월 30일 현재

* 모닝스타의 9개 스타일 유형에 드는 펀드들만 포함함.

10년 후 [그림 5-4] 지수 대비 주식형 펀드 구성*

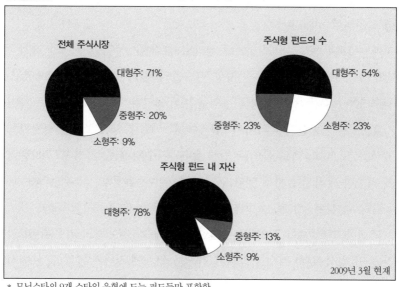

전체 주식시장

대형주: 71%
중형주: 20%
소형주: 9%

주식형 펀드의 수

대형주: 54%
중형주: 23%
소형주: 23%

주식형 펀드 내 자산

대형주: 78%
중형주: 13%
소형주: 9%

2009년 3월 현재

* 모닝스타의 9개 스타일 유형에 드는 펀드들만 포함함.

같이 질문했었다. "어떤 지수를 선택하는지가 중요한가?" 그때 내가
"장기적으로는 그렇지 않다"라고 한 대답은 확실히 잘 들어맞았다.

인덱스 투자는 주로 비용 때문에 이긴다

주식시장의 시가 총액(대형주가 75%를 차지)과 주식형 펀드 수(대형주 펀드가
50%를 차지) 사이의 차이에 비추어 볼 때 어떻게 해야 공정한 비교의 토대
에 도달할 수 있는가? 한 가지 간단하고 기초적인 방식은 윌셔 5000 주
가 지수를 전체 시장과 유사한 포트폴리오 구성을 가진 펀드들과 비교하
는 것이다.* 대형주를 강조하는 뮤추얼 펀드들은 이러한 기준을 충족한
다는 사실이 밝혀져 있다. 이들의 성과는 소형주 펀드들과 공격적인 성
장주 펀드들을 제외한 모든 분산 투자된 성장주 펀드와 성장-수익형 펀
드들을 결합함으로써 근사치를 구할 수 있다. 그 결과는 대형주들을 강
조하면서도 다른 주식들을 제외하지 않는 펀드와 마찬가지로 대형주를
강조하지만 다른 주식들을 제외하지 않는 지수의 실적과 유사하다고 말
해도 무방할 것이다.

지난 15년 동안 내가 (성장-안정형 펀드라기보다는) 성장주 펀드와 가치주
펀드라 부르는 이들 대형주 지향 펀드들의 평균 수익률은 14.1%였고,
윌셔 5000 주가 지수의 평균 수익률은 16%였다. 이 1.9% 포인트 차이
가 같은 기간 동안 누적되어서 1만 달러의 시초 투자금이 평균적인 펀드
에서는 72,600달러로 불어나 윌셔 5000 지수의 최종 가치 92,700달러
에 약 2만 달러 미달하게 된다. (이 기간 동안에 보다 더 엄격한 기준이던 S&P 500
지수의 수익률은 평균 17.2%였고, 최종 가치는 107,800달러였다.)

15년 동안 생존한 200개의 성장주 펀드와 가치주 펀드 가운데 이 기
간 동안 윌셔 5000 지수를 앞지른 펀드는 33개에 지나지 않았고, 나머지

---

* 각각의 초대형주, 대형주, 중형주, 소형주 비중은 다음과 같다: 윌셔 5000 지수: 48, 28, 15.9; 대
  형주 뮤추얼 펀드: 47, 35, 16.2.

167개 펀드는 지수 수익률에 미치지 못했다. 따라서 펀드가 지수를 앞지를 승산은 6분의 1이라고 말할 수 있다. 좀 더 흥미롭고 내가 생각하기에 더 중요한 것은 평균을 중심으로 한 펀드들의 수익률 변동성이다. [그림 5-5]에서 볼 수 있는 것처럼 펀드들의 수익률을 윌셔 5000 지수를 중심으로 배열하면, 수익률 차이의 중요성을 알 수 있다.

우리의 생각을 조정해서 지수의 수익률을 중심으로 상하 1% 포인트 미만의 차이는 단지 통계적 잡음이라는 데 동의할 경우 승산은 달라진다. 15개 펀드가 지수를 1% 포인트 이상 앞서게 되고 125개 펀드가 지수보다 1% 포인트 이상 뒤지게 된다. 펀드가 지수 대비 이처럼 소박한 수준의 성과를 보일 승산은 13분의 1로 2배 이상 낮아진다. 오차 범위를 펀드가 장기적으로 지수 대비 수익률 우위를 보이기 어려운 수준으로 밝혀진 3% 포인트로 확대할 경우 오직 1개 펀드만 지수를 앞질렀고, 43개 펀드가 지수보다 낮은 수익률을 보였다. 특정 펀드가 지수보다 3% 포인트 이상 높은 수익률을 올릴 수 있는 승산은 200분의 1이다. 이러한 승산은 미래에 큰 승자가 될 펀드를 찾는다는 것이 얼마나 큰 도전 과제인지에 대해 어느 정도 감을 잡을 수 있게 해줄 것이다(이 도전에 대해서는 9장에서 보다 자세히 살펴볼 것이다).

또 다른 중요한 교훈도 얻을 수 있다. 뮤추얼 펀드의 수익률이 뒤지는 주된 이유는 무거운 펀드 비용 부담 때문이다. 위에서 보여준 윌셔 5000 주가 지수 수익률 대비 펀드 수익률들은 모두 기본적인 방법으로 (즉, 이 기간 동안 평균 약 1.4%에 달한 뮤추얼 펀드의 명시적인 운영 경비와 성장주와 가치주 펀드에 대해 최소 평균 0.5%는 될 것으로 보이는 묵시적인 포트폴리오 거래 비용을 차감하고) 계산되었다. 지수는 운영비용이나 거래비용 등의 비용이 들지 않는다, 각각의 펀드 수익률에서 비용 추정치를 조정할 경우 수익률 패턴은 크게 달라진다. 펀드의 순수익률이 아닌 총수익률을 보면 승산은 펀드 업계의 프로필이 상당히 좋아지는 방향으로 이동한다. (물론 펀드 투자자들은 순수익률을 벌게 된다.)

[그림 5-5] 성장주/가치주 펀드와 월셔 5000 지수의 1998년 6월 30일까지 15년간 순수익률: 판매 수수료를 제외한 순수익

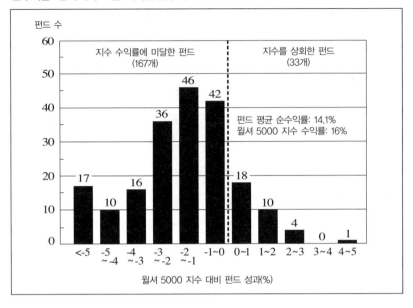

10년 후 [그림 5-5] 일반 주식형 펀드와 월셔 5000 지수의 2008년 12월까지의 25년 순수익률: 판매 수수료를 제외한 순수익

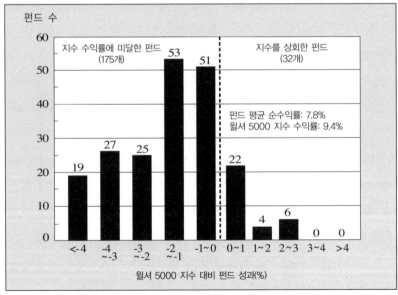

* 펀드 수익률은 생존자 편향 및 판매 수수료 조정분 0.6%를 포함하고 있음.

[그림 5-6]에 제시되어 있는 비용 차감 전 펀드 수익률을 보면 인덱스 투자의 근본 이론을 확인해 준다. 정의상 매니저들 전체는 대표적인 지수와 마찬가지로 시장 수익률과 동일한 총수익률을 제공해야 한다. 따라서 매니저들 전체가 벌어들인 순수익률은 그들의 투자비용을 차감하고 나면 시장 평균 수익률보다 낮은 수익률을 제공할 것이다. 이 결과는 놀랍지도 않고 직관에 반하지도 않는다. 실로 지난 15년 동안 윌셔 5000 지수는 16%의 수익률을 올려 평균적인 성장주 펀드와 가치주 펀드의 수익률 14.1%를 1.9% 포인트 앞섰는데, 이는 총 추정 비용 1.9%에 기초해서 충분히 예상할 수 있었던 수치다.*

[그림 5-6]에 비용 차감 전의 뮤추얼 펀드 수익률이 제시되어 있다. [그림 5-6]은 이전의 그림에서 각 펀드의 경비율과 추정 거래 비용을 조정하여 다시 그린 것이다. [그림 5-6]에서는 펀드 분포가 오른쪽으로 이동한다. 이제 펀드의 거의 절반(200개 중 93개)이 지수를 앞지르고 49개 펀드가 1% 이상 앞서고 있으며, 107개 펀드가 지수보다 뒤지고 있다. 여전히 펀드가 지수를 앞설 승산이 그리 큰 것은 아니지만, 비용 차감 후의 패턴에 비해 많이 개선된 모습이다.

이 총수익률을 정규 분포에서 나올 결과(예를 들어 동전 던지기의 무작위 결과에 기초한 분포)와 비교하면 뭔가 재미있는, 아니 놀랍기까지 한 일이 발생한다. 펀드의 총수익률에 대한 점선을 조정하면(fit) 그 결과는 거의 완벽한 우연이 된다(펀드가 중앙에 위치할 가능성이 다소 높기는 하지만, 동전 던지기와 유사한 결과가 된다). 그렇다. 100명 중 1명은 동전을 10번 던져서 앞면이 10번 나올 수도 있겠지만, 50명은 5번 앞면이 나오고 5번 뒷면이 나올 것이다. 그렇다면

---

* 이 빈눈한 둥식은 펀느의 넌금 모유에 의해 생겨나는 불이익을 부시하는데, 이 강세장 기간 동안에는 현금 보유가 아마도 연 0.6%만큼 불리한 요소로 작용했을 것이다. (인덱스 펀드는 정의상, 현금을 보유하지 않는다.) 다른 한편, 생존자 편의가 아마도 최소한 유사한 정도의 유리한 요소로 작용해서 성장주 펀드와 가치주 펀드의 이러한 불리한 요소를 상쇄할 것이다. 따라서 위의 비교는 타당하다.

[그림 5-6] 성장형 가치주 펀드와 윌셔 5000 지수의 15년간(~1998. 6. 30) 총수익률(순수익률 + 경비율 + 0.5%)

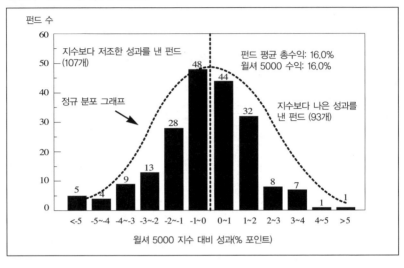

10년 후 [그림 5-6] 일반 주식형 펀드와 윌셔 5000 지수의 25년간(~2008. 12) 총수익률(순수익률 + 경비율 + 1.1%)

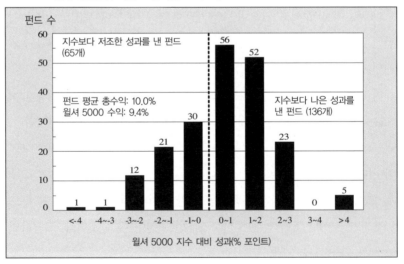

포트폴리오 매니저들의 기량은 대체로 운에 의해 좌우되는 행운의 게임으로 보일 것이다. [그림 5-6]에서 볼 수 있듯이 뮤추얼 펀드의 상대적 총수

익률은 무작위 패턴을 따랐기 때문이다. 결론적으로 매니저들이 무거운 비용이라는 불리한 조건을 극복하기란 현실적으로 쉬운 일이 아니다.

인덱스 펀드는 보기보다 좋다

소극적으로 관리되는 인덱스 펀드의 이점(적극적으로 관리되는 뮤추얼 펀드와 비교할 때)이 주로 전통적인 펀드에서 발생하는 비용에서 비롯된다는 점을 보여주기 위해 나는 위의 예시를 비용이 들지 않는 시장 지수의 결과에 근거했다. 실제로 운영되는 인덱스 펀드는 비록 자문 수수료를 지불할 필요는 없지만 현실적인 운영비용을 부담한다. 대중이 이용할 수 있는 최저비용 인덱스 펀드는 연 0.2%에 미치지 못하는 경비율을 보인다. (최소한 가장 효율적으로 운영되는 인덱스 펀드들의) 수익률은 목표 지수 대비 약 연 0.2% 정도 낮은 수익률을 보여야 한다. 효율적으로 관리되는 이 펀드들은 실제로 지수 수익률보다 약 연 0.2% 정도 뒤지고 있는데 이는 매우 낮은 포트폴리오 회전율과 미미한 중개 수수료가 결합해서 거래 비용이 아주 낮은 수준으로 유지됨을 함축한다. 비용을 고려한다면 지난 15년 간 윌셔 5000 지수가 제공한 수익률이 16%였으므로 윌셔 5000 지수 인 덱스 펀드의 수익률은 15.8%로 낮아질 것이다. 윌셔 5000 인덱스 펀드 의 순수익률은 적극적으로 관리되는 펀드들이 달성한 평균 수익률 14.1%보다 1.7% 포인트 높은 수치다.

이러한 비교조차도 적극적으로 관리되는 뮤추얼 펀드에게 의심스러 운 경우의 이익을 주어서 인덱스 펀드가 마땅히 받아야 할 인정을 제대 로 받지 못하게 한다. 이 비교는 최소한 다음의 세 가지 측면에서 적극적 으로 관리되는 펀드에게 유리하게 작용한다. (1) 이 비교는 펀드 판매 수 수료를 무시한다. (2) 이 비교는 비교 대상 기간 동안 살아남은 펀드들에 게 유리하게 기울어져 있다. (3) 이 비교는 배당 수입과 자본 이득에 대 한 세금이 조정되지 않았다.

판매 수수료

사실상 업계 전체적으로 뮤추얼 펀드의 수익률을 제시할 때 모든 뮤추 얼 펀드의 75%에서 발생하는 최초의 판매 수수료('선취 수수료')와 비교적 단기간 보유 후 환매하는 투자자들이 지불하는 환매 수수료('해지 수수료') 를 고려하지 않는다(펀드의 약 15%가 투자자들에게 이러한 벌칙 수수료를 부과하는데, 조기에 환매해서 해지 수수료를 납부하는 투자자들의 수는 파악할 수 없다). 투자자들이 5%의 판매 수수료를 지불하고, 5년 동안 그 펀드를 보유한다면 수익률 은 약 연 1% 포인트 낮아질 것이다. 만일 10년 동안 보유한다면 그 부담 은 약 연 0.5% 포인트다. (판매 수수료는 펀드 수익률이 플러스면 상승하고, 펀드 수익 률이 마이너스면 하락한다.) 많은 펀드들이 판매 수수료 없이 판매되므로, 지 난 15년간 운용 실적에 대한 업계 차원의 판매 수수료 부담은 아마도 펀 드의 실적을 연 14.1%에서 연 13.6%로 축소시켰을 것이다. 즉, 최소 연 0.5% 포인트의 부담을 주었을 것이다.

생존자 편의

생존자 편의는 펀드 수익률을 실제보다 높게 끌어올리는 두 번째 중요한 요소다. 예를 들어 15년 동안을 비교 대상으로 할 때, 우리는 전체 기간 동안 살아남은 펀드만을 살펴본다. 15년 동안 대개 펀드들의 5분의 1 정도가 사라지기 때문에 이 기간 동안 생존했다는 것은 대단한 성과다. 사라진 펀드들은 청산되었거나 동일한 종합 펀드 회사의 다른 펀드들로 편입되었을 것이다. 그러나 펀드들이 어떠한 방식으로 사라지든 간에, 경쟁력이 있는 수익률을 제공하지 못하는 펀드들이 사라지는 경향이 있다. 그들의 운영 실적이 몇몇 연구에서 주의 깊게 측정되었다. 프린스턴 대학교의 버튼 맬키엘(Burton Malkiel) 교수(『A Random Walk Down Wall Street』의 저자)의 연구는 이런 종류의 가장 포괄적인 연구 중 하나다.

이 연구에 의하면 1982년에서 1991년까지 10년 동안 펀드들의 18%(331개 중 59개로써 이는 거의 6분의 1에 해당함)가 사라졌다.* 이 기간 동안 생존한 펀드들은 매년 연 17.1%의 수익률을 향유했지만, 사라진 펀드까지 합한 모든 펀드들의 수익률은 15.7%에 지나지 않았다. 따라서 생존자 편의는 이 10년 동안 펀드들이 보고한 수익률을 펀드들이 거둔 실제 수익률보다 1.4% 포인트 향상시켰다. 게다가 1976년부터 1991년까지 15년 동안의 생존자 편의는 연 4.2% 포인트라는 경악할 만한 수준이었다. 논의 목적상 지난 15년간 보고된 펀드 수익률을 보수적으로 1% 포인트 낮추면 위에서 언급한 판매 수수료를 조정한 수익률 13.6%에서 12.6%로 낮아진다. 그러면 윌셔 5000 지수 수익률인 16.0%와 평균적인 펀드들의 수익률 격차는 3.4% 포인트로 벌어진다.

---

* 이후의 연구에서 마크 칼하트(Mark Carhart) 교수는 1962년부터 1993년 사이에 모든 주식형 펀드들의 3분의 1이 사라졌음을 발견했으며, 맬키엘 교수의 연구는 1988년에서 1992년까지의 단 기간에도 686개 펀드 중 100개가 사라져서 사망률이 15%나 됨을 보여주었다. 보다 최근인 1993년에서 1998년까지의 뮤추얼 펀드 태평성대에 약 600개의 주식형 펀드들이 사라졌다.

세금 효율성

세금에 의해 또 하나의 거대한 부담이 발생한다. 소극적으로 관리되는 인덱스 펀드는 S&P 500 지수(전체 시장을 대상으로 하는 윌셔 5000 지수는 더욱 그러하다)의 구조에 함축된 낮은 회전율로 인해 세금 측면에서 효율적이다. 적극적으로 관리되는 펀드는 연간 회전율이 평균 80%가 넘어서 세금 면에서 비효율적이다. 실제로 (S&P 500 지수에 근거하여 만들어진) 최초의 뱅가드 인덱스 펀드는 지난 15년 동안 세전 기준으로 94%의 펀드들보다 높은 수익률을 올렸지만 세후 기준으로는 모든 펀드들의 97%를 앞질렀다. 세금 문제에 대해서는 13장에서 좀 더 자세히 살펴보겠지만, 이 데이터에 근거해서 적극적으로 관리되는 펀드에 투자한 과세대상 투자자들의 수익률은 매우 보수적으로 계산해서 1% 포인트가 추가적으로 축소된다고 가정하자.

실제 투자 세계에서 이 세 가지 요인들에 의하여 창출되는 (최소) 2.5% 포인트의 수익률 삭감으로 인해 관리되는 펀드의 원래 수익률 14.1%가 11.6%로 낮아진다. 반면 순수한 윌셔 5000 지수 수익률에서 인덱스 펀드의 운영 비용을 차감하면 윌셔 인덱스 펀드 수익률은 15.8%로 낮아질 것이다. 그렇다면 인덱스 펀드가 연간 4.2% 포인트의 수익률 우위를 보인다고 말할 수 있다. 단기, 중기, 장기 투자자 누구에게나 이만큼의 수익률 열위는 참으로 큰 차이를 만든다.

10년 후	세금 효율성

1998년 이후의 뱅가드 500 인덱스 펀드의 결과를 이전 15년 실적과 통합하면 뱅가드 펀드가 세전 기준으로 일반적인 모든 주식형 펀드들의 68%보다 실적이 좋았으며, 세후 기준으로는 90%보다 실적이 좋았다. 이 25년 기간 동안에 뱅가드 인덱스 펀드의 세전 수익률

은 9.9%였고, 세후 수익률은 9.4%였다. 이는 비교 대상 그룹의 세전 수익률 9.2%와 세후 수익률 7.5%보다 우수한 실적으로서, 이를 통해 인덱스 투자자들에게 막대한 추가자본이 축적되었다.

리스크라는 곤란한 문제

주식형 펀드는 리스크가 낮기 때문에 광범위한 시장 지수 수익률에 미치지 못한다며 적극적인 매니저들을 옹호하는 반론도 있다. "주식형 펀드는 현금 유보금을 보유하지만, 인덱스 펀드는 정의상 전액을 투자하며, 따라서 시장의 하락에 대해 완전히 노출되어 있다. 적극적으로 관리되는 펀드의 현금 유보액은 그 자체로 시장 하락의 충격을 완화시킬 뿐만 아니라 시장 하락을 예측하는 현명한 매니저들은 현금 보유액을 늘리고 투자 원금을 보존하기 위해 주식 보유액을 줄일 수 있다."

불행하게도 이처럼 그럴듯한 장점을 주장하는 사람들에게는 이를 뒷받침할 만한 증거 자료가 없다. 주식형 펀드 매니저들을 전체적으로 보았을 때 그들은 시장이 하락하기 전에 현금을 늘리고, 시장이 하락한 뒤에 그 현금을 재투자하는 체계적인 능력을 보이지 못했다. 실제로 그들은 그 반대로 행동했다. 펀드들은 시장 저점에서는 거액의 현금을 보유하고 시장 고점에서는 소액의 현금을 보유하는 경향이 있다. 예를 들어 펀드들은 1973년~1974년의 시장 붕괴 직전에 자산의 4%만 현금으로 보유했지만 그 이후 시장 저점에서는 현금 보유 비중이 약 12%였다. 다른 예를 들면 1982년에 상승장이 시작될 때 주식형 펀드들은 자산의 11%를 현금으로 보유했다. 1988년에도 현금 보유액은 여전히 자산의 10%였다. 그런데 1987년 이후 가장 급격한 주식시장 하락 직전이었던 1998년 중반에 현금 보유액은 주식형 펀드 자산의 4.6%로 줄어들었다. 이는 사상 가장 낮은 연중 현금 보유 수준 중 하나였다. 이번에도 펀드 매니저들이 잘못 생각했다.

그러나 실상은 현금 보유 수준이 어느 정도이든 간에 현금은 꼬리지 몸통이 아니다. 단순한 논리로 따져 봐도 5%~10%의 꼬리가 90%~ 95%의 주식 포지션으로 대표되는 몸통을 흔들 수 없다는 결론에 도달하게 된다. 실제로 주가 하락기 동안 펀드들의 수익률과 시장 지수 수익률을 비교하면 지수에 포함된 우량 대형주에 전액을 투자하는 포트폴리오가 보다 공격적인 주식들로 구성되었지만 약간의 현금으로 양념을 친 전형적인 주식형 펀드의 포트폴리오보다 변동성이 다소 낮은 경향이 있음을 확인해 준다.

기록상으로 보면 S&P 500 지수와 월셔 5000 지수에 근거한 인덱스 펀드들이 평균적인 뮤추얼 펀드보다 어느 정도 덜 위험하다. 모닝스타 뮤추얼 펀드는 각각의 펀드가 무위험 자산인 국채보다 낮은 수익률을 올렸던 달의 수익률에 근거하여 리스크 요인을 계산한다. 모닝스타 데이터에 의하면 지난 10년간 전형적인 S&P 500 인덱스 펀드는 평균적인 뮤추얼 펀드보다 15% 덜 위험했다. 지난 5년간 전형적인 S&P 500 인덱스 펀드는 19% 덜 위험했고, 월셔 5000 인덱스 펀드는 18% 덜 위험했다.

다른 관점에서 지난 10년간 수익률의 표준편차를 보면 S&P 500 지수는 14.3%, 월셔 5000 지수는 14.0%, 평균적인 미국의 분산 투자된 주식형 뮤추얼 펀드는 14.8%였다. 모닝스타의 방식에 따라 지난 10년간 평균적인 펀드의 표준편차를 1.00이라 한다면 S&P 500 지수 펀드는 0.97, 월셔 5000 지수는 0.95가 된다(〈표 5-2〉를 보라). 모닝스타 리스크 데이터와 상대적 표준편차를 종합해 보면 적극적으로 관리되는 펀드들이 어느 정도의 현금 유보금 포지션을 유지하고 있다(그리고 시장 하락이 예상될 경우 유보금을 늘릴 능력도 있다)는 사실에도 불구하고, 이 펀드들은 전액 투자된 광범위한 시장 지수보다 구조적으로 더 큰 리스크에 노출되어 있었다.

중대한 시장 하락기간 동안 적극적으로 관리된 뮤추얼 펀드와 시장 인덱스 펀드의 실적 비교 기록도 이 데이터를 확인시켜주는데 보다 공격적

〈표 5-2〉 리스크: 평균적인 주식형 펀드와 인덱스 펀드(~2008)

	5년간 모닝스타 리스크	10년 표준편차	10년 상대적 표준편차	누적 손실					
				1987.8.31 ~ 1987.11.30	1996.5.23 ~ 1996.7.25	1998.7.16 ~ 1998.9.3	1998.7.16 ~ 1998.9.3	2000.3.31 ~ 2002.9.30	2007.10.31 ~ 2008.12.31
평균적인 주식형 펀드	1.00	19.90	1.00	−28.3%	−9.5%	−20.3%		−39.4%	−42.1%
S&P 500 인덱스 펀드	0.63	16.04	0.81	−29.8	−6.4	−16.9		−43.8	−40.1
윌셔 5000 인덱스 펀드	0.69	16.53	0.83	−29.8*	−8.3	−18.8		−43.8	−40.2

* 윌셔 5000 지수: 인덱스 펀드는 아직 만들어지지 않음.

233

인 신규 펀드들이 추가됨에 따라 시장 인덱스 펀드와 비교해서 적극적으로 관리되는 뮤추얼 펀드들의 리스크가 더 커지고 있는 것으로 파악된다. 예를 들어 10년도 더 지난 시기의 최대 하락장에서는 두 지수 모두 평균적인 펀드들보다 많이 하락했다. 각 지수는 1987년 8월 31일부터 11월 30까지 시장 붕괴 와중에서 29% 하락한 반면, 평균적인 펀드들은 28% 하락했다. 그러나 하락 전에 상대적으로 더 큰 이익을 올렸고 하락 후에 더 많이 회복했던 S&P 500 지수는 그 해에 실제로 5.2% 상승했다. 평균적인 펀드는 0.5% 밖에 상승하지 않았다.

보다 최근의 하락장에서는 주식형 펀드들의 리스크가 눈에 띄게 높아졌다. 예를 들어 1996년 5월 말에서 7월 사이에 S&P 500 지수 하락률은 6.4%였는데, 이는 평균적인 펀드의 하락률 9.5%보다 33% 낮은 수준이었으며, 시장 전체를 대상으로 하는 인덱스 펀드는 평균적인 펀드보다 13% 낮은 하락률을 보였다. 1998년 여름의 급격한 하락장에서 인덱스 펀드는 상당히 리스크 회피적임이 증명되었는데, S&P 500 지수는 거의 17% 하락하였고, 윌셔 5000 지수는 19% 하락했으며, 평균적인 펀드는 20% 넘게 하락했다. 커다란 상승장 말기에 만들어진 변동성이 큰 펀드들이 펀드 업계의 변동성을 더 커지게 했다. 말하자면 표범이 반점을 바꿨는데 하필이면 잘못된 시기에 바꾼 격이다.

주식형 펀드들을 모닝스타 스타일의 다양한 범주들(대형 가치주, 소형 성장주 등)을 사용하여 기록을 조사해 보면 모든 범주에서 (S&P 500 지수뿐 아니라) 비교 대상 모든 시장 지수들에 비해 리스크가 더 높다는 일관된 패턴이 발견된다. 펀드들이 떠안은 리스크는 비교 대상 소형주 지수보다 다양한 소형주 범주에서 특히 더 컸다. 그 결과 적극적으로 관리되는 펀드에 비해 인덱스 펀드의 위험 조정 수익률 우위는 위험을 조정하지 않은 수익률 우위보다 커진다. 펀드의 스타일 범주들과 수익-리스크 사이의 관계는 6장의 마지막 부분에서 자세히 설명한다.

이를 모두 고려할 때 왜 인덱스 펀드들의 이미지에 리스크가 높다는 망령이 계속 따라다니는지 이해하기 어렵다. 인덱스 펀드들은 시장이 하락할 때 이 펀드들이 추종하는 시장과 정확히 같은 폭으로 하락한다. 그렇지만 관리되는 펀드들도 하락하며 최근에는 업계에 보다 공격적인 펀드들이 들어옴에 따라 훨씬 더 두드러지게 하락한다. 과거 실적을 보면 적극적으로 관리되는 펀드들이 보유하고 있는 다소의 현금 유보금 포지션이 바람에 저항할 닻을 제공해 준다는 가정이나 영리하고 민첩한 포트폴리오 매니저들은 체계적으로 시장 하락을 예측해서 방어 조치를 취한다는 주장을 지지할 수 없다. 최근의 시장 고점에서의 현금 보유액이 1990년대 초반의 시장 침체기에 비해 50%나 낮은 점으로 미루어 보면 오히려 그 반대인 것 같다.

10년 후 리스크

인덱스 펀드 투자의 명백한 승리를 반영하는 가장 뚜렷한 점 중 하나는 광범위한 시장 지수들이 주식형 펀드 그룹에 비해 리스크를 상당히 덜 부담한다는 것이다. 사실 지난 5년 동안 모닝스타가 측정한 인덱스 펀드의 리스크는 적극적으로 운용되는 펀드들이 부담한 리스크보다 30% 이상 낮았다. 인덱스 펀드 수익률 10년 표준편차도 일반 주식형 펀드 수익률 표준편차보다 상당히 낮았다(16% 대 거의 20%). 〈표 5-2〉에서 볼 수 있는 이 데이터는 적극적인 펀드들이 표에 나타난 수준 및 초판에서 논의한 수준보다 훨씬 높은 리스크를 부담한다는 사실을 반영한다. 인덱스 펀드들은 1990년대 말의 기술주 거품 붕괴로 큰 타격을 받았지만 2008년 가을에 터진 금융주 거품의 여파에서는 일반 주식형 펀드에 비해 손실이 적었다.

인덱스 펀드라고 해서 다 같은 것은 아니다

시장 지수와 인덱스 뮤추얼 펀드 분석 시 나는 주로 최초의 인덱스 펀드 2개의 기록에 의존하고 있는데, 이는 이 분야의 개척자인 이 펀드들이 가장 긴 기록(뱅가드 500 지수 펀드는 23년, 전체 주식시장 인덱스 펀드는 7년)을 보유하고 있기 때문이다. 그러나 한 가지 주의할 점이 있다. 이 인덱스 펀드들은 모두 대규모 펀드이고 판매 수수료가 없으며 최저 비용으로 운영되고 포트폴리오 회전율을 낮게 유지하며 매우 효율적으로 관리되어서 목표로 하는 지수를 상당히 정밀하게 추종할 수 있었다.

현재 시장에서 매입할 수 있는 모든 인덱스 펀드들도 그렇다고는 말할 수 없다. 약 140개 인덱스 펀드들 중에서 약 55개는 S&P 500 지수를 모델로 만들어졌고, 4개는 윌셔 5000 지수를 모델로 하고 있으며, 46개는 전체 미국 주식시장의 하위 부문(대형 성장주와 가치주, 소형 성장주와 가치주 등)을 추종하고, 18개는 해외 시장을 추종하며, 20개는 미국 채권시장을 모델로 하고 있다. 투자자들은 맹목적으로 인덱스 펀드를 선택하지 말고 자신이 선택하는 펀드가 자신이 투자하고 싶은 시장 부문에 맞춰져 있는지 신중하게 결정해야 한다.

놀랍게도 모든 인덱스 펀드들 중 3분의 1이 선취 수수료나 자산 규모에 근거한 판매 수수료를 부과하고 있다. 투자자들이 수수료를 지불하지 않고서도 실질적으로 동일한 인덱스 펀드를 매입할 수 있음에도 왜 인덱스 펀드에 대해 수수료를 지불하는지는 수수께끼다. 인덱스 펀드에 판매 수수료를 지불하는 투자자들은 투자 첫날부터 목표 지수보다 5% 포인트 이상 뒤지고 시작하는 것이며 펀드 비용 부담으로 매년 더 뒤처지게 된다. 현명한 투자자에게는 수수료를 부과하는 인덱스 펀드 선택이 어리석은 짓이라고 말하는 것으로 충분하다.

경비율이 높은 펀드 선택도 마찬가지로 어처구니없는 짓이다. 인덱스 뮤추얼 펀드의 연간 경비율은 낮게는 초대형 기관 투자자들에게 부과되는 0.02%, 일반 투자자들에게 부과되는 0.18%에서부터 높게는 0.95%(최소한 기반을 잡은 펀드 하나는 이처럼 높은 경비율을 보이고 있다)까지 다양하다. 투자자들이 지불하는 비용 수준이 너무 높다. (그 펀드의 판매원에게 이러한 수수료가 어떻게 정당화될 수 있는지 물어봤더니 '수수료는 돈줄(cash cow)'이라고 말했다. 펀드 매니저에게 말이다. 그러나 투자자들에게 돈줄이 되어 주는 것이 더 나은 대안이다.)

또한 경비율이 낮다고 주장하면서 수수료가 한시적으로 또는 일정 기간 동안만 면제된다고 작은 글씨로 써놓는 펀드들을 조심하라. 몇 해 동안만 인위적으로 낮은(예를 들어 0.19%) 수수료를 내고 그 후에는 0.5%의 훨씬 높은 수수료가 부과될 수도 있다면 무슨 의미가 있겠는가? 낮은 수수료를 부과할 때까지만 그러한 펀드에 투자하고 그 뒤에는 진정한 저비용 펀드로 갈아타면 된다고 생각할 수도 있을 것이다. 그때쯤이면 최소한 당신의 투자 가치가 상승해 있을 수도 있겠지만 납부해야 할 자본 이득세가 저비용 펀드로 옮기는 이익을 능가할 수도 있다. 반드시 광고 문안에 있는 작은 글씨들을 읽어 보고, 펀드의 투자 설명서에 특별히 주의를 기울이라.

다음에는 포트폴리오 회전 문제가 있다. 인덱스 펀드의 큰 장점 중 하나는 인덱스 펀드의 세금 효율성이다. 그러나 일부 인덱스 펀드들은 투자자들의 끊임없는 설정과 해지나 공격적인 지수 선물 이용에 근거한 포트폴리오 전략 때문에 회전율이 상당히 높으며(때로는 회전율이 연 100%에 이르기도 한다), 따라서 상당한 자본 이득을 실현하여 배분한다. 세금 효율적인 인덱스 펀드가 많이 있음에도 과세대상 투자자가 세금 비효율적인 인덱스 펀드를 고를 이유가 없다.

더구나 모든 인덱스 펀드들이 운영 효율성 측면에서 동일하게 만들어지는 것은 아니다. 일부 인덱스 펀드 매니저들은 그들의 기술, 경험, 또는 헌신에 의해 다른 매니저들보다 포트폴리오 거래 집행을 더 잘한다. 1996년~1998년을 예로 들어 보면 S&P 500 지수 인덱스 펀드들 중 최고의 매니저들은 운영비용 차감 전 기준으로 지수 수익률을 연 0.1% 앞선 반면 가장 실적이 나빴던 매니저들은 0.3% (이상) 뒤졌다. 지수 수익률 부합 능력 차이는 시장에서 거의 무시된다. 그러나 그래서는 안 된다. 예를 들어 어떤 매니저가 경비율이 (흔히 한시적으로) 0.18%라고 자랑하면서 운영 마진은 0.30%를 뒤지고 전체적으로 지수에 비해 0.48%를 뒤진다면 이 매니저가 무슨 가치가 있겠는가? 0.2%의 비용을 징수하고도 정확히 지수 수익률과 동일한 운용 실적을 거둬서 비용 차감 후 순수익률이 지수보다 0.2% 뒤진 매니저들과 비교해 보라. 투자자들은 고려 대상 인덱스 펀드 매니저의 실행 전략 측면을 꼼꼼히 살펴봐야 한다.

　마지막으로 인덱스 펀드들 중에서도 포트폴리오 내의 미실현 자본 이득 금액은 다양하다. 일반적으로 장부상 평가 이익이 미미한(또는 평가 손실을 기록 중인) 펀드들이 거액의 평가 이익을 보유 중인 펀드들보다 나을 수 있다. 그러나 이 요인은 펀드들의 환매에 대한 취약성, 현물 환매 정책 채택(이를 통해 포트폴리오 증권을 청산할 필요를 없앰), 세금 관리 전략 등 펀드들이 제공할 수 있는 다른 장점들에 비추어 평가되어야 한다.

　이러한 작은 비율들이 대단해 보이지 않을 수도 있지만, 이 차이들이 장기 투자자들에게는 낮과 밤의 차이만큼 클 수도 있다. 작은 수익률 차이도 평생 동안의 투자 프로그램에서는 참으로 중요하다. 〈표 5-3〉에 보여주는 것처럼 인덱스 펀드 선택에 대한 접근방식들을 고려해 보라. 판매 수수료가 없고 저비용이며 효율적인 인덱스 펀드에 1만 달러를 투자하면 10년 후에 30,500달러로 불어났겠지만, 최악의 경우에 판매수수료가 부과되며, 고비용의 비효율적인 펀드에 투자하면 26,500달러밖에 되지 않았을 것이다.

　이런 가상의 예는 터무니없는 것이 아니라 현실이다. 지난 10년 동안 효율적이고 저비용이며 수수료가 없는 S&P 500 인덱스 펀드에 1만 달러를 투자했다면 54,000달러로 불어났을 것이다. 그러나 이와 동일하지만 덜 효율적이며 4.5%의 선취 판매 수수료를 부과하는 고비용 인덱스 펀드는 47,000달러 밖에 되지 않았을 것이다. 같은 포트폴리오로 구성된 두 개의 S&P 500 인덱스 펀드 사이에도 이처럼 큰 차이가 있을 수 있다(공교롭게도 이 펀드는 앞에서 언급한 '돈줄'이었다). 인덱스 펀드라고 해서 다 같은 것은 아니다.

〈표 5-3〉 특성이 다른 인덱스 펀드들의 순이익률

	추정 총수익	판매 수수료	경비율	운영 효율성*	잔여 순수익률	1만 달러 투자시 10년 후의 가치**
시장 지수	12%	0%	0%	0%	12%	31,100달러
판매 수수료 없는 저비용 효율적 펀드	12	0	0.20	0	11.8	30,500
판매 수수료 없는 저비용 비효율적 펀드	12	0	0.20	-0.20	11.6	30,000
판매 수수료 없는 고비용 비효율적 펀드	12	0	0.80	-0.30	10.9	28,100
판매 수수료 있는 고비용 비효율적 펀드	12	6	0.80	-0.30	10.2	26,500

* 대상 지수와 포트폴리오의 비용 공제 전 수익률 차이.
** 투자 기간을 10년으로 가정함.

인덱스 투자는 모든 시장에서 통한다

투자자들이 마침내 마지못해 인덱스 펀드를 수용하게 되었다는 사실은 S&P 500 주가 지수를 모델로 한 인덱스 펀드가 주식시장이 이례적으로 높은 절대 수익률을 제공한 시기에 상대적으로도 우월한 수익률을 제공함으로써 큰 성공을 거두었다는 점을 입증한다. 또한 윌셔 5000 주가 지수를 모델로 한 전체 시장 인덱스 펀드도 인덱스 투자의 핵심 이론(투자자들 전체로 보았을 때, 이들은 전체 주식시장의 (비용 전) 총수익률을 앞설 수 없다)이 완전히 결실을 맺음에 따라 경쟁력 있게 시장을 잠식하기 시작했다. 그러나 여전히 인덱스 펀드에 대해서 비난하는 입장에서는 인덱스 펀드 투자라는 것은 효율적인 시장 즉, 거래가 활발하며 유동성이 높은 대형주들이 대부분을 차지하는 시장(이러한 종목들이 S&P 500 지수의 대부분을 차지하고 있으며, 윌셔 5000 지수의 75%를 차지하고 있다)에서만 제대로 작동되며 그 외의 비효율적인 시장에서는 그렇지 않다고 주장한다.

그럴듯하게 들릴지는 몰라도 이러한 주장은 겉만 번지르르하다. 인덱스 펀드의 성공은 시장효율성 개념에 근거하는 것이 아니라 투자자 전체로 보았을 때 어느 특정 시장, 또는 그 하위 부문에서 해당 시장의 투자 수익률을 앞지르지 못한다는 단순한 사실에 근거한다. 효율성은 어느 시점에서도 모든 증권의 가치를 적절하게 평가하는 시장가격 구조와 관련이 있는데 이는 유능한 매니저와 무능한 매니저가 어떤 방향으로든 자신을 차별화시키기 어렵다는 점을 의미한다. 비효율적인 시장에서는 유능한 매니저들이 자신의 투자 대상 시장 수익률을 앞설 수 있는 기회가 더 많이 있을 것이다. 그러나 유능한 매니저들이 벌어들인 우월한 수익은 무능한 매니저들의 열등한 수익과 정확히 상쇄된다.

비효율적 시장에서 운영되는 펀드들의 비용은 효율적인 시장에서 운영되는 펀드들의 비용보다 높다. 예를 들어 미국의 소형주 펀드들의 비용은 대형주 펀드들의 비용보다 구조적으로 높다. 6장에서는 적극적으로 관리되는 중형주, 소형주 펀드들이 상대적으로 높은 리스크를 부담한다는 점을 고려하면, 이 펀드들이 자신의 시장 부문을 대표하는 지수에 비해 뒤처지는 정도는 대형주 펀드들이 대형주 지수에 비해 뒤처지는 정도와 유사함(다소 높음)을 알 수 있다.

해외 펀드들은 비용이 훨씬 높은데 이는 경비율이 높을 뿐만 아니라 증권 보관 관리(custody) 비용, 세금, 수수료, 시장 영향 비용도 더 높기 때문이다. 그 결과 정확히 동일한 인덱스 투자 원칙이 해외 시장에도 적용될 뿐 아니라 8장에서 살펴보는 것처럼 적극적으로 관리되는 해외 펀드 대비 소극적으로 관리되는 해외 인덱스 펀드의 수익률 우위는 더 커진다. 인덱스 투자는 주식 투자 세계의 먼 구석에서도 매우 효과적으로 통한다(그럴 수밖에 없다).

〈표 5-4〉는 효율적, 비효율적 시장에서 매니저 수익률과 지수 수익률 사이의 관계가 어떻게 움직이는지를 보여준다. 비용 차감 전에는 대칭적인 모습을 보이던 수익률이 비용 차감 후에는 비대칭적으로 변함을 주목하라. 달리 말하자면 비용 부담은 최고의 주식형 펀드 매니저들이 올린 수익을 잠식하며, 하위 매니저들의 수익률 미달을 더욱 확대시킨다. 그러나 이러한 수익 잠식 효과는 비효율적 시장에서 더 크다. 그래서 역설적으로 주식 인덱스 투자는 효율적 시장에서보다 비효율적 시장에서 더 잘 통한다.

〈표 5-4〉 매니저 수익률과 시장 수익률 비교

	비용 공제 전(%)		비용 공제 후(%)*	
	상위 10%	하위 10%	상위 10%	하위 10%
효율적 시장	+3%	-3%	$+1\frac{1}{2}$%	$-4\frac{1}{2}$%
비효율적 시장	+5	-5	$+2\frac{1}{2}$	$-7\frac{1}{2}$

* 효율적인 시장에서는 1.5%, 비효율적인 시장에서는 2.5%의 펀드 비용을 가정함.

인덱스 투자는 채권시장에서도 잘 통한다. 실제로 인덱스 투자는 우량 등급 확정 수입 채무증권 투자에서 더 귀중하다고도 할 수 있다. 채권 수익률은 일반적으로 주식 수익률보다 낮기 때문에, 비용은 채권형 펀드에서 벌어들인 연간 총수익률에 더 큰 부담을 준다. 서로 경쟁 관계에 있는 채권형 펀드들 간의 총수익률은 비슷한 경향이 있지만, 7장에서 보게 되는 것처럼 대부분의 채권형 펀드들의 비용은 과도하게 높아서 저비용 채권형 인덱스 펀드에게 상당히 유리하게 작용한다. 마지막으로 비용 차감 전 수익률에서 상당히 우월한 실적을 달성하는 성공적인 매니저들이 아주 적다. 채권형 펀드 분야에서는 피터 린치(Peter Lynch)와 같은 성공적인 매니저들은 거의 없다. 언제나 실적이 좋은 매니저들과 나쁜 매니저들이 있기 마련이지만 모든 사람 위에 우뚝 솟아 오르는 영웅은 없다.

평균적인 채권형 펀드는 지난 15년간 연평균 8.7%의 수익률을 올렸고 리먼 (미국) 총채권 지수(Lehman Aggregate (U.S.) Bond Index)는 10.2%의 수익률을 올렸다. 1.5% 포인트의 수익률 미달은 주로 평균적인 채권형 펀드가 발생시킨 연 1.3%(1.08%의 경비율과 대략 0.25%의 포트폴리오 거래 비용을 합산한 수치)의 비용에 기인한다. 다른 기간을 살펴보면 1986년에 만들어진 최초의 채권형 인덱스 펀드는 줄곧 채권형 펀드보다 우월한 실적을 내는 패턴을 보였다. 처음 만들어진 이후 이 인덱스 펀드의 연간 수익률은 평균 8.1%였다(약 0.2%의 운영 경비율과 0.1%의 거래 비용 차감 후 수익률). 같은 기간 동안 평균적인 채권형 뮤추얼 펀드의 수익률 7.4%에 비해 0.7% 포인트 높은 초과 수익률은 전문가가 관리하는 채권형 펀드의 수익률보다 9% 향상된 것이다. 7장에서는 채권형 인덱스 펀드의 우위가 채권시장의 모든 주요 부문(전체, 장기, 중기, 과세 대상, 비과세 채권)에서 어떻게 드러나는지를 보여줄 것이다. 인덱스 투자의 성공은 이론적일 뿐만 아니라 실제적이기도 하다. 투자의 모든 분야에서 그래야만 하며 실제로도 그렇게 되고 있다.

인덱스 투자의 승리

거의 25년 동안 인덱스 펀드가 적극적으로 관리되는 펀드들보다 우월한 실적을 보임으로써 스스로를 입증했다는 사실이 이제 널리 알려져 있다. 적극적 관리의 사도를 찾기 어려운 학계에서뿐만 아니라 완전하지는 않더라도 개종이 만연한 금융 매체에서도 (인덱스 투자가 적극적으로 관리되는 펀드보다 높은 수익률을 낸다는) 경험이 (우수한 펀드를 선택함으로써 탁월한 실적을 거둘 수 있다는) 희망을 이겼다. 그리고 성공적인 전문 투자자들(이번 장의 앞에서 인용했던 워런 버핏의 논평을 기억해 보라)뿐만 아니라 뮤추얼 펀드 업계 자체에서도 경험이 희망을 이겼다.

판매 수수료를 부과하지 않는 대부분의 주요 종합 펀드 회사들은 이제 인덱스 펀드들을 제공하기 시작했다. 그리고 인덱스 펀드에는 S&P 500 주가 지수를 모델로 한 인덱스 펀드만 있는 것도 아니다. 주요 증권사들도 판매 수수료가 없는 인덱스 펀드를 제공하고 있는데 이는 필수적이다. 그러나 증권사들은 자문 수수료가 고객에게 직접 부과되는 투자관리 계좌에서만 인덱스 펀드를 이용할 수 있도록 한다. 나는 이러한 추세가 계몽의 결과라기보다는 자기 이익의 결과가 아닐까 우려된다. 인덱스 투자를 신봉하지 않는 기관들도 이제 명백해진 대중의 요구를 충족시키기 위한 아귀다툼 속으로 빠져들었다. 전통적인 펀드 매니저들이 자신의 상품 라인을 채워야 할 필요가 인덱스 펀드의 현저히 낮은 수수료 수용에 대한 그들의 저항을 능가했다.

그럼에도 여러 부류의 인덱스 투자 신봉자들이 출현했고, 이 빛을 본 투자 자문들의 다음과 같은 논평들은 현재 인덱스 투자가 널리 받아들여지고 있음을 반영하고 있다.

- 마젤란 펀드의 전설적인 매니저였고 당대 최고의 주식 선정가로 자리 잡았던 피터 린치(Peter Lynch): "투자자들 대부분은 인덱스 펀드에 투자하면 더 많은 돈을 벌 것이다."
- 1,000개가 넘는 적극적으로 관리되는 뮤추얼 펀드들의 선택과 트레이딩을 촉진하는 최대의 뮤추얼 펀드 슈퍼마켓 창립자 찰스 스왑(Charles Schwab)은 과거에 이례적으로 높은 수익률을 보였던 펀드들을 열렬히 광고했다. 그러나 자기 돈과 자기 회사 자산에 관해서는 인덱스 투자에 기울었다. 최근에 그의 회사는 TV에 (비교적 고비용인) 자신의 인덱스 펀드에 대해 활발한 판촉활동을 시작했다. 그의 말에 주의를 기울이라. "모든 주식형 펀드들 중 대략 하나만 주식시장의

실적을 앞선다. 그것이 바로 내가 인덱스 투자의 힘을 굳게 믿는 이
유다."

- 인터넷 자문사 '더 모틀리 풀(The Motley Fool, 다양한 바보라는 뜻)' : 파트
너들의 엉터리 처방은 "해마다 20%가 넘는 수익률을 제공해서 당
신이 S&P 500보다 두 배의 수익률을 올리게 해 주겠다"라고 약속
하지만, 그들은 인덱스 투자에 대해 다소 악담하면서도 이를 칭찬한
다. 이들 자칭 인터넷 거장들은 다음과 같이 인정한다. "투자에 문
제를 겪어본 적이 있다면, 인덱스 펀드가 있다." 그리고 그들은 딱
잘라서 이렇게 말한다. "우리는 인덱스 펀드 외에는 살 만한 가치가
있는 펀드는 없다고 생각한다."

- 아마도 오펜하이머 펀드와 투자회사협회(Investment Company Institute)
의 의장이었던 존 파슬(John Fossel)의 말이 가장 신랄할 것이다. 그는
"어떤 실적을 내고 있느냐라는 문제에서, 우리는 시장의 실적을 밑
돌고 있다"라고 말한 업계 임원의 중요한 논평에 대해 대응하면서
결국은 다음과 같이 인정했다. "사람들은 평균적인 펀드는 전체 시
장을 결코 앞설 수 없음을 인식해야 한다."

지금까지의 설명으로 명백해진 내용을 정리해 보자. 인덱스 펀드는 앞
으로도 우리와 계속 함께할 것이다. 1975년에 논쟁적인 아이디어로 시
작해서 대중의 수요를 이끌어내지 못했던 인덱스 펀드는 이제 뮤추얼 펀
드 업계에서 투자 수익률의 표준(그러나 확실히 도달할 수 없는 별)이 되었다. 오
랜 시간이 지나고 나서 드디어 우리는 경험이 희망을 이기는 것을 목격
하고 있다. 실제 경험을 보면 소극적으로 관리되는 인덱스 펀드가 적극
적으로 관리되는 펀드들을 이긴다. 상식이 승리했다. 조만간 인덱스 펀
드가 뮤추얼 펀드 업계의 구조와 성격을 변화시킬 것이다.

물론 인덱스 펀드는 계속 존재할 것이다. 지난 10년 동안의 사건들은 인덱스 투자가 적극적으로 관리되는 펀드들이 고수해야 하는 표준이 되었다. 인덱스 투자에 대한 경험은 승리하기를 희망(실로 실적으로 보상받지 못할 것이 거의 확실한 희망 사항이다)하는 펀드 매니저들이 허약한 갈대에 의지하고 있는 셈이라는 점을 증명했다.

그런데 인덱스 펀드에 예상하지 않았던 일이 일어났다. 내가 예측한 것처럼 인덱스 펀드가 뮤추얼 펀드 업계의 근간을 바꾸어 놓았지만 대체로 펀드 투자자들에게 도움이 되지 않는 방식으로 바꾸어 놓았다. 거래소에서 거래되는 펀드(Exchange-traded fund; ETF)가 출현해서 인덱스 투자는 이번 장의 전체 논지와 반대되는 방향을 취했다. 그럼에도 ETF는 전통적인 고전적 인덱스 펀드의 자산 규모와 맞먹는 규모로 성장했다.

물론 S&P 500이나 전체 미국 주식시장을 대표하는 ETF를 저비용으로 구입해서 장기투자 목적으로 보유할 수도 있다. 그러한 ETF 투자와 관련된 중개 수수료(장기 투자자에게는 사소한 수준이다)를 제외하면 내가 어떻게 이에 반대할 수 있겠는가? 사실 나는 이에 반대하지 않는다. 나는 그런 전략을 지지한다.

그러나 그러한 투자는 ETF 중 희귀한 예외에 속한다. 첫째, 광범위한 시장 지수에 기초한 ETF들의 수는 약 20개에 불과한 반면, 흔히 (월마트 공급자들과 같이) 놀라울 정도로 협소한 부문, 특정 국가, 상품, 매우 유별난 전략의 주식 포트폴리오를 보유하면서 좁은 부문에 초점을 맞추는 ETF가 700개나 된다. (그러한 ETF 중에는 일종의 역방향 레버리지를 통해 미국 단기 국채 가격 하락에 비해 200% 상승하도록 설계된 펀드도 있다.) 이처럼 알 수 없는 대상에 돈을 거는 카지노 게임과 같은 태도를 허용하거나 조장하는 복권 번호 돌리기식의 ETF는 투자가 아니라 일종의 투기다.

둘째, ETF 영역에서는 매수-보유 전략을 구사하는 투자자들이 없다는 특징이 있다. ETF 펀드 중 가장 오래되고 가장 규모가 큰 '스파이더' 펀드(S&P 500에 기초함)는 7억 주가 발행되어 있는데 연간 800억 주가 거래되어 10,000%가 넘는 회전율을 보이고 있다. 공평을 기하자면 다른 많은 ETF들은 주식 회전율이 이보다는 낮아서 연간 200%에서 400%의 회전율을 보인다. 그러나 이마저 주식형 펀드 전체의 2009년 회전율 98%(내게는 아주 높은 비율이다)에 비하면 여전히 높은 수치다. 그래서 나는 ETF를 '대의에 대한 트레이더(trader to the cause)'라고 부른다.

셋째, 약간의 예외를 제외하면(스파이더도 예외에 속한다) ETF들은 전통적인 뮤추얼 펀드보다는 경비율이 훨씬 낮지만, 고전적인 인덱스 펀드에 비해 연간 경비율이 3배~4배에 달한다(이를테면 0.50%에서 0.70% 대 0.10%~0.15%).

이처럼 고전적인 인덱스 펀드와 다른 세 가지 특징을 고려할 경우 '셋 중 셋 모두 나쁘다'는 옛말이 이에 해당한다.

그리고 실적을 보면 ETF들은 이를 거래하는 사람들에게 좋지 않음이 명백하다. 사실 ETF 투자자들이 번 수익률은 해당 펀드 자체가 올린 수익률 근처에도 가지 못한다. 예를 들어 모닝스타 데이터에 의하면 과거 5년 동안 ETF 투자자들이 번 수익률은 그들이 돈을 건 부문의 수익률보다 연 4.2% 포인트 낮았으며, 자본의 20%에 이르는 누적 손실을 입었다. 역설적이게도 나는 1999년에 '지수 선택'에 대해 논의하면서 특화된 인덱스 창설의 문을 열어 놓은 셈이었다. "가격 지수가 만들어질 수 없는 시장성 금융 자산의 범주는 없다고 할 수 있다. 지수 선택은 설계자의 창의성에 의해서만 제한을 받는다." 내가 이렇게 덧붙였으면 좋았을 것이다. "투자자에게 비우호적인 (그리고 판매자들에게 우호적인) 혁신에 대해서는 잊어버려라."

단기 투기는 좋은 생각이 아니다. 광범위한 다각화는 협소한 집중보다 낫다. 그리고 저비용은 고비용보다 낫다. 대부분의 ETF들(그리고 대부분의 ETF 투자자들)은 경험에 의해 비준되고 시간에 의해 강화된 이 원칙들의 상식적 지혜를 거부한다. 매수자들이여, 조심하라.

인덱스 투자의 미래

앞으로 인덱스 투자에 많은 변화가 있을 것으로 예상할 수 있다. 어떤 변화들은 과거에 인덱스 펀드가 유사한 포트폴리오 특성을 지닌 적극 관리 펀드에 대해 누렸던 상당한 수익률 우위를 축소시킬지도 모른다. 이와 관련하여 최소한 세 가지 가능성이 있다.

1. 주식형 뮤추얼 펀드들이 전액을 투자하게 될지도 모른다. 장기 투자자들에게 있어서 현금은 언제나 수익률을 뒤처지게 만드는 요인이었다. 그럼에도 대부분의 뮤추얼 펀드들은 아마도 유동성 목적상 상당한 현금 유보금을 보유한다. 주식이 단기 자금 시장 상품보다 높은 수익률을 올리는 한, 현금은 수익률을 상당히 뒤처지게 하는 요소다. 펀드 투자자들이 현금 보유에 따른 불이익을 이해하고 있으므로 펀드 매니저들도 결국에는 투자자들이 무엇을 원하는지 알게 될 것이다.

2. 뮤추얼 펀드의 비용이 하락할지도 모른다. 그럴 법하지는 않지만 관리되지 않는 저비용 인덱스 펀드들이 경쟁력에 미치는 함의가 알려지고, 적극적으로 관리되는 고비용 펀드들이 이러한 수수료들로 대표되는 실적 '저하'를 축소시키기 위해 자신들의 수수료를 삭감해야 한다는 점을 깨닫게 되면 자문 수수료가 상

당히 낮춰질 가능성이 있다. 뮤추얼 펀드들에 무관심한 독립적인 이사들이 있다면 그들이 깨어나서 과도한 수준에 도달한 펀드 관리 수수료를 삭감해서 수수료가 낮아질 수도 있다. 펀드 매니저들이 마케팅 비용이나 광고비용과 같이 뮤추얼 펀드의 주주들에게 아무런 이익을 제공하지 않는 영역의 막대한 지출을 없애기만 해도 펀드 운용 감독의 질을 희생시키지 않고도 수수료를 쉽게 낮출 수 있다. 나는 뮤추얼 펀드 주주들이 지불하는 비용 중 펀드 주주들이 추구하는 수익률을 제공할 능력이 있다고 추정되는 포트폴리오 매니저들이나 리서치 애널리스트들에게 돌아가는 몫은 10%에도 미치지 못한다고 추정한다. 수수료를 감축할 여지가 많다.

3. 펀드 포트폴리오 회전율이 현재의 과도한 수준에서 하락할 수도 있다. 과거(1950년대)에는 뮤추얼 펀드 포트폴리오 회전율이 대개 연 20% 수준이었다. 오늘날에는 평균 회전율이 100%에 가깝다. 포트폴리오 회전 시 비용이 발생하므로 비슷한 시장 지수 수익률을 앞서고자 하는 현명한 매니저라면 언젠가는 포트폴리오 회전율의 영향을 주의 깊게 평가할 것이다. 포트폴리오 회전이 펀드 주주들에게 막대한 세금을 부담시킨다는 것이 알려지면 투자자들은 당연히 회전율을 낮추고 세금 효율적인 관리 전략을 구사하도록 요구할 것이다. 그러면 뮤추얼 펀드들은 인덱스 투자로부터 교훈을 배우고 단기 투기에서 장기투자로 초점을 옮겨야 할 것이다.

저비용, 현금 유보액 축소, 장기투자에 대한 집중으로 펀드 업계의 수익률이 상승하고 인덱스의 장점이 축소될 수도 있지만 인덱스의 장점을 증가시킬 수도 있는 최소한 3가지 가능성이 있다.

1. 뮤추얼 펀드 경비율이 상승할 수도 있다. 인기는 없지만 명백한 선취 수수료를 12b-1 수수료 형태의 숨겨진 수수료로 대체하는 추세는 보고된 펀드 경비율을 높이는 효과를 가져왔다. 펀드 이사들이 다른 수수료들을 낮추려는 조치를 취하지 않는 한, 12b-1 수수료를 부과하는 추세가 계속되어서 경비율을 더 높게 끌어올릴 것이다.

2. 놀랍게도 펀드 포트폴리오 회전율이 더 높아져서 펀드 비용을 증가시킬 수도 있다. 시장의 효율성이 대형주 부문(이 부문은 이미 매우 효율적이다)에서 중형주와 소형주, 해외 시장으로 확산됨에 따라, 매니저들이 더 자주 매매함으로써 개별 주식에 혹시 존재할지도 모르는 가격이 부적절하게 형성된 종목들을 활용하려고 노력할 수도 있다.

3. 펀드들은 자신을 구분할 기회를 상실할 수도 있다. 주식형 뮤추얼 펀드 자산은 현재 총 2.5조 달러로 1976년의 340억 달러에 비해 75배나 된다. 뮤추얼 펀드 매니저들은 현재 모든 개별 주식들의 33%를 관리하고 있는데 20년 전에는 이 비율이 2%에도 미치지 못했다. 지금과 같이 회전율이 높으면 펀드 매니저들은 사실상 서로 주식을 매매하고 있는 셈이어서 업계 차원의 수익률을 향상시키기가 불가능하다. 앞으로 뮤추얼 펀드 매니저 전체적으로 볼 때 그리고 심지어 개별 펀드의 매니저들도 자신의 수수료와 운영 경비를 극복하기에 충분할 만큼 성과를 차별화하기가 어려워질 수도 있다.

서로 상반되는 이러한 요소들 (인덱스 펀드의 강점을 줄이는 요소들과 오히려 더 강하게 하는 요소들) 가운데 어느 쪽이 우세할 것인가? 인덱스 투자의 단순성의 힘(이제 이론뿐만 아니라 경험상으로도 입증되었다)이 펀드 회사들의 운영 방식에 큰 변화를 줄 수도 있지만 나는 업계가 필요한 변화에 저항할 가능성을 우려한다. 그러나 펀드 매니저들이 다마스커스로 가는 도중에 사울이 경험했던 것과 같은 신의 현현(顯顯)을 경험해서 인덱스 투자라는 메시지를 받아들이게 되지 않는다 해도(이는 그들에게 너무 심한 요구일 것이다) 투자자들이 이를 요구할 것이고 펀드 업계가 최소한 자기 이익이라는 계몽된 의식을 발전시킬 것이기 때문에 전통적인 펀드의 정책들에 변화가 올 수도 있다.

10년 후   인덱스 펀드 투자의 미래

'인덱스 펀드 투자의 단순성의 힘이 펀드 업계의 운영 방식에 큰 변화를 줄 수도 있다'는 나의 희망은 무너졌다. 주식형 펀드들은 이제 완전히 투자되는 방식으로 운영되고 있지만, 뮤추얼 펀드 비용은 여전히 높고, 펀드의 포트폴리오 회전율은 10년 전에 전형적이었던 100% 수준에서 거의 조금도 변하지 않았으며, 투자자들이 점차 저비용 펀드로 옮겨간다는 사실조차도 펀드 업계 스스로에게 이익이 되는 방향으로 계몽시키기에는 충분하지 않았다. 그래서 여전히 인덱스 펀드 투자가 더 나은 방법이다.

Chapter 6

On Equity Styles
Tick-Tack-Toe

주식 스타일—3목 게임

최근에 '스타일의 순수성'이라는 말이 포트폴리오 매니저, 투자 자문, 그리고 뮤추얼 펀드 투자자들의 선전 표어가 되었다. 뮤추얼 펀드들은 (때로는 열성적으로, 때로는 마지못해) 자신의 투자 전략과 정책을 보다 명확히 정의하고 있다. 오늘날 개별 주식 펀드의 매니저들은 자신들의 포트폴리오를 항상 완전히 투자된 상태로 유지하도록 압력을 받고, 펀드 전략을 정의하는 일정한 포트폴리오 스타일(성장주 대 가치주 또는 대형주 대 소형주)에 투자 대상을 한정하라는 압력도 받고 있다.

펀드 포트폴리오 매니저 선택과 마찬가지로 주식형 펀드 스타일 선택은 업계의 마술에 대한 또 하나의 예일 뿐이라는 강력한 주장을 할 수 있다. 펀드의 과거 수익률이 미래 수익률에 대한 전조라는 확고한 증거가 없듯이 장기간에 걸쳐 지속적으로 우월한 실적을 내는 투자 스타일이 존재한다는 증거도 거의 없다. 두 경우 모두, 평균보다 높은 수익률과 평균보다 낮은 수익률은 평균수준으로 회귀한다. 즉, 개별 펀드의 수익률은 적절한 시장 지수 평균으로 회귀하고 주식 스타일별 펀드의 수익률은 전체 주식시장 평균으로 회귀한다(두 경우 모두 비용 차감 전 펀드 수익률에 대해 말하고 있다).

스타일에 신경을 쓸 필요가 있는가? 이것은 사소한 질문이 아니다. 전체 시장 또는 시장 전체 수익률을 추종하는 경향이 강한 (여기에서도 비용 차

감 전 수익률을 의미한다) 펀드 스타일인 대형 혼성주(성장주와 가치주) 펀드를 소
유할 강력한 이유가 있다.

비교 그룹 대비 개별 뮤추얼 펀드의 투자 실적 차이가 지속된다는 증
거는 거의 없지만, 주로 개별 펀드들이 따르는 투자 스타일 때문에 떠안
는 리스크 차이는 지속된다는 상당한 증거가 있다. 스타일은 실로 중요
한 차이를 만들어 낸다. 또한 스타일의 차이가 지속되기 때문에, 논리적
으로 각 펀드가 벌어들이는 총수익률보다는 리스크 조정 수익률이 일관
성을 유지할 가능성이 높다는 결론을 내릴 수 있다. 투자자들은 특정 펀
드 스타일을 선택함으로써 리스크를 상당 부분 통제할 수 있다. (예를 들어
대형 가치주 펀드들은 평균적인 펀드보다 변동성을 약 50% 덜 떠안았으며, 소형 성장주 펀드
들은 50% 더 많이 떠안았다.)

내 견해로는 대부분의 투자자들은 주식 투자에 대한 보수적이고 중
도파적인 접근 방법으로 대형주 부문, 특히 성장주와 가치주를 혼합한
펀드에 집중하는 전략을 강조할 것이다. 투자자들은 다음 두 가지 대
안을 고려하기 원할 것이다. (1) 명확한 부문이 없이 하나의 시장 부문
에서 다른 시장 부문으로 옮겨갈 기회를 광범하게 모색하는 '종목 선
택(stockpicking)' 펀드들. (2) 특정 스타일 범주의 벤치마크를 따르는 펀
드들.

특정 스타일에 의존하는 투자자들은 자신의 리스크 선호도를 반영하
거나 기존에 보유하고 있는 특정 스타일의 펀드에서 시장 대비 비중이
과도하거나 과소한 부분의 리스크를 상쇄할 수 있을 것이다. 후자의 경
우 리스크 통제 전략이라고 설명할 수 있다. 또 하나의 중요한 투자 의사
결정으로, 전체적인 전략 이슈를 고려해야 한다. 어떤 투자 스타일을 선
택하든, 투자 전략은 전통적으로 관리되는 펀드를 통해 실행되거나 그
스타일을 모방한 인덱스 펀드를 통해 실행되어야 한다. 이번 장의 목표
는 이 도전 과제를 현명하게 다루도록 도와주는 것이다.

3목 게임(Tick-Tack-Toe) 입문

아이들이 즐겨하는 3목 게임을 생각해 보라. 아무리 천재라 해도 나중에 시작하면 지능이 평범한 상대일지라도 이길 수 없다. 먼저 두는 사람이 상대방의 다음 수를 막아 버리기 때문이다([그림 6.1]에서 이를 보여준다). 물론 한쪽이 여러 가능성들을 보지 못하거나 집중력을 잃어버리면 상대방이 게임을 이길 수 있다. 그러나 3목 게임은 일반적으로 이길 수 없는 게임이다. 그것은 완전한 패자의 게임이다.

[그림 6-1] 3목 게임

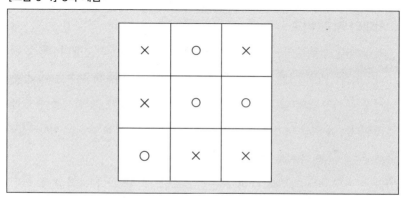

1996년에 도입된 모닝스타의 '범주 등급(category rating)' 시스템은 3목 게임의 패턴과 같은 9개 상자 패턴 안에서 시합한다. 이러한 유사성 때문에 펀드 투자 스타일 분석을 위한 9개 상자 시스템은 다음과 같은 질문을 제기한다. 펀드의 성과 추구는 (3목 게임에서와 같이) 3개의 X(또는 O)를 연속으로 나올 확률을 찾는 것과 유사하지 않는가? 다른 말로 바꿔 말하자면 대부분의 참여자가 최소한 평균적인 기술을 가지고 있을 경우 아무도 일관성 있게 이길 수 없다면, 펀드 선정도 패자의 게임이지 않은가?

20여 년 전에 찰스 엘리스(Charles Ellis)는 『패자의 게임』(The Losers Game)에서 전문 매니저들이 시장을 이길 수 있다는 전제는 틀린 것 같다고 말했다. 당시에는 금융회사들이 시장 수익률을 측정하기 위해서 사용하는 유일한 기준은 S&P 500 지수였다. (그나마 이 지수도 그리 자주 사용되지 않았다!) 대부분의 기관 매니저들과 뮤추얼 펀드의 포트폴리오들은 사실상 S&P 500 지수에 편입된 대형주들로 구성되었다. 오늘날에는 다른 스타일들이 출현했다. 가치주나 성장주를 극단적으로 강조하는 펀드들이 있는가 하면 중형주나 소형주를 강조하는 펀드들도 있다. 다양한 스타일의 펀드들은 달성하는 수익률(최소한 중간 기간 동안에는 수익률이 다를 수 있음)과 떠안는 변동을 잘 판단해서 동일한 스타일 범주에 속하는 펀드들과 비교해야 한다.

사과와 사과 비교

지금까지 대부분의 뮤추얼 펀드 성과 평가는 아주 단순했다. 특정 펀드가 '시장' 대비 어떤 성과를 올렸는가? S&P 500 주가 지수는 미국 주식시장 시가총액의 약 75%만을 대표하며 시가총액이 큰 회사들에 의해 주도된다(상위 50개 주식들이 전체 주식시장의 35%를 차지한다. 이 지수에 포함되지 않는 6,900개 주식 전체의 가중치는 25%다).

많은 펀드들은 대부분 극히 부분적으로만 '시장'과 유사하다. 스타일 분석 실무자들은 뮤추얼 펀드들을 '시장'이 아니라 유사한 투자 스타일을 따르는 펀드들과 비교한다. 오랫동안 기관 투자자들은 수직축을 대형주와 소형주로 구분하고 수평축은 가치주와 성장주로 구분하는 (대개 주가 순자산 비율(PBR) 또는 주가 수익 배율(PER)에 기초한다) 상자를 그려서 이런 유형의 분석을 수행해 왔다. 각각의 계좌는 이 좌표 평면 어딘가에 X로 표시되었다. 이 방법은 복잡하지는 않았지만, 상대적인 성과를 평가하기에 그리 간단하지도 않았다. 기관 투자자들에 의해서 사용되었던 전형적인 스타일 상자를 [그림 6-2]에서 보여주는데 이 상자는 대형 성장주 포트폴리오(왼쪽)와 소형 가치주 포트폴리오(오른쪽)를 비교한다.

모닝스타의 방법을 살펴보자. 모닝스타의 공헌은 이전에 기관 투자자들이 사용하던 스타일 상자를 (3목 게임과 마찬가지로) 9개 상자로 이루어진 매트릭스 형태로 바꾸었다는 것이다(그리고 이 방법은 모닝스타가 광고하는 것처럼 '뮤추얼 펀드를 선택하고 관리하는 더 현명한 방법' 이다). 각 펀드들은 수직축은 대형주, 중형주, 소형주로 구분되고, 수평축의 양끝에는 가치주와 성장주가 자리잡고 그 가운데에는 '혼합' (양자의 결합)을 표시하는 상자의 어느 한 칸에 표시된다.

[그림 6-2] 기관 투자자들 스타일 상자

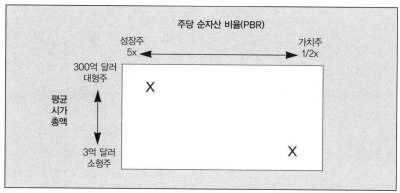

이 시스템은 리스크와 수익률 조합에 기초해서 각 펀드의 비교 대상 그룹 대비 성과의 중요한 통계치들을 즉시 수치화할 수 있게 해준다는 점이 큰 장점이다. 대형 성장주 펀드는 다른 대형 성장주 펀드와 비교되고 소형 가치주 펀드는 다른 소형 가치주 펀드와 비교된다. 모닝스타 시스템 하에서 각 펀드는 '1' (하위 10%)에서 '5' (상위 10%)까지의 범주 등급 (Category Rating)을 받게 된다. 실적 최상위와 최하위 등급에 속한 펀드는 그리 많지 않고 80%는 중간 범주에 속한다(45%는 2등급과 4등급에 속하고, 3등급에는 35%가 속한다).

[그림 6-3]은 이 장에 나오는 10개의 3목 상자 중 첫 번째다. 이 그림은 1997년 기준 741개 주식형 펀드들의 5년 기록을 보여준다. 자신이 관리

하는 자세한 데이터베이스에서 이 자료들에 쉽게 접근할 수 있는 모닝스타는 이 펀드들의 실적을 추적 관리한다. 이 분석이 중요하기는 하지만 스타일이나 범주에 관계없이 장기적으로 우수한 총수익을 달성하는 것이 훨씬 더 중요하다. 스타일에 의해서든 기술에 의해서든 전체 주식시장 수익률 중 가능한 최고 수익률을 달성히는 것이 투자자의 과제다.

[그림 6-3] 모닝스타 스타일 상자 (741개 주식형 펀드)*

	펀드 수		
	가치주	혼성주	성장주
대형주	100	211	58
중형주	54	84	90
소형주	52	32	60

* 1996. 12. 31 당시 5년의 투자기록이 있는 펀드. 출처: 모닝스타 데이터.

10년 후 **[그림 6-3] 모닝스타 스타일 상자 (1,967개 주식형 펀드)***

	펀드 수		
	가치주	혼성주	성장주
대형주	286	459	369
중형주	68	122	216
소형주	91	167	189

* 2008. 12. 31 현재 투자기록이 있는 펀드. 출처: 모닝스타 데이터.

모닝스타 범주 등급 시스템은 다양한 스타일 범주에 속하는 펀드들이 벌어들인 수익률의 일반적인 차이나 유사성을 정확히 보여준다. 이 장에서 분석한 1996년 말까지 5년 동안에는 유사성이 두드러졌다. 대형 성장주 펀드들(연 수익률은 평균 약 12%였다)만 다른 그룹들이 달성한 13%∼15%의 수익률에서 벗어났다. 9개 범주 각각의 연 수익률이 [그림 6-4]에 나타나 있다.

그러나 9개 범주들 사이에서 리스크의 차이는 훨씬 두드러지게 나타난다. 1장에서 설명된 표준편차를 리스크에 대한 대용물로 사용할 경우 5년간 수익률 변동성은 낮게는 9.8%(대형 가치주)부터 높게는 그 두 배인 18.7%(소형 성장주)에 이른다. 신기하게도 3개의 소형주 범주들의 수익률이 거의 동일함에도 리스크는 극단적인 차이를 보였다(가치주는 11.6%였고, 성장주는 18.7%였다). [그림 6-5]는 이처럼 큰 리스크 차이를 보여준다.

[그림 6-4] 펀드 유형별 연 수익률*

	연 수익률(%)		
	가치주	혼성주	성장주
대형주	13.8	13.2	11.9
중형주	14.2	14.0	13.3
소형주	15.1	15.1	15.0

* 1992~1996.

10년 후 [그림 6-4] 펀드 유형별 연 수익률*

	연 수익률(%)		
	가치주	혼성주	성장주
대형주	11.1	10.1	8.7
중형주	12.8	12.7	10.2
소형주	14.8	12.6	10.6

* 1995~2005.

[그림 6-5] 펀드 유형별 리스크*

	표준편차(%)		
	가치주	혼성주	성장주
대형주	9.8	9.9	12.0
중형주	9.9	11.3	15.8
소형주	11.6	13.9	18.7

* 1992~1996.

10년 후 [그림 6-5] 펀드 유형별 리스크*

	표준편차(%)		
	가치주	혼성주	성장주
대형주	14.3	15.6	19.2
중형주	15.7	17.6	23.8
소형주	16.0	18.5	25.4

* 1995~2005.

비슷한 수익률 하에서 리스크가 이처럼 다르다 보니 리스크 조정 수익률(펀드가 부담한 리스크 단위당 벌어들인 수익률)에 큰 차이가 나게 된다. 여기에서도 우리는 펀드 각각의 변동성 퍼센트 포인트 당 (무위험 이자율) 대비 초과 수익률 퍼센트 포인트에 기초한 샤프 비율(Sharpe Ratio)을 사용한다. 샤프 비율이란 리스크가 없는 자산 대비 펀드의 초과 수익률을 변동성으로 나눈 값이다. [그림 6-6]이 보여주는 것처럼 수익-리스크 비율도 대형 가치주 펀드는 1.23이고, 중형과 소형 성장주 펀드는 0.67~0.69로 차이가 매우 크다(사실 거의 두 배에 이른다).

[그림 6-6] 펀드 유형별 수익-리스크 비율*

	리스크 조정 수익률**		
	가치주	혼성주	성장주
대형주	12.6	12.0	9.7
중형주	12.9	11.6	9.2
소형주	12.2	10.9	9.2

* 1992~1996. ** 모딜리아니 수익률.
주: 잠시 뒤에 설명하는 것처럼 수익률이 마이너스일 때에는 샤프 비율이 통하지 않는다. 따라서 원래 데이터와 업데이트된 데이터를 비교하기 위해, 나는 원래 기간에 대해 펀드들의 모딜리아니 수익률을 계산해서 [그림 6-6]에서 사용한다.

10년 후 **[그림 6-6] 펀드 유형별 수익-리스크 비율***

	리스크 조정 수익률**		
	가치주	혼성주	성장주
대형주	11.9	10.2	8.0
중형주	13.1	12.2	8.4
소형주	15.0	12.2	8.5

* 1995~2005. ** 모딜리아니 수익률.

리스크를 고려한 수익률 조정은 투자자들에게 중요한 고려사항이다. 그 이유를 이해하기 위해서 다음과 같은 예를 들어보자. 시장 변동성이 10%이고 시장의 연 수익률이 14%라고 가정하자. 무위험 이자율을 4%라고 가정하고 시장 수익률에서 무위험 이자율을 차감하면 시장의 리스크 조정 수익률은 1.00이 될 것이다. 이제 수익률이 14%로 동일한 2개의 펀드를 고려해 보자. 펀드 A의 변동성은 시장보다 높고(11%) 펀드 B의 변동성은 시장보다 낮다면(9%) 펀드 A의 수익-리스크 비율은 0.9, 펀드 B의 수익-리스크 비율은 1.11이 될 것이다. 만일 펀드 B에 투자한 투자자들이 시장보다는 조금 높고 펀드 A와 같은 수준의 리스크를 원한다면, 그들은 이론상으로 투자 자금의 20%를 차입해서 펀드 B에 투자하여 20%의 레버리지를 일으킬 수 있을 것이다. 그들의 리스크는 11%로 증가하게 되지만 수익률은 16.8%로 상승할 것이다. 펀드 A보다 높은 리스크를 감수하지 않고서도 이러한 2.8% 포인트의 추가 수익을 얻을 수 있는 것이다. 현명한 투자자의 목표가 일정한 리스크 수준에서 가능한 최고의 수익을 올리는 것이라면, 펀드 A는 확실히 열등한 투자 대상일 것이다.

위의 분석이 복잡하다면 다음의 예는 이 개념을 좀 더 명확하게 해줄 것이다. 펀드 2개의 변동성이 똑같이 10%라고 가정하자. 무위험 이자율을 4%라고 가정할 경우 수익-리스크 비율이 1.20인 펀드는 16%의 수익률을 올릴 것이고((16-4)÷10=1.2, 역자 주) 수익-리스크 비율이 0.6인 펀드는 10%의 수익률을 올릴 것이다. 연 6% 포인트 차이는 결코 작은 게 아니다.

연구 대상 기간 동안 9개 유형의 평균 수익률은 대체로 비슷하기 때문에 리스크 조정 수익률에서의 큰 차이는 대체로 9개 시장 부문의 리스크 차이에 기인한다. 스타일 분석이 도입되기 전에는 리스크 조정 수익률에서의 이러한 차이를 특정 시장 부문의 성과와 관련짓기 어려웠다. 따라서 종종 리스크 조정 수익률 차이를 어떤 매니저는 소형 성장주에 투자한 반면 다른 매니저는 대형 가치주들 중에서 거래했다는 사실에 기인하는 것으로 설명하기보다는 매니저의 기량 차이로 돌렸다. 스타일 분석은 투자자들에게 매니저들이 그들 스스로 선택한 도구를 얼마나 잘 사용하는지 평가할 수 있게 해준다. 9개 상자의 비교 그룹 비교는 완벽하지는 않지만, 활용할 수 있는 최상의 방법이다.

너무 예리한 비율?

펀드의 수익률을 반드시 펀드의 리스크 맥락에서 고려할 필요가 있지만 샤프 비율은 리스크 조정 수익률을 측정하기에는 다소 무딘 도구다. 과거 수익률은 미래 수익률을 예측하지 못한다. 그리고 펀드들 사이의 상대적인 리스크가 장기간에 걸쳐 일관성이 있기는 하지만, 표준편차는 리스크처럼 파악하기 어려운 개념에 대한 대략적인 대용물에 지나지 않는다. 게다가 리스크와 수익률에 동일한 중요성을 부여하는 것은 완전히 자의적이다. 내가 보기에는 표준편차 1% 포인트 차이는 의미가 없으나, 수익률 1% 포인트 차이는 큰 가치가 있다는 것이 투자의 현실이다. 리스크에서의 큰 차이가 매우 중요함에도(주식 포트폴리오와 채권 포트폴리오 사이에는 차이가 있다) 간단한 공식에서 편의상 리스크와 수익률에 같은 가중치를 두는 데에는 개선할 여지가 많다. 최종 분석에서 리스크 조정 수익률은 아름다움처럼 '제 눈에 안경'일 수 있다.

이러한 약점들에도 불구하고 투자 분석가들은 주로 샤프 비율을 사용해서 리스크 조정 수익률을 측정한다. 이 비율은 단순한 수익률보다 펀드의 성과를 더 완전하게 제시하며, 투자자들이 비슷한 투자전략을 따르는 경쟁 펀드들의 상대적인 성과를 평가하도록 도움을 줄 수 있다. 모든 통계치가 그렇듯이 샤프 비율도 그 한계를 인식하고 있을 때에만 유용할 수 있다.

10년 후 　스타일 유형, 수익률, 리스크

초판의 데이터를 업데이트하니 5년 수익률에 커다란 변화가 일어났다. 1992년에서 1997년(이 기간 동안 S&P 500 지수가 해마다 약 20% 상승했음)의 강세장에서 놀라운 실적을 나타냈던 차트들과 표들은 2004년부터 2009년까지는 2007년에서 2009년의 약세장을 반영하여 실망스러운 실적으로 전환되었는데 이 기간 동안 S&P 500 지수는 해마다 약 2% 하락했다. 그러나 시장 상황은 거의 정반대였음에도 스타일 유형, 수익률, 리스크 원칙들은 (이전 기간에 비해) 덜 극적이고 덜 균일하기는 하지만 재확인되었다. 주의사항: 5년이라는 짧은 기간에도 평균 수익률에 상당한 무작위성이 있을 수 있으므로 두 세트의 데이터를 방향에 관한 것으로 생각하고 절대적인 것으로 생각하지 말아야 한다.

가장 주목할 만한 점으로는 5년 이상된 주식형 펀드 수([그림 6-3])는 1998년에는 741개였으나 2009년에는 1,967개로 폭발적으로 증가했는데 가장 크게 증가한 펀드는 대형 성장주 그룹이었다(10년 전에는 58개였는데 현재에는 369개다). 업데이트된 기간에는 모닝스타 9개 스타일 분류 그룹의 모든 펀드들의 수익률이 하락했지만 이 스타일 유형들 또한 매우 유사한 수익률을 보여준다. 대형 성장주와 소형 가치주 스타일은 예외로 하고 수익률 범위들은 최근의 기간과 초판 당시의 기간 모두에 대해 약 3% 포인트 이내로 유지되었다(첫 번째 기간에는 12%에서 15%였고, 두 번째 기간에는 10.1%에서 12.8%였다). 그러한 차이는 사소하다고 말해도 무방할 것이다.

그러나 시장의 변동성이 보다 컸던 최근 기간에 대해서는 각각의 스타일에 속한 펀드들이 훨씬 큰 표준편차를 보였다([그림 6-5]에서 최근 기간에는 14%에서 25%를 보이고 있는 반면, 이전 기간에는 10%에서 18%를 기록하였다). 그럼에도 대형주 펀드들은 다른 유형 펀드들보다 리스크를 훨씬 적게 부담했다.

그런데 이 데이터를 제시함에 있어서 재미있는 현상이 발생했다. 각각의 스타일에 대해 두 개의 데이터 시리즈를 함께 고려해 리스크 조정 수익률을 계산해 보니([그림 6-6]) 앞의 방법론은 실패했다. 하락장에서는 샤프 비율(Sharpe ratio)이 정확한 정보를 전달하지 못한다. 1999년에 나는 샤프 비율을 설명하면서 "리스크 조정 수익률을 측정하기에는 다소 무딘 도구다. 이 비율은 그 한계를 인식할 때에만 유용하다"라고 했다. 그러나 나는 이 비율의 실패에 대해 깜짝 놀랐다. 모닝스타가 2009년 중반에 선언한 것처럼 수익률이 마이너스일 경우에는 샤프 비율이 '직관에 반하는 결과를 낳기' 때문에 이를 사용하면 안 된다.

대신 우리는 본질적으로 펀드의 연간 수익률을 펀드가 부담하는 리스크에 대비해 (위 또는 아래로) 조정하는 모딜리아니 공식(Modigliani formula)을 사용해서 리스크 조정 수익률을 계산했다(예를 들어 S&P 500 의 수익률이 10%이고 리스크가 15%일 경우 수익률은 10%로 같지만 리스크가 13%인 펀드의 리스크 조정 수익률은 11.5%(10×15/13. 역자 주)가 될 것이다. 수익률은 10%인데 리스크가 17%인 펀드의 리스크 조정 수익률은 8.8%(10×15/17. 역자 주)일 것이다). 우리는 또한 주식 수익률이 장기간 평균을 약간 상회할 경우 보다 장기적이고 대표성이 있는 기간인 2005년 2월까지 10년 자료를 사용했다. [그림 6-6]에서 분석 대상 기간이 다름에도 두 데이터들 사이에 유사성이 매우 크다는 점을 주목하기 바란다. 두 경우 모두 성장주에 비해 가치주에 유리하게 작용하는 기간 의존 편향(period-dependent bias)을 반영한다.

주식형 펀드—리스크, 수익률, 그리고 비용

주식형 펀드를 모닝스타 범주로 측정된 투자 스타일을 근거로 하여 평가한다면 어떻게 될까? 1992년부터 1996년까지 5년간 수익률과 그 표준편차를 사용해서 이 질문에 답해 보려 한다. 첫 번째 예는 대형 혼성주 그룹(가치주와 성장주의 성격을 모두 가지고 있는 거대 회사들에 투자하는 뮤추얼 펀드)이다. 모닝스타에 의해 분석된 741개 펀드 중에서 이 범주에는 211개 펀드가 있으며(다른 그룹들의 2배가 넘는다) 모든 미국 주식형 펀드 자산의 40%(1996년 말 모닝스타 데이터베이스에 기록된 주식형 펀드 자산 1.2조 달러 중에서 4,500

억 달러)를 차지한다. 이 그룹은 분석을 시작할 수 있는 탄탄한 기반을 제
시한다.

〈표 6-1〉은 대형 혼성주 그룹의 수익률과 리스크를 보여준다. 이 펀
드들은 해당 기간의 총수익률에 기초해서 4개의 사분위로 등급이 분류
되었다. 이 범주에서는 수익률이 상승해도 리스크는 거의 변하지 않으며
표준편차는 4개 그룹 모두 비슷한 수준이다. 리스크 조정 비율은 0.74에
서 1.37로서 총수익률과 같은 정도로 상승한다. (최고와 최저의 차이는 0.63으
로 놀랍게도 85%의 차이가 난다.) 그리고 이 대형 혼성주(중간) 펀드 범주의 결과
는 전형적인 것으로 보인다. 9개 범주 중 7개(소형 가치주와 중형 성장주는 예외
다)는 수익률의 높고 낮음에 관계없이 일정한 리스크 수치를 보였다. 따
라서 최고의 리스크 조정 등급은 언제나 총수익률이 가장 높은 펀드가
차지했다.

〈표 6-1〉 대형 혼성주 펀드(수익률 순)

수익률 사분위	5년간 총수익률(%)	5년간 위험도(%)	리스크 조정 비율(%)
최상위 사분위	15.9	10.1	1.37
2사분위	14.1	9.8	1.22
3사분위	12.6	9.7	1.04
최하위 사분위	10.2	10.0	0.74
평균	13.2	9.9	1.09

10년 후 **〈표 6-1〉 대형 혼성주 펀드(수익률 순)**

수익률 사분위	5년간 총수익률(%)	5년간 위험도(%)	리스크 조정 수익률(%)
최상위 사분위	12.5	16.1	12.5
2사분위	10.8	15.2	11.2
3사분위	9.7	15.8	9.8
최하위 사분위	7.3	15.2	7.6
평균	10.1	15.6	10.2

* 2005년 2월까지 10년간 자료.

그러나 리스크가 이러한 수익률 차이를 설명해 주지 않는다면 무엇이 그 차이를 설명해 주는가? 매니저의 기량인가, 아니면 뭔가 보다 명백한 요소인가? 한 가지 명백한 요소는 펀드의 비용이다. 그리고 비용은 특정 펀드에서 상당히 장기간 동안 일정하게 유지되는 경향이 강하다.

따라서 나는 펀드를 비용 사분위로 구분했다. 경비율이 가장 낮은 펀드가 1사분위에 속하고, 경비율이 가장 높은 펀드들은 4사분위에 놓여진다. 이론적인 학문 연구 또는 실제 경험상으로 투자 수익을 진지하게 연구한 사람에게는 비용이 중요하다는 점이 전혀 놀랍지 않을 것이다. 실제로 경비율이 가장 낮은 그룹에 속한 펀드들의 순수익률이 가장 높았다. 동시에 이러한 저비용 펀드들은 다른 펀드 그룹들과 거의 동일한 수준의 리스크(수익률 변동성)를 부담했고, 따라서 확연히 높은 리스크 조정 수익률을 제공했다. 〈표 6-1〉에 제시되었던 데이터를 〈표 6-2〉에 경비율 사분위에 따라 정리하였다.

〈표 6-2〉 대형 혼성주 펀드(비용의 역순)

비용 사분위	5년간 총수익률(%)	5년간 위험도(%)	리스크 조정 비율(%)
1사분위(최저)	14.2	9.8	1.23
2사분위	13.8	9.9	1.12
3사분위	12.5	9.9	1.03
4사분위(최고)	12.3	9.9	0.99
평균	13.2	9.9	1.09

10년 후 **〈표 6-2〉 대형 혼성주 펀드(비용의 역순)**

비용 사분위	5년간 총수익률(%)	5년간 위험도(%)	리스크 조정 수익률(%)
1사분위(최저)	11.0	15.5	11.2
2사분위	10.3	15.3	10.7
3사분위	10.0	15.6	10.2
4사분위(최고)	8.9	16.1	8.9
평균	10.1	15.6	10.2

* 2005년 2월까지 10년간 자료.

이제 중요한 점을 다루려 한다. 리스크가 놀라울 정도로 일정하게 유지될 경우 고수익은 저비용과 직접적인 관련이 있다. 대형 혼성주 그룹에서는 최저비용 펀드들이 제공한 평균 리스크 조정 비율(1.23)은 최고비용 펀드 평균 0.99보다 24% 높다. 비용은 확실히 매우 중요한 요인이다.

비용과 수익률 간의 관계를 다른 방식으로 볼 수도 있다. 대형 혼성주 그룹 211개 펀드들의 수익률과 경비율을 두 변수들 사이의 상호 의존 정도를 측정하는 회귀분석을 실시하면, 이 회귀식의 기울기는 -1.80이다. 경비율이 1% 상승하면, 펀드 주주들이 벌어들이는 순수익률이 평균 1.80% 하락했다. 직관적으로 보면 비용이 1% 포인트 변하면 수익률도 1% 포인트 변해야 하지만, 뭔가 훨씬 부담스러운 일이 발생하고 있다. 인과요인이 명확하지는 않지만 한 가지는 설명할 가치가 있는 듯하다. 고비용 펀드들은 회전율이 높은 경향이 있고 포트폴리오 거래는 그 자체에 상당한 비용이 소요된다.

〈표 6-2〉에서 발견한 사항에 비추어 볼 때 순수익률에 경비율을 더해 보면 총수익률이 얼마나 유사해지는지 알 수 있다. 여기에서도(아마도 이는 놀라운 일이 아닐 것이다) 경비율이 평균보다 낮은 펀드들의 수익률이 우위에 있기는 하지만, 각각의 사분위의 총수익률은 거의 동일하다(〈표 6-3〉을 보라).

이 예는 비용이 펀드들의 상대적 수익률의 중요한 결정 요인이라는 나의 이론을 확인해 준다. 이 현상은 대형 혼성주 펀드에서뿐 아니라 모든 투자 스타일의 펀드에서도 나타난다. 모든 펀드들의 회귀선 기울기는 대형 혼성주 펀드들의 기울기보다 약간 완만한 -1.30인데, 이는 비용이 1% 증가할 때마다 수익률은 평균적으로 1.30% 하락함을 의미한다. 왜 고비용 펀드 매니저들의 종목 선택 능력이 떨어지는지는 아직까지 밝혀지지 않았다.

〈표 6-3〉 대형 혼성주 펀드의 순수익률과 총수익률

비용 사분위	5년간 순수익률(%)	비용 비율(%)	5년간 총수익률(%)
1사분위(최저)	14.2	0.5	14.7
2사분위	13.8	0.9	14.7
3사분위	12.5	1.1	13.6
4사분위(최고)	12.3	1.7	14.0
평균	13.2	1.1	14.3

10년 후 〈표 6-3〉 대형 혼성주 펀드의 순수익률과 총수익률

비용 사분위	5년간 순수익률(%)	비용 비율(%)	5년간 총수익률(%)
1사분위(최저)	11.0	0.4	11.4
2사분위	10.3	0.9	11.2
3사분위	10.0	1.1	11.2
4사분위(최고)	8.9	1.6	10.8
평균	10.1	1.0	11.1

* 2005년 2월까지의 10년간 자료.

다음 질문은 '수익률과 리스크의 이런 관계가 모든 스타일 유형에도 적용되는가?'다. 그에 대한 대답은 '그렇다'로 이 관계는 다른 스타일 유형에도 매우 잘 적용된다. [그림 6-7]은 해당 스타일 유형에 대한 평균 리스크 조정 등급을 기준으로 사용해서, 1사분위(최저 비용) 펀드들과 4사분위(최고 비용) 펀드들의 리스크 조정 수익률의 백분율 차이를 보여준다. 예를 들어 대형 혼성주 펀드 유형에서 저비용 펀드들의 리스크 조정 수익률은 평균보다 14% 높았고, 고비용 펀드들의 수익률은 평균보다 10% 낮았다. 이들의 차이는 24%나 된다.

각각의 범주에서 상대적 리스크 조정 수익률이 보이는 일관성은 매우 강력하다. 모든 스타일 유형에서 저비용 펀드들은 평균보다 높은 등급을 제공했다. 하나를 제외한 모든 유형에서 고비용 펀드들은 평균보다 낮은 등급을 제공했다. 단 하나의 예외는 소형 혼성주 스타일이었는데, 이곳

에서는 최고비용 사분위에 속한 펀드들이 저비용 사분위의 펀드들보다 높은 등급을 제공했다(+0.11 대 +0.04). (이 그룹은 9개 스타일 범주 중 가장 작은 그룹 (32개 펀드)이어서 통계적 의미에서는 신뢰성이 떨어질 수도 있다.)

[그림 6-7] 상대적인 리스크 조정 수익률 비율*

	저비용 펀드				고비용 펀드		
	가치주	혼성주	성장주		가치주	혼성주	성장주
대형주	+0.19	+0.14	+0.09	대형주	-0.19	-0.10	-0.13
중형주	+0.35	+0.13	+0.13	중형주	-0.25	-0.27	-0.12
소형주	+0.03	+0.04	+0.01	소형주	-0.07	+0.11	-0.04

* 모닝스타 스타일 박스의 리스크 수익률을 사용함.

10년 후 **[그림 6-7] 상대적인 리스크 조정 수익률 비율***

	저비용 펀드				고비용 펀드		
	가치주	혼성주	성장주		가치주	혼성주	성장주
대형주	+1.1	+1.1	+0.7	대형주	-1.0	-1.3	-1.0
중형주	-0.1	+1.6	+0.7	중형주	-3.0	-2.0	-0.8
소형주	+1.4	-0.3	+0.3	소형주	-2.3	-1.0	-1.6

* 모닝스타 스타일 박스의 리스크 수익률을 사용함.

이 그림이 의미하는 바는 명백하다. 어떤 스타일을 추구하든 투자 대상을 저비용 펀드로 제한하고 고비용 펀드를 회피하는 방안을 심각하게 고려하지 않는 투자자들은 눈을 가리고 있는 가리개를 벗어야 한다. 뮤추얼 펀드의 경비율은 주요 일간지, 금융관련 잡지, 그리고 모닝스타와 같은 펀드 평가 서비스에 정기적으로 발표된다. 경비율은 펀드 투자 설명서에 명시되도록 요구되고 있다. "구하라. 그러면 찾을 것이다."

뮤추얼 펀드 세계에서는 인덱스 펀드가 아닌 펀드의 과거 성과에 근거해서 (절대 수익률은 말할 것도 없고) 상대 수익률을 예측하는 것은 참으로 바보 같은 게임이다. 잠시 뒤에 보여주겠지만 이는 다른 펀드들과 비교할 경우에는 제로섬 게임이며, 시장 지수와 비교할 경우에는 네거티브섬 게임이다. 절대 수익률 기준으로는 투자는 포지티브섬 게임이다. 금융시장이 장기적으로 플러스 수익률을 제공했기 때문이다. 그렇지만 우리는 과거 실적 데이터만 가지고 있지 미래 실적은 알 수 없다.

과거 데이터를 보고자 하는 사람들은 비용 데이터를 살펴볼 수 있다. 그리고 미래의 펀드 경비율은 미래의 펀드 상대적 수익률과 달리 예측 가능성이 높다. 우리는 이제 확실히 비용이 중요하다는 것을 안다. 비용은 주식형 펀드에서는 대체로 중요하며, (다음 장에서 보게 되는 것처럼) 채권형 펀드에서는 더 중요하고, 단기 자금 시장 펀드(MMF)에서는 훨씬 더 중요하다(MMF에서는 사실상 비용이 모든 것이다). 그리고 우리는 3목 게임과 유사한 9개 상자의 주식 스타일 분석에서 비용이 얼마나 중요한지를 살펴보았다(실로 비용은 수익률 차이를 만들어 내는 주요인이다).

10년 후 | 리스크, 수익률, 비용

초판에 제시했던 대형 혼성주 펀드의 데이터를 업데이트하면 당시와 동일한 일반적 결론이 도출된다. 〈표 6-1〉을 보면 2005년 2월까지 10년간 자료에서도 리스크 조정 수익률 순위가 최상위였던 펀드들은 일관되게 총수익률이 가장 높은 펀드들이었다. 〈표 6-2〉에서 '(펀드들의) 리스크는 놀라울 만큼 동일하며, 고수익은 저비용과 직접적으로 관련이 있음'을 보게 된다. 이전의 연구에서 각각의 비용 사분위에 속한 펀드들의 총수익률은 동일했는데, 이번에도 상위 2개 사분위 펀드들의 수익률이 하위 2개 사분위 펀드들의 수익률보다 높기는 했지만, 상위 2개 사분위와 하위 2개 사분위 펀드들의 총 수익률은 같았다.

[그림 6-7]을 보면 이번에도 저비용 펀드들이 리스크 조정 수익률에서 고비용 펀드들보다 앞섰다(이는 놀라운 일이 아니다). 저비용 펀드들은 9개 모닝스타 스타일 유형 중 7개 그룹에서 비교 대상보다 리스크 조정 수익률이 상당히 높았으며, 고비용 펀드들은 모든 스타일 유형에서 비교 대상보다 리스크 조정 수익률이 낮았다. 전체적으로 저비용 펀드들은 11.2%의 리스크 조정 연 수익률을 올려서 8.6%에 그친 고비용 펀드들보다 연 2.6% 포인트를 앞섰다.

인덱스 펀드—리스크, 수익률, 비용

비용이 중요하다는 주제가 함축하는 바에 따라서 행동하지 않을 이유가 있는가? 오늘날 시장에서 최저 비용 펀드는 항상 인덱스 펀드인데 9개 스타일 유형에 해당하는 인덱스 펀드를 사지 않을 이유가 있는가? 이는 겉만 번지르르한 주장도 아니고 상식에서 벗어나는 주장도 아니다.

[그림 6-8]은 해당 스타일에서 적극적으로 관리되는 주식형 펀드들의 수익률과 리스크를 같은 스타일을 따르는 저비용 인덱스 펀드 수익률 및 리스크와 비교하여 보여준다. 인덱스 펀드들은 3개 대형주 그룹에서 운영되는 인덱스 펀드(S&P 지수/바라(Barra)지수)들과, 중형주와 소형주 그룹에서 공개적으로 산출되는 지수(프랭크 러셀 인덱스)들에 기초한 가상의 인덱스 펀드(수익률은 추정 펀드 비용 0.3%를 차감함)들이다. [그림 6-8]은 각 유형별로 리스크와 수익률의 차이를 보여주고 있다.

결과를 요약하면 다음과 같다. 인덱스 펀드 그룹에 속한 모든 펀드들의 평균 수익률은 15.1%로 주식형 펀드들의 평균 수익률 13.7%보다 1.4% 포인트 높았다. 9개 그룹 중 6개에서 수동적으로 관리되는 시장 인덱스 펀드가 적극적으로 관리되는 주식형 펀드들의 평균 수익률을 앞질렀다. 2개 유형에서는 결과가 대략 비슷했고, 하나의 경우(60개 소형 성장주 펀드들)에서만 적극적으로 관리되는 펀드가 더 우수한 성과를 보였다.

[그림 6-8] 인덱스 펀드와 관리되는 펀드의 수익률과 리스크(% 포인트)

	인덱스 펀드의 수익률 증가				인덱스 펀드의 리스크 감소		
	가치주	혼성주	성장주		가치주	혼성주	성장주
대형주	+2.8	+1.9	+1.4	대형주	-0.9	-1.3	-2.5
중형주	+2.9	+1.5	-0.4	중형주	-1.3	-2.0	-4.5
소형주	+3.1	+0.6	-2.8	소형주	-2.8	-3.2	-4.8

그러나 주식형 뮤추얼 펀드들이 떠안은 평균적인 리스크는 훨씬 높다. 이는 참으로 주목할 만한 발견으로 주식형 펀드 그룹의 리스크는 11.9%였고, 이들 펀드와 유사한 가중치를 지닌 인덱스들의 리스크는 9.7%였다. (소형 및 중형 성장주 펀드들은 특히 큰 리스크를 떠안았다.) 741개 모든 펀드들의 평균 리스크는 인덱스 펀드들의 리스크보다 23% 높았다.

그 결과 리스크 조정 비율은 인덱스 펀드 그룹의 경우에는 1.23이고, 일반 펀드의 경우에는 0.99로, 리스크 조정 수익률에 있어서 24%가 넘는 차이를 보인다. 이러한 차이는 일관성이 있으며, [그림 6-9]에서 보는 것처럼 모든 유형에 걸쳐서 나타난다. 상대적인 리스크 조정 등급은 가장 낙관적인 사람들(또는 적극적 관리자나 비관적인 사람들)의 기대와는 달리 저비용 인덱스 펀드가 월등히 높다.

이 패턴에 한 가지 예외가 있다. 나는 소형 성장주 범주의 결과는 예외로 간주될 수 있음을 인정한다. 이 5년 동안에 60개 펀드들의 적극적인 매니저들은 비용을 극복하고, 인덱스 펀드를 능가하는 성과를 낼 수 있었다. 그러나 단지 표본 크기가 작아서, 또는 특정 기간에만 데이터 상

예외가 나타났을 수도 있다.

[그림 6-9] 인덱스 펀드와 일반 주식형 펀드의 리스크 조정 등급 비교

	가치주	혼성주	성장주
대형주	+0.31	+0.22	+0.18
중형주	+0.35	+0.29	+0.16
소형주	+0.46	+0.19	−0.06

전체적으로 고비용 적극적 관리 개념을 무력화할 정도로 이 차이는 매우 크고 일관성이 있다. 사실 나도 이 수치를 믿을 수 없었지만, 모든 각도에서 점검했을 때 이 수치가 옳았다.

예를 들어 대형 가치주 유형의 수치 +0.31은 인덱스 펀드의 등급 1.54와 일반 뮤추얼 펀드 등급인 1.23의 차이를 나타낸다. 이 차이가 사소해 보이지 않도록 0.31 포인트 차이가 무엇을 의미하는지에 대한 예를 살펴보자. 먼저, 인덱스 펀드 A와 적극적으로 관리되는 펀드 B의 표준편차가 10%로 같다고 가정하자. 둘째, 무위험 이자율을 4%라고 가정하자. 결과는 다음과 같다. 리스크 조정 수익률이 15.4%인 인덱스 펀드 A(리스크 조정 비율 1.54)는 연 19.4%의 총수익률을 거둘 것이다((19.4-4)/10=1.54, 역자주). 이는 연 3.1% 포인트라는 참으로 괄목할 만한 수익률 차이다(같은 방식으로 펀드 B의 총수익률을 계산하면 16.3%가 되며, 이는 인덱스 펀드 A의 총수익률 19.4%에 3.1% 포인트 낮은 수치다. 역자 주). 이 차이의 많은 부분은 인덱스 펀드의 낮은 경비율과 포트폴리오 거래 비용에 기인한다. 더구나 인덱스 펀드에는 상당한 세금상의 장점도 있다.

271

[그림 6-9]에 제시된 데이터는 인덱스 펀드가 대형주 시장에서만 통한다는 흔한(이제는 진부하기까지 한) 말이 거짓임을 보여주는 현저한 패턴을 제시하는 듯하다. 이 데이터에 비추어 보면 그 주장은 더 이상 진실이 아니다. 대형주, 중형주, 소형주 유형 모두에서 적절한 인덱스 펀드들은 일관되게 리스크 조정 수익률이 높았다(사실 규모가 작아질수록 인덱스 펀드의 우위가 다소나마 증가한다). 펀드들이 떠안은 리스크와 동일한 수준의 리스크를 부담할 경우 인덱스 펀드들이 보여주는 초과 수익률은 대형주 +3.6%, 중형주 +4.2%, 소형주 +4.4%로 시가 총액이 작을수록 더 커진다. 통계적으로 동일한 리스크를 부담할 경우의 수익률을 비교하기 위해 인덱스 펀드 수익률을 증가시킨 〈표 6-4〉는 이 계산이 어떻게 도출되었는지를 보여준다.

이 패턴(과 참으로 괄목할 만한 차이들)은 우연히 뮤추얼 펀드 데이터를 보는 많은 사람들을 놀라게 할 것이다. 위의 5년간의 결과가 합리적이라고 받아들여지는 한, 모닝스타 범주 등급은 궁극적으로 1975년에 최초의 S&P 500 지수 뮤추얼 펀드가 창설된 이후 인덱스 투자라는 복음을 확산시키는 가장 큰 계기가 될지도 모른다.

10년 후 인덱스 펀드

최근에 S&P는 9개 스타일 각각의 5년 운용 성과를 비교하여 인덱스 펀드들이 적극적으로 관리되는 동일 유형 펀드보다 나은 수익률을 보인 비율을 제공했다. 새롭고 가치 있는 이 데이터에는 특별한 장점이 있다. S&P는 생존자 편의를 고려했다. 실패한 펀드들을 고려하지 않으면(이 펀드들이 탁월한 실적을 보여서 실패하지 않았다고 가정할 수 있는데, 이는 사실과 다르다) 인덱스 펀드들을 실적이 좋은 펀드들과 비교하는 셈이 될 것이다.

따라서 [그림 6-8]과 [그림 6-9]를 업데이트하는 대신, 이 표에서는 지난 5년간 각 그룹에 대한 S&P 데이터를 보여준다. 놀랍게도 관련 인덱스 펀드들(즉, 소형 성장주, 대형 가치주 등)은 적극적으로 관리되는 동일 스타일 펀드의 약 70%보다 실적이 좋았다.

2008년말까지 5년간 인덱스 펀드 대 적극적으로 관리되는 펀드 비교

인덱스 펀드가 적극적으로 관리되는 펀드를 앞선 비율

	가치주	혼성주	성장주
대형주	53%	78%	80%
중형주	79%	76%	77%
소형주	69%	81%	96%

* 자료출처: S&P.

초판에서 나는 '인덱스 투자는 대형주 시장에서만 통한다는 주장'에 반하는 주장을 펼쳤다. 나는 당시에 제시한 데이터에 근거해서 이 주장은 "더 이상 진실이 아니다"라고 말했다. S&P가 수행한 보다 더 종합적이고 독립적인 연구는 10년 전의 나의 결론을 확인해 줄 뿐이다.

신(神), 파스칼, 그리고 전쟁 게임

피터 번스타인이 『위험 기회 미래가 공존하는 리스크』(Against the Gods)에서 말해 주는 것처럼 확률이론의 아버지 파스칼은 신의 존재를 확률 게임 문제로 제시한다. "동전이 던져졌다. 당신은 어디에 걸겠는가? 앞면(신이 존재한다)인가, 뒷면(신이 존재하지 않는다)인가?"

번스타인은 파스칼의 말을 바꿔서 내기에 질 경우를 생각해 보라고 말한다. 만약 신이 존재한다는 쪽에 건다면 거룩하게 살고 몇 가지 즐거운 유혹을 포기할 테지만, 잃게 되는 것은 이것이 전부다. 만약 당신은 신이 존재하지 않는다는 쪽에 걸고 모든 유혹에 굴복한다면 사악한 삶으로 인해 영원한 저주를 받게 될 것이다. 결과가 확률보다 더 중요하게 취급되어야 한다.

번스타인은 이어서 주식시장에 관하여 다음과 같이 이야기한다. 만약 시장이 효율적이라고 믿는다면(그리고 사실 시장이 효율적이라면) 최선의 전략은 인덱스 펀드를 사는 것이다. 만일 시장이 효율적이라고 믿는다면(사실은 그렇지 않은데) 시장 수익률을 얻게 되겠지만, 적극적으로 관리되는 일부 펀드들은 그보다 높은 수익률을 달성할 것이다. 그러나 시장이 효율적이지 않다는 쪽에 걸었는데 그게 틀렸다면, 그 결과는 매우 고통스러울 수도 있다. 간단히 말해서 시장이 효율적이라는 쪽에 걸 때보다 비효율적이라는 쪽에 걸 때 리스크가 훨씬 크다.

〈표 6-4〉 리스크가 같을 때 인덱스 펀드 수익률

	연수익률 (%)*	표준 편차(%)	리스크조정 수익률(%)
대형주			
관리되는 펀드	12.9	10.5	1.0
인덱스 펀드**	16.5	10.5	1.2
인덱스 펀드의 우위	+3.6	0	+0.2
중형주			
관리되는 펀드	13.8	12.3	0.9
인덱스 펀드	18.0	12.3	1.2
인덱스 펀드의 우위	+4.2	0	+0.3
소형주			
관리되는 펀드	15.1	14.7	0.9
인덱스 펀드	19.5	14.7	1.1
인덱스 펀드의 우위	+4.4	0	+0.2

* 1991년 12월 31일-1996년 12월 13일.
** 인덱스 리스크와 펀드 리스크를 같게 하기 위해 조정한 인덱스 수익률, 대형주, 중형주, 소형주 각각의 수익률 15.0, 15.2, 15.3%, 리스크 9.0, 9.7, 11.1%.

이는 뮤추얼 펀드 산업에서 주식 스타일 분석의 최종 결론이기도 하다. 어떤 스타일의 펀드를 찾든 간에 반드시 저비용 펀드를 강조하고 고비용 펀드를 피해야 한다. 그리고 가장 좋은 선택을 위해서는 어떤 유형의 스타일을 포함시키기 원하든 인덱스 투자를 고려해야 한다. 인덱스 펀드들은 자신의 투자 스타일을 절대적으로 유지한다는 추가적인 장점도 자랑한다. 소형 성장주 펀드의 매니저가 투자 대상을 소형 성장주에만 국한하리라는 보장은 없지만, 소형 성장주 인덱스 펀드는 소형 성장주에만 투자하리라는 점이 확실하다. 그러나 특정 스타일을 강조하기보다는 주식 포트폴리오 전체를 S&P 500 지수에 기초한 인덱스에 투자하는 것이 더 간단한 방법이다. 더욱더 보수적인 (그리고 더 확실한) 투자 방법은 당신의 포트폴리오를 시장 전체를 대상으로 한 인덱스에 투자하는 것이다.

만약 뮤추얼 펀드 매니저에 투자하는 것이 (장기적으로는 절대 수익률 기준으로는 승자의 게임이 된다 하더라도) 고비용 때문에 (상대적으로는) 패자의 게임이라면, 이는 (국가들 간의 전쟁과 같은) 다른 게임과 유사하지 않은가? 1983년의 〈전쟁 게임(War Games)〉이라는 영화의 예를 사용해서 이 질문에 대해 비유로 답해 보려 한다.

우리는 NORAD(북미 항공 우주 방위 사령부)의 상황실 안에 있는데 장성들은 한 어린 컴퓨터광이 국방 시스템에 침입해서 촉발된 초기 세계 핵전쟁을 막기 위해 애쓰고 있다. 그 소년은 자신이 일으킨 문제를 해결할 수 있다고 말했고, 모든 희망이 사라지자 장성들은 그 소년에게 해결해 보라고 허락했다. 그는 미국 공중 방어 컴퓨터를 3목 게임이 되게 프로그래밍한다.

맹렬한 속도로 계산을 한 컴퓨터는 어느 쪽도 이 게임(즉, 핵전쟁)을 이길 수 없다는 것을 깨닫고 스크린은 공백이 된다. 상황이 종료되고 평화가 찾아온 것이다. 그러고는 다음과 같은 단어들이 컴퓨터 스크린에 나타난다. "이상한 게임이다. 이길 수 있는 유일한 수는 게임을 하지 않는 것이다. 체스나 한 게임하는 게 어떤가?"

모든 지성, 교육 수준, 그리고 능력이 뛰어난 (그리고 엄청난 성능의 컴퓨터를 사용하는) 뮤추얼 펀드 매니저들이 실적 게임에서 이겨서 관리하는 돈을 많이 끌어 모으기 위해 최고의 주식을 고르고, 최악의 주식은 버리는 거대한 경쟁을 벌일 거라고 생각해도 무방하다. 한편 이러한 게임을 전혀 하지 않는 펀드들(인덱스 펀드)이 투자자들에게서 가장 많은 자본을 축적해 주고 있을 수도 있다는 사실을 생각해 보라. 그러니 다음과 같이 묻는 것이 타당하다. 투자 관리 게임은 세계대전 게임처럼 3목 게임과 같은 패자의 게임이 되었는가? 이 장에서 제시된 설득력 있는 증거들은 그 답이 '예' 라고 시사한다.

10년 후 | 주식 스타일

10장에서 살펴보겠지만 장기적으로는 모닝스타 상자가 정의한 다양한 투자 스타일들은 주식시장 평균으로 회귀하는 경향이 강하다. 시장 동향은 대형주에게 유리했다가 소형주에게 유리해지는가 하면, 성장주에게 유리했다가 가치주에게 유리해지기도 하고, 기울었다 차기도 하기 때문에 영리하고 운이 따르는 투자자들만이 이 '전쟁 게임'에서 이길 수 있다.

기회와 도전이 많았던 지난 25년은 이 명제를 테스트하기 좋은 시기였다. 그 결과는 다음 표와 같다.

단 하나의 작은 예외를 제외하면(24개 펀드 밖에 없는 중형 가치주 펀드) 각 스타일의 펀드들은 8.7%에서 9.5%까지 아주 유사한 연평균 수익률을 보였다. 이들의 평균 수익률은 9.2%였다. S&P 500 인덱스 펀드의 수익률은 10.0%였는데 이는 일반 펀드 수익률보다 거의 10% 높은 수준이다. 그런데 S&P 500 인덱스 펀드는 11% 낮은 리스크를 부담하면서 그러한 수익률을 올렸다. 그 결과 인덱스 펀드의 리스크 조정 수익률은 적극적으로 관리되는 펀드 평균 리스크 조정 수익률보다 15% 높았다(리스크 조정 수익률은 각각 10%와 8.7%였다. 이 수익률을 25년 간 복리로 계산하면 초기에 인덱스 펀드에 1만 달러를 투자했더라면 98,300달러의 이익을 내서 적극적으로 관리되는 펀드 평균 이익 70,500달러에 비해 투자자의 최종 원금이 40%가 높은 결과를 냈을 것이다).

| | 1984. 6~2009. 6 | | | |
	펀드 수	연 수익률	표준편차	리스크 조정 수익률
대형주 혼성주	142	9.1%	16.6%	9.1%
대형주 성장주	114	8.7	19.6	8.1
대형주 가치주	80	9.2	15.1	9.6
중형주 혼성주	39	9.5	18.4	9.0
중형주 성장주	59	8.8	23.5	7.6
중형주 가치주	24	12.0	18.1	11.4
소형주 혼성주	65	9.3	20.3	8.4
소형주 성장주	62	8.7	24.6	7.4
소형주 가치주	28	9.2	19.5	8.6
평균		9.2%	18.5%	8.7%
S&P 인덱스 펀드		10.0%	16.6%	10.0%

경고: 이 비교는 (S&P 500 지수라는 매우 근접한 대용물을 통해) 모든 주식으로 구성된 시장 인덱스 펀드 투자 개념에 얼마나 유리한 결과를 보여주든 간에 인덱스의 평균을 상당히 과소평가한다. 왜 그런가? 첫째, 연간 0.5%에서 1.0% 정도의 판매수수료(대부분의 주식형 펀드 구매 시 지급한다)를 무시했다. 둘째, 적극적으로 관리되는 펀드 투자자들이 지불하는 성가신 조세 부담(13장에서 설명한다)을 무시했다. 셋째, 불가 피하게도 25년간 생존한 863개 주식형 펀드들의 기록만 제시하고

셀 수 없을 만큼 많은 실패한 펀드들의 기록을 무시했다. 넷째, 적극적으로 관리되는 펀드들의 대부분 주주들은 펀드 자체가 보고하는 수익률보다 상당히 낮은 수익률을 올린다는 사실을 무시했다(이에 대해서는 11장에서 논의한다). 이러한 점들을 조정하면 평균적인 펀드가 보고한 연간 수익률 9.2%가 얼마나 축소될까? 아마 0.25% 이상일 것이다. 이는 펀드 매니저들이 펀드 투자자들에게 가치를 부가할 수 있다고 믿는 사람들에게는 보기 좋은 그림이 아니다.

그러니 이제 독자들은 그 이유를 알게 되었고, 10년이 지난 지금 내가 이전에 내렸던 결론에 대해 전보다 더 확신하게 되었다. 스타일에 돈을 거는 것은 참으로 '이상한 게임'이다(그리고 궁극적으로 지는 게임이다). '이기는 유일한 수는 게임에 참가하지 않는 것이다.' 그러니 스타일 게임에서 빠져나와 인덱스 펀드에 의존하는 것이 어떤가? 그렇게 하자!(이번에는 느낌표가 붙어 있다.)

시기에 따라 다르다

모든 투자자들이 어떻게 해서든 알 게 되는 것처럼 모든 분석에 이용되는 뮤추얼 펀드 수익률은 분석 대상 기간에 따라 다르다. 시장 수익률과 펀드 수익률은 기간마다 변하므로 데이터 제시자들은 분석 대상 기간을 선택할 수 있기 때문에 자신이 주장하는 바를 증명하기에 유리한 위치에 있다. 그럼에도 이 장에 제시된 분석은 내가 할 수 있는 한 공정하고 객관적이다. 나는 고의적으로 1997년 또는 1998년까지의 최근 5년이 아니라 1992년~1996년의 5년간을 선택했는데, 이는 이 시기의 S&P 500 지수 수익률이 평균적인 펀드의 수익률에 비해서 상대적으로 상당히 낮았기 때문이다. 이 장에서 나는 가급적 대형주가 가질 수 있는 편의(bias) 최소화를 목표로 했다.

분석 대상 기간 길이 선택에 관해서는 더 짧은 기간(예를 들어 3년)은 훨씬 덜 만족스러웠을 테고, 연구대상 기간을 보다 길게 하면(예를 들어 10년) 연구대상 펀드 수가 절반으로 줄어들어 표본의 신뢰성이 떨어지기 때문에 5년을 선택했다. 내가 선택한 기간에는 2년의 약세장과 3년의 강세장(이는 시장의 장기 패턴에 대해 대표적이 아니라고 말하기 어렵다)이 포함되어 있지만, 나는 5년의 연구 대상 기간에는 강세장만 포함될 수도 있음을 인정한다. 그러나 위의 연구 대상 기간 5년 동안의 S&P 500 지수 연 평균 수익률은 3년, 5년, 10년 평균 수익률 중 가장 낮았을 뿐만 아니라 적극적으로 관리되는 평균적인 뮤추얼 펀드의 수익률에 비교할 때도 가장 낮았다. 아래 표는 3년, 5년, 10년 동안의 상대적 수익률을 비교한다. 이 장에서 제시된 데이터의 스타일 분석은 다른 기간뿐만 아니라 다양한 시장 상황 하에서도 테스트해 볼 가치가 있다.

S&P 500 지수 수익률과 평균적인 주식형 펀드 수익률 비교*

기 간	S&P 500 지수 (%)	주식형 펀드 평균(%)	펀드 수익률 대비 지수 수익률(%)
3년	19.7	15.4	128
5년	15.2	13.7	111
10년	15.3	13.3	115

* 1996년 12월 31일까지의 기간.

10년 후 **S&P 500 지수 수익률과 평균적인 주식형 펀드 수익률 비교***

기 간	S&P 500 지수 (%)	주식형 펀드 평균(%)	펀드 수익률 대비 지수 수익률(%)
3년	-8.4	-11.3	74.3
5년	-2??	-4.0	54.4
10년	-1.4	-1.6	85.2

* 2008년 12월 31일까지의 기간. 주식형 펀드 평균 수익률은 판매 수수료와 생존자 편의 조정분이 포함되어 있음.

비용이 증가할수록 수익은 감소한다.

저비용 펀드들은 최고의 수익률을 제공할 뿐만 아니라

듀레이션과 가격 변동성으로 특정된 리스크도 가장 적게 떠안는다.

판매 수수료를 부과하는 펀드들이 고비용 그룹을 주도하며,

수수료를 부과하지 않는 펀드들이 저비용 그룹을 주도한다.

증권회사에서 관리하는 펀드들만 높은 비용을 징수하는 것은 아니다.

수수료가 수익률에 심대한 영향을 줌에도

수수료는 채권형 펀드 분야 전체에 걸쳐 맹위를 떨치고 있다.

수수료는 업계의 용어로 표현하자면 '진짜 돈'이다.

Chapter 7

On Bonds
Treadmill to Oblivion?

채권—망각으로 향하는 쳇바퀴인가?

채권 뮤추얼 펀드는 투자자에게 유용한 역할을 할 수 있다. 투자자가 100개 이상의 채권에 널리 분산 투자함으로써, 수익을 크게 희생시키지 않고서도 리스크를 감소시키는 분산 투자의 가치를 누릴 수 있게 해준다. 채권형 펀드들은 전문가에 의해 관리되며, 대부분의 펀드는 포트폴리오를 구성할 때 우량 투자 등급 채권들에 중점을 둔다. 많은 채권 펀드들은 단기(1년에서 3년)에서 장기(10년에서 20년 혹은 그 이상)까지, 그리고 그 중간에 해당하는 다양한 만기를 제공하여 투자자들에게 (정기적인) 수입에 대한 필요와 리스크 감내 수준의 균형을 유지할 수 있게 해준다. 채권형 펀드들은 소액의 펀드 매입과 청산을 촉진시킴으로써 투자자들에게 상당한 유연성을 제공한다. 그러나 일부 채권형 펀드들은 합리적인 가격으로 이처럼 중요한 이점을 제공하지만, 부분적으로는 이러한 이유로 투자자들은 뮤추얼 펀드 산업에서 한때 번영했던 채권형 펀드에 대해 흥미를 잃어버렸다.

채권형 펀드 제국의 성쇠는 뮤추얼 펀드 산업의 역사에서 가장 흥미로운 부분 중의 하나임에도 이에 대해서는 별로 언급되지 않고 있다. 채권형 뮤추얼 펀드의 역사는 과도한 비용 부담에 의해 수익률이 상쇄될 경우 분산 투자와 관리라는 뮤추얼 펀드의 원칙(이는 이전과 오늘날에도 유효하다)이 투자자들에게 수용 가능한 수익을 제공할 수 없음을 상기시켜 준다.

뮤추얼 펀드의 역사는 또한 많은 채권형 펀드 관리자들의 무사안일과 엇박자를 보이는 행태에 대한 그림을 제공한다.

놀랍게 보일지도 모르지만 1993년에 채권형 펀드들은 뮤추얼 펀드 업계에서 가장 큰 분야였다(채권형 펀드의 자산 규모는 7,600억 달러였고, 주식형 펀드의 자산 규모는 7,490억 달러, MMF는 5,653억 달러였다). 사실 채권형 뮤추얼 펀드의 상대적 중요성이 절정에 달했던 때는 이보다 7년 전인 1986년으로, 이 때의 채권형 펀드 자산 2,600억 달러는 주식형 펀드에 투자된 1,600억 달러보다 60% 많았다.

1986년 이후 양쪽 모두에서 1982년 이후의 장기 강세장이 재개되었다. 주식 활황장에서 주식형 펀드 투자자들은 기록적인 수익률(연 17.7%)을 올렸다. 매우 양호한 채권시장도 채권형 펀드 투자자들에게 괜찮은 수익률(8.6%)을 가져다주었지만, 이 수익률은 주식형 펀드들이 달성한 수익률에 비하면 무색한 수준이었다. 부분적으로는 1998년 초의 채권형 펀드 자산 1조 달러는 주식형 펀드 자산 2조 4,000억 달러에 비하면 약 60%가 적어 비교하기가 무색해졌다(그러나 수익률 차이는 채권형 펀드 쇠락의 부분적인 이유일 뿐이다).

그러나 주식시장과 채권시장의 상대적 성과는 한때는 뮤추얼 펀드 산업에서 지배적인 부문이었던 채권형 펀드의 상대적 중요성이 크게 줄어든 주요한 두 가지 이유 중 하나일 뿐이다. 또 다른 요인은 전체적으로 볼 때 채권형 펀드들은 채권시장 자체가 달성한 수익률에 비해서 투자자들에게 적절한 수익률을 제공해 주지 못했기 때문이다.

[그림 7-1 A]는 주식형 펀드의 자산 증가와 채권 펀드의 성장 감소를 보여주고 있다. 채권형 펀드의 상대적인 중요성이 극적으로 증감한 사실이 [그림 7-1 B]에 나타나 있다. 주식시장의 환경이 어려워질수록 채권형 펀드의 경쟁력은 높아질 것이다. 그러나 만약 채권형 펀드 업계가 현재의 방식을 변경하지 않고 투자자들에게 공정한 몫을 지급하지 않는다

면 채권형 펀드는 기억에서 사라질 것이다.

[그림 7-1 A] 채권형 펀드와 주식형 펀드의 자산 규모

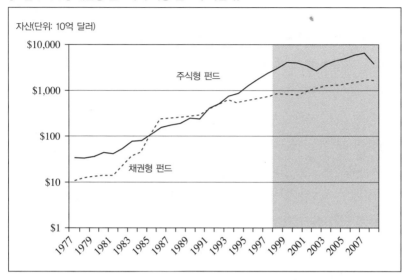

[그림 7-1 B] 주식형 펀드 대비 채권형 펀드 자산 규모

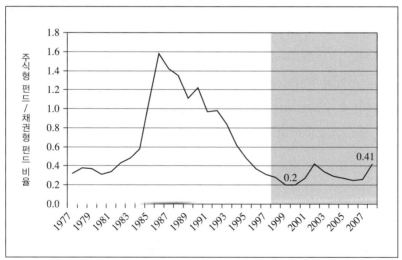

지난 10년 동안 채권형 펀드는 펀드 업계의 거북이였다. 채권형 펀드 자산은 해마다 꾸준히 증가해서 1998년 초에 7천억 달러이던 자산이 2009년에는 1조 8천억 달러가 되었다. 주식형 펀드는 토끼였다. 주식형 펀드 자산은 2조 4천억 달러에서 6.5조 달러로 치솟았다가 2009년에는 4조 달러로 줄어들었다. 이제 채권형 펀드 자산은 주식형 펀드 자산의 45%인데, 이는 10년 전의 30%에 비해 절반이 상승한 것이다. 나는 당시에 다음과 같이 말했다. "주식시장 환경이 보다 차분해지면 향후 채권형 펀드 수익률은 주식형 펀드 수익률에 비해 보다 더 경쟁력을 갖추게 될 것이다." 그 이후 실제로 발생했던 사건들은 위의 두 예측들보다 강도가 훨씬 더 셌다.

불행은 혼자 오지 않는다

오늘날 전체적인 채권형 펀드들에 대해 우려하는 사람은 나 혼자가 아니다. 1970년대와 1980년대에 마젤란 펀드의 포트폴리오 매니저로 활동했고 명석한 주식 투자자로 잘 알려진 피터 린치(Peter Lynch) 같은 투자 전문가들도 나의 우려와 의견을 같이한다. 그는 1993년에 《배런스(Barron's)》와의 인터뷰에서 주식 인덱스 펀드의 장점에 대한 나의 확신을 공유했으며 채권형 펀드에 대한 나의 의혹에도 공감했다. 그는 "나는 채권형 펀드의 목적을 알 수 없다"라고 말하며 다음과 같이 덧붙였다.

채권형 펀드들은 일관되게 개별 채권들보다 수익률이 낮았으며, 수익률이 연 2% 포인트나 낮을 때도 있고, 펀드 보유 기간이 길수록 성과가 나빠진다. 전문가의 관리를 통해 얻는 이익보다 전문가를 지원하기 위해 펀드에서 빼가는 비용이 많다.[1]

피터 린치에 따르면 "미국 국채나 주택 저당 증서(Ginnie Mae certificate)의 성격은 발행 회사마다 동일하기 때문에 이 펀드들의 매니저가 경쟁자로부터 자신을 구분할 수 있는 방법이 거의 없다."

그러나 나는 피터 린치가 이에 대해 과장한다고 생각한다. 채권형 펀드들은 한 가지 목적을 수행한다. 개별 채권들 자체와는 달리 채권형 펀드들은 대개 비교적 일정한 만기를 유지해서 투자자들에게 적합한 만기(장기, 중기, 또는 단기)를 선택할 수 있게 해주고, 이 만기가 장기간에 걸쳐 비교적 일정하게 유지되게 해준다. 또한 아주 일부에 불과하기는 하지만, 그들이 제공하는 포트폴리오 관리를 정당화하는 비용으로 서비스를 제공하는 유능한 전문 채권형 펀드 매니저들이 일부 존재한다.

그럼에도 피터 린치는 다음과 같은 간단한 투자의 자명한 이치를 밝혔다. 상품(commodity) 같은 증권으로 구성된 매우 효율적인 시장에서는 가장 뛰어난 매니저라 하더라도 비용 공제 전 기준으로 충분한 수익 우위를 보이기 어렵다. 그렇다면 그들이 관리하는 펀드의 주주들에게 (펀드 비용 공제 후에) 시장 수익률에 필적하는 수익률을 제공하기는 사실상 불가능하다. 펀드 비용이 과도하면 수익률 미달도 과도해진다.

펀드 비용은 채권형 펀드 수익률에 중대한 영향을 미친다. 예를 들어 최근 5년 동안 회사채 펀드의 평균 수익률은 회사채 시장 수익률보다 연평균 1.5% 포인트 뒤졌다. 시장 수익률과의 이 차이 안에는 또 하나의 중요한 차이가 포함되어 있다. 평균 1.5% 포인트 차이는 판매 수수료가 없는 펀드의 수익률 미달 1.3% 포인트와 판매 수수료(선취 수수료 또는 숨겨진 12b-1 연간 수수료)를 부과하는 훨씬 많은 펀드들의 수익률 미달 1.8% 포인트로 이루어져 있다. 국채와 지방채 영역에서도 동일한 패턴이 확연히 드러난다(⟨표 7-1⟩을 보라).

이처럼 다른 비용 구조가 예시하는 상황에 대해 피터 린치는 판매 수수료 이슈를 다음과 같이 표현했다. "채권형 펀드 광(나는 린치가 1993년에 『시장보다 나은 수익 내기』(Beating the Street)라는 책을 썼을 때, 채권형 펀드 투자가 거의 광적이었다는 데 대해 동의한다)에 대해 알 수 없는 또 다른 측면은 왜 사람들이 판매 수수료를 지불하고 채권형 펀드에 가입하려고 하는가 하는 점이다." 그는 그 문제에 대해 다음과 같이 이어갔다. "피터의 5번째 원칙: 라디오를 듣는 대가로 요요마(Yo-Yo Ma)에게 돈을 지불할 필요는 없다."[2] 우리는 이 점에 동의한다. 그럼에도 채권형 펀드들의 3/5이 판매 수수료를 부과하고 있는 데도 펀드의 이사, 매니저, 심지어 투자자들까지 이에 대해 이의를 제기하지 않고 있다. 모든 채권형 펀드들의 자산의 3/4이 참가할 만한 가치가 없는 게임에 참가하도록 허락받는 대가로 판매 수수료를 지불한 주주들에 의해 소유되고 있다.

〈표 7-1〉 채권형 펀드 수익률과 채권 인덱스 수익률

	1992~1997				
		관리되는 펀드들의 평균 수익률		지수와의 차이	
	지수	수수료를 부과하지 않는 경우	수수료를 부과하는 경우	수수료를 부과하지 않는 경우	수수료를 부과하는 경우
회사채	8.2%	6.9%	6.4%	−1.3%	−1.8%
국채	7.9	7.2	5.4	−0.7	−2.5
지방채	6.4	6.0	5.3	−0.4	−1.1
	2003~2008				
		관리되는 펀드들의 평균 수익률		지수와의 차이	
	지수	수수료를 부과하지 않는 경우	수수료를 부과하는 경우	수수료를 부과하지 않는 경우	수수료를 부과하는 경우
회사채	2.7%	2.5%	1.4%	−0.2%	−1.3%
국채	7.1	4.9	3.7	−2.2	−3.4
지방채	3.5	1.9	1.4	−1.6	−2.1

* 주: 각각의 시장 지수 그룹(회사채, 국채, 지방채)에 대해, 수익률은 적절한 바클레이즈 단기, 중기, 장기 지수 평균이다. 회사채, 정부채, 지방채 펀드 수익률도 위와 유사하게 단기, 중기, 장기 펀드의 가중 평균이다.

'상품'이란 무엇인가?

나는 어떤 자산군에 속하는 개별 증권들의 수익률이 밀접하게 관

련된 수익률 패턴을 따를 경우 이를 정의하기 위해 '상품 같은 (commodity-like)'이라는 용어를 사용한다. 미국 장기 국채가 이에 대한 전형적인 예다. 매 발행 회차의 국채들은 미국 정부의 신용에 의해 보증되고, 만기가 장기이며, 듀레이션이 비슷하다. 이자율 수준 변화는 각각의 국채에 유사한 패턴으로 영향을 미친다. 투자 등급 단기 회사채도 공통적인 특징과 수익률 패턴을 공유한다. 잘 분산된 GNMA 증권 패키지(정부 모기지 협회에 의해 발행되고 대출, 모기지, 미국 재무부 보증에 의해 담보됨)도 비슷한 특징이 있다. 이 예들은 모두 다양한 형태의 채권들의 특징인 '상품 같은'이라는 정의에 들어맞는다.

10년 후　　**적극적으로 관리되는 채권형 펀드**

2009년 중반까지의 10년 동안 채권 수익률은 정말 높았다. 중기 채권 중에서는 회사채 연 6.3%, 정부채 연 5.7%, 지방채 연 5.3%의 수익률을 기록했다. 복리로 하면 누적 수익률이 각각 81%, 71%, 66%로서 주식시장 누적 수익률 마이너스 14%를 무색하게 했다. 과거 5년간 정부채 수익률은 이 책의 초판 발행 당시 수익률보다 높았지만 고금리가 기존 채권의 가격을 떨어뜨렸기 때문에 최근 5년간 회사채와 지방채 수익률은 초판 당시 5년간 수익률보다 낮았다.

일반적으로 수익률이 이처럼 낮다 보니 비용의 효과가 더 컸다. 〈표 7-1〉에서 보는 것처럼 판매 수수료가 있고, 적극적으로 관리되는 펀드는 각각의 범주에서 판매 수수료 없는 펀드보다 수익률이 낮았으며, 비교 대상 채권 지수 수익률의 약 절반에 불과했다. 이는 (보다 더 극단적이기는 하지만) 10년 전에 묘사된 것과 똑같은 유형이다. 그러니 계속해서 판매 수수료가 있는 채권형 펀드가 판매 수수료 없는 채권형 펀드보다 더 많이 팔린다는 사실은 투자자들의 지혜 없음,

채권형 펀드 판매 요원과 채권형 펀드 매니저들의 추잡스러운 금전
상의 인센티브, 채권형 펀드 담당 이사들의 충격스러울 정도의 무사
안일에 대한 증언이다.

파렴치한 예

채권시장 가운데 가장 효율적인 단기 국채 시장에서 비용이 수익률에
미치는 영향에 대한 예를 하나 들어보겠다. 이 범주의 펀드들은 연
1.03%의 경비율이라는 핸디캡을 안고 있다. 판매 수수료가 없는 펀드의
경비율은 평균 0.69%이고, 판매 수수료를 부과하는 펀드는 평균 1.49%
다(이들의 경비율은 선취 수수료를 포함하지 않은 수치다). 핵심을 명백히 하기 위해
이렇게 생각해 보자. 판매 수수료가 없는 평균적인 채권형 펀드들에게는
비용이 2.5년 만기 미국 국채의 최근 수익률 5%의 13%를 소모할 것이
다. 판매 수수료를 부과하는 평균적인 펀드들에게는 비용이 수익의 29%
를 소모할 것이다. 이러한 불이익은 날강도라 해도 무방할 것이다.

미국 단기 국채 수익률이 5.0%라고 가정하면, 1.5%의 비용이 드는 펀
드의 순수익률은 3.5%다. 3.5%를 5.0%로 올리기 위해서는 매니저가 추
가로 1.5% 포인트를 더 벌어야 한다. 즉, 40%가 넘는 수익률 제고가 필
요하다. 뮤추얼 펀드 매니저가 단기 국채 포트폴리오 수익률에 거의
40%(즉, 비용의 핸디캡을 극복하고 단지 시장 수익률에 필적하기에 충분한 수익률)를 더할
수 있는 단기 국채 포트폴리오를 선택할 수 있는 가능성이 얼마나 된다
고 생각하는가? 그럴 가능성이 1만분의 1은 된다고 주장한다면(나는 그렇
게 높을 거라고 생각하지 않는다) 나는 이렇게 묻겠다. "사전에 그런 능력을 가
진 펀드 매니저를 가려낼 가능성은 얼마나 되는가?" 이것은 내기를 할
만한 가치도 없어 보인다. 그럼에도 고비용 단기 국채 채권형 펀드들(그
들 중 일부는 판매 수수료도 부과한다)이 업계에서 성행하고 있다.

그리고 이런 상황은 더 악화된다. 일부 펀드들은 필사적으로 시장 수

익률을 제공하기 위해 프리미엄을 지급하고(액면가보다 높게) 단기 국채를 구입하고는 이 프리미엄을 상각하지 않고서 수익률을 공시한다(그리고 실제로 이에 따라 배당을 지급한다). 그 결과 당장의 수익은 높지만, 프리미엄을 지급하고 구매한 채권이 액면가로 만기가 되면 자본 손실이 발생할 수밖에 없다. 끔찍한 예로 자산 규모가 10억 달러가 넘는 어떤 펀드의 투자자들이 1991년 10.19달러이던 주당 순자산 가치가 1998년 초에 8.62달러로 하락하는 것을 경험했음을 고려해 보라. 미국 정부가 보증하는 단기 국채에 대한 '안전한' 투자에서 15%의 자본 손실을 입은 것이다.

채권형 펀드 영역에서 일어나고 있는 이러한 부정적인 예를 통해 비용(경비율과 판매 수수료)이 수익률 형성에 어떤 영향을 주는지 포괄적으로 조사할 필요가 있음을 알 수 있다. 채권형 펀드라 해서 다 같은 것은 아니다. 채권 인덱스 펀드는 적극적으로 관리되는 펀드들과 다르고, 저비용 펀드는 고비용 펀드와 다르다. 매니저마다 기량 수준도 다르다. 전체적으로 일부 채권형 펀드들은 투자자들에게 지나치게 많이 지불하게 하며, 일부 펀드들(훨씬 소수임)은 투자자들에게 적절히 지급하게 한다. 주된 결론은 명백하다. 비용은 중요하다.

비용은 얼마나 중요한가?

비용이 얼마나 중요한지 알아보기 위해 만기가 명확히 정의되고 포트폴리오는 주로 우량 채권에 투자되는 4종류의 다양한 대형 채권 펀드 그룹에서 비용이 수익률을 어느 정도로 훼손하는지 검토해 보자. 4개의 가장 큰 채권형 펀드 부문은 (1) 장기 지방채 (2) 단기 미국 국채 (3) 중기 미국 국채(GNMA 포함) (4) 중기 일반 채권(주로 투자 등급 회사채)이다. 우리의 연구에 포함된 펀드는 총 448개로 이들의 자산은 모닝스타 리스트에 있는 전체 채권형 펀드 자산의 약 60%를 차지해서 표본의 대표성을 확보하고 있다.

검토 결과는 일관성이 있고 한결같다. 이들 4개 부문 중 3개 부문에서 저비용 사분위가 고비용 사분위보다 대략 경비율 차이만큼 더 높은 수익률을 기록했다. 즉, 각각의 사분위는 대략 동일한 총수익률을 기록했으며, 수익률 차이의 거의 전부가 비용 차이에 기인했다. 4번째 부문의 경우 저비용 사분위 펀드들은 고비용 사분위 펀드들보다 수익률이 약간 높은 정도에 지나지 않았지만, 고비용 펀드들은 모든 측면에서 리스크가 상당히 큰 포트폴리오를 보유했다. 모든 부문에서 리스크 측정은 아래의 세 가지 요인에 기반을 두었다.

1. **듀레이션*:** 이자율 리스크에 대한 펀드의 민감도 측정 시 평균 만기보다 나은 척도다.
2. **변동성:** 평균적인 과세 또는 비과세 채권형 펀드 대비 특정 채권형 펀드의 월별 수익률의 변화에 대한 척도다.
3. **포트폴리오의 질:** S&P의 신용등급을 이용함(투자등급 채권은 최고 AAA 에서 최저 BBB까지임).

일반적으로 최저 비용 그룹은 듀레이션과 변동성은 가장 낮았고 질은 가장 높았다. 최저 비용 그룹은 수익률이 가장 높았을 뿐만 아니라 리스크도 가장 낮았다. 채권형 펀드 투자자들은 이 메시지를 무시할 수 없을 것이다.

장기 지방채

먼저 우량 등급 장기 지방채를 고려해 보자. 나는 모닝스타 뮤추얼 펀드가 제공하는 5년 수익률을 이용하여 이 그룹에 포함된 전체 펀드들부터 살펴보았다. 이 그룹에는 92개 펀드가 있다. [그림 7-2]의 산포도는

---

* 듀레이션은 복잡한 수학적 개념이기는 하지만, 일반적인 이자율 수준의 변화에 대한 채권 가격의 민감도라는 중요한 요인을 측정한다. 예를 들어 포트폴리오 듀레이션이 2.0인 단기 채권형 펀드는 이자율이 1% 포인트 변할 때마다 가격이 2% 포인트 등락할 것이다. 포트폴리오 듀레이션이 12.0인 장기 채권형 펀드는 이자율 1% 포인트 변화에 대해 가격이 12% 포인트 등락할 것이다.

각각의 펀드에 대해 연 수익률(세로축)과 연 경비율(가로축)을 제시한다. 설명 목적상 지방채 인덱스 펀드를 복제하기는 어렵지만 가상의 지방채 인덱스 펀드 수익률도 함께 나타냈다(지방채 인덱스 수익률에서 0.2%로 가정한 연간 비용을 차감한 수치).

[그림 7-2] 장기 지방채 펀드(1997년 12월 31일까지 5년간의 성과)

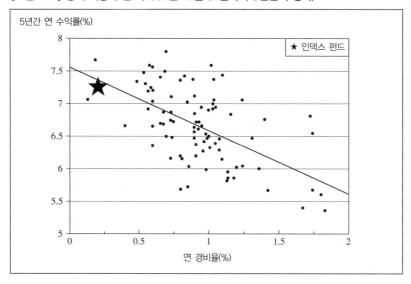

10년 후 [그림 7-2] 장기 지방채 펀드(2008년 12월 31일까지 5년간의 성과)

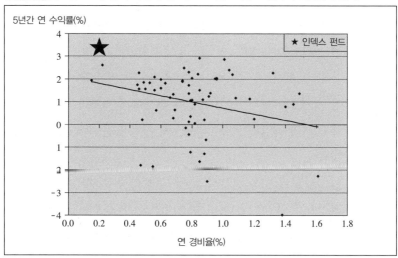

결과는 명백하다. 비용이 증가할수록 수익은 감소한다. 이렇게 단순하다. 사실 [그림 7-2]의 추세선이 보여주는 것처럼 비용이 1% 포인트 감소할 때마다 수익률이 평균적으로 1.04% 포인트 상승했다. 고비용 펀드의 매니저들이 저비용 펀드의 매니저들만큼 명석하지 못했을 수도 있지만, 우리는 비용이 장기 지방채 펀드의 상대 수익률의 주된 결정 요인임을 확신할 수 있다.

펀드들을 최고 비용 펀드에서 최저 비용 펀드까지 네 개의 사분위로 나누어보면 저비용과 고수익의 직접적인 관계를 확인할 수 있다(〈표 7-2〉 참조). 저비용 사분위는 고비용 사분위에 비해 경비율은 0.9% 포인트 낮았고, 수익률은 0.9% 포인트 높았다. 고비용 펀드와 저비용 펀드 모두 총수익률은 모두 같다(7.7%)는 점도 명백하다. 최저 비용 펀드 매니저에 의해 제공된 수익률 우위는 그들이 장기 비과세 채권시장에서 달성할 수 있는 수익률 중 가장 낮은 비율을 소모했다는 사실에 놓여 있다(최저 비용 펀드 매니저들은 6%를 소모한 반면 최고 비용 펀드 매니저들은 18%를 소모했다). 저비용 가상 인덱스 펀드의 비용은 수익률의 적은 부분(3%)만을 소모했는데, 이러한 효율성은 더 이상 바랄 나위가 없다.

변동성, 포트폴리오의 질, 듀레이션 상의 차이가 중요한 역할을 했을 가능성은 어떠한가? 일반적인 장기 지방채 펀드들 사이의 듀레이션과 변동성 차이는 최저 비용 펀드가 가장 양호했지만, 그 차이는 경미하다. 또한 〈표 7-3〉이 보여주는 것처럼 저비용 펀드들은 등급이 가장 낮은 채권을 가장 적게 보유했다. 장기 지방채 펀드에서 최저비용 그룹 펀드들이 리스크는 거의 동일하게 유지하면서도 가장 높은 수익을 올렸다는 결론이 명백하다.

인덱스 펀드는 모든 비용 사분위의 펀드들보다 높은 순수익률을 달성했음에도 리스크는 훨씬 낮았다. 인덱스 펀드의 변동성 등급은 구할 수 없었지만 인덱스 펀드의 듀레이션은 비교 대상 중 가장 짧았고, 신용등급은 4%만 A등급 보다 낮아서 포트폴리오의 질은 가장 높았으며, [그림 7-2]에서 보여주는 것처럼 수익률도 발군이었다.

〈표 7-2〉 우량 장기 지방채 펀드: 수익과 비용

1997년까지				
비용 사분위	5년간 순수익률	경비율	5년간 총수익률	(비용/총수익)
1사분위(최고)	6.3%	1.4%	7.7%	18%
2사분위	6.7	1.0	7.7	13
3사분위	6.9	0.8	7.7	10
4사분위(최저)	7.2	0.5	7.7	6
인덱스 펀드*	7.4%	0.2%	7.6%	3%
2008년까지				
비용 사분위	5년간 순수익률	경비율	5년간 총수익률	(비용/총수익)
1사분위(최고)	1.0%	1.2%	2.2%	54%
2사분위	0.4	0.8	1.2	68
3사분위	1.2	0.7	1.9	38
4사분위(최저)	1.2	0.5	1.7	28
인덱스 펀드**	3.3%	0.2%	3.5%	6%

* 리먼의 10년 지방채 지수에서 0.2%로 가정한 경비율을 공제한 수치.
** 바클레이즈 10년 지방채 수익률에서 0.2%로 가정한 경비율을 공제한 수치.

10년 후 **장기 지방채**

지난 5년간의 장기 지방채 수익률은 초판에서 다루었던 5년간의 수익률에 비해 훨씬 낮았지만 비용의 역할은 훨씬 더 강했다. 당시에는 비용이 1% 포인트 하락할 때마다 수익률이 1% 포인트 올라갔는데 지금은 1% 포인트의 비용 감소가 1.3% 포인트의 수익률 상승으로 이어진다. 이번에도 가상적인 채권 지수 펀드가 수익률에서는 최상위를 차지하고 비용에서는 최하위를 차지했다([그림 7-2]를 보라). 장기 지방채 펀드의 변동성이 상승하고 신용등급은 다소 떨어졌지만(그럼에도 여전히 높은 수준이다) 포트폴리오 듀레이션은 그다지 변하지

않았다. 투자자들이 거둔 순수익률 차이의 대부분은 단지 저비용에
기인했다.

〈표 7-3〉 우량 장기 지방채 펀드: 리스크 특성

1997						
비용 사분위	듀레이션	변동성*	신용등급			
			AAA	AA	A	A미만
1사분위(최고)	8.5년	1.20	66%	15%	7%	12%
2사분위	8.0	1.10	58	16	12	14
3사분위	8.1	1.13	56	20	9	15
4사분위(최저)	8.0	1.11	60	20	10	10
인덱스 펀드	6.9년	해당없음	54%	27%	15%	4%
2008						
비용 사분위	듀레이션	변동성*	신용등급			
			AAA	AA	A	A미만
1사분위(최고)	7.6년	1.59	38%	31%	16%	8%
2사분위	7.9	1.67	29	28	18	18
3사분위	8.5	1.48	28	32	20	15
4사분위(최저)	7.8	1.63	22	35	24	13
인덱스 펀드	7.3년	해당없음	28%	44%	23%	5%

• 모닝스타 데이터.
* 모든 만기의 지방채 채권 펀드 대비.

미국 단기 국채 펀드

두 번째 예로 단기 미국 국채 펀드로 옮겨갈 것이다. 이 그룹에 속하는
100개 펀드의 수익률과 비용이 [그림 7-3]에 표시되어 있다.

여기에서도 같은 결론에 도달한다. 즉, 비용이 감소함에 따라 수익률
이 상승한다. 추세선은 비용이 1% 포인트 감소할 때마다 수익률이 0.9%
상승함을 보여준다. 수익률이 비용 감소폭만큼 상승하지 못하는 데에는
몇 가지 이유가 있는데, 펀드들을 비용 사분위로 분류한 뒤에(〈표 7-4〉) 이
에 대해 살펴볼 것이다. 인덱스 펀드(단기 국채 부문에서는 만들기가 쉽다)는 단
기 국채 펀드 부문에서도 강력한 경쟁자가 될 수 있다.

[그림 7-3] 단기 미국 국채 펀드: 1997년 12월 31일까지 5년간의 수익

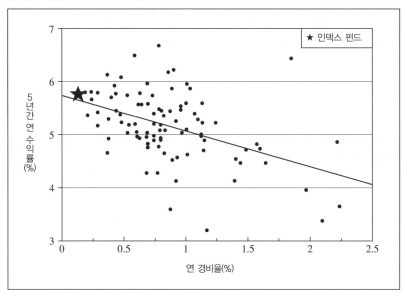

[그림 7-3] 단기 미국 국채 펀드: 2008년 12월 31일까지 5년간의 수익

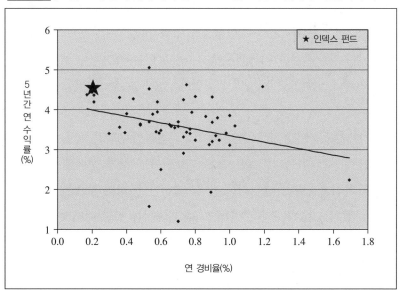

〈표 7-4〉단기 미국 국채 펀드: 수익과 비용

1997년까지				
비용 사분위	5년간 순수익률	경비율	5년간 총수익률	(비용/총수익)
1사분위(최고)	4.5%	1.6%	6.1%	26%
2사분위	5.1	0.9	6.0	15
3사분위	5.2	0.7	5.9	12
4사분위(최저)	5.5	0.4	5.9	7
인덱스 펀드*	5.8%	0.2%	6.0%	3%
2008년까지				
비용 사분위	5년간 순수익률	경비율	5년간 총수익률	(비용/총수익)
1사분위(최고)	3.4%	1.0%	4.4%	23%
2사분위	3.5	0.8	4.3	18
3사분위	3.6	0.6	4.2	14
4사분위(최저)	3.9	0.3	4.2	8
인덱스 펀드**	4.4%	0.2%	4.6%	4%

* 리먼 단기(1~5년) 미국 국채 지수, 0.20%로 가정한 비용율 차감한 수치.
** 바클레이즈 단기(1~5년) 미국 국채 지수, 0.20%로 가정한 비용율 차감한 수치.

최저 비용 펀드들은 5.9%의 총수익률을 기록하여, 0.4%의 경비율 차감 후 5.5%의 순이익률을 제공했음을 주목하라. 고비용 펀드들은 다소 높은 총수익률(6.1%)을 기록했지만, 1.6%나 되는 경비율을 차감하고 나면 투자자에게는 고작 4.5%만 지급했다(이는 저비용 펀드보다 1% 포인트나 낮은 수준이다).

여기에서도 저비용과 고수익 사이의 직접적인 관계를 볼 수 있다. 그렇다면 문제는 다음과 같이 요약된다. 단기 국채를 선택해서 수익의 26%를 가져가는 펀드 매니저를 선택하겠는가, 아니면 같은 채권을 선택해서 자신의 노력에 대해 수익의 7%를 가져가는 펀드 매니저를 선택하겠는가? 간단히 말해서 시장 수익률의 93%를 취하겠는가, 아니면 74%를 취하겠는가?

그리고 수익률만이 문제시되는 것이 아니다. 단기 국채와 같은 일반적인 자산 군에서는 다른 사항들은 서로 간에 같다고 예상할 것이다. 그러

296

나 〈표 7-5〉에서 보는 것처럼 최소한 듀레이션, 변동성, 포트폴리오의 질과 같은 리스크 특성에 차이가 있을 가능성을 조사해 보자.

여기서 우리는 알아둘 만한 가치가 있는 사실을 배운다. 즉, 저비용 펀드들은 최고의 수익률을 제공할 뿐만 아니라 듀레이션과 가격 변동성으로 측정된 리스크도 가장 적게 떠안는다(인덱스 펀드의 듀레이션은 모든 펀드를 하나의 그룹으로 보았을 때의 듀레이션과 같다). 인덱스 펀드만 자산의 100%를 미국 국채로 보유하고 있기는 하지만 이 범주에 속하는 다른 펀드들도 단기 미국 국채 범주에 속하기 때문에 펀드 자산들은 거의 모두 미국 국채이며 신용의 질이 매우 우수하다. 비용이 감소함에 따라 리스크도 다소 줄어들기 때문에 비용이 1% 포인트 하락하더라도 이 비용 감소분의 전체가 수익률 증가로 직결되지는 않는다. 이 표는 또한 고비용 매니저들은 경쟁력 있는 수익률을 제공하기 위해 더 높은 리스크를 부담하는 쓸데 없는 짓을 하고 있음을 시사한다.

저비용 단기 국채 펀드들과 초저비용 인덱스 펀드들은 일석이조의 효과가 있다. 이러한 펀드들은 최고 수익과 최저 비용을 제공하기 때문에 이는 참으로 이기는 조합이다.

10년 후 | 단기 미국 국채 채권형 펀드

최근에 단기 미국 국채 수익률도 하락했지만, 짧은 듀레이션 덕분에 장기 지방채 펀드보다는 수익률 하락 폭이 상당히 낮았다. [그림 7-3]의 회귀선도 같은 이야기를 하고 있다. 경비율이 1.0% 포인트 하락하면, 0.8% 포인트의 연 평균 수익률 상승으로 이어졌다(이전의 차트에서는 0.9% 포인트 상승했다). 가상의 인덱스 펀드(가정된 경비율 0.2% 차감 후)는 이 그룹에서도 적극적으로 관리되는 펀드들보다 더 나은 실적을 보였다. 대부분의 국채 펀드들이 유사한 (높은) 등급을 유지했지만

비용이 가장 낮았던 사분위의 펀드들이 변동성 리스크가 낮았고, 총
수익률은 가장 낮았으며, 순수익률은 가장 높았다. 역설적이게도 더
높은 보상을 더 낮은 리스크로 달성했다.

⟨표 7-5⟩ 단기 미국 국채 펀드: 리스크 특성

1997				
비용 사분위	리스크 특성		신용등급	
	듀레이션	변동성*	국채	회사채
1사분위(최고)	2.3년	0.69	92%	8%
2사분위	2.4	0.70	95	5
3사분위	2.4	0.58	99	1
4사분위(최저)	1.9	0.53	97	3
인덱스 펀드	2.3년	해당없음	100%	0%
2008				
비용 사분위	리스크 특성		신용등급	
	듀레이션	변동성*	국채	회사채
1사분위(최고)	2.2년	0.09	97%	3%
2사분위	1.9	0.09	94	6
3사분위	2.1	0.08	96	4
4사분위(최저)	2.1	0.07	97	3
인덱스 펀드	2.7년	해당없음	100%	0%

* 비교대상: 모든 만기의 과세 대상 채권형 펀드.

중기 미국 국채 및 GNMA 펀드

이제 장기 및 단기채에서 중기채로 옮겨가도록 하자. 우리의 주제에
대한 최상의 검증 수단은 미국 중기 국채 펀드 및 GNMA 펀드들의 비
용과 수익 사이의 관계일 것이다(미국 국채와 GNMA 모두 유사한 장기 수익률을 보
였으며, 모닝스타는 이들을 169개로 이루어진 단일한 펀드 범주에 포함시켰다. 나는 이러한
분류가 적절하다고 생각한다). 지금쯤이면 독자들은 비용과 수익의 이러한 유
형에 대해 익숙해져 있을 테지만, [그림 7-4]에서 이를 다시 살펴보도
록 하자.

[그림 7-4] 중기 미국 국채 펀드: 1997년 12월 31일까지 5년간의 수익

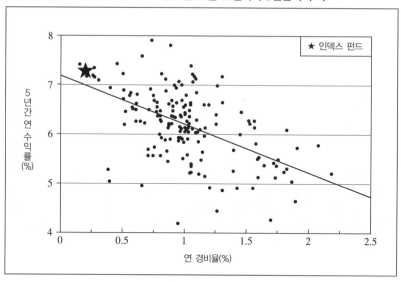

10년 후 [그림 7-4] 중기 미국 국채 펀드: 2008년 12월 31일까지 5년간의 수익

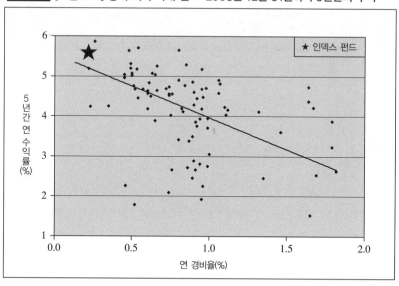

중기채에서는 비용이 1% 포인트 감소할 때마다 수익률은 1.10% 포인트 상승하는데 이는 장기와 단기 채권형 펀드와 비슷한 패턴이다. 이로

써 모든 만기의 채권형 펀드에서 비용과 수익은 불가분하게 연결되어 있다는 중심 주제의 타당성이 확고해진다. 〈표 7-6〉은 우리의 주제를 다시금 보여준다. 최저 비용 사분위는 다른 세 개의 사분위들과 총수익률 (7.2%)은 거의 동일하지만, 다른 그룹에 비해 10% 가량 높은 순수익률 (6.6%)을 제공한다. 그리고 인덱스 펀드는 모든 펀드들 중에서 가장 높은 수익률을 기록함으로써 다시 한 번 다른 펀드들과 구별된다.

〈표 7-6〉 중기 미국 국채 펀드와 주택 저당채 펀드: 수익과 비용

1997				
비용 사분위	5년간 순수익률	경비율	5년간 총수익률	(비용/총수익)
1사분위(최고)	5.4%	1.6%	7.0%	23%
2사분위	6.2	1.1	7.3	15
3사분위	6.3	0.9	7.2	13
4사분위(최저)	6.6	0.6	7.2	8
인덱스 펀드*	7.2%	0.2%	7.4%	3%
2008				
비용 사분위	5년간 순수익률	경비율	5년간 총수익률	(비용/총수익)
1사분위(최고)	3.6%	1.3%	4.9%	27%
2사분위	3.8	0.9	4.7	19
3사분위	4.5	0.7	5.2	13
4사분위(최저)	5.0	0.4	5.4	7
인덱스 펀드**	5.5%	0.2%	5.7%	4%

* 리먼 GNMA와 미국 국채(5~10년) 지수가중 평균, 0.2%로 가정한 비용율 차감한 수치.
** 바클레이즈 GNMA와 미국 국채(5~10년)지수 가중 평균, 0.2%로 가정한 비용율 차감한 수치.

사분위별로 살펴보면 본질적으로 총수익률은 유사하지만 순수익률에서는 큰 차이가 나는데 이 모든 차이는 본질적으로 비용에 의해 발생한다. 리스크에 차이가 있다면, 최저 비용 펀드들의 리스크가 가장 낮다(〈표 7-7〉을 보라).

비용이 높은 펀드 그룹의 평균 듀레이션은 저비용 중기 국채 펀드 그룹과 거의 같지만, 저비용 펀드들은 비용이 높은 펀드들보다 변동성이

약 20% 낮다. 인덱스 펀드의 듀레이션은 20% 이상 낮다. 포트폴리오의 구성은 거의 동일하다. 따라서 듀레이션, 변동성, 포트폴리오의 질은 모두 비슷한 수준에서 비용이 수익에 직접적인 영향을 준다. 인덱스 펀드는 수익률이 상대적으로 높을 뿐만 아니라 리스크도 상대적으로 낮아서 다른 펀드들과 구별된다.

〈표 7-7〉 중기 미국 국채 펀드와 주택저당채 펀드: 리스크 특성

1997				
비용 사분위	듀레이션	변동성*	신용등급	
			국채	회사채
1사분위(최고)	4.5년	1.18	95%	5%
2사분위	4.7	1.06	90	10
3사분위	4.2	1.04	97	3
4사분위(최저)	4.5	0.98	90**	10
인덱스 펀드	3.4년	해당없음	100%	0%
2008				
비용 사분위	듀레이션	변동성*	신용등급	
			국채	회사채
1사분위(최고)	3.3년	0.24	96%	4%
2사분위	2.7	0.23	96	4
3사분위	2.9	0.33	96	4
4사분위(최저)	3.2	0.28	95	5
인덱스 펀드	2.7년	해당없음	100%	0%

* 모든 만기의 과세 대상 채권형 펀드 대비.
** 4사분위의 42개 펀드 중 25개는 100% 국채 펀드이며, 나머지 17개 펀드로 인해 국채 평균이 90%가 되었다.

10년 후 중기 미국 국채 펀드

이 분야에서의 메시지도 동일하다. 즉, 저비용이 고수익을 올리는 데 있어서 주된 요인이었다. 초판의 [그림 7-4]에서는 비용이 1.0% 포인트 하락하면 수익률이 1.1% 포인트 상승했다. 이번에는 동일한

비용 하락이 1.6% 포인트의 수익률 상승을 가져왔다. 또 다른 패턴도 동일했다. 즉, 가상의 중기 국채 펀드 인덱스의 순수익률이 훨씬 높았다.

변동성, 편차, 질 면에서는 펀드들 간에 의미 있는 차이는 없었다. 그러나 비용률이 연 0.4%에 불과한 비용 4사분위(최저)에 속하는 펀드들은 비용이 가장 높은 사분위에 속하는 펀드들의 평균 수익률보다 거의 40% 높은 수익률을 실현했다.

중기 회사채 펀드

또 다른 예도 동일한 메시지를 전해 주지만 이를 다른 방식으로 전해 주며 핵심을 명확하게 해준다. 중기 회사채 펀드 범주에서는 저비용 펀드가 여전히 투자자들에게 약간 높은 수익률을 제공하는 경향이 있기는 하지만, 순수익률은 비용에 상관없이 거의 동일하다. 인덱스 펀드는 여기에서도 유일하게 우수한 실적을 냄으로써 이 그룹에서 정상에 등극했다. 인덱스 펀드는 저비용으로 인해 높은 수익률을 제공할 수 있으며 오직 투자 등급 회사채만을 보유하고 BBB 미만 등급의 채권은 보유하지 않는다.

[그림 7-5]에서 볼 수 있는 것처럼 수익률/비용 선이 우하향하고 있지만, 그 기울기는 앞의 예들에서처럼 가파르지는 않다. 기울기에서 볼 수 있는 것처럼 비용이 1% 포인트 감소하면 수익률이 0.3% 포인트 증가한다.

4개의 비용 사분위들을 검토해 보면 같은 패턴이 명백해진다(〈표 7-8〉을 보라). 저비용 그룹은 고비용 그룹에 비해 비용 우위는 0.7% 포인트로 훨씬 더 컸지만(0.6% 대 1.3%) 시장 수익률 면에서는 0.2% 포인트의 우위만을 제공했다(7.3% 대 7.1%).

고비용 펀드의 매니저들이 고비용 핸디캡의 대부분을 어떻게 상쇄시킬 수 있었는가? 높은 수수료가 그들에게 더 우수한 관리 기량을 부여했기 때문인가? 아니면 그들이 더 높은 리스크를 떠안음으로써 더 높은 수익률을 달성했는가? 〈표 7-9〉는 이 질문에 명확한 해답을 제공하는데 그들은 더 많은 리스크를 떠안았다.

[그림 7-5] 중기 회사채 펀드: 1997년 12월 31일까지 5년간의 수익

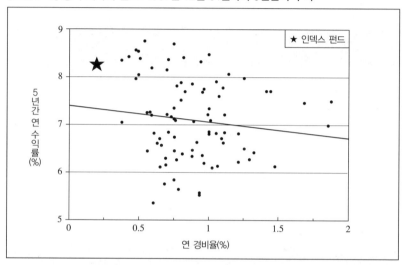

10년 후 [그림 7-5] 중기 회사채 펀드: 2008년 12월 31일까지 5년간의 수익

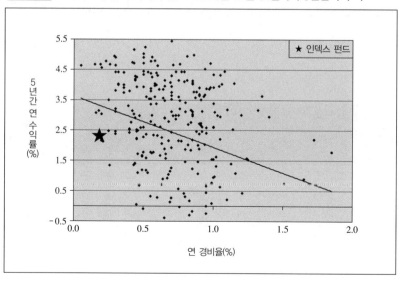

〈표 7-8〉 중기 회사채 펀드: 수익과 비용

1997				
비용 사분위	5년간 순수익률	경비율	5년간 총수익률	(비용/총수익)
1사분위(최고)	7.1%	1.3%	8.4%	15%
2사분위	7.2	1.0	8.2	12
3사분위	7.3	0.8	8.1	10
4사분위(최저)	7.3	0.6	7.9	8
인덱스 펀드*	8.2%	0.2%	8.4%	2%
2008				
비용 사분위	5년간 순수익률	경비율	5년간 총수익률	(비용/총수익)
1사분위(최고)	2.1%	1.1%	3.2%	34%
2사분위	2.0	0.8	2.8	27
3사분위	2.7	0.6	3.3	18
4사분위(최저)	2.9	0.4	3.3	12
인덱스 펀드**	2.1%	0.2%	2.3%	9%

* 리먼(5~10년) 투자 등급 지수, 0.2%로 가정한 경비율을 차감한 수치.
* 바클레이즈 미국(5~10년) 신용 지수, 0.2%로 가정한 경비율을 차감한 수치.

〈표 7-9〉 중기 회사채 펀드: 리스크 특성

1997				신용등급		
비용 사분위	듀레이션	변동성*	국채	AAA-A	BBB	〈BBB
1사분위(최고)	5.2년	1.14	21%	36%	24%	19%
2사분위	5.1	1.08	34	36	18	12
3사분위	4.8	1.04	42	33	15	10
4사분위(최저)	4.6	0.99	49	34	8	9
인덱스 펀드	5.4년	해당없음	0%	70%	30%	0%
2008				신용등급		
비용 사분위	듀레이션	변동성	국채	AAA-A	BBB	〈BBB
1사분위(최고)	3.8년	0.52	15%	77%	15%	8%
2사분위	4.5	0.61	15	78	16	6
3사분위	3.7	0.36	16	83	12	5
4사분위(최저)	3.9	0.42	19	85	10	5
인덱스 펀드	6.2년	해당없음	0%	63%	37%	0%

* 모든 과세 채권 대비.

〈표 7-9〉에서 명확히 보여주는 것처럼 비용 수준이 높아질 때마다(하나의 예외도 없이) 매니저들은 더 높은 리스크를 부담했다. 그들은 자신들의 고비용하에서 경쟁력 있는 수익률을 제공하기 위해서는 더 높은 리스크 부담 외에는 다른 방법이 없다고 판단한 것으로 보인다. 내가 아는 한 이렇듯 명백한 비용과 리스크 간의 관계는 공개된 적이 없다. 그러나 이 관계는 더 높은 듀레이션, 더 높은 가격 변동성 및 더 낮은 포트폴리오의 질이라는 형태로 존재한다. 최저 비용 포트폴리오(국채와 A등급 회사채 83%, BBB등급 미만 채권 9%)와 최고 비용 포트폴리오(국채와 투자 등급을 57%만 보유하고, BBB등급 미만에 19%를 보유함) 사이에는 확연한 차이가 있다. 앞에서 보았던 수익률과 비용 사이의 직접적인 상쇄관계는 리스크와 비용 간의 역의 상쇄관계로 일부분 대체되었다. 이러한 상쇄관계가 가장 명백한 부문은 회사채 펀드다. 저비용 펀드들은 리스크를 훨씬 적게 부담함에도 다소 높은 수익률을 내고 있다.

이 데이터가 회사채 인덱스 펀드에 대해 보여주는 사실은 다소 놀랄 만하다. 예상할 수 있는 것처럼 회사채 인덱스 펀드가 부가하는 가치의 일부는 저비용에 기인하지만, 이 펀드는 또한 다소 장기의 듀레이션(인덱스 펀드 듀레이션 5.4년 대 관리되는 펀드 듀레이션 4.9년)과 다소 높을 수도 있는 신용 리스크(국채는 없지만, BBB 미만 등급도 없음)로부터 이익을 보기도 한다. 사실 회사채 펀드는 정의한 것처럼 회사채-국채 혼합 펀드를 포함하는데 인덱스 펀드는 저비용 때문만이 아니라 진정한 통합 채권 펀드로서의 정의상의 순수성을 준수함으로써 축적하는 고수익을 통해서도 다른 펀드들보다 우수한 수익률을 실현한다(corporate bond는 일반적으로 회사채로 번역되는데 'corporate' 라는 단어에는 '회사의' 라는 뜻 외에도 '통합된' 이라는 뜻도 있다. 저자는 위의 문장에서 'corporate' 를 '통합된' 이라는 뜻으로 사용하고 있다. 역자 주).

[그림 7-5]의 마지막 업데이트에서 최근 기간과 이전 기간 모두에 대해 회사채 펀드도 다른 유형의 채권형 펀드들과 마찬가지로 우하향하는 선을 보게 되는데 이는 더 이상 놀라운 사실이 아니다. 이전 기간에는 비용률이 1.0% 포인트 하락하면 연간 수익률이 0.3% 포인트 상승했는데 최근 기간에는 동일한 비용률 하락에 연 1.7% 포인트의 수익률 상승이 수반되었다.

흥미롭게도 이러한 차이들은 투자의 질이나 듀레이션으로 설명되지 않는다(비용이 가장 낮은 그룹은 A등급 이상 채권들을 더 많이 보유하고 BBB 미만 등급 채권을 덜 보유했지만 모든 비용 사분위에 속하는 펀드들이 주로 투자등급 포트폴리오를 보유했다). 그러나 이 사례에서는 가상의 채권 지수 펀드가 적극적으로 관리되는 펀드보다 낮은 수익률을 보인 예외적인 경우가 발생했는데, 그 이유는 주로 다음과 같다. (1) 듀레이션이 길어 (평균 약 4년 대 6.2년) 이자율 상승에 더 크게 노출되었다. (2) 인덱스 구성(오로지 회사채로만 구성됨)과 평균적 펀드의 구성(포트폴리오의 16%를 국채로 보유함) 차이. 국채는 해당 기간의 최종 2년간 회사채 부문 수익률보다 훨씬 높은 수익률을 제공했다.

관리 기량은 어떠한가?

채권형 펀드의 비용과 수익률 사이의 관계에 대한 우리의 분석은 반론의 여지가 없는 것 같다. 비용은 중요하다. 그러나 비용은 수익률을 결정짓는 요소의 하나일 뿐이다. 비용이 유일한 요소라면 이 장에서 소개된 처음 세 개의 산포도는 그렇게 다양한 패턴을 보이지 않을 것이다. 사실 추세선을 중심으로 퍼져 있는 정도인 R^{2*}는 평균적으로 0.36에 미치지 못한다(이 수치가 1.00이라면 모든 펀드가 선 위에 위치할 것이다. 이 경우 비용이 수익률의

36%가 아니라 100%를 설명함을 의미한다). 채권 인덱스 대비 채권 인덱스 펀드의 수익률은 인덱스 펀드가 부담하는 비용으로 대부분 설명되며, 매니저의 시장 추적 기량 요소가 일부 영향을 미친다. 적극적으로 관리되는 펀드에 대한 채권 인덱스 펀드의 수익률 우위는 주로 저비용(0.2%로 가정함)에 기인한다.

듀레이션 리스크와 변동성 리스크 모두 수익률의 분산에 기여하지만, 관리 능력 또한 수익률 형성에서 중요한 요소다. 그리고 채권형 펀드에는 기량이 뛰어난 전문 매니저가 일부 존재한다. 그들 중 최고의 매니저들은 채권시장이 작동하는 방식에 있어서 유능하고, 경험이 있으며, 현명하다. 채권형 펀드들은 포트폴리오의 질이나 만기와 관련하여 규율된 가이드라인에 따라 운용될 수도 있고, 그렇지 않을 수도 있다. 오직 투자자만이 자신이 선호하는 전략 유형을 결정할 수 있다. 그러나 각각의 펀드는 모든 사람들이 알 수 있도록 자신의 전략을 명확히 설명해야 한다. 전략 이외에 (투자의 모든 측면에서와 같이) 실적의 일부는 기량과 운에 의존할 것이다. 그러나 이 둘을 분리하기는 쉽지 않으며 지속적인 기량을 사전에 알아내기도 쉽지 않다. 관리 능력이 뛰어나 우수한 과거 수익률을 달성했다고 해서 미래에도 우수한 실적을 달성하리라는 보장은 없다.

그렇다면 투자자는 어떤 경로를 따라야 하는가? 상식적으로 볼 때 주로 최저 비용 사분위 펀드들 중에서 선택하고 최소한 최고 비용 사분위는 피해서 해당 부문의 평균을 웃도는 수익률을 실현할 수 있는 가능성을 최대화하는 것이 좋다. 채권 인덱스 펀드는 탁월한 선택이지만 이러한 펀드는 별로 없다(인덱스 펀드의 이점이 대부분 펀드 매니저보다는 펀드의 투자자에게 돌아가기 때문에 펀드 매니저들이 이러한 펀드를 제공할 금전상의 동기가 거의 없다). 그

---

* R^2는 두 요인 사이의 상호 관련성에 대한 척도다. 이 예에서 투자 경비 수준은 평균적으로 채권형 펀드 수익률의 0.36, 즉 36%를 설명한다. 리스크, 포트폴리오 회전률, 관리 기량과 운 등 다른 모든 요인들이 나머지 0.64, 즉 64%를 설명한다.

럼에도 숙련된 관리와 저비용 모두를 제공하는 펀드를 보유한다면 항상 유리한 입장에 설 수 있다(그리고 이는 벅찬 과제일 것이다). 이러한 방식으로 '유리한 면을 강조하고 불리한 면을 제거' 할 수 있는 투자자는 그에 대한 보상을 받을 것이다.

판매 수수료가 비용 문제를 악화시킨다

수익과 비용 (그리고 어느 정도는 리스크) 사이의 상쇄관계에 대한 채권형 펀드 투자자들의 인식 문제를 조사하기 전에 앞에서 제시한 비교는 투자자들이 펀드 주식을 매입할 때 또는 매입 후 5년 이내에 환매할 때 지급하는 수수료를 무시한다는 점을 주목해야 한다(그러나 12b-1 판매 수수료가 있는 경우 이 수수료는 제시된 경비율에 포함되었다). 결과적으로 펀드 투자자들이 수수료를 무시한다는 나의 분석 결과는 전통적인 후취 수수료를 부과하는 펀드들에게 유리하게 작용한다.

역설적으로 보일 수도 있지만 판매 수수료를 부과하는 펀드들이 고비용 그룹을 주도하며, 수수료를 부과하지 않는 펀드들이 저비용 그룹을 주도한다. 예를 들어 고비용 사분위에 속하는 21개 중기 회사채 펀드 중에서 17개는 투자자들에게 선취 판매 수수료를 부과하고 판매 수수료를 전혀 부과하지 않는 펀드는 하나도 없다. 반면 저비용 사분위의 22개 펀드 중에서는 4개 펀드만 선취 판매 수수료를 부과하고, 18개는 판매 수수료를 전혀 부과하지 않는다. 업계의 데이터는 이러한 수수료의 영향을 무시하지만, 투자자들이 이를 무시하면 최적의 펀드를 선택하지 못할 위험에 처하게 된다.

그럼에도 투자자들은 판매 수수료를 무시하고 있다. 펀드 업계의 두 가지 중요한 판매 채널 중에서 판매 수수료를 부과하지 않는 채권형 펀드 자산은 1,650억 달러로 증권사에서 판매 수수료를 받고 중개하는 고비용 채권형 펀드의 자산 4,820억 달러(증권회사가 자체적으로 관리하는 1,220억 달러 포함)에 비하면 초라한 수준이다. 채권형 펀드를 관리하는 증권회사들에 대해서는 다음의 두 가지 사실이 명백하다. (1) 증권사들은 높은 관리 수수료를 부과한다. (2) 고객들이 펀드 경비도 극복하기 어려워 보임에도, 그들은 판매 수수료까지 부과할 수 있다. 고객 입장에서는 경비와 판매 수수료가 매우 비싼 조합이 된다.

이처럼 거대한 전국 규모의 증권회사 내에 있는 모순을 별 관심 없이 관찰하면 속기 십상이다. 증권사들의 빌딩 3층에서는(기관의 트레이딩 룸) 그들의 채권 트레이더들이 1틱(트레이딩 용어로 1틱은 1,000달러 채권에서 1/32%로 약 31센트다)을 두고 다투고 있다. 트레이더들은 1/16% 포인트(2틱)를 두고서는 주먹다짐이라도 할 수 있고, 1/8% 포인트(4틱)에 대해서는 칼부림과 총질이라도 할 것이다. 그럼에도 같은 빌딩의 1층(리테일 판매 룸)에서는 계좌 관리자들이 해마다 자신의 고객들에게 부과되는 32틱(1% 포인트) 또는 심지어 50틱(1.6% 포인트)의 해로운 영향을 완전히 무시하고 있는 것처럼 보인다. 이러한 관행은 판매자들에게는 말이 될지 모르지만 펀드 구매자들에게는 전혀 말이 되지 않는다.

수수료는 '진짜 돈'이다

증권회사에서 관리하는 펀드들만 높은 비용을 징수하는 것은 아니다. 수수료가 수익률에 심대한 영향을 줌에도 수수료는 채권형 펀드 분야 전체에 걸쳐 맹위를 떨치고 있다. 업계 평균에 비해 수수료 비율이 낮은 대형 펀드들조차도 자문사들에게 참으로 놀라운 금액의 수수료를 지불한다. 이 수수료는 업계의 용어로 표현하자면 '진짜 돈'이다. 예를 들어 최대의 GNMA 펀드들 중 하나(이 펀드의 자산은 80억 달러임)는 1997년에 관리되지 않는 GNMA증권 인덱스 수익률에 미치지 못했음에도 투자 매니저에게 4,400만 달러를 지급한다. 이 펀드는 또한 900만 달러의 12b-1 수수료와 1,000만 달러의 관리 비용을 지불했다. 펀드 매니저는 이 4,400

만 달러의 수수료 중 관리에 얼마나 많은 금액을 지출할까? 두 명의 포트폴리오 매니저와 한두 명의 크레딧 애널리스트(결국 GNMA의 신용의 질은 미국 재무부에 의해 보장된다), 약간의 채권 트레이더, 어느 정도의 임대료와 간접비용을 가정하면, 아마도 총비용은 500만 달러에 달할 것이다(그러나 그보다 수익률도 높았고 규모도 큰 GNMA 펀드 중 한 곳은 투자 자문사에게 겨우 1백만 달러만 지급한다). 그렇다면 나머지 3,900만 달러의 수수료는 어디로 가는가? 유일하게 명확한 곳은 펀드 매니저의 주머니다. 왜 그 중의 일부가 보다 낮은 수수료 형태로 펀드 주주들에게 돌아가지 않는가? 그리고 왜 펀드 주주들에게 펀드 관리에 관련된 엄청난 규모의 경제 이익 중 일부를 제공하지 않는가?

채권형 펀드의 고비용 사분위에 속한 자문사들은 펀드 총수익률의 약 20%를 소모해서 펀드 자본의 100%를 지불한 주주들에게는 시장에서 달성한 총수익률의 80%만을 주고 있음에도 이처럼 막대한 수수료를 별도로 징수하는 것을 정당화할 수 있는지 놀라울 뿐이다. 이 주주들은 자신의 투자에 대한 공정한 수익률을 받지 못하고 있다. 설상가상으로 시장 총수익률 중 주주들이 받았던 수익률 비율은 시간이 지남에 따라 하락한다. 그러나 펀드를 매매하는 사람들은 비교적 수익률이 낮은, 상품과도 같은 채권시장 부문에서 고비용의 누적 효과를 무시한다. 현재 채권은 평균적으로 약 6%의 수익률을 내고 있다. 따라서 비용이 1%만 되더라도 펀드 주주들의 수익률이 5%로 떨어져 수익률을 17% 감소시킨다. 〈표 7-10〉은 시초 투자 금액 1만 달러에 대해 1% 포인트의 수익률 차이가 시간이 흐름에 따라 어떤 영향을 주는지 보여준다. 1%의 비용에 의해 생겨난 최종 가치 감소분은 10년이면 20%이고, 40년 후에는 35%를 몰수당하는 셈이다. 이러한 누적적인 비용을 무시하면 마음은 편할지 몰라도 재정적으로는 파탄하게 된다.

<표 7-10> 투자 기간에 따라 비용이 펀드 수익에 미치는 영향

| 투자기간(년) | 초기 투자금: 1만 달러 | | | |
| | 자본 가치 | | 가치 상실분 | |
	6% 수익률	5% 수익률*	금액($)	비율*
1	10,600	10,500	100	17 (100/600, 역자주)
10	17,900	16,300	1,600	20 (1600/7900, 역자주)
20	32,100	26,500	5,600	25 (5600/22100, 역자주)
30	57,400	43,200	14,200	30 (14200/47400, 역자주)
40	102,900	70,400	32,500	35 (32500/92900, 역자주)

* 시장의 가치 상승분 대비 상실된 비율.

10년 후 수수료의 영향

지난 5년간 채권 수익률이 낮아서 과도한 수수료가 투자자 자산을 앗아간 비율이 매우 높았다. 아래의 표를 보면 이를 알 수 있다.

사분위당 총수익률 중 경비로 소진된 비율

	최고	최저	지수
장기 지방채	54%	28%	6%
단기 미국 국채	23	8	4
중기 국재	27	7	4
중기 회사채	34	12	9
평균	34%	14%	6%

선택은 당신 몫이다. 비용이 가장 높은 채권형 펀드에 의존하면 펀드 매니저에게 수익의 34%를 잃을 것으로 예상된다. 비용이 가장 낮은 채권형 본드에 의존하면 14%만 양도할 것이다. 보다 좋은 방법은 비용으로 수익의 6%만을 가져가는 채권형 인덱스 펀드에 투자해서 수익의 94%를 챙기는 것이다.

과도한 비용을 피하는 방법

채권형 펀드 영역에서 수익-리스크-비용의 상쇄관계에 의해 제안되는 과다한 수수료를 피할 수 있는 방법이 많지는 않지만 분명히 존재한다. 주식형 펀드들에도 동일한 상쇄관계가 존재하지만 이러한 상쇄관계는 장기적으로 낮은 수익률을 보이는 특성이 있는 채권형 펀드에 더 큰 영향을 미친다. 증권회사와 펀드 판매회사를 감독하는 자율 규제 기관인 미국 증권업협회(National Association of Securities Dealers; NASD)는 증권회사가 고객을 위한 투자 대상을 선택할 때 적정성 요건을 지키도록 요구한다. 그런데 채권형 펀드 영역에 저비용 대안이 존재함에도 시장 수익률의 20% 이상을 소모하는 펀드가 어떻게 '적정'할 수 있는가? 증권거래위원회(SEC; Securities and Exchange Commission)는 완전 공시를 요구하지만, 채권형 펀드 투자 설명서에서는 완전 공시는 고사하고 고수익(혹은 낮은 리스크)이 저비용과 함께 간다는 사실조차 언급되지 않는다.*

투자자들이 이를 판단할 수 있도록 보다 엄격한 공개가 이루어지지 않는다면, 그리고 펀드의 이사들이 주주들의 이익을 펀드 자문사들의 이익보다 앞에 둬서 펀드의 수수료를 줄이지 않는다면 주주들은 어떻게 자신을 보호할 수 있는가? 그것은 상식에 의존하는 것이다. 투자 설명서를 주의 깊게 읽으라. 투자 설명서가 확실하지 않거나 똑바로 얘기하지 않으면, 답을 요구하라. 변동성, 듀레이션, 포트폴리오의 질로 정의된 리스크를 주의 깊게 고려하라. 무엇보다도 저비용으로 구할 수 있는 잘 관리되는 채권형 펀드를 구하라.

오늘날에는 저비용 채권형 펀드라는 대안이 존재한다. 그러나 많지는 않다. 모닝스타의 5년 데이터베이스에 들어 있는 20개 펀드 중 1개 펀드만 0.50% 미만의 경비율을 보이고 있는데, 나는 이를 적절한 비용의 상

---

* MMF 범주에서는 이 문제가 더 예측 가능하고 더 명백하다. 그러나 그 부문에서도 이 사실이 완전히 무시된다.

한선으로 간주한다. 이 펀드들은 일관되게 수익률 최상위 사분위의 상위에 든다. 왜 저비용 대안이 더 많이 존재하지 않는가? 언제쯤이면 투자자들이 이러한 대안들을 요구하고 자문사들이 이러한 펀드들을 공급할 것인가? 왜 더 많은 채권형 인덱스 펀드들이 존재하지 않는가? 내가 아는 한, 채권형 인덱스 펀드는 20개에 지나지 않는다(이는 여기에 제시된 데이터에 비춰 볼 때 놀랍도록 적은 수치다). 펀드 비용이 주주들의 수익률에 결정적인 요인 중 하나이고, 인덱스 펀드가 20bp 이내로 운영될 수 있는, 상품과 같은 유형의 시장 부문에서 이렇게 인덱스 펀드가 적은 것은 경악할 만하다. 왜 펀드 업계는 이처럼 과도한 수수료에 의해 만들어진 중대한 이상 현상을 해결하려고 (또는 청소하려고) 하지 않는가?

채권형 펀드 투자자들은 더 이상 과도한 비용을 부담해서는 안 된다. 투자자들은 시간이 지남에 따라 수수료를 점점 더 많이 뜯어가는 대부분의 펀드들에게서 일반 수수료와 판매 수수료를 큰 폭으로 인하하도록 요구할 자격이 있다. 앞의 표는 점점 더 부적정한 채권형 펀드 수익률로 이끌고 마침내 투자자의 자본에 대한 수익률 증분이 소멸되어 가게 하는 쳇바퀴를 보여준다. 계속해서 적정한 수익률을 제공하지 못하면, 거의 1조 달러의 채권형 펀드 제국의 몰락으로 이어질 것이고, 채권형 펀드 자체도 망각 속으로 사라지는 인과응보를 맞이하게 될 것이다. 나는 과도한 판매 수수료와 과도한 관리 수수료가 과거의 일이 되는 것을 보고 싶다. 그렇게 되면, 채권형 펀드의 귀중한 투자 특성이 출현할 수 있고, 뮤추얼 펀드 업계의 채권형 펀드 부문은 시장에서 투자할 만한 가치를 회복할 수 있을 것이다.

나는 규제와 자율 규제 장치가 작동하기를 바란다. 그러나 이러한 장치가 작동하지 않을 경우 채권형 펀드를 선택할 때 고비용 채권형 펀드를 피하고, 고비용 채권을 보유하고 있을 경우 이를 버리고, 저비용 운영으로 잘 관리되는 채권형 펀드와 우량 채권시장 인덱스를 추종하는 채권형 인덱스 펀드를 찾는 것은 전적으로 투자자에게 달려 있다. 결국 채권형 펀드 산업의 미래는 채권형 펀드 투자자에게 달려 있다.

10년 후	향후 10년의 채권 펀드

2009년 중반에 장기 지방채 수익률은 평균 5.1%로서 10년 전의 5.3% 수준과 아주 가깝다. 단기 국채와 중기 국채 수익률은 대폭 하락해서 각각 1.0%와 2.8%에도 미치지 않는다. 10년 전에는 6.9%였던 중기 투자등급 회사채 수익률은 5.4%로 떨어졌다. 보다 장기 채권의 현재 수익률은 미래 수익률에 대한 훌륭한 신호이기 때문에 향후 총수익률 중 투자자에게 돌아갈 몫과 펀드 매니저에게 돌아갈 몫의 비율이 어떤지를 주의 깊게 고려해야 한다.

판매 수수료가 있는 채권 펀드를 살 경우 대체로 가치를 감소시킨다는 점을 반드시 고려하라. 이러한 비용 부담을 극복할 수 있는 주식형 펀드 매니저가 있을 수 있지만, 채권형 펀드 매니저들은 그러기 어렵다는 특징이 있다. 이 메시지는 명확하고, 설득력이 있으며, 오래 지속된다.

나는 채권 메뉴에서 비교적 새로운 사항을 지적해야겠다. 1997년에 미국 재무부는 '인플레이션에 대해 보호되는' 채권을 공급하기 시작했는데 이 채권들에서는 소비자물가지수(CPI)에 연동하여 지급 이자가 상승한다. 인플레이션에 대해 보호되는 채권의 만기는 5년에서 30년까지다. 현재 10년 만기 인플레이션 보호 채권 수익률 1.7%는 10년 만기 일반 국채 수익률 3.4%의 약 절반 수준인데, 이는 시장 참여자들은 향후 10년 동안 인플레이션이 평균 1.7%가 될 것으로 예상함을 의미한다. 인플레이션이 이보다 낮다면 일반 채권에 투자하는 편이 낫다. 인플레이션이 이보다 높으면 (이보다 훨씬 높을 수도 있다) 인플레이션 보호 채권이 더 좋은 대안이 될 것이다.

요즘처럼 불확실성이 큰 시대에는 투자자에게 채권형 펀드가 특히 중요한 대안이다. 주식형 펀드들과 달리 채권형 펀드들은 최소한 다음과 같은 다섯 가지 면에서 예측 가능성이 높다. (1) (장기채에 대한) 현재의 수익률은 (불완전하기는 하지만) 미래의 수익률에 대한 훌륭한 예언자다. (2) 채권 매니저들이 버는 총수익률은 불가피하게 각각의 시장 부문의 현행 이자율 수준에 의해 정해진 좁은 범위에 밀집한다. (3) 선택 폭이 넓다. 만기일이 길어질수록 원금의 변동성은 커지지만, 이자 수입의 변동성은 작아진다. (4) 과세 대상 채권이든 지방채이든, 채권형 펀드 수익률은 서로 밀접한 상관관계가 있다. 지방채 펀드는 세율이 높은 구간에 있는 투자자들에게 좋은 선택이며, 인플레이션 보호 채권은 이 시대의 거대한 연방 정부 적자로 인해 생활비가 훨씬 비싸질 것으로 믿는 사람들에게 건전한 대안이다. (5) 모든 사람에게 적용되는 가장 큰 상수는 (포트폴리오의 질과 만기가 동일하다면) 비용이 낮을수록 수익률이 높다는 것이다(인덱스 채권형 펀드-또는 이와 대등한 펀드-의 비용이 가장 낮다는 점을 잊지 마라).

1) Peter Lynch with John Rothchild, *Beating the Street*(New York: Simon & Schuster, 1993), p.57.
2) *Ibid* p.58.

알 하페드는 부자였지만 더 큰 부자가 되고 싶었다.

어느 날 밤에 그는 커다란 다이아몬드 광산을 발견하는 꿈을 꾸고는 광산을 찾아 길을 떠났다.

하지만 광산은 찾지 못하고 부를 탕진하여 낙담한 그는 바다에 몸을 던져 버렸다.

훗날 하페드 소유의 땅에서 후손들이 코히누르 다이아몬드를 비롯한

세계 최대의 다이아몬드 중 몇 개를 생산하게 될 골콘다 광산을 발견했다.

이 이야기의 교훈은 명확하고 단순하다.

만약 우리의 다이아몬드 광맥이 우리의 국경 안에 있다면

우리의 포트폴리오를 위해 선택하는 투자 대상들도 이곳에 있어야 하지 않겠는가?

Chapter 8

On Global Investing
Acres of Diamonds

글로벌 투자—다이아몬드 광산

'다이아몬드 광산(Acres of Diamonds)' 은 템플 대학교 설립자 러셀 콘웰 (Russell Conwell) 박사의 유명한 강의 제목이다. 그는 지금과 같은 매스컴 시대가 시작되기 훨씬 전인 1870년대와 1880년대에 이 강의를 했으며, 그의 말은 수많은 사람들에게 영감을 주었다. 콘웰 박사는 알 하페드(Al Hafed)라는 이름의 고대 페르시아 인에 대해 들려줬는데, 하페드는 부자 였지만 더 큰 부자가 되고 싶어 했다. 어느 날 밤에 그는 커다란 다이아 몬드 광산을 발견하는 꿈을 꾸었다. 그는 곧 다이아몬드 광산을 찾아 고 대 세계의 방방곡곡을 누비고 다녔다.

그는 광산을 찾느라 모든 부를 탕진했다. 낙담한 그는 헤라클레스의 기둥(지브랄타 해협의 동쪽 끝에 해협을 끼고 솟아 있는 두 개의 바위. 다음 사전에서 인용함. 역자 주)에서 바다에 몸을 던져 물속으로 가라앉아 버렸다. 코넬 박사의 이야기는 이렇게 계속된다. 훗날 페르시아에 있던 알 하페드 소유의 땅 에서 "그의 후손이 정원의 개울가로 낙타를 데려갔다가 얕은 물속에서 뭔가가 반짝이는 것을 보고서 무지개 색을 반사시키는 알이 박힌 검은 돌을 건져냈다." 그는 알 하페드의 정원에서 영국의 왕관 보석들이 된 코히누르(Kohinoor) 다이아몬드를 비롯한 세계 최대의 다이아몬드들 중 몇 개를 생산하게 될 골콘다(Golconda) 다이아몬드 광산을 발견했다.

이 이야기의 교훈은 명확하고 단순하다. 낯선 세상에서 유혹적인 운을 추구하지 말고 집에 머물며 당신의 정원을 파라. 당신이 있는 바로 그곳에서 '다이아몬드 광산'을 발견할 것이다.

나는 해외 투자에 대한 자료를 읽을 때마다 이 이야기를 떠올린다. 나는 미국 경제가 새로운 골콘다 광산이라거나 외국의 기업들에 투자하는 것은 낯선 땅에서 죽는 거나 마찬가지라고 시사하는 것이 아니다. 그러나 우리는 미국에서 최소한 지금 이 순간만큼은 세계에서 가장 생산성이 높은 경제, 가장 큰 혁신, 가장 우호적인 법률 환경, 그리고 가장 좋은 자본시장을 가지고 있다. 세계 인구의 5%를 차지하는 미국은 전 세계 재화와 용역의 25%를 생산한다. 미국은 거의 모든 나라들의 부러움의 대상이라고 말해도 무방하다. 미국 시민인 우리는 매일 우리가 받은 축복을 헤아려야 한다.

만약에 다이아몬드 광맥이 우리 국경 안에 있다면 우리가 포트폴리오를 위해 선택하는 투자 대상들도 우리 국경 안에 있어야 하지 않겠는가? 나는 그것이 현명한 전략이라고 믿는다. 잘 분산된 포트폴리오에는 해외 투자(다른 나라의 기업 주식 소유)가 필수적이지도 않고 필요하지도 않다. 이에 동의하지 않는 투자자들에게(글로벌 투자에는 몇 가지 타당한 이유들이 있다) 나는 국제 투자를 글로벌 주식 포트폴리오의 최대 20%로 제한하도록 권고한다.*

글로벌 포트폴리오에 대한 상반된 견해

오늘날의 일반적인 지혜는 나의 권고와는 다르게 제안한다. 최근에 연기금 펀드들은 미국 주식 비중을 줄이고 해외 주식 보유를 점점 늘려서 현재는 해외 주식 비중이 상당한 수준에 도달해 있다. 1,000개가 넘는 미국의 주식형 뮤추얼 펀드들(4개 중 1개)이 주로 국제 주식에 투자하고 있

---

* 국제 포트폴리오(international portfolio)는 해외 증권만을 포함한다. 글로벌 포트폴리오는 미국과 해외 증권을 모두 포함한다. 이 정의는 업계의 용어와 일치한다.

으며, 심지어 미국 주식에 주로 투자하는 펀드들도 외국 주식에 자산의 거의 7%를 투자하고 있다. 글로벌 투자 전략은 학술적인 이론가들이 좋아하는 분야로, 학자들 중에는 이상적인 주식 포트폴리오는 각국의 주식이 세계 시장에서 차지하는 비중만큼 보유하는 포트폴리오라고 권고하는 사람들도 있다. 1998년 중반 현재, 그런 전략을 따르면 다음과 같은 포트폴리오가 구성될 것이다.

국가	구성비율
미국	48%
일본	9
영국	10
독일	5
프랑스	4
신흥 시장	4
기타	20
합계	100%

미국의 투자자들에게 '이상적인' 이 포트폴리오에서 자산의 절반 이상이 외국에 투자된다는 점을 주목하라.

이 전략은 주로 다음과 같은 간단한 명제에 의존한다. 해외 시장은 미국 시장과 다른 변동성 패턴을 보였기 때문에(그리고 이 점도 중요한데 각국마다 서로 다른 패턴을 보이기 때문에) 미국 주식 포트폴리오에 해외 주식들을 포함시키면 포트폴리오의 총 변동성을 줄이고, 따라서 더 높은 리스크 조정 수익률을 제공할 것이다. 이러한 전략을 옹호하는 사람들은 여러 국가에 분산 투자함으로써 안정성이 향상되고 해외 시장의 잠재 성장률이 더 높으며 해외 시장의 가치가 낮게 평가되어 있음을 논거로 든다. 그러나 이러한 주장들은 타당할 수도 있고 그렇지 않을 수도 있는 투기적인 주장들이다.

1997년 후반에 《월스트리트 저널》의 칼럼니스트 로저 로웬스타인

(Roger Lowenstein)은 이와 다른 의견을 제시하였다.[1] 그는 이 전략을 '글로벌 투자라는 허튼소리'라고 묘사하면서 "일시적으로 유행한 이 투자 지혜는 1997년에 어리석은 짓으로 밝혀졌다"라고 썼다. 그는 아시아 주식시장 붕괴를 언급하면서 "'건전한' 투자자는 자신이 잘 아는 나라에서 상당한 돈을 빼내 낯선 나라들의 시장 비중에 따라서 해당 국가로 옮기는 사람이다"라는 개념에 도전을 제기했다. 로웬스타인은 "모든 나라에서 도박을 하는 것이 한 나라에서 도박을 하는 것보다 현명하지만 도박하지 않는 것이 훨씬 더 현명하다"라고 결론지었다.

10년 후	글로벌 포트폴리오

오늘날의 글로벌 포트폴리오는 10년 전의 프로필과 놀라울 정도로 흡사하다. 미국의 비중은 48%에서 44%로 약간 떨어졌고 선진국들은 대략 이전의 비중을 유지했다. 신흥 시장만이 빛을 발했는데, 신흥 시장 비중은 1998년에는 4%였는데, 10년 후에는 9%로 늘어났다.

국가	구성비율
미국	44%
일본	11
영국	8
독일	4
프랑스	4
신흥 시장	9
기타	20
합계	100%

환리스크와 수익률

나도 완전한 시가 비중에 따른 글로벌 투자 전략에 대해 매우 유보적이다. 이 전략은 국내 주식 투자자라면 떠안을 필요가 전혀 없는 여러 겹의 환리스크를 수반한다. 자국 통화로 평가되는 주식에 투자해서 번 수익률은 투자자가 벌고, 소비하고 저축하는 지역의 화폐로 측정된다(때로는 이러한 특성이 이익이 될 때도 있고 그렇지 않을 때도 있다). 해외 투자가 (현지 화폐로 측정할 경우) 미국 내 투자와 같은 수익률을 제공할 경우에도, 세계 시장에서 달러가 강세인가 혹은 약세인가에 따라 수익률이 달라질 수 있다. 달러화 강세는 미국 투자자가 해외 시장에서 번 수익률을 하락시키며, 달러화 약세는 해외 시장에서 번 수익률을 증가시킨다.

장기적으로는 정부 재정과 국제 무역 역학이 화폐 가치를 균등해지도록 하기 때문에 미국 달러 대비 환리스크는 세계 시장에서 중립적인 요인이 되어 있다. 그러나 균형에 도달하기까지는 불안정할 수 있다. 예를 들어 모건 스탠리 캐피탈 인터내셔널의 유럽, 호주, 극동(EAFE)지수 30년 역사에서 미국 달러는 1970년부터 1980년까지는 약세였고, 1984년까지는 강세였다가, 1995년까지는 매우 약세였다. 그러나 결국 1998년의 달러화 가치는 대략 1980년의 가치와 같아졌다. 이러한 변동은 해외 시장에서 번 수익률에 대해 상당한 오해를 낳았다. 1985년에서 1994년까지 10년 동안에 한 가지 좋은 사례가 발생했다. 〈표 8-1〉의 윗부분은 미국 투자자들의 해외 수익률(달러 기준)이 같은 기간 동안 미국 주식 수익률보다 훨씬 높았음을 보여준다.

이러한 시나리오에서 투자자들은 해외 시장이 미국 시장보다 실적이 좋았기 때문에 미래에도 더 높은 성장을 약속해 줄 거라고 쉽게 믿게 될 것이다(아마도 그렇게 믿었을 것이다). (강세장이었던 미국 시장 대비) 연 3.6% 포인트의 수익률 향상은 10년 동안 137% 포인트의 추가적인 자본 축적으로 이어졌다. 시류에 편승하지 않을 이유가 어디 있겠는가?

왜 그렇게 하지 않아야 하는가? 왜냐하면 국제 시장에서의 초과 수익률은 상당 부분이 환상이었기 때문이다. 투자자들이 외환 시장에서 양호한 수익률을 올렸지만, 실상 해외 주식시장에서의 수익률은 평범한 수준이었다. 현지 통화로 측정할 경우 국제 시장의 연 수익률은 미국 시장보다 연 4.1% 포인트 뒤졌는데, 이는 해외 시장이 미국 시장보다 앞섰던 것처럼 보였던 연 3.6% 포인트보다 다소 큰 수치다. 과도한 달러화 약세로 〈표 8-1〉의 아래 부분에서 보는 것처럼 누적 국제 수익률이 두 배가 넘게 되었다.

〈표 8-1〉 1994년 12월 31일까지 10년간 글로벌 투자 수익

해외 시장*	연 수익률(%)	누적 수익률(%)
	달러 기준	
미국 주식	+14.3%	+282%
해외 주식(미국 통화)	+17.9	+419
미국 주식의 열위	−3.6	−137
	현지 통화 기준	
미국 주식	+14.3%	+282%
해외 주식	+10.2	+163
미국 주식의 우위	+4.1	+119

* S&P 500 지수와 MSCI-EAFE 지수.

10년 후 〈표 8-1〉 1994년 12월~2009년 6월까지 글로벌 투자 수익

해외 시장*	연 수익률(%)	누적 수익률(%)
	달러 기준	
미국 주식	6.8%	160.4%
해외 주식(미국 통화)	3.7	68.4
미국 주식의 우위	3.1	92.0
	현지 통화 기준	
미국 주식	6.8%	160.4%
해외 주식	3.5	66.0
미국 주식의 우위	3.3	94.4

* S&P 500 지수와 MSCI-EAFE 지수.

나는 미국 투자자의 해외 주식 투자 성과는 장기적으로 외환 수익률에 의해서가 아니라 (배당 수익률과 이익 성장률에 기초한) 각국의 펀더멘털에 의해

결정될 것으로 믿는다. 1990년대 동안 세계 각국의 경제 성장률을 고려하면(그리고 이를 오늘날 미국이 보여주고 있는 강력한 세계 진출, 사업가적 에너지, 기술 리더십과 비교하면) 미국의 성장이 다른 나라의 성장을 능가하리라고 기대하는 것이 논리적일 것이다.

다른 한편으로 미국은 경제 사이클의 정점에 있는 반면 (각각 높은 실업률, 지나치게 확장된 금융 기관, 깊은 침체로 시달리고 있는) 유럽 국가, 일본, 신흥 국가들은 어느 정도 저점에 도달해 있을지도 모른다. 설상가상으로 이러한 경제 요인들이 현재의 시장 가격에 정확하게 반영되었는지 분명하지 않다. 우수한 시장 수익률을 찾아 전 세계를 뛰어다니는 것은 결코 쉬운 일이 아니다.

그렇지만 1994년에 한 가지를 쉽게 예상할 수 있었다. 그리고 그 예상은 지금까지 옳았음이 입증되었다. 즉, 달러 약세가 무한히 계속될 수는 없었다. 그러한 가능성에 비춰 보면 달러 약세에 큰 영향을 받은 과거 성과 데이터에는 커다란 결함이 있었다. 달러 약세가 해외 주식 수익률에 해마다 7.7% 포인트를 더했다는 사실을 모르고서 과거 수익률을 바탕으로 미래 수익률을 예측한다면 해외 주식 시장에 대한 기대치는 너무 부풀려질 것이다. 실제로 1994년 말부터 1998년 중반까지 달러 강세가 회복되었고 해외 수익률을 연 4.6% 포인트 감소시켰다.

10년 후 **환리스크와 수익률**

나는 "달러 약세(1984년에서 1994년)는 무한히 지속될 수 없다"면서 이를 "쉽게 예상할 수 있다"라고 했다. 그 후 15년이 흘렀고, 그 막이 옳았음이 증명되었다. 미국 달러는 2001년까지 강세로 바뀌었으며, 2002년에서 2008년에는 약세를 보이다가 다소 강세로 전환된 뒤 2009년 중반에 다시 약세로 돌아서서 계속해서 강약 사이클을 보이고 있다. 이 기간 전체적으로 달러는 미국 연방 준비은행의 주요 통화 지수 대비 15% 하락했다. 1994년에서 2009년 중반까지의 장기간에 걸친 달러 약세에도 불구하고 해외 주식의 달러 기준 수익률(3.7%)은 현지 통화 기준 수익률(3.5%)보다 약간 높은 수준에 머물렀다. 해외 주식 수익률은 달러 기준이든 현지 통화 기준이든 이 기간 동안의 S&P 500 지수 수익률(6.8%)에 미치지 못했다.

글로벌 효율적 프런티어

많은 투자자들이 완벽한 시장 비중에 따른 글로벌 전략은 거절하지만 글로벌 포트폴리오 구조를 세우는 보다 복잡한 분석 형태는 지지한다. 이 분석은 효율적 프런티어 계산과 관련이 있는데, 효율적 프런티어는 미국 자산 보유와 해외 자산 보유 사이의 정밀한 자산 배분을 결정하도록 한다. 이 분석의 목표는 최저 수준의 리스크(즉, 투자자에게 수용 가능한 최저 수익률 변동성)로 최고의 수익률을 약속하는 결합을 찾는 것이다. 나는 이러한 접근에 회의적이다. 왜냐하면 효율적 프런티어는 거의 대부분 과거 수익률과 과거 리스크 패턴에 기초를 두고 있기 때문이다. 이러한 편의(bias)는 불가피할 수도 있지만(결국 역사는 경험치의 유일한 원천이다) 과거 주식 포트폴리오의 상대적 수익률과 (정도는 이보다 훨씬 덜하지만) 과거의 상대적 변동성이 언제나 미래의 전조인 것은 아니며, (무비판적으로 과거 실적에 의존하면) 역효과를 낳을 수도 있다.

예를 들어 국제 시장의 상대적 수익률이 절정에 달했던 1988년 말에 도출되었을 효율적 프런티어를 고려해 보자. 〈표 8-2〉의 윗부분에 제시된 것처럼 최적 조합(이론을 좋아하는 사람들을 위해 설명하자면, 이러한 자산 배분이 필요하다) 즉, 최저 리스크로 최고 수익률을 거두기 위해서는 외국 주식에 50%, 미국 주식에 50%를 투자했어야 했다. 그런 포트폴리오를 구축했더라면 어떤 결과를 냈을 것 같은가? 그리 신통하지 않았을 것이다. 사실 1988년 후에 그 포트폴리오는 명백히 비효율적이지는 않다 하더라도 다소 불충분한 것으로 드러났다. 11.4%의 연 수익률은 (미국에서의 수익률은 19.2%였음) 미국 시장에만 투자한 포트폴리오 수익률에 크게 뒤졌을 뿐만 아니라 미국 포트폴리오보다 다소 높은 리스크에 노출된 것으로 나타났다(수익률 표준편차가 12.6% 대 12.2%였다). 그러한 수익률과 리스크의 조합은 이기는 조합이라 할 수 없다.

〈표 8-2〉 효율적 프런티어

	연 수익률	변동성 리스크*
	1979. 1. 1~1988. 12. 31	
100% 미국 주식	16.2%	16.4%
100% 해외 주식	22.3	17.0
가장 효율적인 글로벌 포트폴리오		
: 50%의 미국 주식과 50%의 해외 주식	19.6	14.4
	1979. 1. 1~1998. 6. 30	
100% 미국 주식	19.2%	12.2%
100% 해외 주식	5.8	16.9
가장 효율적인 글로벌 포트폴리오		
: 80%의 미국 주식과 20%의 해외 주식	16.6	11.8
	연 수익률	변동성 리스크*
	1999. 1. 1~2008. 12. 31	
100% 미국 주식	-1.4%	15.1%
100% 해외 주식	0.8	16.4
가장 효율적인 글로벌 포트폴리오		
: 80%의 미국 주식과 20%의 해외 주식	-0.9	15.0

* 표준편차.

오늘날 이 이론을 이용해서 자산을 배분하는 투자자는 다소 다른 글로벌 포트폴리오를 선택할 것이다. 과거 기록에 기초한 효율적 프런티어는 과거지향적이다. 따라서 현재 시점에서 최대 수익률과 최소 리스크를 추구하는 투자자들은 지난 10년간 각각의 시장 수익률에 기초해서 효율적 포트폴리오를 선택할 것이다. 그 결과가 〈표 8-2〉의 아랫부분에 나와 있다.

지난 10년간 미국 시장은 높은 수익률과 낮은 변동성을 보여서(그리고 대부분의 다른 국가들은 이와 반대였음) 미국 주식은 이제 효율적 글로벌 포트폴리오의 80%를 차지해 그 비중이 10년 전보다 거의 2배가 되었다. 이러한 새로운 글로벌 자산 배분이 효율적 프런티어 이론 추종자들을 옳은 방향으로 이끌어줄 것인가? 이를 알 수 있는 방법은 없다. 그러나 경험에 의하면 이러한 자산 배분이 최적의 해답을 제공할 가능성은 낮다는 결론을 내릴 수 있다.

내가 보기에 효율적 프런티어 이론의 또 다른 문제는 리스크가 조금만 달라도 한쪽은 최적 포트폴리오라 하고 다른 쪽은 덜 효율적인 포트폴리오라고 할 수도 있다는 점이다. 예를 들어 1988년까지의 10년 동안에 미국 주식 대 해외 주식 80% 대 20% 조합의 표준편차는 15.1%였던 반면 (가장 효율적이라고 일컬어지던) 50% 대 50% 조합의 표준편차는 14.4%였다. 표준편차가 리스크에 대한 타당한 대용물인지는 차치하고 (1% 포인트보다 작은) 이 차이는 하도 작아서 실제 투자자들, 특히 월간 수익률들의 표준편차를 계산하기 위해 요구되는 난해한 방법을 사용하고 싶지 않거나 그럴 능력이 없는 사람들에게는 거의 느껴지지도 않을 것이다.

1998년 6월까지의 9년 6개월간의 자료를 봐도 표준편차 차이는 아주 작다. 예를 들어 과거 데이터를 바탕으로 미국 주식 대 해외주식을 80% 대 20%로 구성하여 리스크를 최소화한 효율적 포트폴리오의 표준편차는 11.8%로, 미국 주식을 100% 보유하는 포트폴리오의 표준편차 12.2%에 비해 표준편차를 1% 포인트도 감소시키지 않는다. 현명한 투자자들이 자신의 모든 포트폴리오를 이처럼 사소한 과거의 리스크 차이 (실상은 파악하기 힘든 리스크의 대용물)에 기초하도록 허용하는 것은 판단보다는 프로세스를 중시하는 태도로서 전혀 정당성이 없어 보일 것이다.

1988년까지의 기간과 1998년 6월까지의 기간을 비교해 보자. [그림 8-1]은 글로벌 효율적 프런티어에 관한 두 가지 중요한 사실을 구체적으로 보여준다. (1) 10년 동안에 프런티어가 크게 이동할 수도 있다. (2) 자산 배분이 크게 달라지더라도 각각의 효율적 프런티어 곡선상의 효율적 지점 부근의 리스크 차이는 크지 않다. 과거 자료를 맹목적으로 의존하면 환율 변동이 상당한 수준의 추가적인 리스크를 만들어 내는 시장에서는 특히 큰 결함이 있을 수 있다.

[그림 8-1] 미국 내 투자 시와 해외 투자 시 효율적 프런티어

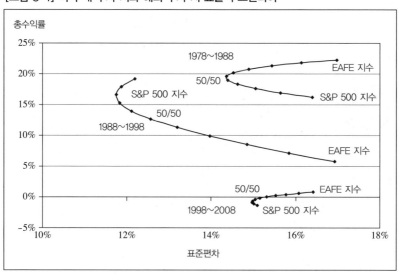

주식 투자자는 시장 리스크(모든 주식 포트폴리오는 가치가 변동한다는 불가피한 진실)만 부담하면 된다. 그런데 좋든 나쁘든 대부분의 투자자들은 스타일 리스크와 매니저 리스크라는 두 가지 리스크를 추가로 부담한다. 좋든 나쁘든 간에 대부분의 투자자는 두 가지의 추가적인 리스크(스타일 리스크와 매니저 리스크)를 부담하는 쪽을 택한다. 스타일 리스크는 특정 부분에 편중된 뮤추얼 펀드나 포트폴리오에 투자하는 데 따르는 리스크로,

대형 가치주, 혹은 소형 성장주, 또는 시간이 흐름에 따라 포트폴리오의 수익률이 전체 주식시장과 다르게 변동할 것이라고 기대되는 주식에 중점적으로 투자하는 것을 의미한다. 매니저 리스크는 포트폴리오 매니저가 펀드의 스타일 범위 내에서 최적의 포트폴리오를 운용할지가 불확실한 펀드를 선택하는 데 따르는 리스크다.

이 두 가지 추가적인 리스크를 부담하는 것이 현명한지 여부는 당분간 제쳐 두더라도 (대부분의 투자자들이 이를 당연하게 여긴다) 나는 투자자들이 세 번째 부가적인 리스크인 환리스크를 부담할 이유가 없다고 생각한다. 그러나 자신의 지혜와 판단으로 글로벌 투자가 필요하다는 주장을 받아들이는 투자자들에게는 나의 대략적인 권고를 재확인하고자 한다. 해외 주식 보유를 주식 포트폴리오의 5분의 1 이내로 제한하라.

10년 후 　글로벌 효율적 프런티어

〈표 8-2〉에서 보는 것처럼 최근 10년간 미국 주식이나 해외 주식에서 벌지 못한 수익률은 20년 동안 벌어들인 마법 같은 (그리고 명백히 되풀이될 수 없는) 두 자릿수 수익률과는 매우 다르다. 그러나 변동성은 별로 변하지 않았다.

나는 불가피하게 과거 실적(backward-looking)에 바탕을 둔 효율적 프런티어 개념에 의존하는 투자 전략 수립에 회의적인데, 새로운 [그림 8-1]은 이를 재확인해 준다. 나는 초판에서 이렇게 말했다. "경험에 의하면 1998년의 효율적 프런티어는 최적의 대답을 제공해 줄 가능성이 낮다는 결론에 이르게 된다." 새로운 차트를 보면 1980년대와 1990년대에 넓게 퍼져 있던 효율적 프런티어들이 지난 10년 동안에는 100% 미국 주식과 100% 해외 주식 수익률 차이가 별로 없는 찌그러든 호로 대체되었다. 그렇다면 향후 10년 동안의 효율적 프런티어는 어떤 모습을 띠게 될 것인가? 다음과 같이 추측해 볼 수 있을 것이다. 과거 세 번의 10년 기간에 보였던 패턴과는 상당히 다를 것이다. 그래서 효율적 프런티어 차트는 역사적 결과물로는 흥미가 있을지 모르지만, 이에 의존하기에는 너무도 빈약한 자료다.

국제 경제와 금융시장

지금까지 나는 해외 투자의 가장 분명한 리스크 중 하나를 다루지 않았는데, 그것은 바로 대부분의 다른 나라들과 미국 사이의 정부, 경제, 금융 시스템의 현격한 차이다. 이론상으로 이런 리스크들은 금융시장에 내재되어 있는 놀라운 차익거래 가격 결정(arbitrage pricing) 메커니즘에 포함되어 있다. 이 메커니즘을 통해서 시장 가격은 주식(모든 국가의 모든 주식을 포함)에 관한 모든 기존 정보를 반영하며, 정보를 갖춘 매수자와 매도자의 의사결정을 통해 시장 가격이 예상 수익과 잠재적 리스크가 정확히 균형을 이루는 가격에 도달한다고 가정된다.

과거 자료를 보면 여러 나라의 상대적 경제 지위에 커다란 변화가 일어났음을 보여준다(때로는 장기간에 걸쳐서 변화가 일어났고, 때로는 아주 빠른 속도로 변화했다). 금융시장은 한 치의 타협도 허용하지 않는 엄격한 감독관이다. 일본의 예를 생각해 보라. 10년 전에 미국 투자자들은 '떠오르는 태양'인 일본 경제가 궁극적으로 세계를 지배할 것이라고 우려했다. 도쿄에서 주가가 치솟아 일본 주식의 시가 총액이 전 세계 시가 총액의 거의 절반 수준까지 올라갔다. 43%로 압도적 비중을 차지하던 일본의 비중은 당시 28%이던 미국 시장의 1.5배였다.

그 이후 대다수 나라의 경제(특히 미국 경제)는 번성한 데 반해, 일본 경제는 침체되었다. 일본 정부의 재정 정책과 통화 정책은 국가 경제에 도움을 주기보다 해를 끼쳤으며, 일본의 은행 시스템은 여전히 방만하고 문제 여신이 팽배했다. 1998년 중반에 니케이 지수는 10년 전 27,700엔의 약 절반 수준인 15,800엔으로 떨어졌다.

한편 다른 시장은 번성했다. 같은 기간에 미국에서는 다우존스 산업 평균 지수가 2,140에서 8,950으로 320% 상승했다. (MSCI–EAFE–유럽 지수에 따르면) 유럽 시장은 현지 통화 기준으로 275% 상승했다. 일본의 실추는 1998년의 세계 시장에서 일본 시장의 비중에 반영되었다. 일본의 비중은 9%로서 이는 10년 전 43%의 5분의 1 수준이다. 같은 기간 동안에 미국 시장은 전 세계 시가 총액의 48%로 성장했는데, 이는 1988년의 28%보다 50% 넘게 높아진 수치다. 1998년의 미국 시장 비중이 10년 전 일본 시장의 비중과 놀랍도록 유사하다는 점을 주목하라. 이러한 일이 앞으로도 계속될지는 두고 볼 일이지만, 어쨌든 이에 대해 생각해 볼 만한 가치가 있다. 이런 일이 일어날 것으로 믿는다면 해외 자산 비중을 더 높여야 할 것이다. 〈표 8-3〉은 1988년과 1998년 중반 사이의 세계 시장 시가 총액에서 상대적 비중 변화를 보여준다. 이처럼 극적인 변화가 10년(이는 금융 역사에서는 다소 짧은 기간이다)도 안 되는 기간 동안에 발생했음을 명심하라.

〈표 8-3〉 1988년과 1998년의 세계 시장에서 각국의 비중

	1988.12.31(%)	1998.6.30(%)	2008.12.31(%)
미국	28	48	44
일본	43	9	11
영국	8	10	8
프랑스와 독일	5	9	8
기타	16	24	29
합계	100	100	100

현재 동남 아시아는 글로벌 투자와 관련된 리스크에 대한 예를 보여주고 있다. 1997년 중반까지, 많은 글로벌 투자자들은 이들 신흥 시장이 우수한 장기 수익률을 올릴 수 있는 좋은 기회를 제공해 주는 곳으로 여겼

다. 그리고 1980년대와 1990년대에 인도네시아, 한국, 말레이시아, 싱가포르, 태국, 필리핀의 경제와 시장은 실로 두각을 나타냈다. 새로운 세계 경제에서 이들의 인구와 경제는 빠르게 성장했고, 주가 급등으로 세계 주식시장에서 이들 국가의 비중은 1991년에는 1.9%였는데 1997년 초에는 3.8%로 배가 되었다. 그러나 1997년 가을에 와서는 정부 주도 금융시스템이 약화되고 통화가치가 급락했으며 경제는 불황에 빠졌다.

대부분의 동남아 국가 주식시장은 자국 통화로 40% 이상 하락했고 달러로는 추가적으로 40%가 하락했다. 겨우 몇 달 동안에 80% 이상 하락하는 것이 미국 투자자들에게 다반사가 되었다. 다른 시장들은 상승 행진을 이어가서 동남아시아 시장의 상대적 비중은 놀랍게도 70%나 하락했다. 1998년 초에 세계 시장에서 동남아 시장의 비중은 1.2%였는데, 이는 펀드 투자자들 사이에 동남아 시장의 인기가 절정을 이루었던 단지 1년 전 비중의 1/3에도 미치지 못하는 수준이다. 문제는 1998년에도 계속되었고, 이들 신흥 시장은 계속 악화되었다. 이러한 반전은 투자자들에게 글로벌 투자 리스크에 대한 겸손한 교훈을 주었다. 이러한 리스크는 회계 및 재무의 투명성과 유동성에 대한 미국의 표준을 달성하지 못한 국가들에서 특히 높다.

시장의 반전?

1998년 초가을까지 미국 주식시장은 약 3% 상승했고, 해외 시장은 약 7% 하락했다. 서유럽 국가들의 주식시장은 상승했지만, 다른 시장은 거의 모두 하락했다. 일본은 약 20% 하락했고, 신흥 시장은 약 40% 하락했으며, 러시아 시장은 약 80% 폭락했다. 설상가상으로 대부분 국가의 통화 약세가 미국 투자자들이 입은 손해의 상당 부분을 차지했다.

미국 주식의 추가적인 상대적 수익률 향상은 둘 중 하나로 해석될 수 있다. (1) 이 장에서 설명한 '다이아몬드 광산' 주장의 타당성을 한층 강화한다. (2) 미국 투자자들의 해외 투자 기회가 이전보다 훨씬 더 매력적으로 되었다. 결국 1960년에서 1997년 사이에 일어났던 것처럼 해외 시장과 미국 시장에서의 수익률이 장기적으로는 하나의 평균 글로벌 주식 수익률로 회귀할 것이라는 주장에 상당한 일리가 있다.

요즘에는 미국 시장이 우위를 보인다 할지라도 어느 누가 급등한 미국 달러가 폭락하지 않을 것이라고 확신할 수 있는가? 혹은 경쟁국가(혹은 유럽연합과 같은 경제 블록)가 미국을 대신해서 세계 경제의 리더가 되지 않으리라고 확신할 수 있는가? 또는 현재 세계 시장의 가치는 미국에 대해서는 최상의 결과를 기대하면서 다른 나라의 시장에서는 최악의 결과를 예상하여 결정되지 않았다고 확신할 수 있는가? 아무도 알 수 없고, 나는 더욱 알 수 없다. 금융시장에서 시장의 반전은 예외라기보다는 규칙인 것으로 드러났다.

그러나 해외 시장이 최선이라고 결심하는 투자자에게는 하나의 함정이 도사리고 있다. 그것은 마켓 타이밍이라는 함정이다. 시장의 반전은 종종 전혀 예상하지 않을 때 찾아온다. 이를 이용하려 해도 1997년의 폭락 사례에서처럼 너무 늦거나 너무 빠르기 십상이다. 해외 시장에서 최악의 상태는 끝났을 수도 있다. 그러나 그렇지 않을 수도 있다. 우리는 이에 대해 알지 못한다.

10년 후 　국제 금융시장

앞에서 언급한 것처럼 경제성장의 성쇠(盛衰)와 과도한 낙관주의와 과도한 비관주의 사이를 오락가락하는 투자자 신뢰 변화가 세계 경제와 세계 시장에 폐해(또는 축복)를 가져온다. (이번에 업데이트된) 〈표 8-

3〉은 확실히 1980년대 후반에 시작된 일본 주식시장의 붕괴와 1990년대 미국 주식시장의 현저한 상승을 보여준다.

글로벌 투자자의 실적

글로벌 투자의 매력을 측정하는 가장 공정한 방법은 이를 학술적인 이론이나 일회성 시장 증거에 기초하는 것이 아니라 바로 국경에 얽매이지 않는 실제 글로벌 매니저가 투자자들의 자금을 세계 어느 곳에서든 그들이 선호하는 대로 선택해서 투자한 결과 달성한 실적에 기초하는 것이다. 글로벌 전략을 따르는 펀드들 중 10년이 경과한 곳은 별로 없지만 지금까지의 증거는 그리 신통치 않다.

1997년까지 10년 동안 글로벌 펀드들은 평균 연 11.2%의 총수익률을 올렸는데, 이는 S&P 500 지수 수익률 18.1%에 크게 못 미치는 수준이다. 동시에 이 펀드들의 리스크(표준편차)는 평균 14.3%로 S&P 500 지수의 14.1%보다 약간 높았다. 더욱이 글로벌 펀드가 달성한 평균 수익률은 상당한 리스크를 감추고 있다. 즉, 개별 매니저별로 성과 차이가 매우 컸다. 수익률은 최고 연 15.1%에서부터 그 절반에도 못 미치는 연 6.98%까지 분포했다. 따라서 투자자의 수익률은 어떤 펀드를 선택했느냐에 따라 크게 달라졌다.

5년간 글로벌 전략을 추구한 펀드들은 더 많지만(57개) 이곳에서도 매니저들은 두각을 나타내지 못했다. 그들의 평균 수익률 14.1%는 모건 스탠리 세계 주가 지수(Morgan Stanley Capital International All Country World Index: 모든 국가의 시가 총액으로 가중치를 둔 지수)의 15.9%보다 낮았으며, 그들의 평균 리스크 (표준편차) 13.1%는 모건 스탠리 지수의 12.3%보다 높았다. 글로벌 매니저들은 두 가지 실수를 저질렀다. 첫째는 미국 시장을 거스르는 전략이었다. (글로벌 인덱스와 마찬가지로) 미국 바깥에 높은 비중을 두고 투자하기로 하는 그들의 근본적인 정책 결정은 미국 시장 수익률이 세계 주요 금융시장 중에서 가장 높은 시기에 이루어졌다. 이들의 두 번째 실수는 미국 시장을 거스르는 전술이다. 1997년 말에 미국 주식에 지수의 목표 비중 47%보다 낮은 30%를 투자함으로써, 그들은 미국 시장에 심하게 과소 투자했다. 결국 그들의 성과를 보면 글로벌 전략과 글로벌 전략가 모두 찬사를 받을 자격이 없다.

자신의 글로벌 포트폴리오 구성하기

물론 글로벌 투자를 실행하는 또 다른 방법이 있다. 만약 해외 투자가 단기 변동성을 감소시킬 가능성과 함께 더 높은 수익률을 올릴 수 있는 기회를 제공해 준다고 생각하면 스스로 해외 주식에 투자될 금액을 결정해서, 국내 투자와 해외 투자 사이의 균형을 맞출 수도 있다.

그런데 해외 주식의 성과는 어떠했는가? 과거 15년간의 세계적인 활황장에서 해외 주식 수익률은 미국 주식시장에서 얻을 수 있었던 수익률에 미치지 못했다. 1997년까지 EAFE 지수는 연 15.3% 상승한 반면, S&P 500 지수는 연 17.5% 상승했다. 각 지역의 뮤추얼 펀드들은 목표 지수의 수익률에 미치지 못했다. 그러나 놀랍게도 해외 뮤추얼 펀드들은 사실 미국의 뮤추얼 펀드들보다 다소 높은 수익률을 기록했다.

그러나 지난 10년 동안 해외 펀드들과 지수들 모두 미국의 펀드들과 지수에 크게 미달되는 실적을 보였다. 평균적인 해외 펀드들은 미국 펀드들의 평균 수익률 15.5% 보다 1/3이 낮은 연 9.0%의 수익률을 제공했다. 그 결과 각각의 범주에 1만 달러를 투자했을 경우 최종 자본 축적 금액에는 놀라운 차이가 난다. 해외 펀드들의 경우 자본은 24,000달러로 불어났는데 미국 펀드들의 경우에는 자본이 42,000달러가 되었다. 신기하게도 이 기간 동안 평균적인 미국 펀드들은 관리되지 않는 지수에 뒤졌지만, 해외 펀드들은 목표 지수 수익률을 앞질렀다(이러한 이상 현상에 대해서는 잠시 뒤에 논의할 것이다).

1950년대와 1960년대에는 해외 펀드가 거의 없었기 때문에, 펀드 수익률과 지수 수익률의 40년 비교 및 30년 비교는 불가능하다. 그러나 25년 기록을 보면 평균적인 해외 펀드의 수익률 9.9%는 EAFE 지수 수익률 11.9%에 한참 뒤지는데, 이는 놀라운 일이 아니다. 이러한 연 수익률 차이는 장기 자본 축적에 큰 영향을 준다. 평균적인 해외 펀드에 1만 달러를 투자할 경우 107,000달러로 증가하는데 이는 EAFE 지수로부터 축적되는 167,000달러보다 6만 달러 적은 금액이다.

가능한 최장 기간(EAFE 지수의 전체 역사)을 연구 대상으로 하면 괄목할 만한 결과가 나온다. 1960년부터 1997년까지 미국 주식에 대한 S&P 500 지수의 연 수익률은 11.5%로 해외 주식에 대한 EAFE 지수 수익률과 똑같다. 10장에서 살펴보겠지만 국내 투자와 해외 투자 수익률은 앞서거니 뒤서거니 하지만 장기적으로 볼 때 해외 투자는 국내 포트폴리오 수익률보다 조금도 높지 않았다. 해외 시장에서 더 높은 수익률을 추구하는 것을 '도깨비불 쫓아다니기'라고 표현하면 너무 심할 수도 있을 것이다. 그러나 과거 기록을 살펴보면 그렇게 말해도 심하지 않을 수도 있다.

해외 시장 인덱스 투자 ─ 더 나은 방법인가?

어떤 기준으로든 적극적으로 관리되는 해외 펀드들의 장기 실적은 바람직한 수준과는 거리가 멀다. 그러나 투자자들이 국제적으로 분산 투자하겠다고 결정한다면, 국제 시장에 접근하는 또 다른 방법이 있으며, 이 방법이 장기적으로 더 나은 방법임이 입증될 것이다. 그 방법은 바로 해외 인덱스 펀드에 투자하는 것이다.

인덱스 투자가 제공하는 이점은 미국 시장보다 글로벌 주식시장에서 더 크다. 첫째, 평균 운영 경비는 해외 뮤추얼 펀드가 상당히 높다. 해외 뮤추얼 펀드의 경비율은 약 1.7%로 미국의 펀드보다 0.3% 포인트 높다. 둘째, 비록 해외 펀드들의 포트폴리오 회전율은 낮지만(연 약 70%로 여전히 높은 수준이다) 해외 시장에서는 거래비용이 상당히 높다. 유동성 비용, 트레이딩 비용, 인지세, 보관 수수료 모두 미국보다 높으며, 이들을 모두 합한 거래 비용이 매년 자산의 2%(또는 그 이상)에 달할 수도 있다. 따라서 해외 펀드가 인덱스에 비해 극복해야 할 핸디캡이 연간 4%에 이를 수도 있는데 이는 미국 주식형 펀드 매니저가 직면하는 2% 핸디캡에 비해 거의 두 배 수준이다. 이러한 비용 수준에서는 대부분의 매니저들이 인덱스보다 우수한 순수익률을 제공하기가 사실상 불가능하다.

해외 인덱스 펀드도 적극적으로 관리되는 펀드와 같은 유형의 비용을 부담하지만 그 규모는 훨씬 작다. 특히 저비용 해외주식형 인덱스 펀드는 투자자문 수수료를 지불할 필요가 없으며 주로 이 사실 때문에 해외 펀드들의 비용 평균 1.7%의 1/3 또는 그 이하의 경비율을 부담한다. 유럽과 태평양의 선진 시장에 투자하는 인덱스 펀드들의 경우 경비율은 0.50%를 초과하지 않으며, 신흥 시장 포트폴리오에 대해서는 0.75%를 초과하지 않을 것이다.

훨씬 더 중요한 사실은 해외 시장에 투자하는 인덱스 포트폴리오는 포트폴리오 회전율이 미미하다는 점이다(이상적으로는 연 5%에 미치지 않는다). 이 비율은 적극적으로 관리되는 해외 펀드들의 평균 회전율 70%의 1/14에 해당하는데, 이는 비용이 많이 드는 해외 시장에서 특히 중요한 이점이다. 낮은 회전율은 해외 인덱스 펀드의 거래 비용을 매년 자산의 약 0.5%로 제한하게 할 것이다.

해외 인덱스 펀드의 운영 경비와 거래 비용을 합하면 일반적으로 연 1%에 미달하는 데 반해 적극적으로 관리되는 해외 펀드들의 경우 거의 총 4%의 비용이 발생한다. 인덱스 펀드는 장기간에 걸쳐서 해외에서 적극적으로 관리되는 펀드보다 약 3% 포인트의 연 수익률 우위를 제공할 수 있는 입장에 있다. 이처럼 큰 수익률 우위는 미국의 인덱스 펀드들이 최근에 누린 2% 우위의 1.5배 수준이다.

336

그렇다, 아니다, 그럴 수도 있다

이러한 인덱스 투자의 이점들이 실제로 그러한 것으로 입증되는가? 이에 대한 대답은 명백히 다음과 같다. "그렇다, 아니다, 그럴 수도 있다." 믿을 수 없는 시장과 매니저들의 실체를 파악하기만 하면, '그렇다' 라는 측면을 이해할 수 있다. 주어진 시장의 모든 주식을 보유하는 투자자들은 투자비용 차감 전 시장 총수익률을 달성할 것이다. 이 투자자들의 비용 차감 후 전체적인 수익률은 시장 수익률에 미치지 못할 것이다.

이들 시장의 모든 투자자들의 기록에 관한 데이터가 불완전하기 때문에 '그럴 수도 있다' 는 대답이 나올 수도 있다. 미국 내에서 판매되는 해외 펀드들은 전체 해외 주식의 극히 일부만을 소유한다(약 3,300억 달러로서 이는 모든 국제 주식의 약 2%다). 이처럼 작은 표본 비교로는 해외 펀드 매니저들의 상대적 성과에 관한 타당한 결론을 내지 못할 수도 있다.

'아니오' 는 다음과 같을 경우에 해당한다. 내가 장기적으로는 실현될 것이라고 가정했던 인덱스 펀드의 연 3% 수익률 우위가 모든 중간 기간 동안 한 번도 빠짐없이 실현될 것이라고 확신할 수 없다. 그러나 충분히 장기간에 대해서는, 나는 미국 매니저들이 다른 지역의 매니저들보다 더 영리하거나 더 우둔하지 않을 것이고 인덱스 투자의 3% 우위가 장기적으로 유지될 것으로 예상한다.

해외 시장을 두 개의 큰 부분 즉, 유럽과 태평양 지역으로 나눠서 인덱스 펀드의 3% 수익률 우위의 타당성을 검증해 보자. 유럽에서는 시장이 다양한 국가들에 고도로 분산되어 있다. 영국은 유럽지수 시가 총액의 30%를 차지하고, 독일 15%, 프랑스 13%, 스위스 11%, 네덜란드 8%, 이탈리아 6%, 그리고 다른 국가들은 17%를 차지한다. 유럽 펀드들의 매니저들은 상당히 유사한 가중치를 유지하는 경향이 있을 뿐만 아니라 다양한 유럽 국가들의 시장들은 흔히 유사한 경제 및 금융 요인들에 영향을 받아서 대개 유사한 경로를 따른다.

유럽에 투자하는 펀드들의 성과는 확실히 해외 투자에 대한 인덱스 접근 방법의 타당성을 확인해 준다. 1997년까지 10년 동안에 평균적인 유럽 펀드는 연 10.2%의 수익률을 제공한 반면, 유럽 주가 지수는 연 14.6%를 제공했다. 1%에 달하는 인덱스 펀드의 총비용을 고려하면 이 차이는 내가 적극적으로 관리되는 펀드의 높은 경비율과 높은 거래 비용에 근거해서 제시했던 3% 포인트의 수익률 격차와 대략 같은 수준이다. 이 기간 동안 인덱스의 우위는 '그렇다'는 쪽으로 입증되었다.

태평양 지역에서는 이 질문에 대한 답이 모호하다. 입수 가능한 자료가 제한되어 있는 점을 고려하면(태평양 지역 주식 중에서 미국의 펀드 매니저들이 보유하는 비율은 아주 낮다) '그럴 수도 있다'는 답변을 할 수도 있을 것이다. 그러나 혹시 그렇지 않다면 이에 대한 주된 이유는 한 국가(일본)의 주식 시장이 태평양 지역의 비중, 따라서 수익률을 주도하기 때문이다. 10년 전에 일본 주식시장은 이 지역 주식 시가의 93%를 차지했다. 그 후 일본 시장의 위상이 추락한 이후에도 일본 시장 한 곳이 여전히 이 지역에서 80%의 비중을 차지하고 있다(MSCI-태평양 지수는 MSCI 신흥 시장 지수에 포함되어 있는 중국과 동남아시아 신흥 시장을 포함하지 않는다). 그러나 분산 투자된 미국 뮤추얼 펀드들에게 적용되는 분산 투자 요건(정책에 의해 부과되거나 법적 요건으로 요구됨) 때문에 일본은 미국의 펀드 매니저들이 관리하는 태평양 포트폴리오에서 평균 38%의 비중을 차지하는데, 이는 일본 주식시장이 태평양 시장에서 차지하는 실제 비중에 비해 훨씬 낮은 수준이다.

지난 10년 동안 거인이기는 하지만 추락한 시장에 대한 익스포저가 축소된 결과, 태평양 지역 펀드들은 연 4.4%의 수익률을 제공하는 데 그쳤다(하찮은 수준이기는 하지만 태평양 지수의 마이너스 수익률(−1.2%)에 비하면 훨씬 높은 수준이다). 주로 일본에 투자한 일부 뮤추얼 펀드들은 −1.8%의 수익률을 기록해서 일본 주식이 주도한 태평양 지수 수익률에 다소 뒤졌다. 태평양 펀드들의 수가 적다(1988년에 3개, 1998년에 57개)는 점에 비추어 볼 때 이러한 결과들은 인덱스 투자가 모든 시장에서 통한다는 나의 신념을 흔들지 못한다.

유럽과 태평양이라는 선진 시장 외에도 신흥 시장이 있다. 폭발적인 경제 성장을 추구하는 투자자들은 이들 신흥 시장으로 향한다. 최근에 이들 시장에서 아주 명백하게 드러난 추가적인 리스크를 무시하면 순진한 처사일 것이다. 여분의 수익률을 추구하는 적극적인 투자자들에게는 신흥 시장에 대한 익스포저를 해외 익스포저 중 합리적인 비율 이내로 제한하도록 권고한다. 신흥 시장에 투자하는 인덱스 펀드의 기록은 짧지만(단지 4년) 지금까지의 결과는 고무적이다. 그러나 기간이 짧다는 점을 고려하면 '그럴 수도 있다'는 평결이 무난한 것 같다. 그럼에도 불구하고 충분한 시간이 흐르면 그러한 인덱스 펀드들은 적극적인 매니저들에 비해 상당한 우위를 얻게 될 것이다.

이제 EAFE 지수(이 지수는 소규모 신흥 시장은 포함하지 않는다)에 의해 측정된 전체 해외 시장을 살펴보면 우리는 '그렇다'라는 앞의 분석을 재확인할 수 있다. 과거 25년 동안 적극적으로 관리되는 평균적인 미국의 해외 펀드들은 EAFE 지수의 연 수익률 11.9%에 비해 2.0% 포인트 뒤졌다. 1997년까지 25년 동안 EAFE 지수는 처음 15년간은 연 5% 포인트 앞섰고, 그 뒤 10년 동안은 연 2.5% 포인트 뒤졌다. 이러한 변화는 전적으로 과거 10년 동안 일본이 시장을 선도하다 시장 평균에 뒤지게 되었기 때문이다. 단기 투자자에 대한 답변은 '그럴 수도 있다'지만, 장기 투자자에 대한 답변은 '그렇다'다. 인덱스 투자는 통한다.

일부 해외 펀드들은 인덱스 펀드에게 치우친 승산을 거스를 수 있고, 실제로 거스르기도 한다. 일반적으로 이러한 펀드들은 장기간 숙련된 매니저들을 보유하고 포트폴리오 회전율이 비교적 낮으며 운영비용과 자문 수수료가 과도하지 않다는 특징을 보인다(이러한 패턴은 해외 펀드 분야에서 흔하지 않지만, 수익률이 우수한 펀드들에서는 보편적이다). 그럼에도 불구하고 시간이 흐르고, 매니저들이 교체되고, 투자 정책이 변경되며, 경비율이 자주 상향 조정된다. 뮤추얼 펀드를 통해서 전 세계로 투자를 분산하는 데 관심이 있는 장기 투자자에게는 해외 인덱스 펀드가 합리적인 접근방법을 제공해 준다.

10년 후   해외 시장 — 인덱스 투자가 더 나은 방법이다

인덱스 투자는 예상할 수 있는 것처럼 해외 시장 투자에 대한 더 나은 방법일 뿐만 아니라 훨씬 나은 방법이다. (초판의 비교 대상 기간이 끝나는) 1998년 초에 선택했을 경우 적극적으로 관리되는 해외 펀드는 연 2.5%의 수익률을 제공한 데 반해 저비용 해외 인덱스 펀드는 3.7%의 수익률을 올렸다. 1.2% 포인트의 수익률 차이는 주로 비용 차이의 결과다. 소극적으로 관리되는 인덱스 펀드의 경비율은 0.34%이지만, 적극적으로 관리되는 평균적 해외 펀드는 평균 경비율이 1.31%에 달할 뿐 아니라 거래 비용도 1%에 이르는 것으로 추정된다(해외 펀드의 40% 가량에서 부과되고 있는 판매 수수료는 감안하지 않았다. 이 비용을 투자자의 투자 기간에 걸쳐 배분하면, 쉽사리 연 0.5%에서 연 1.0%에 달하게 된다).

우연한 여행자

요즘 시대에는 경제와 금융시장의 세계화가 모든 국가에 미치는 영향을 무시하면 안 될 것이다. 미국도 이러한 조류에서 예외가 아니다. 사실 미국이 세계화를 시작하고 유지하는 선도세력인지에 대해서는 논쟁의 여지가 있다. 그러나 세계화의 조류 속에서 자본 축적에 관심이 있는 투자자들에게는 그 해답이 바로 미국 내에 있는 것 같다. 글로벌 포트폴리오를 보유해서 높은 수익을 얻고자 하는 것은 '다이아몬드 광산'을 찾기 위해 알 하페드가 성과 없이 평생을 헤맨 것과 같다.

미국 회사들은 세계적으로 강력한 회사가 되었다. 모건 스탠리 딘 위터(Morgan Stanley Dean Witter)의 최근 연구는 이 점을 정확히 짚었다. "만약 S&P 500 지수에 투자한다면 잘 분산된 글로벌 포트폴리오를 보유하는 셈이다." S&P 500 지수에 편입된 회사들의 수익의 77%는 북미 지역에서 나왔고, 23%는 다른 국가들(유럽 13%, 일본 2%, 아시아 신흥 시장 5%, 라틴 아메리카 신흥 시장 3%)에서 발생했다. S&P 500 지수에 편입된 가장 큰 회사들 중 일부는 세계 곳곳에 널리 진출해 있는데 그들의 수익의 절반 이상이 미국 바깥에서 발생하고 있다. 예를 들어 코카콜라 67%, 인텔 58%, 마이크로소프트 55%, 아메리칸 인터내셔널그룹 54%, 프록터&갬블 50% 수준이다.

해외 익스포저가 낮은 회사들 외에 이들 중 많은 회사들은 '요새' 기업들로 알려지게 되었다. 이들은 엄청난 세계적 인지도와 마케팅 능력을 통해서 자신의 성장을 조절할 수 있는 듯하다. 그들이 현지 통화 가치에 의해 영향을 받는 국제 경제의 비즈니스 상태에 노출되는 것이 당연하기는 하지만, 그들은 외환 선물을 이용하여 환리스크에 대한 익스포저의 (다는 아닐지라도) 대부분을 헤지한다. 그러나 S&P 500 지수에 편입되어 있는 회사들은 해외에서 총 매출액의 23%와 순이익의 28%의 순이익을 얻기 때문에, 분명히 상당한 글로벌 익스포저를 제공한다. 미국의 투자자들은 직접 외국에 투자하는 모험을 할 필요가 없다.

과거 기록을 보면 해외에서 이해관계가 큰 미국 주식들은 세계화가 덜 된 미국의 다른 기업들과 상관관계가 높은 경향이 있지만, 해외 시장은 미국 시장과 동조하지 않는 듯하다. 따라서 해외 주식 직접 보유가 포트폴리오의 월간 수익률 변동성을 줄이는 데에는 더 효과적인 경향이 있다. 그러나 내가 이 책을 통해 주장하는 것처럼 단기 변동성 축소는 장기적인 수익률을 희생하면서까지 추구할 대상은 아니다.

'다이아몬드 광산' 재방문

해외 국가들에 대한 투자를 위해 반드시 해외 주식에 거액의 추가적인 익스포저를 취해야 하는 것은 아니다. 리스크와 수익률 면에서 과거 기록(미래에 대한 서곡인지 여부는 차치하고)은 해외의 알려지지 않은 다이아몬드 광산을 찾기 위해 자신의 집에서 발견할 수도 있는 다이아몬드 광산을 포기할 합당한 이유를 제공해 주지 않는다. 콘웰 박사의 주장은 다음과 같았다. "당신이 지금 있는 곳에서, 당신이 가지고 있는 것으로, 당신이 할 수 있는 것을 하라." 그는 필라델피아에서의 기회에 초점을 맞추었지만 (펜실베이니아, 뉴잉글랜드, 노스캐롤라이나, 캘리포니아 등) 미국 전역에서 막대한 부를 발견한 예도 열거했다. 그는 존 록펠러(John D. Rockefeller)와 석유, 그리고 존 서터(John Sutter) 대령과 금을 예로 들었다.

콘웰 박사는 항상 더 고상한 목적을 위해 부를 추구하도록 주의를 기울였다. 그는 이렇게 역설하곤 했다. "당신은 부자가 되어야 합니다. 당신은 가난해질 권리가 없습니다. 바로 이곳에 엄청나게 많은 기회들이 있습니다."

그러나 그는 재빨리 이렇게 덧붙이곤 했다. "우리 모두는 돈보다 가치 있는 것들, 더 위대하고 숭고한 것들이 있음을 알고 있습니다." 그는 자기 집을 짓기 위해 돈을 버는 짜릿함과 궁핍한 사람들을 도와주는 고상함이 '돈을 가치 있게 사용하는 방법'에 속한다고 말했다.

만약 콘웰 박사가 요즘 세상에 살았더라면 틀림없이 안락한 삶과 평화로운 퇴직을 위한 부의 축적에 대해 언급했을 것이다. 나는 그가 미국에 본사를 둔 회사들에 투자하는 것을 옹호할지에 대해서는 알 길이 없다. 그러나 알 하페드의 전설을 염두에 두면, 그가 전액 미국 주식에 투자된 포트폴리오에 그의 돈을 걸었을 것이라고 쉽게 추측할 수 있다.

불안정하기는 하지만 미국은 1990년대 말 현재 세계 정상의 자리에 앉아 있다. 그러한 성취에 대한 우리의 자부심이 잘못된 것이라면 강력한 추락이 올지도 모른다. 그 일이 10년 전에 일본에서 발생했으며, 이곳에서도 발생할 수 있다. 미국의 그러한 추락 가능성이 낮기는 하지만 불가능하지는 않다. 투자자들은 전 세계의 상대적인 수익률과 리스크를 고려하고, 그에 따라 자신들의 포트폴리오를 배분해야 한다. 그러나 나는 미래의 콘웰 박사가 《월스트리트 저널》에 기고한 로저 로웬스타인 (Roger Lowenstein)의 현명한 조언을 인용한다 해도 이에 동의할 것이다. "당신은 집을 떠나지 않고서도 행복한 투자를 할 수 있다."

10년 후   글로벌 투자

나는 미국 투자자들이 각국의 시장 비중에 기초해서 2009년에 44%의 미국 주식과 56%의 해외 주식에 투자하는 진정한 글로벌 포트폴리오를 보유한다는 아이디어에 찬성하기를 꺼린다는 점을 재강조하고 싶다. 그러나 나는 주로 미국 주식에 중점을 두는 진정으로 글로벌한 전략을 강조하기를 꺼리지 않는다. 결국, 미국의 주요 회사들 중 세계 최대 회사에 포함되는 회사들이 있고, 이들은 전 세계에서 비즈니스를 수행한다. 2008년에 S&P 500 지수에 포함되는 회사들의 해외 매출 비중은 48%였는데, 2003년에는 해외 매출 비중이 42%였다. 그래서 나는 본국에서 멀리 벗어날 필요가 없다고 믿는다.

용어상 역설적이게도 일부 신흥 시장들(emerging markets)은 가장 큰 국가들 중에서 '부상(浮上)했다(emerged).' 지난 10년 사이에 중국은 준-자본주의 강대국으로 부상했다. 인도가 부상했고, 러시아는 (여러 번) 부상했다가 최근에 가라앉았다. 브라질도 부상했다(사실 이 네 나라를 하나의 그룹으로 칭하기 위해 BRIC이라는 단어가 출현했다). 이들 국가 국민들의 생활수준은 미국인들이 즐기는 수준에 훨씬 못 미치기는 하지만 러시아를 제외하면 이들은 거대하고 급속도로 성장하는 국가들이다.

중국은 세계 인구의 18%와 국내 총생산(GDP)의 9%를 차지하며 중국 경제 성장률은 지난 5년 동안 두 자릿수(10.6%)를 기록했다. 이러한 추세가 지속된다면 중국은 2020년에서 2030년 사이에 세계 최대의 경제 대국이 될 것이다. 인도의 인구 비중은 16%이고, GDP 비중은 4%이며, 경제 성장률은 8.4%였다. 브라질은 인구 비중 2.7%, GDP 비중 2.4%, 경제 성장률 4.6%를 보이고 있다. 러시아의 인구 비중은 1.9%이고 GDP 비중은 2.6%, 경제 성장률은 6.4%였다. 그러나 이들 국가의 세계 주식시장 비중은 아직도 미미해서 중국 1.7%, 인도 0.7%, 브라질 1.2%, 러시아 0.6%에 머물고 있다.

성장 초기 단계에 있는 이들 신흥국 시장이 성숙한 단계에 있는 미국 시장보다 큰 투자 수익을 올릴 수 있는 잠재력을 제공해 주는가? 나는 이 질문에 '그렇다'고 대답하고 싶다. 그러나 우리는 이러한 성장 잠재력이 그러한 회사들의 주가에 어느 정도로 반영되었는지 알지 못하며, 이 국가들이 보다 개방 경제로 발전함에 따라 사회가 어느 정도로 변할지도 알지 못한다. 더구나 정치적 불안정성이 여전히 위협 요소로 남아 있어서 상당한 수준의 추가적인 리스크 요인이 되고 있다. 그래서 나는 비교적 새로운 해외 투자의 물결에 조심스럽게 접근하고자 하며, (BRIC 펀드를 포함한) 해외 펀드는 투자자의 주식 포지션의 1/5을 넘지 말라는 나의 권고를 고수하고자 한다.

---

1) R. Lowenstein, "97 Moral: Drop Global Investing Bank," *The Wall Street Journal*(December 18, 1997), p.C1.

Chapter 9

On Selecting Superior Funds
The Search for the Holy Grail

우수한 펀드 선택—성배 찾기

현명한 관찰자는 투자의 핵심 과제는 자신이 투자하는 금융 자산 부류에 의해 달성된 장기 수익률 중 가능한 많은 부분을 획득하는 것이라는 점을 안다. 그러나 그들은 그 비율이 100%에 미치지 못함을 알고 이를 받아들인다. 4장에서 지적한 것처럼 시장 인덱스 펀드는 지수의 주식시장 벤치마크가 달성한 연 수익률의 99%를 제공할 수 있는 반면, 적극적으로 관리되는 평균적인 주식형 펀드는 약 85%를 제공할 것으로 기대할 수 있다. 관리되는 펀드의 미래 상대적 수익률은 불확실하지만 시장 수익률의 99% 부근까지 상승하리라고 생각하기는 어렵다. 반면에 저비용 인덱스 펀드는 장기간에 걸쳐 일관되게 시장 수익률의 대략 98%~99%에 이를 것이 거의 확실하다.

앞에서 언급한 것처럼 업계의 리더들도 이 현실을 깨닫게 되었으며 (최소한 하나의 사례에서는) "평균적인 펀드는 결코 시장을 앞설 수 없다"라고 인정했다. 사실 적극적으로 관리되는 펀드 판매에 종사하는 사람들조차 다음과 같은 시장의 준엄한 현실을 무시할 수 없다. (1) 투자자들은 전체적으로 보면 현재 시장을 이기지 못하고 있고, 이길 수 없으며, 향후에도 이기지 못할 것이다. (2) 특정 뮤추얼 펀드가 전체 투자 기간 동안 일관되게 시장 수익률을 초과할 승산은 매우 희박하다. 실제 투자 세계는 '자신이 평균보다 더 낫다고 믿는' 게리슨 케일러(Garrison Keillor)의 신화적인 위비곤 호수(Lake Wobegon)와는 전혀 딴판이다.

어떤 개별 펀드도 관리되지 않는 인덱스를 이길 승산이 없음을 인식한 뮤추얼 펀드 업계는 이 점에 암묵적으로 동의했다. 이 점을 인정한 업계의 많은 회사들이 장기투자에 가장 적합하도록 만들어진 인덱스 펀드라는 상품을 중기 및 심지어 단기 투기를 위한 도구로 바꾸기에 열중하고 있다.

현명한 투자자들은 자신이 선택한 펀드가 장기적으로는 과거의 성과와 상관없이 필연적으로 평균으로 회귀한다는 사실을 받아들여야만 한다. 그러나 여기서 평균은 펀드가 발생시키는 비용(자문 수수료, 운영 경비, 마케팅 비용으로 구성된 경비율과 포트폴리오 매매 비용인 거래 비용을 합한 금액)을 차감한 시장 평균으로 정의된다. 앞에서 본 것과 같이 뮤추얼 펀드 세계에서는 이러한 비용들이 매우 크다. 주식형 펀드의 연간 경비율의 중간값은 현재 1.5%인데, 이 비율이 계속 오르고 있다. 거래비용은 정확하게 계량화하기 어렵지만, 뮤추얼 펀드의 높은 포트폴리오 회전율을 감안하면 연 0.5%~1%로 추정해도 그리 과도하지 않을 것이다. 그렇다면 현재의 '총' 비용은 보수적으로 계산해도 연 2%를 웃도는 것으로 추정할 수 있다.

현실이 이렇기 때문에 시장 수익률을 초과하는 장기 수익률이라는 성배 찾기는 20세기의 펀드 매니저들과 펀드 투자자들에게 실망만 안겨주는 일이었다(그리고 21세기에도 그럴 것이다). 6세기에 전설적인 아더 왕의 원탁의 기사들의 최후의 만찬 성배 찾기가 그랬던 것처럼 말이다.

주식형 펀드의 실적

먼저 내가 현대라 부르는 시기의 주식형 뮤추얼 펀드의 실적을 살펴보자. 나는 미국 주식시장의 강세장이 시작된 이후인 1982년 8월부터 1998년 중반까지의 기간을 사용할 것이다. 이 기간에 주식형 펀드 자산이 미국 주식시장의 21% 이상을 점유하여 최대의 자산 풀(pool)이 되었고, 뮤추얼 펀드의 경비율과 포트폴리오 회전 활동이 가장 높은 수준으로 치솟았기 때문에 이 기간은 설명을 위한 예로 특히 적절한 시기일 것이다. 이 16년 동안 생존한 주식형 뮤추얼 펀드들의 연 수익률은 평균 세전 16.5%로, 전체 시장 윌셔 5000 지수로 측정한 전체 주식시장 수익률 18.9%의 87%를 제공했다.* 펀드 비용 상승에 비추어 볼 때 향후 펀드 수익률과 시장 수익률 사이의 이러한 차이가 벌어질 것이 확실해 보인다.

펀드 수익률, 펀드 비용, (투자 의사 결정 시) 펀드의 과거 상대적 실적의 관련성에 대한 이러한 부인할 수 없는 사실들로 인해 오늘날 인덱스 펀드가 인기를 누리게 되었다. 시장을 이길 수 없다면 (아무도 시장 수익률을 실현하는 것에 대해서는 말하지 않는다.) 시장에 참여하는 것이 어떤가? 총비용 0.2%(산업 평균의 1/10)로 운영되는 전체 시장 인덱스 펀드라면 연 18.7%의 수익률, 즉 같은 기간 동안 전체 시장 수익률의 거의 99%를 제공했을 것이다.

그런데 우리가 알고 있는 것처럼 인덱스 펀드의 연간 시장 수익률의 99%와 관리되는 펀드의 87%를 비교하면, 단순한 12% 포인트의 수익률 격차보다 훨씬 더 큰 차이가 있다는 사실이 감춰진다. 1982년 8월 2일에 인덱스 펀드에 1만 달러를 투자했을 경우 최종 가치는 153,100달러가 되었을 것이다. 같은 금액을 같은 기간 동안 적극적으로 관리되는 전통적인 펀드에 투자했을 경우 최종 가치는 113,700달러가 되었을 것이다. 따라서 인덱스 펀드는 지수 자체의 투자 가치 누적분의 97%를 제공한 반면, 적극적으로 관리되는 평균적인 펀드는 지수 누적 성장분의 70%만을 제

---

* 2.4% 포인트 차이(18.9-16.5)는 내가 전에 추정한 펀드 비용 2% 포인트보다 다소 높은 데, 이는 부분적으로는 적극적으로 관리되는 펀드들이 보유하는 현금 보유액의 낮은 수익률에 의해 야기된 수익률 저하에 기인한다.

공했다. 14장에서 적극적으로 관리되는 펀드의 수익률 미달분이 왜 시간이 지남에 따라 그렇게 급격하게 커지는지에 대해 수학적으로 자세하게 살펴볼 것이다. 지금으로서는 이를 그저 '복리의 횡포'라 부르기로 하자.

이러한 숫자들에 놀랐다면 당신은 '아직 아무것도 모를' 가능성이 높다고 생각하라. 강세장이라는 나무가 하늘까지 닿을 정도로 성장하지 않고, 주식시장이 보다 수수한 실적을 보인다고 가정할 경우 지수와 펀드의 최종 가치 격차는 점점 더 커질 것이다. 예컨대 비용은 종전과 같이 유지되는 채로 주식시장 수익률이 15년 동안 연 8%로 내려간다고 가정하자. 그러면 인덱스 펀드의 순수익률은 7.8%(시장 수익률의 98%)가 되고, 관리되는 주식형 펀드의 수익률은 6.0%(주식 수익률의 75%)가 될 것이다. 15년 후에 1만 달러의 시초 투자금은 인덱스 펀드에서는 30,900달러가 되는 반면, 관리되는 펀드에서는 24,000달러가 된다. 인덱스 펀드의 누적 수익률은 인덱스 성장률의 96%에 달하는 반면, 관리되는 펀드가 인덱스 성장률에서 차지하는 몫은 64%로 추락한다. '복리의 횡포'로 인한 인덱스 펀드와 일반 펀드 사이의 누적 수익률 실적 차이는 과거 강세장 시절에는 27% 포인트였으나, 가까운 장래에 대해 훨씬 더 가능성이 있을 법한 시나리오 하에서는 32% 포인트로 벌어진다. 그러나 장래의 주식시장 상태가 어떻게 되든, 펀드 수익률과 시장 지수 수익률 간의 큰 차이는 펀드 업계에 결코 유쾌한 상황은 아니다. 이는 최소한 대부분의 활황장 기간 동안 투자자들에게 암묵적으로 좋은 성과라는 성배로 받아들여졌던 적극적으로 관리되는 뮤추얼 펀드들이 시간이라는 테스트를 통과하지 못할 것임을 의미한다.

10년 후 | 주식형 펀드 실적

1982년부터 2009년 중반까지 27년에 걸친 주식형 펀드 수익률과 주식시장 수익률을 비교하면, 펀드 평균 연 수익률은 9.0%로 미국 전체 주식시장 지수 수익률 11.0%에 비해 2% 포인트 낮다. (10년보다) 훨씬 장기간에 걸친 복리 효과에 따라 각각에 대한 초기 투자금 1만 달러는 평균적인 주식형 펀드에서는 102,450달러, 전체 주식시장 지수에서는 167,000달러로 늘어났다.

펀드의 연간 수익률은 시장 수익률의 82%였다(내가 예상했던 것보다는 차이가 작았다). 그러나 펀드의 누적 수익률은 시장 수익률의 59%로, 내가 초판에서 인용했던 70%보다도 낮았다. 이처럼 실적 차이가 벌어진 것은 조금도 놀라운 일이 아니다. 사실 나는 초판에서 이렇게 말했다. "강세장이라는 나무가 하늘에 닿도록 계속 자라지 못하고 주식시장이 보다 일반적인 상태를 보인다고 가정할 경우 이러한 차이는 점점 더 커질 것이다." 그런데 강세장이라는 나무는 (줄잡아 말해도) 하늘까지 자라지 못했고, 인덱스 펀드가 거둔 우수한 수익률 격차는 더 커졌다.

인덱스 펀드 시작

5장 '인덱스 투자'에서 인덱스 펀드의 연대기적 역사를 설명한 것처럼 위와 유사한 과거 성과에 대한 거의 25년 전의 연구 결과에 따라 나는 S&P 500 종합 주가 지수를 모델로 펀드 업계 최초의 시장 인덱스 뮤추얼 펀드를 시작했다. 소규모로 불안하게 시작했던 뱅가드 500 지수 펀드는 반전을 이뤄서 예술적으로뿐 아니라 상업적으로도 성공하게 되었다.

인덱스 펀드는 처음에 냉대를 받았지만, 지금은 뮤추얼 펀드 업계 전체적으로 임원들의 관심을 끌고 있다. 최초의 인덱스 펀드는 10년 동안은 모방되지 않았지만(심지어 회피되기까지 하였다) 지금은 140개 인덱스 펀드가 가세해 경쟁을 벌이고 있다. 일부는 인덱스 펀드 선교사(또는 개종자, '개종자보다 독실한 사람은 없다')들에 의해 설정되었지만, 대부분은 판매 수수료가 없는 기회주의적인 회사들이 '마지못해' 울며 겨자 먹기 식으로 기관의 401(k) 저축 플랜 시장의 싸움터로 끌려 들어간 것들이다. 경비율이 합리적인 수준인 펀드들도 일부 있기는 하지만 그들 중 대부분의 합리적 경비율은 한시적 수수료 면제에 기인한 결과다. 많은 펀드들은 수용할 수 없을 정도로 높은 경비율을 보인다. 그리고 놀랍게도 인덱스 펀드들의 1/3은 판매 수수료나 12b-1 수수료를 부과하기도 한다. 이러한 펀드들의 스폰서들은 최소한의 비용이 인덱스 펀드 수익률 우위의 거의 전부를 차지한다는 사실을 무시한다. 미국 주식형 펀드들의 약 2/3는 S&P 500 지수 수익률을 목표로 한다.

그러나 인덱스 투자 개념은 S&P 500 지수 인덱스 펀드보다 훨씬 더 광범위하다. 인덱스 투자이론이 전체 주식시장에 대해 가장 효과적으로 작동하기는 하지만 (윌셔 5000 주가 지수에 기초한) 전체 시장 인덱스 펀드는 이제야 수용되기 시작했다. 게다가 인덱스 투자는 다양한 이유로 특정 시장 부문에서 더 높은 수익률을 얻으려는 투자자들에게도 잘 통한다.

소형주 지수와 중형주 지수뿐만 아니라 성장주 지수와 가치주 지수를 모델로 한 펀드들도 더 많이 수용되고 있다. 센스 있는 누군가가 9개의 모닝스타 스타일/규모 박스 각각에 해당하는 인덱스 펀드를 제공하는 것은 시간문제일 뿐이다. 6장에서 살펴본 것처럼 인덱스 펀드들은 각각의 스타일 박스에서 매우 효과적인 리스크 조정 수익률을 제공했을 것이다. 인덱스 펀드들은 해외 주식시장과 채권시장에서도 초기 단계에 있지만, 몇 년 안에 훨씬 더 중요해질 것이다.

인덱스 펀드들은 뮤추얼 펀드의 성배(시장 수익률에 접근하는 최적의 방법)가 되려 하며, 또 그럴 만한 가치가 있다. 1998년에 주식형 펀드로 새로 유입된 자금의 25%가 인덱스 펀드로 들어간 것으로 추정되는데, 1990년에는 그 비율이 10%에 지나지 않았었다.

투자자들이 계속해서 인덱스 투자 전략을 적극적으로 관리되는 펀드들의 장기 수익률을 앞지르는 최선의 방법으로 본다고 가정하면(과거 데이터는 이 점을 풍부하게 보여준다) 전통적인 펀드들의 스폰서는 어떻게 인덱스 펀드와 경쟁할 수 있을까? 그들이 수수료를 줄이면 이익이 감소할 것이기 때문에 수수료를 대폭 삭감하지는 않을 것 같다. 포트폴리오 거래 비용도 감소할 것 같지 않은데, 왜냐하면 그럴 경우 어리석지만 멋져 보이는 현재의 고회전율 투자 정책을 근본적으로 바꿔야 하기 때문이다. 그러면 그들은 어떻게 할 것인가?

인덱스 펀드가 펀드 산업의 새로운 주문을 끌어낸다

펀드 스폰서들은 인덱스 투자의 도전에 다른 방식으로 대응해야 한다. 그들은 새로운 성배를 만들어 내야 하는데 펀드 업계의 많은 구성원들이 이 길을 따르고 있다. 이 아이디어는 투자자들이 시장 수익률의 99%가 아니라 100%를 훨씬 넘는 수익률을 달성하기 위해 자신들의 펀드 포트폴리오를 적극적으로 관리하게 하는 것이다. 이 새로운 전략은 다음과 같은 요소들을 포함하는 것 같다.

- 펀드를 장기간 보유하지 마라.
- 펀드를 주식처럼 취급하라. 펀드를 많이 보유하고 자주 교체하라.
- 선택의 자유를 행사하라. 그것도 자주 행사하라.
- 가장 가까운 펀드 시장으로 달려가서 트레이딩 비용 없이 펀드를 교환하라(그런데 이런 주장은 사실과 다르다).
- TV 화면에 나오는 과거 실적 우수 펀드들의 광고를 눈여겨보라.
- 결국 이 메시지들은 펀드를 자주 '교체해서 부자가 되라' 인 듯하다.

장기투자라는 펀드 투자의 성격이 이처럼 괴상하게 변하고 있다. 주식형 펀드 투자자들은 현재 특정 펀드 주식을 평균 3년만 보유한다.

351

그러나 뮤추얼 펀드를 주식처럼 거래하는 것이 효과가 있는가? 뮤추얼 펀드를 선택하고 바꿔서 우수한 수익률을 실현할 수 있는 방법이 있는가? 과거에 통했던 전략들이 있는가? 나는 이번 장에서 다음의 네 가지 관점에서 위의 질문을 살펴보고자 한다. (1) 펀드 운영 실적에 대해 많이 연구한 이론적인 학문 세계 (2) 과거에 실제로 시장을 앞섰던 펀드의 실적에 반영된 실제 펀드 선택 세계 (3) 펀드 포트폴리오들을 추천했던 자문사들의 실적 (4) 다른 펀드들에 투자하는 펀드(펀드 오브 펀드)들의 실적.

이기는 펀드 선택하기—학계의 활동

무한한 성과 비교, 다중 회귀분석, 복잡한 공식들을 쏟아내는 컴퓨터의 능력에 힘입어 학자들은 모든 것들을 테스트했다. 《저널 오브 파이낸스》, 《저널 오브 포트폴리오 매니지먼트》, 《파이낸셜 애널리스트 저널》 및 유사한 간행물들에서 이 주제에 관해 게재한 많은 글들이 데이터 마이닝의 결과일 수도 있지만 존경받고 있고 사려 깊은 이러한 학자들은 마구잡이로 데이터를 캐내지 않는다. 이들은 장기적으로 지속될 수 있고 따라서 우수한 미래 수익률을 제공해 줄 펀드 선정에 가치가 있을 수 있는 과거 요인들이 있는지 알아내기 위해서 과거 기록을 조심스럽게 조사했다.

샤프의 연구

학자들은 무엇을 발견했는가? 뮤추얼 펀드 영역에서 학계의 권위자인 스탠포드 대학교의 윌리엄 샤프(William Sharpe) 교수의 연구부터 살펴보자. 그는 모든 주식형 펀드의 40%가 넘는 자산을 차지하는 100개의 최대 주식형 펀드들의 10년 기록을 조사했다(매년 측정했다). 다음에 그는 펀드들의 수익률을 미국 단기 국채 투자 부분을 포함하여 유사한 가중치를 지닌 시장 부문 지수들의 수익률과 비교했다(이를 통해 펀드의 현금 포지션에 의해 만들어지는 지속적인 실적 저하를 감안했다).[1]

샤프 박사는 대형 펀드들에게 적용될 수 있는 비용상 우위 때문에 그의 표본에 포함된 펀드들이 다른 펀드들보다 높은 수익률을 제공했을 수도 있음을 적절하게 인정했지만 그럼에도 그는 자신이 연구한 펀드들의 평균 수익률이 과거 10년 동안 복수의 지수(multi-index) 수익률에 연 0.64 뒤진 것을 발견했다. (100개의 최대 펀드들을 사용한 사실 자체가 성공적인 펀드들에게 유리한 편의(bias)를 가져왔으리라는 점은 말할 필요도 없다.) 이러한 수익률 미달은 영(0)과 유의하게 다르다고 간주할 수는 없지만 이 데이터는 확실히 적극적으로 관리되는 전형적인 펀드들이 소극적인 대안들을 이길 수 있다는 신념을 훼손했다. (샤프 박사가 판매 수수료를 포함했다면, 펀드들에게 훨씬 더 불리한 결과가 나왔을 것이다.)

그 다음에 샤프 박사는 다양한 중간 기간 동안 주식 선정 기량을 보여준 것으로 보이는 펀드 매니저들을 가려내고 그러한 성공이 이후의 기간에도 지속되었는지 조사했다. 그는 보편적인 펀드 판단 척도인 규모, 과거 성과, 리스크 조정 수익률의 일종인 샤프 비율을 사용했다. 성과에 어느 정도의 일관성이 있다는 최상의 증거는 이전 12개월의 결과에서 나타났다(즉, 1년 전의 실적을 토대로 펀드를 선택하면, 그러한 실적이 지속될 가능성이 약간 높아졌다). 해마다 필요하면 펀드를 옮겨서 상위 25개 펀드들(샤프 교수의 연구에서 최상위 사분위)을 보유한 투자자들은 이후 5년 및 10년 동안 인덱스 수익률 대비 연 0.8% 포인트의 추가 수익률을 실현했을 것이다. (최하위 사분위를 보유한 투자자들은 인덱스 수익률보다 5년 동안 연 0.5% 포인트, 10년 동안 연 1.3% 포인트 낮은 수익률을 실현했을 것이다.) 펀드를 주기적으로 바꿈으로써 발생되는 추가적인 세금을 무시한다 하더라도 이 정도의 수익률은 투자 전략으로는 불안정한 토대로 보인다.

승자들은 계속 이기는가? 샤프 교수는 자신의 연구 결과를 이렇게 요약했다. "'과거 10년이 다음 10년을 예시하는가'라고 묻는다면 그렇다고 대답할 수 있을 것이다."(그렇지만 나라면 긍정적인 차이는 미미하거나 오류라고 언급하겠다.) 그러나 샤프 교수는 "증거는 통계적으로나 경제적으로 전혀 결정적이지 않다"라고 결론을 내렸기 때문에 아마도 그는 '중립적 입장'을 보였다고 하는 것이 보다 적절할 것이다(이렇게 입증되지는 않았다).

카하르트의 연구

남캘리포니아 대학의 마크 카하르트(Mark Carhart) 교수는 펀드 성과의 지속성 이슈를 다루는 저명한 학자다. 그는 1962년부터 1993년까지 1,892개의 분산된 주식형 펀드들에 대해 16,109 연도분의 펀드 실적을 평가했다.[2] 첫째, 그는 "주식 수익률에서 공통 요인들[가치주 대 성장주, 대형주 대 소형주, 높은 베타 주식* 대 낮은 베타 주식]과 투자 경비가 주식형 펀드 수익률의 지속성을 거의 완벽하게 설명한다"라는 사실을 발견했다. 존재하지 않게 된 펀드들의 평균에 미달하는 수익률 효과를 고려하지 못한 점을 적절히 조정한 카하르트는 5장에서 설명한 것처럼 1982년~1991년의 10년 동안 생존자 편의가 펀드들의 보고된 과거 수익률을 약 연 1.4% 향상시켰다는 버튼 맬키엘 교수의 결론을 확인했다. 맬키엘 교수는 1970년대에는 우수한 성과가 지속된다는 제한적인 증거도 발견했지만 1980년대에는 아무런 증거도 발견하지 못했다.[3]

과거 1년 수익률과 그 다음 해의 수익률을 조사한 후 카하르트는 비록 최상위와 최하위 십분위에 속하는 펀드들은 처음의 순위를 유지할 확률이 우연에 해당하는 10%보다 높지만 비교적 소수의 펀드들만 최초의 십분위 순위를 유지한다고 결론을 내렸다. 17%만 최상위 십분위를 유지한다는 사실은 그리 대단한 일이 아니다. 반면에 최하위 십분위에 해당하

---

* 베타는 주식시장 인덱스(대개 S&P 500 지수) 대비 펀드의 변동성 척도다.

는 펀드 중 46%가 그들의 순위를 그대로 유지한다는 사실은 상당히 인상적인데 이러한 성과는 대체로 많은 하위 순위 펀드들은 고비용에 의해 발목 잡혀 있다는 사실로 설명할 수 있다. 결론적으로 카하르트는 다음과 같이 경고했다. "대중매체는 분명히 최고의 성과를 내는 뮤추얼 펀드 매니저를 계속 미화시키겠지만, 투자 전략과 투자비용이라는 평범한 설명 요인이 뮤추얼 펀드 수익률의 예측 가능성의 거의 전부를 차지한다." 이 말이 의미하는 바는 과거 기록에 의존하여 향후 우수한 성과를 제공해 줄 펀드를 선정하기는 벅찬 과제라는 뜻이다.

고에츠만—이봇슨 연구

또 다른 연구를 보자면 윌리엄 고에츠만(William Goetzmann)과 로저 이봇슨(Roger Ibbotson)은 1975년부터 1987까지 2년, 1년, 1개월 간격으로 승자 반복 가설을 검증했다.[4] 모든 기간에 대해 그들은 주식형 뮤추얼 펀드를 단순수익률, 리스크 조정 수익률에 따라 순위를 매기고 승자(상위 50%)와 패자(하위 50%)의 두 범주로 나누었다. 그들의 분석 결과 승자들에 투자하면 다음 기간에 모든 펀드들의 평균 수익률보다 앞설 가능성을 다소 높이는 것으로 나타났는데 고비용으로 인해 성과가 낮은 펀드들은 반복적으로 평균에 미달하는 경향이 있기 때문에 이는 중요한 척도다.

예를 들어 그들의 성장형 뮤추얼 펀드의 2년 수익률 연구에서는 과거의 승자들이 이후 2년 동안에도 승자가 될 확률이 60%임이 밝혀졌다. 그러므로 특정 펀드의 2년 수익률이 4번 연속 평균보다 나을 확률은 약 1/8이라고 결론을 내릴 수 있을 것이다. 간단히 말해서 4번 모두 각각의 2년 기간에 평균적인 펀드 수익률을 초과할 승산은 거의 없었으며, 판매 수수료와 세금이 고려될 경우 이러한 승산은 훨씬 더 낮아졌을 것이다.

펀드 이동을 통한 수익률을 높일 수 있다고 주장하는 사람들에게는 설상가상으로 비교적 일관적인 승자들마저도 시장 인덱스에 비해 패자가 될 수도 있다. 고에츠만과 이봇슨은 승자들(비교 그룹 대비 수익률 최상위 사분위에 속하는 펀드로 정의할 경우에도)을 선택한다 해도 시장을 이기기에 충분하지 않을 수도 있음을 명시적으로 인정했다. 그들은 "'승자는 반복된다'는 패턴이 시장을 이기기 위한 가이드는 아닐지라도 그것이 장기적으로 다수의 펀드들을 이기기 위한 가이드는 될 것으로 보인다"라고 결론지었다. 그렇다면 인덱스 펀드와의 경쟁에 직면해서, 시장을 지속적으로 앞선다는 증거는 없고(사실은 이에 반하는 상당한 증거들이 있다) 지속적으로 동료 그룹들을 앞설 수 있는 가능성만 약간 있다고 시사하는 증거에 의존하는 전략이 무슨 소용이 있는가?

통계 분야에서의 이 모든 학문 연구들은 펀드 성과의 지속성은 거의 없음을 시사한다. 즉, 연구자들은 펀드의 과거 수익률을 평가해서 자신 있게 미래의 승자들을 예측할 수 있는 방법을 발견하지 못했다. 설사 다른 기간을 대상으로 한 다른 연구들이 성공 비밀(말하자면 새로운 성배)이 있음을 시사한다 해도 그러한 과거의 우수한 실적 지속 기록은 미래에도 반드시 계속되리라는 증거는 아니다. 시장 상황이 변하는 것이 엄연한 현실이다. 펀드 포트폴리오 매니저들이 변하고(그것도 급격히 변한다) 펀드 회사들이 변하며 펀드의 전략도 변하는데, 이는 12장에서 살펴보는 것처럼 펀드 성공에 따른 자산 증가에 영향을 받기 때문일 수도 있다. 이러한 모든 변화는 과거의 관련성을 훼손하며 사실상 과거 성과와 미래 성과 사이의 연결을 제거한다.

이론적인 학문 세계의 결론을 바탕으로 이제 실제 투자 세계의 펀드 선택을 살펴보자. 장기간의 강세장에서 시장 수익을 초과했던 펀드들의 실제 기록을 먼저 살펴보고 나서 다음에는 뮤추얼 펀드 포트폴리오를 추천했던 투자 자문사를 살펴본 뒤 마지막으로 오로지 다른 펀드들에 투자하는 펀드 오브 펀드들의 실제 기록을 살펴볼 것이다.

펀드 매니저도 인정하다

어딘가에 과거의 성과에 기초하여 미래에도 S&P 500 지수보다 나은 성과를 낼 펀드를 미리 선택하는 방법을 설명하는 메시지를 담고 있는 성배가 있다는 명제를 지지할 증거는 전혀 없다.

뮤추얼 펀드 업계도 이러한 현실을 암묵적으로 인정하고 있었는데 최소한 한 곳의 펀드 자문사는 이 사실을 명시적으로 인정했다. 1998년 중반에 1,600억 달러에 달하는 뮤추얼 펀드(판매 수수료가 있는 펀드와 없는 펀드 포함) 자산 매니저인 모건 스탠리 딘 위터는 '뮤추얼 펀드의 리스크와 성과 반복'이라는 제목의 보고서를 발행했다. 1987년에서 1997년까지 2번의 연속적인 5년 기간 동안에 대해 660개 주식형 펀드의 총수익을 조사한 후에 이 보고서는 다음과 같이 결론을 내렸다. "첫 번째 기간 동안 총수익률 최상위 사분위에 속했던 펀드들 중에서 28%만 다음 기간에도 최상위 사분위에 남았고, 51%만 상위 50%에 남아 있었다." 놀랍게도 이러한 수치는 '무작위' 결과(50%가 상위 50%에 속함)와 구분할 수 없으며, 최상위 성과를 반복하는 펀드가 존재하지 않는다는 '귀무' 가설을 지지한다.

그러나 펀드 수익률의 무작위성에도 불구하고, 펀드의 리스크 프로필은 상당히 지속성이 있다. 처음 5년 동안 변동성 최상위 사분위에 속했던 펀드 중 63%는 다음 기간 동안에도 최상위 사분위를 유지했는데, 이는 무작위 기대치 25%와 비교하면 2.5배 높은 확률이다. 이와 유사하게 변동성이 가장 낮았던 펀드들의 55%가 다음 기간에도 변동성 최하위 사분위를 유지했는데, 이는 우연히 그렇게 될 확률보다 2배가 넘는 수치다.

이 보고서는 무작위적인 수익률과 일관성이 있는 변동성을 결합해서 과거의 리스크 조정 성과는 절대 성과 그 자체보다 더 예측력이 있을 가능성이 있다는 명백한 결론을 내렸다. 이 보고서는 또한

"S&P 500 지수는 첫 번째와 두 번째 기간 동안 리스크 조정 성과 최상위 사분위에 속했다"라고 언급했다. '결국 리스크 조정 성과가 미래의 성과를 더 잘 예측할 수 있기' 때문에 모건 스탠리는 S&P 500 지수가 미래에도 계속해서 더 나은 성과를 제공할 것이라는 결론을 내렸다. 이러한 결론이 나의 결론과 매우 유사하다는 것은 놀랄 일이 아니다. 하지만 유사한 결론이 주요 뮤추얼 펀드 매니저에게서 나왔다는 사실은 놀라운 일이다.

시장 수익률을 초과했던 펀드들―실망스러운 현실

커다란 강세장 기간 동안 뮤추얼 펀드들의 심각한 수익률 열세에도 불구하고 적극적으로 관리되는 주식형 펀드 6개 중 하나는 시장 수익률을 앞서는 데 성공했다. 그 기간 동안 생존한 258개 일반 주식형 펀드들 중에서(1982년에는 펀드 업계가 현재보다 훨씬 작았다) 42개가 윌셔 5000 주가 지수 수익률 18.9%(이는 확실히 S&P 500 지수보다 수익률 19.8%보다 낮은 기준이다)보다 높은 수익률을 달성하는 데 성공했다. 그러나 이들 42개 중에서 12개(생존 펀드 21개 중 하나)만 1.5% 포인트 이상의 초과 수익률을 달성했다. 인덱스 대비 이 펀드들의 연간 추종 오차가 그리 크지 않은 수준인 3%라고 가정하면 지수 수익률 대비 1.5%를 넘는 초과 수익률만 통계적으로 의미 있는 초과 수익이라고 할 수 있을 것이다. 펀드들의 실제 추적 오차에 기초할 때, 12개 펀드 중 오직 3개(100개당 약 1개)만 통계적 유의성 기준을 넘었다. 그럼에도 불구하고 12개 펀드들을 모두 살펴보면 유익하다.

미시 분석을 조금 해보면 이들 12개 펀드들은 다소 잡동사니 그룹이었음을 보여준다. 6개는 장기 초과 수익률 전부를 자산 규모가 작았던 초기에 달성했고 그 이후에는 평범한 실적을 기록했다. 그래서 진정한 상위 성과자는 6개가 남는다. 이 점이 중요한데 6개 펀드 모두 분석 대상 전체 기간 혹은 대부분의 기간 동안 동일한 포트폴리오 매니저가 운용했다(이 매니저들의 현재 평균 연령은 57세다). 두 개 펀드는 자산 규모가 10억 달러에 도달하기 전에 신규 현금 유입을 종료했다.

이들 12개의 승자들을 미리 쉽게 식별해 내지는 못했을 것이다. 초기에 이들의 주식을 보유한 펀드 투자자들은 비교적 적었다(1982년에 이 펀드들의 총 자산 규모는 18억 달러로 전체 주식형 펀드 자산의 3%에 지나지 않았다). 아무튼 과거의 성공을 인정한다 해도 이들의 성공이 미래에 어느 정도로 되풀이 될지, 그들의 매니저들이 일을 계속할지 아니면 명예롭게 은퇴할지 아무도 확신할 수 없다. 오늘날 위 6개 펀드 중 지금도 신규 투자자에게 개방되어 있는 4개의 펀드 챔피언 가운데 하나를 선택한다면, 투자자들은 우수한 수익률을 얻을 수 있다고 확신할 수 있겠는가?

10년 후   시장 수익률보다 우수한 성적을 낸 펀드들

1982년~1998년 기간 동안 전체 시장 지수보다 상당한 차이의 수익률 우위를 보였던 (258개 펀드 중) 12개 펀드들 중에서 2개는 사라졌고(다른 펀드들로 통합됨) 7개는 휘청거렸으며(그 이후 기간 동안에는 지수에 뒤졌음) 3개만 여전히 시장 지수를 앞질렀다. 내가 '실적 상위 6개 펀드'라고 묘사했던 6개 펀드 중에서 4개 펀드는 시장 수익률에 뒤졌으며, 2개 펀드만 시장 수익률을 상회했다. 이러한 실적은 참으로 비참한 승산(odds)이다. 과거 실적이 미래에 대한 예측력이 있다고 믿는 것 또한 그렇다.

초판에서 나는 또 다른 중요한 이슈인 실패하고서 사라지는 펀드에 대해 얘기하지 못했다. 이 기간 동안 258개 펀드들이 살아남았지만 126개 펀드들은 살아남지 못해서 실패율이 32%에 달했다. 이러한 실패율은 지난 10년 동안 동일한 수준으로 유지되었다. 이 펀드들 중 추가로 77개는 존재하지 않게 되었는데 이는 이 기간이 시작할 때 존재했던 펀드들의 30%에 해당하는 수치다. 이러한 일은 대체로 펀드 업계에서 다반사로 일어난다. 사실 2008년에만 399개 펀드들이 청산되거나 다른 펀드로 통합되었다(대개 같은 계열의 펀드에 통합되고, 대개 실적이 나은 펀드로 통합된다). 펀드의 대다수가 단기간만 존속하는 펀드 업계에서 투자자들이 어떻게 장기투자를 할 수 있는지는 흥미 있는 질문이다.

펀드를 선정하는 투자 자문사—또 다른 실망

다음으로 뮤추얼 펀드들을 추천하는 자문사들의 공개 기록을 조사해 보자. 지난 5년 동안 《뉴욕 타임즈》는 분기마다 1993년 7월 7일부터 자문을 시작한 5곳의 저명한 자문사들이 선택하고 감독한 주식형 펀드 포트폴리오의 기록을 발표했다. 이 기간 동안 《뉴욕 타임즈》에 의해 적절한 비교 기준으로 선택된 뱅가드 500 인덱스 펀드의 실적에 근접한 포트폴리오는 하나도 없었다. 이 자문사들의 연 평균 수익률 11.8%는 시장의 연 수익률의 59%를 제공한 반면 인덱스 펀드는 99%를 제공했다(그림 9-1을 보라). 이러한 자문사들 중 일부는 뱅가드 500 지수보다 덜 위험하도록(즉, 변동성이 덜하도록) 설계된 포트폴리오를 선택했지만, 1998년 3/4분기 동안에 뱅가드 지수는 자문사들의 펀드 포트폴리오 평균 하락 폭의 85%만 하락했다. 어쨌든 평균적인 펀드조차 시장 수익률의 70%를 제공했던 5년 동안에 시장 연 수익률의 59%만을 제공했다는 사실은 놀라운 실패에 해당한다. 설상가상으로 전체 기간 동안의 자본 누적을 비교해 보면 자문사들의 평균적인 포트폴리오는 S&P 500 지수 최종 누적수익률의 49%를 제공한 반면 이 인덱스 펀드는 99%를 제공했다. 이기는 펀드 선택은 전문가들에게도 벅찬 일이다.

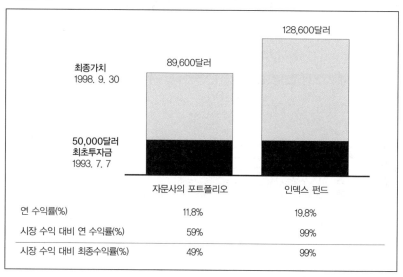

[그림 9-1] 전문가의 조언에 따라 투자하기: 다섯 곳의 자문에 따라 50,000달러를 투자했을 때

	자문사의 포트폴리오	인덱스 펀드
연 수익률(%)	11.8%	19.8%
시장 수익 대비 연 수익률(%)	59%	99%
시장 수익 대비 최종수익률(%)	49%	99%

또 다른 예로 자문사들의 펀드 포트폴리오 선택의 장기적 성공 여부에 대한 《헐버트 파이낸셜 다이제스트(Hulbert Financial Digest)》의 평가를 들 수 있다. 이 연구는 자신들이 10년 동안 59개 자문사의 소식지들을 추적한 결과 평균적인 자문사의 포트폴리오는 7.9%의 수익률을 제공했다고 보고했다. 이 수익률은 시장 수익률 13.7%의 58%에 해당하는데, 이는 우연히도 훨씬 단기간을 대상으로 한 《뉴욕 타임스》의 연구에서 자문사들이 달성한 시장 수익률의 59%와 거의 같다. 단지 8개 소식지들의 추천만이 시장 수익률을 앞질렀다. 흥미롭게도 이는 1982년 중반 이후 뮤추얼 펀드 자체가 시장보다 우수한 실적을 올릴 확률 1/6과 아주 가까운 수치로서 그리 놀랄 만한 결과가 아니다. 실적이 좋았든 나빴든 이 상승장 시기에 많은 자문사들이 주식시장 자체보다 훨씬 보수적인 포트폴리오를 추천했다. 그러나 이 포트폴리오들은 평균적으로 시장의 리스크와 매우 근접한 리스크를 지니고 있었다. 리스크는 시장 평균

과 같으면서 수익률은 평균을 훨씬 밑돌아서 이들의 리스크 조정 수익률(샤프 비율로 측정함)은 시장 리스크 조정 수익률의 42%에 불과했으며, 오직 3개 자문사만 지수보다 높은 리스크 조정 수익률을 기록했다. 전반적으로 전문가들의 이기는 펀드 선택 능력에 관한 이 모든 증거들은 부정적일 뿐만 아니라 정보에 입각한 직관에 의해 달성할 수 있는 수준보다 훨씬 나빴다.

10년 후	펀드를 선택한 투자 자문사들

1993년에 《뉴욕 타임즈》가 선정한 5개 투자 자문사의 참혹한 실적은 약 2년간 더 지속되었다. 《뉴욕 타임즈》는 자문사 대 주식시장 수익률 비교를 20년간 수행할 계획이라고 했지만, 겨우 7년 후인 2000년 6월에 이 비교가 중지되었다. 그 이유에 대해서는 듣지 못했다. 그렇지만 나는 이에 대해 충분히 말했다.

펀드 오브 펀드의 수익—또 다른 실망

세 번째 실제 세계 검증은 펀드 오브 펀드(funds of funds; 다른 뮤추얼 펀드들을 자신의 포트폴리오로 선택하는 뮤추얼 펀드)의 실제 기록으로 구성된다. 이 기록들은 가장 끔찍하다. 펀드 오브 펀드들은 시장보다 뒤질 뿐 아니라 (6개 중 다섯 개 꼴로 그랬다) 자신들이 투자한 펀드들의 스타일 범주에 비해서도 심각하게 뒤쳐졌는데, 이는 부분적으로는 대부분의 펀드 오브 펀드들이 비용을 이중으로 물리기 때문이다. 예를 들어 1998년 6월 30일까지 1년 동안 대형 혼성주(가치주와 성장주) 펀드들에 투자하는 14개 펀드 오브 펀드 중에서 4개의 성과가 (앞에서부터) 96번째에서 100번째 백분위에 속하였고(1개는 꼴찌를 기록했다) 5개는 90번째에서 95번째 백분위를 기록하였다. 탁월하지 못한 이 그룹의 챔피언(이 단어가 올바른 표현이라면)은 자신이 선택한 동료 펀드들 중 2/3보다 뒤처져 65번째를 기록했다. 전체적으로 1년 전체의 기록이 있는 93개 펀드 오브 펀드들의 수익률은 이중으로 부담하는 수수료 때문에 무작위로 펀드들을 선택했을 때 기대할 수 있었던 수익률(펀드들의 평균 수익률을 의미함. 역자 주)보다 펀드 오브 펀드에 추가로 지급하는 비용 1% 포인트만큼 낮았다. 그 결과 펀드 오브 펀드들은 비교 대상 펀드 스타일 유형 대비 평균 68번째 백분위에 기록되었다.

오랫동안 존속하는 펀드 오브 펀드들이 별로 없기 때문에 나는 1년 동안의 결과를 제시했다. 10년 간 존속한 펀드들은 9개에 지나지 않는데, 그들의 실적은 조금 더 나빴다. 그들은 69%의 동료 그룹 펀드들에 뒤처졌다. 그러나 별도의 펀드 오브 펀드 관리 비용을 부가하지 않은 1개 펀드(이 펀드는 동료 그룹 펀드들의 72%를 제쳤다)를 제외하면, 순위가 급격히 떨어져서 나머지 8개 펀드 오브 펀드들의 순위는 비교 대상 일반 펀드들 중 겨우 75번째 백분위에 위치했다. 이는 화려한 실적은 아니지만, 확실히 낮익은 수치로서 위에 제시된 1년 기록을 재확인해 준다. 설상가상으로 적극적으로 관리되는 펀드 오브 펀드는 대개 평균 약 연 80%의 포트폴리오 회전율을 보이는데, 이처럼 단기 수익률에 치중하다 보니 불가피하게 장기 수익률이 침해된다. 높은 회전율과 이중 비용에 따른 고비용의 조합은 실패 공식임이 확실히 밝혀졌다.

1년 데이터는 분석 대상 기간으로 너무 짧고, 10년간 존속했던 펀드 오브 펀드 수는 제한되어 있는 점에 비추어 볼 때 아마도 3년 데이터를 살펴보는 것이 가장 적절할 것이다. 과거 3년을 보면 그 기간 동안 존재했던 35개 펀드 오브 펀드를 조사할 기회가 주어진다, 이들을 비교 대상 그룹으로 나누면 11개의 대형주, 중형주, 소형주 펀드, 4개의 해외 주식형 펀드, 16개의 혼합형 펀드, 4개의 채권형 펀드로 구성되어 있다. 평균적인 펀드 오브 펀드들은 66번째 백분위를 차지해서 1년, 10년을 대상으로 한 연구 결과를 확인해 주었다. 이들은 해당 기간 동안 평균 15.5%의 수익률을 달성해서, 동료 그룹의 평균 수익률에 2.4% 포인트 미달했다. 이러한 차이의 반 이상이 그들이 부가하는 평균 경비율 1.3% 포인트 (부가적인 수수료를 부과하지 않는 펀드를 제외하면 1.7% 포인트)에 의해 발생했기 때문에, 펀드 오브 펀드를 운용하는 '전문가들'에게는 확실히 자신의 서비스 비용을 상쇄하기에 충분한 특별한 선택 능력이 없었다고 할 수 있다. [그림 9-2]는 35개 펀드 오브 펀드 중 그러한 수수료를 덧붙인 28개 펀드들의 백분위 순위를 보여준다. 이 그림은 확실히 값비싼 펀드 오브 펀드들이 성공적인 펀드를 선택할 승산이 아주 낮다는 사실을 보여준다. 그것은 패자의 게임이다.

[그림 9-2] '펀드 오브 펀드'의 경쟁 펀드 대비 총수익률 (1995년 6월~1998년 6월)*

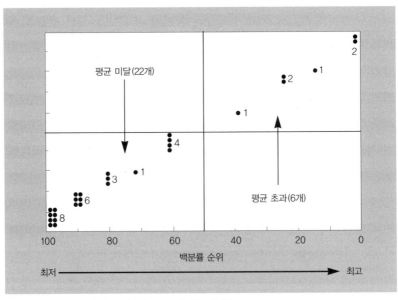

* 추가 비용을 징수하지 않는 7개 '펀드 오브 펀드'는 제외함.

364

[그림 9-2] '펀드 오브 펀드'의 경쟁 펀드 대비 총수익률
(1995년 6월~2009년 6월)**

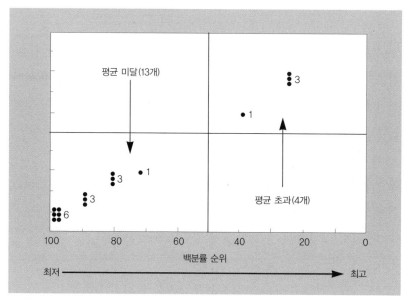

** 원래 그룹 펀드들의 실적.

설상가상으로 나는 66번째 백분위 순위가 유지될 수 있다고 기대하는 것은 낙관적이라고 생각한다. 추가적인 경비를 쌓아 올리는 이 펀드 오 브 펀드들은 투자 대상 펀드들의 총비용(평균 약 2%)에 평균 1.7%에 달하 는 자체 경비율을 덧붙였다. 그래서 펀드 오브 펀드 주주들이 부담하는 연간 총비용은 거의 4%에 달한다. 그러한 부가적인 수익률 차감으로 (매 니저들이 평균적으로 평균적인 펀드들을 선택한다고 가정할 때) 펀드 오브 펀드의 순위 는 약 75번째 백분위 수준으로 하락하게 된다. 어쨌든 이렇게 큰 부담을 지고 있는 펀드들이 적절한 시장 지수를 앞지르리라고 믿으며 순진한 처 사일 것이다. 그런데도 현재 펀드 오브 펀드가 성업 중이다. 1995년 6월 이후 약 70개의 새로운 펀드가 생겨나 펀드 오브 펀드 수는 총 120개를 넘게 되었다. 그러나 이들의 실적 기록은 펀드 오브 펀드에 투자할 가치

가 있다는 증거와는 거리가 멀다.*

경고

이 주제를 마치기 전에 나는 추가 비용 부가 여부에 따라서 펀드 오브 펀드 간에도 큰 차이가 있음을 강조하고자 한다. 비용이 추가되면 일반적인 뮤추얼 펀드에 비해 우수한 수익률을 올릴 가능성은 점점 더 낮아진다. 그러나 추가 비용을 부과하지 않는 펀드 오브 펀드들(이러한 펀드들은 소수에 지나지 않는다)에게는 이러한 불리한 조건이 없다. 과거 실적 자료는 이렇게 구분할 필요가 있음을 명백히 지지한다. 추가 비용을 부과하는 펀드 오브 펀드들은 과거 5년 동안 비교 대상 펀드들의 32%에 대해서만 수익률에서 앞섰지만, 추가 비용을 부과하지 않는 펀드 오브 펀드들은 비교 대상 펀드의 79%를 앞섰다.

펀드 오브 펀드 투자를 고려하는 투자자들은 (a) 추가적인 비용을 부과하지 않고, (b) 저비용 펀드에 초점을 맞추며, (c) 판매 수수료를 부과하지 않는 펀드 오브 펀드들을 먼저 찾아야 한다는 점은 말할 필요도 없다. 이러한 펀드들은 지난 5년 동안 동료 그룹 펀드들의 평균을 넘는 수익률을 제공했던 것처럼, 경쟁력 있는 수익률을 제공하지 못할 이유가 없다.

---

* 개인적인 일화를 소개한다. 오랫동안 인덱스 투자의 적이었던 독립적 투자 자문 로버트 마크먼(Robert Markman)이 1995년 초에 자신의 '펀드 오브 펀드'를 설정했을 때, 나는 그가 향후 5년 동안 S&P 500 지수를 앞지를 전략을 가지고 있다고 밝힌 그의 '복합 펀드 적정 성장 포트폴리오(Multi Fund Moderate Growth Portfolio)'보다 S&P 500 지수를 모델로 한 인덱스 펀드가 더 나은 투자 대상이라는 데 25달러를 걸었다. 3.5년이 지난 현재까지의 결과는 뱅가드 500 인덱스 펀드는 +124%의 수익률을 올리고 있는 반면 복합 펀드 적정 성장 포트폴리오는 +58%의 수익률을 보이고 있다. 내기는 2000년 4월 1일에 마감되기 때문에 나는 아직 돈을 받지 못하고 있다. 그러나 내가 지려면 S&P 500 지수가 향후 1.5년 동안 예를 들어 연 6%의 수익률을 올릴 경우 마크먼의 포트폴리오는 연 34%의 비율로 상승해야 한다. 그것은 이 펀드 오브 펀드에게는 어려운 과제일 것이다.

"나는 심연 속에서 영들을 소환할 수 있다"

『헨리 4세』1부에서 셰익스피어는 "나는 심연 속에서 영들을 소환할 수 있다"는 글렌도어(Glendower)의 허풍에 대해 들려준다. 이에 대해 핫스퍼(Hotspur)는 이렇게 대꾸한다. "소환할 수야 있겠지. 그런데 자네가 그들을 소환하면, 그들이 정말 나오나?" 이는 뮤추얼 펀드의 과거 성과를 평가할 때 던질 수 있는 좋은 질문이다. 펀드의 성과에 대한 어떤 전문적인 애널리스트라도(또는 모닝스타 뮤추얼 펀드 자료를 가지고 있는 어떤 아마추어 투자자라도) 동료 그룹들과 대표적인 시장 지수들을 앞지른, 과거에 최고 성과를 낸 뮤추얼 펀드들의 이름을 소환해 낼수는 있다. 이는 쉬운 부분이다.

어려운 부분은 미래의 승자들을 지금 소환할 때 그들이 나오게 하는 것이다. 어제의 승자들은 나타난다 할지라도, 많은 통계 증거들은 그들이 내일에도 우수한 실적을 되풀이하지는 않을 것이라고 암시한다. 그럼에도 투자자들은 광범한 시장 지수보다 더 좋은 성과를 낼 펀드를 미리 선택할 수 있다고 계속 믿고 있다. 일부 펀드들은 상당 기간 동안 지수들을 앞질러서, 우수한 관리 능력이 지속될 것이라는 데에 대한 논박할 수 없는 증거를 제시하는 것처럼 보인다. 그러나 그런 경우는 극히 드물다. 우수한 장기 기록이 나타날 때쯤이면, 뛰어난 실적을 낸 뮤추얼 펀드들은 이미 금융시장 불변의 법칙인 평균 회귀와 충돌하고 있을지도 모른다.

다음 장에서 자세히 살펴보겠지만 평균으로의 회귀는 금융 현상의 첫 번째 원칙이다. 과거에 최고 실적을 냈던 펀드라 할지라도, 평균 총수익률 주위를 선회하는, 따라서 평균 순수익 밑으로 떨어지는 강력한 (그리고 장기적으로는 압도적인) 경향이 있다. 뛰어난 성과를 보인 뮤추얼 펀드들은 투자자들로부터 거액의 현금을 끌어들이게 되고, 그 결과 우수한 수익률 추구가 점점 더 부담스러워진다는 사실에 의해 이 경향이 강화된다. 투자 관리는 (포트폴리오 매니저 선택과 마찬가지로) 잘못되기 쉽고, 어려우며, 큰 노력이 요구되는 일인데, 과도한 비용이라는 부담을 진 뮤추얼 펀드들에게는 특히 더 그렇다. 확실히 심연으로부터 영들을 소환하기(최고의 성과를 낸 펀드들에게 과거의 성공을 되풀이하라고 요구하기)는 그들이 실제로 나와서 계속 뛰어난 성과를 내라는 우리의 요구에 응답하도록 하기보다 훨씬 쉽다.

10년 후 　펀드에 투자하는 펀드

로버트 마크먼(Robert Markman)이 나와의 내기에서 크게 진 것은 큰 틀에서 보면 그다지 중요하지 않다(그는 관대하고도 신속하게 내게 25달러를 지불했다). 그러나 1999년에는 2억 3천 1백만 달러이던 펀드 자산이 현재 1천 4백만 달러로 줄어들어 그의 펀드 제국이 무너진 것은 중대한 사건이다. 2002년에 그는 펀드 한 개를 폐쇄하고 3개 펀드를 합쳐 다른 펀드를 만들었다. 새 펀드는 몇 년 동안 분투하다가 결국 2009년 9월에 폐쇄했다.

보다 일반적으로 펀드 오브 펀드 개념은 그리 좋아 보이지 않는다. 대부분의 펀드 오브 펀드들은 이들 펀드에 편입되는 펀드들의 수익률에 뒤진다. 초판을 저술할 당시(당시 펀드에 투자하는 펀드들은 평균적으로 동료 그룹의 66%에 뒤졌다) 이용할 수 있는 데이터는 3년분에 불과했다. 이 펀드들의 실적을 2009년 중반까지 업데이트하면 원래의 28개 펀드 중 17개만 남아 있으며, 살아남은 펀드들의 실적도 시원치 않아서 평균적으로 동료 그룹의 72%에 뒤졌다.

펀드 오브 펀드들의 실망스러운 수익률 기록으로 이 개념의 효용이 떨어졌다고 생각할 것이다. 그런데 현실은 그 반대였다. 펀드 오브 펀드 수가 급증했으며(현재 833개다) 이들은 펀드 업계의 중요한 부분이 되었다. 그 이유가 무엇일까? 이는 주로 소위 목표일 펀드의 창설 때문인데 이 펀드들에서는 (일반적으로) 펀드 매니저들이 자신의 감독 하에 여러 펀드들을 선정해서 투자자들에게 특정 연도에 은퇴할 것을 겨냥해서 은퇴시기가 가까워질수록 주식을 줄이고 채권을 늘리는 자산 배분 패키지로 제시한다. 주요 펀드 매니저들은 대개 목표일을 2010년부터 2050년까지 5년 단위로 설정한다. 현재 833개 펀드 오브 펀드 중 302개가 목표일 펀드들이다.

그러나 최근의 약세장은 목표일 펀드, 특히 은퇴를 눈앞에 두고 있는 투자자들에게 적절한 주식-채권 비율에 대해 심각한 의문을 제기했다. (물론 대략적임을 인정하지만) 나의 공식은 채권 비율을 자신의 나이와 같게 하라는 것이다(즉, 55세의 투자자는 55/45의 채권/주식 비율을 출발점으로 고려할 수 있을 것이다). 그러나 목표일 펀드들은 위험 회피도가 훨씬 낮다. 예를 들어 2020 목표일 펀드들은 포트폴리오의 60%에서 80%를 주식에 투자했다. 2008년에서 2009년 중반까지 이들 2020 펀드들은 37%까지 가치 하락을 경험했다. 은퇴 시까지 10년 남짓 남은 투자자들이 이 손실을 만회하기 어려울 테니 투자자들이 실망하는 것도 이해할 만하다. 이에 따라 펀드 오브 펀드들의 성장은 현저하게 정체되었다.

물론 고비용 이슈도 남아 있다(이 문제는 결코 없어지지 않는다). 최대의 목표일 펀드들은 경비율에 자신의 편입 펀드들의 비용만 포함시키지만, 이 비용은 0.18%에서 0.86%에 이른다. 그러나 충격적이게도 절반이 넘는 목표일 펀드들이 대개 0.7%에서 1.3%에 달하는 편입 펀드의 경비율 외에도 자체의 높은 경비율(평균 0.45%)을 보이고 있다. 이 비용들을 합하면 매년 거의 2% 포인트에 이를 수도 있다.

목표일 개념이 마음에 든다면 편입 펀드의 실적, 주식과 채권 자산 배분, 전체 비용을 주의 깊게 고려하라. 물론 나는 인덱스 펀드를 편입하는 펀드, 위험을 더 회피하는 펀드, 그리고 총비용이 낮은 펀드를 선호한다. 여기서 주는 메시지는 명확하다. 매수자가 조심해야 한다.

성배는 없다—학문 연구에서도 실제 세계에서도

학문 연구(나는 미래 수익률 예측 능력을 검증했으나 만족스럽지 않아 발표되지 않은 연구들이 많다고 생각한다), 가장 긴 기록을 가지고 있는 펀드들의 가혹한 실제 성과, 펀드 자문사들의 선택, 펀드 오브 펀드의 기록을 모두 고려해 봐도 미래에 최고의 성과를 낼 뮤추얼 펀드를 선택할 가능성은 아주 낮은 것으로 드러났다. 개별 펀드 투자자들이 향후 우수한 성과를 낼 펀드를 미리 알려줄 성배를 발견할 가능성도 마찬가지로 매우 낮다.

상대적 성과 평가나 요인 분석에 기초한 정교한 수익률 귀인 분석이 행해지기 이전에는, 장기간에 걸쳐 지속적으로 최고 기록을 달성한 적극적인 매니저들을 둔 주식형 뮤추얼 펀드들이 가장 우수한 펀드로 여겨졌다. 최근에는 인덱스 펀드가 확실한 성과 우위를 보이고, 점점 더 받아들여지고 있어서 성배로 받아들여지던 그러한 펀드들의 지위가 위태로워졌다. 그 결과 업계의 많은 이들이 최소한 묵시적으로라도 역습에 나섰다. 적극적으로 관리하는 펀드 판매자들은 장기간에 걸쳐 시장에 필적하는 수익률을 내리라고 기대할 수 있는 펀드들이 극히 적다면 전통적인 매수 후 보유 전략을 버리고 펀드들을 갈아탐으로써 이익을 보자고 주장하는 듯하다. 확실히 이 주장은 일부 투자자들은 어렵기는 해도 펀드들을 잘 선택함으로써 시장을 앞지를 수 있겠지만, 투자자들 전체적으로는 비용만큼 시장보다 뒤처질 수밖에 없다는 명백한 사실을 고려하지 않은 것이다.

간단히 말해서 적극적으로 관리되는 뮤추얼 펀드를 장기간 보유하는 전통적인 투자 전략은 시장보다 우월한 수익률이라는 성배를 제공해 주지 않았다. 그것은 전혀 가망 없는 일이다. 또한 펀드를 재빨리 교체하는 현재의 광적인 열풍도 성배를 제공해 주지 않을 것이다. 인덱스 전략은 정의상 시장 수익률보다 낮은 수익률을 제공할 수밖에 없지만, 그 차이 는 아주 작다. 그리고 분산된 투자 포트폴리오를 통해서 가능한 시장 수 익률의 100%에 가까운 수익률을 달성하는 것이 진정한 성배다. 주식시 장을 이기는 주식형 뮤추얼 펀드 포트폴리오 매니저들이 거의 없으며, 장기적으로 볼 때 시장을 이기는 펀드들마저도 시장 수익률을 큰 폭으로 앞서지는 않을 가능성이 여전히 높을 것이다.

결국 펀드 매니저들은 매우 효율적인 시장에서 운영하고 있는 사람들 에 지나지 않는다. 투자자들에게 개별적으로는 어찌어찌해서 시장을 이 길 수 있다고 생각하도록 오도함으로써 묵시적으로 인덱스 전략에 맞서 도록 고안된, 최근에 성행하고 있는 펀드 교체 전략은 확실히 (나는 이 단어 를 주의 깊게 선택했다) 패자의 게임이다. 그리고 펀드 오브 펀드가 평균적인 펀드가 부담하는 2%의 비용에 해마다 평균 1.7%에 달하는 수수료를 추 가함으로써 매수 후 장기 보유하는 인덱스 펀드 전략의 결과를 본뜰 수 있다는 주장은 이성에 반한다. 풍부하고 설득력이 있는 과거의 실적 증 거들이 이 기초적인 결론의 타당성을 강화해 준다.

인덱스 펀드의 도전에 대한 펀드 매니저들의 가장 효과적인 대응책은 (항상 시장 수익률을 좇지만 결코 잡지는 못하는) 망상이 아니라 상식이다. 펀드 매 니저들은 수수료를 정당한 수준으로 낮추고 장기투자라는 전통적인 펀 드 철학으로 돌아오고, 자신들이 관리하는 포트폴리오의 자산 수준을 그 들의 전략과 목표에 알맞은 규모로 제한해야 한다. 이러한 변화들은 적 극적으로 관리되는 펀드들의 수익률을 소극적인 인덱스 펀드들의 수익 률에 비해 보다 경쟁력이 있게 해줄 것이다. 매니저의 경쟁력을 제고하 기 위한 이들 각각의 작은 걸음들이 모아지면, 뮤추얼 펀드 주주들을 위 한 큰 변화가 일어날 것이다. 황금률(투자자의 이익을 맨 앞에 두라!)은 우리 모두가 추구해야 할 성배에 이르는 최선의 길이다. 펀드 업계가 이 황금률을 실행하지 않는다면, 저비용 인덱스 펀드들이 계속해서 투자자들에게 최적의 투자 수익률이라는 성배를 발견할 최후의, 그리고 최상의 기회를 제공할 것이다.

10년 후　우수한 펀드 선택하기

　과거의 실적 증거는 최소한 펀드 업계에서는 성배는 없음을 강력히 확인해 준다. 그러나 그러한 탐구가 소용없음이 아무리 잘 증명된다고 할지라도 투자자들은 향후 우수한 성과를 내 줄 펀드를 찾아다니는 듯하다. 나는 1999년 판에서 다음과 같이 말했었다. "인덱스 펀드는 계속해서 투자자들이 최적의 투자 수익률을 올릴 수 있는 최후의, 그리고 최상의 기회를 제공할 것이다." 과거 10년간의 사건들은 그 결론에 무게를 더 실어줄 뿐이다.

1) William F. Sharpe, "The Styles and Performance of Large Seasoned U.S. Mutual Funds, 1985-1994," Published on the World Wide Web, March 1995.
2) Mark M. Carhart, "On Persistence in Mutual Fund Performance," *The Journal of Finance,* vol.52(March, 1997), pp.57-82.
3) Burton G. Malkiel, "Returns from Investing in Equity Mutual Funds, 1971 to 1991, "*The Journal of Finance,* vol.50(June, 1995), pp.549-571.
4) William N. Goetzman and Roger G. Ibbotson, "Do Winners repeat?" *The Journal of Portfolio Management* (Winter, 1994), pp.9-17.

PART 3

On Investment Performance

투자 성과

궁극적으로 우리는 투자 성과에 관심이 있다. 개인 투자자들은 잘 인식하지 못하는 투자 원칙의 하나인 평균으로의 회귀는 금융시장을 장악하고 있는 듯이 보이는 영원한 중력으로서, 투자 세계에서는 엄연한 사실로 남아 있다. 펀드 업계는 이 주제를 무시하지만 나의 분석은 개별 펀드나 다양한 투자 스타일 또는 주식시장 자체의 수익률 중 어느 것을 고려하더라도 우수한 수익률은 최종적으로 어느 정도의 장기 평균으로 회귀함을 보여준다. 규모가 매우 큰 뮤추얼 펀드들은 일단 평균으로 돌아가고 나면 수익률이 좀처럼 다시 오르지 않는다. 펀드 업계가 거대한 규모로 성장함에 따라 제기된 문제들은 성과 문제를 더 복잡하게 했다. 거대한 규모라는 명백한 핸디캡에 직면해서 많은 대형 펀드들은 포트폴리오들이 일반적인 시장 평균을 닮고 수익률이 다소 안정화되도록, 그러나 탁월한 성과의 희생 하에 '투자 상대주의'를 수용한 것으로 보인다. 이는 실패를 향한 값비싼 처방이다.

뮤추얼 펀드들은 자신들의 성과를 제시할 때 흔히 세금 효과를 무시하지만 투자자들은 세금을 무시할 수 없다. 그러나 과세 대상 투자자들의 필요에 눈감은 듯한 대부분의 펀드들은 심지어 과세 이연 계좌에 주식을 보유하고 있는 투자자들에게조차도 아무런 반대급부를 제공하지 않으면서 과도한 세금을 발생시키는 급격한 포트폴리오 거래 행위를 계속하고 있다. 나는 현재의 펀드 정책 재편과 과세 대상 투자자들의 필요에 봉사하는 신규 펀드 설정 등 이러한 세금 문제에 대한 몇 가지 해결책을 제시한다. 3부의 마지막 장에서는 장기투자 성과 형성에서 시간의 중요한 역할에 대해 논의한다. 이러한 시간 차원은 투자라는 세 개의 공간적 차원과 상호작용하여 수익률을 제고하고, 리스크를 줄이며, 비용의 영향을 확대하는데, 이는 상식이 시사하는 바와 완전히 일치하는 결론이다. 1부에서 시작했던 장기투자라는 주제로 돌아온 우리는 이제 뮤추얼 펀드 투자자들이 직면하는 투자의 세 가지 주요 도전 과제인 투자 전략, 선택, 성과의 전체 사이클을 다루었다.

소비가 저축보다 훨씬 더 재미있을 나이에는 절약하는 습관을 들이기가 쉽지 않다.

소비가 재미있기는 하지만 이 재미는 값비싼 재미다.

투자든 저축이든, 투자자가 시작 시점을 미룬 대가는 시간이 지날수록 가파르게 올라간다.

편안하고 독립적인 은퇴 후 생활은 대부분의 투자자들의 주요 목표다.

가족 구성원 중 주 수입원의 은퇴 시기가 되면

퇴직 연금 계좌의 자산 가치가 가족의 가장 귀중한 자산이 될 것이 분명하다.

저비용 투자와 결합된 과세 이연은 장기 투자자의 무기고에 있는 가장 귀중한 무기가 된다.

Chapter 10

On Reversion to the Mean
Sir Isaac Newton's Revenge on Wall Street

평균 회귀
—월가에 대한 아이작 뉴턴의 복수

언뜻 보기에는 평균 회귀 원칙은 다소 무미건조한 주제로 보일 수도 있다. 그렇지만 나는 결코 그렇지 않다고 장담한다. 이론적인 학문 세계에서 나온 이 원칙은 금융시장이라는 현실 세계에서도 완전히 적용되는 것으로 판명되었다. 평균 회귀는 주식형 뮤추얼 펀드의 상대 수익률, 모든 주식시장 부문의 상대 수익률, 그리고 장기적으로는 보통주 전체적으로 실현하는 절대 수익률에서 명백하게 나타난다. 평균 회귀(reversion to the mean; RTM)는 주식시장에서 일종의 '중력 법칙'이 작동한 것인데, 이를 통해 수익률은 신비스럽게도 장기적으로는 평균으로 돌아가는 것처럼 보인다. 만유인력, 즉 중력 법칙의 적용은 심지어 월가에 대한 뉴턴의 복수라고 규정될 수도 있을 것이다.

투자자들은 투자 프로그램의 전부 또는 일부로 뮤추얼 펀드를 선택해 왔다. 펀드가 당신의 포트폴리오의 일부이든 아니든 당신은 아마도 자신의 재정 상태, 리스크 허용 수준을 신중하게 고려하여 채권과 주식 사이에 최적의 자산 배분을 결정했을 것이다. 그리고 당신이 주요 자산군 중에서 주식이 장기적으로 가장 높은 수익률을 제공하는 확실한 자산이라고 강력하게 믿고 있다면, 투자 프로그램의 상당 부분을 당연히 주식형 펀드에 투자할 것이다.

그렇다면 뮤추얼 펀드를 선택하는 현명한 투자자들은 펀드 선택 과제를 어떻게 수행해야 하는가? 먼저 펀드 선택 시 해서는 안 되는 방법을 알아보자. 그것은 펀드 선택을 오늘날 뮤추얼 펀드 산업을 견인하는 과장된 마케팅 기계들이 발표하고 홍보하는 이례적인 과거 성과 기록에 주로 의존하거나, 또는 이를 중요하게 고려하는 것이다. 이러한 주장들을 무시하면 좋을 것이다. 내가 앞의 장들에서 당신을 설득하기 위해 노력했던 것처럼 역사에서 다음과 같은 강력한 교훈을 배울 수 있다. 장기적으로는 잘 분산된 주식 포트폴리오는 하나의 상품으로서 주식시장 전체의 수익률과 매우 비슷하고, 최종적으로는 이에 미달하는 수익률을 제공한다.

당신의 자산 축적 기간이 10년이 됐든 50년이 됐든, 그 기간이 끝날 무렵쯤이면 특정 펀드의 연간 총수익률은 주식시장의 연간 총수익률에 근접할 가능성이 크다. 나는 여기서 총수익률이라는 단어를 신중하게 선택했다. 대부분의 뮤추얼 펀드에서 발생하는 과도한 비용(운영, 마케팅, 투자 자문 비용과 매니저들에게 지급하는 고액 연봉처럼 (종종 무시되기는 하지만) 완전히 공개되는 직접 비용과, 펀드 포트폴리오 거래 비용이라는 숨겨진 비용 포함)으로 인해, 전체적인 펀드의 순수익률과 장기적으로는 개별 펀드의 순수익률은 시장 수익률에 비해 연 1.5%~2.5% 포인트 뒤지는 경향이 있다. 이러한 연 수익률 차이가 장기간 계속 이어지면 투자자의 최종 자본에 큰 차이가 나게 될 것이다.

뮤추얼 펀드 챔피언들이 땅에 떨어지다

1년 정도의 단기간 동안에는 여러 뮤추얼 펀드, 특히 공격적인 소형 펀드들은 시장 수익률보다 낮을 가능성을 거스를 수도 있고, 실제로 거스르기도 한다. 10년 정도의 기간에는 5개 중 1개꼴로 시장보다 상당히 우수한 실적을 낼 것이다. 그러나 장기적으로는 성과가 좋은 펀드들의 수익률이 땅에 떨어지고, 필연성은 다소 떨어지지만 성과가 나쁜 펀드들의 수익률이 땅 위로 올라오는 경향이 있다. (사실 실적이 바닥을 보이는 펀드들은 고비용으로 인해 바닥에 그대로 머무는 경향이 있다. 비용들은 지속되기 때문에 이러한 펀드들의 순위 상승이 방해를 받는다). 앞으로 보여주겠지만 상승과 하락 사이의 거리는 전에 시장 수익률 위 아래로 얼마나 벗어났는가와 직접적으로 비례하는 경향이 있다. 시장 평균으로의 회귀는 장기 뮤추얼 펀드 수익률에서 지배적인 요인이다.

(주식시장이 별다른 특징 없이 평범한 수익률을 보인) 1970년대와 (이례적으로 높은 수익률을 제공했던) 1980년대의 과거 20년 기록을 사용하여 수행한 테스트 사례로 이를 명확히 해보자. 이는 일종의 다른 상황에서의 평균 회귀의 예다(이에 대해서는 나중에 설명한다). 이 분석을 수행할 때 나는 중도적인 안정성장형 뮤추얼 펀드들과 성장형 뮤추얼 펀드들을 사용했다. 여기에는 S&P 500 종합 주가 지수와 같은 수준의 리스크를 부담하는 유명 대형 펀드들이 포함되어 있다. [그림 10-1]은 1970년대에 S&P 500 지수 대비 펀드의 성과 순위 사분위들이 1980년대에 어떻게 시장 평균으로 회귀했는지 보여준다. 예를 들어 1970년대에 최상위 사분위 펀드들은 S&P 500 지수보다 평균 4.8% 포인트 높은 연 수익률을 제공했지만, 1980년대에는 S&P 500 지수보다 1.0% 포인트 낮은 수익률을 기록해서 인덱스 대비 5.8% 포인트 아래쪽으로 회귀했다. 마찬가지로 1970년대의 최하위 사분위는 S&P 500 지수보다 4.1% 포인트 뒤졌지만, 1980년대에는 2.3% 포인트 위쪽으로 회귀해서, 그 차이를 1.8% 포인트로 줄였다. (두 번째와 세 번째 사분위들의 수익률은 처음 10년 동안 평균에 가까웠기 때문에 수익률 변화가 훨씬 작았음을 주목하라).

이 패턴의 일관성도 뚜렷하다. 최상위 사분위에 있던 34개 펀드 중 33개가 1980년대에 시장 평균을 향해 회귀했고 이전 시기에 지수 대비 우위를 보인 펀드 중 2/3는 그 다음 기간에는 S&P 500 지수보다 뒤처졌다. 그것이 얼마나 도움이 될지는 모르겠지만 예외적인 펀드 하나는

1980년대에 해마다 11% 포인트라는 놀라운 초과 수익률을 기록했다. 그러나 이 펀드도 1990년대에 들어와서 지금까지는 고전적인 평균 회귀 현상을 보여서 S&P 500 지수와 똑같은 연 수익률을 제공하고 있는데, 이 펀드의 연 11% 포인트 평균 회귀는 참으로 주목할 만한 수준이다. 지난 4년만을 보면 이 펀드는 S&P 500 지수에 연 5.6% 포인트 뒤졌다. 때로는 평균으로의 회귀가 오랜 기간에 걸쳐서 나타난다.

[그림 10-1] 시장 지수 대비 펀드의 연 수익률

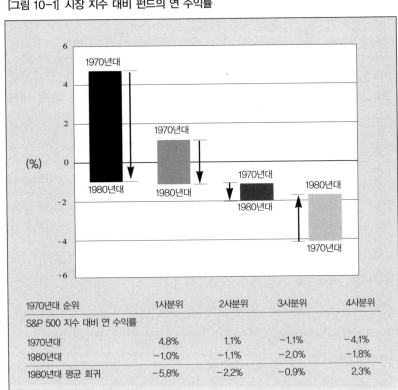

1970년대 순위	1사분위	2사분위	3사분위	4사분위
S&P 500 지수 대비 연 수익률				
1970년대	4.8%	1.1%	−1.1%	−4.1%
1980년대	−1.0%	−1.1%	−2.0%	−1.8%
1980년대 평균 회귀	−5.8%	−2.2%	−0.9%	2.3%

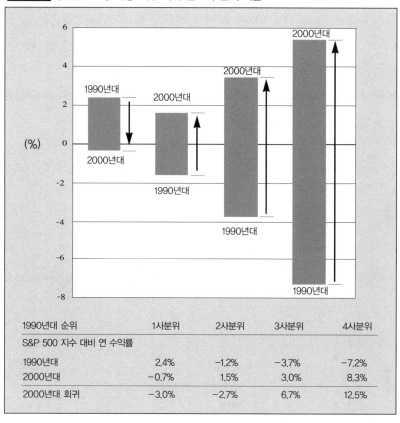

1990년대 순위	1사분위	2사분위	3사분위	4사분위
S&P 500 지수 대비 연 수익률				
1990년대	2.4%	-1.2%	-3.7%	-7.2%
2000년대	-0.7%	1.5%	3.0%	8.3%
2000년대 회귀	-3.0%	-2.7%	6.7%	12.5%

　관리되지 않는 S&P 500 지수는 운영 비용과 거래 비용이 없는 이론 적인 세계에서 작동하고 있기 때문에 이 지수는 달성하기 어려운 목표 일 뿐만 아니라 추종하기 힘든 목표이기도 하다(이 지수는 시가 총액이 큰 주식 들에 치우쳐 있다). 내가 S&P 500 지수의 변동성 특성과 유사한 대형주들에 의해 주도되는 뮤추얼 펀드 범주들을 선택했음에도 불구하고, 그들의 포트폴리오에 포함된 주식들의 시가 총액은 지수에 포함된 주식들에 비 해 다소 작다. 그럼에도 지난 20년 동안(해당 기간 동안 살아남은 펀드들만 포함 시킴으로써 확실히 펀드들에게 상당히 유리한 편의를 포함하게 되는 시간임) 상대적인 차

이는 그리 크지 않았다. 처음 10년 동안에는 생존 펀드들은 지수의 연 수익률을 0.1% 포인트 앞서 그리 큰 우위를 보이지 않는 결과를 냈으나, 두 번째 10년 동안에는 지수에 1.5% 포인트 뒤져서 보다 일반적인 결과를 보였다.

[그림 10-2] 주식형 펀드 평균 대비 펀드의 연 수익률

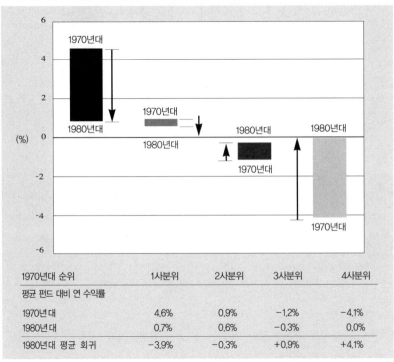

1970년대 순위	1사분위	2사분위	3사분위	4사분위
평균 펀드 대비 연 수익률				
1970년대	4.6%	0.9%	-1.2%	-4.1%
1980년대	0.7%	0.6%	-0.3%	0.0%
1980년대 평균 회귀	-3.9%	-0.3%	+0.9%	+4.1%

어쨌든 이 이슈를 마무리하기 위해 나는 [그림 10-2]에서 같은 펀드들을 서로 비교하는 유사한 결과를 제시한다. [그림 10-2]는 각각의 사분위에서 뮤추얼 펀드들이 어떻게 지수 평균이 아닌, 각 그룹의 평균을 향해 회귀했는지 보여준다. 여기에서도 평균 회귀는 시대의 풍조다. 최상위 사분위 펀드들은 전 기간의 4.6% 포인트 우위 중 3.9% 포인트를 상

실했다. 34개 최상위 사분위 펀드 중 30개가 평균을 향해 회귀했다. 최하위 사분위에서는 33개 펀드는 상대적 실적이 상승했고 1개 펀드만 상승하지 못했다. 최하위 사분위 펀드들은 위쪽으로 4.1% 포인트 회귀해서 정확히 이전 10년 동안 잃었던 만큼 회복했다. 평균 회귀는 과거 수익률에 기초한 펀드 평가가 소용없다는 강력한 메시지를 보내고 있다. 회귀의 기준을 시장 평균에서 펀드 평균으로 바꿨음에도 [그림 10-1]과 [그림 10-2]의 패턴은 사실상 같았다.

10년 후 [그림 10-2] 주식형 펀드 평균 대비 펀드의 연 수익률

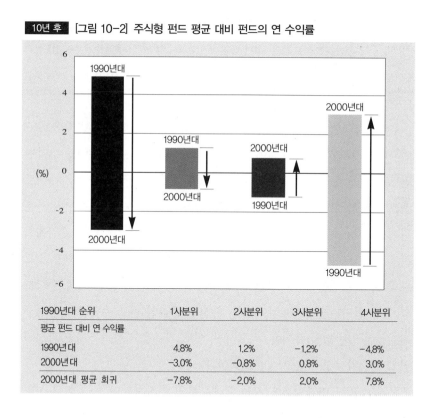

1990년대 순위	1사분위	2사분위	3사분위	4사분위
평균 펀드 대비 연 수익률				
1990년대	4.8%	1.2%	-1.2%	-4.8%
2000년대	-3.0%	-0.8%	0.8%	3.0%
2000년대 평균 회귀	-7.8%	-2.0%	2.0%	7.8%

요점을 강화하기 위해 우리는 과거 20년에 대해 같은 실험을 반복했다. 1987년~1997년의 10년을 1977년~1987년의 10년과 비교해 보면

최상위 사분위에 속한 펀드들의 시장 평균으로의 회귀는 위의 사례보다 약간 더 큰 6.9% 포인트였으며(지수보다 5.1% 포인트 앞섰다가 1.8% 포인트 뒤처졌음) 44개 펀드 모두 평균을 향해 회귀했고, 그중 35개는 평균 아래로 떨어졌다. 최하위 사분위에서는 두 시기 모두 과도한 비용으로 인해 많은 펀드들의 수익률이 낮춰졌으며, 44개 펀드 중 22개 펀드는 상대적인 연수익률이 개선되었다. 이 펀드들의 평균 수익률은 평균으로의 회귀와는 약간 다른 방향으로 움직였는데(처음 10년 동안에는 인덱스보다 3.7% 포인트 뒤졌는데, 그 다음 10년에는 3.8% 포인트 뒤졌다) 이는 순전히 2개 펀드(일관되게 열등한 수익률로 악명이 높다)의 연평균 수익률이 시장 수익률보다 29% 포인트 낮았기 때문이다(이 펀드들이 없었더라면 평균 회귀 현상이 발생해서 최하위 사분위 펀드들의 수익률은 최초 10년 동안에는 시장보다 3.2% 포인트 낮았으나 이후 10년 동안에는 2.6% 포인트 낮았을 것이다).

우리는 또한 앞에서와 같이 1977년부터 1987년까지의 시기와 1987년부터 1997년까지의 시기에 대해서 시장 인덱스의 평균 수익률이 아닌 펀드 자신들의 평균 수익률을 사용하여 테스트를 반복했다. 여기에서도 펀드 비용을 고려할 때 놀랍도록 일치하는 패턴을 보인다. 최상위 사분위에서는 44개 펀드 중 41개가 아래쪽으로 회귀했고 최하위 사분위에서는 44개 펀드 중 40개 펀드가 위쪽으로 회귀했다. 평균적으로 최상위 그룹의 하향 회귀는 4.3% 포인트였으며 고비용에 발목 잡힌 최하위 그룹의 상향 회귀는 3.2% 포인트였다. 확실히 뮤추얼 펀드 수익률에서 평균 회귀라는 일반적인 규칙은 어느 시기, 어떤 기준을 사용하든지 일관성이 있고 예측가능성이 높으며 보편적이다.

뮤추얼 펀드 마케팅 담당자들은 대부분의 투자자들이 오늘 최고 성과를 낸 펀드들은 내일의 주식시장에서는 평범한 참여자가 되고 동료 그룹들의 평균 수익률에 필적할 가능성이 압도적으로 높다는 점을 모른다고 (그대로) 가정한다. 즉, 오늘의 멋쟁이들은 내일의 평범한 존재들이 된다.

그런데 이러한 결과에 대한 강력한 증거에도 불구하고, 펀드 판매자들은 계속해서 최고 성과를 냈던 펀드들을 팔러 다닌다. 펀드 회사들은 오늘의 우상들에게는 감춰진 약점이 있음을 잘 알고 있다. 그러나 마법을 믿는 사람이 있는 한 마녀의 비전 약품 공급자들은 자칭 특효약과 만병통치약을 만들어 팔러 다니면서 궁극적으로 내일의 현실이 아니라 어제의 현실을 붙잡게 되는 값비싸고 역효과를 낳는 투자 선택을 만들어 낼 것이다.

어떤 연구도 (대개 자산 규모가 작고 주주들도 적었던 초기에 매우 월등한 수익률을 통해) 출현하는 장기적인 승자들을 미리 선택하기 어렵다는 사실에 반대되는 결론을 시사하지 않는다. 그러나 우수한 과거의 성과라는 씨를 뿌려서 거둘 수 있는 것보다 더 나은 미래의 성과를 거둘 수 있는 방법이 있을 것이다. 이제 평균 회귀의 두 번째 범주인 월가에 대한 뉴턴의 복수 두 번째 측면을 살펴보자.

10년 후 뮤추얼 펀드 챔피언?

평균 회귀(reversion to the mean; RTM)는 초판에서 보여준 것과 유사한 패턴을 반복했다(업데이트된 [그림 10-1] 참조). 1970년대에 1사분위에 속했던 주식형 펀드들이 1980년대에 S&P 500에 상당한 입지를 내준 반면, 4사분위 펀드들은 입지를 얻은 것처럼 1980년대부터 1990년대 기간 중 및 2009년까지 10년 기간 중에도 이러한 패턴이 반복되었다. 그러나 마지막 기간의 비교는 그 이전 10년의 비교와 매우 유사한 결과를 낳지 않았는데, 이는 아마도 지난 10년 동안의 수익률이 하도 낮았기 때문일 것이다(실상은 약 -1.5%였음). 그럼에도 1990년대에 S&P 500을 가장 많이 앞질렀던 펀드들은 2000년대에는 S&P 500보다 뒤처졌고 가장 뒤처졌던(-7.2% 포인트) 펀드들은 그 뒤

383

10년 동안 극적인 우위를 보였다(+8.3% 포인트). 평균 회귀는 확실하지만 아마도 불완전하게 나타난 듯하다.

다른 한편 [그림 10-2]는 평균 회귀를 참으로 완벽하게 보여준다. 주식형 펀드들을(S&P 500 지수와 비교하지 않고) 사분위별로 서로 비교하면 첫째가 꼴찌가 되고 꼴찌가 첫째가 된다. 수익률 최상위 펀드들은 4.8% 포인트 우위에서 3.0% 포인트 열위로 바뀌었고, 가장 크게 패배했던 펀드들은 4.8% 포인트 열위에서 3.0% 포인트 우위로 돌아섰다. 2사분위 펀드들의 상대적 수익률은 −2.0% 포인트였으며, 3사분위 펀드들은 2% 포인트의 우위를 보였다. 확실히 이러한 대칭 패턴은 되풀이되지 않겠지만 뮤추얼 펀드 챔피언들은 매우 일관성 있게 바닥으로 추락한다는 점에는 의문의 여지가 없다.

중력과 주식시장 부문들

대형 성장주와 가치주 펀드들은 비용 공제 전에 대략 주식시장 수익률을 추종하는 단기 수익률을 제공해야 한다. 그러나 장기적으로는 비용 때문에 펀드의 수익률은 시장 수익률보다 상당히 뒤처지게 되어 있다. 시장 수익률보다 우수한 장기 수익률을 추구하는 투자자들은 우수한 성과로 이어지는 특성을 보유할 수도 있는 주식시장의 선별된 부문들의 주식에 집중해야 하는가? 애석하게도 특정 시장 부문에 유리하게 작용하는 영속적인 체계적 편의는 없는 듯하다. 평균 회귀는 때로는 장기 추세로 보이는 현상이 상당 기간 동안 지속될 경우에도 일관되게 이를 단순한 순환 현상으로 돌리는 듯하다.

(1) 성장주 대 가치주 (2) 우량주 대 저가주 (3) 대형주 대 소형주 (4) 미국 주식 대 해외 주식의 네 가지 예를 살펴보자. 네 가지 예가 보여주는 결론은, 평균 회귀는 이 모든 핵심 시장 부문들에서 건재하다는 것이다.

성장주 대 가치주

먼저 성장주(일반적으로 이익 성장률, 주가 이익 비율(PER), 주가 자산 비율(PBR)이 평균을 상회하는 주식)와 가치주(위의 3가지가 평균보다 낮고, 평균보다 높은 배당을 제공하는 주식)부터 시작하자. 이 연구에서 나는 60년간의 성장주 펀드(성장주 투자를 목표로 한다고 표명하고, 평균보다 높은 변동성을 보인 뮤추얼 펀드)와 가치주 펀드(성장과 수익 모두를 목표로 하고, 평균보다 낮은 변동성을 보이는 뮤추얼 펀드)를 조사했다.*

최근에는 일반적으로 성장주보다 가치주가 우수한 실적을 낸다는 찬사를 받고 있다. 아마도 전 기간의 기록을 조사한 사람들이 거의 없기 때문에 이런 믿음이 널리 퍼져 있을 것이다. 그러나 [그림 10-3]에서 볼 수 있는 것처럼 장기적으로는 평균 회귀가 강력하고 심원함이 증명된다. 연구 대상 기간의 초기에는 성장주 펀드가 게임을 지배했으며, 1937년부터 1968년까지는 확실한 승자였다. 가치주에 대한 시초 투자금액의 이 기간 말 금액은 성장주에 투자했을 때에 비해 62%에 그쳤다. 그러나 1976년까지 가치주는 큰 폭으로 반등해서, 이전 시기의 열세를 거의 다 만회했다. (60년이라는 기간 중 단지 8년에 그치는 이 최근의 기록이 가치주의 신비를 만들어 냈다.) 그 후 1980년까지는 성장주가 우세를 보였고, 1997년까지는 가치주가 지배했다. (평균 회귀가 다시 작동했기 때문인지 1998년에는 성장주가 맹위를 떨쳤다.)

60년 동안의 이러한 순환적 변동이 결합되어서, 가치주 투자 금액의 기간 말 금액은 성장주에 투자한 금액의 90%였다. 60년 전체 기간에 대한 복리 총수익률은 성장주 11.7%, 가치주 11.5%로 아주 근소한 차이다. 나는 이 경기를 무승부라고 하고 싶다. 그리고 이는 평균 회귀에 대한 또 하나의 찬사다,

---

* 두 그룹에 대해 발표된 업계 평균을 1968년부터 구할 수 있게 되었는 데, 그 전 기간에 대해서는 나는 목표, 포트폴리오와 연 수익률을 통해 이를 명확히 구분할 수 있는 펀드들의 표본에 의존했다.

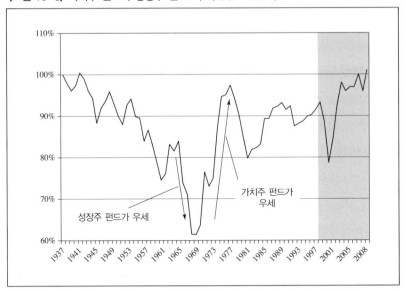

[그림 10-3] 가치주 펀드와 성장주 펀드 비교(1937~2008)

우량주 대 저가주

평균 회귀의 두 번째 예는 우량주 대 저가주다. 이전에는 투자자들이 그다지 고려하지 않았던 이 부문의 수익률은 1926년 이후 S&P사가 일관된 기준 하에서 꾸준히 발표하고 있다. [그림 10-4]에서 볼 수 있는 것처럼 우량주와 저가주 간의 시장 주도 변동은 성장주와 가치주의 경우에 비해 기간이 짧다. 가장 오래 지속된 추세는 지난 40년 동안에 뚜렷이 나타났다. 저가주는 1962년부터 1968년까지 6년간 잔치를 즐겼다. 이후 우량주에게 유리한 방향으로 완전히 역전되어서 1974년까지 6년간 저가주에 기근이 지속되었다.

계속되는 주기는 성서 예언에 나오는 7년 주기와 다소 유사했다. 저가주의 다음번 잔치는 1983년까지 9년간 계속되었고, 1990년까지 7년간 기근이 이어지다가 짧은 잔치가 나타난 뒤 1992년에 저가주 잔치가 끝난 듯하다. 1926년부터 1995년까지 70년 전체를 분석해 보면 시초에 같

은 금액이 우량주에 투자된 경우 저가주에 투자된 경우의 1.4배가 되었
는데, 이는 우량주의 실적이 매우 좋았던 1927년 말의 경우와 일치한다.
초창기의 왜곡 효과를 포함한다 해도 우량주는 6.7%의 수익률을 제공한
반면, 저가주는 6.2%의 수익률을 제공했다(두 경우 모두 배당금을 제외함). 그
럼에도 아래 그림에서 평균 회귀의 힘은 명백히 드러난다.

[그림 10-4] 우량주와 저가주 비교(1925~1995)

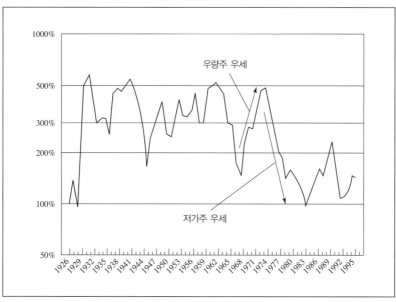

대형주 대 소형주

이제 세 번째 부문을 살펴보자. 장기적으로 소형주가 대형주보다 높은
성과를 낳는다는 믿음은 투자에서 깨지지 않을 것처럼 보이는 신화 중
하나다. 이 명제를 지지하는 사람들은 그 이유를 다음과 같이 쉽게 이해
될 수 있는 말로 설명한다. "소형주들은 리스크가 더 높기 때문에 낮이
밤을 따라 오듯이, 고수익이 높은 리스크를 따라와야 한다." 이러한 추
론은 그럴듯해 보인다. 그러나 실상은 [그림 10-5]에서 볼 수 있는 것처

럼 실제로 소형주의 우위는 단속적(斷續的)이었다. 1925년부터 1964년까지 39년 동안 소형주와 대형주는 동일한 수익률을 제공했다. 그러다 1968년까지 겨우 4년 만에 소형주 수익률은 대형주 수익률의 두 배가 넘게 되었다. 이후 5년 동안은 소형주 수익률 우위의 거의 전부가 상실되었디. 1973년까지는 소형주들은 거의 50년간 대형주와 비슷한 수익률을 기록했다. 소형주의 명성은 주로 1973년부터 1983년까지 10년 동안에 쌓아졌다. 그 뒤에 불가피하게 평균 회귀가 다섯 번째 사이클을 보였다. 1650년에 토머스 풀러(Thomas Fuller)라는 시인이 관찰한 것처럼 이 기간은 대형주에게 있어 새벽 직전의 가장 어두운 시기였으며, 1983년 이후에는 태양이 대형주를 밝게 비추었다.

[그림 10-5] 대형주와 소형주 비교(1925~2008)

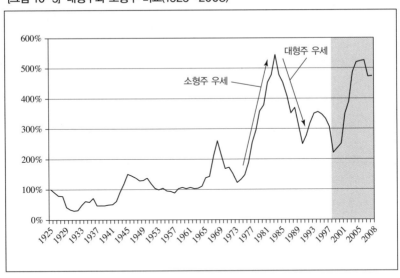

결국 전체 기간 동안 소형주의 복리 연 수익률은 12.7%였고 대형주의 수익률은 11.0%였다. 이 차이로 [그림 10-5]에서 볼 수 있는 것처럼 소형주의 최종 가치가 대형주 최종 가치의 세 배가 되었다. 소형주가 주로

한 차례의 10년 동안에만 우위를 보인 점을 고려할 때, 나는 소형주에 의존해야 할지 자신이 없다. (확실히 소형주가 그리 신통하지 않았던 1998년에 대형주가 보여준 위력은 소형주를 무비판적으로 수용하는 것은 현명하지 않은 처사였음을 의미한다.) 1973년~1983년의 비교적 짧은 소형주의 우세 기간(전체 기간 70년 중 한 번의 10년에 불과함)을 제외하면, 대형주의 수익률이 더 높았다. 그 기간을 제외한 연 수익률은 대형주 11.1%, 소형주 10.4%였다. 아무튼 대형주와 소형주의 관계는 전적으로 평균 회귀의 지배받지는 않는다 하더라도 시장 중력의 힘이 스며들어 있다.

미국 주식 대 해외 주식

미국 주식 대 해외 주식에 대해서는 내가 평균 회귀에 대한 첫 번째 예로 사용한 자료와 같은 장기간의 역사적 기록이 없다. 여기에서 나는 입수할 수 있는 모든 자료에 의존했는데, 이 자료들이 커버하는 기간은 과거 38년에 불과하다. [그림 10-6]에서 볼 수 있는 것처럼 나의 주제에 대한 심원한 증거가 있다. 여기에서 나는 S&P 500 지수와 모건 스탠리 캐피털 인터내셔널 EAFE 지수(Morgan Stanley Capital International Europe, Australia, Far East Index) 수익률을 비교했다. 그리고 미국 투자자들의 경험을 반영하기 위해 각국의 통화가 아닌 미 달러화 기준으로 표시했다. 잦은 변동이 있긴 했지만 누적 가치 비율은 처음 24년(1984년까지) 동안에는 EAFE 지수가 약간 높았다. 복리 수익률은 EAFE 9.7%, S&P 500 8.4% 였다.

그 이후 1984년~1988년의 짧은 기간 동안 EAFE가 폭등해서 미국 주식 수익률의 두 배를 기록했다. 이후 9년 동안에는 미국 증시가 직전에 EAFE가 보여주었던 단기간의 탁월함을 만회하고도 남을 정도로 각광을 받았다. 전체 기간에 대해서는 미국 주식과 해외 주식의 복리 수익률은 모두 11.5%로 똑같았다. 미국에 투자한 투자자의 시초 투자액의 최종 가치는 해외에 투자한 투자자의 최종 가치와 똑같았다. 장기적으로는 평균 회귀가 글로벌 주식시장에서도 명백히 발현되었다.

[그림 10-6] 미국 주식 대 해외 주식 비교(1959~2009)

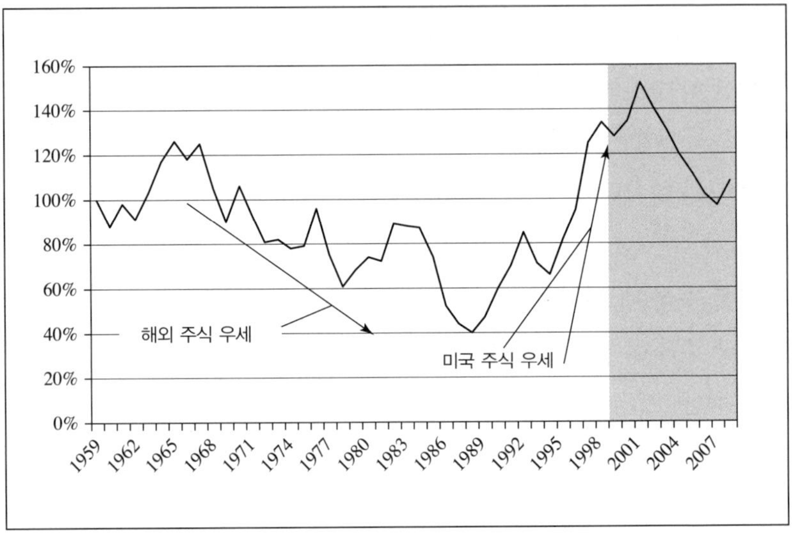

뉴턴으로 돌아오다

나는 지금까지 뉴턴만큼 정밀하지는 않을지라도 상대적 시장 중력 법칙의 강력한 힘을 설명했다. 뉴턴의 만유인력 법칙 발견은 17세기 과학혁명의 정점이라고 평가된다. 확실히 분산 투자된 주식형 펀드와 주식시장 부문에 투자하는 투자자들에게 평균 회귀의 효용가치가 금세기 말의 정점은 아닐 것이다. 아마도 "모든 작용에는 동일하고 반대되는 반작용이 있다"*는 뉴턴의 제3법칙이 금융시장에서 일어나는 현상들을 더 잘 설명할 것이다. 그러나 평균 회귀는 수십 년에 걸쳐서 나타날 수도 있지만 역사에 의해 태어난 원칙이다. 자신의 위험 하에 이를 무시하는 똑똑

---

* 뉴턴의 등식은 다음과 같다.
  중력 = 중력 상수 × 두 물체들의 상대적 질량/두 물체 사이의 거리²

한 투자자들이 있겠지만, 나는 평균 회귀가 계속 존재하리라는 사실에 입각해서 투자 전략을 세운다.

주식시장 부문에서의 평균 회귀

초판에서 보여줬던 평균 회귀 패턴(성장주 대 가치주, 대형주 대 소형주, 미국 주식 대 해외 주식)도 과거 10년 이상 계속 되었다(S&P 500 지수는 이제 우량주 대 저가주 지수를 제공하지 않는다).

1979년부터 1995년까지 가치주 펀드들에 다소 뒤졌던 성장주 펀드들은 2000년에 끝난 큰 강세장 동안 가치주 펀드를 앞질렀다(그림 10-3). 그러다 2년 동안은 가치주가 앞섰다. 그 이후 우위가 자주 바뀌었지만, [그림 10-3]에서 커버한 72년간의 연 평균 수익률은 실제로 동일했다(성장주 펀드와 가치주 펀드 양쪽 모두 9.7%였다).

대형주와 소형주도 앞서거나 뒤서거니 하는 패턴을 계속했다(그림 10-5). 1994년부터 1998년까지는 대형주 실적이 좋았는데 1999년부터 2006년까지는 소형주가 앞섰고, 그 이후에는 대형주 실적이 좋았다. 전체 기간에 걸친 연 수익률 면에서는 대형주 대비 소형주의 우위가 상당히 컸지만(13%대 10.7%) 대형주는 최소한 믿을 수 없을 정도로 장기간 동안에 대해(예를 들어 1945년에서 1973년까지 28년간, 그리고 1982년에서 2008년까지 26년간) 우위를 보인 적이 있다. 장기간의 역사적 패턴이 지속될 수도 있지만(정확히 아는 사람은 아무도 없다) 소형주의 시가 비중보다 상당히 많이 보유하는 투자자들은 충분한 인내심을 가지는 것이 좋을 것이다.

지난 10년은 또한 미국 주식 대 해외 주식의 평균 회귀도 (엄청나게 많이) 반영했다. 미국 주식 우위는 2001년까지 계속되다가 2007년까지는 (부분적으로는 미 달러화 약세에 기인하여) 큰 반전이 일어났다. 그 뒤

2008년에는 미국 주식이 다소 우위를 보이다 2009년 중반까지는 다소 열세를 보였다. 지난 50년에 걸친 연 수익률은 미국 주식 수익률은 9.1%였고, 해외 주식 수익률은 9.0%로 거의 같았다. ([그림 10-6]을 볼 때 아주 명백한) 이들 반전의 때를 알아맞힐 수 있다고 믿는 투자자들은 위험한 게임을 하고 있는 셈이다.

보통주 수익률도 땅으로 돌아오다

평균 회귀의 세 번째 중요한 영역은 보통주 장기 수익률이다. 주식 뮤추얼 펀드나 주식시장 부문과 달리, 이 영역의 평균 회귀는 상대적 수익률이 아닌 절대 수익률과 관련이 있다. 200년이 넘는 기간 중의 회전 25년(rolling 25-year period) 기간들에 대해 미국 주식시장은 약 평균 6.7% 내외의 (인플레이션 조정 후) 실질 수익률을 제공하는 경향을 보였다. [그림 10-7]에서 볼 수 있는 것처럼 이 평균을 기준으로 한 상하 변동 폭은 상당히 좁고 수익률이 4%보다 훨씬 낮았던 적은 5개 기간뿐이었다.

[그림 10-7] 주식의 회전 25년 실질 수익률(1826~2008)

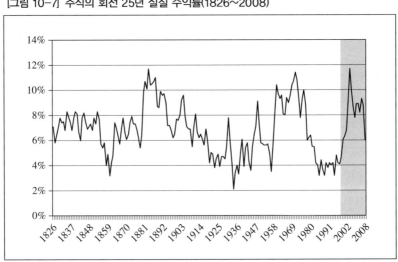

간단히 말해서 실질 수익률들은 25년 기간들의 93%에서 대략 4%에서 10% 사이에 머물렀는데, 이는 놀라우리만큼 일관성이 있는 기록이다. 주식시장에서 평균 회귀가 건재를 과시하고 있다. 25년 기간(오늘날 대부분의 투자자들의 투자 생애의 대략 절반에 해당하는 기간임)들의 연 수익률의 표준편차는 평균에서 ±2.0%다. 10년 단위 기간에서는 표준편차가 4.4%였고, 50년의 투자 기간에 대해서는 1%로 미미했다. 투자 기간에 따라 수익률 표준편차에 의미 있는 차이가 난다.

장기 수익률이 이처럼 일관성을 보이는 근원은 배당금과 회사 이익 성장이라는 기본 요인이다. 자료를 구할 수 있는 1871년 이후의 데이터를 사용해서 이러한 2가지 기본적인 재무 요인들이 주식에서 벌어들인 수익률에 어느 정도로 영향을 주었는지 측정할 수 있다. 1871년 이후 회전 25년 기간에 대한 회사 실질 이익 성장률과 배당 수익률 합계의 평균을 구하면 6.7%의 주식 펀더멘털 수익률이 나온다. 이 수치는 실제 주식시장 실질 수익률 6.7%와 똑같은데 이는 장기적으로는 투기의 역할이 중립적임을 의미한다. 127년 동안 이 두 가지 수익률이 정확히 일치한다는 사실은 금융시장의 장기적 합리성에 대한 주목할 만한 찬사다.

케인즈의 귀환

단기적으로는 투기 요인에 의해 주식 수익률의 비합리성이 만들어진다. 주식시장의 비합리성은 주식시장의 주가 수익 배율(PER)로 표현되는 단기적인 (그러나 중요한) 요인에 의해 측정될 수 있다. 케인즈의 구분을 따르자면, 투자는 이익과 배당에 근거한 펀더멘털 수익률을 묘사하기 위해 사용되고, 투기는 주가의 두 번째 결정 요인, 즉 회사 이익 1달러당 투자자가 지불하고자 하는 가격을 묘사하기 위해 사용된다. 펀더멘털의 힘이 매우 장기적인 시장 수익률을 결정하는 반면, 보다 단기적으로는 투기의 힘이 시장 수익률을 결정한다. 투기는 궁극적으로는 일시적이고 불안정하다. 투자자들은 장기적으로는 이익 1달러당 평균 약 14달러를 지불할 용의가 있었다. 그러나 투자자들이 낙관적으로 변해서 21달러를 지불하고자 한다면, 주가는 그 이유만으로도 50% 상승할 것이다. 투자자들이 비관적으로 변해서 7달러만 지불하고자 한다면, 주가는 50% 하락할 것이다. 이익 1달러에 대한 가격 변화는 참으로 강력한 레버리지를 만들어내지만 이 레버리지가 영원히 지속되지는 않으며, 심지어 전체 투자 기간만큼도 지속되지 않는다.

하지만 25년이라는 긴 기간 동안에도 투자의 굳건한 기초보다는 투기의 신비한 힘에 기초한 수익률 변화가 있었다. 그러나 이러한 변화들은 합리적으로 가라앉았다. 배당 수익률과 이익 증가율의 결합이 수익률의 주된 추동력이었다. [그림 10-8]은 1871년 이후 실제 수익률과 펀더멘털 수익률 사이의 차이를 보여준다(1871년 전에는 이익과 배당에 대한 믿을 만한 수치들이 개발되지 않았다). 실질 수익률은 1871년 이후 102개의 25년 기간 중 88번에 걸쳐 펀더멘털 수익률의 상하 약 2% 포인트 범위 내에 있었다. 나는 이 기간 동안에 투기가 고점에서 저점까지(그리고 그 반대 방향으로) 6번의 파동을 야기했다는 사실에 주목했다(이 파동은 각각 약 15년간 지속되었다). 나는 재미삼아 이 6번의 파동을 [그림 10-8]에 그려 보았는데, 이 그림을 보면 세 번의 큰 평균 회귀 주기가 있었다.

펀더멘털 수익률과 실질 수익률 간의 이러한 차이들이 과거에 어떻게 작동했는지 보여주기 위해 두 가지의 매우 다른 환경에서 투자와 투기의 역할을 비교해 보자(〈표 10-1〉을 보라). 두 가지 예 모두에서 나는 주식시장의 실질 수익률이 아닌 명목 수익률을 사용했다. 1942년에서 1967년까지 투자자들이 비관론에서 낙관론으로 옮겨간 시기에는 12.8%의 양호한 펀더멘털 수익률에 2.6%의 투기적 수익률이 추가되었다. 이 추가 수익률은 이익 1달러에 대한 가격이 9.50달러에서 18.10달러로 95% 상승한 가치 평가 상향 조정의 영향이었다. 이로 인해 총수익률은 15.4%가

되었다. 반면에 1958년에서 1983년까지 낙관론이 비관론으로 바뀐 시기에는 가치 평가가 40% 하락해서 이익 1달러에 대한 가격이 19.10달러에서 11.80달러로 하락했다. 이러한 가치 평가 하락의 영향으로 전체 25년 기간에 대해 연 1.9%의 수익률이 줄어들어 총수익률은 펀더멘털 수익률 9.7%에서 1.9%를 차감한 7.8%가 되었다. 오늘날 이익 1달러가 27달러에 매매되고 있음을 고려하면 나는 향후 주가 전망을 하향 조정해야 한다고 생각한다.

[그림 10-8] 주식시장의 실질 수익률과 펀더멘털 수익률 비교(1871~2008)

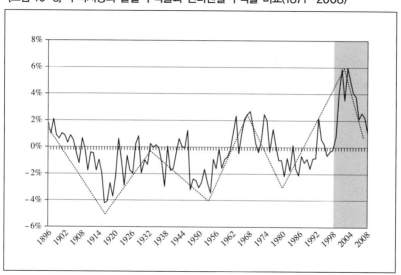

〈표 10-1〉 회전 25년 주식 명목 수익률

	비관론에서 낙관론으로 1942~1967	낙관론에서 비관론으로 1958~1983
1. 펀더멘털 요소		
A 배당 수익률	0.0%	3.2%
B. 이익 성장률	+6.8	+6.5
총 펀더멘털 수익률	12.8%	9.7%
2. 투기적 요소	+2.6	-1.9
3. 총시장 수익률	15.4%	7.8%

주식 수익률 결정에서 펀더멘털 요인의 중요성을 다시 논의하는 목적은 자본주의와 경쟁 경제 하에서 역사적으로 장기 실질 이익 성장률 4%(명목 성장률은 6%)의 한계가 확립된 것 같다는 사실을 강조하기 위함이다. 이익 성장률이 새롭고, 확연히 높은 수준으로 옮겨갔다는 주장이 오늘날 미국의 주식시장을 사로잡고 있다(그리고 이러한 사고가 최근의 주식시장 활황에 도움이 되었다). 실제로 지난 15년 동안 실질 수익률은 평균 12.6%였다(이는 장기 평균의 거의 두 배이며, 1816년 이후 182번의 15년 기간 중 이보다 수익률이 높았던 적은 9번에 그쳤고, 그때에도 수익률이 12.6%보다 그리 높지는 않았다). 향후 10년간 실질 수익률이 연 3%에 그치더라도, 25년간의 수익률은 여전히 장기 평균 6.7%보다 훨씬 높은 8.6%가 될 것이다. 그러나 1982년 이후 주식시장이 보여준 놀라운 수익률은 펀더멘털 수익률의 오랜 족쇄가 벗겨지고, 미국이 기업 수익성의 새로운 시대에 진입했는지에 대한 중요한 질문을 제기했다. 그 핵심 질문은 다음과 같다. '주식이 더 높은 새 평균으로 회귀하고 있는가?'

더 높은 새 평균?

1997년 중반에 강세장이 신 고점을 갱신했을 때, 저명한 모건 스탠리 딘 위터는 자신들의 투자 전략 보고서에 '더 높은 새 평균으로의 회귀인가?'라는 제목을 달았다.[1] 이 보고서는 이렇게 시작한다. "미국 주식들의 양호한 수익률이 계속 쌓여감에 따라, 이처럼 용감한 신세계에서는 6%~7%의 과거 실질 수익률이 구식이 되었는지, 그리고 상향 조정되어야 하는지에 대해 생각해 봐야 한다." 이 보고서는 그 다음에 중용을 취했다. "이러한 주식의 황금시대는 영원히 지속되지 않을 것이다. 그러나 주식의 평균 수익률은 아마도 과거보다 다소 높을 것이고, 잔치 뒤에는 기근이 따라올 것이다." 이 보고서는 다음과 같이 결론을 내렸다. "새로운 평균 시장 수익률은 실질 수익률 기준으로 7~8%에 이르겠지만 오늘날 낙관론자들이 말하는 10%에는 못 미칠 것이다. 현재 10년 동안 보여주고 있는 약 12%의 실질 수익률은 지속될 수 없다. 장기적으로 보면 수익률은 새로운 평균을 향해 다시 되돌아갈 수밖에 없다."

설령 모건 스탠리 딘 위터의 전략 보고서가 시사하는 것처럼 실질 수익률 7%~8%가 실제로 새로운 평균이라 해도 주식들은 약 20% 정도 과대평가된 셈이다(즉, 펀더멘털에 비해 과대평가되었다). 그와 같은 가치 재평가 환경에서는 주식 실질 수익률은 오랫동안 3%~5%의 범위에 머물 것으로 예상된다. 주식 수익률이 그 정도라면 주식은 채권과 치열한 경쟁을 벌이게 될 것이다. 현재 약 5.25%의 명목 수익률을 보이고 있는 채권은 향후 10년 동안 주식에 비해 리스크는 상당히 낮으면서도 평균 약 3.5%~4%의 실질 수익률을 제공할 것이다.

그러나 시장 예측은 매우 위험하고, 두 번 옳을 가능성(고점 또는 그 부근에서 팔고 저점 또는 그 부근에서 되산다는, 가능성이 매우 희박한 승리 전략)이 아주 낮다는 사실을 고려하면 주식의 리스크 조정 수익률이 낮을 가능성이 있으므로 공격적으로 투자 행동에 나설 것이 아니라 투자 목표에 대해 심사숙고할 필요가 있다.

10년 후　　보통주 수익률도 땅으로 돌아오다

회전 25년 보통주 수익률을 보면 평균 회귀가 뚜렷하다. 초판 발행 당시 25년 실질 연 수익률은 6.9%로 장기 평균 6.7%에 가까웠다. 2장에서 언급한 것처럼 25년 수익률은 1999년까지의 25년 동안 사상 최고 수준으로 치솟았다가 2009년 중반까지의 25년에는 6%로 되돌아왔다. 이 같은 평균 회귀는 과거에 거의 200년 간 지속되었으며 향후 200년 동안도 계속될 것으로 믿어도 좋다.

아주 장기적으로는 주식 수익률들은 다음의 요소로 구성된 비즈니스 수익률인데(그리고 그래야 한다) 나는 초판에서 이를 펀더멘털 수익률이라 불렀다. (1) 대개 S&P 500 지수(또는 그 이전에 존재하던 지수)로 측정한 미국 회사들의 시초 배당 수익률. (2) 그 이후의 이익 성장률. [그림 10-8]에서 볼 수 있는 것처럼 주식시장 수익률이 펀더멘털 수익률을 훨씬 앞설 때에는(대개 쾌활한 낙관론을 반영함) 시장 수익률이 펀더멘털 수익률로 회귀하는 것은 단지 시간문제이며, 조정을 너무 많이 하게 되면(대개 심원한 비관론을 반영) 시장 수익률이 펀더멘털 수익률에 크게 뒤지게 된다.

이처럼 1970년대 말 동안에는 주식시장이 뚜렷한 기회 신호를 보였으며(펀더멘털 수익률이 시장 수익률보다 1% 포인트에서 2% 포인트 높았음) 1998년~2003년 동안에 25년 회전 시장 수익률이 거의 연 6%에 가까운 사상 최고 수준(이전의 사상 최고 수준은 3%에 미치지 못했음)을 기록했을 때에는 강력한 경고 신호를 보냈다. 초판에서 나는 모건 스탠리 딘 위터의 허락을 받아 다음과 같이 인용했다. "이러한 주식의 황금기는 영원히 지속되지 않을 것이다. 그리고 잔치 뒤에는 기근이 따라올 것이다." 참으로 20년 동안의 '잔치' 뒤에 따라온 '기근'은 그 이후 10년 동안의 부정적 수익률에 대한 과장이 아님을 증명하였다.

중력의 힘에 대처하기 위한 투자

평균 회귀의 이론적 측면(과거 통계치가 보여주는 내용)은 평균 회귀가 건재함을 시사한다. 평균 회귀는 개별 뮤추얼 펀드의 상대적 수익률 형성, 다양한 주식시장 부문의 상대적 수익률 형성, 그리고 앞으로는 과거보다 다소 높을지도 모르지만 장기 주식 수익률의 절대적 수준 결정 등 투자의 대부분의 측면에서 분명하게 나타났다. 이 주제를 받아들인다면, 평균 회귀는 실제 투자 업무에서 어떤 행동을 함축하는가? 이러한 역사가 어떻게 당신과 당신 가족이 자본을 축적하기 위한 기회를 최적화하도록 도움을 줄 수 있는가?

3장에서 살펴본 것처럼 자산을 적절히 배분하면 안심할 수 있다. 오늘날 금융시장의 리스크 수준은 평균보다 높은 것 같지만 나는 투자자들이 주식을 포기해야 한다고 생각하지는 않는다. 예를 들어 은퇴 연금 계좌에 대해서 나는 주식 70% 채권 30% 투자 프로그램에 집중함으로써 잠재적 리스크와 수익률의 균형을 맞추도록 제안한다. 자본 축적 프로그램의 초기에 있는 투자자들에게 수익률에 대한 왕성한 식욕과 리스크를 소화할 튼튼한 위장, 퇴직하기까지 충분한 시간(15년에서 40년)이 있다면, 그들은 (주식 90%, 채권 10%까지) 주식 비중을 더 높여도 될 것이다. 이미 축적해 둔 부에 비해 그다지 크지 않은 규모를 정기적으로 투자하는 사람이나 보다 보수적이고 투자 기간이 짧은(1년에서 15년) 사람이라면, 주식 비중을 낮추도록(주식 35%와 채권 65%) 제안한다. 금융시장이 미래에 어느 정도의 수익률을 제공할지는 아무도 모른다. 균형 잡힌 접근법은 최고 수익률을 제공해서가 아니라 과도한 단기 리스크 없이 견고한 장기 수익률을 제공함으로써(이는 결코 받아들일 수 없는 결과가 아니다) 수백 년 동안 효과가 검증되었다.

다소 투박하기는 하지만 장래의 시장 수익률에 대한 무대가 마련된 상태에서 평균 회귀는 주식 투자 전략에 대해 어떻게 제안하는가? 성장주와 가치주, 대형주와 소형주, 미국 주식과 해외 주식과 같은 모든 시장 부문에서 평균 회귀가 성행하고 있으니, 대부분의 투자자들은 미국 주식시장의 모든 부문(대형주 비중이 지배적이다)을 대표하는 주식형 펀드에 투자해야 한다. 투자 스타일과 전략이 펀드들을 선택해서(심지어는 비중을 높여서) 더 나은 성과를 거둘 수 있다고 믿는 투자자들은 그렇게 할 때의 리스크를 인식해야 한다. 역사로부터의 교훈(평균으로의 회귀를 의미함. 역자 주)은 언제나 잘못된 방향을 가리키고 있다고 믿는 사람들(이는 위험한 도박이다)에게도 어느 부문이 향후 우수한 실적을 제공할지 결정해야 하는 리스크가 남아 있는데 이 또한 만만치 않은 일이다. 예를 들어 대형주와 소형주가 향후 10년에서 20년 사이에 시장 평균으로 회귀하지 않는다 해도 투자자들은 둘 중 어느 부문이 더 우수한 수익률을 제공할지 예측해야 한다. 그래서 나는 이론적 및 실제적 토대에서 미국 주식시장을 추종하는 인덱스 펀드들을 선호한다. 인덱스 펀드들은 대형주, 중형주, 소형주의 다양한 스펙트럼에 모두 잘 분산 투자되어 있으므로 주식시장의 평균 회귀의 힘에 대한 궁극적인 대응이라 할 수 있다.

전체 시장에 투자하는 인덱스 펀드를 보유하기로 결정하면 펀드 선택 문제도 해결된다. 왜 큰 승자를 선택할 수 있다는 희망 하에 개별 뮤추얼 펀드를 선택하려고 노력함으로써 역사적 증거에 정면으로 맞서는가? 개별 뮤추얼 펀드들의 수익률에서 평균 회귀의 힘을 고려하면 인덱스 펀드는 주식시장 전체의 수익률에 참여할 수 있는 가장 믿을 만한 투자 수단이다. 확실히 인덱스 펀드는 과거에 그 가치를 확실히 입증했다. 나는 전체 시장을 추종하는 인덱스 펀드를 선호하지만 S&P 500 지수도 받아들일 수 없는 선택은 아니다. 이 대형주 인덱스 펀드는 미국 주식 시가 총액의 75%의 비중을 차지하고 있으며, 단기간 동안에도 전체 시장으로부터 크게 벗어나지 않는다. 평균 회귀는 S&P 500 지수의 장기 수익률이 전체 시장의 수익률과 매우 유사하리라고 시사한다. 어느 인덱스 펀드라도 저비용으로 인해 투자자들에게 시장 수익률의 100%에 근접하는 수익률을 얻을 수 있는 최고의 기회를 제공할 것이다.

왕관의 보석

오늘날과 같은 투자의 시대에 '왕관의 보석'(가족의 가장 가치 있는 자산)이라는 표현은 새로운 의미를 지니게 되었다. 투자자들은 다이아몬드나 루비, 사파이어보다 훨씬 중요한 것을 열망한다. 투자자들은 자신의 재무 목표를 달성하기 위한 충분한 자본을 축적하기 원한다. 편안하고 독립적인 은퇴 후 생활은 투자자들 대부분의 주요 목표다. 가족 구성원 중 주 수입원의 은퇴 시기가 되면, 퇴직 연금 계좌의 자산 가치가 가족의 가장 귀중한 자산(왕관의 보석)이 될 것이 분명하다. 세금 이연 계좌는 특히 가치 있는 보석인데, 그 이유는 저비용 투자와 결합된 과세 이연은 장기 투자자의 무기고에 있는 가장 귀중한 무기이기 때문이다. 세법 규정의 한도 내에서 저축할 수 있는 모든 여유 자금은 개인 퇴직 연금 계좌나 401(k) 또는 403(b)에 넣어야 한다.

복리 이자, 과세 이연, 저비용이라는 강력한 무기와 평균 회귀라는 이론적 무기, 규칙적 투자라는 수학적 무기, 균형 잡힌 전략이라는 방어적 무기를 장착한 투자 프로그램이라면 뉴턴도 극찬할 것이다. 중력 법칙에 언급되는 사과가 땅에 떨어지듯이 좋은 실적을 내는 뮤추얼 펀드들과 주식시장의 떠오르는 부문들도 땅에 떨어진다. 주식시장의 생산성이 가장 높았던 시대에 달성된 수익률은 충분한 시간이 지나자 정상적인 수준으로 떨어졌다. 금융시장에서 수익률의 명백한 평균 회귀에 적용된 뉴턴의 중력 법칙은 또한 당신이 현명한 재무 계획을 수립해서 이를 단순하게 그리고 상식에 입각해서 실행하고, 퇴직 계좌에 금융시장 수익률의 더 많은 부분을 축적하도록 도와줄 것이다. 금융시장에서 평균으로의 회귀에 대한 강력한 증거는 학문 연구에서뿐만 아니라 실제 경험에서도 발견된다. 당신의 자본을 축적할 때 이 개념을 사용해서 이익을 얻으라.

10년 후 | **평균으로의 회귀**

과거 10년 동안 일어났던 모든 일들은 내가 전에 투자에서의 평균 회귀는 모든 곳(주식, 뮤추얼 펀드, 시장 부문, 글로벌 시장, 실질 주식시장 수익률,

그리고 주식시장 자체의 관계)에 존재한다고 했던 말을 확인해 줄 뿐이다. 역사에서 배울 수 있는 이 명백한 교훈을 무시하면 위험에 빠지게 될 것이다.

---

1) Barton Biggs, "A New, Higher Mean to Revert To?" Morgan Stanley (February 24, 1997).

Chapter 11

On Investment Relativism
Happiness or Mistery?

투자 상대주의—행복 또는 불행?

투자 성공 추구는 금융시장 역사상 그 어느 때보다도 상대적 단기성과에 초점을 맞추고 있다(또는 그렇게 보인다). 소위 '투자 상대주의' 시대로 들어선 것이다. 주식시장의 일별 변동만큼이나 투자자들의 삶의 일부가 된 비교에 모든 사람들의 눈이 쏠려 있다. "내 주식 포트폴리오는 S&P 500 종합 주가 지수 대비 어떤 실적을 거두었는가?" 우리의 행복과 불행은 이 질문에 대한 대답에 달려 있는 듯하다.

약 150년 전에 가난하고 변덕스러운 미코버(Micawber, 찰스 디킨스의 소설 『데이비드 카퍼필드』에 나오는 인물)는 다음과 같은 공식에 따라 행복 또는 불행을 결정했다. "연 소득 20파운드에 연 지출 19파운드 6페니면 행복하고, 연 소득 20파운드에 연 지출 20파운드 6페니면 불행하다."

현재 너무도 많은 뮤추얼 펀드 매니저들과 주주들이 "시장 수익률이 17.8%인데 내 수익률이 18.3%이면 행복하고, 시장 수익률이 17.8%인데 내 수익률이 13.2%이면 불행하다"라는 새로운 형태의 미코버 공식을 나타내는 시스템 안에서 작동하는 듯하다.

위의 예에서 불행하다고 느끼게 하는 수익률들은 지난 15년간 평균적인 미국 주식형 뮤추얼 펀드들이 주식시장 수익률(S&P 500 지수)에 미치지 못한 상황을 묘사한다(S&P 500 지수의 수익률은 17.8%였고, 주식형 뮤추얼 펀드 수익률은 13.2%였다). 이 4.6% 포인트 차이는 1990년대가 저물어가고 있는 현재 왜 대부분의 주식형 펀드 매니저들이 상당한 직업적 불행을 느끼고 있을 가능성이 있는지를 시사한다(그러나 그들은 개인적으로는 엄청난 재정상 이익을 얻었다). 주식시장이 엄청난 활황을 보여서 대부분의 펀드 투자자들은 재정상의 불행을 별로 느끼지 않았지만 그들이 실제 수익률이 아니라 실현할 수도 있었을 수익률을 인식하는 것은 단지 시간문제인 듯하다.

"전문 투자 자문사들이 지난 15년간 시장을 앞질렀는가?"라고 묻는다면 이에 대한 대답은 명확하다. 대부분의 자문사들은 시장을 앞지르지 못했다. 사실 기본적인 수학과 초보적인 논리상 대부분의 자문사들은 장기적으로 시장을 앞지를 수 없다. 그들은 주주들과 잠재 투자자들 모두에게 자신들이 (개별 연도와 장기에 걸쳐) 달성한 절대 수익률뿐만 아니라 매니저들과 투자자들에게 장기간에 걸친 성공의 주된 척도로 받아들여진 적절한 벤치마크 기준이 달성한 수익률 대비 상대적 수익률도 솔직하고 똑바로 (그리고 열정적으로) 공개해야 한다. (미국 증권거래위원회가 1994년 이후 펀드 투자 보고서에 이러한 유형의 비교 공시를 요구하고 있지만, 비교 공시는 흔히 텍스트 속이 깊이 묻혀 있다.)

10년 후　　행복 또는 불행

나는 10년 전에 다음과 같이 잘못된 질문을 했다고 생각한다. "전문 투자 자문사들이 시장 수익률을 앞섰는가?"(이에 대한 대답은 "대부분의 자문사들은 그렇지 않았다.") 올바른 질문은 다음과 같다. "전문 투자 자문사들이 고객에게 돈을 벌어 주었는가?" 이에 대한 대답은 다음과 같다. "그들이 벌어 준다고 주장하는 것보다 훨씬 덜 벌어 준다." 그러나 투자자들이 돈을 벌면 행복해지고 돈을 잃으면 불행해진다는 것은 명백하다.

현재의 보고 기준 하에서 펀드들이 보고하는 수익률과 주주들이 실제로 버는 수익률 사이에는 커다란 차이가 있다. 전자를 시간 가중 수익률이라 부르는데 이는 본질적으로 특정 연도 중 펀드 순 자산 가치의 변동이다. 예를 들어 해당 연도 중 펀드의 자산 가치가 주당 10달러에서 1달러의 이익(또는 자본 이득) 지급 후 12달러로 변했다면 시간 가중 수익률은 +30%가 될 것이다.

금액 가중 (또는 자산 가중) 수익률이라 부르는 후자는 펀드의 주주들이 버는 수익률이다. 이 개념을 이해하기 위해 연초에 1백만 달러였던 펀드 자산이 연말에는 130만 달러로 30% 성장했다고 가정하자. 해당 연도의 마지막 날에 투자자들이 이 펀드가 30%라는 훌륭한 수익률을 올린 것을 보고 해당 펀드에 즉각 1천만 달러를 투자했다. 이처럼 극단적인 경우 금액 가중 수익률은 4.9%로서 이는 펀드가 보고한 수익률의 1/6도 안 된다.

물론 이처럼 과장된 예는 전형적인 차이를 과대평가한다. 그러나 이는 두 가지 수익률 사이의 주요 차이를 정확히 보여준다. 예를 들어 1999년 12월 31일 기준 200대 펀드들의 2003년까지 10년 수익률 차이는 평균 3.3% 포인트였다. 이 펀드들이 보고한 연 평균 수익률은 9.8%였으나 이 펀드들에 투자한 투자자들의 실제 수익률은 6.5%였다. 이 결과가 좋지 않아 보이는가? 실제로는 더 나쁘다. 10년 동안 복리로 계산하면 이 펀드들이 보고한 누적 수익률은 평균 152%인데 반해, 투자자들이 번 누적 수익률은 단지 88%로서 64% 포인트의 차이가 난다. 현명한 투자자들은 투자를 고려하는 뮤추얼 펀드들에게 두 수치 모두를 공표하도록 요구할 것이다. 펀드 매니저들이 만들어 낸 행복(또는 불행)을 측정하면 더 좋다.

강력한 도깨비

투자 전략 변화가 투자자들에게 결코 공개되지는 않았지만 뮤추얼 펀드 매니저들은 장기투자에서 단기투자로 바꾸기로 결심한 듯하다. 실제로 분기별 상대적 성과가 강조되고 있는데 이러한 경향은 대중 매체의 보도, 성과에 민감한 기관 투자자, 최근의 단기 펀드 성과를 찾는 개인 투자자들에 의해 강화되었다. 자문사들은 당신이 예상할 수 있는 대로 대응했다. 성과는 거의 언제나 어디에나 있는 '도깨비'(bogie. bogie는 '악귀'(goblin)*를 뜻하는 스코틀랜드 단어인데, 이를 좋은 의미로 사용하는 자문사들은 거의 없다)인 강력한 S&P 500 지수라는 하나의 기준에 비교해서 평가된다. 신기하게도 우리는 흔히 시장이 큰 폭으로 떨어지면 주간 또는 심지어 일간 비교까지 찾아보지만, 주식시장이 급격하게 상승한 뒤에는 좀처럼 비교 자료를 보지 않는다. 그 이유는 다음과 같다. 시장 지수들은 정의상 항상 100%를 투자하고 있으므로 매니저들은 그들의 현금 유보액이 하락장에서 상당한 보호를 제공해 주는 것을 확인하려 한다(그런데, 지금까지는 이런 기대가 소용이 없었다). 일별 시장 변동에는 30개 종목으로 구성된 다우존스 산업 평균지수가 기준인 반면, 장기간에 걸친 상대적 수익률 비교에는 거의 언제나 시가 가중 S&P 500 지수가 사용된다.

오늘날 기관 연금 책임자들은 투자 자문사들과의 정기회의에서 분기 실적 비교 자료를 검토하면서 안경 너머로 얼굴을 찌푸린다. 개인 투자자들은 분기마다 이 데이터를 컴퓨터상에서 실시간으로 받거나, 다음날 아침 신문에서 보게 된다(이는 참으로 놀라운 일이다!). 이렇게 단기성과에 집중하면 역효과를 낳을 뿐이다.

---

* 나는 '보글(bogle)'이 가장 일찍 알려진 goblin으로서 1500년에 이미 스코틀랜드의 문헌에 나온다는 사실을 재미있게 생각한다고 고백해야겠다. 몇 년 전에 나는 '베타 보글, 데이터 악마'라고 불렀다. 최초의 인덱스 뮤추얼 펀드 창설에서 내가 담당했던 역할에 비추어 볼 때 적극적인 펀드의 매니저들이 나를 악귀(goblin) 카테고리로 분류할 수 있었을 것이다.

이처럼 연속적으로 나오는 수익률 비교 정보는 비교적 최근에 생겨났다. 사실 뮤추얼 펀드 스폰서들은 1950년부터 1965년까지는 전국 증권 딜러 협회(NASD: National Association of Securities Dealers)에 의해 (비교를 하지 않더라도) 총수익률 발표가 금지되어 있었다. 그러나 과거의 총수익률 절대 금주주의자들은 1970년대 초에는 총수익률 음주자들이 되었다. 1990년대 초반 무렵에는 그들이 알콜 중독자가 되기 직전 수준에까지 이르렀다 해도 과언이 아니게 되었다.

오늘날 도처에 존재하는 S&P 지수 비교가 작금의 기적과도 같은 정보 통신 기술 시대의 정보 과잉에 의해 유발되었는가? 또는 자문사를 자주 바꾸는 데에 이해관계가 있는 듯이 보이는 기관 투자자 고객들의 자칭 정교화가 이를 유발했는가? 아니면 단기 승자들을 찾는 뮤추얼 펀드 투자자들의 식성 때문인가? 또는 지나치게 공격적인 펀드 마케팅 때문인가? 이유야 어떻든 상대적 투자 성과(원한다면 투자 상대주의라 불러도 좋다)는 이 시대의 풍조가 되었다.

매니저들에게는 성과 비교 기준이 있어야 하지만 두 가지 문제를 인식해야 한다. 매니저들은 빈번하게 투자자들의 목표를 불문하고 하나의 기준을 사용하고 있으며 적절한 장기투자 수익률에 바탕을 두지 않고 극단적으로 짧은 기간의 수익률에 의해 성과가 측정되고 있다. 그렇게 해서 무슨 소용이 있는지 물어볼 만하다.

지난 5년 동안 S&P 500 지수가 성공적인 성과(따라서 벤치마크 인덱스를 추종하는 많은 인덱스 펀드들의 수익률 향상)를 내기는 했지만 대형주라는 나무들은 하늘에 닿을 정도로 자라지는 않으며, 앞으로 어느 정도 하락할 수도 있다. (물론, 대형주들이 영원히 오르게 되어 있다고 믿는 투자자들은 저비용 진짜 S&P 500 인덱스 펀드에 투자하는 것이 나을 것이다.) 그러나 장기적으로는 펀드 매니저들이 S&P 500 지수를 자신의 포트폴리오에 대한 측정 기준으로 사용해서 분기마다 시장을 앞지르면 행복이고 시장보다 뒤지면 불행이라는 인식에 사로잡혀 있을 때에는 투자자들의 이익에 큰 도움이 되지 않을 것이다. 우리는 같은 말들을 너무도 자주 듣고 있다. "S&P 기술주는 이 인덱스의 14%를 차지하며 내 포트폴리오의 21%를 차지한다. GE는 S&P의 3%를 차지하며, 내 포트폴리오의 1.2%를 차지한다." 그런 다음에는 매니저들이 그러한 불일치를 교정하려 한다. 이러한 관행에서는 확실히 벤치마크가 판단을 대신한다. 포트폴리오 매니저들은 분석과 확신의 토대에서 투자하는 것이 아니라 시장 기준과 관련해서 신중하게 자신의 포트폴리오 보유 비중을 시장의 비중보다 다소 높거나 낮게 조정해서 투자한다. 포트폴리오 관리를 위한 진정한 판단력이 없다면, 암묵적으로 다음과 같은 질문이 따라오게 된다. "내가 제대로 베팅(bet; 대개 그렇게 불린다)했나? 아니면, 내 포트폴리오를 인덱스에 보다 가깝게 일치시켜야 하나?" 매니저들과 투자자들 모두 카지노 자본주의를 투자라는 이름으로 부르고 있지만, 관리되지 않고 비교적 변하지 않는 시장 인덱스 구성에 지나치게 의존하는 전략은 도박(betting, 심지어 잃지 않기 위한 도박)이라고 부르는 것이 가장 적절할 것이다.

숨겨진 인덱스 투자의 부상(浮上)

극단적으로 얘기하자면, 투자 프로세스가 다음과 같이 작동하는 듯하다. "나는 코카콜라 주식이 터무니없이 과대평가되어 있다고 생각한다. 그러나 코카콜라 주가가 계속해서 상승할 경우를 대비해서 내 포트폴리오 포지션의 1.5%만큼 이 주식을 매수할 것이다. 1.5%는 S&P 500 지수에서 코카콜라가 차지하는 비중 2%보다는 작기 때문에 코카콜라 주가가 적정 수준으로 급락할 경우 나는 S&P 지수보다는 더 방어적인 입장에 있게 될 것이다."

이는 전문적인 투자 관리와 정반대되는 철학이 아닌가? 그런데도 이러한 철학이 자기 일자리를 지키고 싶어 안달하는 매니저들이 따르는 공식이 되지 않았는가? 그것은 마케팅 부서가 투자 부서보다 우위에 있기 때문이 아닌가? 내가 발견한 바에 의하면 매니저들은 위의 각각의 기소에 대해 유죄다.

나는 이처럼 숨겨진 인덱스 투자 전략은 대부분의 투자자들이 인식하고 있는 것보다 더 널리 퍼져 있다고 생각한다. 그러나 이러한 전략이 포트폴리오 전체에 스며들어 있든, 변두리에서 행해지고 있든 간에 나는 펀드의 투자 설명서에 이러한 내용이 공개된 것을 본 적이 없다. (그러나 특정 시장 인덱스보다 약간의 수익률을 추가하는 것을 목표로 하는 소수의 계량적 펀드들은 대개 그들의 전략을 공개한다.) 공정을 기하자면 이 전략이 적용될 경우 이 전략은 주로 대형주에 투자하는 펀드들의 매니저들에게 적용한다. 지수에 편입되어 있는 시가 총액 상위 10개 주식들이 지수의 거의 20%를 차지하고 있는 S&P 500 지수에서는 숨겨진 인덱스 투자는 비교적 간단한 프로세스다. 그러나 소형주 부문에서는 숨겨진 인덱스 투자 전략이 널리 확산되지는 않을 것 같다. 러셀 2500 소형주 지수에서는 시가 총액 상위 10개 주식들의 비중이 2.4%다. 그런데 대형주 주식들이 금융시장을 지배하고 있으며 S&P 500 지수에 편입된 500개 대형주들이 전체 미국 주식 시가 총액의 약 75%를 차지한다. 대형주 위주 전략이 모든 주식형 뮤추얼 펀드 자산의 약 4분의 3을 차지하고 있으며 기관 투자자 자산의 대형주 비율은 그보다 더 높다.

숨겨진 인덱스 투자는 당연히 주가 수익률에 영향을 미친다. 나는 특정 주식의 가격에 영향을 주는 많은 요인들 중 어느 것에도 인과 관계를 돌리지 않지만, 1996년부터 1998년 6월까지 시장을 지배하는 블루칩들 중에서 가장 큰 폭으로 상승한 주식들은 뮤추얼 펀드들의 보유 비중이 가장 작았던 주식들이었다는 사실은 우연이 아닌 것 같다. S&P 500 지수에 포함된 종목들 중에서 뮤추얼 펀드들이 가장 과소 보유했던 최상위 5개 주식들은 거의 연 50%의 수익률을 올린 반면, 나머지 495개 주식들은 대략 평균 24%의 수익률을 올렸다. 달리 말하자면 루슨트 테크놀러지와 마이크로소프트(하도 커서 거대한 뮤추얼 펀드 업계조차도 이들 주식의 보유 비율이 낮다)가 시장을 이끌어 왔다.

지난 3년 동안 S&P 500 지수가 95%의 주식형 펀드들을 앞질러, 역사상 적극적인 펀드 매니저들을 가장 많이 앞지른 대기록을 세우게 된 것은 적극적인 매니저들이 소극적인 S&P 500 지수와 경쟁하려는 열망에서 자신들이 과소 보유한 대형주들의 주가를 끌어 올렸기 때문일까? 매니저들은 분기별 실적 비교에서 심각하게 뒤지는 결과를 피하기 위해서 자신의 포트폴리오를 보다 지수와 비슷하게 운용하고 있는 것일까? 만약 그렇다면 매니저들이 열등한 운용 성과를 보이는 것은 자업자득인가? 더 이상한 일들이 일어났다.

이 투자 상대주의 시대의 가장 중요한 목표는 우수한 절대 장기 수익률 달성이 아니라 S&P 500 지수 대비 열등한 단기 수익률 회피인 듯하다. 뮤추얼 펀드 업계에서 또 다른 피터 린치(Peter Lynch)나 다음번의 워런 버핏(Warren Buffett)을 배출할 기회가 한 번이라도 있었는지 모르겠지만 그 기회는 빠른 속도로 사라져가고 있다. 1980년대 중반에 뮤추얼 펀드 성과에 계량 분석이 들어온 이후 상대주의가 포괄적인 평가 측정 시스템의 기초가 되었다. 우리의 어휘 목록에 베타(S&P 500 지수 대비 펀드의 가격 변동성으로 측정한 리스크)와 알파(지수 대비 펀드의 리스크 조정 수익률)가 들어왔다. 또한 리스크(표준편차) 대비 단기 국채 수익률에 대한 펀드의 초과 수익률을 측정하는 샤프 비율(벤치마크 기준(물론 전통적으로 우리의 굉장한 친구인 S&P 지수) 대비 초과 수익률을 측정하는 정보 비율(information ratio)인 선택 샤프 비율(Selection Sharpe Ratio)과 혼동하지 말아야 한다)도 있다. 한때는 전문가들의 전유물이었던 이러한 공식들을 이제는 개인 투자자들이 티타임이나 칵테일 파티에서 논의하고 있다. 나는 이처럼 단순한 수학적 정밀성에 치중하는 것은 매니저들이나 그들의 고객들 그리고 시장 자체에 좋은 일이 아니라고 생각한다. 그러나 숨겨진 인덱스 투자 전략의 끝이 보이지 않는다. 사실 뮤추얼 펀드 업계의 자산이 성장할수록 숨겨진 인덱스 투자의 성장에 가속도가 붙을 것이 거의 확실하다.

'오리처럼 생겼다면…'

특히 S&P 500 지수와 비교한 대형주 펀드의 성과 측정에 초점을 맞추다보니, 많은 대형 펀드들은 확실히 S&P 500 지수를 능가한다는 희망을 버릴 정도는 아닐지라도, 이 지수를 본뜨는 숨겨진 인덱스 펀드가 되었다. S&P 500 지수 대비 산업 그룹 및 개별 종목에 대한 포트폴리오 비중에 간헐적으로 초점을 맞추다가 언제 이에 집착하게 되는지, 언제 그 경계선을 넘어 (공개되지는 않았을지라도) 확고한 정책이 되는지는 그다지 명확하지 않다. 그러나 특정 펀드가 숨겨진 인덱스 펀드가 되었는지의 여부를 평가할 때 투자자들이 고려할 몇 가지 증거들이 있다(이들은 모두 모닝스타 뮤추얼 펀드에서 쉽게 찾아볼 수 있다).

1. **자산 규모:** 대형 펀드들의 규모가 더욱 커지면 불가피하게 정책의 유연성이 떨어지게 되고 포트폴리오가 대형주에 집중되게 된다.
2. **포트폴리오 구성:** 대형주에 80% 이상을 투자하고 S&P 500 지수의 산업별 가중치와 유사화한 가중치를 지니고 있는 펀드들.
3. **개별 종목 보유:** 포트폴리오 보유 상위 25개 종목 중 15개 이상이 S&P 500 지수의 상위 25개 종목에 포함되는 펀드.
4. **상관관계:** R^2 0.95 이상인 펀드. 이는 본질적으로 펀드 수익률의 95% 이상이 인덱스 수익률에 의해 결정됨을 의미한다.

물론 (사실상) 숨겨진 인덱스 펀드가 된 펀드의 경영진들은 그렇지 않다고 이를 완강히 부인한다. 어느 거대한 펀드 회사의 한 임원은 이에 대해 이렇게 말했다. "매니저가 마이크로소프트(현재 S&P 500 지수 편입 종목 중 시가 총액이 가장 큰 종목) 주식을 보유하지 않는 것은 괜찮지만, 누군가가 부주의하거나 무의식적으로 그러기를 원하지 않는다." 이 말은 이런 뜻이다. "마이크로소프트 주가가 오르면 그 매니저는 마이크로소프트 주식을 사지 않은 데 대한 그럴싸한 이유를 준비하는 게 좋을 것이다." 숨겨진 인덱스 펀드가 아니라고 부인하는 또 다른 형태는 자신의 포트폴리오 가치의 80%가 인덱스 구성 종목에 투자되어 있다는 사실을 인정하지 않은 채 "우리 포트폴리오 보유 종목 중 인덱스에 포함되어 있는 종목은 절반도 안 된다"라고 말하는 것이다. 자기 이익에 봉사하는 경영진의 부인보다는 다음과 같은 속담에 들어 있는 지혜가 더 유용할 것이다. "오리처럼 생겼고, 오리처럼 걷고, 오리처럼 꽥꽥거린다면 그것은 오리다." 아니면 적어도 오리일 가능성이 크다.

인덱스 펀드: 골치 거리인가?

인덱스와 비교당하는 펀드 매니저들에 대한 방어적인 반응과 숨겨진 인덱스 투자 부상(浮上)의 가장 중요한 이유는 인덱스 펀드 그 자체다. S&P 500 지수는 심술궂은 적수일 뿐, 인덱스 펀드가 진정한 골치 거리다. 한때는 매니저들이 그저 "그렇다, 하지만 누가 시장을 살 수 있는가?"라고 대꾸함으로써 자신들을 방어했다. 그 뒤에는 다소 세련되게 "맞다, 하지만 인덱스는 이론일 뿐이고, 지수를 사려면 비용이 많이 들 테니, 지수 수익률과 근사한 수익률을 낼 수 없는 거지"라고 반응했다. 저비용 인덱스 펀드들은 가장 적은 금액의 투자자들조차 시장을 살 수 있게 함으로써 이러한 멍청한 주장들이 거짓임을 증명했다. 그러나 내가 오래전인 1975년에 최초의 인덱스 뮤추얼 펀드를 창설했음에도(아마도 보글 도깨비는 참으로 데이터 악마였을 것이다) 인덱스 펀드들은 1990년대 후반이 되어서야 투자자들의 구미를 당기고 투자자들의 자산에 대한 강력한 경쟁자가 되기 시작했다.

최고의 투자 대상이 되고 있을 정도로 인덱스 펀드는 뮤추얼 펀드 업계 내에서 올바른 자리를 찾아가고 있다. 인덱스 펀드는 네 곳의 펀드 매니저 중 세 곳보다 앞서는 승률을 보이고 있다. 시장 전체적으로 볼 때 고도로 분산된 주식 포트폴리오에 대한 저비용 투자(이는 인덱스 펀드에 대한 대략적이지만 정확한 설명이다)는 필연적으로 잘 분산된 포트폴리오를 가지고 있는 고비용 펀드에 투자하는 경우보다 우수한 장기 수익률을 제공할 것이다. 확실히 S&P 500 지수는 지난 15년 동안 특히 좋은 실적을 거뒀다. 그러나 S&P 500 지수에 편입된 종목들은 또한 전체 시장의 75%를 차지한다. S&P 500 지수의 총수익률은 장기적으로는 전체 시장의 수익률과 일치하게 되어 있다. 윌셔 5000 지수를 겨냥하는 인덱스 펀드의 수익률은 장기적으로는 물론 단기적으로도 시장 수익률과 일치할 것이다. 아무튼 현재 S&P 500 지수 전략이 지배적인 인덱스 펀드 시장은 점점 전체 시장 대상 인덱스 투자 방향으로 움직이고 있다. 장기적으로는 이와 같은 광범위한 인덱스 전략이 기관 투자자들과 일반 펀드 투자자들 모두의 주된 선택이 될 수도 있다.

투자자, 애널리스트, 미디어가 시장 부문의 인덱스를 특정 투자 스타일의 펀드(즉, 대형 가치주 펀드, 소형 성장주 펀드 등)에 대한 기준으로 사용하는 날도 올 것이다. 내가 6장에서 지적한 것처럼 인덱스 전략의 우위는 모든 규모와 모든 투자 스타일에서 동일하게 나타난다 그 결과 시장이 특정 부문을 대상으로 하는 인덱스 펀드들도 시장에서 적절한 위치를 차지할 가능성이 있으며, 모든 형태의 인덱스 투자가 계속해서 투자자들에게 큰 호응을 얻게 될 것이다.

우리는 이제 모두 계량 분석가들이다

펀드 매니저들에게 더 나쁜 소식이 있다. 인덱스와의 경쟁과 마찬가지로 또 하나의 경쟁 상대(계량 투자)가 출현하고 있는데, 나는 계량 투자도 이 분야에서 자리를 잡을 것이라고 확신한다. 전통적으로 증권 애널리스트에 기초했던 펀드 관리 프로세스가 이제 계량 기법과 컴퓨터를 사용해서 개별 종목들과 종목 그룹들을 가려내고 가치를 평가하는 계량 투자로 바뀌고 있다. 이는 오직 엄격히 수학적 공식에만 의존해서 투자 전략을 수립하거나 투자 포트폴리오에 편입할 종목을 선정하는 컴퓨터 주도 투자 정책이다. ('우리는 이제 모두 계량 분석가들이다.') 현재 업계는 계량 분석가들에 의해 관리되는 자산을 1,000억 달러로 추정하고 있으며, 계량 투자는 매우 높은 성장률을 보이고 있다.

이들 계량 전략 중 일부는 투자 상대주의의 궁극적인 형태라고 표현해도 무방할 것이다. 그러나 계량 투자 전략은 숨겨진 인덱스 투자와 혼동해서는 안 된다. 이들은 정책과 전략을 완전히 공개하고 있으며 벽장 속에 숨어 있지 않는다. 그들의 전략은 엄격히 통제되며, 마구잡이식이거나 직관적이지 않고, 비용은 일반적인 펀드의 평균보다 훨씬 낮다. 컴퓨터 프로그램 실행은 방대한 포트폴리오 리서치와 관리 인력 고용보다 비용이 훨씬 적게 든다.

그러한 펀드들은 대개 강화된 인덱스 투자(enhanced indexing)로 알려진 전략을 통해 인덱스 수익률과의 차이(소위 '추종 에러')를 엄격하게 제한하면서도 특정 시장 인덱스를 명시적으로 앞지르고자 한다. 대부분의 계량 투자 펀드들은 정교한 컴퓨터 모델들을 사용해서 목표 인덱스와 산업 부문과 같은 특성들 및 주가 수익 배율, 시가-장부가 비율과 같은 시장 특성이 유사한 분산된 주식 포트폴리오를 선택한다. 1986년에 시작되었고 산업 평균보다 훨씬 낮은 비용으로 운영되는 이 분야 최초의 뮤추얼 펀드는 인덱스 자체보다 근소하게 우수한 수익률을 제공했다. 이러한 전략이 성공한 이유는 매우 복잡하다. 그러나 이러한 전략은 궁극적으로 인덱스 펀드의 투자 가치를 깨닫고 있지만, 인덱스의 성과를 훨씬 상회하는 결과를 내줄 적극적인 펀드 매니저를 미리 식별할 수 있다는 희망을 완전히 포기하지 못한 투자자들에게는 매력적일 것이라고 생각한다. 계량 펀드들이 인덱스 펀드의 비용 대비 경쟁력이 있는 비용으로 이용될 수 있다면 (그리고 인덱스 펀드 대비 추가적인 수익률 제공에 성공한다면) 강화된 인덱스 투자도 현 상태에 중요한 도전이 될 수 있을 것이다.

10년 후　계량 투자

　(내가 10년 전에 말한 것처럼) '지금 우리 모두가 계량 분석가'인 것은 아니지만 지난 10년 동안 계량 투자는 자금 매니저들의 전략에 커다란 틈새를 만들어 놓았다. 셀 수 없을 정도로 많은 뮤추얼 펀드들이 수학적 모델에 크게 의존하고 있으며 이전 판에서 '인덱스 플러스 알파(enhanced indexing)'로 묘사했던 전략에 투자한 금액이 폭발적으로 증가했다.

　2009년 중반까지 인덱스 플러스 알파 전략에 투자된 금액은 (10년 전에는 금액이 표시되지도 않았었다.) 국내 및 해외 주식 부문에서 1,740억 달러에 달할 정도로 성장했으며 채권 부문에 460억 달러가 추가로 투자되었다. 그러나 이 부문의 자산이 증가함에 따라, 계량 분석가들이 벌어들인 플러스 알파 수익률이 하락했다. 2007년과 2008년의 산발적 증거는 이전 10년간의 플러스 수익률 차이는 상당한 수준의 마이너스로 돌아섰음을 시사한다. 이러한 실적 패턴(승리하는 전략이 당대의 대세가 되어서 거액을 끌어들인 후 더 이상 통하지 않게 된다)은 금융시장의 오랜 역사에 전례가 없는 것이 아니다.

매니저의 성과 측정—당신의 매니저는 어디에 위치하고 있는가?

인덱스 펀드와 계량 펀드의 새로운 경쟁에 직면해서 전통적인 매니저들은 어떻게 대응해야 하며, 펀드에 투자한 주주들은 어떤 이슈들을 고려해야 하는가? 숨겨진 인덱스 투자가 잘못된, 심지어 역효과를 낳은 대응이라면(나는 그렇다고 생각한다) 올바른 대응 방법은 무엇인가? 첫째, 자문사들은 자신들이 장기적으로 합의된 시장의 성과 기준보다 우수할 것으로 기대되고, 그렇게 하도록 노력할 것이라는 점을 투자자들에게 인정해야 한다. 자문사들은 그 외에 무엇을 하기로 되어 있는가? 창출된 경제적 가치가 자문사를 고용하는 비용을 정당화시키기에 충분한지 여부를 그 외에 어떻게 측정할 수 있는가? S&P 500 지수가 확실히 성장주와 가치주가 모두 혼합된 대형주 펀드에게는 좋은 기준으로 보이지만, 이 지수가 모든 펀드를 포괄하는 기준일 필요는 없다(그래서는 안 된다). 원하는 어느 곳에나 투자할 수 있는 개방형 정관을 지니고 있다고 주장하는 매니저들에게는 폭넓은 전체 시장 인덱스가 가장 적절해 보인다. 전체 시장 지수가 더 이상 무시되어서는 안 된다.

펀드 유형에 따라 적절한 인덱스 스타일 기준이 달라진다. 각각의 스타일/규모 '박스'의 수익률을 측정하는 인덱스도 나올 것이다. 소형주 또는 중형주 매니저들이 전체 시장 인덱스의 장기 기록을 복제하기(즉, 이와 유사한 실적을 내기)는 비현실적이다. 운용 성과는 그들이 참여하기로 한 시장에 대해서 측정되어야 한다. 적절한 수준의 대형주와 소형주, 가치주와 성장주, 그리고 해외 주식을 결합한 가중 인덱스들은 확실히 자신의 투자 정책을 이런 식으로 정의하는 펀드들에게 일리가 있다. 투자자가 만약 소형주 부문을 앞질렀지만 장기적으로 시장 전체 수익률을 앞지르지는 못한 소형주 전략 펀드를 선택했다면, 이는 투자자의 책임이다. 그러나 소형주 펀드의 장기 수익률이 전체 시장 수익률을 앞질렀지만, 소형주 부문 수익률을 앞지르지 못했다면, 이는 매니저의 책임이다.

투자자들과 매니저들은 목표로 하는 인덱스의 자산 구성에서 채권과 현금 보유액의 역할을 고려해야 한다. 뻔한 얘기지만 주식 인덱스들(그리고 인덱스 펀드들)은 채권이나 현금을 보유하지 않는다. 그리고 리스크를 완화하기 위해 일관되게 자산의 5%~15%를 현금 포지션으로 보유하는 주식형 펀드의 자문사라면 유사하게 조정된 주식/현금 유보금 벤치마크를 사용해도 무방할 것이다.

시장 상황에 따라 현금 보유 포지션을 변화시킨다는 것은 불가능하다는 점을 투자자들은 이해해야 한다. 사실 뮤추얼 펀드 업계는 시장 저점에서는 거액의 현금을 보유하고, 고점에서는 소액만 보유해서 역효과를 내는 방식으로 현금을 보유하는 경향이 있다. (역설적으로 일부 마켓 타이머들은 뮤추얼 펀드의 현금 보유 포지션을 마켓 타이밍 지표의 하나로 사용한다. 그들은 현금 보유 포지션이 믿을 수 있는 반대 지표라고 믿는다.) 무엇보다도 중요한 것은 장기적으로 주식시장이 긍정적인 수익률을 제공한 점에 비추어 볼 때 펀드가 현금 보유액을 일정하게 유지하든 아니면 이를 변화시키든 간에, 이에 대한 수익률 상의 대가를 치르리라는 점을 이해해야 한다. 확실히 현금 보유로 인해 펀드 수익률 변동성이 다소 줄어들 수는 있을 것이다. 그러나 투자자들은 내가 앞에서 언급한 것처럼 장기적으로 볼 때에는 변동성 1% 포인트 증가는 의미가 없지만, 수익률 1% 포인트 증가는 매우 값지다는 점을 알아야 한다. 이처럼 강력한 대조(그리고 나는 이 점에 대해 사실상 논쟁의 여지가 없다고 생각한다)는 자문사들과 투자자들에게 많은 생각거리를 제공할 것이다.

"그들을 이길 수 없다면 그들에게 합류하라"

오늘날의 투자 상대주의 시대에 인덱스 투자 및 계량 투자와의 경쟁에 직면해서 너무도 많은 매니저들이 숨겨진 인덱스 투자라는 가장 비효과적인 방식으로 대응하고 있다. 그러나 인덱스의 구조에 관하여 불완전하고 공개하지 않는 정책을 수립하는 것은 궁극적으로 경영상의 자살행위다. 그것은 적극적으로 관리되는 전통적인 고비용 펀드에 비해 소극적으로 관리되는 저비용 인덱스 펀드의 논박할 수 없는 경제적인 가치에 대한 궁극적인 동의다. 그러나 이 정책이 공개되지 않고, 심지어 부인된다는 사실이 숨겨진 인덱스 펀드의 주된 실패 원인이 아니다. 문제는 펀드의 수수료와 경비가 인덱스 펀드 수준(가령, 저비용 인덱스 펀드의 경우 연 0.2%)을 초과하고 포트폴리오 회전율이 평균 수준을 넘을수록, 인덱스를 본뜨려는 시도는 실패로 귀결될 가능성이 더 높아진다는 점이다. (저비용, 낮은 매매 회전율, 자산 전체가 주식에 투자된다는 사실이 인덱스 펀드 실적 우월성의 비결이다.) 간단히 말하자면 적극적인 매니저들이 고비용, 높은 포트폴리오 회전율, 그리고 작은 규모라도 현금 보유 포지션을 지니고 있는 암묵적인 인덱스 펀드를 제공할 경우 지금 당장은 약간의 승리 가능성이 있을지라도, 앞으로 패배할 것이 확실하다. 그리고 뮤추얼 펀드에 투자하는 주주들이 그 대가를 지불할 것이다.

상대주의는 매니저들이 점점 더 적과 비슷해지고 있음을 시사한다. '그들을 이길 수 없다면 그들에게 합류하라.' 그러나 장기적으로는 차별화하면 개별 매니저들이 최소한 여분의 시장 수익률을 올리기 위한 전투에서 이기기 위해 싸워볼 기회라도 제공한다. 인덱스와의 경쟁이라는 현실에 대처하기 위해 명확히 차별화된 전략을 고수하는 것(그리고 수수료와 기타 비용을 엄격히 제한하는 것)이 미코버가 그랬던 것처럼 그저 멍하니 서서 '뭔가 뾰족한 수가 생기기'를 바라는 것보다 낫다.

다행히도 모든 펀드 매니저들이 새로운 상대주의에 찬성하지는 않는다. 사실 일부 우수한 뮤추얼 펀드 매니저들은 상대주의가 역겹다고 생각한다. 《머니》지에 실린 최근 기사는 투자 상대주의는 "단기 실적 수치가 새로운 투자 주주들을 끌어들이는 최선의 방법이라고 생각하는 공격적인 마케팅 담당 임원"에 의해 생겨났다고 시사한다.[1] 어느 최고 포트폴리오 전략가는 이렇게 말한다. "그것은 마케팅 쪽에 있는 사람이 하는 얘기지 수임인 의무(fiduciary duty)가 있는 사람이 할 얘기는 아니다." 또 다른 포트폴리오 매니저는 이렇게 단언한다. "상대주의 투자는 말도 안 되는 짓이다." "너는 상대주의 투자를 하지 말지니라"라는 자신의 11번째 계명을 일상적으로 조언하는 매니저도 있다. "상대성 이론은 아인슈타인에게는 잘 작동했지만, 투자에서는 설 자리가 없다"라고 경고하는 사람도 있다.

차별화하기로 작정한 뮤추얼 펀드 매니저들(나는 그런 사람들이 더 많아지기를 바란다)은 주주들에게 그들의 펀드 수익률이 시장 인덱스의 분기 수익률 또는 연 수익률을 밀접하게 추종하지 않으리라는 점을 확실히 밝혀야 한다. 매니저들은 또 장기적으로 시장을 앞서는 것이 자신이 기대하는 목표라는 것도 명확히 해야 한다(또는 시장을 앞지를 것을 기대하지 않는다는 점과 그 이유를 밝혀야 하는데, 이는 참으로 재미있는 진술이 될 것이다). 오늘날 만연해 있는 단기 비교는 단지 잡음(매니저와 투자자에게 아무 도움이 되지 않는 요소)일 뿐이다. 이 맥락에서 나는 윌리엄 셰익스피어의 구절을 차용해서 시장의 단기 소음을 설명해 보겠다. "소리와 분노로 가득 찬, 아무 의미도 없는 바보의 이야기."

상대주의는 판단에 대한 프로세스의 승리다. 나는 일부 매니저들은 지혜와 경험에서 나온 판단을 적용해서 부적절한 리스크를 부담하지 않으면서도 장기적으로 시장을 앞지르는 주식 포트폴리오를 선택할 수 있다고 믿는다. 이러한 매니저들을 미리 식별해 내기는 극히 어렵지만, 투자자들이 개성, 훈련, 경험, 기술, 결단력, 역발상(또는 완전한 인습 타파), 그리고 힘든 일을 해낼 능력을 갖춘 노련한 전문가를 찾는다면, 이기는 싸움을 해볼 기회가 있을 것이다. 청교도 윤리는 전혀 나쁜 것이 아니다. 중요한 점은 이들 승리하는 매니저들은 자신의 전문성이 있는 부문의 시장 규모 대비 그들의 관리 자산 규모를 제한하고 주식을 분석, 매입, 장기 보유하기보다는 포트폴리오를 적극적으로 거래하려는 성향을 억제한다는 것이다.

성공적인 일부 매니저들은 상대적인 단기 리스크에 신경을 쓰기보다는 주의 깊게 선정된 주식들에 투자함으로써 장기 펀더멘털 기회를 활용하기 위해 포트폴리오 회전률을 비교적 낮게 유지하고 관리 대상 자산을 주식 포트폴리오에 전액 투자할 것이다. 무비판적으로 단기 기준에 의존하기보다는 용감하게 자신의 확신에 따라 투자하고 시장 리스크가 과도하다고 판단될 때에는 현금 포지션을 보유함으로써 성공하는 매니저들도 있을 것이다. 이 두 그룹의 매니저들은 모두 합리적인 비용으로 펀드를 관리하고, 수수료 수입을 펀드 주주들을 위한 투자 수익률을 개선시키기 위해서가 아니라 펀드 회사 자신의 수익성을 도모하도록 설계된 마케팅에 낭비하지 않고 인적 자원 개발과 투자 생산성 개선을 위해 사용할 것이다. 인덱스 투자와 계량 투자 전략이 점점 더 확산되는 (그리고 경쟁이 치열한) 환경에서 성공하기 위해서는 성공적인 뮤추얼 펀드 투자 매니저는 첫째도, 둘째도, 그리고 오로지 주주들의 이익에 봉사해야 한다.

디킨스의 귀환

또 다른 찰스 디킨스의 소설 『두 도시 이야기』에는 다음과 같은 유명한 구절이 가장 먼저 나온다. "그때는 최고의 시기인 동시에 최악의 시기였다." 지난 16년 동안 우리는 유례없는 강세장으로 펀드 매니저와 펀드 투자자들 모두에게 측정할 수 없는 행복과 부를 안겨준 주식시장 최고의 시기를 목격했다. 그러나 이 시기는 또한 (펀드 투자자들이 아직 이를 깨닫지 못하고 있지만) 어떤 일이 일어날 수 있었는지 (그들의 펀드가 주식시장 자체에 의해 창출된 수익률에 근접하는, 또는 이를 초과하는 수익률을 올렸더라면 창출되었을 부를) 깨

420

달을 경우 확실히 불행으로 가득 차게 될 펀드 보유자들에게는 최악의 시기로 보일 수도 있을 것이다. 투자 상대주의를 전면으로 내세우고 상식을 먼지 속에 버려 둔 이 시대의 기록은 그들의 주주인 고객들에게 우수한 장기 수익률을 제공하겠던 전문 매니저들의 묵시적인 약속이 전혀 지켜지지 않았음을 보여준다.

10년 후 　투자 상대주의

　현재 (직간접적으로) 우리의 금융시장 시스템에 만연한 영리한 계량 분석가들의 고등 수학이 투자자 수익률에 일관성 있게 가치를 부가할 수 있다고 믿는다면 이는 시장의 자체 시정 성격을 이해하지 못하는 것이다. 이보다 더 나쁜 것은 수학적 모델이 부상하면 가치를 창출한다는 환상을 줄 수 있게 되는데, 이는 실상과 다르다.

　우리는 이에 대해 역사상 가장 현명했던 투자자 중 한 명으로부터 오래전에 이 문제에 대해 경고를 들었다. 1958년에 뉴욕 증권 분석가 협회 회장 취임 연설에서 벤저민 그레이엄(Benjamin Graham)은 노골적으로 말했다.

　수학은 대개 정확하고 믿을 수 있는 결과를 낳는 학문으로 생각한다. 그러나 주식시장에서는 수학이 더 정교하고 난해할수록 그로부터 도출하는 결론은 더 불확실하고 투기적으로 된다…. 미적분이나 고등 대수가 들어올 때마다 이의 운영자가 이론을 경험으로 대체하려 하고 있으며 대개 투기를 투자로 위장하고 있다는 경고로 받아늘여도 된다…. 투자자들과 증권 분석가들은 선악을 알게 하는 나무의 전망을 먹지 않았는가? 그렇게 함으로써 그들은 합리적인 가격에 수익률 전망이 좋은 주식을 덤불에서 딸 수 있는

421

에덴동산에서 쫓겨나지 않았는가?

50년도 더 지난 지금 그레이엄의 메시지는 탁월한 선견지명이 있었던 것 같다. 이번에는 그의 말에 주의를 기울이자.

---

1) Carla Fried, "Protect Your Profits", *Money* (November, 1997), pp.91-97.

Chapter 12

On Asset Size
Nothing Fails Like Success

자산 규모—성공은 실패를 부른다

20년이라는 짧은 기간 동안에 뮤추얼 펀드는 영세 산업에서 금융시장의 거인으로 성장했다. 미국 뮤추얼 펀드의 붐으로 주식형 펀드 자산은 20년 전 340억 달러에서 현재 2조 8,000억 달러로 무려 82배나 증가했다. "성공은 성공을 낳는다"는 속담은 확실히 오늘날의 뮤추얼 펀드 산업을 잘 설명하고 있다. 16년간 지속되어 온 증시 활황으로 20년 전에는 생각하지도 못했던 많은 투자자들이 뮤추얼 펀드로 몰려들었다.

그러나 "성공은 실패를 부른다"는 말도 있다. (포트폴리오 매니저와 펀드 주주들 모두에 의한) 뮤추얼 펀드들의 거대한 자산 규모와 거래량은 이 업계에 일련의 중대한 한계들과 더불어 심각한 문제들을 초래했다. 작은 것이 아름답다면 뮤추얼 펀드는 더 이상 이전처럼 예쁘지 않다.

오늘날 뮤추얼 펀드 산업은 불과 10년 전에 비해서도 양적으로뿐만 아니라 질적으로도 다르다. 그 결과 펀드 업계가 과거와 같은 방식에 머물 가능성은 별로 없다. 오늘날의 현실과 앞으로 직면하게 될 현실을 반영하기 위해 주식형 뮤추얼 펀드를 보는 시각이 바뀌어야 한다. 시장 대비 뮤추얼 펀드의 과거 수익률이 뮤추얼 펀드가 앞으로 어떤 투자 성과를 낼지와 관련이 있을 가능성은 별로 없다. 초기에는 시장 수익률을 앞지를 기회가 있었음에도 불구하고 뮤추얼 펀드들은 큰 폭으로 시장 수익률에 뒤졌다.

규모가 더 크면 더 좋지 않은가?

뮤추얼 펀드들(현재 미국 전체 주식 중 2조 5,000억 달러를 보유하고 있음)은 미국 기업들의 21%가 넘는 지분을 보유하고 있다. 커다란 강세장이 시작하기 직전이었던 1982년 초에 미국주식들의 시가 총액이 1조 3,000억 달러였고, 뮤추얼 펀드는 2.8%에 불과한 400억 달러를 보유하고 있었다(그림 12-1)을 보라). 이처럼 이례적인 8배의 지분율 증가는 좀처럼 주목을 받고 있지 않지만 여기에는 중요한 의미가 있다. 그리고 뮤추얼 펀드의 지분율은 계속 높아지고 있다. 금세기 말까지는 4주 중 1주(뮤추얼 펀드 매니저들이 관리하는 다른 투자 계좌에 보유 중인 주식을 포함할 경우 10주 중 4주)가 사실상 뮤추얼 펀드에 의해 지배되게 될 것이다.

[그림 12-1] 전체 미국 주식 중 펀드 보유 비율

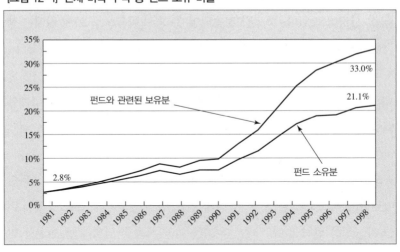

1982년, 뮤추얼 펀드는 거의 전적으로 자신의 비즈니스에 집중하는 독립적인 산업이었다. 개인과 기관에 직접 자산 관리 서비스도 제공하는 금융 그룹의 일원인 뮤추얼 펀드는 거의 찾아볼 수 없었다. 그러나 오늘날에는 상위 25개 종합 펀드 그룹(fund complex) 중 오직 3개만 뮤추얼 펀

드 고유의 서비스를 제공하고 있다. 국내외 모두 (철도 회사, 유리 제조사, 항공사 등은 말할 것도 없고) 종합 펀드 그룹들 상호간, 은행, 보험사, 신탁회사, 증권사들과의 복합 기업 형성 비율이 엄청나게 증가했다.

그 결과 만약 뮤추얼 펀드가 보유하고 있는 주식만 고려한다면, 뮤추얼 펀드를 경영하는 회사들의 투자의 힘과 영향력의 중요성 중 1/3을 과소평가하게 될 것이다. 이 회사들은 기관 고객과 부유한 개인 고객들을 위한 별도의 투자 계좌들도 관리한다. 현재 1조 5,000억 달러로 추정되는 이 자산 금액을 더하면 뮤추얼 펀드 자문사들에 의해 관리되는 계좌의 총 주식 보유액은 4조 달러로 미국 주식 시가 총액 12조 달러의 33%에 달한다. (미국 금융 역사상 전례가 없는) 이러한 소유 집중도가 빠른 속도로 높아지고 있다.

그러나 이러한 소유 지분은 어떤 의미에서는 중요한 이슈가 아니다. 대부분의 뮤추얼 펀드들이 채택하고 있는 활발하고 매우 적극적인 투자 전략에 따라(주식형 펀드의 연간 포트폴리오 회전율은 거의 90%로 치솟았다) 미국 주식 거래 활동의 절반 이상이 비교적 소수의 자산 관리 기관에 의해 이뤄지고 있다. 그들이 시장이라고 주장해도 과언이 아니다.

이 상황은 무엇을 의미하는가? 먼저 뮤추얼 펀드의 개별 증권 보유에 집중해 보자. [그림 12-2]는 미국 시가 총액 상위 10대 기업에 대한 뮤추얼 펀드 보유 지분을 보여준다. 기업별로 보유 지분의 편차가 큰 점에 주목하라. 코카콜라는 5% 미만이고 엑슨, 제너럴 일렉트릭, 마이크로소프트, 인텔은 6%에서 10% 사이다. 머크는 거의 19%에 이른다. 이 수치들을 뮤추얼 펀드 업계가 보유하고 있는 모든 주식에 대한 평균 지분율 21%와 비교해 보라. 실적이 좋았던 (그리고 펀드들은 확실히 과소 보유했던) 주식들이 1996년~1998년의 강세장을 이끌었으며, 인덱스 펀드 붐을 일으키는 데 도움이 되었다.

[그림 12-2] 펀드의 시가 총액 상위 10개 기업 지분 보유 현황

	뮤추얼 펀드가 소유한 주식 비율(%)*
제너럴 일렉트릭	9.8
마이크로소프트	9.3
코카콜라	4.5
엑슨	6.5
머크	18.8
화이자	12.6
월마트	12.7
인텔	9.4
P&G	8.3
브리스톨 마이어	16.0

* 1998년 6월 30일 기준.

10년 후 [그림 12-2] 펀드의 시가 총액 상위 10개 기업 지분 보유 현황

	뮤추얼 펀드가 소유한 주식 비율(%)**
엑슨모빌	11.0
마이크로소프트	20.0
월마트	11.0
존슨 앤 존슨	15.0
P&G	13.0
AT&T	19.0
IBM	16.0
셰브런	19.0
구글	24.0
제너럴 일렉트릭	12.0

* 2009년 5월 31일 기준.

인덱스 펀드와 인덱스 풀이 S&P 500 주가 지수 총가치의 8%를 차지했으므로, 이들이 이 지수에 편입된 대형주들 각각의 주식 8%를 소유했다고 할 수 있다. (그들의 포트폴리오는 각 주식의 동일한 비율을 포함한다.) 따라서 이처럼 거대한 주식들의 가격은 인덱스 펀드의 수요에 의해서가 아니라 자신들의 과소 비중을 두려워하고 인덱스 펀드의 뛰어난 수익률에 대해 더 이상 입지를 잃지 않으려 하는 적극적인 매니저들에 의해 창출된 수요에 어느 정도의 상승 탄력이 붙었을 수도 있다.

[그림 12-3] 펀드의 자본금 규모별 주식 보유 현황

시가 총액 순위에 따른 주식 분류	주식형 펀드의 소유 비율(%)*
1~100	14.8
101~200	18.7
201~300	20.2
301~400	20.9
401~500	21.0
501~600	21.7
601~700	23.6
701~800	25.4
801~900	29.2
901~1000	35.7
1001~7300	21.6

* 1998년 6월 30일 기준.

펀드 업계는 지분 전략에서 대형주들을 외면하고 중형주와 소형주를 선호하는 방향으로 상당히 치우쳐 있다. [그림 12-3]은 이 지분 패턴에서 규모가 작아질수록 지분 보유율이 상승함을 보여준다. 뮤추얼 펀드의 전체 미국 주식 보유 비율 21%에 비하여 시가 총액 230억 달러가 넘는 상위 100대 기업의 펀드 지분율은 15%다. 자본 규모가 줄어들수록 일관되게 펀드 지분율이 높아지는데, 300대~600대 기업 지분율은 21%, 901번째에서 1,000번째까지의 100개 기업 지분율은 36%다. 시가 총액 5억 달러 미만인 나머지 6,300개 기업의 지분율은 21%로 떨어지는데 초소형주에 대해 이처럼 반대되는 경향은 아마 이들의 유동성 제한과 관련이 있을 것이다.

펀드 업계의 자산 규모가 거대하다는 것은 이처럼 지배적인 지분율로 인해 기업 거버넌스에서 뮤추얼 펀드(및 그들과 관련된 자산 풀들)가 '막강한 영향력'을 행사하게 되었음을 의미한다. 펀드들은 지금까지는 막강한 영향력을 행사할 때에는 부드럽게 이야기하라는 시어도어 루스벨트(Theodore Roosevelt) 대통령의 충고를 따랐지만 주 및 지방 정부 연금 기관들은 유사한 자제 노력을 보이지 않았다. 그럼에도 펀드 지분 보유의 잠

재적 힘에 주 및 지방 정부 자산 풀 소유에 의한 역동적인 힘이 가세해서 진정으로 주주의 경제적 가치 창출에 초점을 맞추도록 도움을 주고, 미국 기업들이 주주들에게 지고 있는 책임을 일깨우는 데 도움이 되었다고 해도 과언이 아니다. 이처럼 다소 역설적인 의미에서 펀드들은 주주 가치에 집중함으로써 최근에 향유했던 미국 기업들의 엄청난 이익 증가 창출에 도움이 되었다고 할 수 있다.

또 하나의 시사점으로는 펀드 규모가 거대하다는 사실은 뮤추얼 펀드 주주들이 주식시장 수익률 형성에 점점 더 강력한 역할을 하고 있음을 의미한다. 3%에도 미치지 못했던 뮤추얼 펀드의 미국 주식 지분율이 16년간 21%로 증가했다는 사실은 펀드의 주주들이 주식에 대한 수요를 부추겼고 이것이 주가 상승에 도움이 되었음을 의미한다. 그러나 이 펀드 투자자들은 시장 유동성에 새로운 리스크도 만들어 냈다. 펀드 투자자들이 군중심리를 보이면 이들은 뮤추얼 펀드가 제공하기로 약속하는 유동성 자체를 위험에 빠뜨릴 수 있다. 이처럼 분명하고 암묵적인 리스크가 지금까지는 주식에 대한 수요 증가로만 나타났다 해서, 상당한 펀드 환매 사태가 발생할 경우 주식시장에 상당한 하락 압력을 만들어 낼 수도 있다는 사실을 간과하지 말아야 한다.

10년 후 · 자산 규모

초판 발행 이후 1998년에 2.8조 달러이던 주식형 뮤추얼 펀드 자산은 2007년 10월에는 6.9조 달러로 치솟았다가 2009년 중반에는 4.0조 달러로 줄어들었다. 1998년에 펀드들은 모든 미국 주식들의 19%를 보유했다(1981년에는 펀드의 미국 주식 보유 비율이 3.1%였다). 이 비율은 29%로 정점을 찍은 뒤, 24%로 하락했다.

돌이켜 보면 뮤추얼 펀드들은 미국 기업들의 주식 보유 기관화

(institutionalization) 물결의 (중요한) 한 부분이었다. 기업 연금, 주 정부 및 지방 정부 연금, 인다우먼트 기금(endowment fund), 그리고 전문 투자기관에 의해 관리되는 기타 기금을 합하면 기관들이 미국 기업 주식의 약 75%를 보유하고 있다. 이 비율은 1950년대에는 13%였고 1968년까지는 20%였다.

이 기간 동안에 뮤추얼 펀드 매니저와 기업 연금 매니저 사이에 존재했던 뚜렷한 구분이 거의 사라졌다. 미국의 50대 자금 매니저들 가운데 48개 매니저들이 뮤추얼 펀드와 연금 모두를 관리한다. 따라서 이들 거대 매니저들의 뮤추얼 펀드 자산만을 고려하면 그들이 주식 포지션을 획득하거나 청산하기가 얼마나 어려운지를 과소평가하게 된다.

나는 이전에 펀드의 주식 보유 증가가 "주주의 경제적 가치 창출에 대해 강조하도록 도움을 주었고 이는 나아가 미국의 기업들이 소유주들에게 지고 있는 책임을 일깨우는 데 도움이 되었다"라고 말했다. 그런데 나는 이 부분에서 완전히 틀렸다. 개인들이 90%가 넘는 주식을 소유하던 소유 사회는 개인들이 25%만을 소유하는 대리인 사회에 길을 내줬다. 이 대리인들은 대체로 그들의 본인들(주로 뮤추얼 펀드 주주들과 연금 수익자들)의 이익에 봉사하지 않았으며, 기업들이 주주들의 이익이 아니라 지나치게 매니저들의 이익이 되는 방향으로 운영되도록 허용했다(예를 들어 임원 보수를 생각해 보라). 심지어 경영진들은 투자자들이 주주 가치 창출은 회사의 주가에 의해 대표된다는 헛소리를 받아들이도록 설득할 수 있었다. 시장이 그런 터무니없는 이론을 받아들이자 이는 이익 관리, 금융 공학, 회계 기준 저하, 그리고 잘못 권고된 인수와 기업 결합들로 이어졌다. 이러한 점들이 결합해서 투기가 투자를 이기게 되면, 실상은 대개 미국 기업들의 내재 가치가 감소하게 된다.

자산 규모와 펀드 투자 수익률

그러나 펀드의 지배적인 주식 보유의 마지막 함의(시장 대비 펀드의 성과)가 여기서 내가 초점을 맞추는 대상이다. 나는 뮤추얼 펀드의 규모가 이렇게 거대해지지 않았더라면 뮤추얼 펀드 전체로 봤을 때 우수한 실적을 제공할 수도 있었을 가능성이 있었지만 거대한 규모가 이를 방해한다(사실은 제거한다)고 믿는다. 역설적이지만 뮤추얼 펀드의 성장이 기업 가치를 부가하도록 도움을 줌으로써 주식 수익률에 긍정적인 영향을 준 반면, 펀드의 성장은 또한 펀드 업계가 펀드 투자자들에게 부가할 수 있는 가치에 부정적인 영향을 주었다. 간단히 말해서 뮤추얼 펀드가 전체 주식 시장의 3% 미만을 소유하고 있을 경우 시장을 앞지를 수 있다고 생각할 수 있겠지만 21%를 소유하고 있는 뮤추얼 펀드가 그럴 것이라고는 생각할 수 없다. 또한 (뮤추얼 펀드 및 이와 관련된 자산 풀들을 포함할 경우) 33%의 지분을 보유하면서 모든 주식 거래의 절반을 차지하는 뮤추얼 펀드가 대단한 재주를 부릴 수 있다고 하면 자가당착일 것이다. 효율적인 시장에서는 전체 투자 자산의 3분의 1의 합이 나머지 3분의 2를 앞지를 수 없다. 이것은 너무 높은 기대치다.

나는 1975년에 뱅가드의 이사들에게 1945년~1975년의 펀드 수익률 데이터를 보여주었다. 평균적인 주식형 펀드들은 S&P 500 지수 수익률보다 연 1.6% 포인트 뒤졌다. 이후 1981년까지는 S&P 500 지수 수익률 미달 폭이 누적 0.8%로 낮아졌다. 그 이후 1981년~1998년 6월까지 펀드들은 S&P 500 지수보다 훨씬 낮은 수익률을 기록했는데 수익률 격차는 연 3.7% 포인트에 달했다. (이러한 격차 확대는 부분적으로는 S&P 500 지수가 대형주들에 치우쳐 있는 데 기인했다.) 이러한 격차의 대부분은 의심할 나위 없이 뮤추얼 펀드 경비율과 값비싼 포트폴리오 회전율 상승에 기인했다.

뮤추얼 펀드 업계는 전체적으로 볼 때 거대한 규모에 의해 구속되고 있다. 날쌘 치타와 같던 뮤추얼 펀드 업계가 육중한 코끼리가 되어 버렸다. 뮤추얼 펀드 업계 전체적으로 적절한 가중치를 지닌 시장 인덱스(펀드 업계와 유사한 비율의 대형주와 소형주를 편입하고 있는 인덱스) 수익률을 앞지를 수 있는 실낱같은 가능성은 '바람과 함께 사라졌다.'

다른 방식으로 표현하자면 전체로서의 주식형 펀드가 시장을 앞지를 수 있는 최후, 그리고 최상의 희망은 이기는 게임이 되지 못하게 하는 재무상의 저해 요인을 최소화하는 것이다. 펀드는 자문 수수료, 마케팅 비용, 경비율을 낮출 수 있다. 과도하고 값비싼 포트폴리오 회전율을 낮출 수 있으며 시장 인덱스에 대한 선물 계약을 활용해서 현금 보유에 기인하는 장기적인 수익률 저하도 손쉽게 줄일 수 있다. 아직까지는 이러한 추세가 나타나지 않고 있다. 이러한 방향으로 전환될 가능성은 매우 낮지만, 그럴 경우 펀드 수익률 개선에 도움이 되고 펀드 매니저들에게 자신의 전문가적 명성을 높이고 펀드 주주들의 기대에 부응할 수 있는 더 많은 기회를 주게 될 것이다. 뮤추얼 펀드 전체적으로는 계속해서 그들의 비용만큼 시장 수익률에 뒤지겠지만, 그 차이는 많이 줄어들 것이다. 그러한 변화는 지수 대비 뮤추얼 펀드의 수익률 열세를 줄이는 데 도움이 되지만, 뮤추얼 펀드 업계의 거대한 규모에 비추어 볼 때 이제 더 이상 수익률 열세를 제거할 기회는 없다.

실제 규모, 진정한 문제

뮤추얼 펀드 업계 전체에 해당되는 사실은 대형 개별 펀드에도 해당된다. 지배적인 뮤추얼 펀드들은 거대한 규모에 도달했다. 실제로 750억 달러 규모의 마젤란 펀드와 640억 달러 규모의 뱅가드 500 인덱스 펀드*는

---

* 인덱스 펀드의 포트폴리오는 각각의 회사 주식과 동일한 비율을 보유하기 때문에 규모상의 특별한 제한이 없다. 인덱스 펀드는 이 주식들을 적극적으로 거래하지 않고, 투자자들이 해당 인덱스 펀드를 매입(또는 환매)한 순 현금 유입액에 비례해서 각각의 주식을 매입하거나 매도한다.

각각 1983년 초에 모든 뮤추얼 펀드가 보유했던 주식의 합계보다 더 많은 자산을 보유하고 있다. 현재 200억 달러가 넘는 자산을 보유한 17개의 다른 펀드들도 있다. 자산 규모가 100억 달러 이상인 주식형 펀드는 48개로서 이들은 전체적으로 1조 달러가 넘는 주식을 보유하고 있다.

펀드 규모가 커지면 어떤 일이 발생하는가? 1978년~1998년 사이에 이들의 총 자산 규모가 5억 달러에서 370억 달러로 성장한 자산 규모 상위 5개의 적극적으로 관리되는 주식형 펀드들의 수익률이 일제히 하락했음을 생각해 보라. [그림 12-4]는 이들 5개 펀드의 S&P 500 지수 대비 평균 연 수익률과 총 주식시장의 규모 대비 자산 규모를 비교하여 보여준다. 여기에서 우리는 10장에서 살펴보았던 낯익은 상황인 평균 회귀를 볼 수 있다. 평균 회귀는 금융시장에서 가장 널리 퍼져 있는 규칙 중 하나이지만, 예외적인 상황이 15년 이상 지속될 수도 있다. 그러나 [그림 12-4]에 나타나 있는 것처럼 규모가 커지자 이 규칙이 한층 더 강화되었다. 1978년 초부터 1982년 말까지 이 5개 대형 펀드들은 S&P 500 지수보다 연 10% 포인트의 초과 수익률을 보이며 큰 폭의 성과 우위를 달성했다. 이들은 주식시장 규모 10억 달러 당 50만 달러의 자산(0.05%)을 관리해서 상대적으로 규모가 작았던 시기에 이러한 성과 우위를 달성했다(사실 그들의 성과가 그들의 성장을 촉진했다). 그들은 규모가 거대해지자 성과 우위를 잃었다. 상대적 자산 규모가 주식시장 10억 달러당 350만 달러(0.35%)에 달한 1994년 초 이후 적극적으로 관리되는 이들 5개 펀드들은 S&P 500 지수에 연 4% 포인트 넘게 뒤지게 되었다. 달리 말하자면 적극적으로 관리되는 펀드들의 상대적 규모가 7배 커짐에 따라 상대적인 수익률은 연 14% 포인트 넘게 하락했다. 평균으로의, 그리고 그 다음에는 그 아래로의 회귀에 대한 이 뚜렷한 예에서 규모의 성장이 중요한 역할(주연 역할)을 했음이 거의 확실하다.

[그림 12-4] 규모가 가장 큰 5개 주식형 펀드

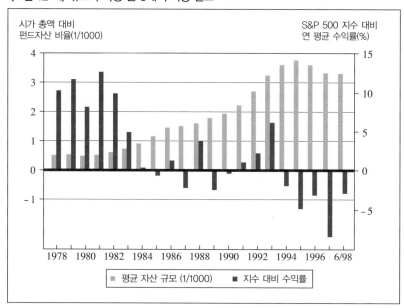

10년 후 | [그림 12-4] 규모가 가장 큰 5개 주식형 펀드

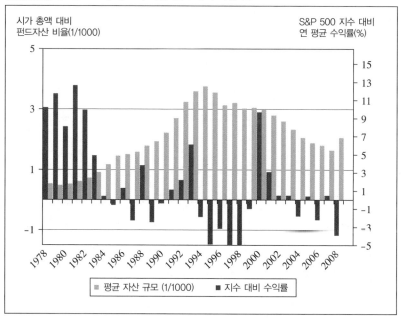

펀드의 실제 규모 측정

잠시 펀드의 규모와 관련하여 좀처럼 공론화되지 않는 이런 질문을 한 번 생각해 보자. '규모의 적절한 단위는 무엇인가?' 측정 단위는 개별 펀드 자체의 규모가 아니라 개별 펀드를 관리하는 조직의 총자산이어야 한다. 이 기준에 의하면 대형 펀드는 실제로는 겉으로 보이는 것보다 두세 배(또는 그 이상) 클 수도 있다. 같은 종합 펀드 그룹에 소속되어 있는 다른 펀드들(혹은 같은 조직에 의해 관리되는 기관 계좌들)이 같은 종목의 주식을 보유하고 있으면 (특정 종목 보유 지분율, 거래 할당 절차에 관한 회사 차원의 정책적 제한과 시장 유동성 제약에 의해) 규모와 관련된 문제들이 확대된다.

두 가지 실제 사례를 살펴보자. 현재 관리 자산 750억 달러로 세계 최대의 적극적으로 관리되는 펀드는 자산이 600억 달러에 달한 1997년에 당시 수백만 명에 달하던 기존 퇴직연금 투자자의 신규 투자 자금을 제외하고는 새로운 개인 투자자들을 받지 않기로 했다. 이 펀드의 상위 5개 투자 종목은 총 4,000만 주에 달했다. 그러나 이 펀드의 관리회사에 의해 감독되는 10개의 자매 펀드들만 해도 거의 1억 3,000만 주를 보유하고 있었다. 이 거대한 펀드의 나머지 포트폴리오들이 이 비율을 복제했다면 이 펀드는 자산 규모 600억 달러 수준에서가 아니라 사실상 약 2,000억 달러 수준에서 신규 투자자를 받지 않았다고 해도 과언이 아니다. 언론 보도를 그대로 믿는다면 이 펀드의 결정은 펀드 업계의 규율로 받아들여지고 있다.

또 다른 예는 자산 규모 470억 달러로 두 번째로 큰 적극적으로 관리되는 주식형 펀드다. 같은 회사에 의해 관리되는 두 개의 다른 펀드들(관리 자산 450억 달러로 4번째로 큰 주식형 펀드와 100억 달러의 32번째로 큰 펀드)의 포트폴리오를 함께 고려할 경우 이 펀드의 상위 5개 투자 종목은 이들 3개 펀드가 보유하고 있는 주식의 1/3을 차지한다. 이 비율이 이 펀드의 포트폴리오와 이 회사에 의해 관리되는 모든 펀드들과 기관 계좌 사이의 관계를 대략적으로 보여준다고 가정할 경우 이 펀드의 실질적인 규모는 1,050억 달러에 이르게 되며, 이러한 규모가 내포하는 모든 제약에 직면하게 된다. 그럼에도 이 종합 펀드 그룹에 소속된 펀드들(그리고 이 펀드 그룹이 관리하는 계좌들)은 여전히 새로운 자금을 받아들이고 있다.

비교적 규모가 작았을 때 괄목할 만한 수익을 올렸던 펀드들이 규모가 커지면 수익률 우위를 상실하는 명백한 경향이 있음이 확실한 것 같다. 또한 성공적이었던 펀드들이 규모가 작을 때에는 높은 변동성을 보이다가 펀드의 규모가 커짐에 따라 변동성이 훨씬 줄어드는 상당한 증거도 있다. 어느 경우에든, 펀드가 소규모였을 때에는 특정 펀드의 과거 성과 기록이 어느 정도 소용이 있었을 수도 있지만 펀드의 규모가 커짐에 따라 과거 성과 기록은 완전히 무관해진다. 펀드 주주들에게는 이러한 상황이 어느 정도 존재하는지 확실히 알려줘야 한다. 왜냐하면 이러한 상황들은 펀드의 홍보 자료에 복음으로 제시되는 장기 기록의 유효성, 생존력, 관련성과 직접적으로 관련되기 때문이다. "과거 성과는 미래의 수익률을 보장하지 않는다"는 뮤추얼 펀드 업계의 통설은 이러한 현상을 약간 인식한 것에 지나지 않는다.

10년 후 ｜ 실제 규모, 진정한 문제

[그림 12-4]에서 볼 수 있는 패턴은 1998년 이후의 기간에도 계속되었다. 이 5개 펀드들의 자산은 2003년까지 꾸준히 유지되다가, 그 이후 두 번의 약세장에 따라 규모가 줄어들었다. 그러나 수익률은 자산 규모가 작았을 때에는 S&P 500을 앞질렀지만 곧바로 같은 수준으로 떨어진 뒤 1990년대 중반과 후반에는 S&P 500 수익률보다 낮은 수익률을 보였다. 지난 10년 동안의 실적도 변변치 않았는데 4년은 지수 수익률에 뒤졌고 4년은 지수 수익률과 비슷한 수준의 수

익률을 기록했으며 2년만 지수 수익률을 앞질렀다. 10장에서 설명한 평균 회귀가 이곳에서도 반복되었다.

규모가 무슨 상관인가?

큰 규모가 우수한 수익률 달성을 방해하는 세 가지 이유가 있다. 펀드의 포트폴리오를 구성할 수 있는 주식의 범위가 줄어들고 거래 비용이 증가하며, 포트폴리오 관리가 점점 더 구조화되고 그룹 지향적이 되어 전문가에게 덜 의존하게 된다.

투자 가능 대상 범위 축소

펀드 규모가 커짐에 따라 투자 가능 대상 범위가 줄어든다는 점은 아주 명확하다. 법적 및 실제적인 지분 보유 제한이 있다. 폭넓은 분산 투자를 위해 펀드 매니저들은 좀처럼 자신의 펀드에 펀드 자산의 3%를 초과하는 포지션을 보유하려 하지 않는다. 더구나 압도적인 지분을 보유하면 주식 매매 시 시장 유동성을 제약할 수도 있기 때문에, 한 회사 상장 지분의 10%까지 보유하려는 펀드 회사는 아주 드물다.

이를 함께 고려하면 이 두 가지 제약(자산 분산 투자와 유동성 유지)과 일정한 자산 수준 하에서 보유할 수 있는 주요 포트폴리오 포지션의 수 사이의 관계를 명확히 계산할 수 있다. 예를 들어 펀드의 종목당 최대 편입 한도가 펀드 자산의 2%이고 펀드의 특정 종목 소유 지분 한도가 10%라고 가정하면 1988년 중반에 10억 달러의 포트폴리오를 관리하는 매니저는 3,080개 주식 중에서 선택할 수 있었을 것이다(그림 12-5)를 보라). 그러나 포트폴리오 규모가 50억 달러라면 투자 가능 종목 수는 1,272개로 절반이 넘게 줄어든다. 펀드의 자산 규모가 200억 달러인 경우에는 투자 가능 종목이 470개 종목으로 거의 2/3가 줄어든다. 또한 유동성 리스크에 대한 우려로 동일 종목 보유 한도를 특정 회사 상장 지분의 5%로 제한할 경우(업계 관행에 비추어 볼 때 아마도 5%가 10%보다 현실적인 수치일 것이다) 투자할 수 있는 종목 수는 257개만 남게 될 것이다. 이렇듯 투자 가능 종목 수가 처음에 비해 92% 줄어들면 명백히 포트폴리오 선택에 중대한 제약이 따르게 된다.

[그림 12-5] 펀드 자산 규모에 따른 매매 가능 종목군(1999)

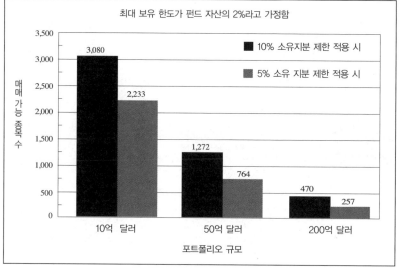

10년 후 **[그림 12-5] 펀드 자산 규모에 따른 매매 가능 종목군(2009)**

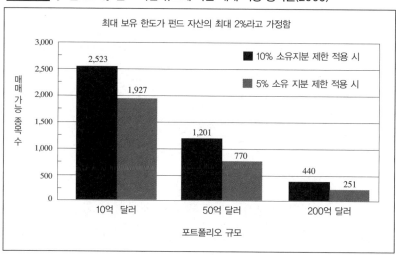

대규모의 포트폴리오를 관리하는 매니저는 집중도가 낮은 여러 종목을 보유함으로써 규모의 문제를 어느 정도 피하려 할 수 있을 것이다(예를 들어 가장 큰 펀드는 483개 종목을 보유하고 있다). 그러나 이럴 경우 정의상 각종목의 성과가 포트폴리오 전체의 성과에 미치는 영향이 작아질 것이다. 또한 매니저는 개별 종목 선정에 집중하기보다는 인터넷 기업, 모뎀 제조업, 기판 제조업 등 업종을 중심으로 투자하는 전략을 세울 수도 있을 것이다. 그러나 자산 규모가 커질수록 대형 펀드의 포트폴리오 매니저가 선택할 수 있는 투자 대상에 포함될 수 있는 중요한 포트폴리오 포지션의 수가 눈에 띄게 줄어든다는 근본적인 문제는 변하지 않는다.

10년 후　　보유 가능 주식이 줄어든다

(뻔한 이야기지만) 펀드 자산이 커짐에 따라 뮤추얼 펀드가 매입할 수 있는 주식 수가 줄어든다. 초판에서와 같은 가정을 사용하면 개별 주식의 시가 총액에는 상당한 변화가 있었음에도 [그림 12-5]는 이전의 그림과 매우 유사하다. 10억 달러 규모의 펀드는 주식 2,500 종목을 상당한 포트폴리오 비중을 차지하도록 매입할 수 있는데 반해 자산 규모가 200억 달러인 펀드(현재 자산 규모가 최소 20억 달러인 적극 관리 주식형 펀드는 23개다)는 매입할 수 있는 종목 수가 440개에 지나지 않는다.

그러나 이 제한조차도 종목 수를 너무 많이 계산한 것일 수 있다. 왜 그런가? 전에 말한 것처럼 개별 펀드들은 다른 많은 펀드들뿐만 아니라 거대 연금도 관리하는 거대한 종합 펀드 그룹의 일부분일 때가 많기 때문이다. 예를 들어 최대 주식형 펀드 매니저 중 한 곳은 최대 펀드에 1억 2천 7백만 주의 마이크로소프트 주식을 보유하고 있으며 다른 펀드들에 1억 5천만 주를 보유하고 있고 자신이 관리하는 연금 계좌들에 2억 5천 5백만 주를 보유하고 있다. 그래서 전부 5억 3천 2백만 주를 보유하고 있는데 이는 마이크로소프트 유통주식의 6%에 해당한다.

높은 거래 비용

두 번째 요인은 자산의 규모가 커짐에 따라 포트폴리오 거래 비용이 늘어난다는 것이다. 일반적으로 매니저들은 단순히 '거래되는 주식 수가 많을수록 가격에 더 큰 영향을 주는' 수준에 머물지 않고 '하루 (또는 한 주) 거래량 중에서 차지하는 비율이 높을수록 가격에 더 큰 영향을 주는' 상황이 더해지며, '거래를 급하게 완료해야 할수록 가격에 더 큰 영향을 주는' 상황이 이어진다. 그렇다면 다음과 같은 일반적인 결론이 이어질 수 있을 것이다. (1) 단기 전략 실행은 장기 전략 실행에 비해 비용이 많이 든다. (2) 모멘텀 거래는 펀더멘털에 근거한 거래에 비해 비용이 많이 든다. (3) (시장을 알고 있다는 주장에 근거한) 정보에 예민한 거래는 정보에 근거하지 않는 거래(즉, 인덱스 펀드 거래)에 비해 비용이 많이 든다. (4) 신속하게 집행되는 공격적인 거래는 기회주의적인 (반대 의견의) 거래보다 비용이 많이 든다.

뮤추얼 펀드의 규모 자체는 문제가 아니다. 워런 버핏의 버크셔 헤서웨이가 장기간 보유하고 있는 아메리칸 익스프레스, 월트 디즈니, 질레트 주식 포지션은 평균적으로 뮤추얼 펀드 업계 전체 보유 수량의 반을 차지하고 있고 그가 보유하고 있는 코카콜라 주식 2억 주도 다른 펀드들이 가진 주식의 합계인 1억 1,200만 주의 거의 두 배에 달하지만 (우리는 이제 펀드들이 코카콜라 주를 상대적으로 얼마나 적게 보유하고 있는지 알 수 있다!) 이와 관련된 거래 비용이 발생하지 않는다. 왜 그런가? 왜냐하면 버핏은 이 주식들을 자주 사거나 팔지 않기 때문이다. 버크셔 헤서웨이 펀드의 주식들은 즉시 환매할 수 없다. 따라서 그는 자신이 만족할 수 있는 가격에 (편의에 따라) 팔기 원할 때까지 보유 포지션을 팔 필요가 없을 것이다. 만일 버핏이 급하게 빠져나가기 원한다면 틀림없이 가격상의 희생을 받아들일 수밖에 없을 것이다. 그러나 그것은 버핏의 스타일이 아니다.

나는 뮤추얼 펀드 업계에서 자기 회사의 거래 비용(수수료, 매매 호가 차이, 시장 영향, 기회비용) 영향을 조사하고 용감하게 그 결과를 공개한 펀드 매니저는 단 한 명이라고 알고 있다. 그는 뉴메릭 인베스터스(Numeric Investors)의 뮤추얼 펀드 3개(모두 계량적으로 운용되고 회전율이 높다)를 관리하고 있는 존 보글 주니어(John C. Bogle, Jr.)다. (완전히 공개하자면, 그는 나의 큰 아들이다. 확실히 피는 속이지 못한다.) 2만 건이 넘는 트레이드들을 조사한 뒤에, 그는 이 트레이드들의 비용을 다음과 같이 보고했다. 가치주 거래에서는 거래 금액의 0.6%의 비용이 발생했고, 소형 성장주 거래에서는 1.8%의 비용이 발생했다. 하루 거래량의 1/8에 해당하는 주식을 거래하면 0.5%의 비용이 발생하고 이틀 분 거래량의 주식 거래에는 2.3%의 비용이 발생한다. 그는 거래 규모가 시장 거래량에서 차지하는 비중이 커질수록 거래비용의 숨겨진 수익 잠식도 증가한다는 결론을 내렸다. 그는 이 효과는 "모든 스타일, 모든 규모, 모든 매니저에게 존재한다"라고 말했다. 그는 최근에 세 개의 펀드 중 두 개에 대해 자산 규모 1억 달러 수준에서 신규 투자를 받지 않기로 결정했다. 이것이 바로 규율이다.

보다 보편적으로 플렉서스 그룹(Plexux Group)에서 제공한 데이터에 근거하면 투자 매니저의 전형적인 총 트레이딩 비용은 거래대금의 약 0.8%로 추정된다. 만일 어떤 펀드의 회전율이 연 50%일 경우(사실상 포트폴리오에 편입되어 있는 주식의 절반을 팔고 매도 대금을 다른 주식에 재투자하는 셈이다) 매수와 매도를 합하면 해당 펀드의 평균 자산 규모와 같은 셈이다. 따라서 펀드의 평균 수익률은 연 0.8% 포인트, 즉 펀드 수익률을 연 10%로 가정할 경우 이 중 8%가 낮아지게 될 것이다. 회전율이 100%라면 (다른 조건이 모두 같다면) 이로 인한 연 수익률 손실은 1.6% 포인트가 될 것이다. 이 숨겨진 거래 비용에 평균적인 주식형 펀드 경비율 1.5% 포인트를 더하면, 연 3% 포인트가 넘는 수익률 하락을 가져온다. (연 수익률 10% 중 거의 3분의 1을 소모한다.)

업계 차원의 거래 비용에 대한 나의 추정치는 이 수치들보다는 훨씬 낮으며, 거래 비용은 투자 목표, 스타일, 거래 활동과 펀드 규모에 따라 달라진다. 그러나 거래 비용이 자산 규모와 어느 정도 직접적인 상관관계가 있다는 데에는 거의 의문의 여지가 없는 듯하다. 영리한 매니저들은(물론 대부분의 매니저들은 영리하다) 시장 대비 자신이 관리하는 자산이 증가할 때 특히 조심해야 한다. 매니저들은 늘어나는 거래 비용을 보상하고도 남을 수 있는 가치를 더해야 한다. 그들이 영리해질 수 없다면(특정 그룹에 속한 개인들 모두 다른 사람들보다 영리해질 수는 없다) 그들은 해당 펀드의 스타일과 유사한 증권들로 구성된 관리되지 않는 시장 인덱스에서 실현된 무비용 수익률보다 훨씬 더 뒤처지게 되어 있다. 매니저들의 실적 데이터는 그들이 추가적인 가치를 창출해 내지 못하고 있음을 강력히 시사한다.

"두둑한 지갑은 우수한 투자 실적의 적이다"

자산 규모는 거대한 자본을 관리하는 모든 투자 기관들에게 중요한 문제다. 통계적 증거들은 매우 설득력이 있다. 참으로 뛰어난 펀드 매니저들은 이제 멸종 위기에 처해 있다. 포트폴리오 전략가 피터 번스타인(Peter L. Bernstein)은 "과거의 4할대 타자들은 도대체 어디로 갔는가?"[1]라는 제목의 1998년 논문에서 가장 성공적인 매니저들(뮤추얼 펀드 매니저 포함)이 달성한 초과 수익률의 폭이 지난 40년 동안 꾸준히 줄어들고 있다는 강력한 증거를 발견했다.

매니저의 실적이 평범해지게 된 이유는 번스타인이 제안한 것처럼 치열해진 성과 경쟁 때문이 아니라 자산 규모 때문이라는 견해를 피력했던 워런 버핏도 그의 통계적 연구 결과에 동조했다. 버핏은 다음과 같이 말했다. "현재의 성과와 아주 오래전의 성과 차이 중 약 75%는 규모에 의해 설명될 수 있다. 우리는 항상 적극적으로 관리되는 펀드의 규모가 비대해지면 투자 선택 대상이 급감한다는 것을 알고 있었다. (현재 버핏이 감독하는 버크셔 헤서웨이의 자산은 총 640억 달러다.) 우리가 매입할 수 있는 종목이 100개에 지나지 않는다면 우리의 자산 규모가 미미하여 1만 개의 종목을 선택할 수 있었을 때에 비해서 확실히 성과가 많이 떨어질 것이다."[2]

버핏은 포트폴리오의 지갑이 두둑해지자 성과에 어떤 변화가 일어났는지 이렇게 설명했다. "1950년대를 통틀어 시가 총액 1,000만 달러 미만인 주식을 이용한 내 개인의 수익률은 연 60%가 넘었다. 우리의 현재 자산 규모로는 시장 수익률을 연 3% 포인트 앞서기도 어렵다."

뮤추얼 펀드 업계는 최소한 10년 이상 버핏이 직면했던 것과 동일한 규모 문제에 직면해 있다. 그러나 거대한 펀드들은 거대한 자산 축적이 우수한 수익률 달성에 가하는 제약을 인정하는 것은 차치하고, '두둑한 지갑'의 도전을 버핏만큼 솔직하게 인정하지 않고 있다.

판단에 대한 프로세스의 승리

큰 규모가 뛰어난 수익률에 방해가 되는 세 번째 이유는 덜 명확하다. 그러나 큰 자산 규모가 펀드 회사의 매니저들에게 가하는 핸디캡은 매우 실제적이다. 조직이 확대될수록 개별 포트폴리오 매니저의 영향력은 줄어들고, 기관의 투자 프로세스의 영향이 커진다. 책상이 어지럽혀져 있고, 참신한 아이디어와 결단력이 있으며, 약간의 애널리스트들과 트레이더들, 그리고 과하지 않은 사무직원들의 도움을 받는 매니저들은 이제 더 이상 보기 힘들어졌다. 펀드 관리회사들은 이제 조직도, 투자 프로세

스, 거래를 승인하고 평가하는 위원회, 각종 회의, 수많은 법률 및 규제
서류, 형식적 절차를 두고 판단('어떤 종목을 보유해야 하는가?')하기보다는 프
로세스('이것은 누구의 책임인가?')를 중시하면서 수많은 펀드들(100개 이상)을
관리한다. 최선의 아이디어에 따라 투자하던 매니저들은 이제 더 이상
그럴 수 없게 되었다.

《월스트리트 저널》의 칼럼니스트 로저 로웬스타인(Roger Lowenstein)은
이 현상을 인식한 소수의 저널리스트 중 한 명이다. 그는 최근에 이렇게
썼다. "종목 선정은 소설 창작과 마찬가지로 한 번에 한 가지씩 하는 일
이다. 이 일은 그들의 아이디어를 공유하고 최고의 종목만을 사는 개인
들이나 소수의 그룹이 가장 잘 수행할 수 있다. 선별적인 포트폴리오를
관리하는 작은 펀드 패밀리는 전체적으로 성공할 수 있지만, 대규모 기
관들 중 수많은 매니저들에게 (벤치마크 대비) 탁월한 실적을 내라고 주문할
수 있는 곳은 없다. 브랜드 이미지를 만들 수는 있지만, 재능을 만들 수
는 없다. 이름보다 사람이 더 중요하다."[3]

펀드 매니저들에게는 성공이 성공을 낳는다

나는 "성공은 실패를 부른다"라는 가설을 제시했다. 왜 그런지 보여
주기 위해 나는 상식에 입각한 증거뿐만 아니라 통계수치에 의한 설득
력 있는 증거도 제시했다. 나의 추론은 직관에 반하지 않는다. 펀드 업
계의 현재 규모(이 규모가 10년 전, 또는 심지어 5년 전의 규모로 돌아갈 가능성은 없어
보인다)와 성장률에 비추어 볼 때 거대한 규모와 관련된 문제들은 완화되
기보다는 악화될 가능성이 훨씬 더 크다. 심각하게 반대 견해를 제시한
사람이 (내가 아는 한) 아무도 없었다는 사실이 중요하지 않은가? 어떤 금
융 저널에서도 사실상 '자산 규모: 뮤추얼 펀드 투자자들에 대한 뚜렷
한 이익'이라는 제목의 기사를 게재한 적이 없다. 어떤 경제지도 "진정
으로 월등한 수익률을 원한다면 거대한 펀드에게 가라"라고 조언한 적

이 없었고 이보다 낮은 기준인 '대형 펀드: 인덱스를 이기는 가장 쉬운 방법'에 해당하는 옹호론도 제공하지 않았다. 아마도 '규모는 나의 업무수행 능력을 심각하게 약화시키지는 않는다.' 정도가 대규모 포트폴리오 매니저에게 들을 수 있는 가장 우호적인 논평일 것이다. 그러나 나는 이런 이야기를 열정적으로, 또는 자신 있게, 심지어 솔직하게 얘기하는 사람이 있는지 모르겠다. 내게는 자산 규모(워런 버핏의 말로는 두둑한 지갑)가 탁월한 성과의 적인 경우가 너무도 명백해서 진지하게 논쟁할 가치조차 없어 보인다.

왜 펀드들은 통제할 수 없을 정도로 규모가 커지도록 허용하는가? 왜냐하면 자문사들에게는 '성공이 성공을 낳기' 때문이다. 펀드 관리회사는 자신이 받는 자문 수수료 금액이 펀드 자산에 거의 선형적으로 비례하여 증가하기 때문에 큰 규모를 좋아한다. 자산 규모가 커질수록 수수료가 많아진다. 그리고 펀드 주주들의 수익률은 저해되더라도 펀드 관리회사의 이익은 더 높은 비율로 증가한다. 왜 그런가? 자문사들이 규모의 경제에서 발생하는 엄청난 레버리지 효과를 그들이 봉사하는 펀드의 주주들에게 돌리지 않고 자신의 이익을 위해 가로채기 때문이다.

주로 계속되는 강세장으로 고무된 미국 투자자들이 뮤추얼 펀드에 대해 만족할 줄 모르는 듯이 보이는 식욕을 과시하는 데 힘입어 뮤추얼 펀드 업계는 빠르게 성장하고 있다. 개별 종합 펀드 그룹들도 같은 보조로 성장하고 있다. 이러한 성장이 받아들여지고 있을 뿐만 아니라 종종 펀드를 소유하는 투자자들의 희생 하에 적극적인 마케팅 홍보에 의해 성장이 가속화되고 있다. 주된 촉매는 재무상으로 말하자면 자신의 과거 성과가 미래의 성과와 관련이 없어지고 미래의 성과가 평범해질 운명에 처해지게 (시장 수익률이 펀드 관리 수수료와 거래 비용만큼 축소된다) 될 정도로 펀드의 규모가 커지더라도 잃을 것은 없고 얻을 것만 있는 펀드 자문사들이다.

실현 불가능한 꿈을 꾸려면

뮤추얼 펀드 투자자들은 거대한 종합 펀드 그룹에게 갈채를 보내는 듯이 보이는 펀드 업계에서 규모 급성장의 문제들을 알아야 할 뿐만 아니라 이 문제를 해결하는 힘이 되어야 한다. 아인슈타인은 "똑똑한 바보들은 누구나 사안을 더 크고 더 복잡하게 만들 수 있다. 이와 반대 방향으로 움직이는 데에는 천재의 손길(과 커다란 용기)이 필요하다"라고 말했다. 이것은 실현 불가능한 꿈일 수도 있지만, 펀드 매니저들에게 그렇게 할 유인만 주어진다면 실제적인 해결책으로서 그들이 따를 수 있는 몇 가지 규칙이 있다. 충분히 많은 투자자들이 변화를 요구하고, 이 규칙들을 따르는 펀드를 선택하고, 이 규칙을 무시하는 펀드들에게서는 투자금액을 빼감으로써 '행동으로 보여준다' 면 진보가 이루어질 것이다. 현명하고 책임 있는 펀드 매니저들이 따를 필수사항들은 다음과 같다.

1. **펀드의 전략은 바꾸되 목표는 바꾸지 않는다.** 장기 전략은 어떻게 되었는가? 과거 호시절에 연 20%에도 미치지 못하던 펀드 포트폴리오 회전율이 이제는 거의 연 90%로 상승했다. 회전율 상승이 다른 무엇을 달성했든 간에 시장 수익률 대비 펀드 수익률을 개선하지는 못했다. 사실 펀드 수익률은 악화되었다고 할 수 있다. 왜 뮤추얼 펀드 업계라는 표범들은 자신의 얼룩을 바꾸고, 예전의 호시절로 돌아가지 않는가? (펀드 업계의 전통적 회전율 15%로 돌아가면 더 좋을 것이다.) 나는 이 질문에 대한 답은 대부분의 매니저들이 장기투자(연 회전율 15%를 반영하는 평균 보유 기간 7년이라면 충분히 장기투자의 자격을 갖출 수 있다)보다는 단기투자(오늘날 평균 보유 기간은 1년이다)를 선호하기 때문이고 생각한다.

   그러나 현재 상황이 지속될 가능성이 높다. 그 이유는 첫째, 새로운 부류의 포트폴리오 매니저들은 회전을 좋아하기 때문이다. 이러한 매니저들은 아마도 기질적으로 과감한 듯하다. 이들은 매우 지적이고 교육 수준이 높으며 자신의 능력을 적극적으로 자주 이용하고 싶어 한다. 둘째, 아마도 더 중요한 이유는 뮤추얼 펀드 업계의 매니저들은 화려한 단기 실적을 올리면 큰돈을 벌기 때문이다. 꾸준한 포트폴리오 매수 후 보유는 시대착오적인 전략이 되어 버렸다. 신규 펀드에 자금을 끌어 모으는 좋은 방법은 금융 매체가 기사를 써줄 기록을 만들어 내는 것이다. 그러면 자금이 유입되고 자문 수수료가 급증해서 매니저들에게 큰 이익을 남겨준다. 아무도 펀드 규모가 커지면 펀드의 성격(과 펀드의 실적)이 바뀐다는 점에 신경을 쓰지 않는다. '그 문제는 내일 걱정하겠다' 라는 태도인 듯하다.

2. **새로운 투자자들로부터 신규 자금을 받지 않는다.** 투자 가능 대상 주식 종목 수 제한 때문이든 적극적인 매매를 통해 가격에 중대한 영향을 줄 가능성을 높이기 때문이든 특정 펀드가 더 이상 자신의 전략을 실행할 수 없는 규모에 도달하면 신규 투자자에게 펀드 문을 닫는 것이 어떤가? 규모에 대처해야 하는 문제가 절박한 현 시점에도 100개 중 약 2개만 신규 모집을 중단했으며, 그나마 이 중 일부는 적절해 보이는 자산 규모보다 훨씬 큰 규모에 도달한 이후에 신규 모집을 중단했다. 그러나 대부분의 펀드들은 이 문제를 무시하기 때문에 상대적 수익률 악화에 직면하고 뛰어난 실적을 거둘 기회가 줄어들어서 그들의 뛰어난 과거 실적을 보고 그들에게 투자한 주주들에게 피해를 입히는 듯하다. 존 보글 주니어가 "매니저들과 수탁자들은 계속 커져만 가는 수익이라는 자신들의 이익을 위해 주주들의 이익을 외면했다"라고 말한 것처럼 말이다.

하지만 펀드 '프랜차이즈'의 수익성과 매니저의 수익성은 직접적인 관계에 있기 때문에 (펀드가 클수록 자문사의 수입이 많아진다) 현재 상태가 지속될 것 같다. 이러한 유인이 주주들에게 최적의 수익을 제공하려는 모든 이해관계를 대체하는 듯하다. 투자자들과 금융 자문사들이 이 이슈의 공정한 해결을 중시한다면, 그리고 금융 매체들이 이에 걸맞은 주의를 기울인다면, 펀드 매니저들은 결국 어쩔 수 없이 적절한 수준에서 신규 투자를 받지 않게 될 것이다.

3. **펀드가 커지게 하되 새로운 매니저들을 추가하라.** 펀드가 자신의 이전 전략들을 실행하지 못할 정도로 너무 커지기 시작해서 생겨난 문제들에 대한 명백한 해결책 한 가지는 새로운 포트폴리오 매니저들을 영입해서 기존 포트폴리오의 일부와 향후의 현금 유입액을 새로운 회사에 할당하는 것이다. (기존 회사에서 새로운 매니저를 영입하면 유동성 문제를 해결할 수 없기 때문에, 나는 새로운 회사를 권장한다.) 그러나 복수의 매니저 구조를 사용해서 2곳~4곳의 외부 매니저들에게 하나의 기존 펀드를 감독하게 하는 대형 펀드 그룹은 소수에 지나지 않는다. 이러한 제도 하에서는 암묵적으로 진정한 독립적 협상이 이루어지므로 새로운 외부 자문사들에게 지급되는 자문 수수료는 업계 평균보다 훨씬 낮을 것이다. 이 상황은 왜 특정 펀드의 '자체' 자문사는 높은 수수료를 받고, 자매 펀드의 외부 자문사는 그보다 낮은 수수료를 받는가라는 역설을 보여준다. (투자자들은 자신이 투자하는 펀드의 경영진이나 이사들에게 이 문제를 제기해야 한다. 나는 그에 대한 답을 듣고 싶다.)

외부 매니저를 활용하면 투자의 효율성을 잃지 않고(그리고 아마도 효율성을 향상시키면서) 펀드가 성장하게 함으로써 규모 문제를 다룰 수 있다. 그러나 그 해결책은 새로운 문제도 야기한다. 새로운 자문사에 의해 관리되는 포트폴리오가 가치를 부가할 가능성이 얼마나 되겠는가? 매니저가 둘이라면 불가피하게 수익률이 좋은 시기와 나쁜 시기가 교대되어 서로 상쇄하지 않겠는가? 매니저가 넷일 경우에는 어떠한가? 여섯일 경우에는 어떠한가? 확실히 수익률 체감 법칙이 있는데 이 법칙은 첫 번째 매니저를 추가할 때부터 영향력을 발휘할지도 모른다. 우리는 이에 대해 확신할 수 없다. 아무튼, 이 전략은 좀처럼 사용되지 않는다.

4. **기본 자문 수수료를 낮추고 성과 수수료를 추가하라.** 투자자들에 대한 상대적 수익률을 위험에 빠뜨리지 않으면서 매니저들에게 후한 인센티브를 유지하는 것이 목표라면 정규 수수료는 낮추고 펀드의 수익률이 적절한 시장 인덱스 수익률보다 높을 때에만 인센티브를 추가하는 것은 어떤가? 간단한 예로 기본 수수료를 1%에서 0.75%로 낮추고, 성과 수수료 0.25%를 추가하라. 문제는 인센티브가 (매니저에게) 대칭적이어야 한다는 것이다. 펀드 수익률이 시장 인덱스 수익률에 미치지 못하면 0.25%의 수수료 불이익이 가해져서 총 수수료는 0.5%로 낮아질 것이다. 이렇게 하면 공평해진다. 목표를 달성하면 대가를 받고, 달성하지 못하면 대가를 지불한다. 더 공평하게 하려면, 기준을 인덱스 수익률이 아니라 인덱스 수익률에 해당 펀드가 가령 과거 5년 동안 달성한 인덱스 대비 추가 수익률을 합한 수익률로 하는 것이다. 아마도 이것이 주주들이 기대하고 있는 수익률일 것이고, 그런 구조가 서로에게 공평하다는 점은 명백해 보인다.

아쉽게도 이러한 두 가지 유형의 인센티브 수수료(특히 두 번째 유형)는 주주들이 이의 실행을 요구하지 않으면 채택되지 않을 것이다. 이 업계에서 보편적이지 않았던 기본 인센티브 수수료는 점점 더 드물어지고 있다. 현재 7,000개의 뮤추얼 펀드 중 겨우 100개만 이 방법을 이용하고 있다. 매니저들은 아무것도 하지 않고서(성과가 좋든 나쁘든 수수료가 지급된다) 뭔가(높은 수수료)를 받는다. 그럼에도 불구하고 펀드 업계의 기존 수수료 문화에 대한 도전이 이루어지지 않고 있다.

5. **회전율과 수수료를 최소화하고 규모에 영향 받지 않는 뮤추얼 펀드를 제공하라.** 과거 수익률 형성에 거래 비용과 관리 수수료가 중요한 역할을 했다는 증거가 있으며, 현재 펀드 업계의 거대한 규모와 높은 수준의 수수료가 결합돼서 앞으로는 현재의 평범한 실적조차 달성하기 어려울지도 모른다는 사실을 감안하면 저회전, 저비용 펀드가 뮤추얼 펀드 투자자들에게 확고한 대안이 되지 않겠는가? 물론 그럴 것이다. 그러나 '장기투자' 라는 말은 대부분의 포트폴리오 매니저들의 사전에서 사라진 듯한데 이는 부분적으로는 향후에도 최고 자리를 유지할 일류 기업을 찾아낸다는 것은 어렵고, 부분적으로는 오늘날 대부분의 매니저들은 적극적이고 인내심이 부족한 부류들이기 때문이다. 이에 따른 논리적 결론은 인덱스 펀드를 제안하는 데 인덱스 전략은 확실히 투자자들에게는 월등한 이익을 제공하지만 자문사들에게는 작은 이익만을 제공한다.

꿈을 실현시킬 수 있다

지금까지는 위의 제안 중 어느 하나라도 진지하게 받아들인 펀드 조직이 거의 없었다. 단위당 거래 비용이 상승하고 있다는 증거에도 불구하고 포트폴리오의 회전율은 높고 줄어들 기미가 보이지 않는다. 신규 투자를 폐쇄한 펀드들은 거의 없고 폐쇄한 펀드들 중 많은 펀드들이 적절한 규모보다 훨씬 커진 뒤에 폐쇄했다. 외부 매니저 활용은 마치 10캐럿 다이아몬드처럼 희귀하다. 경비율이 계속 상승하고 있는데, 특히 새로 설정되는 많은 펀드들의 경비율이 높다. 인센티브 수수료는 여전히 드물 뿐만 아니라 사실상 포기되고 있다. (다른 분야에서는 혁신이 지나치게 많이 이루어지고 있지만) 펀드 혁신은 비용 효율적이고 세금 효율적인 펀드를 만들 기회를 무시해 왔다. 펀드의 규모 거대화라는 도전 과제에 대처하기 위한 최선의 대용물(인덱스 펀드)은 주로 기관 저축제도나 퇴직연금(역설적으로 세금 효율성에서 비롯되는 성과의 이점을 누리지 못하고 있다) 수탁자들이 회사의 직원들을 위해 이를 요구하고 있기 때문에 받아들여지고 있을 뿐 그 외에는 기피 대상이다. 다윗과 같이 작은 5천만 명의 펀드 투자자들이 합세해서 돌을 던지면 골리앗처럼 거대한 펀드 관리회사의 주의를 끌어서 그들에게 자산 규모 문제를 인식시킬 수 있다.

오늘날의 뮤추얼 펀드 산업은 규모, 금융시장에서의 영향력, 투자 제한, 비용과 주식시장에 미치는 영향력, 투자 결정과 실행 방법 면에서 초기와는 완전 다르다. 개별 뮤추얼 펀드 차원에서나 펀드 업계 전체적으로 볼 때 과거에 달성한 성과를 미래의 성과에 대한 안내자로 의존한다는 것은 극히 어려운 일이다.

현재의 성장률이 이어질 경우 불과 몇 년 내에 뮤추얼 펀드 매니저들은 아마도 미국 주식 전체의 40%를 지배하고 모든 주식 거래량의 3/4을 차지할 수도 있을 것이다. 뮤추얼 펀드 업계는 왜 규모의 문제에 대해 좀 더 솔직해지지 않는가? 우리는 왜 급격한 자산 성장이 이미 대부분의 거대한 펀드들과 펀드 업계 전체의 성격을 변화시켰다는 사실을 직시하지 않는가? 유동성은 중요하다. 비용도 중요하다. 세금도 중요하다. 그리고 규모는 모든 것을 망칠 수도 있다. 탁월한 성과는 기량이 있는 전문적인 매니저들조차도 달성하기 어려운 도전 과제가 되어 가고 있다. 펀드들이 이 문제들을 다루려하지 않는다면 투자자들이 계속해서 이 문제들을 제기해야 한다. 이러한 문제들이 해결되지 않은 채로 남겨진다면, 이 문제들이 펀드의 성과와 미래의 수익률에 엄청난 영향을 줄 것이다.

어떤 회사도(반복하지만 어떤 회사도), 어떤 투자자도 이 문제들로부터 면제될 수 없다. 투자회사들과 투자자들 모두 이 불협화음에 맞설 지혜가 있어야 한다. 뮤추얼 펀드 업계의 엄청난 성공은 "성공은 성공을 낳는다"

라는 말에 대한 생생한 증거다. 그러나 이 규칙은 이와 반대되는 명제인 "성공은 실패를 부른다"라는 말의 씨앗을 뿌리고 있다고 해도 무리가 아니다. 투자자들은 자신이 투자하고 있는 펀드만이 아니라 그들이 이의 조성에 기여해 온 거인과도 같은 뮤추얼 펀드 업계 전체의 자산 규모가 내포하는 모든 의미들을 고려해야 한다.

10년 후 — 불가능한 꿈

펀드 자산 규모의 거대함 다루기에 관한 대부분의 나의 꿈은 '불가능한 꿈'으로 판명되었다. 자산 규모가 회전율을 낮추리라는 나의 희망사항은 사산하였다(2009년의 회전율은 1998년의 회전율보다 훨씬 높다). 좀처럼 신규 투자자들에게 펀드 투자 문을 닫지 않는다(그렇게 하려면 펀드 매니저의 상당한 규율이 필요할 뿐만 아니라 그들에게 자신의 이익이 아니라 주주들의 이익에 따라 행동할 의향도 있어야 한다). 그리고 내가 알기로는 기본 자문 수수료를 상당히 낮추고, 이를 주주들을 위해 우수한 실적을 낸 인센티브 수수료로 대체한 펀드 매니저가 하나도 없다(그러한 인센티브 수수료는 궁극적으로 달성할 수 없는 성과를 요구하는 것일까?).

펀드 매니저가 여러 펀드를 관리할 것이라는 나의 예상은 어느 정도 적중했는데 이는 주로 하나의 회사가 다각화, 장기투자, 최소 수수료 협상 전략의 일부분으로 이 전술을 통합했기 때문이다(꾸준히 탁월한 실적을 내는 4~6개의 펀드 매니저를 고른다는 것이 가능하다고 기대해서가 아니다). 그리고 내가 지지하는, 규모에 무관하고 회전율이 낮은 인덱스 펀드가 성장하기는 했지만 이들의 성장은 주로 상장 지수 펀드(ETF)를 사용해서 놀라울 만큼 민첩하게 매매하는 투자자들을 유치한 데 기인한다.

펀드 업계는 여전히 자산 규모 문제에 맞서야 하는데 "규모가 실적을 망칠 수도 있다"는 말은 여전히 사실이다. 이 이슈는 2009년에도 1999년처럼 문제가 되었으며, 실상은 1999년보다 더 큰 문제가 되었다. 거대한 펀드 규모에 의해 생겨난 문제를 주의 깊게 고려하고 이 문제로 덫에 걸리는 것을 피할 책임은 여전히 펀드 투자자에게 있다.

1) Peter L. Bernstein, "Where, Oh Where, Are the 400 Hitters of Yesteryear?" *Economics and Portfolio Strategy* (April 15, 1998).
2) Excerpted from Warren E. Buffet's letter to Peter L. Bernstein, *Economics and Portfolio Strategy*(June 1, 1998).
3) Roger Lowenstein, "Why Closing Fidelity's Magellan Isn't Enough," *The Wall Street Journal*(September 4, 1997), p.C1.

Chapter 13

On Taxes
The Message of the Parallax

세금—시차(視差)의 메시지

관점의 작은 차이가 인식에 큰 변화를 가져오는 경우가 흔하다. 우리 눈 사이의 2.25인치 차이에 의해 만들어지는 각도가 물체를 3차원으로 볼 수 있게 해주는 시차(視差; parallax)에 해당하는 하나의 사례가 된다. 3장에서 설명한 것처럼 뮤추얼 펀드 투자에는 수익률, 리스크, 비용, 그리고 시간이라는 4개의 차원이 있다. 투자를 수익률과 리스크라는 토대에서 생각하는 것이 일반적이지만 나는 세 번째 차원으로 비용을 추가하면 투자 수익률 일반, 특히 뮤추얼 펀드 수익률을 훨씬 더 잘 이해할 수 있게 된다고 믿는다. 그래서 나는 시차(視差)의 원리를 뮤추얼 펀드에 적용한다.

뮤추얼 펀드의 상당한 운영비용이나 거래비용뿐 아니라 세금 비용도 고려하면 비용의 영향은 크게 확대된다. 세금이 펀드 수익률에 미치는 심대한 영향은 너무도 오랫동안 무시되어 온 주제다. 펀드 매니저들은 세금을 무시할 수 있다고 생각할지도 모르지만 펀드 투자자들이 이를 무시하면 낭패를 당한다. 현재 뮤추얼 펀드 포토폴리오의 장부상 자본 이득이 7천억 달러에 달할 것으로 추정되는데, 지금이야말로 세금이라는 주제에 대해 마땅한 관심을 기울여야 할 시기다. 확실히 해두자면 투자자들의 목표는 단지 세금 부담을 최소화하는 것이 아니라 가능한 최고의 순수익률을 달성하는 것이다. 그러나 역설적이게도 세금 최소화에 초점을 맞추면 세전 수익률을 감소시키지 않을 뿐만 아니라 이를 향상시키는 듯하다.

16년간의 강세장과 나란히 찾아온 잠재적 조세 채무의 엄청난 증가에 비추어 볼 때 세금을 뮤추얼 펀드 주식에 투자할 때 주요 비용 측면의 하나로 인식하는 것은 참으로 시의적절하다. 슬프게도 펀드 업계가 1997년에 실현한 1,800억 달러의 자본 이득에 대해 1998년 4월 15일에 펀드 투자자들이 납부한 세금을 논의하기에는 시기적으로 너무 늦었다. 그러나 이렇게 납부한 세금은 이미 지나간 일이지만, 이 이슈는 결코 사라지지 않았다. 1998년에 실현되고 배분된 자본 이득은 1998년도 소득으로 신고되고 이에 대한 세금을 1999년 4월 15일까지 납부해야 한다.

여기서 한 가지 주의할 점이 있다. 7천억 달러로 추정되고 있는 거액 미실현 조세 채무는 매우 불안정한 숫자로서 주가 수준 변화에 매우 민감하다. 주식시장이 하락하면 미실현 이득은 급감한다. 예를 들어 주식시장이 25% 하락하면 펀드 업계의 잠재적 순 조세 채무가 모두 사라지게 되고 시장이 25% 상승하면 잠재적 조세 채무는 두 배로 늘어나게 될 것이다. 세금이 펀드 투자 수익에 미치는 영향을 고려할 때 이처럼 높은 레버리지를 명심하기 바란다. 또한 이미 실현되었으나 아직 배분되지 않은 이득은 결국 배분될 테고 주식시장이 하락하여 업계의 미실현 이득이 완전히 사라지더라도 이미 실현된 이득을 배분받은 주주들은 이에 대해 세금을 납부해야 된다는 점도 기억해야 한다. 펀드 장부상의 거액 미실현 이득이 완전히 없어질 가능성은 높지 않으므로 시장이 어떻게 되든 오랫동안 상당한 자본 이득이 펀드 투자자들에게 배분될 것이다.

역설적이게도 뮤추얼 펀드 업계의 높은 회전율 정책이 세금 문제를 악화시켰다. 펀드 매니저들이 시장 수익률을 상회하기 위해 끊임없이 노력하느라(그런데 시장 수익률을 상회하지 못하고 있다) 포트폴리오를 회전시킴에 따라 이 활동이 과세 대상 주주들에게 추가로 짐을 지우고 있다. 즉, 절대

다수의 뮤추얼 펀드들이 보고하는 (세전) 수익률이 이미 시장 수익률에 상당히 미치지 못하고 있는데, 여기에 세금 비용마저 추가되어서 펀드 매니저들의 시장 수익률 하회 폭이 더 확대된다.

나는 앞에서 1998년 6월까지의 강세장 동안에 주식형 뮤추얼 펀드는 평균 16.5%의 수익률을 보인 반면 전체 주식시장은 18.9%의 수익률을 올렸다고 말했었다. 시장이 거의 연 20%의 수익률을 제공할 때에는 매년 2.4% 포인트의 수익률 하회(주로 약 연 2%의 비용에 의해 발생함)가 과도해 보이지 않을 수도 있다. 그러나 장기적으로는 시장 수익률이 5%라면 2.4% 포인트의 수익률 하회가 시장 수익률의 절반을 가져가는 셈이고, 시장 수익률이 10%라면 그 수익률의 1/4을 허비하는 셈이다.

잠시 '알파'에 대해 고려해 보자. 알파는 펀드가 부담한 상대적 리스크를 반영하기 위해 이를 조정한 주식시장 대비 펀드 수익률의 중요한 척도다. (모닝스타 뮤추얼 펀드는 가장 잘 알려진 출처다.) 뮤추얼 펀드는 평균적으로 지난 10년 동안 연 마이너스 1.9%의 알파(시장 대비 리스크 조정 수익률)를 제공했다(이는 '마이너스인 알파'로 알려져 있다). 달리 말하자면 펀드 투자자들이 번 연간 수익률은 그들이 기대했을 수 있는 수준보다 거의 2% 포인트 낮았다. 이 수치는 대략 업계의 비용과 같은 수준이다. 알파가 대개 펀드의 운영비용 및 거래비용 합계와 비슷한 것은 우연이 아니다. 그러나 이 수치는 세금이라는 숨겨진 비용을 고려하지 않는다.

10년 후　세금

내가 이 책의 초판에서 말한 것처럼 "시장이 어떻게 되든 오랫동안 상당한 자본 이득이 펀드 투자자들에게 배분될 것이다"라고 예언하기는 쉬운 일이었다. 그리고 실제로 그렇게 되었다. 1998년 이후 주식형 뮤추얼 펀드들은 주주(펀드 투자자)들에게 거의 1.5조 달러의 실현 자본 이득을 분배했다.

이 펀드들이 이 기간 동안 거의 수익을 내지 못했고 자본 상승이 없었음에도 불구하고, 그들은 해마다 주주들에게 (과거에) 실현한 이득을 많게는 2007년에 3,800억 달러를, 적게는 2003년에 77억 달러를 배분했다. 펀드들이 두 번의 주요 약세장(2000년에서 2002년까지, 2007년에서 2009년까지)에 입었던 손실도 이러한 분배와 이에 수반한 과세 대상 투자자들의 조세 부담을 막지 못했다(주식형 펀드 자산의 약 절반을 과세 대상 투자자들이 보유하고 있다. 또 다른 절반은 과세 이연 퇴직 연금이 보유하고 있다).

세금 — 업계의 불청객

세금 문제는 뮤추얼 펀드 업계의 불청객(black sheep)이다. 함께 살 수 없는 사촌이나 술을 너무 많이 마시는 삼촌처럼 세금은 보지 않으면 기억에서 사라진다. 그러나 투자자들은 세금 문제를 외면할 수 없다. 왜냐하면 뮤추얼 펀드의 이익(income. 세금과 관련된 맥락에서는 이익은 배당 수입과 이자 수입을 의미함. 역자 주)에 대한 세금과 펀드의 끊임없는 포트폴리오 매도에 의해 창출된 자본 이득 분배에 대한 세금, 그리고 (최소한 최근의 후한 강세장 동안의) 과세 대상 자본 이득에 대한 세금을 납부하는 사람들은 바로 펀드의 주주들이기 때문이다. 포트폴리오 매니저의 실적은 세전 수익률로 측정되고 이를 통해 칭찬을 받으면서 국세청이 이 수익의 상당한 부분을 가져가는 데에는 신경을 쓰지 않는 이분법이 성행하고 있다. 자신의 결정이 세금에 미치는 영향에 대해 고민하느라 시간을 보내는 포트폴리오 매니저들은 별로 없다.

1924년에 뮤추얼 펀드가 처음 만들어진 이후 펀드 업계는 사실상 세금 문제를 무시했다. 사실 펀드는 수십 년 동안 총수익률을 기초로 판매되기보다 '더 많은 이익 추구'를 토대로 판매되었다(1940년대 및 1950년대 초에 주식 수익률은 평균 8%였고, 채권 수익률은 평균 2.5%였다. 이 차이를 상상해 보라!). 펀드 업계는 흔히 이익 배당과 자본 이득 분배의 차이를 무시했다. 이 둘을 합해서 '총 배분 수익률'이라 불렀는데 이러한 관행은 1950년부터는 법적으로 허용되지 않는다. 최근에는 과세 이연 개인 퇴직 계좌(IRA)와 401(k) 기업 퇴직 연금이 전면에 부상해서 세금에 주의를 훨씬 덜 기울이게 되었다. 사실 주식형 펀드 자산의 40%를 보유하고 있는 과세 이연 퇴직 연금 투자자들이 펀드 산업 성장을 견인하는 세력이다. 이 계좌들에 투자하는 사람들은 세금 문제로 신경을 쓰거나 실제로 세금을 납부할 필요가 없다.

그러나 펀드 자산의 60%를 보유하고 있는 다른 투자자들은 세금에 대한 고려를 무시할 여유가 없다. 그들은 해마다 그들이 받는 펀드 자본 분배금액에 대해 세금을 납부해야 한다. 그럼에도 뮤추얼 펀드들은 자신의 투자 전략, 포트폴리오 예상 회전률, 이득 실현 정책이 세금에 미치는 함의에 대해 적절히 공개하지 않는다. 전형적인 펀드 투자 설명서에서 '배당금, 자본 이득, 세금'이라는 제목 아래의 설명을 읽어보면 다음과 같이 되어 있을 것이다. "이 펀드는 매년 경비 제외 후 순이익과 증권 매각으로 자본 이득이 있을 경우 이 이득의 거의 전부를 배분합니다. 배당금과 단기 자본 이득은 일반 수입으로 과세됩니다. 장기 자본 이득 분배금은 장기 자본 이득으로 과세됩니다." 이는 적절한 공시이기는 하지만 충분하지는 않다.

포트폴리오 매니저, 연금 스폰서, 판매사들은 펀드들이 세금 문제에 그다지 주의를 기울이지 않는다는 것을 알고 있다. 그들은 이 중요한 사실을 무시하지 말고 투자자들이 주의를 기울이게 해야 한다, 나는 투자 설명서에는 다음과 같이 필요한 사항을 훨씬 더 많이 공개해야 한다고 생각한다.

이 펀드는 세금에 대해 고려하지 않고 관리됩니다. 그러나 이 펀드의 예상 포트폴리오 회전율 수준에 비추어 볼 때 이 펀드가 자본 수익의 많은 부분을 매년 과세 대상 자본 이득의 형태로 실현 및 분배할 가능성이 높으며 상당 부분은 일반적인 소득세율의 적용을 받는 단기 이득 형태로 실현될 가능성이 높습니다(일부 펀드들은 마지막 문구를 수정할 수 있을 것이다).

알려진 사실이 오늘날의 투자 설명서에 공개되지 않는 데에는 두 가지 이유가 있는 듯하다. 그것은 부주의 때문이거나 투자자들에게 과도한 세금이 그들의 총수익률에 미치는 부정적인 영향에 초점을 맞추도록 장려할 경우 펀드의 마케팅 노력을 해칠 것이라는 우려 때문이다. 이유가 무엇이든, 나는 위에 기술한 문장이 투자 설명서의 세금에 대한 고려 공개의 (현저한 부분은 아니더라도) 중요한 부분으로 포함되어야 한다고 믿는다. 오늘날에는 완전한 공개가 당연시되어야 한다.

10년 후	업계의 불청객

내가 아는 한 어느 펀드도 초판에서 추천했던 권고를 받아들이지 않았으며 세금에 관해 정직하게 공개하지 않았다.

세금 이연의 괄목할 만한 가치

펀드들에 의한 비교적 신속한 자본 이득 실현으로 야기된 심각한 문제는 투자자들이 거의 즉각적으로 이에 대한 세금을 납부해야 한다는 점이다. 그럼에도 자본 이득 세금 이연의 커다란 가치는 보편적으로 무시되는 것 같다. 간단히 말하면 세금 이연은 세금이 이연되는 기간만큼 미국 재무부로부터 무이자 대출을 받는 것과 마찬가지다. 언젠가는 세금을 내겠지만 그때까지는 낼 필요가 없다.* 10년 무이자 대출, 또는 25년 무이자 대출의 가치를 생각해 보라. 이를 계산해 보면 더 좋다. 10년 동안 상환이 연기된 1달러 대출의 현재 가치는 47센트다. 25년 만기 대출의 현재 가치는 15센트에 불과하다. 그러나 뮤추얼 펀드의 역사를 보면 1달러 투자액을 25년 동안 보유해서 85센트의 이익을 내는 것은 말할 것도 없고 10년간 보유해서 53센트의 이익을 낼 것으로 예상되는 펀드는 5%에 지나지 않는다.

1998년 말 뮤추얼 펀드들은 7천억 달러(주식형 펀드 자산의 25%)의 자본 상승분을 보유하고 있는 것으로 추정되는데 이는 과세 대상 주주들이 약 1천억 달러의 잠재적 조세 채무를 부담하고 있음을 의미한다. 1998년 중에 2천억 달러의 순 자본 이득이 실현되어서 연말에 배분되었다. 남은 자본 이득 중 5천억 달러는 아직 실현되지 않았지만 시장 가격이 동일한 수준으로 유지된다고 가정하면 이 미실현 이득은 궁극적으로 실현되어서 세금을 납부하게 될 것이다. 1998년에 실현된 거대한 자본 이득 배분은 약 1,500억 달러의 장기 이득과 500억 달러의 단기 이득으로 구성되었을 가능성이 높다. 아마도 이 2천억 달러 중 800억 달러는 세금 이연 퇴직 연금 투자자들이 수령했을 것이다. 그럴 경우 1998년에 과세 대상 투자자들이 받은 1,200억 달러의 이득은 300억 달러가 넘는 추정 조세 채무를 안고 있을 것이다. 투자자들이 이를 납부할 준비가 되어 있기를 바랄 뿐이다.

1999년에는 외부 환경이 상황을 악화시킬 수 있다. 주식시장이 하락해서 펀드 주식 청산액이 신규 투자액보다 많아지면 1주당 배분이 증가할 것이다. 반대로 시장이 상승하면 더 높은 가격에 신규 자금이 유입되

---

* 사실은 투자자 사망 시 투자가 수익자에게 상속되면 세금을 낼 필요가 없다. 그 경우 원래의 투자 원가는 사망 당시의 시장 가치로 상향 조정된다.

어서 1주당 배분을 희석시킬 것이다. 그래서 지금까지는 뮤추얼 펀드의 미실현 이득이 주가 상승에 비해 작았던 것이다. 신기하게도 투자자들은 10달러어치의 포트폴리오에 가령, 미실현 자본 이득에 대한 2.5달러의 잠재적 조세 채무를 안고 있는 펀드에 10달러를 지불하는 데 반대하지 않는 듯하다. 하락장에서 주가가 떨어지면 그럴 가능성이 높지는 않지만, 미실현 손실을 보유한 비교적 새로운 펀드 투자자들이 상당한 금액의 과세대상 자본 이득 배분을 받을 수도 있다(펀드 회계 실무 관행은 이상한 결과를 낳는다. 그러면, 보유하고 있는 미실현 손실을 감안할 경우 전체적으로는 이익을 내지 못하고 있는 투자자들이 실현된 자본 이득에 대해 세금을 내야 한다. 마지막 문장은 역자가 추가했음. 역자 주). 미리 경고를 받으면 미리 대비할 수 있다.

이 모든 점에 비추어 장기적인 맥락에서 세금의 영향을 살펴보기로 하자. 이익(income) 배분 측면에서는 특이하게도 어느 면에서는 세금 영향이 긍정적이다. 1998년 말에 주식형 뮤추얼 펀드들은 (비용 공제 전에) 약 1.9%의 총이익을 냈다(펀드들의 주식 보유 포지션에서는 약 1.2%의 이익을 냈으며, 자산의 10%에 해당하는 채권과 현금 보유 포지션에서는 약 7%의 이익을 냈다). 그러나 연간 펀드 비용률은 평균 1.5%여서 주식형 펀드 투자자들이 받은 과세 대상 이익은 0.5%도 되지 않았다. 비용이 펀드 이익의 약 75%를 소모했다. 역설적인 뮤추얼 펀드 세계에서는 경비율이 높을수록 총수익률의 이익 부분이 세금 면에서 더 효율적으로 된다. 그러나 이처럼 뒤틀린 예에 반영되어 있듯이 세금 효율성을 위해 너무 큰 대가를 지불하고 있다. 어떤 의미에서는 뮤추얼 펀드 비용은 정규 세금이 납부되기도 전에 총이익의 75%를 공제해 주는 셈이다. 그것은 대서특필한 '이상한 나라의 엘리스'다.

세금이 알파에 미치는 또 다른 영향이 있다

세금이 자본 부분에 주는 영향은 완전히 딴판이다. 여기에서는 '세금 비효율적'이라는 말이 뮤추얼 펀드의 특성이다. 말하자면 수익률의 이익 부분에서 입었던 세금 상의 축복은 훨씬 큰 자본 이득 부분에 대한 독에 압도된다. 간단한 예를 들어보자. 지난 15년간 뮤추얼 펀드는 평균적으로 연 14%의 수익률을 향유했다. 이 수익률 중 3%는 이익에서 왔고 11%는 자본 이득에서 왔으며 그 중 8%가 실현되었다고 가정하자. 나아가 자본 이득의 30%는 단기 자본 이득이라고 가정하자(이러한 가정들은 업계의 실제 경험과 근사하다). 이익에 대한 세율이 평균 33%라고 가정하면 세금이 수익률을 1% 포인트(=3×0.33, 역자 주) 감소시킬 것이다. 자본 부분에서는 과세 대상 단기 자본 이득에 대해서는 이익에 대해서와 마찬가지로 33%의 세율이 적용되고 장기 자본 이득에 대해서는 25%의 세율이 적용되어서 세금이 수익률의 2.2% 포인트(=(8×0.7×0.25)+(8×0.3×0.33), 역자 주)를 가져갈 것이다. 전체적으로 세금은 리스크는 변화시키지 않은 채 주식형 펀드들이 달성했다고 발표한 평균 수익률 14%를 10.8%로 낮추는 셈이다.[1]

실상 세금은 상대적 수익률에 매우 부정적인 영향을 준다. 로버트 제프리(Robert H. Jeffrey)와 로버트 아노트(Robert D. Arnott)는 《저널 오브 포트폴리오 매니지먼트》에 게재한 탁월한 논문 '당신의 알파는 세금을 커버할 만큼 충분히 큰가?'[2]에서 그렇지 않다는 결론을 내린다. 나는 "아니다. 당신의 알파는 세금에게 산 채로 먹힌다"라고 덧붙이고자 한다. 앞에서 본 것처럼 지난 10년간 주식형 펀드는 주로 비용 때문에 이미 연 −1.9% 포인트의 마이너스 알파를 기록했다는 사실을 감안하면 이 상황은 더 심각해진다. 세후 기준으로 하면 이러한 마이너스 알파는 −5.1%(비용 차감분 1.9%, 이익에 대한 세금 차감분 1%, 자본 이득에 대한 세금 차감분 2.2%, 역자 주) 포인트로 세전 마이너스 알파의 거의 세 배가 된다. 전문 투자자들은 모두 성공적인 투자는 어려운 게임이라는 걸 안다. 그러나 불필요하게 지불되는 일부 펀드 비용과 세금이 투자를 더 어렵게 한다. 펀드 매니저의 수익률에서 펀드 비용과 세금이 공제될 때에는 이 게임이 얼마나 더 어려워지는지 아는 개인 투자자들도 일부 있기는 하지만 모든 펀드 투자자들이 이 사실(과 수치)에 대해 솔직하게 설명을 들어야 한다. 이 5.1% 포인트의 수익률 잠식은 지난 10년간 주식시장 수익률의 1/4이 넘는다.

펀드 포트폴리오 회전율이 치솟다

이렇게 되는 주된 이유는 뮤추얼 펀드들의 과도한 포트폴리오 회전율의 산물임을 인식할 필요가 있다. 펀드 회전율이 25년 전에는 평균 연 30%였는데 오늘날에는 거의 평균 90%다. 개인 투자자들은 주식을 수십 년간 보유할 수도 있고 가족들은 주식을 여러 세대 동안 보유할 수도 있지만 뮤추얼 펀드들은 세금의 영향에 대해서는 고려하지 않은 채 아무 걱정없이 일시적 가격 변동에 기초해서 서둘러 주식을 매매한다. 이 행태는 과세 대상 투자자들의 수익률을 대폭 하락시킨다.

더구나 일부 펀드 매니저들은 여차하면 주식을 매매하기 때문에 많은 자본 이득들이 본질상 단기(1년 미만)이고 일반 세율로 과세된다. 최근에는 펀드 자본 이득의 약 30%가 이 범주에 들어가지만, 소위 1997년의 납세자 구제법(Taxpayer Relief Act) 하의 '초단기' 이득에 대한 해묵은 제한이 종료됨에 따라 이 수치가 더 올라갈 수도 있다. 이제 포트폴리오 매니저들은 펀드 이익의 몇 %까지라는 제한 없이 30일 이내에 자본 이득을 실현할 수 있다. 뮤추얼 펀드 주주들에게는 법 개정에 의해 어떤 경제적 가치가 창출되었는지 모호하다.

펀드 회전율이 낮아져서 자본 이득 실현 문제를 완화할 가능성은 그리 높지 않다. 펀드 회전율을 150%에서 100%로 낮추더라도 별로 상관이 없다. 대부분의 자본 이득들은 아주 재빠르게 실현된다. 권위 있는 한 연구는 세금 부담을 상당히 줄이기 위해서는 회전율이 20% 이내로 떨어져야 한다고 제안한다. 그러나 회전율이 몇 %이든 투자자들에게 내재된 무이자 대출의 가치를 누리지 못하게 함으로써 투자자들이 향유할 수 있는 순수익률에 부정적인 영향을 준다.

펀드의 기본 전략이 회전율을 제한할 경우에는 어떻게 되는가? 펀드 투자자들에게 좋은 일이 발생한다. 납부해야 할 세액이 줄어들고 세후 수익률이 올라간다. 이처럼 아주 단순하다. 세금이 이연될수록 투자자들이 펀드 주식을 1년 더 보유하기로 할 때마다 수익률이 상당히 올라간다. 그리고 세금 제거를 통해(예를 들어 투자자의 상속인들이 투자자 사망 시 상속 가액을 시가로 상향시켜 주식을 받을 경우) 세후 수익률을 더 높일 수도 있다.

펀드 매니저 교체는 도움이 되지 않는다

새로운 펀드 매니저에게 펀드를 관리하게 할 경우 회전율을 낮추려는 좋은 의도의 정책이 있더라도 회전율이 치솟는다(그리고 상당한 자본 이득이 실현된다). 펀드 매니저 교체 빈도가 높아진 이 시대에 이러한 일이 발생한다. '수퍼스타' 매니저들은 거액 연봉이나 기업가적 본능, 또는 자신이 관리하는 펀드의 거대한 자산 규모로 인해 탁월한 실적을 낼 능력이 방해받는다는 사실에 의해 다른 곳으로 옮겨갈 수도 있다. 어떤 이유에서든 현재 펀드 포트폴리오 매니저들의 평균 임기는 겨우 5년이다.

이것이 과세 대상 뮤추얼 펀드 투자자들에게 매우 중요한 이슈임은 말할 나위가 없다. 제프리 컴퍼니의 사장 제임스 갈란드(James P. Garland)는 이렇게 말했다. "과세 대상에 투자하는 것은 패자의 게임이다. (세금과 비용에) 가장 적게 잃는 사람들이 모든 게임이 끝날 때 가장 많이 이기게 되어 있다."[3] 갈란드는 1971년에서 1995년까지 25년 동안의 전형적인 펀드와 절세형 인덱스 펀드 투자자의 가상 세후 수익률을 비교했다. 이 기간 동안 S&P 500 지수는 복리 (세전) 12.0%의 수익률을 올렸다. 평균적인 뮤추얼 펀드는 비용과 세금 공제 후 복리 8.0%의 수익률을 기록했고 절세형 뮤추얼 펀드는 비용과 세금 공제 후 복리 10.2%를 기록했다([그림 13-1]을 보라).

펀드 최종 총수익의 16%를 펀드 매니저에게, 그리고 44%를 정부에 넘겨주고 나서 펀드 투자자는 이론적인 비과세 시장 수익률의 약 40%를 챙겼다. 세금이 관리되는 인덱스 펀드에서는 최종 가치의 6%가 펀드 매니저에게 귀속되었고 27%가 정부에 돌아갔으며 투자자에게는 67%가 남았다. 투자자가 이 기간 초에 1백만 달러로 투자를 시작했을 경우 전형적인 뮤추얼 펀드에 투자했다면 최종 가치가 680만 달러였을 터이고, 저비용 절세 펀드에 투자했더라면 최종 가치가 1,130만 달러로 증가했을 것이다.

[그림 13-1] 비용—세번째 차원: 펀드 비용과 세금 합산, 1백만 달러 투자, 25년 수익률 (1971~1995)—시장 수익률 12.0%

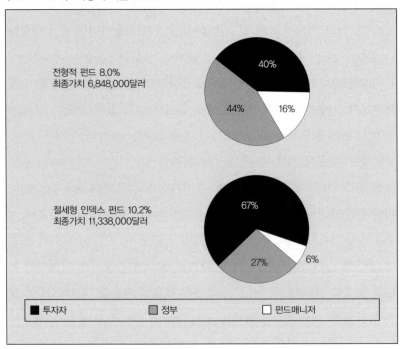

전형적 펀드 8.0%
최종가치 6,848,000달러

40%
44%
16%

절세형 인덱스 펀드 10.2%
최종가치 11,338,000달러

67%
27%
6%

■ 투자자   ■ 정부   □ 펀드매니저

복잡한 심정으로 말하건대 갈란드의 방법론은 전형적인 펀드의 수익률을 과대평가했다. 이 방법론은 펀드의 경비율을 1%로 가정했으며 펀드 포트폴리오 거래 비용을 무시했다. 그러나 내가 언급한 것처럼 오늘날 펀드들이 부담하는 총비용은 평균 2% 이상이다. 이 방법론은 또한 실상은 아마도 펀드의 자본 이득 중 약 1/3이 실제로는 (당시의) 단기 자본 이득 세율 36%로 과세되었음에도 모든 자본 이득들이 장기 자본 이득 세율(28%)로 실현되었다고 가정했을 것이다.* 이 연구는 또한 절세형 인덱스 펀드의 결과를 다소 과소평가했다. 이 연구는 절세 펀드의 경비율은 0.2%가 더 현실적임에도 이를 0.3%로 가정했다. 그러나 위에서 제기한 점들을 감안하지 않아서 전형적인 펀드에게 의심스러울 경우 피고에게 유리하게 한다는 혜택을 주더라도 세금 및 비용이 뮤추얼 펀드에 미치는 영향은 경악할 만한 수준이다.

10년 후 | 세율

2003년에 장기 자본 이득에 대한 연방 최고세율은 20%에서 15%로 인하되었으며 단기 자본 이득에 대한 최고세율은 40%에서 35%로 인하되었다. 이 세율들은 2010년에는 이전 수준 또는 그 이상으로 인상될 가능성이 있는 듯하다. 물론 주세 및 지방세는 투자자들의 부담을 훨씬 더 무겁게 한다.

---

* 현재(1999년)에는 장기 자본 이득에 대한 최고 세율은 20%이며, 단기 이득(또는 보통 소득)의 최고 세율은 40%다.

좋은 해법: 인덱스 펀드

이쯤이면 독자들은 최소한 과세 대상 계좌에 대해서는 뮤추얼 펀드는 잊어버리거나 뮤추얼 펀드가 제공하는 귀중한 분산 투자를 달성하기 위한 더 좋은 방법이 있어야 한다고 생각할 것이다. 그런데 실제로 더 나은 방법이 있다. 고비용과 과도한 세금의 부정적 영향을 회피하고 금융시장의 법칙이 허용하는 만큼의 긍정적 알파를 달성할 수 있다. 비교적 소수이기는 하지만 최소 비용과 최소 세금 부담 하에 운용되는 펀드들이 있다. 이들은 대부분 광범위한 시장 지수에 기초한 펀드(예를 들어 S&P 500 지수에 기초한 펀드)이거나 전체 주식시장을 복제하는 지수(윌셔 5000 주식 지수) 펀드들이다. 이들의 지수 구성에 대한 중대한 변화는 좀처럼 일어나지 않기 때문에 이들(특히 윌셔 지수)의 전략은 잘 통하고 있다.

S&P 500 지수의 세후 수익률부터 분석해 보자. 우리는 배당금에서 소득세를 차감하고, 자본 이득 실현은 없으며 모든 자본 이득 세금은 이연되는 것으로 가정할 것이다. 1983년 6월부터 1998년 6월까지 15년간 세전 수익률은 17.2%였는데 세금의 영향을 −1.5%(주로 소득세에 기인함)로 가정하면 세후 수익률은 15.7%로 세전 수익률의 91%가 된다.

이제 실제 세계로 들어와서 비교 수치를 계산해 보자. 평균적인 뮤추얼 펀드의 15년 세전 수익률은 13.6%였으며 세금은 2.8%여서 세후 수익률은 10.8%(세전 수익률의 79%)였다. 비교를 위해서 〈표 13-1〉에서 뱅가드 500 지수 펀드의 기록을 보여준다. 이 펀드의 세전 수익률은 16.9%였고 이 중 1.9%가 세금으로 납부되어서 15.0%의 순수익률을 남겼다. 그 결과 뱅가드 500 지수 펀드의 순위는 94퍼센타일에서 97퍼센타일로 상승했다. 지수 펀드의 세전 수익률 우위는 주로 적극적으로 관리되는 전형적인 뮤추얼 펀드가 부담한 고비용에 기인하며, 세후 수익률 우위는 대개 회전율이 높은 업계의 관행에서 비롯된 무거운 세금 부담에 기인했다.

이 15년의 기간 동안(이 시기가 지수를 주도했던 대형주 주식들에게 좋은 시기였던 것은 사실이다) 저비용에 초점을 맞추는 전략은 인덱스 펀드가 뮤추얼 펀드 업계의 최상위 근처에 위치하는 데 도움이 되었다. 인덱스 펀드의 세금 최소화 전략은 인덱스 펀드의 수익률 순위를 최고에 더 가깝게 끌어 올렸다. 소극적으로 관리되기 때문에 숙련된 포트폴리오 매니저의 이점도 없는 펀드가 15년 동안 세후 수익률 기준으로 모든 주식형 펀드들의 97%보다 우위를 보였다는 사실은 시시한 위업이 아니다.

다시 말하거니와 실적이 나쁜 뮤추얼 펀드들은 경쟁에서 떨어져 나가고 수익률 계산에서도 제외되었기 때문에 이 수치들은 일반적인 뮤추얼 펀드들의 수익률을 어느 정도 과대평가한 수치다. 그리고 5장에서 보여준 것처럼 이러한 생존 편의가 펀드 업계가 발표하는 수익률에 미치는 영향은 사소한 사안이 아니다. 〈표 13-1〉에 제시된 평균적인 뮤추얼 펀드의 수익률에 대해 이 편의를 수정한다면 지수 대비 일반 펀드의 실적 하회는 훨씬 더 커졌을 것이다.

〈표 13-1〉 S&P 500 지수 펀드와 평균적인 뮤추얼 펀드의 수익률 비교

	수익률			
	1998년 6월 30일 까지의 15년		2009년 5월 30일 까지의 15년	
	세전	세후	세전	세후
인덱스 펀드	+16.9%	+15.0%	6.7%	6.1%
평균적인 뮤추얼 펀드	+13.6	+10.8	5.4	3.7
인덱스 펀드의 우위	+3.3%	+4.2%	1.3%	2.4%
인덱스 펀드가 일반 펀드를 앞선 비율	94%	97%	52%	72%

그러나 공정을 기하자면 인덱스 펀드 수익률도 지수 자체의 수익률보다 낮은데 이는 포트폴리오 거래 비용과 운영비용에 의해 인덱스

펀드 수익률이 축소되기 때문이다. 아무리 작다 할지라도 실제 세계에는 이 비용들이 존재한다. 예를 들어 1983년에서 1998년까지 뱅가드 500 인덱스 펀드는 세전 수익률 16.9%, 세후 수익률 15.0%를 기록했지만 인덱스 자체의 세전 수익률은 17.2%였고 세후 수익률은 15.7%였다.

10년 후 좋은 해법

2009년 중반까지 15년 동안 대체로 가혹한 시장 상황이 전개되었음에도 인덱스 펀드는 1988년 중반까지의 15년 동안에 달성했던 수익률 우위와 유사한, 그러나 그때보다 더 큰 우위를 보였다. 인덱스 펀드는 6.7%의 세전 연 수익률을 기록했지만, 평균적인 주식형 펀드는 (판매 수수료와 생존자 편의를 조정한 후) 5.4%만을 기록해서 인덱스 펀드에 1.3% 포인트 뒤졌다. 세후 수익률도 이전의 비교에서와 마찬가지로 세전 수익률 열세보다 1.1% 포인트 더 큰 2.4% 포인트의 수익률 열세를 보였는데 이전 시기에는 이 폭이 4.2% 포인트였다(다른 방식으로 표현하자면 최근 시기의 세후 수익률 하회 폭은 39%로서 이는 이전 시기의 수익률 하회 폭 28%보다 더 악화된 수치다).

결과가 확인되다

이 분석 결과는 독립적인 다른 연구들에 의해서도 확인되었다. 가장 엄격한 연구는 스탠포드 대학교의 조엘 딕슨(Joel M. Dickson)과 존 쇼븐(John. B. Shoven)에 의해 수행되었다. 그들은 1992년까지 10년 동안 주식형 뮤추얼 펀드 중위(median) 세후 수익률은 연 10.7%였던 반면 S&P 500을 본뜬 실제 뮤추얼 펀드는 연 13.4%의 세후 수익률을 기록했음을 발견했다. 연 2.7% 포인트의 세후 수익률 우위로 인덱스 펀드 수익률 순위가 세전 79퍼센타일에서 세후 87퍼센타일로 상승했는데 이는 147개 펀드 표본에서 인덱스 펀드보다 높은 세전 수익률을 기록했던 31개 펀드 중 10개 펀드를 세후 수익률에서 앞서게 된 결과다.[4]

인덱스 투자의 저비용 우위가 지속될 것이라는 점은 확실하다. 그러나 자본 이득 실현 이연이 지속될 것이라는 점은 덜 확실할 수도 있는데 그 이유는 다음과 같다. 첫째, 인덱스 펀드들은 낮은 회전율 때문에 장기간에 걸쳐 미실현 이득을 축적하게 되어 있다. 그런데 언젠가는 이러한 이득 중 일부가 실현될 수도 있다. 둘째, 자본 이득 실현을 피하고자 하는 인덱스 펀드의 의도에도 불구하고 주주들의 펀드 환매 사태로 가격이 크게 상승한 보유 포트폴리오를 청산해야 할 경우도 있을 수 있다. 그럼에도 장기간 동안의 과세 이연에 큰 가치가 있으며 제한된 기간 동안의 과세 이연에도 상당한 가치가 있음을 고려할 때 적극적으로 관리되는 전통적인 펀드에 비해 인덱스 펀드에 의해 제공되는 잠재적 세금 우위가 지속되지 않는 상황을 상상하기는 어렵다.

더 좋은 해법: 절세 펀드

마침내 뮤추얼 펀드 주주들이 직면한 세금 문제에 대해 일반적인 인덱스 펀드보다 더 좋은 해법을 제공하는 새로운 펀드들이 개발되고 있다. 1994년에 전통적인 인덱스 펀드들의 세금 효율성 개선에 관심이 있는 어느 펀드 그룹이 업계 최초로 첫 번째 시리즈의 저비용 절세 펀드들을 개발했다. 가장 인기가 있는 형태는 아래와 같은 사항들에 토대를 두고 있다.

- 시장 지수 전략을 사용하지만 이익에 대한 세금 부담을 최소화하기 위해 성장주와 저배당주를 강조한다.
- 가격이 하락한 포트폴리오의 손실을 가능하면 최대로 실현해서(이는

'손실 수확'이라고 알려져 있는 관행이다) 자본 이득이 실현될 경우 이를 상쇄한다.

- 손실을 보고 매도한 주식을 30일 뒤에 대체한다(그 사이에 포트폴리오에서 이들 주식이 빠짐으로써 인덱스 매칭의 정확성이 다소 떨어질 수도 있다).
- 주식을 5년 안에 환매하면 벌칙을 부과(거래 수수료를 징수함)해서 펀드와 잔존 주주들에게 지급함으로써 주주 기반을 장기 투자자로 제한한다. 그러한 벌칙은 갑작스러운 주식 환매 가능성을 최소화하기 위해 고안되었다.
- 최저 비용 인덱스 펀드와 같은 수준의 저비용을 유지한다.

비교적 짧은 기간에 대한 이들 절세 펀드의 실적을 기초로 판단하자면 이 접근법은 잘 통하는 것 같다. 벌칙 조항 때문에 환매는 업계 표준에 비해 매우 적은 수준이다. 투기적인 단기 투자자가 없으며 아직까지는 자본 이득도 실현되지 않았다. 게다가 이 펀드들은 적극적으로 관리되는 비교 대상 펀드들보다 월등한 수익률을 제공했다.

보다 최근에는 업계의 다른 펀드들도 이러한 접근법에 반응하기 시작했다. 20개가 넘는 펀드들이 절세 펀드를 표방하며 창설되었다. 그러나 인덱스 전략을 추구하는 펀드들은 별로 없으며 환매를 제한하기 위해 벌칙 수수료와 같은 가시적인 조치를 취한 펀드들도 별로 없다. 이 펀드들의 경비율은 적극적으로 관리되는 다른 펀드의 표준보다 낮지 않아서 또 다른 핵심 우위를 살리지 못한다. 전반적으로 이들의 투자 목표는 과도한 회전율을 피하고자 하는 의도를 제외하면, 전통적인 펀드들과 동일하다. 더구나 이 펀드들이 불가피한 포트폴리오 매니저 교체를 경험하면 어떻게 될지 확실하지 않다. 전체적으로 이러한 부정적인 면들로 인해 이 펀드들이 알파를 잠식하는 세금이나 비용을 크게 줄이기는 어렵다.

그러나 절세 펀드들이 적절하게 구성되면 뮤추얼 펀드 업계의 강자가 될 것으로 보인다. 나는 1997년 납세자 구제법의 세율 인하로 절세 펀드가 더 강해졌다고 믿는다. 종전의 법률 하에서는 자본 이득 세율이 28%로서 한계 최고 소득세율 40%에 비해 12% 포인트 낮았었다. 새로운 자본 이득 세율은 20%로서 최고 소득세율 40%에 비해 20% 포인트 낮다. 이 변경으로 장기 자본 이득의 세금 감면이 12% 포인트에서 20% 포인트로 늘어났다. 장기 자본 이득의 세금 감면이 1.7배 확대되어 세금 장기 이연의 가치가 더욱 강화되었다. 그러나 회전율이 높은 펀드(주식 보유 기간이 평균 1년 미만)의 주주들은 여전히 단기 자본 이득에 대해 일반 소득세율로 과세되어서 장기 자본 이득에 대한 과세 이연의 귀중한 가치를 희생당한다.

새로운 아이디어—60년 된 아이디어

뮤추얼 펀드 업계에는 고액 연봉을 받는 창의적이고 상상력이 풍부한 인재들이 즐비한데 왜 뮤추얼 펀드의 세후 수익률을 향상시킬 수 있는 더 나은 방법을 고안하는 사람이 없었는가? 확실히 그렇게 할 기회는 널려 있다. 한 가지 아이디어를 설명하고자 한다. 여러 종목의 우량 블루칩 성장주를 매입해서 근본적인 상황이 크게 달라지지 않는 한 이를 보유하는 펀드를 생각해 보자. 이 펀드를 관리할 새로운 워런 버핏을 어디에서 발견할 수 있을 것인가? 솔직히 말해서 나는 그런 사람을 발견할 가능성이 있는지 모르겠다. 이에 대한 대안으로 S&P 성장주 인덱스에 편입된 종목 중 50대 주식(이는 성장주 종목 시가 총액의 80%를 차지하며 전체 주식시장 시가 총액의 30%를 차지한다)을 매입하는 펀드는 어떤가? 이 펀드는 가격이 변하더라도 포트폴리오를 조정하지 않고 이들 50개 종목을 보유한다. 인수가 일어날 경우 인수된 회사를 유지한다. 보유 종목 중 한 회사가 현금을 받고 매각되면 수령액을 성장주 중 다음으로 큰 회사 주식이나 펀드에서 보유하고 있는 다른 종목 주식에 재투자한다(어떤 선택을 하든 큰 차이가 없을 것이다).

이러한 펀드는 매니저가 필요 없을 테니 최소한의 운영비용만 들 테고, 경비율은 아마 0.2% 정도가 될 것이다. 아주 높은 환매 수수료를 부과하거나 환매일에 대한 강력한 제한(환매일을 각 분기의 마지막 영업일로 제한)을 둠으로써 주주들의 환매에 대한 익스포저를 최소화한다. 마지막으로 펀드 주식이 환매될 때에도 환매 자금을 마련하기 위해 보유 주식을 매도하지 않는다. 투자자에게 포트폴리오에 보유하고 있는 시장성이 매우 높은 증권을 지급한다(대용 증권 환매). 이러한 방침을 미리 설명한다. 환매하는 투자자들이 부담하게 될 자본 이득세는 다른 방법을 사용하는 펀드에서와 동일하고 이 펀드의 절세 전략은 흠 없이 유지될 것이다. 이러한 절차로 인해 자잘한 기회는 이 펀드에 매력적이지 않게 될 것이다. 이는 펀드 주주들에게 좋은 일이다. 그리고 장기적으로 보면 이러한 건전한 정책으로 인해 멸종 위기에 처하게 될 장기 투자자들을 유치하기가 보다 쉬워질 것이다.

이에 대한 잠재적 보상은 매우 크다. 주식시장이 평균 세전 10%의 수익률을 제공할 경우 평균적인 펀드들(경비율을 2%로 가정함)이 제공하는 세전 수익률은 8%가 되고, 세후 수익률은 6.5가 될 것이다. 매입 후 보유 전략을 구사하는 저비용 펀드는 총수익률 10%와 경비율 0.2%로 세전 수익률 9.8%, 세후 수익률 9.0%를 달성할 수 있다. 이는 보수적인 가정인데 왜냐하면 가상적인 세후 수익률 차이 2.5% 포인트는 과거 15년 동안 적극적으로 관리되는 펀드와 S&P 지수 세후 수익률 사이에 존재했던 실제 차이 4.3% 포인트를 훨씬 밑도는 수준이기 때문이다.

장기 투자자에게는 이러한 수치들이 다이너마이트와 같은 거대한 폭발력을 지닐 것이다. 10만 달러를 25년 동안 투자할 경우 적극적으로 관리되는 펀드의 세후 최종 가치는 483,000달러이지만 매입 후 보유하는 펀드의 경우 862,000달러로서 적극적으로 관리되는 펀드 최종 가치의 거의 두 배에 달하게 된다. 펀드 비용과 세금 모두 아주 중요하다고 말해도 무방하다.

잠재적 리스크는 아주 작다. 리스크 관련 수치는 다음과 같다. 현재 전체 투자 대상 주식의 30%를 차지하는 50대 성장주들은 나머지 70%에 비해 25년 동안 연 3.0% 포인트 이상 저조한 실적을 보일 수도 있겠지만 궁극적으로는 어떤 펀드를 선택하더라도 (세전 수익률) 차이가 없게 될 것이다. 효율적 금융시장이라는 강력한 힘이 그러한 차이를 없앨 것이다. 역사적으로 보면 과거 60년 동안 성장주와 가치주의 수익률은 거의 같았다(10장을 보라). 우리의 가상적인 펀드가 장기적으로 낮은 수익률을 실현할 가능성은 높지 않다. 단순할지 몰라도 놀라운 사실 중 하나는 폭넓은 분산 투자가 시장의 성과에 비해 중대하게 저조하거나 월등한 성과를 내기는 어렵다는 것이다. 간단히 말하자면 이러한 펀드에서는 단순히 비용(운영 경비와 세금상의 불이익)의 수익률 잠식을 최소화함으로써 리스크–수익 프로필이 매우 유리해 보인다. 이것이 두 눈으로 보는 3차원의 견해다.

과거의 경험을 살펴보면 당시에 성장주를 고평가된 가격에 매입하기는 했지만, 이러한 성장주가 장기적으로 시장 수익률을 하회할 리스크를 평가하는 데 도움이 될 것이다. 제레미 시겔(Jeremy J. Siegel)은 1965년에서 1972년까지 '묻지마' 투자 기간 중의 유명한 니프티 피프티(50개의 멋쟁이; Nifty Fifty) 성장주 실적 연구에서 이 질문에 답하도록 도움을 준다. 《저널 오브 포트폴리오 매니지먼트》에 게재한 논문에서 시겔 교수는 1971년 초(거의 시장의 최고점)에 고평가된 이들 50개 주식에 균등한 비중으로 매입해서 묶어둔 포트폴리오가 그 후 25년 동안 시장 수익률을 약간 앞섰음을 보여주었다.[5] 이 포트폴리오에 편입된 50개 종목 중 일부는 실적이 좋았다. 필립 모리스는 연 21% 상승해서 최고 수익률을 기록했으며 맥도날드(+18%), 코카콜라와 디즈니(각각 +16%)도 그 뒤를 바짝 따랐다. 실적이 나빴던 종목도 있었다. MGIC 인베스트먼트는 연 4.6% 넘게 하락했고, 에머리 에어 프라이트(-1%)도 실적이 나빴으며, 폴라로이드(+2%)와 제록스(+5%)도 거의 꼴찌를 기록했다.

세전 수익률 기준으로 니프티 피프티 포트폴리오는 연 평균 12.4%의 수익률을 기록해서 주식시장 수익률 11.7%를 0.7% 포인트 앞질렀다. 그러나 세후 수익률 기준으로는 이 포트폴리오의 우위가 상당히 벌어진다. 니프티 피프티 포트폴리오의 수익률 우위는 연 2% 포인트로 높아졌다(9.8% 대 7.8%). 돌이켜보면 높은 가격에 매입했던 성장주를 지향한 정태적 포트폴리오가 거둔 과거의 장기 수익률은 확실히 이 개념이 타당함을 입증한다. 시초에 1만 달러를 투자했을 경우 이 기간 말의 세후 포트폴리오 가치는 니프티 피프티 포트폴리오는 98,000달러인데 반해 주식시장 전체적으로는 63,000달러였다. 물론 평균적인 뮤추얼 펀드는 이 기간 동안 시장 실적에 크게 뒤졌다.

10년 후   절세 펀드와 새로운 아이디어

"절세 펀드가 뮤추얼 펀드 업계의 강자가 될 것으로 보인다"라고 한 나의 예측은 빗나갔음이 입증되었다. 현재 미국의 절세형 주식 펀드는 26개에 불과하며 이들 중에는 실적이 뛰어난 펀드가 있는가 하면 초라한 실적을 보이는 펀드도 있다. 나의 예측이 빗나간 것은 아마도 부분적으로는 2000년대 초의 세율 인하 때문일 것이다. 세율이 오르면 펀드들이 다시 세금에 초점을 맞추게 될 것이다. 그러나 대부분의 주식형 펀드 포트폴리오는 현재 상당한 미실현 손실을 안고 있으며, 궁극적으로는 이 손실을 이용해서 포트폴리오에서 발생하는 장래의 이득을 상쇄할 것이다. 그 결과 향후 몇 년 동안은 자본 이득 배분이 훨씬 덜 중요한 요인이 될 것이다.

그러면 '새로운 아이디어'는 어떻게 되는가? 이 아이디어는 여전히 유효하다. 투자 대중에게는 여전히 50개 성장주로 구성된 포트폴리오(니프티 피프티 포트폴리오) 매입 보유 전략이 제공되어야 한다. 그러한 전략이 성장주 인덱스 펀드, 절세형 적극 관리 성장주 펀드, 또는 절세형 S&P 인덱스 펀드에 대비해 매력 있는 대안이 될지는 두고 볼 일이다.

해 아래 새 것은 없다

구약 성서의 전도서는 "해 아래 새 것이 없다"라고 말한다. 고대의 이 격언은 어느 의미에서는 이 '새로운' 아이디어에도 적용된다. 뮤추얼 펀드 역사가들 중에는 매입 후 보유라는 아이디어를 최초로 신임하게 해준, 1938년에 창설된 유사한 펀드를 기억하는 사람들이 있을 것이다. 투자 종목이 고정된 신탁형 파운더스 뮤추얼 펀드(Founders Mutual Fund)는 당시의 36개 블루칩 주식을 선정하여 각각의 주식을 같은 비중으로 매입한 뒤, 1983년에 이 전략을 포기할 때까지 이 주식들을 보유했다. 파운더스 펀드는 45년 동안 시초에 보유했던 36종목의 주식을 그대로 보유했다. 이 종목들 중에는 IBM, 프락터 앤 갬블, 듀퐁, 유니온 퍼시픽, 이스트먼 코닥 등이 있었는데 이 회사들은 (정의상) 내구력이 있을 뿐만 아니라 성공적인 기업들이었다.

파운더스 펀드는 전략을 바꾸기 전에(최초 5년의 실적은 찾을 수 없었다) 연평균 10.3%의 세전 수익률을 올렸는데, 이 기간 중 S&P 500 지수 세전 수익률은 11.4%였다. 이 수익률 격차의 일부는 0.5%의 펀드 운영 경비에 기인한 것이다. 흥미롭게도 이 수익률은 메사추세츠 투자자 신탁(Massachusetts Investors Trust; MIT, 해당 기간 중 최대의 주식형 펀드) 수익률 10.3%와 같았다. 세후 수익률을 정확하게 계산할 수는 없었지만 기록을 보면 파운더스 펀드는 이 기간 동안 소액의 자본 이득만을 배분한 반면, MIT 신탁은 상당한 이득을 배분했다. 간단히 말해서 파운더스 펀드가 세후 수익률 경주에서 이겼다.

1935년에 창설돼서 30개 주식에 투자했던 렉싱턴 코포레이트 리더스 펀드(Lexington Corporate Leaders Fund)라는 유사한 펀드는 22년간 펀드 업계 기준으로는 인상적이게도 S&P 500 지수와 거의 같은 수익률을 올렸다 (15.6% 대 15.7%, 모닝스타 데이터베이스를 이용해서 초창기의 수익률도 비교할 수 있다). 이 비교는 파운더스 펀드의 데이터와 더불어 오직 한 가지 사실을 증명한다. 시초에 투자 종목이 고정된 대형 블루칩 주식 리스트를 선정하고 무슨 일이 있더라도 이를 보유하는 펀드는 비용 공제 후, 세전 수익률 기준으로 충분히 경쟁력이 있는 결과를 낼 수 있다. 그렇게 함으로써 이 펀드는 다른 펀드들에 비해 상당한 수준의 세후 수익률 차이를 낼 수 있다. 펀드 업계는 영리하고 세금을 의식하는 투자자들에게 그런 펀드를 제공할 책임이 있다.

개별 주식 대 뮤추얼 펀드

최근에 개별 주식에서 빠져나와 뮤추얼 펀드로 투자자 자본이 산사태와 같이 몰려들고 있다. 과세 이연 개인 퇴직 계좌와 기업 퇴직 연금에 투자하는 투자자들에게는 여러 모로 좋은 점들이 있다. 펀드의 비용이 너무 클 수도 있지만, 펀드는 개인 투자자들이 달성할 수 없는 분산 투자와 전문적인 투자 감독을 제공한다. 그러나 과세 대상 투자자들에게는 뮤추얼 펀드 이득의 상당 부분이 너무 이른 자본 이득 실현에 의해 잠식된다. 자본 이득이 배분되면(연방법에 의해 반드시 배분되어야 한다) 펀드 주주들은 비과세 복리 효과의 현저한 이점을 상실하게 되며, 때로는 너무 단기간에 실현된 자본 이득을 배분 받아서 장기 자본 이득세율 20%가 아니라 펀드가 보유 기간 12개월 이

내의 포트폴리오에 대해 실현한 이득에 적용되는 최고세율 40%를 적용받을 수도 있다.

치열하게 경쟁하는 자본주의라는 실제 세계에서 펀드 업계가 오래전에 과세 대상 투자자들의 필요를 만족시키는 목표들과 전략들을 갖춘 다양한 뮤추얼 펀드들을 제공했으리라고 기대할 수 있을 것이다. 그러한 전개가 불가피해 보이기는 하지만 아직은 탄력을 받지 못하고 있다. 나는 그 이유가 세금의 영향에 대한 투자자들의 인식 결여(거대한 주식시장 환경에 비추어 볼 때 이는 아마도 불가피할 것이다)에 대한 펀드 업계의 타성 때문이라고 생각한다. 또한 펀드 업계가 소극적으로 투자하고 회전을 최소화하며 우량주를 보유하고 비용이 낮은 인덱스 펀드를 닮은 목표와 전략을 지닌 새로운 펀드들을 제공하기를 꺼리는 것도 이유일 것이다. 그런 펀드들을 만들면 투자자들의 이익에는 도움이 되겠지만, 대부분의 펀드 관리회사들의 재무적 이익에는 도움이 되지 않을 것이다. 펀드 업계에는 혁신이 거의 없었으며(내가 이 장에서 설명한 '오래된' 펀드조차도 투자자들에게 새로 제공되지 않고 있다) 투자자들에게는 만족스러운 선택들이 별로 없다.

그러나 투자자들(또는 최소한 스스로 분산 투자를 할 수 있는 재력을 지닌 투자자들)에게 방법이 없는 것은 아니다. 그들은 뮤추얼 펀드를 포기하고 직접 주식들을 살 수 있다. 그런 전략이 어느 정도 리스크를 증가시킬 수는 있지만, 관련이 없는 비즈니스 라인의 15개에서 20개의 블루칩 성장주를 보유함으로써 주식 선정과 관련된 리스크의 많은 부분을 분산할 수 있다. 그러나 이 전략은 펀드 투자의 세금 부담(계속 증가하는 펀드 보유 비용에 가산됨)을 현저히 줄일 수 있기 때문에 확실히 수익률을 높여줄 것이다. 영리한 투자자들은 리스크 증가를 상쇄하고도 남을 정도로 세후 수익률을 높임으로써 장기 수익률을 현저히 향상시킬 수 있다. 개인 투자자들이 개별 주식을 보유하면 이득 실현을 스스로 통제할 수 있다. 투자자들은 아래와 같은 질문에 대해 자신과 가족의 상황에 가장 적합한 대답을 할 수 있다.

- 단기 이득을 실현해서 40%의 세금을 내야 하는가?
- 이득이 장기라 하더라도 세금을 납부한 뒤에 보유하게 될 실현 자본 이득의 80%를 보다 생산적으로 재투자할 수 있을 것인가?
- 최소한 하나 또는 두세 종목이 대박을 터뜨려 잘못된 선택(그럴 가능성이 매우 높음)을 만회해 주기를 바라면서 매입 후 영원히 보유 해야 하는가?

세금 관리는 투자자들에게 매우 중요한 문제다. 뮤추얼 펀드 업계 가 세금 관리를 제공하는 생산적인 투자 전략을 제공하려 하지 않는 다면, 상당수의 투자자들은 어쩔 수 없이 다른 길을 가게 될 것이다. 펀드 업계는 영리한 투자자들의 자산 관리에 대한 독점권을 가지고 있지 않다.

세금 전략

이 장의 목표는 과세 대상 펀드 투자자들에게 뮤추얼 펀드 투자에서 수령하는 세후 수익률을 최대화하기 위한 영리한 투자 전략을 개발하도 록 도움을 주는 것이었다. 뮤추얼 펀드 업계의 이례적으로 높은 포트폴 리오 회전율(이는 세금 면에서 매우 비효율적이다)에 비추어 볼 때 전체 주식시장 또는 S&P 500 지수와 같이 큰 시장 부문에 초점을 맞추는 소극적 관리 형 인덱스 펀드, 대형 성장주에 투자하는 지수 지향 절세 펀드, 투자 종 목이 고정된 포트폴리오를 제공하는 펀드들이 다시 제공될 경우 이러한 펀드들이 최선의 대안들이다.

그러나 투자자들의 세금 전략에는 또 하나의 핵심적인 문젯거리가 있

다. 가족의 자본 축적에 적격 퇴직 연금들(401(k), 403(b), 개인 퇴직 계좌(IRA))
이 매우 중요해졌다. 일반적인 과세 대상 계좌와 과세 이연 계좌 사이의
배분이 중요한 결정 사항이 되었다. 상식적으로 볼 때 채권처럼 소득 지
향적인 자산은 과세 이연 계좌에 배치하고, 역사적으로 수익의 많은 부
분을 자본 이득으로 제공했던 주식과 같은 성장 지향 자산들은 과세 대
상 계좌에 둬야 한다. 논리는 간단하다. 당기 소득은 최고 40%의 세율로
과세되는 반면 자본 이득은 20%의 낮은 세율로 과세된다. 보다 중요하
게는 자본 이득 실현은 무한히 이연되어서 사실상 미국 재무부로부터 무
이자 대출을 받는 것과 동일한 효과를 얻을 수도 있다.

그러나 뮤추얼 펀드들은 과세 대상 주주들에 대한 배려 없이 이 상식
을 뒤엎었다. 존 쇼븐(John Shoven)은 과세 대상 계좌와 과세 이연 계좌 사
이의 주식 펀드와 채권 펀드 배분을 조사했다.[6] 그는 30년 기간 동안 대
부분의 투자자들은 주식형 펀드를 과세 이연 계좌에 유지하고 비과세 지
방채를 과세 대상 계좌에 보유했을 경우 최대의 최종적인 부를 축적할
수 있었음을 발견했다. 쇼븐은 분석 시 주식의 총수익률은 12%이고 지
방채 총수익률은 5.4%로 가정했다.

회사채 펀드(그의 연구에서는 7.2%의 수익률을 올렸다)를 과세 이연 랩 계좌에
배치하고 주식 펀드를 과세 대상 계좌에 두면 더 큰 수익을 가져다주지
않을까? 결국 주식의 자본 이득이 실현되지 않는 한, 12%의 총수익률
중 주식형 펀드가 개인 퇴직 계좌에 비해 세금으로 희생하는 부분은 그
리 많지 않을 테고, 투자자들은 지방채보다 회사채에서 더 높은 수익률
을 올리지 않겠는가?

이처럼 명백해 보이는 정책은 통하지 않는데 이는 주로 뮤추얼 펀드
업계가 과세 대상 주주들의 필요에 별로 주의를 기울이지 않기 때문이
다. 주로 과도한 회전율 때문에 전형적인 주식형 펀드 매니저는 세전 수
익률이 12%일 때 8.5%의 세후 수익률을 실현한다. 일련의 장기 및 단기

자본 이득 배분을 통해서 펀드 매니저는 주식시장 이득의 30%를 불필요하게 세무당국에 넘겨준다. 쇼븐 교수는 대부분의 주식형 펀드의 배분 패턴에 비춰 볼 때 장기 투자자는 주식형 펀드를 과세 이연 계좌 안에 두고 비과세 지방채 펀드를 이연 계좌 밖에 둠으로써 최종적인 부를 극대화할 수 있다는 결론을 내린다.

그러나 모든 뮤추얼 펀드가 다 그런 식으로 될 필요는 없다. 쇼븐의 연구는 포트폴리오 회전율이 훨씬 낮은 인덱스형 펀드 계좌의 세후 수익률을 보여주는 예도 제시한다. 전통적으로 관리되는 주식 펀드인 펀드 A와 인덱스 주식 펀드인 펀드 B의 실적을 비교하는 〈표 13-2〉는 쇼븐 교수가 발견한 사실을 요약해 준다. 두 펀드 모두 세전 수익률은 12%로 같지만, 펀드 A는 이 수익률의 10%를 배분한다(4%는 단기 자본 이득으로, 6%는 장기 자본 이득으로 배분한다). 펀드 B는 12% 수익률 중 2%만 배분한다(1%의 단기 이득과 1%의 장기 이득으로 구성됨). 쇼븐 교수가 이 배분액에 대해 세금을 고려하자 펀드 B는 펀드 A에 비해 2.3% 포인트의 우위를 보였는데, 이는 펀드 A 세후 수익률의 25%에 해당하는 수치다.

세금 효율적 주식 펀드를 갖춘 투자자들은 쇼븐 교수의 비전통적인 처방을 뒤집어 과세 대상 채권펀드를 연금 계좌 안에 보유하고, 세금 효율적 주식 펀드를 연금 계좌 밖에 보유함으로써 더 많은 자본을 축적할 수 있다. 1만 달러를 주식과 채권에 5천 달러씩 투자하여 30년간 보유할 때의 최종 가치가 〈표 13-3〉에 나와 있다.

그럴 경우 세금 면에서 매우 효율적인 주식형 펀드를 사용하면 계산이 완전히 달라진다. 채권을 연금 계좌에 사용하고 주식을 연금 밖의 전형적인 세금 비효율적 계좌에 사용하는 투자자는 72,000달러의 최종 가치를 기록해서 쇼븐 교수의 배분에서 축적한 자본 대비 32,000달러를 덜 남기게 된다. 그러나 동일한 50/50전략이 세금 효율적 주식형 펀드를 사용하면, 이 경우의 자본 축적은 112,000달러로 쇼븐 교수의 배분에 비해

8,000달러를 더 남기게 된다. 이 경우 결과가 완전히 뒤집어졌다. 채권을 연금 계좌에 사용하면 32,000달러의 부족을 8,000달러의 초과로 변화시킨다(투자자 사망 시 상속인의 과세 대상 주식 계좌 취득 원가가 시장가로 상향조정되기 때문에 상속 자산의 세금 이점도 있다).

〈표 13-2〉 세금 비효율적 주식형 펀드와 세금 효율적 주식형 펀드의 세후 수익률

	배당과 단기 이득	장기 자본이득	적립된 자본이득	세전 수익률	세후 수익률
비효율적 펀드 A	4%	6%	2%	12%	8.5%
효율적 펀드 B	1	1	10	12	10.8

〈표 13-3〉 세금 비효율적 주식 펀드와 효율적 주식 펀드 사용시 축적된 부*

	주식은 연금 계좌 안에 지방채는 연금 계좌 밖에 유지하는 경우	과세대상 채권을 연금 계좌 안에, 주식은 연금 계좌 밖에 유지하는 경우	차이
비효율적 펀드 A	$104,000	$72,000	-$32,000
효율적 펀드 B	104,000	112,000	+8,000

* 수익률 가정: 지방채 5.2%, 비과세 ; 회사채 세전 7.4%, 세후 4.4% ; 보통주, 세전 12%, 펀드 A에서는 세후 8.5%, 펀드 B에서는 세후 10.8%

대부분의 투자자들은 어느 정도의 주식과 어느 정도의 채권을 과세 대상 계좌와 과세 이연 계좌 모두에 보유하기를 원할 것이다. 그러나 현재 401(k) 연금이나 전통적인 개인 퇴직 계좌에서와 같은 과세 이연 계좌에 투자할 수 있는 금액인 연간 10,000달러에서 12,000달러가 넘는 상당한 금액을 투자하는 사람들에게는 쇼븐 교수의 연구가 퇴직 연금과 전통적인 저축 계좌 사이의 최적 자산 배분에 대한 합리적인 지침을 제공한다. 이 결정은 투자자의 세금 전략의 중요한 초점이 되어야 한다.

3차원 시차(視差)의 관점

투자자들은 단지 세금 최소화뿐만 아니라 세후 수익률 최대화의 중요성도 깨달아야 한다. 투자자들은 뮤추얼 펀드 투자의 3개 차원인 수익률, 리스크, 비용을 모두 고려해야 한다. 과세 대상 투자자들은 반드시 세금은 비용임(그것도 상당한 비용임)을 인식해야 하며, 이제 뮤추얼 펀드 매니저도 이 사실을 인식해야 한다. 이전의 전략을 제공하는 전통적인 뮤추얼 펀드들이 더 생겨날 필요는 거의 없어 보이지만, 과세 대상 투자자들만을 위한 서비스를 제공할 목적으로 고안된 새로운 펀드에 대한 필요는 충분하다. 50종목의 미국 블루칩 성장주 주식 리스크를 분산 소유하는 종목 고정 신탁이 그러한 대안 중 하나다. 오늘날과 같은 글로벌 시대에는 75개의 세계 최대 성장주 고정 종목에 투자하는 종목 고정 자매 신탁이 또 다른 대안이다. 이 신탁들의 리스트는 멋질 것이다. 그러나 어떤 주식들이 선정되든, 종목 고정 신탁은 최소 비용으로 운영되고 현금흐름을 제한하도록 구조화되어야 한다.

이 장에 나오는 아이디어들과 개념들은 아무리 명백하고 단순하다 할지라도 오늘날의 펀드 업계에 대한 나의 3차원 관점과 완전히 일치한다. 내가 논의한 새로운 펀드는 최근의 많은 펀드들과는 달리 당시에 유행하는 전략을 이용하려는 또 하나의 일시적인 유행이 아니다. 이 펀드는 오래된 기본 사항들을 활용하는 지속 가능한 개념에 기초한다. 펀드 업계는 단기적으로 투기적인 투자자들에게 가장 잘 팔릴 수 있는 것들에 초점을 맞추는 대신, 영리한 투자자들에게 장기적으로 가장 도움이 될 수 있는 것들을 제공해야 한다. 그런 펀드를 도입하는 시기에는 리스크가 따르지만 그것은 다른 신규 펀드 도입 시기에도 마찬가지다. 세계 시장, 특히 미국 시장은 오늘날 너무 확대된 것처럼 보일 수도 있지만, 내가 전에 했던 충고가 여기에도 적용된다. 당신이 시장보다 더 많이 안다고 생각하지 마라. 아무도 시장보다 더 많이 알지 못한다.

지금이야말로 뮤추얼 펀드 매니저들이 세금이라는 중요한 문제에 대해 눈을 뜨고, 자신의 투자 정책을 검토하고, 3천만 명이나 되는 펀드 업계의 과세 대상 주주들이 정당한 몫을 받고 있는지 고려해야 할 때다. 뮤추얼 펀드들만 투자자들의 사랑을 받는 것은 아니다. 펀드 매니저들이 그들의 의사 결정시 지속적으로 세금의 영향을 무시할 경우 투자자들에게는 직접 분산된 개별 주식들을 보유하고, 자본 이득 실현에 대해 자신이 통제권을 가지는 대안이 있다. 세금 효율적인 다른 투자 수단들도 출현하고 있는데, 이 중 '스파이더' 단위 신탁과 '다이아몬드' 단위 신탁이 유명하다. 이들은 본질적으로 각각 S&P 500 지수와 다우존스 산업 평균 지수를 복제하며 미국 주식 거래소에 상장되어 있다. 뮤추얼 펀드들이 미국 가정들의 투자 대안으로 남아 있으려면 그런 경쟁에 직면해야 할 것이다.

10년 후   3차원 시차의 관점

역설적이게도 상장 펀드들 자체는 일반적으로 세금 효율적인데, 상장 펀드의 주식은 투자자들에게 활발히 거래된다. 이는 펀드들이 자본 이득을 배분하지 않음에도 투자자들은 단기 트레이드에서 이익을 남기면 소득세를 납부하게 됨을 의미한다(기술적으로 정확하게는 단기 자본 이득세를 납부하지만 단기 자본 이득은 소득세율로 과세되기 때문에 결과적으로는 같은 결과를 초래하게 됨. 역자 주). 전에 언급한 것처럼 스파이더 펀드는 현재 회전율이 하루에 40%나 될 정도로 엄청나게 거래되고 있다.

내 결론은 전과 동일하다. (1) 투자자들은 세금 최소화뿐만 아니라 세후 수익률 최대화의 중요성도 깨달아야 한다. (2) 뮤추얼 펀드 매니저들은 세금이라는 중요한 문제에 대해 눈을 떠야 한다. 1999년에서 2009년까지 잃어버린 10년의 주식시장의 여파로 과세 대상 이득 창출이 비교적 정체될 수도 있겠지만 시장이 영원히 내려가지는 않는다. 더구나 2010년에는 장기 자본 이득과 단기 자본 이득에 대한 세율이 모두 상당히 인상될 가능성이 있다. 어느 경우에든 과세 대상 투자자들은 소극적 인덱스 펀드, 또는 잘 관리되며 회전율이 낮은 적극 관리형 뮤추얼 펀드, 또는 장부에 상당한 미실현 손실을 지니고 있는 펀드들을 강조할 필요가 있다.

1) T. Rowe Price Associates에서 수행한 유사한 연구는 1996년까지의 20년 동안 세금이 세전(그리고 공개적으로 보고된) 수익률을 3.9% 포인트 감소시킨 것으로 추정했다. Donald J. Peters와 Mary J. Miller, "Taxable Investors Need Different Strategies," *Journal of Investing* (Fall 1998): pp.37-44.
2) Robert H. Jeffrey and Robert D. Arnott, "Is Your Alpha Big Enough to Cover Its Taxes?" *Journal of Portfolio Management* (Spring 1993): pp.15-25.
3) James P. Garland, "The Attraction of Tax-Managed Index Funds," *Journal of Investing* 6 (Spring 1997): pp.13-20.
4) Joel M. Dickson and John B. Shoven, "Mutual Funds and Taxes: An Investor Perspective," ed. James Poterba, *Tax Policy and the Economy* 9 (1995).
5) Jeremy J. Siegel, "The Nifty-Fifty Revisited: Do Growth stocks Ultimately Justify Their Price?" *Journal of Portfolio Management* (Summer 1995): pp.8-20.
6) John B. Shoven, "The Location and Allocation of Assets in Pension and Conventional Savings Accounts" (working paper, March 1998).

Chapter 14

On Time
The Fourth Dimension-Magic or Tyranny?

시간—네 번째 차원, 마법인가 횡포인가

기하학의 언어는 현명한 장기투자 요소에 대한 비유적 묘사와 은유의 비옥한 원천이 되었다. 과거에 나는 삼각형을 사용해서 투자 수익률 형성에 있어서 수익률, 리스크, 비용의 상호작용을 묘사했지만, 삼각형은 단지 평평한 2차원 평면상에 존재한다. 길이, 넓이, 깊이의 3차원 공간을 지닌 직육면체가 투자의 이 세 가지 핵심 요소들을 나타내는 데 더 유용한 도형이다. 직육면체는 수익률의 동태적 벡터들 사이의 복잡하고 동시적인 상호작용을 더 잘 나타내 준다. 그러나 아인슈타인이 지적했 듯이, 우리는 공간만이 아니라 시간도 있는 세계에서 살고 있다. 그는 시간을 네 번째 차원으로 파악했는데 투자의 세계에서도 마찬가지다.

달리 말해서 투자 수익률에는 네 개의 차원이 있다. 그 중 셋은 길이(나는 이를 수익이라고 묘사할 것이다), 넓이(리스크), 깊이(비용)의 공간적 차원이다. [그림 14-1]은 네 개의 차원들이 어떻게 상호작용 하는지를 보여준다. 이들 각각의 차원이 미치는 영향에 대해 분명히 이해하지 못하거든 투자하지 말고, 동일한 기준을 충족하지 못하는 재무 프로그램을 개발하지 마라.

나는 먼저 수익, 리스크, 비용의 차원에 관하여 앞에서 설명한 내용들을 다시 간략히 살펴보고 나서 시간 차원을 살펴볼 것이다. 이 네 개 차원들은 감질나게 (때로는 복잡하고 때로는 미묘하게) 얽혀 있다. 현명한 투자자라면 이들 중 어떤 요소도 무시할 수 없다. 투자 목적 달성이라는 빛에 비추어 이들 각각에 적절한 가중치를 부여하는 것이 도전 과제다. 상식과 규율에 입각해서 그렇게 하는 것이 건전한 투자 프로그램 개발의 열쇠다.

[그림 14-1] 투자의 네 가지 차원

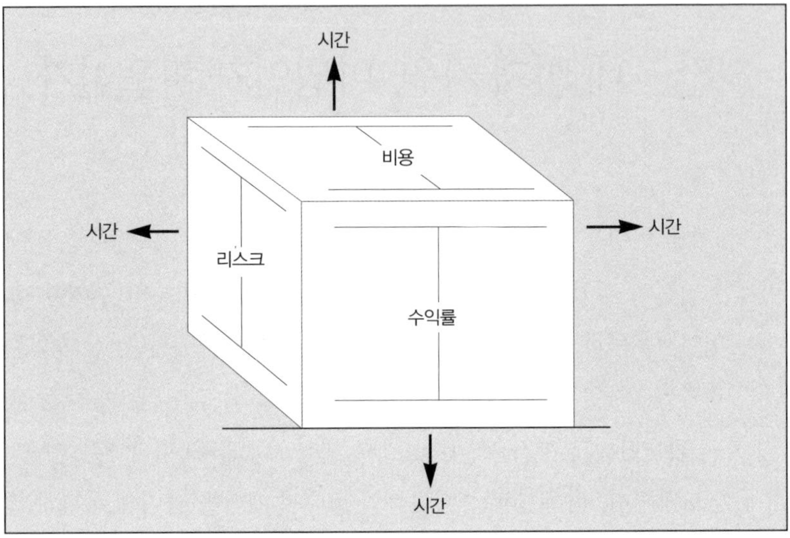

수익—첫 번째 차원

[그림 14-1]에서 나는 '길이'를 수익을 묘사하는 데 사용했는데 이는 길이가 2차원 평면에서 더 긴 쪽에 해당되기 때문이다. 수익은 확실히 부의 축적 과정에서 가장 중요한 요인이다. 뮤추얼 펀드가 미국 가정의 압도적인 투자 수단으로 자리를 잡아왔던 지난 15년 이상의 기간을 돌이켜보면 수익은 거의 당연하게 여겨진 듯하다. 그 기간 동안에 전체 주식시장은 연 17.2%라는 놀라운 수익률을 달성했다. 그 결과 투자자가 1982년 말에 주식시장에 1만 달러를 투자했다면 비용과 세금을 무시할 경우(그럴 수 있다면 말이다!) 현재 자산은 117,000달러로 증가해 있을 것이다. 이 풍요의 시기에는 많은 투자자들에게 자산 포트폴리오 구축이 쉬워 보였다.

그러나 금융시장은 장기적으로는 참으로 현저한 평균 회귀 경향을 보였다. 1802년 이후 181번의 회전 15년 단위 기간 중 지난 15년 동안에 기록한 연 평균 12.6%의 (인플레이션 조정 후) 실질 수익률(약 7%의 장기 평균 수익률의 거의 두 배에 해당함)보다 높았던 적은 9번에 지나지 않았다는 사실을 놓치면 현명하지 않은 처사일 것이다. 그러한 수익률이 조만간 반복될 가능성은 거의 없어 보인다. 활황장이 시작되었고 주가가 주당 순이익의 7.9배 수준으로 형성되었던 1982년 중반에 비해 현재의 투자 펀더멘털은 확실히 매력이 떨어진다. 1998년 후반기에는 주가가 순이익의 27배 수준으로 형성되어서 1982년 중반보다 세 배가 넘게 고평가되어 있다. 1982년에는 1달러의 배당을 받기 위해서는 주식에 16달러를 투자하면 되었다(배당 수익률 6%). 오늘날에는 1달러의 배당을 받으려면 거의 71달러가 소요되어서(배당 수익률 1.4%) 1982년에 비해 거의 네 배 비싸게 가격이 형성되어 있다. (배당은 더 이상 중요하지 않다고 이야기하지만 나는 이 말을 납득할 수 없다.) 1달러의 배당에 대해 71달러를 지불하는 것이 너무 비싼 가격이 아니라 해도 너무 비싼 가격이 되는 수준이 분명히 존재할 것이다.

10년 후 | 배당금과 배당 수익률

(거품이 낀 1990년대 후반의 강세장에서는 사실상 무시되었던) 배당은 여전히 중요하다는 나의 우직한 확신은 옳았다. 몇 년 동안은 1달러의 배당금을 받기 위해 70달러를 지불하는 것이 과도하지 않은 것 같았다. 2000년 초에는 놀랍게도 그 가격이 99달러로 올랐다. 그러나 언제나 그렇듯이 현실성을 되찾게 되었다. 2009년 중반에는 배당금 1달러에 대한 가격이 38달러로 떨어졌다. 주가가 폭락한 결과 2009년 배당이 23% 하락할 것으로 추정되지만, 배당 수익률은 더 높아질 것으로 예상된다.

리스크—두 번째 차원

현재의 주가 수준으로 볼 때 대부분 투자자들의 전체 투자 생애 기간보다 가까운 장래의 수익 전망이 더 불확실할 것으로 보인다. 따라서 수익 전망 조사 시 반드시 투자 수익률의 두 번째 차원인 리스크를 고려해야 한다. 투자 용어에 있어서 리스크와 수익의 관계는 공간적 용어로 말하자면 평면 공간상의 더 짧은 쪽인 넓이와 길이의 관계와 같다. 그렇다고 리스크가 중요하지 않다고 말하려는 것은 아니다. 리스크는 매우 중요하다. 그러나 나는 리스크를 수익과 동등하게 여기는 것을 받아들이지 않는다. 1장에서 언급한 것처럼 투자의 필요 요소인 미래에 대한 확신은 수익이 리스크를 초과할 것이라는 암묵적인 가정을 수반한다. 잠재적 수익이 잠재적 리스크를 초과하지 않는다면 왜 투자하겠는가? 그러나 리스크는 주식 투자의 특징 중 하나이며, 손실에 대한 두려움은 종종 투자자에게 가장 중요한 관심사다. 표준편차는 보다 정확하게는 리스크의 척도가 아니라 가격 변동성에 대한 척도인 회고적(backward-looking) 척도이기는 하지만(리스크와 가격 변동성이 정확히 같은 것은 아니다) 전통적으로 리스크는 불완전하기는 하지만 표준편차로 정밀하게 측정된다.

수익률의 첫 번째와 두 번째 차원을 비교할 때, 투자자는 리스크 조정 수익률 척도에 의존하는데, 본질적으로 포트폴리오의 수익률과 수익률 변동성 사이의 관계를 나타내는 샤프 비율(Sharpe ration)이 이에 대한 훌륭한 척도다. 그러나 6장에서 언급한 것처럼 변동성 1% 포인트 차이(이는 의미가 없음)를 장기 수익률 1% 포인트 차이(이는 매우 귀중함)와 동일하게 취급하는 것은 합리적이지 않기 때문에, 리스크 한 단위를 수익률 한 단위와 동일하게 여기는 것은 지나치게 단순한 접근으로 보인다. 그럼에도 일부 투자자들은 리스크 조정 수익률에만 초점을 맞추도록 훈련되어 있다. 기관 투자자들과 많은 개인 투자자들이 포트폴리오 수익률의 변동을 줄이기 위한 노력의 일환으로 점차 유동성이 풍부한 미국 금융시장을 넘어서고 있다. 그들은 해외 주식시장과 채권시장으로 옮겨갔으며 비전통적인 여러 대안 투자들에 대해 시험해 왔다. 대안 투자에는 헤지 펀드와 벤처 캐피털, 비상장 주식과 같은 자산들, 그리고 부동산이나 에너지 같은 실물 자산들이 있다. (한때는 경기 순환에 대한 완전한 방어 자산으로 여겨졌던 금은 거의 20년 동안의 부진한 수익률로 인해 빛을 잃었다.)

해외 투자와 대안 투자가 기관 투자의 본류 안으로 옮겨 간 이후 이러한 유형의 투자들이 탁월한 성과를 내지는 못했지만, 그러한 전략이 성공할 가능성은 아직 남아 있다. 해외 주식들의 상대적인 수익률이 10년 동안의 부진에서 벗어나 장기 평균으로 회귀하기만 해도 주식 포트폴리오의 성과를 향상시킬 수 있을 것이다. 그리고 벤처 캐피털이나 비상장 주식과 같은 유동성이 떨어지는 자산들이 장기적으로는 자유롭게 유통되는 증권들보다 높은 수익률을 올릴 수 있을 것이고, 따라서 유동성이 문제가 되지 않는 투자자들에게는 이 분야에 상당한 투자를 하면 수익률을 향상시켜 줄 수도 있다고 생각해도 무방할 것이다.* 그렇게 된다면 초라한 과거는 밝은 미래의 전조일 수도 있으며, 비전통적인 자산 군들을 사용해서 변동성을 줄이고 수익률을 높일 수도 있을 것이다.

그러나 이러한 결과는 단지 추측에 불과하다. 이러한 대안 투자 자산군에는 투자자들이 부담할 필요 없는 각 자산 고유의 커다란 리스크가 있음을 잊지 말아야 한다. 게다가 각 자산군 안의 개별 증권들에는 특별히 큰 리스크(본질적으로 시장성이 양호하고 유동성이 있는 대형 미국 주식을 보유하는 것보다 훨씬 큰 리스크)가 있다. 투자자들은 대안 투자 자산에 투자하기로 하는 결정(주식 포트폴리오 전체의 리스크를 줄일 목적으로 리스크가 더 큰 개별 자산을 보유하기)이 함의하는 바를 신중하게 고려해야 하며 그러한 결정이 수반하는 역설

---

* 독립적인 연구에 의하면 그러한 대안 투자들은 1992년~1997년 사이에 연 15%~20%의 수익률을 제공했다. 같은 기간 동안 S&P 500 지수가 실현한 18%의 수익률과 비교할 때, 그리고 많은 대안 투자들의 레버리지를 고려할 때, 그 정도의 수익률은 썩 훌륭한 수준이라고 간주할 수 없을 것이다.

을 충분히 알아야 한다.

비용—세 번째 차원

수익과 리스크라는 처음 두 가지 차원은 투자 수익률의 차원 중 잘 받아들여지는 차원들이다. 사실 수익과 리스크는 세 번째 차원을 완전히 무시할 정도로까지 잘 받아들여지고 있다. 예를 들어 우리는 리스크/수익/비용 비율이라는 용어보다는 리스크/수익 비율이라는 용어를 얼마나 자주 사용하고 있는가? 그럼에도 비용이 수익과 리스크에 미치는 영향은 아무리 강조해도 지나치지 않는다.

비용은 중요하다. 비용은 투자의 모든 국면에 중요하지만 비용이 높을 때 특히 중요하다. 나는 이 책 전체를 통해서 뮤추얼 펀드 업계의 특징이 되고 있는 이례적인 고비용과, 이러한 고비용이 놀라우리만큼 비용에 민감한 펀드의 순수익률에 미치는 영향을 언급하고 있다. 평균적인 주식형 뮤추얼 펀드의 운영 경비율(1.5%)에 포트폴리오 평균 거래 비용 최소 추정치(0.5%)를 합하면 판매 수수료가 없는 펀드의 총비용은 최소 연 2.0%가 된다. (대부분의 펀드들처럼) 펀드가 5%의 전통적인 선취 판매 수수료를 부과할 경우 이를 10년간의 보유 기간에 걸쳐 상각하면 최소 선취 수수료는 연 0.5%에 달하게 될 것이고, 그러면 총비용이 연 2.5%가 될 것이다. 높은 수수료 1사분위에 속하는 펀드들에게는 총비용이 연 2.5%가 된다(판매 수수료가 더 높은 펀드들에게는 연 3.0%가 될 수도 있다).

3장 마지막 부분에서 언급한 것처럼 연간 비용이 2.2%만 되더라도 명목 시장 수익률 10%의 22%를 소모하게 되고, 2.5%의 인플레이션으로 실질 수익률이 7.5%로 낮아질 경우에는 실질 수익률의 30%를 소모하게 된다. 이를 10년간 복리로 계산하면, 이 비용은 총 명목 수익률의 30%와 총 실질 수익률의 36%를 소모하게 된다. 다른 방식으로 표현하면 2.2%의 비용은 평균적인 주식 리스크 프리미엄 3.5%의 63%를 앗아간다. 펀드 비용은 배부른 줄 모르는 걸신이다.

위의 계산에는 굶주린 비용 걸신의 사촌 격인 세금으로 소모되는 수익률은 포함되지 않았다. 13장에서 언급한 것처럼 뮤추얼 펀드들은 대개 세금에 대해서는 전혀 고려하지 않은 채로 관리된다. 펀드 매니저들은 가능한 최후의 순간까지 이득 실현을 미루지 않고 있을 뿐만 아니라 장기 자본 이득 최고 세율 20%를 적용받을 수 있는 자격(1년 초과)이 생기기 훨씬 전에 자본 이득의 많은 부분을 실현시키기도 한다. 아마도 펀드들의 모든 자본 이득 중 1/3이 보유 기간 1년 이내에 실현되어서 최고 세율 40%까지에 이르는 일반 소득세율로 과세되고 있을 것이다.

최근의 시장 폭등 기간 중에 뮤추얼 펀드에 의해 실현되어 배분된 자본 이득에 대한 세금은 과세 대상 뮤추얼 펀드 투자자들에게 해마다 2.2% 포인트의 부담을 발생시켜서 이미 연 2.2%에 이르고 있는 비용 부담을 배가시켰을 것이다. 1995년~1998년만 보자면 평균적인 뮤추얼 펀드는 실제로 세금을 차감하기 전에도 총 주식시장 수익률에 연 5% 포인트 뒤졌는데, 세금을 제하고 나면 7% 포인트 넘게 시장 수익률에 뒤졌을 것이다. 현명한 투자자들이 수익률의 세 번째 측면인 비용, 특히 펀드 투자 경비와 세금을 무시한다면 이에 대한 대가를 치르게 될 것이다.

장기투자―영리한 스코틀랜드 인

미국 뮤추얼 펀드 시장에서는 진정한 장기투자가 거의 없는 듯이 보이는 반면, 세계의 다른 지역에서는 예외적인 경우도 있다. 《월스트리트 저널》은 최근 기사에서 스코틀랜드의 자산 관리자들은 대부분의 미국 펀드 매니저들이 밟지 않는 길을 가고 있다고 보도했다 에딘버러 소재 월터 스캇 앤 파트너스(Walter Scott and Partners) 사는 "최대 50종목만 보유하고, 종목 변경은 연 6회 이내로 제한(회전율 15% 미만)하는 집중된 포트폴리오에 초점을 맞추는 회사다. 이 회사의 매니저들은 주식시장 벤치마크를 무시하며 시장의 혼동에 신경을 쓰지 않는다." 회사 관계자는 이렇게 말했다. "주식시장은 조금씩 등락할 수 있지만, 우리의 목표는 현금을 늘릴 수 있는 회사들의 주식을 보유하는 것입니다. 결국 성장하리라고 예상하는 기업에 투자하는 것이죠. 그리고 복리 수익률이 모든 투자 매니저들에게 가장 귀중한 도구입니다."[1]

시간—네 번째 차원

수익률의 세 가지 공간적 차원(수익, 리스크, 그리고 비용으로 나타내지는 길이, 넓이, 깊이)을 복습했으니, 이제 네 번째 차원인 시간에 대해 알아보자. 아인슈타인의 일반 상대성 이론은 일반적으로 우주의 네 번째 차원으로서의 시간 개념을 발전시킨 것으로 알려져 있는데, 시간은 투자 수익률 세계에서도 매우 유용한 개념이다.

투자 세계에서는 수익률 형성에 있어서 시간의 중요성이 존중되기보다는 무시되며, 실제로 이론상으로만 존중받고 있다. 우리는 장기투자의 가치에 대해 말하며 장기 투자자들에게 우호적으로 말한다. 그러나 장기 투자자들의 이름을 대라고 요청하면 두 명을 말하기도 어렵다. 워런 버핏 외에 누가 생각나는가?

이 책의 서두에서 언급한 것처럼 뮤추얼 펀드 업계에서는 확실히 단기로 투자한다. 주식형 펀드 포트폴리오 중 3분의 1은 연 100%가 넘는 회전율을 보이고 있다. 만약 펀드 업계의 마케팅 정책들과 펀드 수퍼마켓들이 지표 역할을 한다면 업계도 단기 투자자를 추구한다고 할 수 있다. 그리고 펀드 업계는 단기 투자자들을 얻고 있다. 펀드 투자자들의 주식형 펀드 교체율은 연 평균 30%를 넘는다. 이러한 수치들은 엄청난 이동성을 반영하고 있으며 모두 어리석은 단기 전략을 반영하고 있다. 나는 투자 수익률을 추구할 때 단기 전략이 역효과를 낸다고 확신한다. 다양한 투자자 집단을 살펴보면 나는 때로는 부유한 개인 투자자들만이 장기 전략을 소중히 여기고 낮은 포트폴리오 회전율을 실천하는 유일한 집단일 것으로 생각한다. 그리고 나는 장기투자 전략에 의존한 것이 이들 부유한 가정들이 애초에 부자가 된 이유일 수도 있다고 생각한다. 반드시 고통스러운 경험을 해야 귀중한 교훈을 얻는 것은 아니다. 펀드 투자자들과 매니저들 모두 부자들의 경험에서 배워야 한다.

모든 전략 중에서 시장 인덱스 투자 전략의 투자 기간이 가장 길다. 그리고 전체 시장 지수는 전체 시장만큼이나 매우 느리게 변한다. 신규 상장 주식의 비중은 비교적 낮으며, 합병이나 파산으로 기업들이 사라지더라도 포트폴리오 거래는 수반되지 않는다. 전체 시장 인덱스 펀드의 연간 포트폴리오 회전율은 2%에서 3%를 초과하는 경우가 극히 드문데, 이는 본질적으로 평균 보유 기간이 33년에서 50년임을 의미한다. 이처럼 긴 투자 기간은 확실히 인덱스 펀드들이 비할 수 없는 세후 수익률뿐만 아니라 상대적으로 뛰어난 세전 수익률을 올리는 중요한 요인 중 하나다.

시간과 수익 — '복리의 마법'

시간을 우주의 네 번째 차원으로 내세운 아인슈타인의 역할에 비춰 볼 때 아인슈타인이 복리 이자를 '역사상 가장 위대한 수학적 발견'이라고 말한 것으로 (출처가 불분명하게) 인용되는 것도 그리 놀라운 일은 아니다. 실제로 시간과 수익 사이의 강력한 연결 관계는 종종 '복리의 마법'이라고 묘사된다. 투자 기간이 길수록, 최초 투자 금액 또는 일련의 소소한 연간 투자 금액을 엄청난 규모의 최종 가치로 만드는 복리의 힘은 더 커진다.

먼저 복리의 마법에 대한 두 개의 기초적인 예를 들어보자. [그림 14-2]는 한 번의 시초 투자 금액이 투자 기간에 따라 어떤 결과를 낳는지 보여준다. 이는 시초 투자금 1만 달러를 연 수익률 12%의 주식에 투자해서 40년 동안 보유할 경우와 연 수익률이 5%로 주식 수익률보다 훨씬 낮은 확정 수익형 투자 대안에 40년 동안 투자할 경우를 비교하는 뮤추얼 펀드 업계의 전형적인 방식이다. 연 12%의 수익률은 과거 40년간 주식시장 총수익률의 근사치이며, 연 5%의 수익률은 최근 미국 단기 국채 수익률의 근사치다.

[그림 14-2] 첫 번째 차원: 수익과 복리의 마법 (단위: 달러)

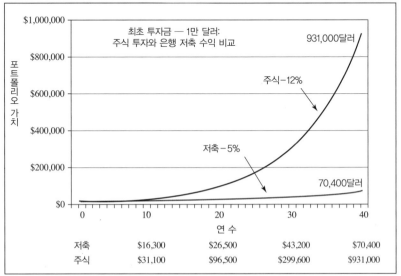

저축	$16,300	$26,500	$43,200	$70,400
주식	$31,100	$96,500	$299,600	$931,000

10년 후 **[그림 14-2] 첫 번째 차원: 수익과 복리의 마법** (단위: 달러)

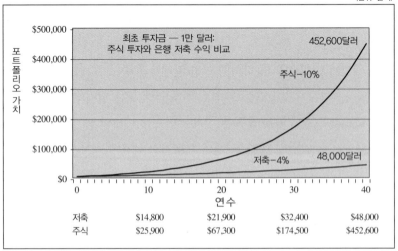

저축	$14,800	$21,900	$32,400	$48,000
주식	$25,900	$67,300	$174,500	$452,600

주식에 투자한 자금은 해마다 저축에 투자한 자금에 비해 더 높은 투자 수익을 쌓아 올린다. [그림 14-2]는 이러한 수익률 차이가 수십 년에 걸쳐 얼마나 커지는지를 보여준다. 주식에 투자한 경우 최종 가치는 931,000달러에 달했고, 저축한 경우에는 70,400달러가 되었다. 이러한 커다란 차이를 '마법'이라는 말로 나타낸다 해도 지나치지는 않을 것이다.

〈표 14-1〉은 두 번째 사례로 50만 달러의 자산을 축적하기 위해 정기적으로 투자하는 투자자에게 복리가 미치는 영향을 보여준다. 가상의 투자자는 현재 25세로서 65세에 은퇴할 것으로 예상한다. 이 예에서는 (첫 번째 예에서와 같은 가정을 사용해서) 몇 가지 계산을 한 뒤에 다음과 같은 결과를 보여준다. (a) 40년 동안 매월 주식에 43달러를 투자한다. (b) 40년 동안 매월 저축에 328달러를 투자한다.

〈표 14-1〉 50만 달러의 자산을 만들기 위해 필요한 월 투자 금액: 주식 43달러 대 저축 328달러

(단위: 달러)

	누적 투자 금액		최종 가치	
	주식	저축	주식	저축
10	5,100	39,300	9,900	51,100
20	10,300	78,700	42,500	135,200
30	15,500	118,100	150,000	273,800
40	20,600	157,400	500,000	500,000

* 주식 수익률 연 12%, 저축 연 5% 가정.

10년 후 〈표 14-1〉 50만 달러의 자산을 만들기 위해 필요한 월 투자 금액: 주식 79달러 대 저축 423달러

(단위: 달러)

	누적 투자 금액		최종 가치	
	주식	저축	주식	저축
10	9,500	50,800	16,200	62,300
20	19,000	101,500	60,000	155,200
30	28,600	152,300	178,700	293,600
40	37,950	203,000	500,000	500,000

* 주식 수익률 연 10%, 저축 연 4% 가정.

여기에서도 다른 방식으로 작동하는 복리의 효과를 볼 수 있다. 두 경우 모두 (투자자의 목표와 일치하는) 같은 금액의 자산 축적이 이루어지지만 주식을 선택할 경우 요구되는 투자금액은 저축을 선택할 경우에 비해 훨씬 적다(두 경우 모두 과거의 수익률이 달성된다고 가정하고 투자가 과세 이연 계좌에 이루어진다고 가정함). 매월 주식에 43달러를 투자하면(연간 516달러) 40년 동안 총 투자 원금은 20,600달러인 반면 매월 저축에 328달러를 모으면 연간 3,936달러, 투자 기간 말까지는 157,400달러가 소요된다. 필요한 50만 달러를 모으기 위해 필요한 주식 투자 자금은 저축 필요 자금의 1/8에 지나지 않는다. 여기에서도 마법이 작동하고 있다.

투자 프로그램 시작을 미룬 3명의 투자자들의 결과를 조사해 보면 복리의 마법은 훨씬 더 명백해진다. 25세에 투자를 시작하는 대신에 첫 번째 사람은 10년 후, 두 번째 사람은 20년 후, 세 번째 사람은 30년 후에 투자를 시작한다. 특히 소비가 저축보다 훨씬 더 재미있을 나이에는 절약하는 습관을 들이기가 쉽지 않다. 그러나 소비가 재미있기는 하지만 이 재미는 값비싼 재미다. 투자든 저축이든 투자자가 시작 시점을 미룬 대가는 시간이 지날수록 가파르게 올라간다.

[그림 14-3]은 주식 계좌에 대해 과거 40년 동안의 연 수익률 12%를 가정해서 투자 시점을 미룬 대가를 보여준다. 25세에 투자를 시작했을 경우 필요한 월 투자 필요 금액 43달러(연 516달러)와 30년 동안 투자를 미룰 경우 필요한 월 투자 금액 2,174달러(연 26,088달러)의 차이는 엄청나다. [그림 14-3]에서 보는 것처럼 조기에 투자를 시작한 투자자들은 완만한 경사를 오르면 되지만, 너무 오래 기다린 투자자들은 가장 장비를 잘 갖춘 등산객들조차 힘들어 할 에베레스트 산 같은 급경사를 올라야 한다. (10년을 미루면 월 투자 필요 금액이 3배가 넘는 143달러로 늘어나고 20년을 미루면 12배인 505달러로 늘어난다.)

[그림 14-3] 투자 시작 시기별 월 투자 필요 금액 변화 (단위: 달러)

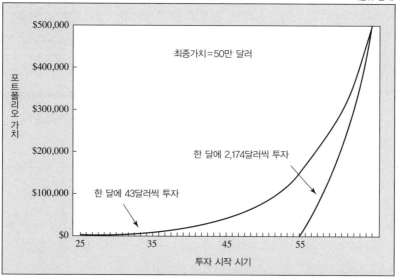

72법칙

'72법칙'은 복리의 마법을 멋지게 보여준다. 투자 원금이 두 배가 되는 데 몇 년이 소요되는지를 대략적으로 알아보려면 72를 수익률로 나누면 된다. 예를 들어 수익률이 4%라면 18년이 소요되고 수익률이 6%라면 12년이 소요되며 수익률이 10%라면 7년이 조금 넘게 소요되는 식이다.

다음의 표는 다양한 투자 기간과 수익률에 따라 돈이 얼마나 빠르게 불어나는지를 보여준다. 보다 높은 수익률의 보상이 투자 기간과 어떻게 연결되는지 주목하라.

연 수익률이 4%일 때는 투자 원금이 16배로 늘어나는 데 72년(이는 참으로 긴 기간이다)이 걸리지만 연 12%일 때는 이의 1/3인 24년밖에 걸리지 않는다. 연 12% 복리로 30년을 투자하면 원금이 32배로 불어나지만 연 4%일 경우에는 90년이 지나야 32배가 된다. 마법이 더 강력해졌다.

72법칙은 또한 미래에 정기적으로 수입을 받기 위해 오늘 돈을 모아두려는 투자자들에게도 유용하게 적용된다. 72법칙은 수익률이 일정할 경우 원금을 소진하지 않으면서 일정 금액을 인출할 수 있으려면 이 금액을 몇 년 동안 투자해야 하는지 보여준다.

예를 들어 만약 6%의 수익률로 매월 500달러를 투자하면 12(72÷6)년 후에는 원금은 건드리지 않고 매월 500달러씩 인출할 수 있다. 24년 후에는 매월 1,500달러를 인출할 수 있고, 36년 후에는 매월 3,500달러를 인출하고서도 원금을 보존할 수 있다. 그러나 수익률이 12%라면 기다려야 하는 시간이 줄어들 것이다. 즉, 6년 후에는 매월 500달러를 인출할 수 있고 12년 후에는 1,500달러 그리고 18년 후에는 3,500달러를 인출할 수 있다. 24년 후에는 원금을 까먹지 않고서도 매월 7,500달러를 인출할 수 있다(수익률이 6%일 때보다 무려 5배나 많은 금액을 인출할 수 있다).

주의: 이 표는 주식시장이 일종의 보험 통계표처럼 작동한다고 시사할 수도 있다. 그러나 주식시장은 절대로 그렇게 작동하지 않는다. 미래의 주식 수익률이 12%를 밑돌 경우(이는 나올 수 없는 경우가 아니다) 향후 은퇴 소득도 줄어들 것이다. 예를 들어 12% 수익률로 매월 500달러를 투자하면 24년 후에는 원금을 소진하지 않으면서 매월 7,500달러를 인출할 수 있다. 그러나 수익률이 8%라면 24년 후에 매월 2,670달러만 인출할 수 있을 것이다. 그러니 과거의 수익률이 미래에도 실현될 것으로 예측하는 것에 대해 주의하고 수익률을 보수적으로 가정할 필요가 있다.

72법칙 이용하기

복리 이자율	2배	4배	8배	16배	32배
4%	18년	36년	54년	72년	90년
6	12	24	36	48	60
8	9	18	27	36	45
10	7	14	21	28	35
12	6	12	18	24	30

이 책의 초판을 쓰던 1998년과 1999년 중에 나는 20년 동안(1980 년대와 1990년대)의 수익률을 살펴보고 있었는데 당시에 주식 연 수익률은 평균 18%(20년 복리로 +2,500%에 달한다)를 기록했다. 물론 그런 수익률이 무한히 지속되리라고 기대하는 것은 터무니없지만(기업들은 그렇게 빠르게 성장하지 못한다) 투자 수익률이 4%에서 12% 사이를 기록할 것으로 내다본 나의 예측은 틀렸다.

개정판에서 나는 주식 수익률을 12%가 아니라 보다 현실적으로 (여전히 낙관적일 수도 있지만) 10%로 가정하고서 [그림 14-2]('보상과 복리의 마법')와 '50만 달러의 자산을 만들기 위해 필요한 월 투자금액'에 관한 〈표 14-1〉의 데이터를 다시 계산했다. 또한 저축 수익률(나는 이를 확정 수익 투자로 정의한다)을 5%에서 4%로 낮췄는데, 이는 2009년 중반에 단기 및 중기 투자 등급 채권 포트폴리오에서 거둘 수 있는 수익률 수준이다.

초판의 그림과 표에서 1만 달러를 40년간 저축에 투자할 때의 누적 수익(70,400달러)과 주식에 투자할 때의 누적 수익(931,000) 차이는 860,600달러였다. 재계산한 수치(각각 48,000달러와 452,600달러)는 이전 수치들보다 훨씬 작지만, 차이는 404,600달러로 여전히 큰 수준이다. 그리고 누적 자산 50만 달러에 도달하기 위해 필요한 월 투자금액도 주식은 월 43달러에서 79달러로, 저축은 328달러에서 423달러로 증가했다. 그러나 시간은 투자자의 친구라는 메시지는 여전히 유효하다.

시간과 리스크— '복리의 완화'

시간과 리스크의 관계는, 특히 주식시장에서는 시간과 수익의 상호 관계만큼 현저하다. 투자 기간이 늘어남에 따라 주식시장 수익률의 변동성은 줄어든다. 해가 거듭될수록 복리는 시장 리스크를 완화한다. 또한 주식시장의 장기 수익률을 실현하지 못할 리스크도 놀라울 정도로 짧은 기간 동안에 급격히 줄어든다. 예를 들어 보유 기간을 1년에서 5년으로 늘리기만 해도 주식의 절대 수익률 범위는 +67%와 −40% 사이에서 +27%와 −11% 사이로 줄어든다. 마찬가지로 (전통적으로 표준편차로 측정되는) 극단적인 리스크 수준도 급격히 떨어져서 1년 동안의 수익률은 최고 25.1%, 최저 −11.1%이지만 5년 동안의 연 수익률은 최고 14.4%, 최저 −0.6%를 실현한다. 투자 기간을 10년으로 늘리면 연 수익률 범위는 최고 11.2%에서 최저 2.4% 사이로 줄어든다.

위험한 주식 투자 분야에서 대부분의 리스크 감축은 10년 내에 일어난다. 투자 기간을 15년으로 5년 더 늘리면 연 수익률 범위는 최고 10.3%에서 최저 3.4% 사이에 위치하게 된다. 투자 기간을 10년 더 늘려 25년으로 하더라도 연 수익률 범위 차이는 최고 8.7%, 최저 4.7%로 그다지 크지 않다. 투자 기간이 25년이 되더라도 리스크는 조금밖에 줄어들지 않는다. 투자 기간을 그 두 배로 늘려 50년을 투자하더라도 리스크는 별로 줄어들지 않는다. 주식 연 수익률 범위는 최고 7.7%, 최저 5.7%로 아주 약간만 줄어든다.

시간이 경과함에 따라 리스크가 어떻게 줄어드는지 보여주는 [그림 14-4]는 1장에 나온 [그림 1-3]의 데이터를 기초로 하였는데, 여기에서는 산의 절반과 그 모습이 거울에 비친 이미지와 같은 형태로 나타나 있다. 리스크라는 경사를 내려가기가 수익이라는 경사를 오르기보다 훨씬 쉽다. 전체 투자 기간 중에 줄일 수 있는 리스크 감소 가능분 중 6/10이 주식을 5년 동안 보유함으로써 달성되고 10년을 보유하면 리스크 감소 가능분의 10분의 8이 달성되며 15년을 보유하면 리스크 감소 가능분의 10분의 9가 달성된다. 그러나 15년을 보유하더라도 리스크가 줄어들기는 하지만 완전히 제거되지는 않는다는 점을 잊어서는 안 된다. [그림 14-4]에서 볼 수 있는 것처럼 정상 범위는 좁지만 극단치들 사이의 간격은 넓다. 15년 기간 중 가장 성과가 좋았던 때에는 연 수익률이 14.2%였지만 수익률이 가장 나빴던 때에는 −1.4%였다. 여기에 보험 통계표 같은 것은 없다. 투자자의 투자 기간 자체가 투자 수익과 불가분하게 연결되어 있는 투자 리스크 개념을 파악하기 어렵게 만든다. 네 번째 차원인 시간은 투자 수익률의 첫 번째 차원인 수익뿐만 아니라 두 번째 차원인 리스크에도 중요한 역할을 한다.

[그림 14-4] 두 번째 차원: 리스크와 복리의 완화(1999)

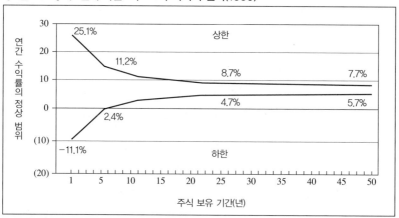

10년 후 **[그림 14-4] 두 번째 차원: 리스크와 복리의 완화(2009)**

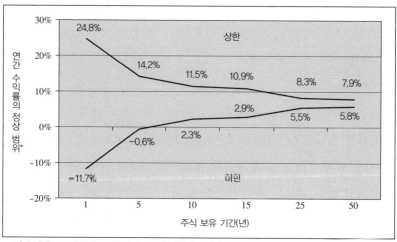

* 정상 범위는 수익률의 표준편차에 기초함(관측치 중앙의 2/3를 포함).

독자들도 알아차렸겠지만 업데이트된 [그림 14-4]는 이전의 모습에서 거의 달라지지 않았다. 최근의 수익률 패턴은 과거 200년 이상의 패턴에서 거의 달라지지 않았으며 요점도 같다. 시간이 지남에 따라 과거 평균 수익률의 변동성은 극적으로 수렴한다.

그러나 이처럼 수익률 범위가 좁아진 것을 장기 리스크가 작아진 것과 동일시하는 오류를 범하지 마라. 다음 섹션에서 설명하는 것처럼 연 수익률 차이가 작아 보일지라도 장기 자산 축적에는 상당한 차이를 가져올 수 있다.

예를 들어 25년 동안 매년 1,000달러를 투자하여 연 8.3% 수익을 내면 기간 말의 자산 가치는 거의 83,000달러가 될 것이다. 연 수익률이 5.5%로 하락하면 최종 가치는 54,000달러가 될 것이다. 연 수익률 차이가 커 보이지 않지만 최종 가치 차이는 상당히 크다. 그러나 역사적 수익률 분포의 낮은 쪽에 속하는 수익률조차도 장기적으로는 인상적인 성장을 제공할 수 있다. 우리가 시장의 미래 수익률을 통제할 수 없으므로 영리한 투자자는 비용을 최소화해서 시장에서 제공하는 장기 수익률이 어떻게 되든 그 중 자신이 차지하는 몫을 최대화하고자 할 것이다.

시간과 비용 — '복리의 횡포'

시간과 수익의 상호작용에 대해 언급하면서 살펴보았던 [그림 14-2]는 펀드 업계가 확정 금리 계좌에 예치하는 경우에 비해 주식에 투자할 경우의 장점을 제시할 때 전형적으로 사용하는 그림이다. 그러나 펀드 투자자들은 시장 수익률 전부를 실현시키지는 못한다. 투자자 전체로 볼 때 그들은 시장 수익률 모두를 벌 수 없는데, 왜냐하면 펀드 투자자들에게는 비용이 발생하는데 그 비용은 펀드들이 버는 총수익률에서 직접적으로 차감되기 때문이다. 펀드의 주주들에게는 비용을 차감하고 난 뒤의 순수익률만 전달된다.

뮤추얼 펀드 업계는 시간과 비용의 관계를 결코 보여주지 않는다. 만일 관계를 보여준다면 그 그림은 다소 충격적일 것이다. 그 그림은 동일한 투자 기간, 동일한 주식시장 수익률 12%, 그리고 동일한 931,000달러의 최종 자산 가치를 보여줄 것이다. 그러나 두 번째 선은 10%로 가정한 뮤추얼 펀드 수익률(시장 수익률 12%에서 2% 포인트로 추정된 주식형 펀드의 총 경비율을 차감한 순수익률)의 결과를 보여줄 것이다.

수익률이 10%일 때에도 해가 거듭될수록 투자 성과 곡선은 가파르게 상승하지만 40년 후의 최종 가치는 453,000달러로서 주식시장 수익률에 의해 축적된 가치의 절반도 되지 않는다. 40년 동안에 비용은 478,000달러를 빼앗아 갔다. 달리 말하자면 시장 수익률의 절반이 넘는 부분이 업계의 비용으로 소모되었다. [그림 14-5]는 비용 차감 전후의 수익률들을 묘사한다.

혹독하지만 사실인 이 증거는 '복리의 횡포'를 반영한다.* [그림 14-6]은 총수익률 12%일 경우와 (비용 차감 후) 순수익률 10%일 경우에 벌어들인 초과 자본(최초 투자자본 외에 더 벌어들인 금액)을 비교한다. 첫 해에 총수익률 12%인 경우에는 10,000달러의 투자 원금에 1,200달러가 불어나지만, 10%의 순수익률로는 1,000달러, 즉 시장에서 제공된 1,200달러 중 83%가 불어난다. 10년 후에는 비용 차감 후 투자 수익은 시장 수익의 76%로 떨어지며 25년 후에는 61%로 떨어진다. 40년 후에는 펀드에서 번 자본은 시장에서 축적되었을 자본의 48%밖에 벌지 못했다.

---

* 저널리스트 제이슨 즈바이크(Jason Zweig)는 이 효과를 '복리 해체의 블랙 매직'이라 부른다.

[그림 14-5] 시간과 비용의 상호작용: 1만 달러 투자에 대한 40년 후의 성과

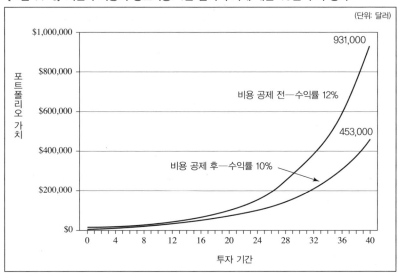

10년 후 [그림 14-5] 시간과 비용의 상호작용: 1만 달러 투자에 대한 40년 후의 성과

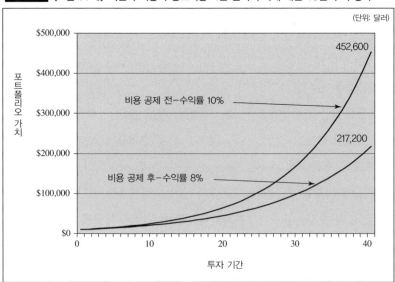

다시 말하거니와 비용은 중요하다. 복리 이자의 작은 차이가 자본 축적에 점점 더 큰, 그리고 마침내는 놀라운 차이로 이어진다. 그러나 '비용은 중요하다'는 사실은 복리의 마법뿐만 아니라 복리의 횡포도 보여준다. 고비용 투자는 시간이 갈수록 저비용 투자에 비해 입지를 더 잃게 되고, 자본 축적 금액이 훨씬 작아지게 된다. 시간과 수익, 시간과 리스크 차원과 마찬가지로 시간과 비용 차원들도 서로 연결되어 있다.

또 다른 중요한 투자비용인 세금도 시간이 경과할수록 상대적 수익률을 급격히 줄어들게 하는데 이에 따라 복리의 횡포는 추가적인 추동력을 얻게 된다. 시장 수익률이 12%이고, 비용과 세금을 공제한 뮤추얼 펀드의 수익률이 8%로 가정한 13장의 분석에 기초해서 비용과 세금의 걸신이 결합하면 단지 25년만에도 수익률이 놀라울 정도로 뒤쳐진다는 결론을 내릴 수 있다. 최종 자본 가치는 비용 및 세금이 차감되기 전의 시장 수익률이 제공했을 금액의 37%에 지나지 않을 것이다. 같은 수익률이 40년간 이어질 경우 최종 가치는 931,000달러와 217,200달러가 될 것이다. 이 경우 시장 수익률로 축적할 수 있는 자본의 23%만 축적될 것이다. 뮤추얼 펀드 회사들은 펀드의 경비와 펀드의 배당금 및 배분된 자본에 대해 납부한 세금이 결합한 폭군적인 영향을 완전히 무시해 왔을지라도 펀드 투자자들은 이를 더 이상 무시할 수 없을 것이다. 비용이 중요하다는 증거의 엄중함은 너무도 압도적이다.

10년 후   복리의 횡포

앞에서 언급한 것처럼 나는 주식 수익률 가정을 12%에서 10%로 낮추고 뮤추얼 펀드 비용률 가정은 2%로 그대로 두었다(실제 수준은 거의 확실히 이보다 높다). 새로운 [그림 14-5]와 [그림 14-6]은 초판의 그림에 비해 차이는 완화되었지만 초판과 거의 동일한 패턴을 보여

[그림 14-6] 세 번째 차원: 비용에 대한 복리의 횡포

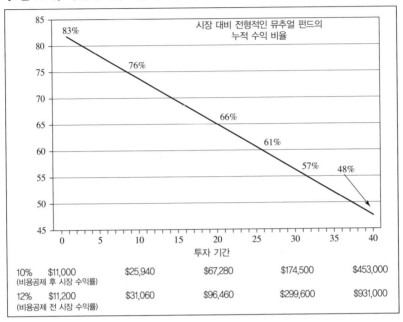

10% $11,000	$25,940	$67,280	$174,500	$453,000
(비용공제 후 시장 수익률)				
12% $11,200	$31,060	$96,460	$299,600	$931,000
(비용공제 전 시장 수익률)				

10년 후 [그림 14-6] 세 번째 차원: 비용에 대한 복리의 횡포

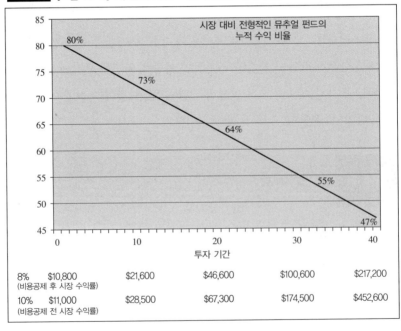

8% $10,800	$21,600	$46,600	$100,600	$217,200
(비용공제 후 시장 수익률)				
10% $11,000	$28,500	$67,300	$174,500	$452,600
(비용공제 전 시장 수익률)				

준다. 펀드 투자자들은 의심할 나위 없이 더 낮은 (금액 가중) 수익률을 올릴 것으로 보이지만 나는 8%의 (시간 가중) 펀드 순수익률을 가정했다.

네 가지 차원의 필수 고려 사항

금융시장을 항해할 때 장기 투자자들은 수익, 리스크, 비용, 시간이라는 장기 수익률의 네 가지 차원들에 유념하고 모든 자산 군에 이 네 개의 차원들을 적용해야 한다. 이 네 가지 차원들은 놀랍도록 상호 의존적이라는 점을 결코 잊지 마라.

수익과 리스크는 나란히 간다. 금융 부문에서의 전통적인 지혜에 의하면 이 둘 중 어느 한쪽이 증가하면 다른 쪽도 증가해야 한다고 가르친다. 비용은 수익과 리스크 모두에 중요한 영향을 미친다. 비용이 낮으면 추가적인 리스크를 부담하지 않고서도 더 높은 수익을 올리거나, 수익은 동일하게 유지하면서도 리스크를 줄일 수 있다. 그리고 시간이 경과함에 따라 전체 수익은 늘어나고 변동성 리스크는 완화되며 비용의 부담은 확대되므로, 시간은 투자의 세 가지 공간적 차원과 상호작용한다.

본질상 장기투자를 목표로 할 경우 이러한 상호 연관성을 인식하면 투자의 바다에서 자신의 계좌에 내걸 깃발을 고를 때 큰 도움이 될 것이다. 자본 축적이라는 목표를 향한 긴 항해 기간 동안에 금융시장은 불가피하게 역류와 밀물과 썰물의 변화, 강한 바람, 거친 바다, 심한 폭풍을 경험할 것이다. 오늘의 맑은 하늘과 상쾌한 바람, 잔잔한 물결은 영원히 지속되지 않을 것이다. 그러나 멀리 수평선을 바라보는 사람들, 장기 수익률을 향상시키기 위해 단기 리스크를 약간 더 받아들일 수 있는 사람들, 비용의 파괴적인 힘을 아는 사람들, 그리고 시간을 최대로 활용할 줄 아는 사람들은 앞에 놓여 있는 흥분되는 코스에 머물 수 있는 지혜와 용기만 있다면, 투자 생존을 위한 전쟁에서 승리할 것이다.

10년 후	4차원의 교훈

이 장의 메시지는 초판의 메시지와 똑같다. 시간은 수익, 리스크, 비용과 상호작용한다. 그리고 시간이 지남에 따라 복리 수익의 마법은 불가피하게 복리비용의 횡포에 압도당한다. (직접 계산해 보라!) 이 메시지는 사실상 영원한 진리다.

---

1) Suzanne McGee, "Money Business in Scotland Under Seige," *The Wall Street Journal*(November 12, 1998), p.C1.

PART 4

On Fund Management

펀드 관리

4부에서는 이 책의 3부까지 중점을 두었던 투자에서 초점을 돌려 왜 많은 뮤추얼 펀드들이 투자자의 암묵적인 기대에 미치지 못하는지 검토한다. 문제는 오늘날의 뮤추얼 펀드 업계의 성격 및 구조에 뿌리박고 있다. 펀드 업계는 기본 원칙에서 벗어나 펀드 투자자들의 이익에 봉사하지 못하는 새로운 원칙으로 옮겨갔다. 이제 펀드 포트폴리오의 신중하고 규율된 청지기 책무는 더 이상 다른 모든 사항들이 이를 중심으로 움직이는 핵심 기능이 아니다. 관리는 마케팅으로 대체되었다. 기술은 펀드 투자자들에게 많은 정보를 가져다주고 펀드 업계의 서비스를 향상시켜 주었음에도 펀드 업계에 독이 되었다. 사실 기술은 뮤추얼 펀드의 역할을 합리적인 장기투자 프로그램 제공자에서 카지노와 같은 주식시장에서 단기 투자자들에 의해 활발하게 거래되는 개별 주식의 대용물로 변화시키는 촉매가 되었다.

뮤추얼 펀드의 주요 사항들이 외부 관리회사에 의해 지배됨에 따라, 펀드의 주주들과 매니저들의 이익 사이에 상당한 긴장이 존재하며, 소유와 지배의 분리는 주주들에게 역효과를 내고 있다. 그럼에도 대부분의 펀드 이사들은 이 이슈들을 알지 못하는 듯하며, 펀드의 이사회들은 저조한 성과를 내는 펀드 매니저들과의 계약에 무비판적으로 도장을 찍어 주고, 계속적인 관리 수수료 인상을 눈감아 주는 듯하다. 펀드 스스로 관리하는 새로운 구조가 필요하다. 4부의 마지막 장에서 나는 투자자들의 이익에 좀 더 잘 봉사할 수 있는 새로운 거버넌스 구조의 함의를 탐색한다. 나는 그러한 상식적인 구조 변화가 일어나면 공격적인 마케팅보다는 신중한 투자 관리가 다시금 업계의 초점이 되고 펀드 투자자들에게 큰 이익을 줄 것이라고 생각한다.

투자자는 궁극적으로 어떤 펀드를 소유해야 하는지에 대한 조언을 원한다.

많은 투자자들이 자신들이 믿기에 미래에 가장 높은 수익률을 제공해 줄 펀드를 선택한다.

투자자들은 비용의 역할이나 평균 회귀 원칙을 고려하지 않고, 대개 '과거의 실적'만 본다.

추천 리스트에 오른 뒤에 해당 펀드들의 성과가 어떠했는지 공개되면

투자자들은 틀림없이 실망하게 될 것이다.

현명한 투자자들은 언론 매체들과 펀드에 책임성을 요구해야 한다.

Chapter 15

On Principles
Imperant Principles Must Be Inglexible

원칙—중요한 원칙들은 확고해야 한다

134년 전에 에이브러햄 링컨(Abraham Lincoln)은 그의 마지막 대중 연설에서 "중요한 원칙들은 확고해야 합니다"라고 말했다. 그의 말은 옳았다. 나의 판단으로는 그 위에 뮤추얼 펀드의 토대가 세워진 (그리고 그 원칙 아래 펀드 업계가 번성했던) 한 가지 가장 중요한 원칙이 너무도 유연했을 뿐만 아니라 명백히 포기되어지고 있다. 이번 장에서는 이 프로세스가 어떻게 우리를 우리의 뿌리에서 잘라냈는지 설명하고 해법을 제안하며, 이와 더불어 뮤추얼 펀드 주주들이 뮤추얼 펀드를 보다 나은 산업으로 만들어 줄 펀드의 르네상스에서 수행할 수 있는 역할을 제안할 것이다.

뮤추얼 펀드 산업의 설립 원칙들은 무엇인가? 그것은 관리, 분산 투자, 서비스(펀드 주식의 일별 평가, 유동성, 완전 공시, 그리고 편의성)다. 이 원칙들 중 관리가 가장 중요하다. 나의 견해로는 펀드 관리는 수임인 책무, 전문 역량과 규율, 장기적인 초점에 의해 정의되어야 한다. 관리라는 이 필수 원칙과 이 원칙에 대한 세 가지 중요 구성 요소들은 뮤추얼 펀드 비즈니스의 견인력(장기적으로는 생명력) 역할을 잃어가고 있다.

이는 강한 표현이기는 하지만 나는 이 말이 현재 뮤추얼 펀드 업계에서 일어나고 있는 다음과 같은 상황을 잘 묘사한다고 생각한다.

• 수임인 책무는 펀드 주주들의 이익을 우리 펀드 업계의 최우선 순위

로 삼고 우리의 서비스에 대해 합리적인 가격을 부과하는 것이다. 수임인 책무는 자산 모집, 즉 펀드 주식 판매로 대체되고 있다. 우리는 시장 점유라는 위대한 신의 신전에서 예배하는 듯한 데, 이에 소요되는 과도한 비용은 펀드 투자자들에 의해 부담된다.

- 원래는 투자 펀더멘털에 전문역량과 규율이 적용되었으나, 현재는 투기에 초점을 맞추고 있다. 이의 특징으로는 펀드 투자 포트폴리오의 급격한 회전(평균 연 85%에 이른다!), 주식시장의 특정 부문으로 점점 더 범위를 좁혀 가는 집중 투자, 그리고 너무도 많은 총 든 강도 포트폴리오 매니저들이다.

- 한때는 펀드 업계가 장기적인 초점을 유지해서 뮤추얼 펀드가 장기 투자자들에게 매우 적합하다고 인정받았었지만, 이제는 투기의 한 요소인 단기투자를 위해 뮤추얼 펀드를 보유하는 쪽으로 옮겨가고 있다. 이보다 더 해로운 점은 펀드의 주주들에게 때로는 마켓 타이밍을 이용하기 위해, 그러나 너무도 자주 단지 최근의 인기 펀드에 편승하기 위해 펀드를 급격히 교체하는 도구로 사용하라고 꼬드긴다는 점이다. 이 또한 투기다.

이러한 추세는 업계뿐 아니라 투자자들에게도 불길한 징조다. 더 중요하게는 이러한 추세는 국가의 자본 형성 시스템에 전혀 좋을 것이 없다. 60년 전에 케인즈(Keynes)는 다음과 같이 썼다. "한 국가의 자본 발전이 카지노 활동의 부산물이 되면, 그 일이 잘 되지 않을 가능성이 있다." 케인즈의 경고는 오늘날에도 똑같이 적용된다. 뮤추얼 펀드 산업은 금융시장과 뮤추얼 펀드 시장에서 급속히 트레이딩을 해서, 판돈의 과도한 부분이 도박판 제공자들의 몫으로 돌아가는 일종의 카지노 자본주의를 발전시키고 있다. 불행하게도 도박 용어가 투자의 세계로 퍼지기 시작했다.

10년 전에 내가 적시한 추세는 투자자들과 펀드 업계에 불길한 조짐이었음이 입증되었다. 카지노 자본주의가 전면에 나섰으며, 수임인 정신, 전문 역량과 규율, 그리고 장기적 초점은 등한시되었다. 그러나 여전히 우리 업계의 근본 원칙으로 시급히 돌아갈 필요가 있다.

판매가 펀드 산업을 견인한다

뮤추얼 펀드 업계에서 판매가 관리보다 중요해졌고, 자산 증대가 수임인 책무를 대체하고 있다.* 이러한 추세에 대한 나의 우려는 전혀 새로운 것이 아니다. 1951년에 프린스턴 대학에서 논문을 쓸 당시 나는 관리 자산이 20억 달러(오늘날 5조 달러에 비하면, 그 0.04%)에 불과한 작은 신생 산업을 논문 주제로 선정했다. 그 당시에도 나는 펀드가 관리 수수료와 판매 수수료를 내리고 '시장평균보다 우수한 실적을 낸다는 주장을 하지 않음'으로써 주주들에게 공정한 몫을 지급해야 한다는 명시적인 결론을 내렸다. 보다 근본적으로 나는 펀드 업계의 초점은 무엇보다도 주주들에 대한 봉사여야 하며 '다른 모든 것들은 이를 중심으로 돌아가는 기능'이어야 한다고 촉구했다. 논문의 마지막 장 말미에서 나는 다음의 인용문을 강조했다. "투자회사의 주된 기능은 그들의 투자 포트폴리오를 관리하는 것이다. 다른 모든 기능들은 이 기능 수행에 비하면 부수적이다."

이러한 원칙이 과거에는 존재했을지 모르지만 오늘날에는 사라져 가

---

* 나는 내가 여기에서 뮤추얼 펀드 산업 전반에 대해서 묘사한 내용이 공정하다고 믿지만, 일부 뮤추얼 펀드 산업 참여자들은 여기에 묘사된 내용보다 계몽된 견해를 취하고 있음을 인정하지 않는다면 불공정할 것이다. 그런 사람들이 있기는 하지만 나는 그들이 소수파라고 확신한다.

고 있다. 뮤추얼 펀드의 주식 판매가 투자회사의 주된 기능이 되어가는 듯하다. 대형 뮤추얼 펀드 회사 매니저의 말을 들어보라. "그것은 영화 제작과 영화 배급의 차이와 같다. 다른 모든 사람들의 비즈니스에 접근할 수 있다면, 배급 쪽에 있는 게 낫다." 이는 물론 소위 '펀드 시장'이라는 뮤추얼 펀드 카지노를 위한 선전이다. 이 말이 의미하는 바는 다음과 같다. "어느 펀드든 구미가 당기는 펀드가 있거든 그걸 사라. 하지만 꼭 우리에게서 사라." 이는 자주 트레이드하고 트레이딩 비용을 매니저의 계좌에서 지불하지 말고 형체도 없고 발언권도 없는 다수의 펀드 장기 투자자에게 옮김으로써 '공짜로' 거래하겠다는 뜻이다. 오늘날 주식형 펀드 투자자의 평균 보유 기간은 약 3년인 듯하다. '무료 이동'이 도입되기 전인 1970년에는 평균 보유 기간이 약 12.5년이었다.

관리 대 판매

그런 전략이 내가 뮤추얼 펀드의 가장 기본적인 두 가지 투자 원칙으로 간주하는 다음과 같은 원칙들로부터 얼마나 벗어나 있는지 주목하라. "장기투자하라. 그리고 이의 추론으로서 관리로부터 기적을 기대하지 마라." (이는 나의 프린스턴 대학 논문에 있는 또 다른 인용문이다.) 내가 카지노 자본주의라고 부르는 관행은 이 두 원칙들과 정면으로 배치된다. 역설적으로 최대의 뮤추얼 펀드 카지노(정확하게는, 그러나 다소 슬프게도 '슈퍼마켓'으로 알려져 있음)의 사장도 이 두 원칙들에 동의한다. 그 자신의 개인적인 투자 원칙들은 다음과 같은 그의 행동들에 명백히 드러나 있다. 그는 장기 투자를 목적으로 펀드를 보유하고 있다. 그의 말로 표현하자면 "마켓 타이밍에서는 의사 결정, 감정적 요소, 올바른 결정을 내리기 위한 분석, 비용, 세금 등 당신에게 불리하게 작용하는 요소들이 너무도 많다." 그래서 그는 수동적으로 관리되는 인덱스 펀드를 보유한다. "나는 인덱스 펀드 투자자다. S&P 500 지수 수익률을 실현한다면 실적 상위 15%

안에 들게 될 것이다. 그런데 왜 (스스로 좋은 실적을 내려고) 쓸 데 없는 짓을 하려 하겠는가?" 그러나 그가 설립한 회사는 다음과 같이 이와 반대되는 두 가지 원칙 위에 세워진 듯하다. '뛰어난 매니저를 선택하라' 그리고 이의 추론으로서 '펀드를 교체해서 빨리 부자가 되라.' 칼뱅주의자적 기질 때문인지는 몰라도 내게는 개인의 투자 원칙이 그 사람의 사업 투자 원칙과 완전히 모순된다는 것을 납득할 수 없다. 링컨 대통령도 기분이 좋지 않을 것이다.

펀드 업계의 리더 중 두 명이 보여준 이 예들은 뮤추얼 펀드 업계가 관리라는 기본 원칙을 버리고, 무슨 수를 써서라도 판매한다는 다른 원칙으로 대체되어 가고 있다는 나의 우려를 뒷받침한다. 이것이 왜 문제인가? 첫째, 판매는 매우 비싸고, 그 비용은 계속적인 경비율 상승이라는 형태로 뮤추얼 펀드 주주들이 부담한다. 자산이 폭발적으로 증가함에 따라 주식형 펀드의 연간 경비율은 15년 만에 약 50% 상승했다(1981년에는 자산의 0.97%였는데, 1997년에는 1.55%로 상승했다. [그림 15-1]을 보라).

[그림 15-1] 주식형 펀드 경비율(1981~2008)

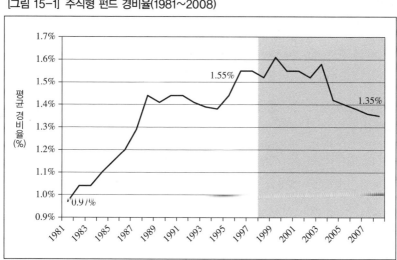

이 기간에 주식형 펀드의 자산이 400억 달러에서 2조 8천억 달러로 증가했는데, 나는 (대형 펀드들은 대개 소형 펀드들보다 비용률이 낮음을 감안해서) 주식형 펀드 투자자가 지불한 연간 비용만 해도 3억 2,000만 달러에서 340억 달러로 증가했다고 추정한다(뮤추얼 펀드 자산 70배 증가보다 훨씬 많이 증가했다). 뮤추얼 펀드 업계의 경비율이 상승하지 않고 동일하게 유지되었더라면, 뮤추얼 펀드 투자자들이 부담한 비용은 270억 달러였을 것이다(70억 달러가 절약 되었을 것이다). 그리고 포트폴리오 관리와 리서치에는 엄청난 규모의 경제 효과가 있기 때문에 경비율은 상당히 하락했어야 하며 수십억 달러가 더 절감됐어야 했다.

판매에 초점을 맞출 때의 두 번째 문제는 일반적으로 규모가 커진 결과로 주주들에게 아무런 이익이 돌아가지 않는다는 것이다. 사실은 규모가 커지면 일반적으로 주주들에게 해롭다. 펀드의 주주들은 연주자들에게 비용을 지불하고 있음에도 불구하고, 더 나은 곡을 요구할 수 없다. 실제 투자 세계에서는 비용이 높아지면 금융시장 수익률(사실상 시장 인덱스 수익률)과 시장 참여자들이 버는 수익률 사이의 격차를 벌림으로써 주주들에게 해를 끼친다. 이는 특히 연방 규제에 의해 만기와 질이 제한되는 단기 자금 시장 펀드(MMF 펀드)에서 명백히 드러난다. 이는 또한 우량 등급 채권 펀드(예를 들어 단기 미국 국채 펀드를 생각해 보라)에서도 중요하며, 소극적으로 관리되는 저비용 시장 인덱스 펀드가 대부분의 적극적으로 관리되는 펀드들보다 우수한 실적을 거두는 주식형 펀드 영역에서도 점점 더 명백해지고 있다.

펀드의 자산이 증가함에도 경비율이 올라가는 추세는 펀드 주주들이 지불하는 막대한 경비가 주주들에게 전혀 이익을 제공하지 못한다는 심한 역설을 낳는다. 사실상 전체적으로 볼 때 자신들이 참여하고 있는 금융시장보다 일관되게 저조한 성과를 내고 있는 펀드 매니저들(또는 이에 편승하는 펀드 회사 자체의 주주들)에게 막대한 이익을 제공하기 위해 높은 수수료가 지급된다.

　이러한 상황이 전개된 주된 이유는 관리가 뮤추얼 펀드 회사의 중심 기능(다른 모든 기능들은 이 기능을 중심으로 움직여야 하는 기능)이라는 기본 원칙이 점점 약화되었기 때문이다. 이는 단지 원칙 문제만이 아니라 투자회사들은 주주들에게 이익이 되는 방향으로 관리되어야 한다고 명시하는 1940년 투자회사법에 규정된 연방법 준수 문제이기도 하다.

　이러한 불길한 추세를 되돌리기 위해 어떤 조치를 취할 수 있는가? 펀드 투자자들은 어떻게 공정한 몫을 받을 수 있는가? 아주 오랫동안 이 복음을 설교한 뒤에 나는 뮤추얼 펀드의 독립적인 이사들이 (펀드 주주들의 이익을 최우선 순위에 두라고 법률로 요구되고 있음에도) 참으로 바뀔 필요가 있는 이 흐름을 막기 위해 노력하리라는 가능성에 대해 회의하기 시작했다. 미국 경제에서는 잘 작동했지만 뮤추얼 펀드 업계에서는 그렇지 못했던 경쟁이 이 일을 해내리라고 믿고 의존할 수 있는가? 일생에 한 번 있을 법한 보너스와 같이 주식형 펀드의 연 수익률이 16.5%를 기록하고 있는 강세장에서는 가격 경쟁이 벌어질 가능성이 없어 보인다. 주식시장의 연간 총수익률이 18.9%였으며 우리 생애에 이러한 상황을 다시는 경험하지 못할 수도 있다는 점은 신경 쓰지 마라. 시장 수익률 대비 펀드 수익률 미달분의 대부분은 뮤추얼 펀드 비용에 의해 야기되었다. 주식시장 수익률이 떨어지고 투자자들이 정보를 더 갖추게 되면 궁극적으로는 경쟁이 대세가 되어야 한다.

　그러나 경쟁이 작동하기 위해서는 투자자들이 상식적인 재무 계획을 세울 필요가 있는데 이를 위해서는 지혜가 필요하고, 지혜를 위해서는 지식이, 그리고 지식을 위해서는 정보가 필요하다. 과거 수익률, 리스크 추정치, 그리고 뮤추얼 펀드의 실제 비용에 관한 정보는 차고도 넘친다. 문제는 이러한 정보들이 모두 다 공개되지는 않는다는 것이다. 공시가 부적정하거나 선택적으로 공시하거나 심지어 공시하지 않는 경우가 너무도 많다. 그리고 정보가 완전히 공개된다 하더라도 (오늘날의 양호한 시장 환경 하에서) 정보의 중요성을 인식하지 못하거나 그러한 정보가 투자 의사 결정에 별 관련이 없다고 생각하는 투자자들은 대개 이를 무시한다. 깐깐한 투자자들(특히 꼼꼼히 알아보고 사려 깊은 해설가로부터 더 많은 정보를 받아 본 투자자들)은 펀드 업계에 그 설립 원칙으로 돌아가도록 압력을 행사함에 있어서 큰 역할을 할 수 있다.

10년 후   뮤추얼 펀드 비용

지난 10년 동안 평균적인 주식형 펀드의 경비율은 일정한 수준을 유지하다 다소 낮아졌지만, 주식형 펀드의 (금액 기준) 비용은 급증했다. 2008년에 평균 자산은 5조 2천억 달러였는데 1997년에 240억 달러였던 총비용은 계속 증가해서 2008년에는 430억 달러로 추정된다.

나는 펀드 비용 증가의 물결을 막을 수 없다는 데 실망했음을 고백할 수밖에 없지만 몇 가지 고무적인 조짐도 출현했다. 첫째, 펀드 스폰서들이 수수료를 상당히 낮추기 위해 진지한 노력을 기울이지는 않았지만, 투자자들은 점점 저비용 펀드 또는 적어도 평균보다 비용이 낮은 펀드를 선택하고 고비용 펀드들은 피하기 시작했다. 예를 들어 2005년~2007년에 투자자들의 주식형 펀드 주식 순 매입액의 93%는 업계의 통상적인 수준보다 비용이 낮은 펀드로 향했다.

두 번째 주요 추세는 투자자들의 인덱스 펀드 사용 증가다. (일반적으로) 비용이 매우 낮은 이 펀드들(전체 주식시장 및/또는 채권시장에 분산된 펀드 또는 각각의 다양한 부문의 펀드)은 현재 전체 주식형 펀드의 22%를 차지하고 있는데, 이는 10년 전의 10%에 비해 두 배가 넘는 비율이다. 당시에 언급한 대로 되었다. "까다로운 투자자들은 펀드 업계가 기본 원칙으로 되돌아가도록 강제함에 있어서 큰 역할을 할 수 있다."
아직 필요한 차원들에서 변화가 일어나고 있지는 않지만 이런 방향
으로 나아가고 있는 듯하다.

펀드 투자에 차이를 가져올 수 있는 정보들

투자자는 (1) 비용, (2) 수수료 면제, (3) 성과, (4) 의결권 행사, (5) 대
안 투자 전략, (6) 투자 지침의 여섯 가지 정보 분야에서 자신을 더 잘 교
육시킬 수 있다.

이러한 정보를 펀드 선택 과정, 의결권 행사 과정, 보유하고 있는 펀드
중 더 이상 자신의 포트폴리오에 포함시킬 가치가 없는 펀드 결정에 유
용하게 사용할 수 있다. '마음에 들지 않으면 사지 않는' 것이 긍정적인
변화를 가져오기 위한 가장 효과적인 방법이다.

비용 정보

과도한 비용은 (다른 사항이 동일하다면) 직접적으로 수익률을 낮추거나 목
표 수익률을 달성하기 위해 떠안아야 하는 잠재적 리스크를 높이기 때문
에 펀드 투자자들에게 비용은 리스크나 수익만큼이나 중요하다. 3장에
서 논의한 것처럼 비용은 투자자들이 직면하는 가장 중요한 결정인 자산
배분 전략에 시사하는 바가 매우 크다. 고비용 포트폴리오가 저비용 포
트폴리오의 수익률과 동일한 수익률을 창출하기 위해서는 주식 포지션
의 비중이 상당히 높아야 하고, 채권 포지션은 낮아야 한다. 투자자들은
항상 이 점을 명심해야 한다.

증권거래위원회(SEC)의 주의 깊은 감시 덕분에 현재 펀드 투자 설명서
는 경비율과 판매 수수료의 영향을 적절히 보여주고 있다. 투자 설명서
들은 펀드 관리비와 판매 수수료의 실제 비용뿐만 아니라 뮤추얼 펀드를
1년, 3년, 5년, 10년 보유하는 가상의 투자자들에게 미치는 수익률 영향도

보여준다. 사실 증권거래위원회는 비용 예시에 사용되는 기준 투자 금액을 상향시켰다. 이전의 비용 공시 기준은 아주 미미한 1,000달러 투자에 기초하고 있어서, 가령 평균적인 펀드 10년 보유 비용이 185달러라고 하면 그리 커 보이지 않았다. 현재의 공시 기준은 10,000달러 투자에 기초하고 있으며, 그 비용은 1,850달러다. (적어도 설명서를 보는) 투자자라면 그 비용이 상당히 큰 액수라고 생각할 수도 있을 것이다. 어쨌든 10년 동안 비용이 최초 투자금액의 18.5%를 소모하게 되는데 이는 확실히 값진 정보다. 비용이 매우 낮은 펀드의 경우 10년 동안의 총비용은 초기 투자 금액의 2%에 해당되는 200달러에 불과하다(이는 1,850달러와는 아주 큰 차이다). 나는 몇 년 전에 증권거래위원회에 이러한 변화를 권고했는데, 현재 이렇게 시행되고 있어서 기쁘게 생각한다. 이 변화는 투자자들이 비용이라는 결정적인 요인에 집중하도록 도움을 줄 것이다. 그러나 펀드가 포트폴리오 회전 시 부담하는 거래 비용이라는 펀드 투자의 또 다른 무거운 비용은 공개되지 않고 있다. 이 비용은 투자 설명서에 보고되는 회전율 수치 자체로부터 어렴풋이 추론될 수 있을 뿐이다. 그러나 간접적인 회전비용은 종종 공개되는 직접 비용에 버금간다. 펀드는 그러한 비용들을 추정해서 투자 설명서에 공개하도록 요구해야 한다.

(아직까지 성공하지는 못했지만) 나는 또한 연례 보고서에 펀드의 경비율을 동료 그룹의 경비율과 비교하도록 요구해야 한다고 촉구해 왔다. 장기간 동안 비용은 흔히 최상위 사분위 (또는 그 문제에 관해서는 최하위 사분위에도 해당함) 수익률과 평균 수익률 사이에 차이를 만들어 낸다. 그러나 오늘날의 전형적인 연례 보고서에서는 의무적으로 게재해야 하는 펀드의 경비율조차 발견하기 어렵다(힌트: 보고서의 마지막에 '재무제표 주석'과 '독립적인 회계 감사 보고서' 바로 앞에 14줄짜리 '주요 재무 실적' 표 안의 한 줄에 묻혀 있다). 증권거래위원회는 투자 설명서에 표시되고 있는 수준보다 더 많이 공개하도록 요구하기도 한다. 내가 위에서 언급한 10년간의 비용을 나타내는 도표를 보라.

투자자들은 펀드의 비용을 눈에 잘 띄게 게재하고 비용이 수익률에 미치는 영향을 설명하라고 촉구해야 한다. 투자자들은 또한 펀드 소득 (income)의 막대한 부분을 소모하는 비용에 대한 정보를 받을 자격이 있다. 오늘날 비용은 평균적인 주식형 펀드의 소득을 75% 감소시킨다(총 1.9%의 소득율이 경비 차감 후에는 참으로 보잘 것 없는 순 소득률 0.5%로 줄어든다). 그럼에도 소득 축소 비율은 공개조차 되지 않고 있다.

수수료 면제 정보

나만 비용이 중요하다고 말하는 것은 아니다. 펀드 업계도 이 사실을 알고 있으며 부유층 투자자들을 위해 설계된 소수의 저비용 펀드들은 '다른 요인들이 동일하다면 저비용이 고수익으로 이어집니다' 라고 광고할 수밖에 없다고 생각하기도 한다. 펀드 업계에서 비용이 마케팅 무기로 사용될 때에는 펀드 주주들에게 이익을 가져다주는 진정한 비용 감축이 아니라 '일시적인 (그리고 특정되지 않은 기간 동안)' 수수료 면제와 (자체) 경비 흡수에 의해 달성된 MMF 수익률에서의 '미끼 수익률' 이다. 그러한 비용 감축은 MMF의 지속가능한 수익률에 관해 주주들을 오도하기 위해 고안된다. 광고가 실린 뒤 하루만 적용될 수도 있는 수익률을 연간 수익률로 환산하는 것이 어떻게 적절할 수 있겠는가? 실수하지 마라. 비용은 투자자들이 관심을 기울이고 있는 MMF 상대적 수익률의 유일한 결정 요인이다.

다음의 예를 고려해 보라. 어느 MMF의 자산이 일시적인 수수료 면제를 통해 1989년에 설정 당시 10만 달러에서 2년 만인 1990년에 90억 달러로 성장했다. 그 뒤에 그 펀드의 자문사는 투자자들에게 통보하지도 않고서 원래의 부담스러운 수수료 수준으로 돌아갔다. 이 펀드의 자산은 점차 감소하여 16억 달러로 줄어들었다. 영리한 투자자들은 점차 직접적인 수익률 하락을 경험함에 따라 이 펀드를 떠났지만 둔감한 투자자들은 이 펀드에 남아 있다. 이는 마케팅(마케팅은 통했다)과 관리(관리는 실패했다) 사이의 관계를 보여주는 슬픈 사례다.

투자자들은 예상되는 모든 비용을 차감한 후의 펀드의 진정한 수익률을 보여주는 현실적인 정보를 구해야 하며 수수료 면제에 의해 만들어지는 미끼 수익률은 대체로 무시해야 한다. 보조가 최소 3년간 보장되지 않는 한, 펀드들은 더 이상 보조되는 수익률을 공시하도록 허용되지 않아야 한다. 시장에서 경쟁력 있게 보이기 위해 일시적으로 저비용을 제공하는 인덱스 펀드에도 같은 방식으로 접근해야 한다. (그런 펀드들 중 경비율이 가장 낮게 보이기 위해 수수료를 면제하고 있는 최대의 S&P 500 인덱스 펀드 중 한 곳은 이러한 보조가 끝나면 지금과 같이 선망의 대상이 되는 위치를 유지할 것으로 기대하지 않는다고 공개적으로 인정한다. 그러나 흥미롭게도 펀드의 투자 설명서는 투자자들에게 이를 공개하지 않는다.) 투자자들은 수수료 면제가 지속되는 동안 이를 활용하는 방안을 고려할 수도 있을 것이다. 물론 그렇게 하려면 수수료 면제가 언제 끝나는지 알아내기 위해 상당한 주의가 요구된다. 실망스럽게도 펀드 스폰서들은 투자자들에게 이를 알려줘야 하는 명백한 의무를 무시하고 있다.

성과 정보

펀드 업계에서는 펀드의 성과를 측정하기 위한 전통적인 수익률(한 주 기준 시간 가중 수익률)은 약간의 예외를 제외하면 투자자들이 실제로 버는 수익률(전체 순자산에 대한 금액 가중 수익률)보다 상당히 높고, 많은 경우에 엄청나게 높다는 사실이 비밀이 아니다. 전통적인 현행 수익률 측정 방법은 간단하고 편리하며 유용하지만 전부를 말해 주지는 않는다. 이 방법으로 수익률 측정 기간 중 5,000만 달러의 자산으로 시작해서 30억 달러가 된 펀드의 성과를 측정하는 것이 얼마나 적절하겠는가? 소규모의 펀드 포트폴리오를 관리하거나 그럴 리는 없겠지만 조작하기가 더 쉬운

가? IPO 시장에 참여하지 않는 매니저가 자신이 관리하는 펀드의 규모가 60배 커져도 매니저가 자신의 성공적인 수익률을 유지할 수 있는가?

이러한 질문들에 대한 답은 투자자들에게 의미가 있다. 어떤 이유에서든 1996년 7월 31일까지 10년 동안 (전통적인 방법으로 측정했을 경우) 수익률이 가장 높았던(1주당 연간 약 20%) 펀드는 같은 기간 동안에 −4%의 금액 가중 수익률을 기록했다. 이들 사이에는 분명히 차이가 있으며, 투자자들은 이 사실을 알아야 한다. 펀드 투자 설명서와 연례 보고서에 펀드의 시간 가중 수익률과 함께 금액 가중 수익률도 기재하도록 촉구하라.*

이런 맥락에서 당신은 투자하기 전에 해당 펀드의 초기 성과에 대해 명확히 설명을 들을 권리가 있다. 매니저는 그 주제에 대해 입을 굳게 닫는 경향이 있지만, 말해 줘야 하는 중요한 이야기가 있는 경우가 일반적이다. 예컨대 1995년에 수익률 상위 10위 안에 든 일반 주식형 펀드들(모두 평균 자산 규모가 1억 달러 미만인 신생 펀드들이었음)은 67%의 수익률을 기록했는데, 이는 일반적인 주식형 펀드의 평균 수익률 31%의 2배가 넘는 실적이었다. 어떻게 이런 수익률을 달성할 수 있었을까? 5%씩 투자한 20개 종목이 각각 67%씩 상승한 것일까? 이는 상상할 수 없는 일이다. 20개의 종목 중 4개는 180%, 그리고 나머지 16개는 평균 39% 상승한 것일까? 이론적으로는 가능하겠지만 실제로 그렇게 되지는 않았을 것이다. 20개 종목으로 구성된 포트폴리오를 평균적으로 3개월 보유해서 전체적으로는 80개의 포지션을 취한 것일까? 그랬을 가능성이 크다. 현명한 관찰자라면 이러한 펀드들이 시장 평균 수익률을 3년 연속 앞지를 것이라고 기대하지는 않을 것이다. 실제로 그런 일은 발생하지 않았다. 그

---

* 단순히 펀드 주식의 순자 간가치 변화만을 측정하는 선통적인 시산 가중 총수익률과는 달리, 이 수치에 배당금이 지급되면 이를 조정하는 금액 가중 총수익률은 해당 펀드에 의해 관리되는 자산의 변화 수준에 따라 펀드가 번 수익률이 달라지는 정도와 관련된다. 펀드의 규모가 클 때 달성한 수익률에 펀드가 작을 때 달성한 수익률보다 높은 가중치를 둔다. 사실상 금액 가중 수익률은 해당 펀드를 소유하는 평균적인 투자자들의 경험을 반영한다.

들의 평균 수익률은 1996년에 5.9%, 1997년에 5.6%를 기록해서 1995년부터 1997년까지 3년간의 수익률은 전체 주식시장의 수익률보다 25% 낮은 실적을 거뒀다. 과거 성과에 근거해서 투자 결정을 내리는 미숙한 투자자들이 이처럼 놀라운 고수익의 성격에 관한 정보를 가지고 있었더라면 이러한 위험에 대해 주의를 기울였을 것이다.

　말하기는 쉬워도 실천하기가 어렵기는 하지만 당신은 리스크에 대해서 더 많은 정보를 받을 권리가 있다. 리스크는 매우 복잡한 문제인데 나는 가장 중심적인 문제는 전체 주식시장 대비 해당 펀드의 특정 리스크라고 믿는다. 대부분의 투자자들은 주식시장 리스크의 (차원은 아니라 해도) 특성에 대해서는 대체로 잘 알고 있기 때문에 리스크의 두 번째, 세 번째 요소인 객관적 리스크(예를 들어 대형 가치주 대 소형 성장주의 리스크)와 매니저 리스크(객관적인 그룹 내에서 펀드의 자문사가 얼마나 유능한가?)에 집중하기로 하자. 매니저 리스크는 예측 불가능한 반면, 객관적 리스크는 장기간 동안 매우 일관성 있게 유지된다. 특정 펀드의 분기 총수익률과 광범한 시장 인덱스 수익률을 비교하면 이 두 가지 요소들을 함께 포착할 수 있다. [그림 15-2]는 두 가지 수익률과 펀드의 리스크 허용 수준(또는 불수용 수준)을 보여준다. 대형주 인덱스 펀드에서는 막대들이 거의 동일하다. 소형 적극적 성장주 펀드에서는 막대들이 상당히 다르다. 상대적 리스크는 미래의 수익률보다 예측하기 쉽다는 점을 강조하면서 나는 그런 그래프가 펀드의 투자 설명서에 포함되어야 한다고 권장했다. SEC는 이 제안을 채택하지 않았지만 해당 펀드의 과거 10년간 분기 수익률 중 최고치와 최저치를 공시하도록 하는 의무를 추가했다. 이러한 공시는 큰 진전이기는 하지만 해당 펀드가 투자자가 부담하고자 하는 수준보다 리스크를 많이 떠안는지 적게 떠안는지 나타내기 위해 각 분기의 주식시장 수익률도 보여주었더라면 훨씬 더 유용했을 것이다.

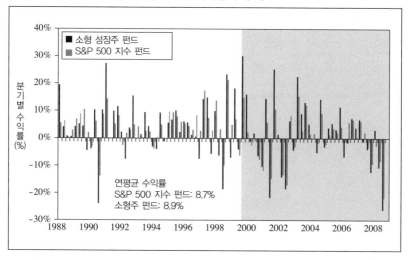

[그림 15-2] 리스크 측정: 1988~2008 분기별 수익 비교

| 10년 후 | 성과에 대한 정보 |

  내가 전에 펀드 스스로 보고한 전통적인 수익률(시간 가중 수익률)뿐
만 아니라 뮤추얼 펀드 투자자들이 실제로 거둔 수익률(금액 가중 수익
률)도 보고할 필요가 있다고 한 말이 마침내 응답되어서 반갑게 생각
한다. 내가 아는 범위에서 투자자들이 실제로 번 수익률을 보고하는
뮤추얼 펀드는 아직 없지만 모닝스타는 이제 두 종류의 데이터를 정
기적으로 보고한다.

  데이터를 보면 왜 펀드들이 아직도 그러한 정보 공개를 꺼리는지
이해할 수 있다. 11장에서 논의한 것처럼 1991년에서 2000년까지
10년 동안 뮤추얼 펀드 투자자들은 6.5%의 수익률을 기록한 반면,
펀드 스스로 보고한 수익률은 이보다 3.3% 포인트 높은 9.8%였다(누
적 수익률은 펀드의 경우 +152%, 투자자의 경우 +88%였다). 이 수치들은 확실히
10년 전에 내가 생각했던 것들을 확인해 준다. "우리가 펀드의 성과

의결권 행사 정보

뮤추얼 펀드 투자자들 중 펀드가 보내준 의결권 관련 내용을 제대로 읽는 사람들은 극히 드물다. 이런 서류들은 주주들이 자문 수수료 인상을 승인하도록 하는 제안을 좀처럼 강조하지 않으며 이를 결코 공표하지도 않는다. 미디어는 일반적으로 펀드 매니저들이 주주들에게 감추고 싶어 하는 사안을 다루는 기사보다는 성과, 스타 매니저, 또는 기록적인 현금 유입을 자랑하는 기사만 다룬다. 매니저들은 만일 투자자들이 좀 더 많은 정보를 알게 되면 "아니오"라고 말하거나, '행동에 나서' 펀드를 환매하리라는 사실을 잘 알고 있다. 이러한 기회를 활용할 수 있는 유일한 방법은 비록 의결권 위임 요청서가 비비꼬는 말들로 가득 차 있을지라도 이에 세심한 주의를 기울이는 것이다. 만일 당신이 주주로서 자신의 이익에 합치하게 투표한다면 자문 수수료를 올리고 판매 수수료를 부가하는 뮤추얼 펀드 업계의 방종한 태도가 억제될 것이다.

주주들이 주의를 기울이지 않아서 (또는 아마도 펀드의 이사들이 주주들의 이익을 보호해 주리라고 확신해서) 권한 남용이 발생한다. 예를 들어 대중이 모르게 운영되는 어느 주요 종합 펀드 그룹은 1년 내에 수수료를 100% 인상할 수 있었다. 먼저 1991년 12월에 펀드 투자자에게 자문 수수료를 50% 인상하는 새로운 자문 수수료 계약 승인을 요청하는 의결권 위임 요청서가 보내졌다. 기본 수수료가 자산의 0.5%에서 0.75%로 0.25% 포인트 인상될 예정이었다. 그 이유는 투자 관리 및 리서치 비용과 복잡성 증가, 그리고 펀드의 수수료가 '평균 아래'이기 때문이라는 것이었다. 수수료 인상이 해당 자문사의 세전 이익을 100%까지 증가시킬 가능성이 있었는데, 이 정보는 공개되지 않았다(내 견해로는 이는 심각한 정보 누락이다). 주주들은 수수료 인상 제안을 정식으로 승인했다.

이처럼 수익성이 급증하자 겨우 7개월 만에 이 자문사는 경쟁사 중 한 곳에 10억 달러를 받고 회사를 팔았다(놀랄 일도 아니다). 그러고는 펀드의 주주들에게 경영권 변경뿐 아니라 또 다른 수수료(이번에는 12b-1 판매 수수료) 0.25% 포인트 인상도 요청했다. 이 자문사(와 새로운 소유자)의 수익성이 다시 또 급증했는데, 아마도 이 수수료 인상 효과가 합의된 회사 매각 가격에 상당한 프리미엄이 붙게 했을 것이다. 새로운 수수료 인상으로 경비율이 1.19%로 상승했는데 이는 1년도 경과하기 전의 0.75%에서 약 60% 상승한 것이다. (자산이 증가함에 따라 이 자문사에 지불된 연간 수수료는 4,500만 달러에서 1억 달러로 125%나 증가했다.) 그럼에도 이를 검토해야 할 법적 의무가 있는 펀드의 이사들은 합병 계약의 한 부분이었던 새로운 수수료가 펀드에 '불공정한 부담을 부과하지 않는다'고 했다. 아마도 외관상 독립적인 펀드 이사진들의 이 같은 인가에 감명을 받아서, 그리고 자문사 이익이 또다시 급증한다는 사실을 통보받지 않아서 주주들은 다시금 충실하게 안건을 승인했다.

이러한 간략한 일화는 펀드 업계에서 전혀 드물지 않은 2단계 프로세스의 축약판이다. 먼저 총 수수료 수입 중 얼마만큼이 추가적인 포트폴리오 감독과 리서치에 지출될지, 마케팅 비용과 자문사의 이익으로 돌아갈지에 대해서 공개하지 않은 채 수수료를 인상한다. 그 다음에 펀드 판매량이 늘어나도 펀드 주주들에게 전혀 혜택이 돌아가지 않는다는 사실을 공개하지 않은 채 (펀드 판매사에 대한 보상이 보다 매력적으로 되어서 해당 펀드 판매량이 '증가할 수도 있기 때문에') 판매 수수료를 추가한다. 나는 문화 충돌(관리 문화 대 판매 문화 사이의 충돌)에 대해 이보다 더 좋은 예를 찾을 수 없다. 펀드 자문사들은 수입과 지출(펀드 관리 비용과 마케팅 비용, 일반 회사 경비를 따로), 그리고 그들이 관리하는 각각의 펀드 및 펀드 전체에 대한 이익을 공개하도록 요구되어야 한다.

만약 어느 '빅 3' 자동차 제조회사가 자사의 신차 평균 가격을 (예를 들어 16,000달러에서 26,000달러로) 60% 올릴 겨우 소비자들의 반응을 상상해 보라. 이런 일은 진정한 가격 경쟁이 벌어지고 있는 경쟁적 자동차 시장에서는 절대 일어나지 않을 테지만 그런 경쟁이 없는 뮤추얼 펀드 시장에서는 이런 일이 계속 일어나고 있다. 펀드가 지불하는 자문 수수료는 시장에 의해 형성되는 것이 아니라 대체로 동일 인물인 펀드 사장과 투자자문사 사장의 동의(이는 독립적인 협상과는 거리가 멀다!)에 의해서 펀드 이사회에 건의된다. 투자자들은 자동차 가격에 주의를 기울이는 만큼 펀드 가격에도 주의를 기울여야 한다.

10년 후   의결권 행사 정보

펀드의 수익성은 말할 것도 없고 그들의 수익 원천 및 포트폴리오 관리 비용 대 마케팅 비용과 같은 비용 할당에 대해 공개하는 펀드 매니저들은 거의 없는 반면, 최근에 드디어 뮤추얼 펀드 업계가 자유 경쟁(즉, 수수료를 낮추려는 경쟁)에 직면할 가능성에 관한 희망적인 조짐이 나타났다.

미국 대법원은 펀드 업계의 수수료 책정 관행에 결함이 있다는 주장을 듣는 데 동의했다. 수수료 책정 관행은 주로 한 펀드의 (수수료 금액이 아니라) 수수료율과 다른 펀드의 수수료율 비교에 의존한다(금액 비교 관행도 회사 최고 경영자의 보수 기준이 회사 실적이 아니라 동료들의 보수에 의해 정해짐에 따라 과도하게 책정되는 데에서 볼 수 있는 것처럼 결함이 있기는 마찬가지다). 대법원이 이러한 관행들은 1940년 투자회사법에 정해진 수수료에 관한 수임인 의무(fiduciary duty) 위반이라는 입장을 취할 경우 펀드 투

대안 투자 전략에 대한 정보

뮤추얼 펀드 산업은 어떤 의미에서는 마법의 바탕 위에 만들어졌다. 오랜 기간 지속된 강세장과 전통적인 (그러나 환상에 불과한) '프로들'(특히 스타 매니저들)이 일반인들보다는 뛰어날 것이라는 생각에 미혹된 투자자들은 펀드의 순수익률은 조만간 시장 평균으로, 그리고 그 밑으로 회귀할 것이라는 명백한 패턴을 무시하고 있다. 투자자들은 전통적인 방법으로 관리되는 뮤추얼 펀드들만이 투자의 유일한 방법은 아니라는 점을 알아야 한다. 개별 주식을 장기간 보유하는 것은 현명한 방법일 뿐만 아니라 세금 측면에서도 훨씬 효율적이다. 또한 시장 인덱스 펀드도 직관에 반할지는 몰라도 유망한 선택이 될 수 있다. 과거 기록에 따르면 저비용 인덱스 펀드는 장기 투자자들에게 더 높은 수익률을 제공해 왔다. 앞에서 언급한 어느 유명한 펀드 카지노 사장은 저비용 인덱스 펀드가 모든 주식형 펀드들의 85%보다 높은 수익률을 제공할 것이라고 말했다("왜 스스로 좋은 실적을 내려고 쓸 데 없는 고생을 하려 하겠는가?").

인덱스 펀드가 밋밋하다는 것은 나도 알고 있다. 인덱스 펀드는 멋져 보이지도 않는다. 인덱스 펀드는 뉴스거리가 되지 않으며 인덱스 펀드 매니저들은 바보는 아니라 해도 천재인 경우도 드물고 시장 수익률을 앞서지도 않는다. 역설적이게도 (설립된 지 20년 넘게 지난) 최근에 와서야 인덱스 펀드가 마땅한 주의를 끌고 있다. 안타깝게도 그러한 인정은 인덱스 펀드의 뛰어난 장기간의 성과보다는 최근 3년 동안의 S&P 500 지수의 놀라운 수익률(펀드들 중 상위 6%를 기록하였는데, 향후 이처럼 높은 3년 수익률 순위를 기록하는 일은 다시는 반복되지 않을 것이다)에 기초한 것이다. 인덱스 펀드들은 현재 '뜨겁지만' 그래서 인덱스 펀드에 투자한다면 어리석은 짓이다. 인덱스 펀드의 단기 성과에 초점을 맞출 것이 아니라 원칙에 초점을 맞춰야

529

한다. 그리고 단순히 인덱스 펀드에 초점을 맞출 것이 아니라 저비용 인덱스 펀드에 초점을 맞춰야 한다. 사실상 저비용, 광범위한 분산 투자, 그리고 세금 효율성이 이러한 소극적 관리 전략의 유일한 본질적 장점이다. 약 40개의 인덱스 펀드들은 판매 수수료를 부과하고 있고, 다른 25개 펀드들의 경비율은 1% 이상이다. 윌리엄 사파이어(William Safire)라면 "그런 펀드는 거들떠보지도 마라"라고 말했을 것이다.

투자 지침 정보

펀드 성과의 평균 회귀가 미치는 장기적인 영향 및 투자 성과에서 비용이 차지하는 역할에 대한 나의 의견에 어느 정도로 동의하든, 투자자는 궁극적으로 어떤 펀드를 소유해야 하는지에 대한 조언을 원한다. 너무도 많은 투자자들이 자신들이 믿기에 미래에 가장 높은 수익률을 제공해 줄 펀드를 선택한다. 투자자들은 비용의 역할이나 평균 회귀 원칙을 고려하지 않고 대개 '과거의 실적'만 본다. 그들은 최신 수퍼스타 매니저를 치켜세우거나 '다음 10년(심지어 내년 또는 불특정 기간) 동안의 최고의 뮤추얼 펀드' 리스트를 공표하는 간행물들에 의해 이러한 방향으로 인도된다. 그러나 그러한 간행물들이 펀드 성과를 비판할 때 보이는 것과 동일한 수준의 집요함으로 자신들의 성과를 뒤돌아보면서 비판해야 할 의무를 받아들인다면, 투자자들에게 큰 도움이 될 것이다. '한쪽에 해당하면 다른 쪽에도 해당한다.' '추천 리스트'에 오른 뒤 해당 펀드들의 성과가 어떠했는지 공개되면 투자자들은 틀림없이 그러한 리스트들의 예지력에 대해 실망하게 될 것이다. 현명한 투자자들은 언론 매체들과 펀드에 책임성을 요구해야 한다.

미국의 어느 격주간지는 대략 25년째 해마다 '우수 펀드 명부'를 발표하고 있다. 이 명부에 기재된 펀드들은 1973년 이후 평균 연 12.5%의 수익률을 기록했다. 그런데 윌셔 5000 지수는 연간 14.7%의 수익률을 기록했으며 지난 15년간 14년 동안 명부에 선정된 펀드의 평균 수익률을 앞섰다. 더구나 우수 명부에 오른 펀드들은 지난 24년 동안에 있었던 4번의 하락장에서 윌셔 5000 지수보다 더 많이 하락해서 윌셔 5000 지수보다 리스크가 더 큰 것으로 보인다. 그런데 이 잡지는 해마다 펀드의 통계치를 업데이트하고 명부에 펀드들을 추가하거나 제외하면서 이러한 사실은 왜 보고하지 않는가?

한 월간지는 최근 기사에서 '과거 추천 펀드'의 성과를 발표했지만, 이를 시장 지수 수익률과 비교하지 않았을 뿐 아니라 선정된 10개 펀드들의 누적 평균 수익률도 제시하지 않았다. 그 잡지는 독자들에게 "우리는 우리의 선정에 대체로 만족합니다"라고 말하면서 왜 만족해야 하는지는 설명하지 않았다. 선정된 펀드들의 2년간 연 수익률은 14.7%였는데, 이는 같은 기간 동안 시장 지수 연 수익률 20.1%의 약 2/3에 지나지 않는 실적이다. 어느 투자자가 그러한 성과에 대해 '대체로 만족'하겠는가? 투자자들은 자신들에게 투자 지침을 제시하겠다고 하는 사람들에게 완전한 정보를 공개하라고 요구할 자격이 있다.

에스페란토 유형의 괴짜

이제 나의 중심 주제로 돌아가겠다. 나의 주장에 동의한다면 펀드 비용, 수수료 인상, 성과와 리스크, 대안적 투자 전략, 펀드 지침, 뮤추얼 펀드를 건전하게 평가하도록 도움을 줄 중요 정보에 대한 완전한 공개를 요구하면 도움이 된다. 그렇게 하면 점점 더 펀드 관리의 희생 하에 펀드 판매에 치우치는 불균형을 바로잡는 데 도움이 될 것이다. 나는 첫 번째 원칙으로 돌아가면 뮤추얼 펀드 주주들에게 커다란 이익을 제공할 것이라고 확신한다.

정치와 뮤추얼 펀드를 비교해서 이 주제를 확장해 보자. '가장 보편적인 언어'인 에스페란토를 살펴보자. 《뉴요커》지의 정치부 기자 마이클

켈리(Michael Kelly)에 의하면 에스페란토 사용자는 "일종의 하나로 통일된 분야의 이론가, 모든 것을 고칠 수 있는 하나의 위대한 아이디어, 즉 모든 것을 고려하는 전체적인 개념을 믿는 사람이다."[1)]

켈리는 1996년의 부통령 후보 잭 켐프(Jack Kemp)와 앨 고어(Al Gore)를 '야심적인 지성은 없을지 몰라도 야심적인 지성을 갖춘 사람이 되려는 야심을 가진 에스페란토 유형의 괴짜'로 거명한다. 켈리는 잭 켐프가 '돈 기계가 올바로 만들어질 수 있고, 올바로 기름쳐질 수만 있다면 온 세상을 영원히 행복하게 만들 수 있다고 믿는 자본주의 찬양자'라고 묘사한다. 앨 고어는 '시스템학의 신봉자, 즉 모든 것은 다른 모든 것들과 총체적으로 연결되어 있으며 이를 고치는 것은 한 사람 자신의 시스템부터 시작해서 그 외부의 다른 모든 시스템까지 모든 시스템들이 올바르게 작동되도록 하는 문제라고 믿는 사람'으로 묘사된다. 켈리는 다음과 같이 결론을 내린다. "모든 에스페란토 유형의 괴짜들은 사안들을 많은 사람들에게 왜 그런지 충분히 주의 깊게 설명하기만 하면, 궁극적으로 모든 사람들이 알게 될 것이고, 그러면 모든 것들이 고쳐질 것이라는 꿈에 의해 움직인다."

켈리가 정치가 아니라 뮤추얼 펀드를 고려했더라면, 그는 강력하고 단순한 나의 믿음을 비슷한 방식으로 묘사했을 것이다. 그렇다고 나를 단지 또 한 명의 에스페란토 유형의 괴짜로 여기지는 말고 나를 견인하는 꿈, 즉 판매가 아니라 관리에 초점을 맞추고 카지노에서의 레버 당기기 식의 투기가 아니라 전문 역량과 규율에 초점을 맞추며, 과도한 비용으로 자산을 끌어 모으고 가치를 소진하는 것이 아니라 수임인 책무와 가치 부가에 초점을 맞춘다는 첫 번째 원칙으로 돌아간다면, 펀드 업계 결점의 대부분이 시정될 것이라는 점을 세심하게 고려하라.

뮤추얼 펀드의 거버넌스와 통제가 바뀌는 시스템으로 이동할 때에만 이러한 변화가 일어날 것이다(이는 '하나의 위대한 아이디어'다). 오늘날 이러한 변화는 전적으로 뮤추얼 펀드 회사의 임원들과 소유주들에게 맡겨져 있는데, 그들은 확실히 펀드의 우수한 성과를 추구하지만 동시에 막대한 개인적 이익을 추구하기도 하며, 이 둘 사이의 명백한 이해 충돌의 적절한 균형을 유지할 능력이 없는 듯하다. 이러한 이해 충돌은 반드시 해결되어야 한다. 뮤추얼 펀드는 펀드의 성과가 유일한 이익 척도인 뮤추얼 펀드 자체의 주주들에게만 책임을 지는 현명한 이사들의 거버넌스 아래 운영되어야 한다.

최근에는 다른 모든 요소들보다 판매와 자산 증대를 요구하느라 관리 원칙들(수임인 책무, 전문 역량과 규율, 장기간에 대한 초점 포함)이 훼손되고 있으며 관리 원칙이 다시 최고 우선순위로 복귀하기는 당분간은 어려워 보인다. 그러나 앞으로는 사정이 달라질 수 있다. 이제 나는 마이클 켈리가 썼던 것처럼, '충분히 주의 깊게 충분히 철저하게 충분히 사려 깊게 설명했으니 당신이 알게 되고 모든 것들이 고쳐지기를' 바란다. 토머스 페인(Thomas Paine)이 유창하게 말한 것처럼 "적당히(moderately) 좋은 것은 마땅히 좋아야 할 만큼 좋은 것은 아니다. 기질에서의 중용(moderation)은 언제나 미덕이지만 원칙에서의 중용은 언제나 악덕이다." 현재의 뮤추얼 펀드 원칙들에 관해 가장 우호적으로 얘기한다면 그 원칙들이 '온건해졌다(moderated)'는 것이다. 이제 뮤추얼 펀드 업계의 중요하고 전통적인 원칙들은 확고해야 한다고 요구할 때다. 투자자들이 변화를 요구한다면 그들의 이익에 도움이 될 것이다.

10년 후   에스페란토 유형의 괴짜

나는 너무도 많은 펀드 매니저들이 이 원칙들을 준수하기보다는 어기고 있다는 데 실망했지만 10년 전에 옹호했던 펀드 관리의 모든 원칙들을 지금도 지지하고 있다. 그리고 동시에 내가 필요하다고 말했던 여섯 가지 정보의 중요성도 지지한다. 이 정보를 공개해서 투자자들이 자신의 이익을 위해 더 나은 의사결정을 하도록 도와줌에 있어서는 진전이 이루어진 데 대해 기쁘게 생각한다.

그리고 내가 당시에 에스페란토 유형의 괴짜였다면, 지금은 더욱 그렇다. 나를 견인하는 꿈은 아직도 그대로이기 때문이다. 내가 사안들을 충분히 많은 사람들에게, 충분히 주의 깊게, 충분히 철저하게, 충분히 사려 깊게 설명할 수만 있다면 모든 사람들이 알게 될 것이고, 그러면 모든 것이 고쳐질 것이다. 그렇다. 투자자들은 결국 알게 될 것이고 언젠가는 모든 것이 고쳐질 것이다.

1) Michael Kelly, "Cranks for Veep," *The New Yorker*, 72(29)(September 30, 1996), p.40.

Chapter 16

On Marketing
The Message Is the Medium

마케팅—메시지는 미디어다

1967년에 '뉴 에이지' 작가 마샬 맥루한(Marshall McLuhan)은 『미디어는 마사지다』라는 책을 썼다. 그의 요점은 매우 바쁘게 살아가는 현대 사회에서는 방송 전파를 통해 전달되는 광속의 커뮤니케이션이 보내진 메시지를 지배하게 되었다는 것이었다. 우리가 TV의 오락, 뉴스 프로그램 등을 통해 보고 있는 것들은 사실상 책과 신문에서 읽었던 것들과는 판이하다. 예를 들어 뉴스 미디어에서는 최고의 신문들의 특징이었던 균형 있고 상세한 보도가 TV의 30초짜리 인터뷰에 길을 내주었다. 맥루한의 책이 출판된 지 30년이 지난 지금은 인터넷이 완전히 새로운 정보 수령 및 가공 매체가 되었으며, 커뮤니케이션의 속도와 도달 범위는 기하급수적으로 증가하고 있다. 맥루한은 시대를 앞서 갔으며, 그의 관찰은 오늘날 더 심오한 의미가 있다.

뮤추얼 펀드 업계에서 마케팅의 역할에 대해 논의하기 위해 나는 맥루한의 책 제목에서 '마사지'를 '메시지'로 바꾸고, 미디어와 메시지의 순서를 바꾸었다. 그렇게 해서 이번 장의 제목은 '메시지는 미디어다'가 되었다. 왜냐하면 뮤추얼 펀드 업계에서는 이제 마케팅이 운전대를 잡고 있기 때문이다. 이제 뮤추얼 펀드 업계가 투자자들에게 제시하는 조건들이 펀드가 실제로 제공하는 것들과 그 가격을 결정하고 있다. 오래되고 무례한 비즈니스 표현을 빌리자면 "우리는 전에는 만드는 것을 파는 기업이었지만 이제는 팔리는 것은 무엇이든 만드는 기업이 되었다." 이제 마케팅 메시지가 투자 미디어 자리를 차지했고 주객이 전도되었다.

1924년에 뮤추얼 펀드 산업이 시작된 후 처음 반세기의 대부분 기간 중에는 뮤추얼 펀드들은 대체로 주주의 자산에 대한 수탁자 책임에 초점을 맞추었다. 뮤추얼 펀드들은 다른 사람들의 돈을 관리하는 책임을 맡은 투자 자문사들에 의해 관리되었다. 또한 뮤추얼 펀드들은 별도의 주간사들에 의해 판매되었다. 사실 많은 대형 펀드 회사들은 판매와 마케팅 서비스에 대한 책임이나 비용을 떠맡지 않았었다. 그러나 지난 10년 동안 뮤추얼 펀드의 초점이 관리에서 마케팅 쪽으로 점점 더 빠르게 옮겨갔다. 이러한 추세에는 불길한 함의가 있다.

마케팅을 지나치게 강조함으로써 네 가지 주요 문제들이 야기되었다. 첫째, 이는 뮤추얼 펀드 주주들에게 많은 돈(수십 억 달러의 추가적인 펀드 경비)이 소요되어 주주들이 받는 수익률이 줄어든다. 둘째, 이러한 커다란 지출은 주주들의 수익률 면에서 비용을 상쇄하는 아무런 혜택도 제공하지 않을 뿐 아니라 펀드에 추가 자금이 유입되도록 하는 데 성공하는 만큼 펀드 수익률을 더 줄어들게 하는 강력한 경향이 있다. 셋째, 뮤추얼 펀드는 너무도 자주 과대 선전되어 판매되며, 이들의 말을 신뢰하는 투자자들은 펀드들이 떠안은 리스크에 의해 위험에 처해질 수도 있고, 펀드들의 잠재 수익률에 기만당할 수도 있다. 마지막으로 그리고 아마도 가장 중요한 사항으로서, 판매에 대한 매진이 투자자들과 펀드들 사이의 관계를 변화시킨다. 주주들은 펀드의 소유자로 인식되기보다 단순히 자문사의 고객으로 인식된다. 이렇게 되면, 뮤추얼 펀드는 더 이상 전문 매니저의 수탁자 책무 아래에서 관리되는 투자 계좌가 아니라 전문 마케터의 통제 아래에 있는 투자 상품이 된다.

과거 10년 동안의 사건들은 뮤추얼 펀드 업계에서 이 업계 초기의 특징이었던 관리와 수탁자 책무에 대한 강조는 사라지고 마케팅과 장사꾼 기질이 팽배해 있다는 나의 우려를 확인해 줄 뿐이었다. 앞 장에서 언급한 것처럼 펀드 비용은 계속 치솟았으며(2000년~2002년의 거품 붕괴 전에 주가에 테크놀로지 기반 붐이 일던 마지막 기간 동안에 특히 그랬다) 펀드 판매 인력들은 과거의 엄청난 수익률을 신문, 금융 잡지, TV에 광고하면서 가장 잘 나가는 펀드들을 과장하며 팔러 다녔다. 그 후에 거품이 붕괴되자 이 펀드들이 부담한 상당한 리스크의 직접적인 결과로 투자자 수익률은 위험에 처해졌다.

당신의 돈은 상관하지 않는다

마케팅과 판매는 매우 값비싼 기능이며 돈은 얼마가 소요되든 상관하지 않는다. 그러나 그 돈은 펀드 주주들의 돈이다. 펀드 매니저들은 자신들이 관리하는 자산이 불어남에 따라 수수료 수입이 증가하므로 그 돈의 혜택을 본다. 성장곡선의 시초에는 어느 정도의 규모 경제의 혜택이 펀드 주주들에게 돌아갈 수도 있지만, 성장의 주된 혜택은 매니저에게 돌아간다. 그리고 자산이 증가하면 펀드들은 흔히 유연성이 떨어지고 초기의 성공을 이끌었던 투자 전략을 추구할 능력을 상실하게 된다.

'브랜드' 이미지를 강화하기 위한 신문, 잡지 광고나 텔레비전 광고비용은 현재 연 10억 달러에 이르는데 이 비용은 궁극적으로 펀드 투자자들에게 전가된다. 우편, 인쇄물, 판촉물 등과 같은 다른 마케팅 수단들도 매우 값비싸며, 뮤추얼 펀드 슈퍼마켓의 진열 공간을 위해 펀드들이 지불하는 막대한 수수료들도 마케팅 예산에 추가된다. 펀드 매니저들이 그들의 상품을 마케팅하기 위해 연간 100억 달러를 지출하고 있을지도 모른다고 하더라도 이를 믿지 못할 바도 아니다. 이 금액은 1998년에 투자자들이 뮤추얼 펀드에 지불한 500억 달러 중 상당 부분을 차지하며, 애초에 펀드 투자의 존재 이유인 투자 서비스에 지불된 금액 30억 달러 혹은 40억 달러보다 훨씬 큰 규모다. 펀드의 주주들이 지불한 '관리' 수수료가 마케팅 활동에 쏟아 부어지고 있는 것이다.

이처럼 말썽 많은 펀드 판매비용 상승의 많은 부분은 '12b-1 수수료'라는 새로운 형태의 뮤추얼 펀드 수수료 신설에 기인한다(이 이름은 SEC 규칙 270.12b-1에서 허용되기 때문에 그렇게 붙여졌다). 1980년 10월까지 SEC는 펀드 매니저들이 펀드 자산을 판매에 지출할 수 없다는 입장을 취했다. 그 전에는 펀드 업계의 판매 활동은 주로 판매 수수료(펀드의 주식 매입자들이 중개 회사에 지불하는 커미션)로 충당되었다. 전형적인 최고 판매 수수료는 총 거래 금액의 8%였다(획득한 펀드 주식 가치 대비로는 8.7%였다). 이러한 전통적인 구조는 1924년에 미국에서 뮤추얼 펀드가 최초로 영업을 개시한 이후부터 존재해 왔다. 그러나 1973년~1974년의 끔찍한 약세장 이후, 그리고 커미션을 지불하지 않고 매입할 수 있는 노-로드 펀드(no-load fund)가 펀드 시장에 확산되기 시작하자 이 구조를 유지하기 힘들어졌다. 이러한 새로운 경쟁의 결과, 전형적인 최고 판매 수수료는 차츰 줄어들어 6%가 되었다.

판매 활동비용으로 사용할 수 있는 자원을 줄이지 않고 그대로 유지할 수 있도록 이전과 동일한 수입 올리기에 골몰한 (그리고 판매 수수료를 징구하면서도 징구하지 않는 것처럼 보이게 하는 데에도 이에 못지않게 골몰한) 펀드 업계와 펀드의 주식을 판매했던 증권회사들은 꿩도 먹고 알도 먹을 수 있는 기발한 계획을 개발했다. 그들은 가령 6%의 투명한 선취 수수료(front-end-load)를 펀드의 자산에 대해 부과되는 연간 판매 수수료(가령 연 1%)와 투자자가 납부한 1%의 연간 판매 수수료 합계가 6%에 도달하기 전에 중도 환매할 경우 가입 기간에 따라 줄어드는 1회성 중도 환매 수수료(소위 후

538

취수수료(back-end load))라는 두 가지의 불투명한 수수료들로 대체하는 대안을 제안했다. 예를 들어 투자자가 2년 동안 연 1%의 수수료를 2번 지불한 뒤 환매할 경우 환매 수수료는 4%가 될 것이고 6년이 지난 뒤 환매하면 환매 수수료는 대개 없어진다(그러나 항상 그런 것은 아니다). 이 대안은 수학적으로 계산이 정확히 맞아 떨어지지는 않지만(폭등하는 주식시장에서 펀드의 자산 가치가 상승해서 주주들의 총비용은 실제로 상승했다) 1회의 선급 수수료를 동일한 금액의 누적 연간 수수료로 대체한 것과 거의 유사하다.

판도라 상자가 열리다

겉보기에 손해를 끼칠 것 같지 않던 이러한 변화가 불길한 반전을 가져왔다. SEC는 특정 펀드가 12b-1 수수료를 부과하기 위한 세부 요건을 충족(독립적 이사 과반수의 승인 포함)하면 펀드 자산으로 판매비용에 사용할 수 있도록 정할 때 해당 펀드가 판매 수수료 구조 변경 여부에 상관없이 펀드 비용에 더하여 12b-1 수수료를 부과하도록 허용했다. 사실 SEC는 판매 수수료가 없는 펀드들도 이 수수료를 부과하도록 허용하기도 했다. 판도라조차도 상상하지 못했을 방식으로 현대판 판도라의 상자가 열렸고, 뮤추얼 펀드 업계가 마케팅에 초점을 맞추는 방향으로 이동하는 데 거의 무한한 자원을 사용할 수 있게 되었다.

1970년대에 시장 붕괴 여파로 침체되어 가던 기간 동안 뮤추얼 펀드 업계는 주식형 뮤추얼 펀드 환매와 자산 축소라는 홍역을 치르고 있었다. 펀드 매니저들은 펀드 업계가 펀드 주주들을 위한 규모의 경제를 형성하기 위해서는 환매를 막고 성장을 장려하기 위해 이러한 자원이 필요하다고 주장했다. 슬프게도 치료가 병보다 훨씬 더 나빴다. 12b-1 수수료가 펀드 자산의 0.25%(펀드에 '노-로드'라는 명칭을 붙일 수 있는 최고 수준)만 부과된다 하더라도 규모의 경제 효과를 통해 이를 극복하기에는 너무 큰 부담임이 입증되었다.

예를 들어 어떤 펀드가 가령 5억 달러에서 50억 달러로 자산을 늘리는 데 성공했다면, 경비율은 1.1%에서 1.0%로 떨어졌을 수도 있을 것이다. 그러나 0.25%의 12b-1 수수료가 부가되어서 새로운 경비율은 1.25%가 되어 원래의 수수료보다 0.15% 포인트만큼 늘어났다. 규모가 작았을 때 펀드가 지출한 연간 총비용은 550만 달러였는데, 규모가 커지자 6,250만 달러로 늘어나게 되었을 것이다. 이렇게 되면 매니저는 12b-1 수수료에서 마케팅을 위해 해마다 1,250만 달러를 받게 될 것이고 펀드 주주들이 버는 수익은 그만큼 줄어들 것이다.

1990년대가 끝나가는 현재, 12b-1 수수료가 유행하고 있다. 13,000개 뮤추얼 펀드 중 7,000개(모든 주식형 펀드의 60%, 모든 채권형 펀드의 67%, 모든 MMF의 35%)가 이처럼 부담스러운 수수료를 부과하고 있다.* 업계의 자산이 불어난 것과 같이 일반적인 12b-1 수수료 수준도 올랐다. 1980년 이후 펀드 자산은 35배가 증가해서 대략 5조 달러가 되었다. 1980년에는 존재하지도 않았고, 1984년에는 펀드 자산의 0.08%만 소모했던 12b-1 수수료는 1998년도에는 12b-1 수수료를 부과하는 펀드들의 2/3에서 평균적으로 자산의 0.4%를 차지하게 되었다. 12b-1 수수료 총액은 연간 60억 달러를 넘는다. 1980년 이후 펀드 숫자는 10배로 늘어났고, 펀드 자산은 20배로 증가했다. 그러나 12b-1 수수료를 사용하는 펀드의 비율은 30배가 되었으며, 12b-1 수수료의 수준은 폭등했다. 〈표 16-1〉은 증가하고 있는 펀드 자산 대비 12b-1 수수료의 비율과 마케팅을 위해 펀드 주주들의 자산에서 지불된 금액을 보여준다.

---

* 주식형 펀드와 채권형 펀드의 수는 현재 13,000개를 넘지만, 이 펀드들 중 동일한 기초 포트폴리오에 대해 다른 주식 클래스를 대표하는 펀드들이 많이 있다. 하나의 포트폴리오에 서너 개의 다른 주식 클래스(클래스 A, 클래스 B, 클래스 C 등)가 있을 수 있는데, 이들 클래스들의 수수료 구조는 각각 다르다. 기초 포트폴리오만 포함시키면 대략 8,000개의 주식형, 채권형, 그리고 MMF 펀드가 있다.

〈표 16-1〉 12b-1 수수료 증가

	1980	1984	1988	1990	1996	1998
연말 펀드 자산 (10억 달러)	$135	$371	$810	$1,067	$3,539	$5,100
12b-1 수수료율*	0	0.08%	0.33%	0.36%	0.39%	0.40%
연간 총 판매 수수료 (10억 달러)	$0	$0.10	$0.85	$1.20	$4.40	$6.50
	2000	2002	2004	2006	2008	
연말 펀드 자산 (10억 달러)	$5,425	$5,382	$7,170	$9,823	$9,580	
12b-1 수수료율*	0.58%	0.59%	0.59%	0.58%	0.57%	
연간 총 판매 수수료 (10억 달러)	$15.10	$14.50	$20.20	$26.60	$21.40	

* 12b-1 수수료를 부과하는 펀드의 자산 대비 비율.

이러한 수수료에 대해 어떤 변명을 늘어놓는다 해도 65억 달러는 매우 큰 금액이며 펀드 주주들의 수익률에 커다란 부담이 된다. 이는 잘해야 중립적이고 나쁘면 부정적인 결과를 가져온다. 펀드의 주주들이 이 금액을 지불하지만 펀드 매니저들은 이 수수료를 이용하여 관리하는 자산을 더 모아서 더 많은 관리 수수료를 받고, 심지어 더 큰 이익 마진을 챙긴다. 신기하게도 12b-1 수수료를 부과하는 펀드들이 그렇지 않은 펀드에 비해 시장 점유율을 늘리는 데 성공하고 있다는 징후는 전혀 없다. 수수료가 규모의 경제를 위한 시장 점유율 확대라는 그들의 표면상의 목표를 달성하고 있는 것으로 보이지 않는다.

슬프게도 주주들이 1998년에 지불한 60억 달러의 막대한 12b-1 수수료도 펀드 판매와 마케팅을 위해 지출된 총액에는 근접하지도 못한다. 일부 펀드 자문사들은 투자 자문 서비스에서 엄청난 이익을 남기는데 이를 펀드 주주들에게 혜택이 돌아가도록 수수료를 인하하기보다는 이 이익의 일부를 펀드 판매비용에 충당한다. 이렇게 하면 펀드 주주들에게 12b-1 수수료 승인을 요청하는 주주총회 위임장을 모으는 번거로움을 피할 수 있고 독립적인 이사들의 모니터링(이러한 모니터링이 주주들에게 아무리 가치가 없더라도)을 받지 않아도 되며 언론과 통계 조사에 12b-1 부과 펀드로 언급되는 불리함 등을 피할 수 있다. 사실 특정 펀드가 자문 수수료를 가령 0.25% 인상하고 여기에서 발생하는 수익을 모두 마케팅에 쓴다 해도 아무도 이를 막을 수 없는데 많은 펀드들이 바로 이렇게 하고 있는 듯하다.

10년 후   12b-1 수수료

이 책의 초판이 나온 지 10년이 지난 뒤에도 12b-1 수수료의 불합리는 그대로 남아 있다. 펀드 자산을 사용해서 세일즈와 판매 활동 자금을 조달하는 것은 펀드 투자자들에게 아무런 이익을 가져다주지 않는 낭비임이 입증되었다. 나는 아직까지 12b-1 수수료가 펀드 자산을 쌓아 올리도록 도움을 줌으로써 펀드 투자자들이 지불하는 총 수수료율을 줄이는 예를 본 적이 없다. 선취 판매 수수료를 여러 해에 걸쳐 분산하는 데 도움이 되는 12b-1 수수료가 사라져 가고 있는 듯하지만(이는 좋은 일이다!) SEC는 최소한 지금까지는 이를 사용하지 못하게 할 용기는 내지 못하는 듯하다(이는 나쁜 일이다!).

그러는 동안 12b-1 수수료는 계속 증가해서 2000년에는 50억 달러였던 수수료가 2009년에는 280억 달러에 이를 것으로 추정된다. 이처럼 펀드 투자자의 이익보다 펀드 판매자의 이익이 승리했다는 사실은 뮤추얼 펀드 업계에서 누구의 이익을 가장 앞세우는지를 명백히 보여준다(팁: 펀드 주주들의 이익이 맨 앞에 오지는 않는다).

도박장 운영자의 구전

급속하게 성장하고 있는 펀드 판매 채널인 펀드 슈퍼마켓의 비용이 펀드 판매비용에 추가된다. '진열 공간'(이는 식품점과 약국에서 차용해 온 용어다) 사용 요율은 계속 인상되고 있다. 현재 이 비용은 펀드 슈퍼마켓에서 구매한 펀드 자산의 0.35%다. 그래서 펀드 주주들은 형식상으로는 '판매 수수료를 부과하지 않는' 약 700억 달러의 펀드 자산을 끌어 모은 펀드 슈퍼마켓의 진열 공간 사용료로 해마다 거의 2억 5천만 달러를 지불하고 있다. 이러한 수수료들은 다음과 같은 형태로 펀드에 의해 직접 지불될 수도 있다. (1) 펀드에 부과되는 12b-1 수수료 (2) 이들이 지정하는 브로커들과 높은 수수료율로 거래함에 따른 펀드 거래 비용 증가, 또는 (3) 펀드 자문사들이 펀드 슈퍼마켓을 통해 획득한 펀드 자산에 대해 낮은 이익 마진을 받아들임. (물론 슈퍼마켓 수수료가 없었더라면 그렇게 축소된 마진은 펀드의 주주들에게 돌아갈 수도 있었을 것이다.)

카지노 도박장에도 이러한 수수료들과 유사한 수수료가 있다. 더 많은 뮤추얼 펀드 투자자들이 더 단기로 펀드 주식을 매매할수록 도박장 운영자가 받는 구전이 많아진다. '수수료가 없는' 카지노들이 사실은 이에 참여하는 펀드들에게 무거운 비용을 부과한다는 사실을 알지 못하고서 투자자들이 카지노로 모여든다. 카지노에 모여드는 자산이 많아지고 카지노 운영자의 주머니는 더 두둑해진다. 펀드 투자자들은 카지노에서처럼 온갖 명목으로 비용을 뜯기고, 도박장 운영자는 그날의 장이 끝날 때 자기 몫을 챙겨 간다.

그러나 펀드 슈퍼마켓들이 그곳을 통해 펀드를 매수하는 투자자들에게 어떤 가치를 가져오든, 비용은 펀드 슈퍼마켓을 이용하는 주주들과 이용하지 않는 주주들 모두 지불한다. 왜냐하면 펀드의 모든 주주들에게 이러한 마케팅 수수료를 부과하기 때문이다. 그러나 아마도 자신의 수수료를 자신이 원하는 대로 사용하는 것은 자문사의 권리라는 근거에서 펀드의 주주들에게는 펀드 슈퍼마켓 수수료를 거의 알려주지 않고 있다. 자문사에게 그럴 권리가 있다 하더라도 펀드 슈퍼마켓에서 획득한 신규 주주들의 자산에서 받은 수수료의 약 1/3을 지출할 의사가 있는 자문사는 펀드 슈퍼마켓을 사용하지 않는 기존 주주들이 지불하는 수수료를 그만큼 줄여줄 수도 있을 것이다. 그러나 실제로 그런 일은 발생하지 않는다.

12b-1 수수료—완전 공시

펀드 투자자들에게는 설상가상으로(펀드 매니저에게는 문제가 없다) 펀드 슈퍼마켓에서의 자산 유치 성공은 해당 펀드의 투자 전략에 커다란 도전(공격적인 투자 정책을 구사하는 펀드들이 극복하지 못할 수도 있는 도전)을 가져올 수도 있다. 포트폴리오 회전율이 높은 펀드들과 소형주들에 초점을 맞추는 펀드들은 펀드 슈퍼마켓 투자자들에 의한 빈번한 현금 유출입에 의해 자신들의 투자 활동이 엉망이 될 것이다. 덜 공격적인 전략을 구사하거나 보다 대형주들을 보유하는 펀드들에게는 피해가 덜할 수도 있겠지만, 여전히 피해가 있을 것이다. 펀드의 주주들은 펀드의 성장을 촉진하기 위해 수수료를 지불하고서는 수익률에서 불이익을 받게 되었다.

최근 하버드 경영대학원의 한 박사 논문은 다음과 같은 결론에 도달했다. '12b-1 수수료가 이를 지불하는 펀드의 주주들에게 귀속되는 이익을 창출한다는 증거가 없다.'[1] 오히려 이 연구에서는 펀드의 주주들에게 상당한 피해가 가해짐을 발견했다. 이 연구의 분석에서 12b-1 수수료가 없는 주식형 펀드가 12b-1 수수료가 있는 주식형 펀드들보다 연 1.5% 포인트 높은 수익률을 달성한 것으로 나타났는데, 이는 놀랍고 매우 의미가 큰 차이였다.

12b-1 수수료를 부과하는 채권형 펀드들의 총수익률은 12b-1 수수료를 부과하지 않는 펀드들의 수익률보다 약간 높았지만, 이 수수료를 부과하는 펀드들은 부과하지 않는 펀드들보다 리스크가 유의하게 더 컸다. 이 연구는 채권형 펀드들이 채권형 펀드 수익률의 25%까지 소모할 수 있는 수수료에 의해 발생한 성과상의 불이익에 대해 아주 간단한 '교

정책'을 발견했다고 언급했는데, 그것은 바로 리스크를 증가시키는 것이다. 이는 리스크와 수익률 사이의 상쇄관계에 대해 설명을 듣지 못한 펀드의 주주들에게 유쾌한 결과가 아니다. 일반적인 리스크와 수익률 간의 상쇄관계는 일종의 하나를 주고 하나를 받는 관계다. 여기에서는 펀드 매니저에게만 이익이 될 뿐 주주들에게는 경제적으로 이치에 맞지 않는, 하나를 주고 아무것도 받지 못하는 상쇄관계다.

아무리 순진한 관찰자라도 펀드들이 자신을 소비해서 성공으로 이끌 수는 없다는 점은 자명하다. 예를 들어 성과가 저조한 펀드가 투자 자문사의 단점을 극복하기 위해 수백만 달러를 헛되이 소비할 수도 있다. 펀드들은 일반 회사들과 마찬가지로 살아남을 권리가 있다는 보증이 없다.

12b-1 수수료 제도가 이론상으로 반드시 잘못된 것은 아니다. 그러나 12b-1 수수료 제도는 펀드의 주주들이 지불한 판매 비용이 장래의 비용을 낮추는 형태로 주주들에게 되돌아오고, 투자자들에게 완전하고 명확한 공시가 제공될 때에만 정당화될 수 있다. 그러나 실제로는 12b-1 수수료 제도는 이론적인 정당성을 실현하지 못했다. 다음과 같은 진실이 주주들의 의결권 위임장 권유서에 표시되어야 하는데 표시되지 않고 있다. "12b-1 수수료 제도는 펀드의 경비를 증가시키고 그만큼 수익률을 낮춥니다. 현금 유입이 펀드의 성과를 향상시킨다거나, 현금 유출이 펀드의 성과를 낮춘다는 증거는 없습니다. 펀드의 자산 증가는 펀드 주주들에게 이익이 될 수도 있고 그렇지 않을 수도 있지만, 자문 수수료를 증가시킬 것은 확실합니다. 이러한 추가적인 수입은 자문사의 이익을 증가시키거나, 추가적인 리서치 비용을 지불하거나(이는 펀드 투자자들에게 이익이 됩니다) 펀드 판매 촉진을 위해(이는 펀드 투자자들에게는 이익이 되지 않습니다) 사용될 수 있습니다." 이러한 공시가 이루어진 적이 전혀 없었는데 이는 아마도 놀라운 일이 아닐 것이다.

상품 특판, 리스크 은폐

마케팅 비용은 투자자에게 부담이 될 뿐만 아니라 펀드가 만족할 줄 모르고 더 많은 자산을 모으려 하면 잠시 동안만 매력적인 경향이 있고 검증되지 않은 수많은 신상품 개발 및 판촉이라는 치명적인 부작용을 낳는다. 이는 한때는 건전한 투자는 평생에 걸친 과제라고 보았던 산업에서 그다지 믿을 만한 전략이 아니다. 그럼에도 최근 뮤추얼 펀드 업계는 국채플러스 펀드, 단기 글로벌 인컴 펀드, 변동 이율 모기지 펀드라는 마케팅 측면에서는 말이 되지만, 투자 측면에서는 비합리적인 새로운 형태의 세 가지 펀드를 내놓았다.

'미국 국채의 안정성에 투자하면서 고수익을 제공하는' 국채플러스 펀드는 1985년 이후 새로 출현한 12개 펀드들의 총자산이 약 300억 달러에 달했던 1987년에 정점에 도달했다. 이 중 한 펀드는 미국 장기 국채의 수익률이 8%도 안 되던 때에 12%의 수익률을 내주겠다고 광고했다. 상식이 있는 사람이라면 이러한 수익률이 거짓이고, 순자산 가치가 하락할 것이며, 그러한 수익은 유지되지 않을 것이라는 사실을 알 수 있었을 것이다. 그 이후 7년 동안에 바로 그런 일이 발생했다. 점잖고, 투자에 관해 특별한 지식이 없고 대체적으로 나이가 많은 그 펀드의 주주들은 원금 손실을 회복하지 못했으며 국채플러스 펀드의 자산은 급감했다. 결국 이 펀드는 펀드 이름을 자주 바꾸다가 부질없는 전략을 포기했다. 그리고 다시는 소식을 들을 수 없었다.

그 다음으로 단기 글로벌 인컴 펀드가 있었다. 이 개념은 단기 국제 채권 수익률이 10%가 넘던 1989년에 등장했다. 수익률이 이처럼 높다 보니 거의 40개 펀드들이 경쟁에 뛰어들었고 곧바로 250억 달러의 자산을 끌어 모았다. 이 개념은 곧바로 실패했다. 이 펀드들은 1992년~1996년에 순자산가치 급감으로 이자 수입의 거의 전부가 상쇄되어서 연 수익률 평균이 겨우 2%에 불과했다. 그러자 단기 글로벌 펀드의 총 자산이 급감해서 1996년에는 25억 달러로 줄어들었고, 이러한 펀드는 그해에 사라졌다.

마지막으로 변동 이율 모기지 펀드가 있었는데, 이 펀드는 셋 중 가장 나았지만, 어쨌든 실패작이었다. 상당히 안정적이면서도 높은 수익률을 제공한 MMF와 비슷한 펀드로 광고되면서 이 펀드는 곧바로 인기를 얻었다. 1992년까지 37개 펀드가 200억 달러의 자산을 모았다. 그러나 다음 3년 동안의 평균 수익률은 겨우 1.5%에 불과했다. 이때쯤에는 펀드 자산이 50억 달러 아래로 감소했고 많은 펀드들은 목표와 이름을 바꾸었으며, 1996년에는 이 부류의 펀드도 사라져버렸다.

이 세 가지 예는 당대의 유행이 투자자에게 제공되는 금융 신상품을 결정하도록 허용될 때 즉, 메시지가 매체가 되도록 허용될 때 생기는 문제들을 보여준다. 각각의 경우에 펀드의 주주들은 펀드의 방침을 결정한 선동자들에게 비용을 지불했다. 뮤추얼 펀드 업계는 자신의 마케팅 요령을 증명했으나, 그들의 자산 관리 기량은 합리적인 투자자들이 마땅히 기대할 수 있는 수준에 미치지 못했다. 펀드의 주주들은 불필요하게 원금을 잃고 사과도 받지 못했다. 지난 10년은 창의적인 마케팅에 있어서는 위대한 시기였으나 투자의 올곧음(integrity) 면에서는 전혀 그렇지 못했다.

내가 이처럼 장황하게 불평을 늘어놓는 이유는, 한때는 다른 사람의 돈을 신중하게 관리해 주던 신탁 서비스였던 뮤추얼 펀드 산업이 지금은 또 하나의 소비재 산업에 지나지 않는다는 우려 때문이다. 이 업계에는 두 가지 요소가 모두 항상 존재해 왔지만, 나는 1980년대 이후 균형이 이동했다고 믿는다. 비즈니스 측면(비용이 얼마가 소요되든 시장 점유율 확대를 추구함)이 급격히 증가했고, 수임인(fiduciary) 측면(공정한 가격을 받고 완전히 설명하는 건전한 투자 프로그램)은 그만큼 감소했다. 투자자들은 더 이상 펀드의 소유자들이 아니라 단지 펀드의 고객이 되었다.

지난 10년 동안 상품에 기초한 산업으로의 이동은 거의 누그러지지 않았다. 사실 현재 펀드 투자 관리는 종종 '제조'로 불리는데 이는 금융 부문이 뮤추얼 펀드를 자동차, 담배, 치약 또는 기타 상품들과 다르지 않다고 믿고 있음을 보여주는 또 하나의 징표다. 그래서 나는 여전히 펀드 업계가 '또 하나의 소비자 상품 비즈니스가 되고 있다'는 데 대해 심각하게 우려하고 있다(이러한 관행에 반대한다는 점은 내가 뱅가드를 설립했을 때 우리 펀드를 상품이라는 말로 묘사하지 못하게 했다는 사실로 유추할 수 있다). 그래서 나는 뮤추얼 펀드에 투자하는 사람을 단순한 고객이 아니라 인간으로 대우하라는 캠페인을 계속하고 있다.

소유주인가 고객인가?

펀드 투자자를 주주가 아닌 고객으로 보는 현대적 개념이 얼마나 널리 받아들여졌는가? 저명 뮤추얼 펀드 잡지를 출판하는 회사인 모닝스타의 사장 돈 필립스(Don Phillips)와 뮤추얼 펀드 업계 사이에 있었던 최근의 논쟁을 살펴보자. 필립스는 뮤추얼 펀드 정보가 투자자들에게 보다 접근하기 쉽고 '독자 친화적'이 되도록 고안된 새로운 요약 투자 설명서는 다음과 같은 문구로 시작되어야 한다고 촉구했다.

뮤추얼 펀드의 주식을 사면 투자회사의 주주가 됩니다. 소유주에게는 일정한 권리와 보호가 제공되며 그중 가장 중요한 사항은 대체로 독립적인 이사회로서, 이사회의 주된 역할은 주주의 이익 보호입니다.

반대 목소리도 만만치 않았다. 뮤추얼 펀드 업계 협회인 투자회사협회

(ICI; Investment Company Institute) 회장은 필립스가 "업계 전체에서 그런 입장을 취하는 유일한 사람"이라고 말하면서 그 제안을 일축했다. 그리고 증권거래위원회는 새로운 요약 투자 설명서에서는 물론, 보다 긴 법정 투자 설명서(statutory prospectus)에서도 소유권 개념에 대해 언급하도록 요구하지 않음으로써 투자회사협회를 거들었다.

그러나 기록을 남겨 놓기 위해 말하거니와 나는 필립스의 입장을 굳게 지지하는 사람 중 한 명이다. 뮤추얼 펀드를 단지 하나의 상품(무시무시한 업계의 용어로 말하자면 '패키지 상품')으로 여기는 견해를 받아들이면 마케팅 메시지가 수탁자 책임을 대체하는 방향으로 한걸음 더 나아가게 된다. 투자자들은 소유주이지 고객이 아니다. 뮤추얼 펀드들은 자신에게 투자한 주주들에 대해 회계사나 변호사에게 기대되는 수준의 수임인 책임을 져야 한다.

투자회사인가 마케팅 회사인가?

투자자들은 왜 마케팅의 영향력이 수임인 의무를 대체해서 뮤추얼 펀드 운영의 원동력이 되는 것에 대해 우려해야 하는가? 왜냐하면 이러한 결과는 투자자들의 이익에 정면으로 반하기 때문이다. 저명한 금융 저널리스트 제이슨 츠바이크(Jason Zweig)는 1997년 중반의 한 뮤추얼 펀드 업계 포럼에서 이러한 이분법을 아름답고 깊이 있게 표현했다.

오늘날 앞으로 당신이 결정해야 하는 문제는 명백하다. 당신은 주로 마케팅 회사인가, 아니면 주로 투자회사인가? 대체로 어느 한쪽일 수는 있지만, 동시에 같은 비중으로 둘 다일 수는 없다.

마케팅 회사와 투자회사는 어떻게 다른가? 차이점들을 열거해 보자.

• 마케팅 회사에는 새로운 펀드들을 '배양'하고 이들이 잘 되지 않으

면 죽여버리는 미친 실험실이 있다. 투자회사는 그렇지 않다.

- 마케팅 회사는 펀드가 아무리 크게 성장하더라도 일률적인 관리 수수료를 부과하고, 그 경비를 받아들일 수 없을 정도로 높게 유지한다. 투자회사는 그렇지 않다.

- 마케팅 회사는 펀드 규모가 감당하기 어려울 정도로 커지더라도 신규 투자자들의 자금 유입을 막지 않는다. 투자회사는 그렇지 않다.

- 마케팅 회사는 펀드 규모가 커지면 수익률이 떨어지리라는 점을 알면서도 가장 작은 펀드들의 과거 실적을 떠벌린다. 투자회사는 그렇지 않다.

- 마케팅 회사는 좋은 투자라서가 아니라 잘 팔리기 때문에 새로운 펀드들을 만들어 낸다. 투자회사는 그렇지 않다.

- 마케팅 회사는 채권형 펀드는 수익률로 판촉하고 모든 주식형 펀드 광고에는 특정 기간 동안 '최고'였음을 강조하며 모든 선전물에 알프스 산만큼 뾰족한 산 모양의 차트를 사용한다. 투자회사는 이런 일들을 하지 않는다.

- 마케팅 회사는 포트폴리오 매니저들에게 투자 성과뿐만 아니라 펀드의 자산과 현금흐름에 기초하여 보수를 준다. 투자회사는 그렇지 않다.

- 마케팅 회사는 기존 고객에게 모든 대가와 부담을 떠안기면서 무한히 많은 신규 고객이 소위 뮤추얼 펀드 슈퍼마켓을 통해 계속 모여들게 한다. 투자회사는 한도를 설정한다.

- 마케팅 회사는 자신의 고객들에게 시장이 항상 오르는 것은 아니며 과거의 성과는 거의 무의미하고 시장은 가장 안전해 보일 때 가장 위험하다는 것을 거의 또는 전혀 경고하지 않는다. 투자회사는 고객들에게 이 사실을 계속 알려준다.

- 마케팅 회사는 단지 '물들어 올 때 노 젓기'를 원한다. 투자회사는

"시장이 내일 67% 하락하면 우리가 운영하는 모든 측면에 어떤 일이 발생할 것인가, 그리고 우리는 그에 대해 어떻게 할 것인가? 그러한 상황에서 살아남기 위해서는 어떤 계획이 세워져 있어야 하는가?"라고 묻는다.

그러므로 선택해야 한다. 대체로 마케팅 회사가 될 수도 있고, 대체로 투자회사가 될 수도 있다. 그러나 동시에 두 주인을 섬길 수는 없다. 한쪽에 우선순위를 두면 다른 쪽에는 우선순위를 둘 수 없다.

펀드 산업은 수임인 기업(fiduciary business)이다. 나는 이 말은 두 부분으로 이루어진 용어라는 점을 인정한다. 펀드는 수임인이다. 동시에 펀드는 이익을 내고 이익 극대화를 추구하는 기업이다. 그리고 펀드는 그래야 한다. 그러나 장기적으로는 먼저 수임인이 되지 않는 한 기업으로서 살아남을 수 없다.

단기적으로는 마케팅 회사가 되는 편이 투자회사가 되는 편보다 수지가 맞는다. 그러나 장기적으로 그것은 결코 위대한 기업을 건설하는 방법은 아니다.[2]

나는 이러한 신조를 지닌 저널리스트가 표명한 논지에 전적으로 동감한다. 그러나 그가 강연했던 만찬장에서 마케팅이 관리에 우선할 경우 투자 원칙은 뒷전으로 밀려나게 된다는 츠바이크의 솔직한 언급에 분개한 일부 청중들은 큰 소리로 야유하며 그에게 도전했다. 이 포럼에 참석한 청중은 주로 뮤추얼 펀드 광고에 막대한 지출을 하던 사람들이었다. 그러나 나는 이 포럼의 청중들이 주로 뮤추얼 펀드 포트폴리오 매니저들과 애널리스트들로 구성되었다면 그가 기립 박수를 받았을 것이라고 믿어 의심치 않는다.

언론이 말귀를 알아듣다

오늘날에는 마케팅이 뮤추얼 펀드 업계의 원동력이라는 (그리고 뮤추얼 펀드 업계는 상품을 제공한다는) 사실이 널리 받아들여지고 있어서 이를 확인할 필요도 없다. 그러나 일말의 의구심도 떨쳐버리기 위해 최근에 다양한 금융 매체들에 실린 글의 일부를 발췌한다.

• **인베스트먼트 뉴스**(Investment News)

  제목: 마케터들에게 펀드란 무엇인가? 또 다른 완두콩 통조림일 뿐이다!

  기사: 펀드 매니저들의 도전 과제는 [원문 그대로] 수많은 무리들 가운데에서 어떻게 하면 돋보이게 하고, 진열대에서 자신의 상품을 고르게 할 것이냐다. …펀드들은 경쟁자들에 비해 우위를 차지하기 위해 소비재 마케터들, 즉 치약 판매자들에게 향하고 있다. …펀드의 투자 성과와 투자 전문성은 어려운 분야다. …[그러나] 마케팅의 기본 원칙들은 완두콩 통조림을 팔든 뮤추얼 펀드를 팔든 동일하다.

• **인스티튜셔널 인베스터**

  어느 거대한 종합 펀드 그룹 상위 임원의 말을 인용한 사진 제목: 장기적으로 우리는 판매가 왕이라고 믿는다.

• **펀드 마케팅 얼러트**

  제목: 투자자들 브랜드는 매우 중요하게 여기지만 수수료에 대해서는 잘 몰라

  기사: 투자자들의 70%는 저명한 이름이 중요하다고 말했다. 대다수는 자신들이 수수료를 지불하고 있다는 사실을 깨닫지 못

했다. 60%는 자신들이 12b-1 (판매) 수수료를 지불하고 있는지 여부를 몰랐고, 40%는 자문 수수료를 지불하느냐고 물었을 때 그렇지 않다고 대답했다.

• **월스트리트 저널**

제목: 뮤추얼 펀드들 새로운 방법을 사용해 상품을 팔아

기사: 펀드 회사들은 소비재 회사들이 씨리얼이나 세제 등을 파는 식으로 자신의 상품을 팔기 시작했다. [펀드] 슈퍼마켓의 선반은 꽉 차 있으며, [따라서] 기록적인 수준의 판촉 예산이 배정된다.

제목: 뮤추얼 펀드 회사들 좋은 성과를 내기는 어려워, 브랜드 공세 계획 중

기사: 펀드 매니저들이 시장 평균 수익률을 앞지르기가 점점 더 어려워지고 있어서, 브랜드 인지도가 고객 획득 전쟁에서 또 다른 무기 역할을 하고 있다. 성과는 펀드가 통제할 수 있는 변수가 아니다.

• **뮤추얼 펀드 마켓 뉴스**

제목: 더 많은 펀드 자문사들, 마케팅 프로들을 유혹해

기사: 유형의 소비재 상품들과 마찬가지로 펀드 제조업자들은 최고의 진열 공간을 원하고 있다. 그들은 투자자들이 자신의 브랜드를 좋아하고 더 많이 사러 오기를 원한다. 자산 관리 전문성이 성공의 결정 요인이 아니라 (오히려) 올바른 대상에게 올바른 상품을 내놓는 능력이 성공의 결정 요인이다.

- 파이낸셜 월드

    제목: 월스트리트의 브랜드 전쟁: 금융 서비스 회사들, 투자자들
    의 자산을 통제하기 위해 브랜드 이름에 수백만 달러를 쏟
    아 부어

    기사: 브랜드 이름이 있는 회사들은 낮은 수수료와 높은 수익률에
    기초해서 상품을 선전하지 않는다. 그들은 이미지 구축에
    애쓴다. 이 업계의 한 지도자는 "우리는 우리 회사의 이름이
    버드와이저, 맥도날드, IBM, 마이크로소프트, 그리고 자동
    차 회사들 옆에 나오기를 원합니다"라고 말한다. 이제 펀드
    판매사들이 수요를 창출해 내는 것이 중요해졌다. 물론 회
    사들은 자신들이 적어도 가치가 있다는 인상을 만들어 내지
    못한다면 더 높은 커미션이나 수수료를 정당화시키지 못할
    것이다.

10년 후   투자회사인가, 마케팅 회사인가?

　현재 월스트리트 저널의 칼럼니스트인 제이슨 츠바이크(Jason Zweig)가 옳았다고만 말해 두자. 그는 투자회사와 마케팅 회사를 구분하는 10가지 방법을 열거했는데, 각각의 방법에는 뚜렷한 구분선이 있다. 그 이후 변한 것은 하나도 없다. 내가 알기로는 펀드 업계의 거의 모든 회사들이 본질적으로 마케터들이다. '투자 관리' 기준을 충족하는 회사들은 극소수다. 뱅가드가 이러한 극소수 투자 관리 회사 중 하나라는 사실은 역설이라 할 수 있는데 그 이유는 우리 회사의 지배적인 투자 철학은 (전통적 의미에서의) 투자 관리가 역할을 하지 않는 인덱스 투자 및 가상 인덱스 투자이기 때문이다.

진정한 비즈니스—펀드 자산 모으기

그럼에도 오늘날 뮤추얼 펀드 산업이 어디를 향하고 있는지에 관해서는 거의 의문이 있을 수 없다. 저명한 투자은행 중 하나인 골드만삭스가 1995년에 발행한 '뮤추얼 펀드 산업의 계속적인 진화'라는 제목의 보고서는 이를 다음과 같이 잘 표현했다. "돈 관리는 자산 관리 업계의 진정한 비즈니스가 아니다. 이 업계의 진정한 비즈니스는 자산을 모으고 유지하는 것이다." 1998년에 업데이트된 보고서는 이와 같은 결론을 다음과 같이 더 강하게 재확인했다. "결정적인 성공 요인들은 자산 관리 상품의 제조에서 판매로 이동하고 있다." 다시 말하자면 매체에서 메시지로 이동한 것이다.

이러한 유해한 동향의 추세가 펀드의 주주들에게 미치는 부정적인 함의를 조사하는 저널리스트들은 매우 드물지만 언론은 오늘날의 비즈니스의 본질을 이해하고 있다. 다음과 같은 점을 분명히 해둬야 한다. 시장보다 나은 수익률을 제공하지 못한(실로 강력한 강세장에 의해 제공된 수익률의 결과 시장 수익률에 뒤진) 뮤추얼 펀드 업계는 '관리'라는 전통적인 표어를 버리고, '마케팅'이라는 새로운 표어를 선호하게 되었다. 설득 기술이 성과를 향상시키는 기술을 쫓아내버렸다.

마케팅에 대한 그러한 지출이 이를 부담하는 펀드의 수익률을 낮추는 점에 비추어 볼 때 기존 펀드 주주들에게 새로운 펀드 주주들을 끌어들이기 위해 수반되는 비용 부담을 지우는 것은 비정상적이고 불공정해 보인다. 논리적으로 볼 때 펀드 수퍼마켓들의 (최근에 가장 성과가 좋았던 펀드들에 대한) 최신의 '대대적' 광고와 '수수료가 없다'고 알려진 시장에서의 거래라는 점에 현혹되어 모집된 주주들은 투자 기간이 훨씬 짧은 경향이 있다. 그들은 단기 수익률에 매우 민감한 경향이 있는데, 겉보기에는 공짜로 자금을 이동시킬 수 있다. 그래서 그들은 펀드를 자주 옮기고, 그 결과 기존 주주들에게 펀드가 자본 유출입에 대처하기 위해 주식을 매매함에 따른 추가적인 포트폴리오 회전 비용을 부담하게 한다. 장기 투자자들의 비용으로 단기 매매자나 심지어 도박꾼들에게 서비스를 제공하는 것은 마케팅 회사에게는 성공적인 전략일 수도 있지만, 투자회사에게는 성공적인 전략일 수 없다.

판매 정책으로서는 좋은 정책인 고비용에 의해 관리가 제대로 되지 않고 있는 현상에 대한 구제책을 구하기가 쉽지 않다. 적절하게 정보를 듣게 되면 개인 투자자들은 직접적이고 명시적인 12b-1 수수료를 부과하는 펀드들에 대해 등을 돌릴 수 있다. 펀드 주주들은 과거에 그런 적도 없었고, 미래에도 그런 기회를 얻기 힘들겠지만(수수료 부과를 원하는 대부분의 펀드 매니저들은 이미 그런 수수료를 부과했다) 그런 수수료 부과에 반대하는 의결권을 행사할 수 있다. 펀드 이사들이 과거에 펀드 자문사들이 요청한 의제 외에 독자적인 조치를 취한 전례는 거의 없었다. 따라서 펀드 이사들이 앞으로는 펀드 자문사들을 보다 적절하게 감독하는 것은 어려울 수도 있다. 그러나 펀드 주주들은 펀드의 독립적인 이사들에게 이전에 동의해 준 높은 수준의 수수료에 대해 재고하도록 요청할 수 있다.

12b-1이라는 질병에 대한 치료 방법이 있는가? 가장 좋은 치료 방법은 햇빛이다. 창문을 통해 더 많은 양의 햇빛이 비치게 해야 한다. 증권거래위원회의 관리들은 이 이슈들을 공개토론에 붙여야 한다. 그리고 자문 수수료와 판매 수수료, 포트폴리오 관리와 투자 리서치 서비스, 광고와 마케팅 서비스, 펀드 운영에 대한 지출, 자문사들이 번 이익에 관한 상세한 업계차원의 통계 정보를 수집해서 배포해야 한다.

뮤추얼 펀드는 보다 높은 기준을 유지해야 한다. 우리는 피부 보호 로션이나 색다른 휴가 패키지를 판매하는 것이 아니다. 우리는 희망, 꿈, 젊음, 건강을 팔아서도 안 된다. 우리는 프록터 앤 갬블, 버드와이저, 코카콜라와 같은 브랜드 프랜차이즈를 모아 놓은 곳이 아니다. 우리는 소비재 상품들을 팔거나 그들의 적극적인 상품 마케팅 프로그램을 모방해서도 안 된다. 뮤추얼 펀드들은 무엇보다도 투자자들의 저축에 대한 청지기들이다(최소한 청지기여야 한다).

　뮤추얼 펀드 업계는 주주들의 자산 관리에 훨씬 더 초점을 맞추고, 펀드 주식 마케팅에 훨씬 덜 초점을 맞출 필요가 있다. 우리는 펀드가 무엇이며, 누구에게 봉사하기 위해 고안되었는지에 관한 생각을 재정립할 필요가 있다. 투자자들을 고객이 아닌 주주로 여기는 것이야말로 때늦은 감이 있지만 수임인 의무라는 오래된 원칙으로의 복귀를 의미할 것이다. 그리고 뮤추얼 펀드를 상품이라기보다는 신탁 또는 신탁 자산으로 생각하는 것은 오늘날 펀드 주주들의 몫을 개선시키는 방향으로의 큰 발걸음이 될 것이다. (그것이 시간의 검증을 견딜지 여부는 신경 쓰지 않고서) 무엇이든지 파는 것은 사실상 우리 고객들의 복지를 무시하는 처사다. 무언가 좋은 것을 만들어서 그것을 파는 것이야말로 고객의 이익을 맨 앞에 두려는 우리의 바람을 보여줄 것이다.

　우리의 도움을 필요로 하는 투자자들의 자산에 대한 우리의 수탁자 책임은 상황이 허락하는 만큼 펀드에 수수료를 부과하는 것보다 훨씬 더 많은 내용을 포함한다. 그것은 우리의 소유주들에게 공정한 몫을 주는 곳으로 나아간다. 우리는 그곳으로 갈 테지만 그것은 뮤추얼 펀드의 운전석에서 관리가 마케팅을 대체할 때에만 가능하다. 나는 이 글을 쓰면서 이전 장에서 탐구했지만, 내가 거의 50년 전에 프린스턴 대학교에서 쓴 논문에서 인용하였던 뮤추얼 펀드 업계의 기본 원칙과 흡사한 점에 매우 놀랐다. "투자회사의 주된 기능은 그들의 포트폴리오 관리다. 다른 모든 기능은 이 기능의 수행에 부수적이다."

　지금이 바로 그 사명을 갱신할 시점이다.

지난 10년 동안 펀드 업계는 내가 촉구한 방향과는 정반대로 움직였다. 지난 2년간 뮤추얼 펀드들은 투자자들의 돈 10억 달러를 광고료로 사용하였다. 전통적인 중도적 주식형 뮤추얼 펀드의 희생 하에 신상품(원자재 펀드, 절대 수익 추구 펀드, 신흥 시장 펀드, 이색적인 유형의 퇴직 펀드)들이 성장하였다. 인덱스 펀드의 상당한 성장조차도 주식시장에서 매일 실시간으로 하루 종일 거래할 수 있는 새로운 인덱스 펀드 상품(상장지수 펀드: ETF)의 개발에 기인하였다. ETF는 주로 투기에 사용되며 펀드 판매자들이 전통적인 인덱스 펀드보다 나은 실적을 내기 위해 레버리지, 이중 레버리지, 시장의 작은 부문에서의 트레이딩, 그리고 심지어 영리하지만 검증되지 않은 방법을 사용하는 통로가 되고 있다.

---

1) Nicolaj Siggelkow, "Soft Dollars and 12b-1 Fees: Agency Issues in the Mutual Fund Industry," paper submitted to the Harvard University Department of Economics and Graduate School of Business Admini-stration(March 9, 1998).

2) Jason Zweig, unpublished speech, 1997. Reprinted with permission.

Chapter 17

기술—무슨 소용이 있는가?

사실에 근거한 뮤추얼 펀드 예화로 시작해 보자. 1996년 5월 23일에 어느 전형적인 뮤추얼 펀드 투자자가 퀴큰(Quicken)이라는 컴퓨터 프로그램으로 15만 달러에 달하는 자신의 15개 뮤추얼 펀드 포트폴리오에 대해 검토를 마쳤다. 이 투자자는 자신이 주식시장에서 너무도 많은 조치들을 놓치고 있다고 확신했다. 인터넷을 통해 '평범한' 군중들은 인기주를 선호한다고 배운 그는, MMF에 투자했던 1만 달러를 최근 '모멘텀'을 타고 있는 이머징 성장주 펀드로 전환하기로 결정했다.

그는 자신의 펀드 매매에 사용하는 거래 수수료가 없는 뮤추얼 펀드 시장의 인터넷 사이트를 검색하다가, 이 펀드가 첫해에 60% 상승했음을 발견했다. 이 펀드의 포트폴리오 매니저는 또 다른 펀드에서도 대성공을 거두었으며, 신규 펀드의 주주들이 낸 자문 수수료의 일부를 펀드를 상장시키기 위해서 사용함으로써 벌써 10만 명이 넘는 투자자들과 거의 10억 달러의 자산을 모집했다. 이 펀드 매니저는 신문과 텔레비전에서 유명 인사 대접을 받았으며, 6월에 개최될 모닝스타의 연례 컨퍼런스에서 주강사가 될 예정이었다. 모닝스타의 인터넷 사이트를 잠깐만 살펴보아도 투자자는 이 포트폴리오 매니저의 선호 주식은 10종목이고 포트폴리오를 구성하는 핵심 주식들의 PER(주가 이익 배율)은 45배이며 보유 주식 시가 총액 중앙값은 7억 달러이고 자산의 53%가 기술주와 건강 관련 주식에 집중되어 있으며, 포트폴리오 회전율은 500%라는 데이터를 포함해서 이 매니저의 이전의 투자 전략에 관해 상상할 수 있는 모든 데이터들을 구할 수 있었다.

위의 투자자는 인터넷상의 펀드 시장을 재방문해서 컴퓨터 자판 몇 개를 눌러 즉시 자신의 MMF 자금을 이머징 성장주 펀드로 이체했다. 두 거래 모두 (가시적인 수수료나 비용 없이) 30분 뒤의 시장 종가로 체결될 터였다. 이날의 작업에 만족하면서 투자자는 컴퓨터를 껐다.

2개월이 지난 7월 말쯤 이 투자자는 걱정스러워졌다. 시장이 하락했고 이 펀드는 더 급속하게 하락하고 있었다. 이 펀드는 그가 매입한 이후 22% 하락했다. 그런데 어느 전국적인 뮤추얼 펀드 잡지는 그 펀드가 '다음번 마젤란 펀드'가 될 최고의 후보라고 예고했었다. 이 투자자는 반드시 찾아올 회복을 기다리면서 버텨보기로 했다.

몇 달 뒤인 1996년 말에 퀴큰 프로그램에서 자신의 포트폴리오를 자세히 점검하던 이 투자자는 아주 골치가 아파졌다. 그의 추측이 들어맞아서 강세장이 재개되었다. S&P 500 지수는 5월 23일 이후 11% 상승했지만, 그의 컴퓨터 데이터에 의하면 새 펀드는 20% 넘게 추가 하락했다. 그는 펀드를 예의 주시하기 위해 기록까지 했다. 1997년 3월 중순에 시장은 계속 상승했지만(6% 상승함) 그의 펀드는 추가로 18%의 손실을 입어서, 시장이 18% 상승하는 동안 이 펀드는 35% 하락했다. 그의 투자는 이제 S&P 500 지수 수익률 대비 53% 포인트의 열세를 보였다.

그는 신속하게 대응했다. 그는 인터넷 사이트에 들어가서 한때 인기가 있었던 펀드에서 돈을 빼 새로운 펀드로 전환했다. 인덱스 펀드는 그에게 매력이 없었지만(소극적 관리, 시장을 소유하기, 비용상의 이점, 대형주들, 장기투자 기간은 그에게는 모두 따분한 소재들이었다) 주간 최고 성과를 낸 펀드들을 점검하다가 그는 S&P 500 지수 펀드의 인기가 높으며 적극적으로 관리되는 모든 펀드들의 90%보다 나은 성과를 보인다는 것을 알게 되었다. 그는 자신의 인터넷 시장에서는 《월스트리트 저널》에서 '업계의 귀요미' 라 불렀고 그가 원하던 S&P 500 지수 인덱스 펀드를 살 수 없었다(S&P 500 지수 펀드는 이 시장에 참여할 비용을 낼 여유가 없었다). 그러나 그는 거의 S&P 500 지수 펀드만큼 좋은 다른 펀드를 발견해서 갈아탔다(이번에도 단지 컴퓨터 자판을 몇 번 눌러서 펀드를 갈아탔다). 그는 당분간 이 펀드를 시험해 볼 요량이었다. 그가 다시 한 번 잘못 생각했다고 판단되면 마우스를 한 번 클릭해서 다시 펀드를 갈아탈 수 있을 것이다.

컴퓨터 기술이 꽃피는 시대에 뮤추얼 펀드 산업은 내가 축소해서 묘사한 내용대로 변해가고 있다. 이 간단한 예에 나오는 펀드들은 실제 펀드들이지만, 투자자는 가공의 인물이다. 그렇지만 이런 투자자도 존재할 수는 있을 것이다. 나는 그저 컴퓨터 기술이 뮤추얼 펀드 산업에 가져온 다음과 같은 기적들을 소개하기 위해 이 예를 제시했다.

- 전문적인 펀드 매니저가 다양한 새로운 투자 상품들을 제공하고, 엄청난 거래 유동성을 제공하며, 광속으로 전 세계에서 비즈니스를 거래할 수 있게 해준 금융 시스템
- 뮤추얼 펀드 포트폴리오와 성과에 관하여 인간의 흡수 능력을 초월할 정도로 방대한 데이터를 제공하는 최신 정보 네트워크
- (지금까지는 거래가 아무리 빨라야 시간 단위로 체결되었지만) 어떤 펀드 투자자라도 컴퓨터 앞에서 움직이지 않고서도 거래 주문을 제출할 수 있을 만큼 효율적인 커뮤니케이션 네트워크

투자자들에게 제공되는 이러한 엄청난 기술이 무슨 소용이 있는가?

나는 컴퓨터 기술이 뮤추얼 펀드 산업 성장에 큰 역할을 했다는 점을 인정한다. 놀랍게도 사실상 16년 동안 연속된 상승장이 뮤추얼 펀드 산업의 성공과 수용의 주된 원동력이었다. 그러나 컴퓨터는 이러한 성장을

가속하였으며 실로 어느 면에서는 다양성, 개념, 투자자 참여, 서비스 질, 가격 책정 측면에서 변하지 않고 대체로 보수적이었던 이전의 산업과는 확연히 다른 새로운 산업을 창조했다.

가장 분명한 점은 뮤추얼 펀드 수가 폭증해서 투자자들에게 펀드의 목표, 전략, 그리고 매니저들에 대해 다양한 선택 기회를 제공하였다는 것이다. 불과 20년 전만 해도 이 업계는 300개의 주식형 펀드들로 구성되어 있었는데, 그들은 1973년~1974년의 극심한 약세장의 전투에서 살아남아 자신들의 상처를 핥고 있었다. 새로운 펀드 산업은 3,300개의 주식형 펀드들로 구성되어 있는데 이 중 절반은 과거 5년 사이에 설정되었다. 현재 주식형 펀드의 수는 뉴욕증권거래소에 상장된 미국의 회사 수 2,900개를 상회한다.

오늘날에는 주식이 '나가고' 뮤추얼 펀드가 '들어왔다' 고 해도 과언이 아니다. 나는 그 자체는 괜찮다고 생각한다. 그러나 거기에서 그치지 않는다. 뮤추얼 펀드가 상업 지구 및 칵테일파티에서 주식처럼 평가되고, 주식처럼 거래되며, 주식처럼 이야기된다. 수백만 명의 투자자들에게 있어서 펀드는 주식이다.

다음과 같은 최근의 예를 생각해 보자. 《모닝스타 인베스터》[1]에 실린 한 기사는 은퇴를 불과 5년 남겨놓고서 35만 달러를 투자하려는 한 부부에게 어느 투자 자문이 제시한 추천이 대수롭지 않게 게재되었다. 그는 거의 전부를 주식에 투자하는 포트폴리오를 추천했는데, 이 포트폴리오는 17개 소형주 펀드와 해외 주식 펀드로 구성되어 있었다. 나는 17개 펀드 포트폴리오에 편입된 총 2,000개의 주식들은 기껏해야 비용 차감 전으로 시장 수익률만큼의 수익률을 올릴 것으로 예측할 수 있다고 생각한다. 다소 고정되어 있는 평균 1.6%의 펀드 비용과 평균 연간 포트폴리오 회전율 92%에 대한 거래 비용, 그리고 1%의 자문 수수료(이를 연 3.5%, 또는 12,250달러의 총비용이라 부르기로 하자)를 차감하고 나면 이 부부가 은퇴 시에 운용 결과에 만족하리라고 생각하기는 어려울 것이다. 그들은 투자 전문성이 있다고 알려진 뮤추얼 펀드 자문사와 관리회사에게 자신들의 투자 수익의 상당한 비율을 지불했을 것이다. 그 대가로 그들은 기껏해야 비용을 차감하기 전의 시장 수익률을 얻을 것이다. 2,000개 주식으로 구성되어 사실상 시장이나 마찬가지인 포트폴리오가 시장보다 나은 실적을 올릴 가능성이 높아 보이는가?

주식을 펀드로 바꾸는 추세는 점진적으로 진행되어 왔지만, 내가 이러한 전환을 명백히 알아차린 특정일을 지적하고자 한다. 그 날은 1995년 3월 19일이었다. 이날은 불명예스런 날은 아닐지라도 내게는 획기적인 날이다. 그 일요일에 《뉴욕 타임스》의 편집자들은 뮤추얼 펀드의 가격과 수익률 리스트 위치를 뉴욕증권거래소의 가격 리스트 앞으로 옮겼다. 뉴욕증권거래소의 시세표는 기억할 수 없을 정도로 오래전부터(100년 넘게) 《뉴욕 타임스》 독자들의 가장 첫 번째 관심사였지만, 그날 이후로 빅보드(Big Board)의 주식 시세표는 벼락부자가 된 뮤추얼 펀드 거상들에게 보조 역할을 하게 되었다.

10년 후 | 무슨 소용이 있는가?

내가 묘사했던 첫 번째 펀드(당시에는 이름을 짓지 않았었다)는 밴 와그너 신흥 성장주 펀드였다. 우리의 가상적인 투자자가 이를 청산했다면 그것은 옳은 결정이었다. 이후 10년 동안 이 펀드는 실적이 가장 저조한 주식형 펀드로 이름을 올리게 된다. 2008년에 밴 와그너 그룹의 모든 펀드들이 다른 펀드로 흡수되었지만, 이는 이 뮤추얼 펀드에 투자한 투자자들이 이미 30억 달러의 손실을 입은 뒤였다. 어리석게도 '스타' 매니저에게 돈을 건 사람들은 끔찍한 비용을 치렀다. 다른 많은 펀드들과 마찬가지로 그가 관리했던 펀드는 혜성처럼 하늘에서 한 순간 밝게 빛나다가 갑자기 빛을 잃고는 더 이상 존재하지 않게 되었다.

역설적이게도 지나치게 활동적인 이 투자자는 잘못된 이유로 S&P 500 지수 펀드를 샀다. 10년 전에는 이 지수가 모든 주식형 펀드의 90%보다 좋은 실적을 거둬서 '인기가 있었다.' 그러나 (내가 초판에서 말했던 것처럼) 90%의 실적 상회는 단지 우연한 결과였을 뿐 발생 가능성이 낮았다. 인덱스 펀드는 보다 장기적으로는 비교 대상 그룹의 80% 또는 그 이상보다 나은 실적을 보이지만, 대개 특정 연도에는 비교 대상 그룹의 60%보다 나은 실적을 내는 것이 일반적이다. 다음과 같은 사실은 위안이 된다. 1997년 3월부터 2009년 중반까지 S&P 500 지수는 연 3.3%의 수익률밖에 내지 못했지만, 모든 대형주 뮤추얼 펀드의 60%보다 실적이 좋았다.

10년 후　주식으로서의 펀드

인터넷상에서 주식 가격과 펀드 가격(그리고 다른 모든 금융 데이터)을 입수할 수 있는 통로가 기하급수적으로 늘어남에 따라 이제 《뉴욕 타임즈》는 극히 제한된 종목에 대해서만 일별 주가 자료를 제공하며, 펀드 가격을 제공하는 종목은 더 적다. 그러나 펀드를 주식으로 취급한다는 아이디어는 폭발적으로 증가했으며, 상장지수 펀드는 개별 주식 자체보다 훨씬 높은 회전율로 거래되고 있다. 2009년 상반기 중 뉴욕 주식 거래소에 상장된 주식들의 연 환산 평균 회전율은 155%였던 반면, ETF의 회전율은 참으로 믿을 수 없을 정도인 3,000%였다. 나는 펀드 주식의 공격적인 트레이딩과 순전한 투기는 펀드 거래를 주식 거래와 보다 더 가까워지게 할 것이라는 나의 우려가 맞아떨어진 데 대해 낙담하고 있다. 사실 펀드 트레이딩은 이제 주식 트레이딩을 압도하고 있다. 역설적이게도 대부분의 펀드 트레이딩은 (ETF를 통해서) 원래 장기 투자자들을 위해 고안되었던 인덱스 펀드에서 일어나고 있다.

1997년에 투자 자문으로부터 최소 연 10%의 수익률을 달성하기 위해 보다 공격적으로 17개 (주로 고비용) 주식형 펀드 포트폴리오에 투자하고 30%의 채권 펀드 보유를 없애 현금을 찾아 쓰라는 조언을 받았던 부부는 어떠한가? 나는 이를 "그 부부가 투자 결과에 매우 만족할 것이라고 생각하기는 어렵다"라고 묘사했다. 그 이후 추천 대상 포트폴리오에 들어 있던 17개 펀드들 중에서 8개가 망했고, 9개만 살아남았다. 그 이후의 기간 동안 생존한 펀드들 중 S&P 500 지수를 앞지른 펀드들도 있기는 하지만 망한 8개의 펀드들이 살아남았더라면 이들의 성적이 어떠했을지는 아무도 모른다(그들의 실적이 나빴을 것으로 가정할 수는 있지만 말이다). 17개 주식형 펀드 포트폴리오를 '주식을 고르는 사람의 포트폴리오'가 아닌 다른 어떤 것으로 묘사하기는 어렵다. 나는 그런 전략이 투자자들의 부에 위험한 것으로 판명되는 유일한 사례가 아님을 확신한다.

투자 기술―더 크게, 더 빠르게, 더 복잡하게

어떻게 이런 변화가 일어났는가? 투자 기술과 금융시장 시스템부터 살펴보자. 오늘날 컴퓨터가 없었더라면 거의 상상할 수 없었을 (그리고 확실히 이처럼 널리 사용되거나 풍부한 유동성을 가지지도 못했을) 상품들 몇 가지를 생각해 보자.

- 명목가치로 약 20조 달러에 달하는 파생 상품 잔액
- 1.5조 달러로 추정되는 세계 통화 시장 일일 거래량
- 거의 2,000억 달러의 명목가치에 달하는 S&P 500 지수 선물을 포

함하여 실시간으로 업데이트되는 활발한 금융 선물 시장

- 시장 지수(최근에 세어 본 바로는 3,000개가 넘는다)들과 인덱스 펀드들
- 거래가 활발한 날의 경우 뉴욕증권거래소에서 약 10억 주, 나스닥(NASDAQ)에서 약 10억 주가 거래되는 거대한 거래량. 전체적으로 매일 300억 달러의 주식이 거래되고 있다.

이처럼 거래가 과열된 속에서 뮤추얼 펀드 업계는 15년 전까지만 해도 상상하지 못했을 정도로 공격적인 정교한 투자 기법을 개발했다. 초소형주 펀드, 계량적으로 관리되는 펀드, 가격 모멘텀 · 예상 이익 · 시장에 대한 기술적 분석 · 다중 회귀분석에 기초한 펀드(나는 감히 이는 정말 놀라운 일이라 말하고자 한다), 변동금리 모기지 · 커버드 콜(covered call) 옵션 · 외국 통화를 기초로 하는 펀드, 지금까지 자본주의 권역에 속하지 않았던 베트남 · 인도 · 체코공화국의 주식에 투자하는 펀드들이 생겼다. 기존의 많은 펀드들이 어제까지만 해도 터무니없다고 여겨졌던 전략들을 따른다. 평균적으로 1950년대와 1960년대에는 펀드 매니저들이 포트폴리오를 연 15% 회전시켰다. 심지어 1965년~1968년의 '묻지마 투자' 기간 중에도 회전율은 '겨우' 40%로 상승했을 뿐이었다. 그러나 1997년에는 평균 회전율이 85%였는데, 이는 주식 평균 보유 기간이 1년 남짓 정도밖에 되지 않음을 의미한다. 전문적인 매니저에 의한 장기투자에 무슨 일이 일어났는가? 다른 사람들에 의한 장기투자에는 무슨 일이 일어났는가?

전문 투자자들과 일반 투자자 모두 오늘날 컴퓨터가 주도하는 금융 시스템과 이 시스템이 창출한 유동성을 활발하게 사용하는 공격적인 트레이더들이 됨에 따라 (한때는 장기투자로 여겨졌던) 뮤추얼 펀드들은 상당 부분 단기 투기 수단이 되었다. 이전의 양떼 무리의 목자들 중 많은 이들이 (때로는 정확하게 수치화하는 경우가 있을 수 있지만) 기업 가치 평가라는 전통적인 기

준의 토대 위에 투자한다는 목적 자체를 좌절시키는, 일관성이 없으며 충동적인 결정을 따라 배회하는 초장의 양들이 되었다. 우리는 이런 모든 과열된 행동들을 할 수 있게 해준 투자 기술을 가지게 되었지만, 기술은 우리에게 이러한 도구들을 건설적으로 다룰 수 있는 지혜는 주지 않은 채 도구들만 주었다.

10년 후	투자 기술

파생상품 투자에 대한 초판의 내 우려는 지지되었다. 그것도 상당한 수준으로 지지되었다. 파생상품의 명목 가치는 1998년에는 20조 달러였는데 2008년에는 600조 달러로 치솟았으며, 그들의 거대한 리스크가 불가피하게 찾아오자 세계 금융시장(과 경제)을 강타했다. 파생상품 투자는 실로 더 크고, 더 빠르고, 더 복잡한데, 이는 또한 금융시장의 급소이기도 하다. 기관 투자자들은 이 복잡한 파생상품들을 건설적으로 다룰 지혜가 없을 뿐만 아니라 큰 결함이 있는 것으로 판명된 리스크 측정에 의존하기도 했다.

정보 기술—정보 대 지혜

컴퓨터와 인터넷 덕분에 즉각적으로 데이터에 접근해서 우리가 꿈꿀 수 있는 수준 이상으로 뮤추얼 펀드를 분석 및 평가하고, 문자적으로 우리의 손가락 끝에서 상상할 수 없을 정도로 방대한 정보를 가지고 펀드를 선택할 수 있게 되었다. 뮤추얼 펀드 투자자들은 다시는 충분한 정보를 가지고 투자 의사 결정을 할 능력이 결여되지 않을 것이다. 뮤추얼 펀드 투자자들은 컴퓨터 혁명의 가장 큰 수혜자들일 것이다.

아마도 그럴 테지만, 그들은 또한 최대 희생자일 수도 있다. 이번 장의 시초에 묘사된 투자 행동의 예에서와 같이 뮤추얼 펀드 투자자들은 날마다 투자에 있어서 너무도 흔히 정보를 지식으로 오해하며, 지식이 지혜로 전환되는 경우는 너무도 적음을 보여주고 있다. 그러나 산더미 같은 데이터보다 지혜가, 기회주의보다는 상식이 훨씬 더 장기투자의 주된 성공 요소가 된다.

커뮤니케이션 기술은 우리가 매수, 보유, 추가 또는 제외, 완전 환매 등의 펀드 투자 의사 결정을 고려할 때 많은 정보에 즉각적으로 접근하게 해준다. 이러한 정보의 양은 어느 정도일까? 오늘날 흔한 컴퓨터와 커뮤니케이션 기술로도 몇 초 안에 모닝스타의 웹사이트에 접속하거나 이 사이트의 프린씨피아(Principia)의 데이터베이스를 당신의 컴퓨터에 내려 받을 수 있다. 예를 들어 프린씨피아 프로그램을 열어서 오래된 대형 혼합형 펀드 이름을 클릭하고 '인쇄' 버튼을 눌러 보라. 다음 사항들을 보여주는 37쪽(한 번 세어 보라)의 통계 수치와 차트들이 나올 것이다.

- 주식 포트폴리오: 주가 이익 비율(PER), 주가 순자산 비율(PBR), 이익 성장률, 시가 총액, 산업별 다각화
- 채권 포트폴리오: 만기, 신용등급, 표면 이율
- 전체 포트폴리오: 회전율, 상위 25개 보유 종목, 총 투자 종목 수
- 리스크: 결정계수(R^2), 베타, 알파, 표준편차, 샤프 비율
- 수익률: 25년 실적, 1개월 실적, 3개월 회전 실적, 지수 및 목표 그룹 대비 순위, 세후 수익률
- 투자 스타일(각 연도별): 주식과 채권에 대한 9개 박스
- 비용: 판매비용, 12b-1 수수료, 경비율 비교(비용을 무시하지 마라!)
- 최종 결론: 획득한 별의 개수 (다행히도 우리가 선택한 혼합형 펀드는 '별 4' 등급을 받았다.)

모닝스타의 탁월한 서비스는 투자자들이 펀드의 특징 평가, 성격 이

해, 정보에 입각한 의사 결정을 위해 필요할 수 있는 모든 정보를 제공한다고 해도 과장이 아니다. 사실 나는 많은 펀드들의 포트폴리오 매니저들은 투자자의 투자 선택에 도움을 주기 위해 존재하는 프린씨피아의 출력물을 가지고 있는 투자자로부터 테스트를 받는다면 '겨우 낙제를 면할 등급'을 받을 것으로 생각한다.

나는 이런 정보에 의존하는 투자자들은 펀드의 성과나 별표 등급 이외의 정보들은 거의 이용하지 않는다는 점을 우려한다. 우리는 '우리 자신이 아니라 별표'를 신뢰한다(카시우스가 브루투스에게 말한 것과는 반대다). 1997년에 주식형 뮤추얼 펀드에 유입된 1,600억 달러 중 약 85%가 실제로별 5개 또는 별 4개 등급을 받은 펀드에 들어갔고, 별 1개에서 3개를 받은 펀드에는 15%만이 들어갔다. (불길하게도 또 다른 600억 달러가 종종 뛰어난 실적을 보이기는 했지만, 아직 별표 등급을 받지 않은, 검증되지 않은 펀드에 들어갔을 것이다. 이 펀드는 매니저의 진정한 실력을 확립하는 데 사용될 수 있는 기간(겨우 3년)을 채우지 못했으며, 그것도 호황기만 겪어 보았다.)

지식은 지혜로 바뀌기만 한다면 실로 강력한 힘이 된다. 그러나 '별'의 개수에 대한 정보와 이에 대한 신뢰는 투자자들이 이 정보를 현명하게 사용하지 않는 한, 투자자들에게 수익률을 향상시킬 힘을 주지 못한다. 요컨대 비록 모닝스타 웹사이트와 소프트웨어는 특정 펀드의 투자스타일, 과거 수익률, 현재의 포트폴리오를 이해하는 데 매우 귀중하지만 이 정보들은 투자자들이 미래에 좋은 성과를 낼 펀드를 고를 수 있게해주는 데에는 쓸모없음을 암시하는 강력한 증거가 있다. 기술은 지식을제공하지 않고, 지혜를 만들어 내지도 않으면서 정보에 접근할 수 있게했다. (구약 성서의) 잠언을 읽으면 무엇이 진정으로 중요한지 상기시켜 줄것이다. "지혜를 얻으라, 통찰력을 얻으라."

거래 기술—쇠가 달궈졌을 때 교체하라

거래 기술은 분명히 펀드의 주식을 거래하는 투자자들이나 포트폴리오 매니저들에게 도움이 되지는 않지만 우리에게 상상 이상으로 펀드를 매매할 수 있는 능력을 주었다. 그리고 투자자들은 실제로 그 능력을 사용한다. 뮤추얼 펀드 주주들의 주식형 펀드 회전율은 급등했다. 1960년대와 1970년대에는 주식형 펀드 주식의 연 평균 환매(그리고 이의 쌍둥이로서 현금 유출)율은 자산의 9%였다. 이 비율이 1990년대에는 3배 넘게 상승해서 31%가 되었다. 펀드 투자자들은 개별 주식들을 바꾸는 속도와 거의 같은 속도로 투자 매니저들을 바꾸는 듯하다.

이 숫자들의 역수를 주식형 펀드의 평균 보유 연수에 대한 대용물로 사용하면(이는 꽤 괜찮은 대용물이다) 펀드 보유 기간은 1960년대와 1970년대에는 11년이었던 것이 1990년대에는 3년 남짓으로 크게 줄어들었다. 단지 3년으로 말이다.* 내가 보기에는 이런 경향 때문에 지금까지 고안되었던 최고의 장기투자 수단인 널리 분산되고, 건전하게 관리되며, 효율적으로 운영되는 뮤추얼 펀드의 목적이 제거되어 버렸다. 뮤추얼 펀드 투자자들의 장기투자에 무슨 일이 일어났는가? 우리 시대의 가장 위대한 투자자인 워런 버핏은 매수 후 보유하는 자신의 전략을 연례 보고서에서 세상에 설명한다. 그런데 우리는 그의 현명한 조언을 무시한다.

아마도 거대한 펀드 카지노(펀드들이 컴퓨터 광고판을 사서 펀드 주주들에게 명백한 커미션 없이 신속하게 거래할 수 있게 해주는, 거래 수수료 없는 뮤추얼 펀드 시장)에서 투자 기술, 정보 기술, 매매 기술의 합류에 대한 신성화를 발견할 수 있다. 이 시스템의 비용은 감춰져서 보이지 않는다. 첫째, 대부분의 경우 극히 소수에 의해 이용되는 시스템 접근 비용을 모든 주주들이 지불한

---

* 그것도 시장이 좋을 때 3년이었다. 1987년의 거친 환경에서는 환매/교체율이 자산의 62%로 비약적으로 상승했는데, 이는 다음번의 급격한 시장 하락 시 직면할 수도 있는 우려되는 조짐이라 할 수 있다.

다. 펀드로부터 펀드 자산을 보유하고 있는 카지노에 연간 약 0.35%의 수수료가 지불된다. 둘째, 소수에 의해 발생한 자본 유출입 때문에 포트폴리오 매매가 필요해질 경우 모든 주주들이 이 비용을 부담한다. 주식 시장 변동에 대한 민감도는 다른 투자자들에 대해서보다 카지노에서 노는 펀드 투자자들에게서 더 높다(앞에서 설명한 회전율 수치가 시사하듯이 다른 투자자들의 민감도도 높기는 하지만 말이다).

최소한 몇 명은 투자 세계에서 기술의 역할과 투자자들의 펀드 주식 회전 가속화에 대한 나의 우려에 공감한다. 최근의《뉴요커》기사에서는 이를 신랄하게 묘사했다. "…경박한 자금 매니저들(나는 여기에 자신의 펀드 포트폴리오를 적극적으로 관리하는 투자자들을 추가하겠다)은 기계장치에 매혹되었다. 이제 기술은 광신적 투기, 금융 마니아, 거품의 한가운데에 앉아 있다."[2]

이는 심한 비난 같지만 이 안에는 어느 정도의 진실이 있다. 그럼에도 나는 기술이 펀드 주식과 펀드 포트폴리오의 단위당 거래 비용을 급격히 하락시켰다는 점에서는 펀드 주주들에게 큰 도움이 되었음을 인정한다. 실로 이러한 거래 비용 감소는 뮤추얼 펀드의 운영비용을 줄이는 데 도움을 주었다. 1985년에는 15만 달러이던 1초당 100만 건을 처리(million instructions per second; MIPS)하는 데 소요되는 컴퓨터 비용은 1998년에는 2,000달러를 밑돌아, 거의 99%나 급감했다. 개인전화 상담 비용은 1985년에는 10달러였는데, 오늘날에는 자동응답전화(많은 투자자들에게는 다소 불편할 것이다) 비용이 겨우 2달러다. 인쇄된 투자 설명서 배달 비용은 8달러였는데, 인터넷을 통해 전달하면 이 비용이 1달러도 안 든다. 펀드 거래를 전산으로 실행할 수 있으며 PC 자판의 키 몇 개만 눌러서 이를 처리할 수 있다. 그래서 추가로 막대한 비용이 절감된다.

최근에 5,000만 명의 펀드 투자자 중 약 2,000만 명이 가정용 컴퓨터를 소유하고 있으며 그중 1,000만 명이 이를 투자에 사용하는 것으로 추정되었다(또 다른 조사에서는 가장 큰 펀드 카지노 주주들의 30%가 이 카지노의 웹사이트에서 거래를 하고 있다고 추정되었다). 오늘날 1,000만 명에 이르는 컴퓨터 사용자들은 곧 1,500만 명, 2,000만 명으로 늘어날 것이고, 그들은 모두 순식간에 펀드를 환매할 수 있게 될 것이다. 가령 이들 중 절반이 지구를 흔들 만한(문자적으로 및 비유적으로) 대형 뉴스에 일제히 반응을 보인다면, 금융시장에 어떤 일이 일어날지 잠깐만 생각해도 알 수 있을 것이다. 더 좋은 일인지 아닌지는 모르겠지만, 이 업계의 오래된 문지기(바쁘게 울려대는 전화 벨소리)는 물러나고 있다. 아마도 느린 인터넷 속도 또는 심지어 인터넷 접속 불량이 우리를 '보호'할지 모른다. 솔직히 그것은 좀 무서운 이야기다.

뮤추얼 펀드가 제공하는 투자자 서비스들이 대부분 유용하고 비용 면에서 효율적이기는 하지만 기술 비용 하락에 의해 생겨난 비용 절감은 주로 펀드 매니저들에게 이익이 되었으며, 펀드 주주들에게는 거의 그렇지 않았다. 사실 뮤추얼 펀드 업계는 새로운 서비스들이 비용을 줄이기보다는 오히려 증가시켰다고 주장한다. 그러나 새로운 서비스들은 흔히 투자자들과 그들의 돈을 끌어들이도록 고안된 마케팅 서비스가 대부분이고, 자문 수수료와 관리 수수료를 증가시키며, 펀드 관리회사에게 돌아오는 이익을 증가시킨다.

펀드 매니저들은 자신들이 받는 수수료를 어떻게 사용하는지 거의 공개하지 않기 때문에 커뮤니케이션과 거래 서비스 비용이 어느 정도 감소했는지에 대해 제대로 된 정보를 거의 얻을 수 없다. 그러나 '원가'를 토대로 운영하는 어느 대형 뮤추얼 펀드 회사는 15년 전에 거의 자산의 0.20%였던 투자자 서비스에 대한 총 단위 비용 지출을 1998년에는 0.10% 밑으로 50% 넘게 줄여서, 현재 주주들에게 연 4억 달러를 절약해주고 있다. 공정을 기하기 위해 얘기하자면 이 회사가 관리하는 펀드 자산은 약 20배 성장했고 이러한 규모의 경제 혜택이 펀드 주주들에게 돌아갔다. 이와 비슷한 위업을 이룬 1,000억 달러 규모의 한 종합 펀드 그룹은 또한 비용을 2억 달러에서 1억 달러로 줄였을 수도 있지만, 이러한 비용 절감액을 주주들에게 돌리지 않았다.

펀드의 포트폴리오 회전율에 관해서는 기술이 비용을 감소시키기는 했지만 단위 비용만 감소시켰을 가능성이 있다. 예를 들어 주식 거래 비용이 50% 줄어들고 회전율이 3배 증가하면(실제로 그렇게 되었다) 펀드 주주들이 부담하는 총비용은 50% 증가할 것이다. 그러나 다시 한 번 말하지만 펀드 매니저들이 아니라 펀드의 주주들이 그 비용을 지불한다. 이러한 모든 열광적인 매매 활동이 주주들이 받는 순수익률을 향상시킨다는 어떤 증거도 없이 말이다.

10년 후 | 거래 기술

우리는 이제 앞에서 인용했던 《뉴요커》의 기사에 표현된 우려가 들어맞았음을 안다. 10년 전에 테크놀로지는 참으로 '투기적인 종교적 열광, 금융 마니아, 거품의 중심'이었다. 전에 형성되었던 기술주들에서의 '신경제' 거품이 2000년~2002년에 터졌고, 이에 따라 전체 주식시장이 50% 하락하였다. 그 당시에 우리는 2007년~2009년에 이보다 더 큰 또 한 차례의 '투기적인 종교적 열광, 금융 마니아, 거품'이 터질 것이라고 예상하지 못했다. 이번에도 문제는 부분적으로는 기술에 기반했는데, 대량 정보 처리 기술이 모기지의 담보부 부채증권(CDO) 풀링(pooling), 유동화, 부동산 투기, 질이 모호한(심지어 사기적인) 모기지, 신용평가 업체의 실패, 적절한 유보금을 쌓지 않은 상태에서의 금융 상품 보험 인수 등을 허용했다. 그리고 뒤의 거품 붕괴는 처음의 거품 붕괴보다 상태가 더 나빴다. 즉, 주가가 57% 하락했는데 이는 대공황 이후 최대 하락폭이었다. 2009년 3월 이후 시장이 잘 회복되어서 지금은 최악의 상태는 지난 듯하다. 나는 그러기를 바라지만, 만약을 위해 어느 정도의 자원을 비축해 두겠다.

성적표

현재 뮤추얼 펀드 투자에 사용되고 있는 각각의 기술에 대해 등급을 매겨보기로 하자.

- **투자 기술:** 혁신적인 금융 상품 A+, 유동성 A+, 펀드의 풍부함 A+, 새로운 펀드의 건전성 C, 매니저의 투자 행태 D
- **정보 기술:** 투자자에 대한 데이터 가용성 A+, 완전성과 범위 A+, 의미 있는 지식의 가용성 A, 해당 지식의 효과적 사용 D, 미래에 좋은 성과를 낼 펀드의 현명한 선택 D, 주주들의 투자 행태 E
- **거래 기술:** 용이성과 편의성 A+, 암묵적인 펀드 매매 권장 A+, 효율성과 비용 절약 A+, 비용 하락이 주주들에게 돌아감 F, 주주 수익률 향상 촉진 F

우리의 성적표를 살펴보면 정보에 대한 기술의 공헌은 A+, 지식에 대한 기술의 공헌은 C, 그리고 지혜에 대한 기술의 공헌은 D 또는 심지어 E가 될 것이다. 전체적으로 평가하면 기술의 등급은 좋지만, 사용자의 등급은 나쁘다.

기술 혁명은 장래에 어떤 일이 일어나리라고 예고하는가? 웹사이트들과 게시판들이 더 많아질 것이다. 정보가 더 많아지고, 거래량이 더 늘어나고, 더 편리해지고 더 빨라지며 (주주들에게 혜택이 돌아가지는 않겠지만) 비용이 더 많이 절감될 것이다. 그리고 리스크도 더 커졌다. 컴퓨터 기술력에 의해 가능해진 새로운 금융 상품들의 대부분은 약세장의 도가니 속에서 테스트를 받은 적이 없다. 그리고 이제 아무런 제약 없이 매매할 수 있는 대부분의 펀드 주주들도 약세장의 테스트를 받은 적이 없다. 그리고 인터넷을 갖춘 이상 펀드의 주주들은 펀드 회사가 전화를 받을 충분한 직원을 두지 못하던 시절의 펀드 거래 중개 절차 없이도 매매할 수 있다(이것이 좋은지 나쁜지는 모르겠다). 내가 보기에는 이러한 리스크를 인식하지 못하는 사람은 심각한 실수를 하고 있는 것이다.

그렇다고 해서 내가 미래를 부인하고 과거로 돌아가라고 요구하는 기술 반대자는 아니다. 과거로 돌아갈 수는 없지만 나는 뮤추얼 펀드가 주로 장기투자를 위해 사용되는 근본적인 원칙으로 곧 돌아가기를 희망한다. 나는 오늘날 유행하고 있는 카지노 자본주의가 뮤추얼 펀드 업계의 영구 고정물이 되지는 않을 것이라고 확신하는 이상주의자다. 펀드 주식 매매는 펀드 전략 실행에 걸림돌이 될 뿐 아니라 펀드의 모든 주주들에게 추가 비용을 발생시키기 때문이다. 더구나 적극적인 거래 전략을 따르기로 하는 펀드 주주들에게는, 그것은 패자의 게임이기도 하다. 놀라운 기술은 독이 될 수도 있고, 축복이 될 수도 있다.

기술의 광범한 영향

이러한 이분법은 다른 영역에서도 발견된다. 의약품을 생각해 보자. 내가 1967년부터 심장 이식 수술을 받은 1996년까지 살아 있도록 도와준 (현재는 의학의 기적이 존재한다) 뛰어난 심장전문의인 버나드 로운(Bernard Lown)은 최근에 이렇게 말했다. "의약품은 철저히 과학에 의존하지만 의약품 자체는 과학이 아니다. 제약사들이 기술과 파우스트적인 거래를 했다. 탐욕이 여기에 기름을 칠했다. 우리는 기괴한 시스템을 만들었다." 뮤추얼 펀드 업계도 마찬가지다.

베스트셀러 작가 마이클 크라이튼(Michael Crichton)은 항공 운송에서부터 동물학까지 전 범위에 걸쳐서 정보 기술 혁명을 분석했다. 68세의 베

테랑 기자인 존 로턴(John Lawton)은 《에어프레임》지에서 "정보 시대는 정보를 갖추지 않은 사람의 의견을 새롭게 존중하게 되었다는 것이 정보 시대의 아이러니. 요즘에는 모든 사람들이 산타클로스를 믿는 듯하고, 까닭 없이 무언가를 믿는 듯하다"라고 말한다. 매력적인 젊은 생물학자 사라 하딩(Sarah Harding)은 영화 〈잃어버린 세계〉에서 이렇게 말한다. "동물학자는 현장에 들어가기 전에 자신이 연구할 동물에 관한 모든 자료를 읽는다. 인기 있는 책, 신문 기사, 과학 논문 등 모든 것을 읽는다. 그러고는 밖에 나가 스스로 해당 동물을 관찰한다. 대체로 동물학자가 무엇을 발견하는지 아는가? 지금까지 그가 읽고 들은 대부분의 내용이 틀렸다는 것이다. 과장되거나, 오해되거나, 그저 공상에 지나지 않는 경우도 있다." 까닭 없이 뭔가를 하는 일이 만연해 있고, 미래 수익률에 관한 막연한 환상이 넘쳐나는 뮤추얼 펀드 업계는 크라이튼의 비판적 시각의 대상이 되지 않기만을 바라야 할 것이다.

눈부신 기술 적용 진전에 관해 내가 앞에서 제기했던 "무슨 소용이 있는가?"라는 질문은 기술을 폄하하기 위함이 아니다. 나는 단지 투자자들에게 우리가 만들어 낸 강력한 괴물을 어떻게 억제할지에 대해 보다 사려 깊이 고려하고, 어떻게 우리가 기술의 의지에 복종하는 것이 아니라 기술이 우리의 의지에 복종하게 할 수 있는지 알아보라고 요청할 뿐이다. 우리는 뮤추얼 펀드는 기적을 만들어 낼 수 있는 매니저에 의해, 때로는 색다른 형태로 적극적으로 거래되는 개별 주식처럼 취급되어야 한다는 주장부터 제거해야 한다. 펀드를 마치 맥주나 치약, 향수처럼 대대적으로 광고하기를 포기하는 것이 옳은 방향으로 나가는 첫걸음일 것이다. 그리고 교체 빈도에 대한 적절한 제한, (인터넷을 주로 선호하기 때문에 별로 도움이 되지는 못하겠지만) 전화를 통한 교체에 대한 제한, 그리고 단기 보유 후 환매할 경우에 투자자에게 물리는 수수료 벌칙에 대해 심각하게 고려해야 할 것이다. 이러한 모든 조치들은 펀드를 주식같이 취급하는 단기 투자자뿐 아니라 지속 가능성은 고려하지 않고 자산 증가만을 추구하는 펀드 매니저들에게도 두렵게 다가올 것이다. 그러나 이런 조치들은 우리가 봉사하기로 맹세했던 장기 투자자들에게는 도움이 될 것이다.

1787년에 벤저민 프랭클린(Benjamin Franklin)이 제헌 회의 종료 시에 했던 말을 고려해 보자. 그는 금박 태양이 새겨져 있는 워싱턴 장군의 의자를 가리키며, 방금 탄생한 신생 공화국에 대해 이렇게 말했다. "나는 이 회기 모두에 참가했는데, 희망과 두려움이 교차하고 있었고, 저 태양이 뜨는 해인지 지는 해인지 알 수 없었습니다. 그러나 지금 나는 저 해가 지는 해가 아닌, 뜨는 해라는 것을 알 수 있어서 행복합니다."

이와 유사하게 나도 컴퓨터 기술이 우리가 만들어 낸 새로운 뮤추얼 펀드 산업에 미치는 영향에 대하여 개인적인 희망과 두려움을 표현하고자 한다. 그것이 뜨는 해인지 지는 해인지는 뮤추얼 펀드 투자자들에게 달려 있다.

10년 후　　**기술의 광범한 영향**

우리가 알고 있는 것처럼 기술은 떠오르고 있는 태양임이 증명되었으며, 그 끝은 아직 보이지 않고 있다(아마도 당분간은 투자 프로세스에서 기술이 지배할 것이다). 그러나 기술이 금융기관과 펀드 투자자들에게 끼친 피해는 잠재적 이익과 경제성을 능가하며, 이들에게는 기술이 확실히 지는 해다. 5장에서 얘기한 것처럼 모닝스타 데이터는 인덱스 상장 지수 펀드 트레이더들이 확실히(그리고 거의 한결같이) 해당 ETF가 추종하는 각각의 지수보다 훨씬 나쁜 수익률을 기록했음을 확인해 준다. 전형적인 ETF의 2009년 중반까지 5년간 연수익률은 0%로 원금을 유지했지만, ETF 투자자들은 연 −4.2%의 수익을 올려서 5년 만에 원금의 약 20%에 이르는 누적 손실을 기록했다.

ETF 트레이딩이 성공적일 경우 적극적인 투자자들에게는 추가적인 세금과 거액의 추가 비용도 발생된다(매입 후 보유 전략을 구사하는 투자자들에게는 자본 이득세가 대체로 이연된다). 나는 초판에서 세금에 대해 추가로 언급했어야 했다. 대부분의 기관 투자자들에게는 트레이딩 활동을 제한하는 경향이 있었던 전통적인 비용의 상당히 많은 부분이 사라졌으며, 세금도 더 이상 중대한 마찰 비용을 만들어 내지 않는다. 인다우먼트 기금(endowment fund; EF)들은 연방 세금이 면제되며, 주식형 뮤추얼 펀드 자산의 약 절반이 과세 이연 퇴직 연금 및 저축 플랜이다. (더구나 펀드 자산의 다른 절반도 마치 과세 이연되는 것처럼 관리되어서, 펀드 투자자들에게 과도한 세금 비용을 지불하게 한다.) 나는 연방 세금 정책이 이처럼 카지노 같은 트레이딩을 단념시키는 데 사용되어야 한다고 믿으며 주당 5센트의 주식 거래세라는 새로운 장벽을 만들자고 제안한다. 이 세금은 또한 연방 재정 균형에도 도움이 되고, 우리가 미래 세대에게 전가시키고 있는 재정 적자를 축소시키는 데에도 도움이 될 것이다.

1) Pat Regnier, "Trouble in Paradise," *Morningstar Investors*(February, 1997), pp. 14-16.
2) Kurt Andersen, "The Digital Bubble," *The New Yorker*(January 19, 1998), p. 30.

Chapter 18

이사들—두 주인 섬기기

"아무도 두 주인을 섬길 수 없다." 거의 2,000년 전에 신약 성서의 마태복음은 예수의 이 심오한 말을 기록했다. 미국의 증권법이 발달할 때, 이 원칙은 온전히 존중되었다. 회사 이사들의 근본적인 역할은 하나의 주인 즉, 기업의 주주들만 섬기는 것이다. 이의 작동 문언은 '주주들의 이익에만 집중하라'는 것이다. 《포천》 500대 기업 이사회의 사명 선언문에서 발췌한 다음의 인용문에서 볼 수 있는 것처럼 이사들은 이러한 신임 의무(fiduciary duty) 기준을 받아들여 왔다.

이사회의 사명은 주주들을 위해 장기적인 경제적 가치를 달성하는 것이다. 이사회는 기업이 주주에게 돌아가는 총수익률에 반영된 경제적 가치 창출에 있어서, 비교 그룹 회사들 중 상위 3위 안에 들어야 한다고 믿는다. 이사들은 자신을 다른 소유자들을 대표하는 소유주로 생각해야 한다.

나는 오늘날 미국의 모든 상장 기업에서 이 선언문에 명시된 (단어들은 아니라 해도) 원칙들이 지켜지고 있다고 확신한다. 뮤추얼 펀드 회사들만 제외하고 말이다.

대부분의 펀드 이사들은 전혀 다른 사명 선언문 아래 운영되는 것 같

579

다. 그들이 따르는 복음서는 사실상 모든 회사들 가운데 뮤추얼 펀드의 임원들만은 두 주인을 섬길 수 있다고 말한다. 펀드의 사명 선언문은 존재하지 않기로 유명하지만 펀드 이사들의 행동에서 복음서를 도출해 낸다면, 그들의 사명 선언문은 다음과 같을 것이다.

이사회의 임무는 펀드와 관련된 모든 측면을 통제하고 운영하는 관리회사의 감시인 역할을 하고, 관리회사의 수익성 확보에 충분한 수수료를 제공하는 계약을 승인하는 것이다. 이사회는 비교 그룹 및 관리되지 않는 시장 지수와 대비하여 펀드의 주주들에게 달성된 수익률의 경제적 가치를 고려할 수도 있지만, 장기간에 걸쳐서도 위의 어떤 기준도 충족하지 못하는 장기 가치 수준을 수용할 수도 있다.

둘 사이의 차이를 생각해 보라. 회사의 사명 선언문은 오늘날 미국 기업의 운영 방식을 보여준다. 주주 가치 창조는 바로 표어이자, 자명한 이치이며, 필수사항이 되었다. '자본 비용'(본질적으로 금융시장에서 구할 수 있는 다른 비교 대상 투자 상품에서 얻을 수 있는 수익률)을 버는 것은 표어가 되었다. 자본 비용을 벌지 못하는 경영자는 일자리나 회사를 잃게 된다.

반면에 펀드의 사명 선언문은 '주주 제일주의'의 허술한 모방이다. 이 선언문은 펀드 이사들이 펀드 주주들의 경제적 이익에 봉사하기 위해 최선을 다해야 하지만 그들은 또한 펀드 관리회사의 경제적 이익에도 봉사할 수 있다고 시사한다. 그 결과 펀드 주주들이 제대로 섬김을 받는지와 무관하게 펀드 매니저들은 특별한 예외 없이 그들의 일자리도 잃지 않고 계약도 잃지 않는다. 오늘날 이익의 균형은 명백히 펀드 관리회사들에게 유리한 쪽으로 기울어져 있다.

10년이 지나고 보니 뮤추얼 펀드 이사들의 행동은 펀드 관리회사들의 이익에 치우쳐 있고, (이 이사들을 선출한) 펀드 주주들의 이익은 뒷전으로 밀려나 있다는 나의 우려가 재확인되었다. 그러나 역설적이게도 회사의 이사들은 오직 하나의 주인(주주들)만을 섬길 거라는 나의 확신도 처참하게 무너졌다. 특히 최근의 금융 위기를 겪고 보니 회사의 경영진이 회사 소유주들의 (장기) 이익이 아니라 자신들의 (단기) 이익에 봉사해 왔다는 점이 점점 더 확실해졌다. 장기적인 경제적 가치를 회사 비즈니스의 본질적 가치 즉, 회사가 장기간에 걸쳐 창출하는 수익, 현금흐름, 배당금이 아니라 회사의 주가로 본 것이 문제의 일부였음이 드러났다.

통제 수단

왜 그런가? 초심자들을 위해 펀드의 거버넌스 통제 수단을 살펴보자. 펀드의 이사회 의장은 대개 펀드 관리회사의 이사회 의장이자 CEO다. 펀드 이사들 3~4명 중 1명은 대개 특수 관계에 있는 이사(관리회사의 상위 책임자나 주요 주주)들이다. 일반적으로 특수 관계에 있는 이사들은 펀드 관리회사의 상근 고용인들로서 모든 보수를 펀드 관리회사에서 받는다. 펀드의 이사들은 대개 일 년에 4번만 모인다. 전부는 아니라 할지라도 일반적으로 펀드의 '독립적인 이사들' 대부분은 애초에 경영자가 선택하고 승인한다(그리고 이사가 되기 전부터 최고경영자와 개인적인 관계를 맺고 있다). 이는 위와 같은 관행들이 전체적으로 이사들의 독립성을 손상하지 않으며, 최소한 어느 정도라도 그들의 임무 수행에 방해가 되지 않는다는 주장의 신빙성을 떨어뜨린다.

게다가 독립적(법률적으로는 '이해관계가 없는'이라는 용어를 사용한다)이라고 상정되는 이사들에게 지불되는 보수들은 종종 일반 회사들의 정상 수준보다 훨씬 높은 수준으로 책정되어서 독립적인 이사들과 펀드 관리회사 사이의 미묘한 보상 관계 존재에 관해 심각한 의문이 제기된다. 가장 높은 보수를 지급하는 상위 10개 종합 펀드 그룹에 의해 지급된 이사들의 평균 보수는 연간 15만 달러로 《포춘》지 500대 미국 기업들 중에서 가장 높은 보수를 지급한 10개 기업의 평균인 7만 7,000달러의 거의 두 배다. 〈표 18-1〉은 이사들에게 가장 높은 보수를 지급하는 5개 펀드 회사들의 평균 수수료를 보여준다.

〈표 18-1〉 가장 많이 받는 이사들에게 지급된 평균 보수

(단위: 달러)

순위	1996	2008
1	240,986	312,794
2	184,750	294,115*
3	172,532**	289,071
4	145,629	260,211
5	141,683	258,175
평균	177,116	282,873

* 이 종합 펀드 그룹 이사회 의장은 408,000달러를 받았다.
** '독립적'이라고 간주되는(경영자와 특수 관계가 아닌) 이 펀드 회사의 이사회 의장은 노동의 대가로 43만 1,000달러를 받았다.

모닝스타의 1996년 연구에 따르면 펀드 이사들의 보수가 높은 펀드에서는 관리 수수료가 높을 가능성이 있었다.[1] 이 연구는 "수탁자가 더 많이 받을수록 주주들이 비용을 더 많이 지불한다."고 말한다. 합리적인 사람들은 이러한 상관관계가 존재한다("더 높은 관리 수수료를 받기 원하면, 이사들에게 보수를 더 많이 지불하라")는 주장을 입증하기에 충분한지 여부에 대해서는 동의하지 않을 수도 있지만 이에 대해 안심하기는 어렵다.

마지막으로 대부분의 펀드 이사들은 '다른 소유자들을 대표하는 사업체의 소유주'로 생각할 만한 입장에 있지 않다. 좀처럼 공개되지 않으며, 언론에는 더욱 보도되지 않는 이사들의 주식 보유는 대개 명목적인 수준이거나 아예 한 주도 보유하지 않는 경우도 있다. 어느 대형 종합 펀드 그룹의 최근 대리권 위임 권유장은 비록 일화적이기는 하지만 이례적이라고 하기 어렵다. 전형적인 독립적 이사는 이 종합 펀드 그룹 내의 24개 펀드 중 10개 펀드의 주식을 보유했다. 총수량은 1,900주로 펀드 당 평균 190주, 시장 가치는 평균 3,000달러였다. 그가 이사로 일하는 모든 펀드들의 주식에 총 3만 달러가 투자되었다. 이 정도의 재정적 지분은 대단치 않거나 아주 작다고 할 수도 있을 것이다. 위의 예에서 볼 수 있는 것처럼 이사들의 개인적인 재정 투입이 대체로 최소한에 그치고 있다는 점에 비추어 볼 때 확실히 이사들의 이해관계와 펀드 주주들의 이해관계가 반드시 일치한다고는 말할 수 없을 것이다.

요약하자면 뮤추얼 펀드의 거버넌스는 이사회의 구성, 회의의 성격 및 횟수, 이사들의 보수 수준 측면에서 이해 상충으로 가득 차 있다. 그리고 독립적인 이사들이 펀드 주식을 상당히 소유하는 경우가 거의 없기 때문에 이런 상황이 더 악화된다. 만약 이러한 상황이 펀드 관리회사에게 사실상의 펀드 통제권을 주기에 충분하지 않다면, 대개 펀드 관리회사가 해당 펀드에 필요한 모든 서비스(하나의 '일괄' 계약 하에 일반 관리, 포트폴리오 관리, 판매 모두를 취급함)도 제공한다는 사실은 확실히 펀드 주주들이 아니라 펀드 관리회사가 섬김을 받을 주인이라는 사실을 확립하는 결정적인 단서가 될 것이다.

10년 후   통제의 레버

〈표 18-1〉은 지난 10년 동안 펀드 이사들의 보수가 엄청나게 인상되었음을 반영한다. 회사의 이사들은 궁극적으로 회사 경영에 대해 책임을 지는 반면, 펀드의 이사들은 주로 펀드를 관리하는 회사를 고용할 책임만을 짐에도 불구하고 펀드 이사들의 보수는 대개 거

대 제조회사 임원들에게 지급되는 보수보다 거의 20%나 높은 수준이다.

역설적이게도 펀드들은 더 이상 이사들의 펀드 보유 수량을 보고하도록 요구되지 않는다는 점이 펀드 관리회사들이 한때는 업계의 특징이었던 완전한 공시를 최소화하도록 하는 힘을 가지고 있다는 또 다른 예다. 그들은 보유의 범위만을 보고하는데, 가장 높은 범위 구간은 10만 달러 이상이다. 예를 들어 1백만 달러의 펀드 주식을 보유하고 있던 이사가 899,999달러의 펀드 주식을 처분하고 100,001달러어치만을 보유해도 펀드 주주들은 이 변화를 알아낼 도리가 없다. 왜 증권거래위원회(SEC)가 (모든 상장회사들 중에서 유일하게) 뮤추얼 펀드에게 이사의 지분 보유 완전 공시를 회피하도록 허용했는지는 수수께끼로 남아 있다. (SEC가 펀드 상위 경영진에게 지급되는 보수를 공개하도록 요구하지 않은 것도 마찬가지다. 음모는 짙어진다.)

그럼에도 불구하고 우리는 이사들이 펀드 주식을 전혀 보유하지 않는 경우도 많다는 것을 알고 있다. 최대 펀드 그룹 중 한 곳에서는 독립적인 이사들이 이사로 봉직하고 있는 154개 펀드 중 121개의 펀드에 대해 한 주도 보유하지 않고 있다(이는 확실히 이례적인 경우가 아니다). 펀드 이사들은 특히 최근 10년 동안에 펀드 마케터들에 의해 만들어진 이색 펀드 보유를 회피하는 듯한데 이는 (펀드 투자 설명서에 포함된 장황한 설명에 아무리 잘 감춰져 있다 해도) 그들이 이러한 펀드를 승인할 때 자신은 이 펀드에 투자할 충분한 자신이 없는 상태에서 승인했다는 경고 신호다. 그런 펀드를 고려하는 투자자들은 다음과 같은 경구에 주의를 기울여야 한다. 매수자들이여, 조심할지어다!

통제의 결과

이 구조의 결과는 명백하다. 먼저 뮤추얼 펀드 주주들이 번 수익률은 시장 수익률에 뒤졌다. 과거 16년 동안 전문적으로 관리된 258개 주식형 펀드 중 단지 42개만 관리되지 않은 모든 시장 대상 윌셔 5000 지수 주식 인덱스를 능가했다. 채권형 펀드의 경우 관리되지 않은 적절한 채권 인덱스와 비교해 볼 때 상황은 훨씬 더 어둡다. 그리고 MMF의 경우 관리되지 않는 단기 자금 시장 지수 수익률을 상회하기란 불가능한 것으로 입증되었다. 어떤 펀드도 그렇게 하지 못했다.

이처럼 일관적인 수익률 미달의 주된 원인은 펀드 비용의 영향 때문이다. 금융 서비스 분야에 법률적인 비유를 적용해 보자. 나는 '총수익률-비용=순수익률'이라는 등식을 헌법상의 원칙으로, '효율적 시장에서는 평범한 것이 표준'이라는 신조를 법률이라고 부르고자 한다. 그러나 금융 서비스 분야에서는 헌법상의 원칙은 수정될 수 없으며, 법률도 폐지될 수 없다. 이들은 금융 생활에서 불변의 사실들을 나타낸다.

펀드 자신이 놀랍게 성장했음에도 수수료율은 여전히 가속적으로 인상되고 있다. 이러한 수수료 인상 패턴은 새로운 현상이 아니다. 사실 이는 거의 영구적인 현상인 듯하다. 1924년에 미국의 펀드 산업이 시작된 이래, 새로운 펀드에 대한 최저 수수료율은 지속적으로 조금씩 더 높아졌다. 최소 수수료율은 처음 60년 동안 0.38%에서 0.58%로 높아졌다. (이 수수료율들은 수수료율 표에서 가장 낮은 비율인 최저 수수료율이며, 대개 미래의 펀드 자산 규모가 달성할 수 없을지도 모르는 상당한 수준에 도달할 때만 적용된다. 평균 수수료율은 필연적으로 더 높아지며 대개 최저 수수료율보다 상당히 높다.) 그러나 1980년대와 1990년대 동안에는 수수료 인상률이 세 배가 되었다. 최저 수수료가 0.58%에서 0.72%로 거의 25% 올랐다. 그리고 이러한 수수료율 인상이 펀드 자산 37배 증가와 병행해서 수수료 금액은 훨씬 더 늘어났다. [그림 18-1]은 펀드 산업이 시작된 이래 평균적인 펀드의 최소 수수료율이 거의 두 배가 되었음을 보여준다.

게다가 수수료 구조에 새로운 형태의 비용(펀드에 의해 지불되는 관리 수수료에 추가됨)이 새로 들어왔다. 현재 자문사에게 수수료가 지불되는데 자문사는 실제로 포트폴리오를 관리할 하도급 자문사를 선택하고 그들에게 수수료를 지불하는데 이는 아주 최근의 현상이다. 1980년 이후 펀드 자산에 직접 부과되는 판매 수수료가 만연해졌다. 오로지 새로운 펀드 판매를 촉진하기 위해 사용되는 소위 12b-1 수수료는 현재 모든 펀드들의 60%에 부과되고 있다.

[그림 18-1] 관리 수수료율 추이(1920~2008, 기준 100)

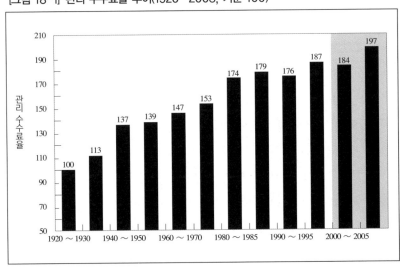

자문 수수료율 인상과 새로운 판매 수수료 도입, 그리고 더 높아진 펀드 운영 경비가 결합되어서 펀드의 경비율이 급격히 상승했다. 예를 들어 과거 15년 동안 평균적인 주식형 펀드의 경비율은 1.04%에서 1.55%로 상승했다. 같은 기간 동안 주식형 펀드 자산은 800억 달러에서 2조 8,000억 달러로 35배 증가했다. 주식형 펀드가 부담했을 것으로 추정되는 비용은 6억 달러에서 340억 달러로 대략 60배 증가했다.

펀드 매니저들의 이익은 훨씬 더 빠르게 증가했다. 대체로 관리되지 않는 시장 지수보다 나은 실적을 내지 못했음에도 펀드 매니저들은 현재 통상적으로 40% 이상의 세전 이익률을 기록하고 있다. 마케팅 지출(자산을 증가시킴으로써 펀드 매니저들에게 이익이 되지만, 펀드의 주주들이 부담하는 비용)을 고려하지 않을 경우 세전 이익률은 분명히 50%에서 70%에 달한다. 이처럼 이익률이 높다 보니 높은 가격을 주고 투자 자문회사의 현재 수익의 50%만을 받을 수 있는 권리를 사겠다는 금융회사들이 있다. 이러한 자문회사들은 수입의 50%를 양도한 뒤에도 양호한 수익성을 보이고 있다.

펀드 관리회사들도 이렇게 놀라운 수익성이 계속되리라고 가정하는 가격에 금융서비스 그룹들에게 팔리고 있다. '원스톱 쇼핑'을 제공하기 원하는 금융 회사들은 대개 펀드 매니저들의 회사들에게 그들이 관리하는 펀드 자산의 3%에서 5%에 달하는 가격을 지불한다. 예를 들어 100억 달러의 종합 펀드 그룹 매니저에게는 3억 달러에서 5억 달러가 지불될 것이다. 그러나 애초에 이 기업의 가치를 창조했던 펀드 주주들에게는 한 푼도 지급하지 않는다.

관리회사가 팔릴 때 관리회사의 소유자와 펀드의 소유자 사이의 보상 분배에서(그리고 보다 더 근본적으로는, 펀드 수익률 중 각자에게 어떤 비율이 배분될 지를 결정하는 자문 수수료율 책정에서) 발생하는 명백한 이익 상충은 뮤추얼 펀드 업계가 직면한 핵심 이슈이며 펀드의 이사들은 이를 해결할 책임이 있다. 나는 그들이 두 주인을 섬기려 한다면 이를 공정하게 해결할 수 있으리라고 생각하지 않는다.

10년 후 | 통제의 결과

주식형 펀드의 평균 경비율은 (1983년의 1.04%에서 1997년의 1.55%로) 50% 증가한 뒤 지난 10여 년 동안에는 마침내 더 이상 오르지 않고 일정 수준을 유지하다 다소 낮아져서 2008년에는 평균 1.3%를 기록하였다. 그러나 금액 기준으로는 펀드 경비가 계속 급증하였다. 주식형 펀드의 총 경비는 1981년에는 6억 달러, 10여 년 전에는 300억 달러, 그리고 2008년에는 약 430억 달러로 추정된다. 펀드 업계 전체적으로 볼 때 일관성 있게 주식시장의 실적을 앞서지 못하고 있음에도 이처럼 거액이 지급되고 있다.

법은 뭐라고 말하는가?

투자회사들이 주주들의 이익보다 투자 자문사들의 이익이 되는 방향으로 조직되고 운영될 때, … 또는 투자회사들이 적절한 독립적인 조사를 받지 않을 때, … 공공의 이익과 투자자들의 이익에 나쁜 영향을 준다.

이 말은 1940년 투자회사법의 서문에 규정된 법조문이다. 이 법의 정신은 '투자자들을 우선시해야 한다' 는 점을 명시한다. 이 문구에는 두 주인(펀드를 소유하는 주주들과 펀드를 통제하는 투자 자문사)을 섬겨야 한다는 암시가 전혀 없다. 뮤추얼 펀드 업계에서 법조문이나 법의 정신이 지켜지고 있다고 상상하기는 불가능하다.

그러나 어떤 공식적인 이의도 제기되지 않았다. 투자회사협회의 투자회사 이사들을 위한 기초 가이드는 실상은 사소한 행정 관리 문제들에 주로 초점을 맞추고 있으며, 펀드 통제라는 중요한 이슈는 무시한다. 이 가이드는 기존 외부 펀드 관리회사 개념을 명시적으로 지지하며, 펀드의 이사들이 펀드의 성과를 계속 평가할 책임이 있음을 인정하지만 성과 비교 기준, 펀드의 비용이 펀드의 수익률에 미치는 영향, 또는 손쉽게 활용할 수 있는 대안적 거버넌스 구조에 대해서는 어떤 언급도 하지 않는다. 이 협회의 공식적인 입장은 펀드 이사들은 업계의 '감시인' 이며, 그것으로 충분하다는 것이다.

미국 변호사 협회의 펀드 이사 가이드북은 이 점을 재확인한다. 이 가이드북은 미국 대법원의 결정을 인용해서, 특수 관계가 없는 이사들은 '주주들의 이익을 돌볼 주된 책임'이 부여된 '독립적인 감시인' 역할을 수행한다고 말한다. 이는 가치 있는 기준 설정에 근접해 있다. 하지만 이 가이드북은 이사회가 고려해야 할 (종종 기술적이고 상세한) 수많은 문제들을 탐구하지만 문제의 핵심(사실상 투자 자문사가 펀드를 통제해서 펀드 주주들의 수익률에 과중한 수수료 부담이 가해지고 있으며, 투자 자문사들은 대부분의 회사들의 수익을 무색하게 하는 막대한 수익을 올리고 있고, 펀드의 성과를 평가할 명시적인 기준이 없고, 펀드의 이사회가 외부 관리 구조를 제거하고 자체 직원을 고용할 수 없다)은 다루지 않는다.

독립적인 이사들은 펀드 주주들의 이익만을 염두에 두는 진정한 감시인인가? 이 중요한 질문은 뮤추얼 펀드 산업 거버넌스 구조의 효과성을 고려해서 답변되어야 한다. 펀드의 수익률이 시장 수익률에 뒤짐에도 계속 오르는 펀드 비용, 어색한 이사회 구조와 이사회 구성원들이 펀드 지분을 별로 보유하지 않는 점을 종합할 때, 감시인이 세심한 주의를 기울인다고 말하기 어렵다. 독립적인 관찰자들은 이러한 상황에 대해 우려를 제기하기 시작했다. 워런 버핏은 특유의 신랄한 재치로 그의 견해를 다음과 같이 표현했다.

나는 독립적인 이사들이 전혀 독립적이지 않다고 생각한다. 1940년의 투자회사법은 독립적인 이사들이 돈을 공동 투자하는 모든 사람들의 감시인이라는 이론에 근거하여 그들에 관한 조항들을 만들었다. 그러나 1940년에 이 법이 제정된 이후 이사들의 행동은 전반적으로 (경영을 잘했든 못했든) 경영진이 제기하는 모든 안건에 스탬프를 찍어 주는 것이었다. 수수료 감축 등에 대해서는 협상하지 않았다. 오래전에 한 변호사는 펀드 관리회사들이 이사들을 뽑을 때 도베르만과 같은 경비견이

아니라 코커스패니얼과 같은 애완견을 찾는다고 말했다. 나는 그들이
많은 코커스패니얼을 발견했다고 말하고 싶다.[2)]

코커스패니얼 종이 공격적이고, 집을 지킬 만큼 사나운 것으로 알려지
지 않았음은 물론이다.

대안 구조

펀드 주주들의 입장에서 오늘날 이사회의 감시가 느슨한 외부 관리 구
조가 왜 필요한지 아무도 묻지 않는다. 100억 달러 규모의 종합 펀드 그
룹에게 펀드 관리회사가 왜 필요한가? 이러한 종합 펀드 그룹들이 연
1.2% 수준의 경비율로 연간 1억 2,000만 달러를 지출하는 것은 예외적
인 일이 아니다. 이 중 투자 관리에 2,000만 달러, 마케팅과 광고에 2,000
만 달러, 일반 사무 관리에 3,000만 달러로 총 7,000만 달러를 지출하고,
나머지 5,000만 달러는 관리회사의 세전 수익이 된다고 하자. 펀드를 내
부에서 관리하고 (펀드의 주주들에게 도움이 되지 않는) 마케팅 비용을 없애서 연
간 7,000만 달러를 절약하면 이치에 맞지 않겠는가? 이렇게 하면 자문사
에게 이익이 되는 것이 아니라 펀드 주주들에게 도움이 된다.

오늘날 외부 관리 시스템은 단지 현 상태가 그렇기 때문에 존재한다.
그리고 이 시스템은 단시간 내에 사라지지도 않을 것이다. 그러나 펀드
이사들이 성과와 비용 사이에 인과관계가 존재한다는 명백한 통계적 증
거를 보고 이에 주의를 기울인다면 그들은 경제적 가치의 성과물이 분배
될 때 비용이 중요하다는 단순한 원칙을 깨닫기 시작할 것이다.

특정 펀드가 비교 대상 펀드들 사이에서 투자 성과의 1사분위에 드는
가장 쉽고 확실한 방법은 비용에서 하위 1사분위에 드는 것이다. 통계
수치는 이 원칙을 보여준다. 이것은 그다지 복잡하지 않다. 펀드 이사들
이 이 사실을 이해하고 대폭적인 수수료 인하와 규모의 경제의 혜택 중

일부를 주주들에게 돌리라고 요구할 때 펀드 투자자들의 이익이 제대로 지켜질 것이다.

오늘날 이사들이 성과와 비용 사이에 존재하는 역의 관계가 인과관계 라는 점을 깨닫지 못하는 것이 문제다. 대신에 이사들은 자문사가 다른 자문사들이 다른 펀드들에 부과하는 수수료율과 비교하여 수수료 인상 을 정당화시키는 과정의 일부가 되어 버렸다. 표면상으로는 독립적인 펀 드 컨설턴트들이 펀드의 이사회에 출석해서 투자 목적과 자산 규모가 유 사한 다른 펀드들이 지불하는 수수료율에 대한 조사 결과를 발표한다. 특히 해당 펀드의 수수료가 평균보다 낮다고 여겨질 경우 그들은 펀드들 이 펀드 관리회사가 제안하는 새로운 고비용 구조 하에서도 경쟁력을 유 지할 것이라고 이사들을 납득시킨다(이는 즉각적인 속죄가 필요한 극악무도한 죄 다). 물론 동일한 펀드 관리회사에 의해 고용된 펀드 이사들은 그러한 수 수료 인상안을 승인한다. 독립적인 이사들은 좀처럼 평지풍파를 일으키 지 않는다.

내가 알기로는 최소한 한 곳의 컨설턴트는 펀드 업계의 최저 비용 제 공자(이 펀드는 원가 기준으로 운영된다)의 경비율을 비교 대상에서 제외하고 있 다. 그 결과 경쟁 펀드들의 비용이 과대평가되고, 수수료 인상안을 더욱 정당화한다. 최저 비용을 제공하는 펀드를 비교 대상에서 제외하면, 컨 설턴트의 타 펀드 비용 조사 결과를 검토하는 펀드 이사들은 펀드를 운 영하는 다른 방법이 있다는 가능성에 대해 알 수 없게 된다. 이러한 관행 은 컨설턴트가 자신의 일은 수수료 인상안을 정당화하기 위한 근거 제공 이라는 점을 잘 알고 있다는 것을 보여준다.

아무튼 단계적으로 인상시키는 프로세스는 미국에서 회사 임원들의 보수가 정해지는 프로세스와 똑같다. (어느 컨설턴트가 한 번이라도 최고경영자에 대한 보상 삭감을 추천한 적이 있는가?) 이 과정은 임원 급여, 보너스, 스톡옵션 상승의 회오리로 이어질 것이다. 오늘날의 풍족하고 자유로운 금융 환경을 토대로 뮤추얼 펀드 경비율에서 같은 현상이 벌어지고 있다. 게다가 이처럼 상승하는 수수료율과 펀드 자산 급증이 결합해서 수수료 총액이 거대해졌고 계속 커지고 있다. 펀드의 주주들이 이러한 수수료 수준을 알게 되면 대개 다음과 같은 반응을 보인다. 이를 막을 '법이 있어야 한다.' 그런 법이 있기는 하지만(앞에서 언급했던 투자회사법) 아무도 이 법에 그다지 주의를 기울이지 않는 것 같지 않다.

법적인 조치가 취해질 것인가?

아마 새로운 법이 제정되거나, 적어도 현재의 법률 하에서 구제 수단을 정비할 것이다. 앞에서 나는 이사들에게 더 높은 보수를 주는 펀드에서 주주들이 더 많은 비용을 지불하는 경향이 있음을 보여주는 상관관계를 언급했다. 특히 이사들에게 최소 10만 달러를 지불하는 주식형 펀드들은 이사들에게 2만 5,000달러 미만을 지급하는 펀드들보다 16% 높은 수수료율을 부과했다. (이사들에게 높은 보수를 지급하는 펀드들은 다른 펀드들보다 자산 규모가 몇 배나 크기 때문에 이는 특히 놀라운 점이다.) 그 결과 거대 펀드가 지불한 수수료 금액은 수수료율이 높은 소형 펀드들이 지불한 금액보다 훨씬 크다.

《컬럼비아 로 리뷰》의 최근 논문에서는 모닝스타의 연구가 '부당한 영향'의 법적 정의에 잘 들어맞을 수 있음을 시사했다.[3] 그 논문은 부당한 영향이 법정에서 문제가 될 경우 원고는 펀드의 이사회가 과도한 관리 수수료 승인에 부적정한 영향을 받았음을 인정받으려면 기회, 동기, 취약성이라는 세 가지 기준을 입증할 필요가 있음을 지적했다. 그 논문은 이렇게 계속된다. "펀드들은 자문사에 의해 만들어지고 관리되기 때문에 외부 이사들이 자문사에게 의존한다는 점을 보임으로써 기회를 입증하기는 아주 쉬울 것이다. 펀드 관리 수수료는 자산의 일정 비율로 받는다는 속성 때문에, 자문사들은 자신들에게는 이익이 되지만 펀드 주주들에게는 해로운 자문 계약을 이사들이 승인하도록 우월적인 영향력을 행사할 충분한 동기가 있다. (모닝스타의 비용 연구 결과는) 자문사가 외부 이사들에 대해 가지는 통제적 지위 때문에 외부 이사들이 자문사들에게 취약하다는 점을 보여준다."

이 논문은 뮤추얼 펀드에게 돌아가는 이익은 "투자 자문사가 타인의 투자 자본에서 그럴만한 가치가 없는 수입을 취하는 것을 정당화시키지 않는다"라고 정확히 말한다. 법정에서 해결하기가 얼마나 어려울지 모르겠으나 이것이 핵심 이슈다.* 지금까지는 펀드 업계는 법정에서 사실상 난공불락이었다. 이사들이 자문사에 지배되지 않고 펀드가 수수료를 이전 수준으로 유지할 수 있다는 점을 충분히 설명 받고, 그럼에도 이전 수준으로 유지하지 않기로 하는 합리적인 비즈니스 의사 결정을 내렸다는 가정 하에 법원은 이사들의 펀드 관리 수수료 승인을 존중해야 한다는 입장을 보여 왔다. 이러한 법적인 배경에 비춰 볼 때 그것이 아무리 가치가 있다 해도 부당한 영향력 기준에 근거한 새로운 법적 행동이 우세해지리라고 생각하기는 참으로 어려울 것이다. 그러나 더 이상한 일들도 일어난 적이 있으니, 그러지 못하리라는 법도 없다. 그렇지만 과도한 뮤추얼 펀드 수수료에 대한 너무도 때늦은 경감은 다른 곳, 즉 입법부와 규제 당국에 의한 일종의 도덕적 설득에서 올 가능성이 더 높다.

10년 후 **법적 조치가 취해질 것인가?**

나는 초판에서 법적 조치가 (온갖 어려움을 극복하고) 마침내 뮤추얼 펀드 업계의 수수료 책정을 명확히 해줄 가능성을 언급했다. 15장에서

---

* 각 사안의 구체적인 상황에 따라서는 아직까지 심리되지 않았던 이러한 유형의 소송이 성공할 수도 있고, 그렇지 않을 수도 있다.

언급한 것처럼 현재 미국 대법원에 계류 중인 사안은 주로 펀드 자문사들이 그들이 통제하는 뮤추얼 펀드 고객들에게 징수하는 자문 수수료보다 펀드가 아닌 독립적인 고객들(주로 연금)에게 훨씬 낮은 수수료를 징수한다는 사유로 펀드 주주들이 그들을 상대로 소송을 제기한 것이다. 대법원에게 항소 법원의 결정을 재고하도록 설득한 결정적인 요인은 본질적으로 현재의 상황은 명백히 널리 존경을 받고 있는 리처드 포스너(Richard Posner) 판사가 쓴 유력한 소수 의견이었음을 인정한 것이다.

흥미롭게도 포스너 판사는 내가 기업의 임원을 배부르게 하는 비교 그룹 기반 보상 시스템을 비교 그룹 기반 펀드 수수료율 책정과 비교하면서 초판에서 묘사한 '오르기만 하는' 효과에 큰 비중을 두었다. 두 경우 모두 투자 가치 창출(보다 정확하게는 파괴)을 무시한다. 설상가상으로 전형적인 펀드 수수료 비교는 전적으로 비율에 기초하며, 대개 엄청난 수수료 금액의 규모를 무시한다. 예를 들어 연간 0.8%의 수수료율은 동료 그룹의 0.65%에 비해 과도해 보이지 않을 수도 있다. 그러나 '저비용' 펀드가 500억 달러의 자산을 보유하고 있는 반면(3억 2천 5백만 달러의 수수료를 발생시킴) '고비용' 펀드는 10억 달러의 자산을 보유하고 있다(8백만 달러의 수수료를 발생시킴)고 가정해 보자. 3억 1천 7백만 달러의 수수료 차이에 대해 충격을 받지 않을 사람이 있겠는가?

포스너 판사는 그의 반대 의견에서 이렇게 썼다. "대형 상장회사의 임원 보수가 종종 과도한 이유는 보수를 감독할 이사회의 인센티브가 약하기 때문이다. 상품과 자본 시장의 경쟁이 이 문제를 해결해 줄 것이라 믿을 수 없는데, 왜냐하면 동일한 인센티브 구조가 모든 대기업들과 유사한 기관들(뮤추얼 펀드 포함)에 작동하기 때문이다." 우리는 이 지혜가 널리 확산되기를 바랄 뿐이다.

의회와 증권거래위원회

워싱턴에서는 최소한 오늘날의 (자문사들에게) 안락한 현 상태가 변화할지도 모른다는 희미한 조짐이 보인다. SEC의 투자 관리 부문 직원들은 '자신들은 높은 수익성을 즐기면서 주주들에게는 상대적으로 낮은 성과와 높은 비용을 제공하는 펀드 그룹들에 대해 면밀히 지켜보기 시작했다.' 길먼(Gillman, 오하이오 주. 공화당)과 마키(Markey, 메사추세츠 주, 민주당) 하원의원은 펀드 수수료와 이사들의 성실성에 대해 상당한 우려를 표명했다.

보다 최근에는 SEC 의장 아서 레빗(Arthur Levitt; 나는 그가 SEC 역사상 뮤추얼 펀드 주주들의 권리에 대한 최고의 옹호자라고 생각한다)이 이 문제에 집중하기 시작했다. 최근의 투자회사협회 회원 모임에서 레빗 의장은 자신의 의견을 제시했다. 그의 첫 번째 관심사는 수수료와 비용이 수익률에 미치는 영향에 관해 펀드 업계가 대체로 적절하게 공개하지 않는다는 것이었다. "여러분에게 1%의 수수료가 10년 후에는 투자 잔액의 17%나 갉아먹는다는 점을 말할 필요가 없을 것이다." 그런데 실상은 평균적인 주식형 펀드의 총비용은 2%를 초과하며, 10년 동안에는 누적 자본의 약 24%, 그리고 25년 동안에는 약 39%를 축소시킬 것이다(정확한 수치는 실제 수익률에 의존한다).

같은 발언에서 레빗 의장은 다음과 같은 이론적인 질문을 함으로써 펀드 이사회의 적절한 역할에 관한 그의 관심을 표명했다. "이사들은 언제 독립적인가? 펀드의 자문사 위촉 및 해촉에 있어서 이사회와 주주들 각자의 역할은 무엇인가?" "수수료에 대해 의문을 제기해야 한다"라고 말한 뒤에 그는 "아무도 펀드의 이사들은 회사의 이사들만큼 강하고, 주의를 기울이며, 독립적일 필요가 없다는 '신화를 신봉하지' 말아야 한다. 이러한 신화를 신봉하는 사람들은 주주들을 대변할 시간과 관심이 없는 이사들을 감싸는 것이다. … 이사들이 누구를 대표하는지 잊어버리는 펀

드들은 오래가지 못할 것이다"라고 덧붙였다.[4]

SEC 의장은 또한 "현재의 [펀드] 거버넌스 시스템에 변화가 필요한지에 대한 합의를 이끌어내기 위해 곧 회의를 소집할 것"이라고 발표했다. 그는 "나는 이사들이 누구를 섬기는지(그들은 펀드의 주주를 섬긴다)를 기억하기를 기대하며, 이사들이 끊임없이 주주의 이익을 추구하기를 기대한다"라는 말로 그의 연설을 마쳤다.

이 말들은 너무도 오랫동안 지연된 펀드 거버넌스 시스템 개선의 시작이 될 것이다. 공직의 권위와는 거리가 먼 레빗 의장의 강력한 진술은 펀드 비용, 이사의 의무, 산업 구조 등 업계의 복잡하게 얽힌 이슈들의 부정적인 시사점에 대한 대중의 인식을 넓히기 위해 필요한 최초의 계기를 만드는 데 도움이 될 것이다. 의회의 조사는 1940년 투자회사법의 서문과 이 서문이 업계의 황당한 수수료에 부합하는지 생각해 볼 수 있는 더 많은 기회를 제공할 것이다. 이사의 수임인 의무에 대한 새로운 연방 기준은 펀드 주주들의 이익에 도움이 될 것이다. 그리고 전통적인 포트폴리오 성과의 초라함과 비용이 장기 수익률에 미치는 해로운 영향에 대해 이전보다 더 관심을 기울이는 활동가들의 압력은 또 다른 주요한 플러스 요소가 될 것이다. 요약하자면 이러한 도덕적 설득은 (투자자의 인식 제고와 이에 따른 펀드 선택으로 전환될 경우) 결국 이사들에게 자신들의 수탁자 책임을 일깨워줄 것이다.

허수아비들?

금융 매체들은 조금씩이기는 하지만 뮤추얼 펀드 이사들이 자신들의 책임을 이행하고 있는지 관심을 기울이기 시작했다. 1998년 중반에 《뉴욕 타임스》는 이사회 회의장 테이블을 둘러싸고 있는 거대한 허수아비들의 사진과 함께 '허수아비들이 이사회 회의장을 채울 때'라는 제목의 머리기사를 실었다. 그 기사는 "이사들이 주저하는 만큼 개인 투자자들이 손해를 보고 있다"라고 언급하며 상장회사 이사회와 뮤추얼 펀드 이사회가 수행한 의무들을 있는 그대로 대조했다. 《뉴욕 타임스》는 계속해서 어떻게 "힘의 균형이 펀드 이사들로부터 뮤추얼 펀드를 구상하고 마케팅하고 관리하는 회사 쪽으로 계속 이동해 왔는지"에 대해 묘사했다.

그 이야기는 두 가지 놀라운 사실로 마무리된다. 첫째, 미국 이외 국가의 펀드 구조가 더 나아 보인다. 외국의 펀드 구조에서는 "펀드의 이사들이 펀드 관리 수수료 책정에 관여하지 않으며, 이사들은 펀드 관리 계약 논리에 구애되지 않고 자신들의 시간을 투자 가이드라인이 지켜지고 있는가와 같은 펀드 매니저의 비즈니스 관행 모니터링에 쓰고 있다." 그러나 본질을 무시하고 과정을 중시하는 것은 대중의 이익을 위해 펀드 업계의 '허수아비' 이사 증상을 해결하기에는 참으로 특이한 접근법일 것이다. 이 기사에서 두 번째 놀라운 점은 펀드가 자체 관리회사를 소유하고 통제하는 완전히 다른 지배구조를 갖추고 업계 평균보다 약 75% 낮은 비용으로 운영하면서 해마다 펀드 주주들에게 30억 달러를 절약해 주는 하나의 거대한 종합 펀드 그룹을 전혀 인식하지 못했다는 것이다. 워런 버핏은 만약 펀드 이사들이 이처럼 다른 거버넌스 구조를 따르는 정책을 따른다면, 그들은 투자자들에게 매년 100억 달러를 절감해 줄 수 있을 거라고 말했다. 사실 이러한 절감액은 매년 가뿐히 300억 달러에 달할 수 있을 것이다.

요약

주주 가치에 초점을 맞추는 미국 회사 이사들의 행동은 전 세계적으로 회사들이 운영되는 방식에 혁명을 가져왔다. 이와 대조적으로 뮤추얼 펀드 이사들이 주주 가치 우선 원칙을 지키지 않는 것은 소심한 감시인 노

릇을 하는 이사들의 감독이 제한된 데 기인하는데, 그들은 비용이 중요하다는 점을 모르는 것 같다.

이 차이는 이사들의 사명 선언문에서 나온다. 일반 회사 이사들의 사명 선언문은 다음과 같다. '이를 실행하지 못하면 죽어라.' 주주 가치를 향상시키지 못하면 끝장이다. 그러나 펀드 이사들의 사명 선언문은 다음과 같다. '현 상태를 받아들이라.' 아무런 조치를 취하지 않음으로써 감시인의 감독 역할 이상을 하지 말고, 최적 수준에 한참 못 미치는 주주 가치 창출을 받아들이라. 워런 버핏의 표현을 사용하자면 도베르만이 아닌 코커스패니얼처럼 행동하라.

뮤추얼 펀드 업계가 어떻게 하면 이사들과 주주들 사이의 이익을 가장 잘 일치시킬 수 있는가? 효과적이고 간단한 데에서부터 시작하는 것이 상식적이다. 펀드의 이사회에게 자신의 사명 선언문을 문서로 작성하고, 이를 펀드의 연례 보고서에 공표하게 하라. 그것은 좋은 출발점이 될 것이다.

약 5,000만 명에 달하는 발언권 없는 익명의 펀드 주주들은 오랜 강세 시장의 축복에 대한 공정한 몫을 받지 않았다는 점을 알지 못한 채 이에 매혹되어 왔다. 자신들이 그 축복의 공정한 몫보다 훨씬 적게 받아왔다는 것을 깨닫지 못하고 말이다. 그들은 자신들을 대표하라고 선출한 이사들로부터 보다 나은 대접을 받을 자격이 있다. 이사들은 한 명의 주인, 즉 이사들에게 자신들의 이익을 보호하라고 의뢰한 주주라는 한 명의 주인만을 섬겨야 한다.

이에 관한 마태복음의 전체 구절은 다음과 같다. "아무도 두 주인을 섬기지 못한다. 왜냐하면 한 사람은 싫어하고 한 사람은 사랑하거나, 아니면 한 사람에게 충실하고 다른 한 사람은 멸시할 것이기 때문이다. 너희가 하나님과 재물 신을 모두 섬길 수는 없다." 사실 1940년 투자회사법 아래에서 펀드의 주주들은 섬김을 받아야 할 신으로 지정되었다. 그러나 그렇지 않았더라면 그들이 가질 수 있었던 부는 과도한 펀드 비용으로 인해 상당히 감소되어 왔다. 그런데도 뮤추얼 펀드 매니저들은 확실히 재물 신의 대용물인 거대한 부를 계속 수확하고 있다. 펀드의 이사들은 그들을 선출했고, 그들을 신뢰했으며, 자신들의 투자로 펀드를 창설한 이들을 섬길 책임이 있다. 펀드라는 기업의 주주가 그들의 주인이 되어야 한다.

10년 후　펀드 이사들

SEC의 최선의 의도와 당시 의장 아서 레빗(Arthur Levitt)의 강력한 촉구에도 불구하고, 펀드 이사들이 '지칠 줄 모르고 주주들의 이익을 추구'하게 되었다는 증거는 전혀 없다. 그래서 이사들이 또 다른 10년 동안 '감시견(Dobermans)'이 아니라 '애완견(cocker spaniels)'에 머물러 있는 것을 보고서 나는 뮤추얼 펀드 매니저뿐만 아니라 모든 자금 관리 기관들이 오늘날의 실패한 대리인 사회에서 다른 사람들의 자금을 관리하는 대리인들의 의무를 열거하는 연방 수임인 의무(fiduciary duty) 기준, (규칙 기반이 아니라) 원칙 기반 기준과 그들이 봉사해야 하는 본인들(principles)의 자명한 권리에 종속되어야 한다고 믿게 되었다. 아래의 6개 원칙들은 내가 꿈꾸는 새로운 수임인 사회를 위한 틀을 짤 것이다.

1. 투자자들이 그들의 자금 관리인/대리인들에게 오로지 투자자들을 위해 행동하게 할 권리. 간단히 말해서 고객이 왕이어야 한다.
2. 자금 관리인들과 증권 애널리스트들이 펀드 포트폴리오를 위해 증권을 분석할 때 적절한 주의 의무(due diligence)와 높은 전

문가적 기준 행사에 의존할 (투자자들의) 권리.

3. 우리의 대리인들이 책임 있는 기업 시민으로 행동하고, 그들의 본인들에게 등한시되었던 주식 소유 권리를 회복시켜 주며, 회사의 이사들과 경영진이 자신의 주주들에 대한 수임인 의무를 충족하도록 요구한다는 확신.

4. 뮤추얼 펀드 판매와 펀드 마케터들에 의해 제공되는 금융 상품에 있어서 일종의 규율과 올곧음(integrity)을 요구할 권리.

5. 수수료율뿐만 아니라 금액 면에서도 '합리성' 기준을 충족시키는 자문 수수료 구조, 해당 펀드 매니저의 다른 고객들에게 제공되는 수수료 및 수수료 구조와의 관계 확립.

6. 뮤추얼 펀드 관리회사의 상장회사 (또는 그룹) 소유 금지를 포함하여, 이러한 목표 달성을 방해할 수도 있는 모든 이익 상충 제거.

이 6개의 원칙들을 실행하려면 뮤추얼 펀드들이 '그들의 자문사들에게 이익이 되는 방향으로가 아니라 주주들에게 최상의 이익이 되는 방향으로 조직, 운영, 관리' 되도록 요구될 것이다. 이는 1940년의 투자회사법에 규정되었지만 대체로 무시된 건전한 기준이다. 이 원칙들의 조합을 마태복음이라고 부르기로 하자. 이 복음이 적용되는 곳에서는 '어떤 펀드 매니저도 두 주인을 섬길 수 없으며' 뮤추얼 펀드에 자본을 투자하는 사람들이 마침내 유일한 주인이 된다.

1) Michael Mulvihill, "A Question of Trust," *Morningstar Mutual Funds*(August 30, 1996), pp.S1-S2.
2) "A Quick Q&A with Warren Buffett," Morningstar Website(www. Morningstar.net), May 6, 1998.
3) Samuel S. Kim, "Mutual Funds: Solving the Shortcomings of the Independent Director Response to Advisory Self-Dealing through Use of the Influence Standard," *Columbia Law Review*(March, 1998).
4) "Remarks by Chairman," Arthur Levitt, U.S. Securities and Exchange Commissions," Investment Company Institute, Washington D.C., May 15, 1998.

Chapter 19

On structure
The Strategic Imperative

구조—전략적 함의

대부분의 뮤추얼 펀드 투자자들은 자신이 투자한 뮤추얼 펀드 회사가 어떻게 조직되어 있는지 모른다. 실제로 우리가 거래하는 회사의 조직 구조에 대해 생각하고 있는 사람은 극소수일 것이다. 그런 것에 왜 신경을 써야 하는가? 우리의 거래 은행이 상호저축은행인지, 상업은행인지가 중요한가? 거래 은행의 경우 계좌당 10만 달러까지 지급 보장된다면, 우리들 대부분은 아마 최상의 서비스와 최고 이자율 외에는 아무것도 상관하지 않을 것이다.

그러나 뮤추얼 펀드 비즈니스에 대해서는 신경을 써야 한다. 펀드의 조직 구조는 우리의 수익률에 엄청난 영향을 줄 수 있다. 그런데 누구도 이 문제에 주의를 기울이지 않는다. 매체도 이 문제를 알지 못하고 신경을 쓰지 않거나 현 상태를 그대로 받아들이고 있다. 그러나 뮤추얼 펀드 조직의 회사 구조는 법적인 호기심 이상의 것이다. 그것은 종합 펀드 그룹과 펀드 주주들 사이의 관계에 대한 근본적인 결정 요인 중 하나다.

한 건의 중요한 예외를 제외하고는 모든 종합 펀드 그룹들은 주주들(또는 보편적이지 않지만 사실상 수익자들이 소유하는 신탁)이 소유하고, 이사들이 지배하는 관련 투자회사들(뮤추얼 펀드들)의 그룹이라는 단일한 구조 하에 운영된다. 그룹 내의 각 펀드는 외부의 관리회사와 계약을 맺고 펀드 사무를 관리하게 하는 대신 수수료를 지급한다. 이 관리회사는 투자 자문 서비스, 판매 및 마케팅 서비스, 운영·법률·재무 서비스 등 펀드의 존립을 위해 필요한 사실상 모든 활동을 수행한다.

한 건의 예외적인 뮤추얼 펀드는, 기본적인 회사 구조는 경쟁 뮤추얼 펀드 조직들과 같지만 이들과 다른 방식으로 운영된다. 내가 1974년에 설립한 뱅가드 그룹은 수수료를 받고 필요한 서비스를 수행하는 외부 회사를 고용하는 대신에 그 사무를 원가 기준으로 자체적으로 수행한다. 두 구조의 차이가 [그림 19-1]에 예시되어 있다.

[그림 19-1] 상호 소유 구조 대 전통적인 회사형 구조

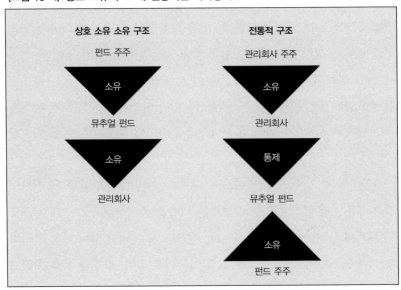

1940년 투자회사법에서는 두 구조가 모두 다뤄지고 있다. 이 법은 두 가지 구조들을 객관적이고 공평하게 다루고 있어서 사실상 둘 중에서의 선택은 중립적인 것이라고 암시한다. 그러나 투자회사법은 어느 경우든 뮤추얼 펀드는 서문에 명시된 원칙인 오로지 소유자에게 이익이 되도록 운영되어야 한다고 분명히 말한다. 그러나 현재의 법률 체계에서 이 근본 원칙을 제대로 다루기가 거의 불가능하다고 입증되었다. 뮤추얼 펀드

업계의 전통적인 구조는 뮤추얼 펀드 주주들과 수익성이 매우 좋은 뮤추얼 펀드 관리회사의 소유자 사이의 심오한 이해 상충 위에 놓여 있다. 왜냐하면 투자 수익이 나눠질 때 펀드 매니저(관리회사)가 더 많이 벌수록 주주는 더 적게 벌게 되기 때문이다. 관리회사가 이익을 1달러 더 남기면, 뮤추얼 펀드 주주들은 1달러를 덜 받게 된다. 이렇게 단순하다.

소유 구조 비교

전통적인 구조에서 펀드는 단순히 껍데기 회사다. 펀드의 유일한 역할은 투자 증권 포트폴리오의 법적인 소유자가 되는 것이다. 펀드의 주주들은 펀드의 궁극적인 소유자들이지만, 흔히 소유권이 수십만 명의 투자자들 사이에 분산되어 있기 때문에 실제적인 통제력은 소유자들이 행사하지 않는다. 통제는 사실상 외부 관리회사에 부여되는데 이 관리회사가 펀드를 창설하고, 이름을 부여하며(또는 이름 사용권을 주며), 펀드의 이사들을 선정하는데 이사들의 과반수는 관리회사로부터 독립적이어야 한다. 이 관리회사가 펀드의 책임자를 제공하며, 펀드 존립에 필요한 모든 서비스를 수행한다. 이에 대한 대가로 펀드는 관리회사에 연간 관리 수수료를 지불하는데, 수수료는 대개 펀드 자산의 일정 비율로 계산된다. 관리회사는 대개 같은 종합 펀드 그룹 내에서 5개에서 50개 또는 그 이상의 자매 펀드들에 대해 같은 서비스를 수행한다. 관리회사에 대한 통제는 대개 한두 명의 투자회사 소유자나, 투자회사가 고용하는 소수의 파트너들, 또는 심지어 외부 주주 집단에 주어진다.

실제로 업계의 현재 구조 하에서 펀드 패밀리는 자문사에 의해 통제되고, 통제는 소유권으로부터 완전히 분리되어 있다. 반면 진정한 상호 소유 구조 하에서 펀드는 주주들에 의해 소유 및 통제되며, 오로지 주주의 이익을 위해 운영된다. '통상적인' 회사처럼 상호 소유 구조 하의 펀드는 자신의 책임자와 직원을 고용한다. 펀드 패밀리가 자신의 사무를 관리하지만 사무 관리상 편의를 위해서 해당 펀드 패밀리가 100% 소유하고 통제하는 별도의 관리회사를 통해서 관리한다. 관리회사와 펀드 패밀리 모두의 책임자들과 독립적인 이사들을 포함한 이사들은 동일하다. 이들은 아무도 관리회사의 주식을 소유하지 않는다. 사실상 상호 소유 구조는 펀드의 이사들이 펀드 자체뿐 아니라 펀드 '그룹'(소속 펀드 전체의 일상 활동을 운영하는 비즈니스 실체)에 대해 방향과 감독을 제공하고 이에 대한 관리 책임을 진다. 진정한 상호 소유 조직에는 섬겨야 할 주인이 펀드의 주주들 하나뿐이다.

이러한 두 가지 회사 구조 사이의 근본적인 차이로 인해 회사의 전략이 크게 달라진다. 상호 소유 구조에서 조직은 오로지 소유자인 뮤추얼 펀드 주주의 필요에만 봉사하는 전략을 추구할 수밖에 없다. 이와 대조적으로 두 주인(펀드의 주주들과 관리회사의 주주들)이 있는 전통적인 종합 펀드 그룹은 각각 필요가 다른 두 집단 모두에게 봉사하는 데 초점이 맞추어진 전략을 추구한다. 논리적으로 볼 때 조직 구조가 완전히 다르면 회사 전략도 완전히 달라지게 되어 있다. 실제로 그렇게 되었다. 펀드 업계에서는 '기능은 형태를 따른다.' 이 원칙은 위대한 건축가 루이스 설리번(Louis Sullivan)의 '형태는 기능을 따른다'는 건축 원칙과 상반된다. 제한적이기는 하지만 업계의 실제 경험은 이 중요한 연결고리를 확인했다. 전략은 구조를 따른다.

두 종류의 구조를 차별화시키는 전략들을 비교하기 전에 먼저 소유권 문제, 특히 업계에 만연해 있는 관습에 일조해온 강력한 재무적 동기에 관해 보다 자세히 알아보자.

뮤추얼 펀드 구조 정립 역사

다른 행성에서 새로 이주한 투자자 입장에서 뮤추얼 펀드를 본다고 상상해 보자. 그는 혼란을 겪을 것이다. 뮤추얼 펀드는 자본주의 시장의 다른 곳에서는 거의 상상할 수 없는 제도로 운영되고 있다. 자기 돈을 펀드에 투자한 주주들은 펀드를 운영하라고 고용한 관리회사들이 그들의 수수료를 받고 써야 할 비용을 지출하고 그들의 보상을 거둬들이고 난 뒤에야 주주 자신들의 보상을 거둬들인다. 관리회사들은 상당한 자본을 리스크에 노출시키지 않고도 큰 몫의 보상을 향유한다. 펀드 주주들에게 귀속되는 보상은 오로지 펀드가 버는 순수익에 의존한다. 관리회사에게 귀속되는 보상은 주로 주주들을 위해 관리되는 자산 규모에 의존한다. 펀드의 상대적 수익률(장기적으로 시장 수익률 대비, 또는 비교 그룹 대비 어느 정도나 뛰어난지, 또는 열등한지)은 놀랍게도 자문사가 거둬들이는 보상에 거의 영향을 주지 않는다.

전통적인 펀드 구조에 대해 아무것도 모르는 은하계에서 온 관찰자에게 이 상황은 확실히 이상하게 보일 것이다. 왜 거대한 종합 펀드 그룹이 자신의 사무를 직접 관리하지 않는가? 왜 종합 펀드 그룹은 단일한 주주 구성원의 이익을 위해 봉사하는 미국의 모든 다른 기업들처럼 운영하지 않는가? (이 시스템은 완벽하지는 않지만, 상당히 잘 작동하고 있다.) 이러한 질문들은 논리로는 풀 수 없고, 역사만이 대답을 제공해 준다.

초기의 많은 뮤추얼 펀드들은 신탁의 수익자들을 위해 수탁자들이 만들었다. 그들은 소액 개인 투자 계좌의 자본들을 모아서 분산 투자와 효율성을 달성하려고 했다. 그러나 자산이 상당 수준으로 커질 일군의 펀드들을 개발, 마케팅 및 관리하는 것을 사명으로 하는 회사에 자신의 자본과 평판을 투자하는 기업가에 의해 조직된 펀드 그룹이 펀드 업계를 지배하게 되었다(그리고 오늘날 압도적으로 유행하게 되었다).

경제적 이해관계가 거대해졌다. 관리회사(처음에는 거의 모두 설립자가 전적으로 소유했다)는 점차 파트너들과 임원들의 개인 소유로 바뀌었다. 후에 1970년대와 1980년대에 가속화된 상장 경향은 종합 펀드 그룹의 운영에 관여하지 않는 완전히 새로운 투자자 집단을 낳았다. 그들의 유일한 관심은 늘어나는 펀드 매니저의 이익을 공유하는 것이었다. 1990년대 후반인 현재, 다른 회사에 팔리는 펀드 조직의 수가 증가하고 있다. 사적 소유와 대중적 소유의 초기 결합은 거대한 금융 재벌 형태로 나타나고 있다.

소유권의 현행 거래 가격 기준으로 볼 때 관리회사는 보통 관리 대상 펀드 자산 시장 가치의 4% 정도의 가치가 있다. 뮤추얼 펀드 업계의 자산이 5조 달러가 넘는 점을 감안하면, 별도의 관리회사 산업은 적어도 2,000억 달러의 가치가 있을 것이다. 이는 어느 모로 보나 놀라운 수치다. 이 가치 평가를 정당화하려면 인수 기업(또는 관리회사 업계의 기존 파트너들과 상장 주주들)은 양호한 자본 수익률(예를 들어 세후 연 12% 또는 세전 연 17%)을 전망해야 한다. 관리회사 주주들이 2,000억 달러 투자에 대해 세전 17%의 수익률을 올리기 위해서는 펀드 주주들이 펀드 관리, 마케팅, 관리 서비스 제공에 소요되는 실제 비용 외에 연 340억 달러를 더 지불해야 할 것이다. 이 구조에서는 뮤추얼 펀드 주주들에게 다음과 같은 질문들이 제기된다.

- 금융시장에서 얻을 수 있는 투자 수익이 펀드 투자자에서 펀드 매니저에게 전용되는 점에 비추어 볼 때 이러한 전통적인 펀드 구조가 만연해야 하는가?
- 이 구조를 지지하는 자문 수수료의 설정은 적절하고 공정한가?
- 펀드의 거버넌스는 펀드 주주들과 관리회사 주주들의 이익 사이의 외관상의 불균형에 대응할 것인가? 아니면 수용할 만한 형태의 상호 소유 구조가 출현할 것인가?

　　펀드 업계는 지난 10년 동안 초기의 문제들을 무시했다. 현상은 계속적으로 지지되었고, 전통적인 외부 매니저 펀드 구조가 그대로 유지되었다. 뱅가드처럼 진정한 상호 소유 구조로 운영하는 방식에 동참하는 회사는 한 곳도 없었다. (15장과 18장에서 언급한 것처럼) 자문 수수료 책정 프로세스가 미국 대법원에 의해 도전을 받고 있기는 하지만 나의 판단에는 수수료가 (아직까지는) 펀드 투자자들에게 적절하지 않고 불공평한 현재의 방식을 유지하고 있다. 그리고 SEC가 펀드의 이사들에게 보다 많은 것을 요구하는 약간의 개선을 시행했음에도 펀드의 거버넌스는 개선에 대한 필요에 그다지 반응을 보이지 않고 있다.

　　펀드 업계처럼 거대하게 성장한 산업에서 개혁에 대한 그러한 저항이 계속되고 있다는 것은 통탄할 일이다. 10년 전에 5조 달러 규모이던 펀드 산업은 2007년에는 12조 달러로 성장했다가, 최근의 주식시장 붕괴에 따라 2009년에는 9.7조 달러로 줄어들었다. 그러나 펀드 수수료와 비용은 아마도 최소한 10년 전의 350억 달러 수준의 2배로 증가했을 것이다.

　　실은 구조적 문제가 악화되었다고 말할 수 있다. 거대 금융 그룹에 의한 펀드 매니저 소유 추세가 계속되었다. 이 회사들이 현재 40대 펀드 관리회사 중 21개를 소유 및 통제하고 있으며, 다른 13개는 상장되어서 주로 일반 주주들이 소유하고 있다. 6개 회사들만 주식이 공개되지 않았다. "아무도 두 주인을 섬길 수 없다"가 수임 (fiduciary)의 기준이라면 일반 대중의 펀드 관리회사 소유가 어떻게 정당화될 수 있는가?

전략은 구조를 따른다

내가 보기에는 위의 질문들에 대한 답은 어떤 기업 전략이 장기적으로 펀드 주주들의 이익에 가장 도움이 되는지에 의존해야 한다. 두 종류의 소유자들의 상충하는 이익에 봉사하도록 설계된 전통적인 펀드 산업 구조와 펀드 소유자들의 이익에만 봉사하도록 설계된, 상호 소유하고 내부적으로 관리하는 구조 사이의 차이에 의해 전략상의 현저한 차이가 생겨날 것이다. 전략상의 이러한 많은 차이들은 〈표 19-2〉에 예시된 것처럼 오늘날 유일한 상호 소유 구조의 예에서 실제로 존재한다. 서비스 전략의 예외를 제외하면 차이점들은 극명하다.

〈표 19-2〉 뮤추얼 펀드의 전략과 구조

전략	상호 소유 구조	일반적 구조
이익	높음(주주에게)	매우 높음(펀드관리회사에게)
가격 결정	적정 수준	부과할 수 있는 만큼
서비스	탁월	탁월
위험 관리	위험 불허	위험 감수
상품	합리적	유행을 쫓아감
인덱스 투자	열정적으로 추구함	아주 질색임
마케팅	보수적	공격적

이익 전략

외부적으로 소유되는 최상의 펀드 관리회사가 펀드의 주주들을 위해 가능한 가장 높은 수익률(자신들의 수수료 공제 전)을 올리기 위해 애쓴다는 데에는 의문이 없다. 그들이 자신의 이익도 최대화하기 위해 애쓴다는 데에도 의문이 없다. (펀드의 이익과는 구별되는) 회사 이익 최대화 지향은 필수적이다. 이러한 조직들은 자신의 주주들에 대한 수임인 의무를 지고 있다. 그 주주들도 다른 조직의 자본 투자자들처럼 자신들의 투자에 대한 높은 수익률을 얻기를 기대한다. 이 조직들은 자신들이 관리하는 뮤추얼 펀드의 주주들(투자자들)로부터 자신들의 비용을 충분히 보상할 수

608

있는 수수료를 받기를 기대하며, 실제로 그러한 수준의 수수료를 받는다. 자신들의 수수료가 다른 비교 대상 펀드들의 수수료에 비해 낮아 보일 경우 그들은 펀드 이사들로부터 수수료 인상을 승인해 달라고 요청하며 (대개 그렇게 승인 받는다) 펀드 주주들은 이에 대해 재가한다. 심지어 주식시장의 활황으로 펀드 관리회사의 이익은 3년 전에는 꿈도 꾸지 못했을 수준으로 늘어났음에도 수수료율은 전혀 인하되지 않았다. 이처럼 펀드 주주들이 수임인(펀드 관리회사)에게 맡긴 자산이 펀드 관리회사 주주들 중에서 수십 명의 억만장자가 나오게 하는 기초가 되었다는 사실 자체에는 잘못된 점이 없을 것이다. 사실 이는 (청지기 정신과는 별개의) 자본주의 작동 방식으로 인정된다. 그러나 지당하지만 더 나은 방법이 있을 수도 있다.

상호 소유 조직 역시 펀드 주주들에게 가능한 최고 수익률을 벌어 주기 위해 노력한다. 이상적으로는 이러한 조직은 이익이 실제로 펀드의 주주들에게 되돌려지도록 짜여졌다. 소위 이러한 이익은 상호 소유 조직이 펀드 운영에 실제로 소요된 비용과 이 조직이 별도의 펀드 관리회사로 조직되었더라면 받았을 (업계 평균 수준의) 수입 사이의 차이에 해당한다. 상호 소유 조직에서의 추가적인 비용 절감액은 뮤추얼 펀드 주주들의 추가적인 이익이 될 것이다. 그것은 아주 명백하다. 그래서 상호 소유 조직의 유일한 지향점(펀드 주주들의 수익률 향상)과 뮤추얼 펀드 업계의 이중 지향점(펀드 주주들과 관리회사 주주들 모두의 수익률 향상)은 서로 대조된다.

〈표 19-2〉는 펀드 투자자들을 위한 '높은' 이익 지향과 펀드 매니저를 위한 '매우 높은' 이익 지향을 구별한다. 이는 단지 다른 사람(펀드 주주들)을 위해 돈을 벌려는 동인은 펀드 관리회사에 대한 소유권 참가를 통해 자신을 위해 돈을 벌려는 동인만큼 강력하지 못할 것이라는 직관적인 개념을 반영할 뿐이다. 애덤 스미스(Adam Smith)는 '보이지 않는 손'이라는 개념을 설명하면서 개별 사업가는 "일반적으로 공공의 이익을 증

진하려 하지도 않으며, 자신이 공익을 얼마나 증진시키는지도 모른다"
라고 결론지었다. 그러므로 애덤 스미스는 "우리가 식사를 기대하는 것
은 정육업자, 제과업자, 또는 양조업자의 호의에서 나오는 것이 아니라
그들 자신의 이익, 자아 사랑으로부터 나온다"라고 주장했다. 전통적인
뮤추얼 펀드 산업에서도 마찬가지다. 우리는 펀드 관리회사가 공공의 이
익을 위해 운영되기를 기대할 수 없다. 우리는 펀드 관리회사가 그들의
이익은 펀드 주주들의 이익의 희생 하에 옴에도 자신의 이익을 극대화하
기 위해 다른 사람들의 돈을 투자하는 비즈니스에 종사하고 있다는 사실
을 깨달아야 한다.

가격 책정 전략

(외부적으로 관리되는) 전통적인 종합 펀드 그룹의 가격 책정 전략은 나쁘
게 말하자면 현재 상황이 허용하는 만큼 부과하는 것이다. 아마도 이러
한 전략은 강력한 강세장 동안 펀드의 비용을 공제한 이후에도 아주 후
한 절대 수익률을 제공했던 뮤추얼 펀드에 대한 대중의 무비판적인 수용
에 기인했을 것이다. 아니면 비용이 수익률 형성에 어떤 영향을 주는지
에 대한 대중의 무지에서 비롯되었을 수도 있다. 1940년대의 보다 차분
한 투자 환경에서는 시장에서 통용되는 연간 경비율이 자산의 약 0.75%
였다는 사실이 우연이 아닐 수도 있다. 오늘날의 풍요로운 환경에서는
그보다 2배의 부담이 통용되고 있다. 즉, 주식형 펀드들의 경비율은 평
균 1.5%가 넘는다. 뮤추얼 펀드 업계 종사자들은 창의력을 발휘해서 판
매 비용과 마케팅 비용을 지불하기 위한 일련의 부수적 수수료를 정당화
해 왔다. 모든 뮤추얼 펀드(채권형 펀드와 MMF 포함) 주주들이 지불한 업계
전체의 평균 경비율은 현재 1.2%에 도달하고 있으며 계속 오르고 있다.
외부적으로 운영되는 종합 펀드 그룹 사이의 경쟁 구조 속에서, 가격은
펀드 주주들이 버는 수익률을 해치지 않는 것으로 인식되면서 펀드 매니

저들에게는 최고의 자본 수익률을 안겨줄 최대 수준을 추구하는 경쟁자들에 의해 정해진다. 그 결과 투자자들이 지불하는 가격이 높아진다.

자문사들은, 흔히 펀드 주주들에게는 거의 보이지 않는 소폭의 수수료 인상이 관리회사 이익에는 천문학적인 영향을 준다는 사실을 오랫동안 인식해 왔다. 250억 달러 규모의 주식형 펀드 그룹에 대해 자문사가 자문 수수료를 인상해서 (또는 판매 수수료를 추가해서) 펀드 경비율을 0.80%에서 1.00%로 올린다 해도, 대부분의 주주들은 이를 알아차리지 못하고 법률에서 요구하는 주주 총회에서 수수료 인상 요청안을 승인해 줄 것이다. 이때 펀드 비용들은 여전히 평균을 상당히 밑도는 수준으로 유지될 것이다. 그러나 자문사의 수수료는 0.20% 포인트, 즉 5천만 달러가 늘어날 것이다. 자문사의 한계 비용이 증가하지 않는다고 가정할 때, 이 수수료 수입 증가분의 100%가 자문사의 세전 이익이 될 것이다. 수수료를 인상시키면 자문사의 이익은 더 크게 증가한다. 대중이 자신이 부담하는 비용에 대해 그다지 신경을 쓰지 않게 되면, 펀드 주주들에게 불리하게 작용하더라도 이는 당연한 결과다.

회사 구조상의 차이로 인해, 상호 소유 구조를 갖춘 회사는 일반 펀드 관리회사에서 상황이 허락하는 만큼 받는 수준보다 훨씬 낮은 비용으로 펀드를 제공한다. 기록상으로도 업계의 유일한 상호 소유 조직에 의해 관리되는 펀드들은 업계에서 가장 낮은 비용을 부담한다. 운영, 자문, 판매비용을 합한 총비용은 평균적으로 자산의 연 0.30% 아래인데, 이는 업계 평균 1.20%보다 0.90% 포인트 이상 낮은 수치다. 보다 작은 상호 소유 구조의 종합 펀드 그룹은 가령 0.50%의 경비율을 보인다고 가정하더라도, 연 0.70%의 비용 절감 이익이 생길 것이고 주주들에 대한 비용 절감액은 자산 100억 달러당 7천만 달러가 될 것이다. 뮤추얼 펀드 사업은 매우 수익성이 좋은 사업이다. 펀드 매니저들에게 말이다.

뮤추얼 펀드에 투자할 때 소요되는 비용에 관해서는 견해가 크게 갈린다. 그러나 이 책에서 계속 설명한 것처럼 비용은 중요하다. 자산의 질이 일정하게 유지되는 MMF에서는 비용 차이가 투자자에게 귀속되는 순이익률 차이의 거의 100%를 차지한다. 자산의 질과 만기가 일정하게 유지되는 채권형 펀드에서는 비용 차이가 수익률 차이의 약 80%를 설명할 수 있다. MMF와 채권형 펀드에서는 비용과 수익률 사이의 직접적인 연결 관계가 명확하기 때문에, 지난 20년 동안 이들의 출현과 부상은 업계의 가격 책정에 대해 심각한 의문을 제기하며 향후 투자자, 펀드 판매자, 그리고 규제 당국들에게 상투적인 '상황이 허락하는 수준' 기준에 대해 도전하도록 유발할 수도 있을 것이다.

주식시장의 수익률이 밋밋해지면, 주식형 펀드 투자자들도 보다 잘 개발된 기준을 요구할 가능성이 있다. 주식 수익률이 보다 일반적인 수준인 10%라 가정하고, 여기에서 인플레이션과 세금을 조정하면, 펀드 비용을 제공하기 전의 연 수익률은 5%에 지나지 않을 것이다. 특정 주식형 펀드의 총비용이 가령 연 2.5%라고 하면, 비용이 (믿거나 말거나) 실질 세후 수익률의 50%를 소비할 것이다. 가령 연 0.2%의 경비율을 보이는 저비용 펀드에서는 수익률의 5% 미만을 소비할 것이다. 실질 수익률(명목 수익률에서 인플레이션을 차감한)이 투자자가 소비할 수 있는 수익률인 반면에, 투자자들이 과도한 비용을 통해 지불하는 불이익을 초래하는 데 고려되어야 하는 비용은 명목 비용이라는 점을 결코 잊지 마라. 당신이 투자에서 10%의 수익률을 얻든, 5%의 수익률을 얻든, 또 그것이 명목 수익률로 측정되든 실질 수익률로 측정되든, 내가 제시한 범위를 사용하면 당신의 비용은 2.5%나 0.20%일 것이다. 현명한 투자자라면 투자에서 과도한 비용에 따른 불이익(미래의 잠재 수익률을 고려하고, 여기에서 세금과 물가 상승률을 조정하면)이 엄청나게 클 수 있다는 점을 인식해야 한다.

서비스 전략

뮤추얼 펀드 업계는 고객의 기대를 충족시킬 뿐만 아니라 그 기대를 능가하기 위해 노력하기 때문에 서비스의 탁월함은 필수품이 되고 있다. '더 나은' 뮤추얼 펀드 투자자 서비스 제공자와 '더 못한' 서비스 제공자가 있는가? 물론이다. 그러나 이들 사이의 차이는 급격히 줄어들고 있으며, (조직 형태가 어떻든) 높은 기준을 충족하지 못하는 회사들은 화를 당할 것이다.

서비스 전략에서는 두 형태의 펀드 조직들 사이에 대조되는 점이 거의 없다. 전통적인 구조 하에서는 자문사들이 계몽된 자기 이익 측면에서 펀드의 주주들에게 봉사하고자 한다. 결국 최소한 단기적으로는, 투자자들은 비용과 비용이 수익률에 미치는 영향보다는 서비스에 대해서 자신이 만족(또는 불만족)하는지 여부를 훨씬 더 잘 인식하는 경향이 있다. 만족한 주주들은 주식을 환매하지 않는다. 사실 요즘처럼 금융시장의 호황기에는 만족한 주주들은 차츰 투자를 늘리고, 같은 펀드 그룹에서 제공되는 다른 펀드에도 투자할 가능성이 있다. 펀드 매니저들에게 있어서, 만족한 뮤추얼 펀드 주주들은 자금줄이라 할 수 있다.

그럼에도 상호 소유 조직은 서비스의 탁월함에 더 전념할 수 있는 내재적인 이점이 있다. 상호 소유 구조 하에서는 서비스가 다소 다른데, 이 구조에서 주주들은 펀드 주식 소유를 통해 펀드 관리회사의 주식도 소유한다. 대부분의 조직들은 '고객들을 자신의 소유자로 대하라' 는 신조를 존중한다. 상호 소유 조직은 정확히 '그들이 우리의 소유주이기 때문이다' 라는 구절을 덧붙일 수 있다. 그것은 고객에게 서비스를 제공하는 펀드의 자세에 중요한 차이가 될 수도 있다. 게다가 상호 소유 구조 뮤추얼 펀드 조직은 매우 낮은 비용으로 운영되기 때문에 서비스 상의 우위를 점할 수 있는 위치에 있다. 이 펀드는 서비스에 소요되는 지출을 조금만 늘려도 커다란 비용 상의 우위를 크게 훼손하지 않으면서도 투자자들에게 큰 편의를 제공할 수 있다. 반면에 전통적인 펀드 그룹의 매니저는 적어도 단기적으로는 비용이 펀드 매니저의 이익을 줄이기 때문에 서비스에 더 많이 지출하는 것에 대해 모호한 태도를 취할 수도 있다.

리스크 관리 전략

전통적으로 운영되는 주식형 펀드의 리스크 관리 전략은 상대적인 무관심이라고 표현하면 가장 좋을 것이다. '상대적'이라고 한 것은 다양한 범주에 속한 펀드들(대형 성장주, 소형 가치주 등)은 일반적으로 해당 범주에 적절한 리스크를 보유할 것으로 기대되기 때문이다. 주식형 펀드 분야에서 리스크는 이해하기 어려운 개념이며, 단기 가격 변동성을 리스크 척도로 사용하고 있다. 변동성은 쉽게 계량화할 수는 있지만 리스크에 대한 조잡한 대용물일 뿐이다. 그러나 일반적으로 투자자들은 리스크란 펀드의 가격 변동성(어떻게 측정되든)이 대략 모닝스타의 삼목 게임 박스와 같이 수평축에 가치주, 혼성주, 성장주 스타일을 두고 종축에 대형주, 중형주, 소형주를 둔 펀드 유형 분류 예시처럼 비교 가능한 투자 속성을 가진 경쟁 펀드들의 가격 변동성 범위 내에 드는 것과 큰 관련이 있다고 생각하는 것으로 보인다. 물론 실제 리스크는 주식시장이 급락할 때 오지만, 과거 데이터에 따르면 9개 스타일 유형의 펀드들의 하락폭은 과거 경험과 유사한 경향이 있음을 시사한다. 예를 들어 대형 가치주 펀드는 대개 하락폭이 상대적으로 가장 작으며, 소형 성장주 펀드는 하락폭이 가장 크다.

그러나 채권형 펀드와 MMF를 보면 전통적으로 운영되는 많은 펀드들은 상당한 리스크 감내도(risk tolerance)를 보여 왔다. 투자자들의 정기적 소득(income) 지향 펀드 선택에 영향을 주는 주요 차별 요인 중 하나가 이율(yield)인데, 펀드의 순 이율은 주로 총 이율과 비용 사이의 관계에 의해 결정된다. 순 이율과 비용 사이에는 직접적인 일대일 상쇄관계가 있다. 장기적으로 볼 때 이율은 고정 수입형 펀드의 총수익률의 지배적인 구성 요소다. 그리고 순 이율의 차이가 주로 장기 수익률의 차이를 결정한다. 경비율이 높은 펀드의 자문사들은 이율에 경쟁력이 없어서 (시장이 이를 안다고 가정할 때) 펀드 자산 규모가 그리 커지지 않을 것이고, 거기서 높은 수수료를 받는데 만족해야 한다. 아니면 저비용 경쟁 펀드들에 비하여 자산의 질이 더 낮은 포트폴리오나 만기가 더 긴 포트폴리오들의 조합을 받아들여 리스크를 늘릴 수 있으며, 그렇게 함으로써 순 이율을 시장 평균으로 끌어올릴 수 있다.

채권형 펀드의 포트폴리오 통계 수치들은 자산의 질과 만기가 상당한 정도로 혼합되고 있음을 보여준다. 비용이 높은 채권형 펀드들은 질이 낮은 포트폴리오를 유지하는 경향이 있다(7장을 보라). 때로는 놀랍게 보일 수도 있지만 그러한 결합이 수익률을 향상시킬 수도 있지만(예를 들어 호황과 이자율 하락 환경 하에서) 장기적으로는 이러한 결합은 거의 확실히 수익률을 하락시킨다. 높은 비용은 그 자체로 금융시장이 낮은 등급이나 만기가 긴 채권들에 부여하는 리스크 프리미엄의 대부분(심지어 모두)을 앗아가 버릴 수도 있다.

그러나 단기 자금 시장에서는 미국 증권거래위원회가 정한 엄격한 자산 질과 만기 규정 때문에 리스크를 증가시킬 여지가 거의 없다. 더구나 관리회사들은 자신들의 '평판 리스크'에 대해 신경을 써야 한다. 만약 특정 펀드의 순자산 가치가 보편적으로 기대되는(보험에 가입했거나 보장되지는 않지만) 주당 1.00달러에서 주당 0.99달러로 떨어진다면, 이 펀드는 사실상 MMF 사업에서 철수해야 할 것이다. 그 펀드 매니저에게는 낙인이 찍히고, 그 회사가 관리하는 채권형 펀드와 주식형 펀드의 평판 또한 손상될 것이다. 그래서 주요 펀드 매니저의 MMF 주당 가치 1.00달러가 위태롭게 되는 경우는 한 번도 없었다. MMF가 (종종 높은 수수료를 보상하기 위해) 너무 높은 리스크 수준에 도달하고 그 결과 이러한 이슈에 직면하게 되면, 관리회사가 개입해서 의문스러운 단기 자금 투자 상품을 액면가로 사들여 해당 펀드를 구제해 왔다.

반면에 상호 소유 뮤추얼 펀드 조직의 리스크 관리 전략은 리스크 불관용(risk intolerance)이라고 할 수 있다. 만약 경쟁력 있는 저비용을 통해 펀드가 이미 높은 이율을 제공하고 있다면, 채권형 펀드나 MMF에서 더 높은 이율을 달성하는 것이 무슨 필요가 있는가? 전통적인 펀드들은 가능한 최고의 리스크를 추구하려는 유혹에 사실상 저항할 수 없다 해도, 상호 소유 구조에서 운영되는 펀드들, 특히 질을 유지하고 만기 변동을 제약하는 펀드들은 그 유혹에 저항할 수 있다. 자산 건전성을 유지하고 만기 변동을 억제하는 펀드들은 특히 그렇게 할 수 있다. 펀드들 간의 이율이 동일하다면(그런 경향이 있다) 어느 현명한 투자자가 잘 운영되는 저비용 AAA등급의 중기 지방 정부 보증 채권 펀드를 버리고, A등급의 중기 펀드나 AAA등급의 장기 보증 채권 펀드를 선호하겠는가? 확실히 상식적인 투자자는 AAA등급의 중기 채권을 선택할 것이다. 거의 보편적으로 받아들여지는 격언인 "공짜 점심은 없다"라는 말과는 달리, 뮤추얼 펀드 세계에는 '공짜 점심'이 있다. 높은 보상이 반드시 더 높은 리스크를 수반하는 것은 아니다. 리스크가 일정하게 유지되면서도 더 낮은 비용으로 더 높은 수익률을 달성할 수 있다.

10년 후 | 리스크 관리 전략

내가 10년 전에 우려했던 내용은 우려할 가치가 있었음이 입증되었다. 펀드 업계에서 진정으로 상호 소유 구조를 지닌 유일한 뮤추얼 펀드 제공자는 (이곳에서는 비용도 저렴함) 내가 묘사했던 것처럼 자신이 관리하는 뮤추얼 펀드 포트폴리오에서 리스크 수용도가 매우 낮았던 반면, 많은 고비용 펀드들(특히 채권 펀드와 단기 자금 시장 펀드)은 내가 예상했던 것처럼 리스크 수용도가 매우 높았다. 왜 그런가? 왜냐하면 고비용 확정 수익 펀드의 관리자들이 경쟁력 있는 수익률을 제공하는 현실적인 방법은 다음과 같은 2가지 밖에 없기 때문이다. (1) 순수익률을 올리기 위해 수수료를 낮춘다. (2) 총수익률을 올리기 위해 리스크를 늘린다.

나는 채권형 펀드에서 '장기적으로는 (불량 채권 포트폴리오는) 확실히 수익률을 떨어뜨릴 것'이라고 경고했다. 2008년에 그렇게 되었는데, 185개 지방채 펀드 중 2개만 벤치마크 수익률을 앞질렀고, 26개는 가치가 −10%에서 −32%까지 떨어졌다. 채권 인덱스는 2008년에 5% 올랐지만, 1,025개 과세 대상 펀드(회사채 또는 정부채) 중에서 (절반이 넘는) 633개는 가치가 하락했다(79%까지 하락한 펀드도 있다). 사실은 광범한 채권시장 지수를 상회한 펀드 수(182개)보다 손실률이 20%가 넘는 펀드 수(186개)가 더 많았다.

어느 저명한 확정 수익 매니저의 폐쇄형 채권 펀드 주주들의 수익률은 더 암울했다. 이 매니저가 관리했던 100개의 폐쇄형 펀드들 중 2008년에 가치가 상승한 펀드는 2개에 불과했다. 100개 펀드 중 47개는 그 해에 20%가 넘는 손실을 기록했는데, 그 중 25개 펀드는 33%가 넘는 손실을 기록했다.

내 기억으로는 단기 자금 시장 펀드들 중에서는 처음 사용된 용어인 '의문스러운 단기 자금 시장 투자'가 어느 거대한 펀드의 순 자산 가치를 주당 1달러 밑으로 떨어뜨렸다. 그런데 해당 매니저는 주주들에게 1달러로 환매해 줄 수 있는 자원조차 없어서 이 펀드의 주식 가치가 0.97달러로 떨어지는 것을 막지 못했으며, 이로 인해 환매 사태가 일어났다. 그래서 낙인이 찍힌 이 펀드는 문을 닫게 되었다. 이 펀드의 매니저에게 유사한 운명이 기다리고 있지 않다고 상상하기는 어렵다.

상품 전략

나는 뮤추얼 펀드(신중한 수탁자 책무 하에서의 분산된 투자 포트폴리오를 나타낸다)를 '상품'이라는 말로 묘사하는 것을 싫어하지만 오늘날 펀드 업계는 규율된 투자 특성보다는 투자 대중에게 매력적으로 인식되도록 설계되는 신상품 개발에 몰두하고 있다. '인기 신상품'(펀드 마케터들에게는 인기가 있는지 모르겠으나, 더 불쾌한 용어다)은 추가적인 자산, 따라서 추가적인 수수료와 그들의 스폰서(펀드 관리회사)에게 더 큰 이익을 더 잘 끌어다 줄 수 있는, 현재 벌어지고 있는 게임의 이름이다.

현재 환경에서 전통적인 뮤추얼 펀드 관리회사는 거의 모두 상품 개발 시류에 편승해야 할 의무가 있는 것 같다. 신흥 시장이 인기가 있다면, 재빨리 신흥 시장 펀드 상품을 설정하는 식으로 말이다. 관리 대상 자산 축적이 투자 자문회사 소유자들의 중요한 목표일 때에는, 장기적인 장점이 내재되어 있느냐 여부에 상관없이 대중이 요구하는 듯이 보이는 펀드 설정을 저지할 유인이 별로 없다.

뮤추얼 펀드 업계는 과거의 호된 경험들로부터 새로운 개념에 대한 대중의 수요가 가장 높은 순간이 풍선이 최대한으로 부푼 순간과 일치하는 경향이 강하다는 점을 배웠다. 우리는 특정 개념을 팔기에 가장 좋은 시기는 그것을 사기에는 가장 나쁜 시기라는 것을 배워왔다. '가장 많은 금액으로 가장 먼저' 하면 '가장 많은 금액에 대해 가장 잘못' 될 수도 있다. 펀드 주주들이 그 결과를 지불한다. 확실히 그것은 모두 16장에서 나왔던 정부채플러스 펀드, 변동 이율 모기지 펀드, 그리고 단기 글로벌 인컴 펀드의 경험에서 목격한 것처럼 흔히 벌어지는 일들이다.

반면에 상호 소유 조직은 소위 신상품 개발 경쟁에 뛰어들 특별한 필요가 없다. 이러한 조직은 돈을 최대로 끌어들일 필요가 없다. 상호 소유 조직의 비즈니스는 주주들의 수익률 향상에 중대한 기여를 하지 못하는 유행성 신사업을 벌이는 게 아니라 소유주들에게 최적의 순수익률을 벌어주는 것이다. 특정 투자 아이디어가 건전하고 합리적이라면, 그 아이디어가 일시적으로는 시장의 변덕에 의해 과대평가된다 하더라도, 궁극적으로 해당 펀드 패밀리의 유용한 구성원이 될 것이다. 왜냐하면 어딘가에는 투자를 해야 하는 그룹 내 다른 펀드들의 주주에게 매력적인 저비용 옵션을 제공하기 때문이다. 그러나 때가 되면 이 뮤추얼 펀드 조직은 마케팅 기회가 아닌 투자의 장점에 근거하여 그 진입 시점을 선택하는 여유를 부릴 수 있다.

진정한 상호 소유 펀드 그룹이 전통적 의미에서의 자신의 이익을 극대화시키지 않는다면 즉, 펀드 매니저를 위한 기업 수익을 추구하지 않는다면, 유행이 성행하고 상식이 사라질 때 뮤추얼 펀드 시장의 경쟁에서 벗어나 있을 수 있다. 단지 '다른 사람이 모두 그렇게 하고 있고' 업계가 신상품으로 큰 이익을 내고 있다는 것만으로는 상호 소유 조직이 시류를 따라갈 만한 이유가 되지 않는다. 상호 소유 구조는 시장의 압력으로부터 상대적으로 면역이 되어 있다는 점에 비추어 볼 때 '아니라고 말하라' 라는 규율을 행사할 수 있어서 상품 전략에서 소위 신중한 주의를 증진할 것이다.

인덱스 투자 전략

거의 대부분의 뮤추얼 펀드들은 적극적으로 관리되는 투자 포트폴리오들이다. 그러나 소극적으로 관리되는 인덱스 포트폴리오들은 이제 투자자들로부터 한정된 수(300개당 1개)를 넘어서는 광범위한 인정을 받고 있다. 인덱스 펀드의 성공 비밀은 연금술이 아니다. 그것은 인덱스 펀드가 극히 낮은 비용으로 극히 광범위한 분산 투자를 제공할 수 있는 능력 때문이다. (최근에는 S&P 500 지수를 기초로 한 인덱스 펀드의 놀라운 실적 우위의 지원을 받기도 했지만 말이다.) 자신의 높은 이익을 지향하고, 높은 가격 전략을 채택하는 펀드 관리회사들이 저비용 인덱스 펀드들만 스폰서한다면, 자기 회사 주주들에게 상당한 가치를 창출할 사명을 완수하지 못하리라는 것은 자명하다. 대신 많은 회사들은 인덱스 투자의 성공을 일축하기 위해 뒤틀린 주장을 만들어 내고 투자자들에게 계속 적극적으로 관리되는 고비용 펀드에 초점을 맞추도록 노력한다.

그럼에도 인덱스 펀드(특히 기관의 401(k) 저축 및 퇴직 연금의 완전히 다른 형태의 신 '상품')의 유의미한 성장은 전통적인 매니저들에게 이 분야에 진입하도록 상당한 압력을 형성했다. 그들은 적극적으로 관리되는 고비용 펀드와 같은 지붕 아래에서 저비용 인덱스 펀드를 제공하는 것은 용어상의 모순이라는 데에는 신경 쓰지 않는다. 그러나 퇴직 연금 고객들에게 인덱스 펀드를 제공하지 않을 경우 그들이 자랑하는 업계 내 시장 점유율이 떨어질까 두려워서, 전통적인 펀드 매니저들은 이처럼 보다 정교한 시장에서 통용되는 수준까지 비용을 낮추기 위해 일시적으로 경비를 보조하면서 마지못해 인덱스 투자 포트폴리오를 제공하기 시작했다. 이 회사들은 이 특별한 신상품이 장기적으로는 실패할 운명에 있으면서 단기적으로 유행하기를 바랄 것이다. 그렇지 않을 경우 인덱스 펀드는 펀드 관리회사 자신의 주주들이 버는 장기 수익률을 심각하게 위협할 것이다.

그들에게 좋은 소식과 나쁜 소식이 있다. 좋은 소식은 S&P 500 지수를 모델로 한 인덱스 펀드의 성과가 좀처럼 최근 몇 년처럼 강력하지 않을 것이라는 점이다. 사실 S&P 500 지수의 주력을 차지하는 초대형 주식들이 매우 양호한 실적을 보인 뒤, 현재는 중형주와 소형주가 시장을 주도하고 있기 때문에 S&P 500 지수는 당분간 시장 수익률에도 뒤질 것이다. 나쁜 소식은 인덱스 펀드가 적극적으로 관리되는 비교 대상 펀드보다 우월한 장기 수익률을 제공하게 되어 있으며, 적극적으로 관리되는 펀드들의 3/4보다 우수한 성과를 보일 것이라는 점이다. 기초 수학, 업계의 현재 비용 구조, 그리고 역사의 교훈 모두 이러한 결과가 거의 불가피함을 보여준다.

상호 소유 조직은 인덱스 펀드에 대한 논리적인 후원자다. 그런 조직은 인덱스 펀드를 제공하고 싶지 않아도 이를 제공할 수밖에 없다. 저비용은 상호 소유 구조의 필요 수단이다. 인덱스 투자는 펀드 업계에는 손실로 이끄는 리더일 수도 있지만, 투자자들에게는 확실히 이득으로 이끄는 리더다. 기관 투자자 시장이 펀드 관리회사 조직을 억지로 인덱스 투자로 끌어 들이고 있는 반면, 상호 소유 조직은 선교사와 같은 열정을 가지고 인덱스 투자에 접근한다. 투자자들은 인덱스 펀드 자체를 요구할 뿐만 아니라(투자자들이 인덱스 펀드를 요구한다는 증거는 압도적이다) 궁극적으로 판매 수수료를 부과하는 인덱스 펀드와 운영 비용이 높은 인덱스 펀드를 기피하기 때문에, 인덱스 투자는 펀드 관리회사들의 수익성을 크게 떨어뜨리게 되어 있다. 인덱스 투자의 길을 가기로 결심한 투자자들이 상식만 있다면, 최소의 비용으로 판매 보수 없이 제공되는 인덱스 펀드(이런 펀드는 상호 소유 조직에 의해서 제공되는 펀드일 가능성이 높다)를 선택할 것이다.

10년 후 — 상품 전략과 인덱스 투자 전략

내가 초판에서 '인기 신상품'에 대해 그렇게 경고했음에도 불구하고 펀드 업계는 대체로 이 경고를 무시했다. 지난 10년 동안 많은 신상품들이 개발되었는데, 그중에는 매우 복잡한 상품들도 있었다. 현재 시장 중립적 (헤지) 펀드, 투자자의 원금을 사용해서 퇴직 '소득'을 제공하고자 하는 펀드, 단기 정부채 수익률에 비해 1%/3%/5%/7%(투자자가 선택할 수 있다) 높은 수익률을 약속하는 '절대 수익' 펀드, 주식시장 하락에 돈을 걸 수 있게 해주는 펀드, 당신의 예측이 옳거나 시장이 상승하면 두 배 또는 세 배의 수익을 올리도록 제안하는 레버리지 펀드, 작은 시장 부문에 집중하는 펀드들이 나와 있다. 확실히 새 천년의 처음 10년 동안 펀드 주주들의 이익이 아니라 펀드 마케터들의 이익에 봉사하는 것으로 보이는 '상품 개발'이 봇물을 이루었다.

대부분의 펀드 신상품들은 인덱스 펀드였기 때문에 (역설 중에서도 역설이다!) 나는 이 개정판에 인덱스 투자 전략을 상품 전략과 나란히 두었다. 10년 전 인덱스 투자는 예를 들어 S&P 500 지수나 전체 주식 시장(또는 전체 채권시장)에 집중하면서 매우 낮은 비용으로 광범하게 분산 투자하는 펀드들에 의해 주도되었다. 그러나 이러한 고전적인 인덱스 펀드들은 인덱스 투자 원칙을 사용하는 '인기 신상품'(아마도 사상 가장 인기 있는 상품일 것이다)인 상장지수펀드(ETF)의 보조역을 했다. 실상은 1999년 이후 5,460억 달러의 인덱스 펀드 자산 성장의 3/4 이상이 ETF에서 왔으며, 23%만 고전적인 인덱스 펀드에서 왔다.

이러한 전개가 ETF 매니저들에게는 신나는 일이었지만 내가 5장에서 언급한 것처럼 이 신상품들이 투자자들에게는 초라한 성적을 가져다주었음이 분명하다. 이색적인 펀드들이 포함된 이 펀드들의 대다수는 투자가 아니라 투기를 위해 사용된 듯한데, 이 사실은 펀드 자체의 수익률과 ETF 투자자들의 수익률 평균 사이의 커다란 차이로 미루어 알 수 있다.

결론은 다음과 같다. (1) 대부분의 ETF 구성이 아무리 건전하다 해도 투자자들은 일반적으로 ETF 투자에서 수익률을 까먹었다. (2) 지난 10년간 대부분의 이색 펀드는 ETF 분야에서 만들어졌는데 이들의 실적은 신통치 않았다. 이 펀드를 만든 사람들은 이처럼 초라한 수익률은 펀드의 잘못이 아니라 투자자들의 잘못이라고 주장한다. 그러나 나는 진정한 수임인은 리스크가 매우 큰 상품들과 투자자들의 최악의 행동 습성을 악용하는 상품들을 만들지 않아야 한다고 믿는다.

마케팅 전략

뮤추얼 펀드 산업 성장에 따른 재무적 혜택이 주로 펀드의 주주들이 아니라 펀드 관리회사에 귀속된다면 별도의 주주를 둔 펀드 관리회사들은 공격적인 자산 모집인들에 불과하게 된다. 이 업계에서 가장 큰 종합 펀드 그룹은 대중매체 광고에만 연 1억 달러를 쏟아 붓고 있다. 이전 시기에는 이 업계의 재미없는 광고는 신문 경제면의 뮤추얼 펀드 수익률을 기록하는 활자에 가려서 잘 보이지도 않았다. 오늘날에는 TV 주요 시간대에 펀드가 광고된다. 과거 실적을 과장하는 록음악 비디오, 멜로드라마 요소를 갖춘 20초짜리 단막극이 상영된다. 이러한 접근법을 취하면 궁극적으로 투자자들의 높아진 기대가 충족되지 않음에 따른 불만족을 야기할 가능성이 높다.

이처럼 강력한 마케팅은 오도할 뿐만 아니라 펀드 주주들이 실현하는 투자 결과에도 해로운 영향을 줄 수 있다. 마케팅과 판매는 비용이 매우 많이 들어가는 기능이지만 그 부담은 펀드 판촉 회사가 아니라 펀드 주주들이 부담한다. 시장 점유율과 펀드 관리회사의 더 막대한 이익을 추구하기 위해 업계는 "돈은 신경쓰지 말라"라는 주문을 외워대는 것으로 보인다. 관리회사가 왜 마케팅 예산을 걱정하겠는가? 주주들이 지불한 수수료가 마케팅 비용의 원천이므로 마케팅 비용은 펀드 주주의 투자 이익에서 나온다. 투자자들이 펀드 규모를 키우기 위한 비용을 지불하고, 그 대가로 손해를 본다.

적극적인 마케팅 전략은 미래에 더 큰 수수료 수익을 얻기 위해 관리 수수료의 일부를 지출하는 전통적 구조의 종합 펀드 그룹에게는 논리적이고 생산적이다. 같은 맥락에서 원가로 운영하며 가능하면 비용을 최대로 통제하는 펀드 주주 상호 소유 펀드 그룹에게는 주로 판촉이 아니라 정보를 강조하는 보수적인 마케팅 전략이 논리적이고 생산적인 전략일 것이다. 다른 모든 비즈니스 조직처럼 상호 소유 조직도 시장 점유율에 주의를 기울이겠지만, 그들은 이를 투자 대중의 요구 충족 성공 여부에 대한 대략적인 척도의 하나로만 여긴다. 상호 소유 조직에는 다음과 같은 두 가지 규칙이 있다. 시장 점유율은 수단이지 목표가 아니다. 그리고 시장 점유율은 사는 것이 아니라 획득되어야 한다.

이 두 가지 가이드라인 아래에서 상호 소유 조직은 훨씬 더 보수적인 마케팅 전략을 따를 수 있다. 펀드의 주주들과 펀드의 경영진이 비용과의 싸움에서 연합 전선을 구축하기 때문에, 상호 소유 구조는 묵시적으로 광고 예산을 낮게 책정하도록 요구한다. 적극적인 마케팅 전략에 의존하는 별도의 펀드 관리회사 주주 조직과는 달리, 상호 소유 조직은 '펀드들'이 투자 대중이 좋아하는 것 같기만 하면 팔 수 있는 '상품들'이 아니라는 것을 이해할 가능성이 있다. 그런 조직은 규율된 마케팅 전략을 포용하고, 펀드 주주들에게 아무런 이익이 되지 않는 값비싼 판촉 홍보를 거부할 것이다.

'심바와 먹이사슬'

업계 내에서 투자 관리의 구조 문제에 관하여 나와 의견을 같이하는 사람을 발견한다는 것은 매우 드물지만 기쁜 일이다. 연금 투자 관리에서 널리 존경받는 조언자인 케이스 앰바시어(Keith Ambachtsheer)는 최근에 업계의 실제 구조와 이상적인 구조를 비교했다. 그의 편지에서 발췌한 이 글은 디즈니 영화 〈라이언 킹〉 중 심바의 심리 상태에 관한 대화로 시작한다.

질문: "누가 그를 잡아먹지?"
답변: "아무것도 그를 잡아먹지 못해. 그는 먹이사슬의 꼭대기에 있거든."

투자 관리 산업의 소유자, 임원, 전문가들은 오늘날 금융 먹이사슬의 명백한 심바들이다. 개인의 부의 창출 면에서 볼 때 그들은 분명히 먹이사슬의 맨 꼭대기에 있다. 그럼에도 무언가가 그들을 많이 잡아먹고 있는 듯하다. 그 '무언가'는 이 업계가 고객을 위해 '합리적인 가격에 양질의 상품'을 만들어 내기 위해서는 어떻게 운영해야 하는가와 업계가 실제로 어떻게 운영되고 있는가 사이에 커다란 차이가 계속되고 있다는 점이다. '이상과 현실' 사이의 차를 조금이라도 좁히면 고객의 주머니는 더 두둑해지겠지만 공급자의 주머니는 홀쭉해질 것이다.

시장: 어떻게 작동해야 하는가?

이상적인 투자 관리 산업은 다음과 같은 세 가지 핵심 특성을 지녀야 한다. (1) 상장된 금융 자산의 많은 부분은 소수의 대형 글로벌 공급자들에 의해 매우 낮은 수수료로 소극적으로 관리되어서 소극적 관리에 내재된 규모의 경제 효과가 고객들에게 돌아간다. (2) 상장 금융 자산의 적은 부분은 다수의 소형 공급자들에 의해 성과 기반 수수료를 받고 적극적으로 관리되어어야 한다. 왜냐하면 진정으로 가치를 부가하는 적극적 관리는 역량과 능력 면에서 희소 자원이기 때문이다. (3) 업계의 투자 성과 정보는 관리 대상 포트폴리오의 명시된 투자 철학을 반영해서 사전에 정해진 벤치마크 포트폴리오 대비 리스크 조정 순수익률로 표현되어야 한다.

'이상과 현실' 사이의 차이 평가

뮤추얼 펀드 업계의 실제 특징은 이상과는 딴판이다. (1) 금융 자산 중 소극적으로 관리되는 비율이 낮다. (2) 금융 자산의 많은 부분이 성과 기반 수수료가 아니라 자산 규모 기반 수수료를 지급하며 적극적으로 관리된다. (3) 연금의 수임인들은 적극적 관리가 연금의 가치를 파괴해 왔다는 점을 점점 더 많이 인식하고 있다. 뮤추얼 펀드 수수료가 일반적으로 연금이 지불하는 수수료보다 높기 때문에 적절히 측정된다면, 뮤추얼 펀드 부문의 가치 파괴가 연기금 펀드 부문의 가치 파괴보다 더 크리라는 점은 자명하다.

'이상과 현실'의 차이는 오늘날 반대로 작용하는 듯하다. 공급자가 먹이사슬의 꼭대기에서 자산 기반 적극적 관리 수수료를 거둬들이고, 고객들은 먹이사슬의 밑바닥에서 유의미한 가치를 얻지 못하면서 그들에게 수수료를 지불하고 있으니 말이다.

왜 금융 먹이사슬은 역으로 작용하는가?

첫째, 다른 영역에서는 매우 이성적인 사람들에게는 수십만 명의 영리한 투자 전문가들에게 주식시장과 채권시장에서 수십억 달러를 관리하도록 맡기고서는 아주 낮은 수익률 밖에 얻지 못한다는 사실이 직관에 반할 것이다. 투자 전문가들은 그들의 마음 깊은 곳에서 이러한 현실을 이해하고 있다. 그러나 투자자들에게도 이 사실을 이해시키는 것은 그들의 금전적 이익에 반한다.

둘째, 대부분의 투자자는 아직도 높은 수수료가 장기투자 결과에 미치는 파괴적인 영향을 이해하지 못한다. 이러한 경제적 현실이 뮤추얼 펀드 영역에는 충분히 침투하지 못하고 있다.

금융 먹이사슬이 역으로 작동하고 있다는 사실은 투자 관리 업계에서는 잊혀지지 않고 있다. 고객이 받을 몫과 공급자가 취할 몫 사이의 더 나은 '가치'의 균형은 일반적으로 고객에게 더 많은 돈이 돌아가고 많은 공급자들에게는 더 적게 돌아간다는 것이 여기에서의 딜레마다.

'이상과 현실' 사이의 차이 좁히기

훨씬 높은 수수료 때문에 뮤추얼 펀드 업계에서의 평균적인 성과는 그리 좋지 않은 연금 부문의 성과보다 상당히 나쁠 것이다. 앞으로 경험하게 될 한 자리 수의 수익률이라는 세계는 그다지 호의적이지 않을 것이다. 8%의 주식 수익률과 6%의 채권 수익률을 실현하는 세계에서는 높은 수수료가 성행할 수 없다. 소극적인 펀드 매니저들은 점점 더 수수료를 인하하고 매우 낮은 비용으로 인덱스 펀드를 제공함으로써 경쟁할 것이다. 자신의 기술을 충분히 확신하는 적극적 펀드 매니저들은 성과 수수료 시행이 자신들과 고객들 모두의 이익에 들어맞는다는 점을 깨닫기 시작할 수도 있다. 이러한 요인들은 고객들을 그들의 자리인 금융 먹이사슬의 꼭대기에 올려놓을 것이다.[1]

정통한 업계 전문가들, 기관들의 401(k) 저축 연금, 평균적인 투자자들, 증권 규제 기관, '연구소(think tanks)', 재무학 교수들, 노벨상 수상자들은 고객과 펀드 매니저의 이익 사이의 균형을 더 잘 맞추기를 원한다. 만약 그들이 케이스 앰바시어 박사처럼 말한다면, 21세기에는 뮤추얼 펀드 업계를 개선시킴에 있어서 어느 정도 진전을 이룰 수 있을지도 모른다.

미래에 대한 전망

상호 소유 조직의 기업 구조는 해당 펀드의 기본 전략(내가 14장에서 묘사했던 투자의 네 가지 차원인 리스크, 수익, 시간, 비용의 상호작용에 대한 의존)을 결정한다. 투자자와 투자 자문사, 학자들은 리스크와 수익이 같이 움직인다는 사실을 적절히 받아들이고 있다. 그러나 '놀라운 은혜(Amazing Grace)'라는 찬송가 가사가 말하는 것처럼 투자자들이 잃어버리고 있던 사실, 즉 비용이라는 요소와 비용이 시간이 지남에 어떻게 확대되는지가 곧 발견될지도 모른다. 그리고 투자자들이 이를 발견하면 뮤추얼 펀드 업계는 펀드 경비, 포트폴리오 회전, 그리고 과도한 세금에 따른 막대한 비용과 시장 인덱스 투자의 내재적인 이점에 더 주의를 기울여야 할 것이다.

앞으로 전개될 수도 있는 변화 경로와 혁명적이지는 않을지라도 보다 더 주주에 초점을 두는 전략으로의 진화를 점화할 수도 있는 불꽃에 관한 나의 생각을 제시하고자 한다. 이 업계가 바뀌어야 한다면 미국의 식민지 주민들이 자신의 권리를 향상시키기 위해 싸우도록 요구되었던 것처럼, 그러한 변화는 펀드 주주들의 요구로 시작되어야 한다. 펀드 관리회사들은 결국 1776년의 영국 국왕처럼 현상 유지를 통해 막대한 이익을 본다. 뮤추얼 펀드 투자자들의 압력이 없다면, 그들은 변화할 유인이 없다.

투자자 집단이 전체적으로 공정한 몫을 요구하기 시작하면 수요와 공급의 힘이 결국 뮤추얼 펀드 업계를 뒤집어서 펀드 주주들을 그들이 속하는 먹이사슬의 맨 꼭대기에 둘 것이다. 무엇이 투자자들에게 더 공정한 대우를 요구하게 만드는가? 시행착오가 하나의 가능성일 것이다. 장기간에 걸친 주식형 펀드의 시장 수익률 하회, 또는 (훨씬 더 기억에 남을) 주가의 상당한 하락에 질린 투자자는 당분간은 뮤추얼 펀드의 울타리로 돌아가지 않을 것이다. 인기 펀드를 사고, 마켓 타이밍에 대해 시험해 보며, 유해할 정도로 자주 펀드를 쇼핑하고 교체하는 투자자들은 언젠가는 고통스러운 경험을 통해 이 같은 단기투자 접근법들이 비생산적일 뿐만 아니라 역효과를 낳는다는 것을 깨닫게 될 것이다.

정보화 시대라는 구원 투수

낙관적으로 보면 보다 나은 투자자 정보가 보급되면 점차 조류가 바뀔지도 모른다. 투자자들은 비용이 중요하다는 가장 중요한 투자 원칙 중 하나를 배울 것이다. 현재 자산 규모가 1조 달러에 달하는 과세 이연 종업원 주식 저축 계좌를 위한 펀드를 선택할 책임이 있는 기업 연금 담당 임원, 상당한 자산을 보유하고 있어서 펀드를 신중하게 선택할 유인이 있는 투자자들, 공적인 권위에서 보다 강력하게 얘기하고 있는 증권거래위원회, 그리고 점점 더 세련되어지는 금융 매체들의 영향으로 인해, 결국 비용이 중요하다는 점이 인식될 것이다. 그러나 이 모든 것에는 시간이 걸릴 것이다. 현재의 과도한 비용이 지속되는 한, 시간은 펀드 주주들의 편이 아니다.

투자자들이 행동으로 보여준다면(그들이 단기투자보다는 장기투자를, 그리고 고비용보다는 저비용을 선호함을 보여준다면) 펀드 매니저들은 결국 그 메시지를 알아듣게 될 것이다. 장기 포트폴리오 전략에 대한 초점이 오늘날 벌어지고 있는 광적인(그리고 값비싼) 포트폴리오 증권 매매를 대체하게 될 것이다. 펀드들은 자신의 투자 목표들을 보다 명확히 정의하고, 자신의 성과 기준을 설명하고, 그들의 투자 결과가 기대에 비해 어떠했는지를 솔직하게 보고할 것이다. '우리는 시장보다 더 잘할 수 있다'는 주식형 펀드 매니저들의 암묵적인 약속은 '우리는 목표와 전략이 유사한 다른 펀드들보다 시장 연간 수익률의 100%에 더 가깝게 접근할 수 있다'는 표현으로 대체될 것이다. 그렇게 되면 펀드 매니저들이 그 목표를 어떻게 달성할지 투자자들에게 설명하고, 그 목표를 어느 정도 충족했는지를 정기적으로 공개할 의무가 생길 것이다.

투자자들은 펀드 업계의 창의성이 값비싼 마케팅 노력과 비싼 대중매체 광고에 투입되는 데에서 벗어나라고 요구해야 한다. 반복되지 않을 것이 거의 확실한 과거 수익률을 광고하는 것이 무슨 의미가 있는가? 또는 희망을 파는 것이 무슨 가치가 있는가? (어느 고참 판매 담당자는 향수를 비슷한 예로 들었다.) 대신, 펀드 산업은 투자자들의 요구에 대한 더 나은 해법에 더 초점을 맞춰야 한다. 약간의 호기심이라도 있는 투자자는 최상위 사분위 실적을 내는 가장 빠르고 확실한 길은 비용 최하위 사분위를 달성하는 것이라는 점을 배울 것이다. 또한 과세 대상 뮤추얼 펀드 투자자들 (뮤추얼 펀드 주주들의 절반이 넘는다)은 높은 포트폴리오 회전률의 세금 및 매매 비용에 의해 손해 보고 있다는 사실을 쉽게 이해할 수 있을 것이다. 보다 낮은 비용과 세금 민감도에 대한 새로운 접근에 보다 높은 우선순위가 부여되어야 한다.

다른 직종의 메시지

17장에서 나는 저명한 심장병 학자인 버나드 로운(Bernard Lown) 박사가 의술을 실천하는 사람과 의학 기술을 제공하는 사람 사이에 맺어졌던 파우스트와 같은 계약에 대해서 언급했다. 보다 최근에 로운 박사는 의료 인력을 빨아들이는 건강관리 조직에 의해 주도된 기업화 물결의 시사점에 관한 글을 썼다. 그는 회사의 순이익 강조가 의사와 환자의 관계를 파괴하고, '문지기가 문의 소유자를 위해 일하지, 문을 통행하려는 사람을 위해서 일하지 않는다'고 우려한다.

이번 장에서 나는 이와 같은 맥락에서 뮤추얼 펀드 산업에서 전개되고 있는 현상에 대한 나의 우려를 표명했다. 아래의 인용문은 내가 의학 용어를 뮤추얼 펀드 용어로 바꾼 것을 제외하고는 로운 박사의 최근 글에서 따온 것이다(즉, '환자'는 '고객'이나 '주주'로 바꿨고, '의사'는 '수탁자'나 '매니저'로 바꿨다).

우리 직업의 근본 윤리가 공격받고 있다. 투자 관리는 하나의 소명이다. (펀드 매니저와 매니저와 주주들 사이의 신탁 계약에 바탕을 둔 도덕적 사업이 그 핵심이다.) 매니저의 일차적 사명은 현명하게 투자하고, 고객의 재무적 복지 증진을 위해 일하는 것이다. 매니저가 주주들의 이익을 제 3자의 이익보다 우위에 둔다는 기대가 이 관계의 핵심이다.

반면에 펀드 산업은 오늘날 다른 모든 기업들과 마찬가지로 고객의 부(富)보다는 수입 흐름과 시장 점유율, 관리회사 주식의 시장 가치에 더 신경을 쓴다고 할 수 있다. 그러나 펀드의 수탁자들은 의사들과 마찬가지로 뮤추얼 펀드의 자산과 투자자의 정직한 청지기로 봉사하겠다는 다짐을 배반하지 말아야 한다.

개선이냐 개혁이냐?

뮤추얼 펀드 업계의 유일한 초점이 가능한 생산적으로 투자자에게 봉사하는 쪽으로 돌려진다면, 향후의 발전은 펀드의 주주들에게 더 많은 권한을 부여하는 현상 개선 또는 급진적 개혁 중 한 가지 형태로 전개될 것이다. 급진적 개혁은 미국 뮤추얼 펀드 산업의 최소한 일부분이라도 상호 소유 구조로 바꾸는 것이다. 펀드들은(적어도 대형 펀드 패밀리들은) 스스로 운영할 것이다. 펀드들은 더 이상 외부 펀드 관리회사와 계약해서 포트폴리오 운영과 관리를 맡기지 않을 것이다. 이 기능들은 자체적으로 수행될 것이다. 뮤추얼 펀드 주주들이 사실상 펀드를 감독하는 관리회사를 소유하게 될 것이다. 주주들은 자신의 책임자와 직원을 두고, 현재 외부 펀드 매니저들이 벌고 있는 거대한 수익을 주주들에게 돌릴 것이다. 그들은 기존 투자자들의 희생 하에 새로운 투자자들을 끌어들이도록 고안된 값비싼 마케팅 홍보에 돈을 낭비하지 않을 것이다. 그들은 비용 절감을 통해 고수익 및/또는 낮은 리스크를 실현할 것이다. 그들은 공시를 개선하고 주주이자 소유자들에게 훨씬 더 솔직하게 보고할 것이다. 그들은 시장 인덱스 펀드의 장점을 알게 될 수도 있을 것이다.

활동적이고 독립적인 뮤추얼 펀드 이사들의 출현이 가능성이 더 높은 대안일 것이다. 18장에서 언급한 것처럼 뮤추얼 펀드의 전통적인 구조에서 펀드 이사회는 현재까지는 온순한 기구였다. 언젠가는 독립적인 이사회 구성원들이 뮤추얼 펀드 주주들의 권리와 이익에 대한 맹렬한 옹호자가 될지도 모른다. 만약 그렇게 된다면 독립적인 펀드 이사들은 펀드 관리회사가 공정한 이익을 내는 것을 허용하되 뮤추얼 펀드 주주들의 이익이 언제나 가장 앞에 와야 한다는 점을 인식하면서 뮤추얼 펀드 자문사들과 적극적으로 협상할 것이다. 이처럼 활동적인 이사들은 펀드 관리회사의 수수료 체계와 재무제표를 자세히 분석해서 자문 서비스에 대한 대가로 지불된 수수료가 더 이상 자문사의 마케팅 예산으로 흘러가지 않게 할 것이다. 그들은 펀드 투자자들이 탁월한 수익률로 부를 축적할 때에만 펀드 매니저들이 돈을 벌게 하는 성과 연동 수수료를 요구할 것이다. 그들은 12b-1 판매 수수료 사용에 도전을 제기할 것이다. 독립적인 이사들은 또한 종합 펀드 그룹이 제공한 투자 포트폴리오에 대해 세심하게 분석하고, 점점 더 경쟁이 치열해지는 펀드 판매시장에서 관심을 끌기 위해 마케팅 임원들에 의해 만들어진 꼼수 펀드들을 더 이상 무비판적으로 승인하지 않을 것이다. 그들은 건전한 투자 원칙에 근거하고 합리적인 투자 필요를 충족하는 포트폴리오들만 승인할 것이다. 그리고 시장 인덱스 펀드의 설립이 의제의 높은 순위에 놓이게 될 것이다. 간단히 말해서 독립적인 이사들은 법률이 상정하는 수임인(fiduciary)들이 될 것이고, 뮤추얼 펀드 주주들의 이익을 적극적으로 대변할 것이다. 이는 상당히 인상적인 개선이 될 것이다.

활동적인 이사회의 감독을 받는다면 전통적인 뮤추얼 펀드 조직은 상호 소유 펀드 복합체와 매우 유사하게 행동할 것이고, 뮤추얼 펀드 주주들의 이익이 항상 최고여야만 한다는 점을 깨달을 것이다. 또한 활동적이고 독립적인 이사회의 창설과 권장이 미국 뮤추얼 펀드 산업의 완전한 상호 소유화보다 더 실제적인 해결책이라면, 그것은 우리의 힘과 노력을 기울일 가치가 있는 목표일 것이다. 누가 알겠는가? 그렇게 초점이 재정립된 조직의 가치가 상호 소유 조직의 가치 쪽으로 옮겨갈 경우 모든 펀드의 상호 소유화와 미미한 차이밖에 없을 것이다.

경제적 가치 향상

상호 소유 구조든 전통적인 구조든 (펀드 매니저들이 펀드를 통제하는 것이 아니라) 펀드의 주주들과 이사들이 펀드를 통제할 수 있는 방안이 마련된다면 진정으로 펀드 주주들의 필요에 봉사하는 펀드로 변할 것이다. 어떤 구조 아래에서든 뮤추얼 펀드 업계는 펀드 주주들의 경제적 가치를 향상시킬 것이다. 펀드 조직들은 이 장에서 설명한 7가지 전략에 초점을 맞추고 투자자들에게 투자에 따른 보상의 더 큰 몫, 합리적 가격, 서비스 향상, 리스크 통제 개선, 합리적인 상품 개발, 더 많은 인덱스 펀드 그리고 규율된 마케팅 노력을 제공하고자 할 것이다. 뮤추얼 펀드 산업의 정확한 운영 방식이 무엇이든 전략은 구조를 따르고, 기능은 형태를 따르기 마련이다. 본질적으로 '꼭대기에서부터 밑바닥까지 모든 세세한 부분까지 형태가 전부다. 모든 것이 같은 아이디어에 의해 결정된다.'[2]

10년 후	수정, 혁신, 경제적 가치

10년이 지났지만 뮤추얼 펀드 매니저들에게 뮤추얼 펀드 거버넌스에 대한 절대적인 권한을 주는 현상을 수정하거나, 권한을 펀드 주주들에게 주는 급진적 혁신(진정한 상호 뮤추얼 펀드)에 대한 나의 희망은 이루어지지 않았다. 나는 독립적인 이사들이 주주들의 권리와 이익에 대한 강력한 옹호자가 되거나, 펀드 수수료율을 낮추기 위해

'적극적으로 협상' 하기 시작한 사례를 알지 못한다. 그리고 회사의 이름을 '새로운 추세의 리더' 라는 의미가 담긴 뱅가드라고 정했음에도 불구하고, 아직도 뱅가드는 상호 소유 구조를 가지고 있는 유일한 펀드다. 아직도 뱅가드를 뒤따라 온 회사는 하나도 없다.

1) Keith Ambachtscheer, "Today's Financial Food Chain: Getting the Customers on Top," *The Ambachtscheer Letter*, no. 150(June 30, 1998). 허락을 받아 게재함.
2) Ludwig Mies van der Rohe.

PART 5

On Spirit

정신

나는 4부에서 다룬 원칙들이 뮤추얼 펀드 산업의 투자 측면에, 그리고 나아가 뮤추얼 펀드 투자자들에게 도움이 될 것으로 확신한다. 그러나 현재 펀드 관리회사들이 운영되고 있는 방식에 비추어 볼 때 이러한 원칙들이 뮤추얼 펀드 업계의 비즈니스 측면에는 그다지 도움이 되지 않을 것이다. 독자들은 상식적인 투자 원칙들을 이야기하는 책에서 이런 문제를 다루는 데에 놀랄지도 모르지만, 이는 투자자들에게 매우 중요한 문제다.

5부에서는 더 놀랄 만한 주제들에 대해 다룬다. 나는 뮤추얼 펀드 업계의 규범에 반하는 구조로 뱅가드 그룹을 창설하면서 보여주고자 했던 기업가 정신, 리더십, 그리고 인간의 가치에 반영된 나의 비즈니스 철학을 논의한다. 뱅가드의 성장이 이러한 구조가 효과적으로 기능을 발휘할 수 있음에 대한 증거를 제공해 주지만, 역사적 경험을 보면 계몽된 거버넌스 구조가 충분하지 않을 수도 있다. 예를 들어 생명보험회사들은 100년 이상 상호 소유 구조를 유지했으나 상호주의 원칙을 버린 지 오래되었으며, 현재는 그 구조 자체를 공식적으로 포기했다.

뮤추얼 펀드 산업에서 구조만 개혁되면 충분할 것인가? 그렇지 않을 것이다. 구조 이상의 무언가가 필요할 것이다. (기업이 어떤 구조로 조직되든) 다른 사람의 돈을 관리하는 기업은 그 기업이 제공하는 서비스를 받는 사람들과 이 서비스를 제공하는 사람들에 초점을 맞춰야 한다. 뮤추얼 펀드 주주들에 대한 최적의 서비스와 최고의 수익률을 제공하기 위해 상호 소유 구조가 필요할지도 모르지만, 이 구조로 충분한 것은 아니다. 뮤추얼 펀드는 정신에 있어서도 상호적이어야 한다. 여기에는 조직의 원칙들이 관계되지만, 인간적 원칙들도 관계된다.

내가 금융 서비스(청지기 정신과 신뢰의 서비스)에서 거의 일반적으로 무시되는 이러한 측면들에 대해 논의하려면, 뱅가드의 이름을 언급하지 않을 수 없다. 나는 지금까지 뱅가드가 기초 원칙으로 삼은 투자 원칙들(내가 건전한 장기투자의 핵심으로 여기는 보수주의, 인덱스 투자, 저비용 같은 상식적인 원칙들)을 강조했다. 그러나 나는 절대적으로 필요한 경우에만 우리 회사의 이름을 언급했다. 다음 세 장에서는 이 제약을 무시한다. 미리 경고했으니, 미리 대비하라.

리더는 기회가 문을 두드릴 때 준비되어 있어야 한다.
인생에서 행운을 잡지 못하는 것은 슬픈 일이지만,
행운이 찾아와도 이를 알아차리지 못하는 것은 더 슬픈 일이다.
그러나 가장 슬픈 일은 행운을 활용할 준비가 되어 있지 않은 것이다.
프랑스의 과학자 루이 파스퇴르는
"행운은 준비된 사람을 선호한다"라고 말했다.

Chapter 20

On Entrepreneurship
The Joy of Creating

기업가 정신—창조의 즐거움

뱅가드라는 회사는 어떻게 생겨났는가? 그 구조의 원천은 무엇인가? 왜 뱅가드의 구조가 그 회사의 전략을 필요로 하는가? 아니면 그 순서가 뒤바뀌었는가? 숲속에 두 갈래 길이 나타났을 때, 나는 왜 사람들이 덜 다닌 길을 선택했는가? 나는 이러한 질문들에 대한 적절한 대답은 이상주의, 비전, 기회주의, 실패, 그리고 순전한 운과 어느 정도 관련이 있다고 생각한다. 그러나 나는 창조의 즐거움이 뱅가드를 기업가 정신의 전형으로 묘사한 주된 이유라고 확신한다. 그 표현이 적합한지는 모르겠다. 그 이야기를 해볼 테니 독자들이 판단하기 바란다.

오늘날 우리가 향유하고 있는 성공적이고 활발한 미국 경제는 상당 부분 기업가들의 상상력과 에너지로부터 비롯되었다. 토머스 페인(Thomas Paine)이 영국 식민지로부터 독립을 꿈꾸었던 독립 전쟁 때부터(그리고 그 이전부터) 오늘에 이르기까지, 미국의 위대한 기업들의 대부분은 창업자들의 꿈으로부터 시작했다. 몇 년 전까지 나는 기업가 정신을 개인적인 관점에서가 아니라 이처럼 역사적인 관점에서 생각했다. 그러나 1997년 초에 예일 대학교의 졸업반 학생이 보낸 25쪽짜리 논문을 받았을 때, 이러한 생각이 흔들렸다. 그 논문의 저자는 나를 슘페터적인 기업가의 전형으로 묘사했다.[1]

하버드 대학교 교수이자 오스트리아 경제학자인 조셉 슘페터(Joseph A. Schumpeter)는 1911년 논문인 '경제 발전 이론(The Theory of Economic

Development)'에서 처음으로 기업가를 경제 발전의 원동력으로 인정했다. 그가 소위 '공급 측면'의 정치적 운동의 인기 있는 영웅으로 떠올랐다 해서 경제학에 대한 슘페터의 새로운 접근법을 경시하지 말아야 한다. 사실 최근 전 세계를 휩쓸고 있는 경제 호황의 동력 중 하나인 기업가 정신은 기술혁명의 만개에서 가장 분명하게 드러났다. (20세기와 21세기를 연결하는) 1990년대를 '기업가 시대'라고 표현해도 결코 과장이 아니다.

그러나 이를 그런 식으로 예상한 사람은 거의 없었다. 30년 전에 나는 (깨닫지 못한 채로) 안정적이고 평범한 전통적 직장 생활에서 기업가의 역할로 이동하기 시작했다. 당시에 많은 사람들이 기업가 정신은 죽었다고 믿었다. 1967년에 존 케네스 갈브레이드(John Kenneth Galbraith)는 『새로운 산업 국가』(The New Industrial State)에서 기업가 정신을 추도했다. 그는 기업가의 회사를 주로 과거형으로 언급하면서 계획, 독점, 규모로 특징 지워지는 경제를 가정했다. 그는 (당시로서는 아직 정해지지 않은) 《포춘》지 선정 500대 기업이 미국 경제를 이끌 것이고, 여러 산업을 영위하는 거대 복합기업이 미래의 전형이 될 것으로 예측했다. 갈브레이드 교수는 미국 기업 앞에 놓여 있는 혁신을 상상하지 못했다.

진정한 기업가를 만나다

나는 나를 기업가의 길로 이끈 것은 사업상의 필요성, 충동, 우연, 나의 멘토 월터 모건(Walter L. Morgan)이었다고 생각한다. 모건은 진정한 기업가였다. 1920년에 프린스턴 대학교를 졸업했고, 공인회계사이자 투자 자문이었으며 무엇보다도 사명감을 가지고 있던 모건은 그다지 큰 부자가 아닌 투자자들은 당시 유행하던 개별 주식이 아니라 전문적인 투자 매니저들에 의해 감독되는 잘 분산된 주식과 채권 포트폴리오를 필요로 한다는 것을 체험적으로 알게 되었다. 투자자들은 복잡성이 아니라 분산투자, 포트폴리오 감독, 그리고 편의성을 필요로 했다. 나의 멘토는 자신의 투자 지혜와 마케팅 감각으로 뮤추얼 펀드에 놀라운 사업 기회가 있다는 것을 확신했다. 이 뮤추얼 펀드 선구자는 1928년에 31살의 나이로 웰링턴 펀드(Wellington Fund)를 창설했다.

모건이 졸업한 지 27년 후인 1947년에 나도 프린스턴 대학교 학생이 되었다. 3학년 때 졸업 논문 주제로 나는 아무도 진지한 학술 논문을 쓰지 않았던 주제를 찾으려 했다. 1949년 12월에 나는 우연히 《포춘》지에서 '보스턴의 큰돈(Big Money in Boston)'이라는 제목의 기사를 보게 되었고 뮤추얼 펀드 산업을 발견하였다. "뮤추얼 펀드는 아주 작은 변화로 보일 수도 있다. 그러나 이 산업은 빠르게 성장하고 있으며, 미국 비즈니스에서 매우 중요해질 수 있는 잠재력이 있다."라는 글을 읽고서, 나는 즉시 이에 관한 주제로 논문을 쓰기로 했다. 1년 넘게 집중적으로 연구한 뒤에 나는 논문을 완성해서 업계 리더 몇 명에게 보냈다. 모건도 그중 한 명이었다. 그는 나의 논문을 마음에 들어 했고, 나중에 다음과 같은 편지를 보내왔다. "직장 생활 경험이 없는 대학생으로서 아주 좋은 논문을 썼군요. 이 논문을 보고서 당신을 우리 웰링턴 조직에 입사시키고자 합니다." 나는 1951년에 졸업하자마자 회사 생활을 시작했다.

1930년대의 경기 침체기 동안에는 투자 분야에 진출한 젊은이는 아주 적었고, 작은 뮤추얼 펀드 산업에 고용된 사람은 더 적었다. 내가 1951년에 웰링턴 펀드를 관리했던 웰링턴 매니지먼트 컴퍼니(Wellington Management Company)에 입사했을 때, 이 회사는 작은 회사였다. 나는 빠른 속도로 승진했고, 10년이 채 안 되어 월터 모건의 후계자가 되었다. 1960년대 초에 나는 이 기업의 모든 분야에 깊숙이 관여하고 있었고, 35세였던 1965년에 모건은 내가 자신의 후임자가 될 것이라고 말했다. 당시 회사는 곤경에 빠져 있었고, 모건은 내게 우리의 투자 관리 문제들을 해결하기 위해서라면 "무엇이든지 하라"고 말했다. 나는 내게 큰 기회가 주어졌다고 생각했다.

합병, 해고, 그리고 아이디어

내가 우리에게 해결책을 제공해 주길 바랐던 보스턴 소재 합병 파트너는 고집 세고 충동적이며 고지식했다. 우리 회사와 그들의 회사는 1966년에 합병했다. 이 합병은 처음에는 성공적인 듯했으나, 실제로는 그렇지 못했다. 합병은 약 5년 동안은 매우 성공적이었지만, 내가 형편상 파트너 관계를 추구했던 공격적인 투자 매니저들은 우리의 펀드 주주들을 실망시켰다. 먼저 우리 회사의 펀드는 주식시장이 1972년까지 계속 상승할 때 비교 대상 펀드들보다 수익률이 뒤쳐졌고, 그 뒤 주식시장이 50% 폭락했을 때에는 수익률 하락의 선두가 되었다. 1973년 초에 250억 달러였던 펀드 자산은 1974년 말에는 130억 달러로 곤두박질쳤다. 당연히 새로운 파트너들과 나 사이에 마찰이 일어났다.

적수들은 나보다 더 많은 의결권을 가지고 있었고, 그들은 '내' 회사라고 생각한 곳에서 나를 해고했다. 그 합병(아마도 내가 첫 번째로 기업가 정신을 발휘했던 사안)은 실패였다. 그러나 나의 실패는 해고당했다는 데 있는 것이 아니라 적극적 투자라는 투기적 시류에 편승한 데 있었다. 돌이켜보면 이 실패는 불명예였으며, 나는 신속하게 조치를 취하려 했던 결정, 순진한 행위, 역사의 명백한 교훈을 무시해서 그처럼 그릇된 판단을 하게 되었음에 당황했다. 인생은 공정했다. 나는 큰 실수를 했고, 값비싼 대가를 치렀다.

그들이 승리한 뒤에 이전의 내 파트너들은 웰링턴 매니지먼트를 보스턴으로 이전하기 원했으나 나는 허용하지 않았다. 나는 웰링턴 펀드를 이 펀드가 처음 설립되고 뿌리를 내리고 속해 있는 필라델피아에 계속 머무르기를 원했다. 그리고 이를 위한 한 가지 아이디어도 가지고 있었다. 문이 닫히자 창문이 열렸고 내게 기업가 정신을 발휘할 수 있는 두 번째 기회가 주어졌다. 나의 아이디어는 주주들이 소유한 웰링턴 펀드와 주로 이전의 파트너들에 의해 통제되었던 웰링턴 매니지먼트 컴퍼니의 거버넌스 구조의 약간의 차이를 이용해서, 이를 뮤추얼 펀드가 운용되는 구조 자체를 바꾸도록 약속하는 새로운 방향으로 나아가는 것이었다. 전례가 없던 일을 해내기는 쉽지 않았다.

이 아이디어는 나의 프린스턴 대학교 졸업논문에 기원을 두고 있을 수도 있다. 나는 이 논문을 몇 가지 주요 주제로 결론 내렸고 다음과 같이 제안했다. (1) '판매 수수료와 관리 수수료 축소'를 통해 뮤추얼 펀드 산업의 성장이 극대화될 수 있다. (2) 펀드 투자 목표가 명백하게 제시되어야 한다. (3) 뮤추얼 펀드들은 '관리를 통한 기적'의 기대를 만들어 내서는 안 된다. (4) 뮤추얼 펀드의 주된 기능은 [주변적인 활동들이 아니라] 건전한 관리여야 한다. 간단히 말해서 나의 아이디어는 뮤추얼 펀드 업계가 주주들에게 더 잘 해주면, 업계에도 도움이 될 거라는 것이었다. 투자자들에게 공정한 몫을 준다는 이 간단한 개념은 그 뒤에 탄생할 새로운 기업의 초석이 되었다.

그런데 그 목표를 어떻게 달성할 것인가? 여기에서도 단순성을 본질로 했다. 뮤추얼 펀드들이 스스로 관리하고 수수료를 절감할 수 있는데 왜 우리 뮤추얼 펀드들은 외부 회사를 고용해서 자신의 사무를 처리하게 하는가? (그때나 지금이나 그것이 뮤추얼 펀드 업계의 작동 방식이다.) 언제쯤에나 펀드가 스스로 관리해서 수수료를 절감할 수 있을까? 우리가 만들 뮤추얼 펀드는 진정으로 상호 소유 구조가 될 것이다. 그 전쟁은 치열했지만(펀드의 이사진은 정확히 둘로 나눠졌다) 결국 이 새로운 구조가 득세했다.

| 10년 후 | 기업가 정신 |

초판에서 내가 쓴 1951년의 프린스턴 대학교 졸업 논문을 인용할 때, 뱅가드의 괄목할 만한 성장 배후의 근본 요인을 가장 잘 묘사하는 다음과 같은 말을 빠뜨렸다. 뮤추얼 펀드들은 '가능하면 가장 경제적이고, 가장 효율적이고, 가장 정직하게' 운영되어야 한다.

2009년에 나는 프린스턴 대학교의 전설적인 공학 교수 데이비드 빌링턴(David Billington)과 그의 아들 데이비드 빌링턴 주니어의 논문 「힘, 속도, 형태」를 읽다가 사실상 동일한 문구를 발견했다. 빌링턴 부자는 이렇게 말했다. "공학에서 가장 급진적인 혁신은 기본 아이디어들의 복잡성이 아니라 단순성에 기초해 왔다." 그들은 엔지니어들이 비싼 방법보다는 경제적인 방법을, 덜 효율적인 방법보다는 효율적인 방법을, 그리고 가능하면 추한 방법보다는 아름다운 방법을 추구했음을 발견했다.

이 특징들의 처음 두 가지는 내 논문의 말들과 동일했다. 그리고 아름다운 방법은 나의 오랜 경력에서 다음과 같은 두 가지 주요 혁신사항인 단순한 정직성(현재 펀드 업계에서는 너무도 희귀한 요소다)으로 대표된다고 해도 과언이 아닐 것이다. (1) 전통적인 펀드 구조에 존재하는 심원한 이익 상충을 제거하기 위해 고안된 뱅가드 상호 구조, (2) 세계 최초의 인덱스 뮤추얼 펀드 창설. 뱅가드는 기업가적 엔지니어링 창설이다.

조치들과 실패들

우리는 새로운 구조의 새 회사를 만들 필요가 있었고, 나는 이 기업의 적절한 이름을 찾고 있었다. 1949년 《포춘》지에 실린 기사에서 나의 졸업논문 주제를 우연히 찾은 것처럼 이번에도 오래된 책(내 사무실에 둘 오래된 간행물)들을 살 때 우연히 내 손에 들어 온 1789년에서 1817년 동안의 『대영제국 해군의 업적』이라는 고서(古書)에서 아이디어를 찾았다. 이 책의 한 장은 1798년에 나일 강 전투에서 영국이 나폴레옹의 해군함대를 상대로 거둔 승리에 대해 묘사했다. 그곳에서 나는 넬슨 제독이 부하들에게 기함(flagship) 갑판에 뱅가드 함(HMS Vanguard)이라는 표식을 한 축하 함선을 급파했다는 것을 읽고서 회사 이름을 뱅가드로 짓기로 했다.

1974년 9월 26일에 '뱅가드 투자회사 그룹'이라는 공식 깃발 아래 새로운 기함이 출범했다. 나는 넬슨의 함대가 나폴레옹 전쟁기간 동안 바다를 지배했던 것처럼, 우리의 새로운 기함이 뮤추얼 펀드라는 바다를 지배하기 원했다.

펀드 이사진들이 뱅가드(이 회사는 우리의 새로운 상호 소유 구조 하에서 펀드 자신에 의해 소유되었다)에게 뮤추얼 펀드 운영의 세 가지 측면 중 한 가지에 불과한 펀드의 사무 관리(administration)만 다루도록 허용해서 나의 아이디어는 좌절을 겪었다. 우리가 1975년에 항해를 시작했을 때 28명에 불과했던 우리 함대의 승무원들은 펀드의 운영, 법률, 그리고 재무 사안들만 담당했다. 뮤추얼 펀드의 세 가지 측면 중 더 중요한 측면들(투자 관리와 펀드 판매)은 웰링턴 매니지먼트에 있던 라이벌들에게 남게 될 터였다.

이 제약으로 내가 새로운 회사에 대해 꿈꾸었던 완전한 상호 소유 조직을 개발할 여지가 별로 없게 되었다. 투자 관리와 펀드 판매 활동을 통제하지 않고서는 우리의 운명을 통제할 수 없었다. 투자 관리가 뱅가드의 통제 영역 밖에 있다는 사실로 인해, 나는 몇 개월 내에 지금은 명백해 보이지만 당시로서는 전례가 없었던 조치를 취했다. 나는 여러 해 동안 만지작거려 왔던 나의 아이디어를 실현시켰다. 나의 프린스턴 대학교 졸업 논문에서 확신했던 증거에 따르면 뮤추얼 펀드는 '시장 평균보다 나은 실적을 올린다고 주장'하지 않아야 했다. 이러한 생각이 훗날 인덱스 펀드로 시장 수익에 근접하는 내 관심의 전조였을까? 솔직히 잘 모르겠다. 그럼에도 1975년 9월의 이사회에 뱅가드가 역사상 최초의 시장 인덱스 뮤추얼 펀드를 창설하자고 한 제안으로 발아될 씨앗이 언제 뿌려졌는지 말해야 한다면, 그것은 내가 1951년에 위와 같은 말을 썼을 때였을 것이다.

1975년이 끝나기 전에 우리는 인덱스 펀드를 시작했다. (S&P 500 주가 지수에 기초했고, 지금은 뱅가드 500 인덱스 펀드라고 불리는) 최초의 인덱스 투자 신탁은 몇 년 동안 조롱 받았고 10년이 지나서야 다른 인덱스 펀드가 나왔다. 그러나 21세기가 시작되면 한때는 '보글의 바보짓' 이라고 불렸던 인 덱스 펀드가 아마도 세계 최대의 뮤추얼 펀드가 될 것이다. 나는 1975년 9월에 이사회에서 인덱스 펀드의 비결은 인덱스 펀드가 '투자 관리'를 필요로 하지 않는다고 주장했다. 인덱스 펀드는 단순히 지수에 편입된 모든 주식을 보유할 뿐이었다. 이처럼 부분적으로는 정직하지 않은 주장 이 간신히 받아들여졌으며, 이러한 유사 관리를 통해서 우리는 펀드의 필요 3요소 중 두 번째 측면인 투자 측면으로 들어갔다.

세 번째 측면인 펀드 판매는 어떻게 처리하였는가? 우리가 새로운 회 사 구조와 새로운 인덱스 펀드를 만들 때 그랬던 것처럼, 복잡해 보이는 도전에 대해 우리는 새로운 해결책을 고안했다. 새로운 해결책은 바로 판매망의 필요 자체를 없애는 것이었다. 우리는 웰링턴의 브로커 네트워 크를 폐지했고, 펀드 매도를 전문 판매자들에게 의존하지 않고 이를 매 입하려는 구매자들에 의존했다. 1977년 2월에 또 한 차례의 치열한 논 쟁 끝에 우리는 또 다른 유례없는 조치를 취했다. 우리는 하룻밤 사이에 전통적인 브로커-딜러 판매 시스템을 판매 수수료가 없는 노 로드(no-load) 마케팅 시스템으로 전환시켰다. 우리는 결코 과거를 돌아보지 않았 다. 그럴 필요가 없었다.

이후 우리 회사의 특징이 된 이례적으로 저렴한 운영 경비(이는 우리의 상 호 소유 구조와 비용 면에서의 규율의 합작품이다)와 판매 수수료 없이 펀드 주식을 제공한 것은 시의적절한 조치임이 입증되었다. 영화 〈꿈의 구장(Field of Dreams)〉에서 아이오와에 야구장을 건설하도록 영감을 준 것으로 유명해 진 '당신이 그것을 세우면, 그들이 올 것이다' 라는 구절이 등장하기 오 래전부터 우리의 근본적인 마케팅 전략은 바로 이 신조에 기초했다. 투 자 업계가 우리의 새로운 구조가 대변한 펀드 산업이라는 야구장과 이 구조가 강화한 뮤추얼 펀드의 내재 가치를 인정하기까지는 여러 해가 걸 렸지만 마침내 투자자들이 찾아왔다. 그것도 수백만 명씩 찾아왔다.

그러나 이러한 갈등 기간 동안에 우리가 세웠던 구조는 여전히 토대가 취약했다. 1977년에 증권거래위원회는 뱅가드를 완전히 기능을 발휘하는 뮤추얼 펀드 기업으로 만드는 데 요구되는 필수적이지만, 전례가 없는 조치를 취하도록 허용하는 임시인가만 내줬다. 우리는 1978년에 2주에 걸친 규제 청문회를 견뎠고, 이어서 산더미 같은 서류들과 법률 주장을 제출했다. 지금으로서는 놀라워 보일 수도 있지만, 임시 허가를 내준 거의 3년 후인 1980년에 증권거래위원회는 입장을 바꾸어 우리가 계속할 수 없다고 결정했다. 주주들을 위해 올바른 일을 하고 있음을 확신했기에 이 결정에 경악한 우리는 강력하게 다퉜고, 결국 승리했다. 4년간 계속된 투쟁 끝에 증권거래위원회는 1981년에 방향을 바꿔서 마침내 우리의 계획을 승인했다. 증권거래위원회의 의견은 다음과 같은 강력한 지지로 결론지었다.

뱅가드의 계획은 사실은 펀드의 이사들이 펀드에 제공되는 서비스의 질을 더 잘 평가할 수 있게 해줌으로써 [1940년 투자회사법의] 목표를 증진한다. 이 계획은 향상된 공시를 강화하고 펀드의 독립성을 확실히 강화하며, 건강하고 생존 가능한 종합 펀드 그룹을 증진한다.

증권거래위원회의 이 결정으로 그동안의 투쟁이 가치 있게 되었다. 마침내 우리는 탄탄한 토대를 가지게 되었다.

10년 후	시행착오

나는 뱅가드를 창설하기 상당히 오래전부터 기업가의 역할에 관한 견해를 체계적으로 가다듬었다. 이 장의 앞부분을 읽으면 내가 2004년 6월에 프린스턴 기업가 네트워크 컨퍼런스에서 발표한 17개의 기업가적 교훈을 쉽게 이해할 것이다.

기업가적 교훈

1. 운이 좋아야 한다.

2. 재앙을 승리로 바꾸라.

3. 멘토를 구하라.

4. 해고되라.

5. 대담해져라!

6. 여러 번 운이 좋으면 한 번만 운이 좋은 것보다 낫다.

7. 절대 낙심하지 마라.

8. 에머슨(Emerson)이 옳았다. 더 나은 쥐덫을 만들면(매력적인 신제품을 만들면) 세상이 당신의 문으로 달려들 것이다.

9. 결코 포기하지 마라. 결코, 절대로, 어떤 일이 있어도, 절대로, 결코.

10. 수학적 천재가 되라(그냥 농담으로 한 말이다).

11. 분명한 것의 힘을 절대로 과소평가하지 마라.

12. 당신의 경쟁자들이 비용 면에서 경쟁하려 하지 않을 경우 (그리고 그렇게 할 수 없을 경우) 경쟁은 더 쉬워진다.

13. 때로는 정부가 도움이 되기도 한다.

14. 내적 일관성이 있는 전략이 사업 성공의 열쇠 중 하나다.

15. 남들이 덜 간 길을 가라. 그것이 모든 차이를 만들어 낼 수 있다.

16. (존 던(John Done)이 한 말을 빌자면) "아무도 외딴 섬이 아니라 대륙의 일부다."

17. 가장 큰 보상은 우리가 경제적 진보를 강화하고 더 나은 세상을 만들도록 도움을 줄 때 찾아온다.

슘페터가 기업가 정신을 묘사하다

뱅가드의 간략한 역사를 볼 때 내가 기업가 자격이 있는지에 대한 판단은 독자들에게 맡긴다. 그러나 나는 예일 대학교 졸업반 학생이 그의 논문에서 슘페터의 의견에 기초해서 성공적인 기업가는 '창설에 대한

646

꿈과 의지, 정복 및 성공에 대한 의지, 창조 및 자신의 에너지와 창의성 행사의 즐거움'이라는 세 가지 개인적 특성을 지니고 있다고 한 말을 반복하고자 한다.

'첫째, 창설에 대한 꿈과 의지.' 여기에서 예일 대학교 학생은 슘페터의 말을 사용해서 나의 꿈은 프린스턴 대학교 졸업 논문에서 비롯되었다고 말한다. 그는 "그 꿈 자체로는 그리고 저절로는, 특히 젊은 이상주의자에게는 대단한 것이 아니었다. 그가 그 꿈을 고수할 의지와 결심을 가지고 있었다는 점이 대단하다. 그는 그 꿈을 다시 언급하고, 그 꿈을 사용해서 자신의 젊었을 적 이상주의의 불씨가 꺼지지 않게 했으며, 투자 매니저들이 아니라 '투자자들의, 투자자들에 의한, 그리고 투자자들을 위한' 새로운 종류의 투자회사를 만들 때까지 참고 기다렸다." 여기에서 이 논문의 저자는 뱅가드의 본질을 정확히 파악했다.

그는 뱅가드가 '현실적이고 명백한 목적의식'을 지닌 기업이라고 언급했지만 나의 프린스턴 대학교 논문은 단지 새로운 산업에 대한 '비전의 핵심' 그것도 '이에 대해 모호한 핵심'만을 제공하며, 뱅가드는 설립 시 밝힌 만큼 이상적으로 운영되거나 그렇게 결정되어지지 않았다고 지적했다(나는 이에 대해 반대할 수 없다). 이 점에서 그 학생은 뱅가드의 창설을 좋은 신화이기는 하지만 하나의 신화로 본다. 그러나 첫 번째 테스트에 관해서는 "보글은 자신의 꿈을 실현했다."

'둘째, 정복 의지, 성공의 열매를 위해서가 아니라 성공 자체를 위해서 싸우고 성공하려는 투지.' 이 논문은 슘페터의 다음 기준으로 옮겨가서 내가 '순전한 의지력'으로 뱅가드의 설립을 둘러싼 어려움과 초기 전개 상황에 어떻게 대처했는지 묘사한다. 그러나 그는 이러한 외부 상황이 없었더라면, 내부의 의지력이 기능을 발휘할 기회가 있었을 지에 대해 의문을 제기하며 다음과 같이 결론을 내린다. "보글이 비범하게 행동하도록 강제되지 않았더라면 그는 비범하게 행동하지 않았을 것이다.

왜냐하면 보수적인 그의 성격으로 인해 상황이 기업가적 열정을 발휘하도록 요구하지 않았더라면 그 열정은 대체로 억제되어 있었을 것이기 때문이다." 진실을 파악하기는 어렵지만 나는 이러한 관찰이 상당히 설득력이 있어 보인다는 점을 인정해야 할 것 같다.

투지에 대해 그는 다음과 같이 언급했다. "그 싸움은 처음에는 뱅가드의 독립성을 확보하기 위함이었고, 그 뒤에는 승리가 1974년 이후 보글의 삶의 이야기가 되게 하기 위함이었다. 사실 보글의 전 생애는 매우 실제적인 면에서 일련의 싸움들이었다. 세계적인 수준의 교육을 위한 싸움, 회사 창설과 성장을 위한 싸움, 그리고 생명을 위한 싸움 말이다." (여기에서 언급한 생명을 위한 싸움은 1996년에 심장 이식을 받아 마무리된 35년간의 심장 질환과의 싸움을 말한다.) 나는 뱅가드와 피델리티 간의 경쟁을 철학적, 개념적, 전략적으로 양극단의 투자 접근법을 가진 두 회사들 사이의 공정한 경쟁으로 생각하지만 그는 이 경쟁을 '불화'로 묘사했다. 아무튼 심장이식으로 내게 주어진 두 번째 삶을 기회 삼아 뮤추얼 펀드 산업을 투자자들에게 더 나은 산업으로 만드는 싸움을 계속할 수 있었다. 그러나 내가 기업가이든 아니든 나만 유달리 믿는 바를 옹호해야 했고, 생명을 위해 싸워야 했던 것은 아니다. 나는 그렇게 했던 수백만 명 중의 한 명일 뿐이라고 확신한다.

'성공의 열매'에 대해 이 예일대 학생은 금전적인 이득이 기업가의 주된 동인(動因)이 아니라는 슘페터의 의견에 동의한다. 그는 나의 초기 행동들은 주로 자신의 경력을 통제하려는 바람에 기초했기 때문에 나의 동기들이 '뱅가드 신화가 암시하는 바와 같은 순전히 이타적인 것은 아니었음'을 인식한다. 그러나 그는 나의 재무 감각이 나쁘지 않았음을 언급하면서도, "[1997년 초에] 50억 달러에서 100억 달러의 가치가 있는 회사를 소유할 수도 있지만 그렇게 하지 않은 사람은 금전적 가치보다 번창하는 기업을 만드는 데 더 관심이 있다"는 점에 비추어 내가 성공의 열매보다는 성공 자체를 즐겼다고 결론지었다. 그러고 나서 그는 이렇게 말한다. "사람이 충분하고도 남을 부를 모으고 나면, 바보가 아닌 이상 자기의 성공을 돈과 보물의 관점에서만 측정하지 않는다." 기업가든 아니든, 우리는 모두 이 생각에 주의를 기울여야 한다.

'셋째, 창조, 일을 이루어내기, 자신의 에너지와 창의성 행사의 즐거움.' 그 논문의 저자는 이 세 번째 기준이 슘페터의 기업가를 이해하는 핵심이라고 주장한다. 그의 논문은 창조의 즐거움은 독특한 뱅가드 구조와 최초의 인덱스 펀드 창설에서 가장 명백히 드러났다고 언급한다. 그는 "이 개념은 투자 업계에서 비웃음을 받았지만, 오늘날에는 책임 있는 투자의 특징으로 칭송받고 있다."고 지적한다. 그는 "기업가는 자신의 작품(그의 비전이라는 보석)이 지속되고 알아차려질 수 있도록 열심히 노력할 수 있어야 한다"라고 덧붙이면서, 나를 다음과 같이 묘사한다. "그는 앉아서 자신의 아이디어들이 신적인 개입만으로 개화하기를 기다리는 사람이 아니다. 그는 적극적으로 그 아이디어들을 추구하고, 그 아이디어들이 자라게 하고, 그 아이디어들이 누구에게나 받아들여져야 한다고 사람들에게 말한다."

세상의 한 단면

요약하자면 예일 대학교의 젊은 논문 저자는 슘페터의 세 가지 기준(창설에 대한 꿈과 의지, 정복 의지와 주로 성공 자체를 위해서 성공을 위해 싸우려는 투지, 창조 및 자신의 에너지와 창의성 행사의 즐거움)에 비추어 내가 기업가 자격이 있다고 믿는다. 나는 그에게 "나는 위대한 정신의 소유자가 아니다"라고 솔직하게 인정했지만, 그는 내가 "모호한 것을 명백하게 하고, 흐릿한 것을 투명하게 하는 재능과 자신의 아이디어에 대해 지칠 줄 모르는 십자군이 되기 위한 결단력과 에너지를 가지고 있다"라고 말한다. 이 논문은 '최상의 기업가는 교육받은 사람'이라면서 내가 똑똑하지는 않을지라도 '명백한 것들을 인식해낼 줄 아는 불가사의한 능력'을 지녔다고 묘사한다. 솔직히 나는 이 모순된 말(결국 '명백한 것들'은 누구나 인식할 수 있는 것들이다)이 나의 경력에 대한 거의 완벽한 비유라고 생각한다. 그는 그 재능은 "선천적인 호기심과 자유로운 교육이 결합하여 발생했으며, 사업의 본질과 맥락에 대한 이해를 촉진시켜, 자신이 속한 세계의 한 단면을 파악하게 했다"라고 했다.

나는 한없이 작은 내 세상의 한 단면을 살펴봄으로써 이 장을 마무리하고자 한다. 1974년에 뱅가드가 설립된 이래로 시대가 변했다. 가장 명백한 점으로는 우리 회사가 성장했다는 점으로서, 우리의 자산은 13억 달러에서 4,500억 달러가 넘게 성장했다. 28명밖에 되지 않던 선원들은 8,000명이 넘는 규모로 늘어나서 진짜 해군을 구성할 수 있을 정도가 되었다. 우리는 투자자들에게 좋은 서비스를 제공했으며, 서비스와 고결성(integrity), 투자 성과 측면에서 좋은 평판을 얻고 있다. 실로 꿈이 현실이 된 것이다.

자신의 아이디어를 기업으로 바꾸는 리더를 기업가로 정의한다면, 나는 내가 기업가로서 성공했다는 점을 받아들일 수 있다. 그러나 기업가를 궁극적으로 그의 아이디어가 주류로 받아들여진 사람으로 정의한다면, 이 측면에서 나는 실패했다. 나의 아이디어들은 아직까지는 뮤추얼 펀드 업계에서 일반적으로 모방되지 않고 있다. 양질의 주식과 채권에 장기간 투자한다는 아이디어는 뮤추얼 펀드 업계에서 규칙이기보다는 예외로 남아 있다. 동료들은 인덱스 펀드를 사명으로서가 아니라 마케팅 필요에 의해서만 받아들이고 있고, 규율이 잡힌 채권 포트폴리오와 단기 자금 시장 포트폴리오는 마지못해 받아들여지고 있을 뿐이다. 그리고 투자자들을 위해 비용을 낮출 동인은 존재하지 않는다. 뱅가드에 핵심적인 하나의 위대한 아이디어(상호 소유 뮤추얼 펀드라는 회사 구조)는 '뱅가드 안에' 있음으로써 예시되는 리더십을 나타내기보다는 추종자를 발견해야 하는데, 아직 최초의 추종자도 나오지 않고 있는 실정이다. 나는 (그 논문에 나온 표현을 빌자면) '비전이라는 보석' 위에 앉아 있지는 않았다. 그러나 나는 보석들을 금고 속에 넣어 둔 거나 마찬가지였다. 이 보석들은 어느 정도 인식되기는 했

650

으나, 시간만이 이 보석들이 지속될지 여부를 말해 줄 것이다.

나는 이제 독자들이 내가 진정으로 (예일 대학교 졸업반 학생의 논문에 나오는 표현대로) '고전적인 슘페터적 기업가'인지, 아니면 기업가이기는 한 것인지에 대해 스스로 판단할 수 있을 만큼 뱅가드에 대해 충분히 알게 되었기를 바란다. 그러나 뱅가드의 창시자는 여전히 아이디어를 창조하는 기쁨에 빠져 있고, 기업가 정신을 간직하고 있으며, 이에 대한 포교 활동을 유지하고 있다. 모든 곳에 있는 뮤추얼 펀드 주주들에게 정당한 몫을 제공해야 한다는 사명은 변하지 않았다.

10년 후 세상 속의 맥락

초판이 발행된 이후 우리는 엄청나게 성장했다. 뱅가드가 관리하는 자산은 1999년 말에 5,400억 달러였는데, 2009년 중반에는 1조 1천억 달러가 되었다. 8%의 성장률은 과거의 연 성장률 27%에는 못 미치지만, 새천년의 처음 10년 동안의 금융 시스템 스트레스를 감안하면 괜찮은 수준이다. 우리는 경쟁자들보다 훨씬 빠르게 성장했는데, 이는 아마도 놀라운 일이 아닐 것이다(1999년의 펀드 거인들 중에는 새천년이 시작할 때 50%에서 70%의 관리 자산 감소를 경험한 곳들도 많다).

그 결과 1999년에는 7.9%였던 우리 회사의 펀드 자산 시장 점유율은 계속 상승해서 2009년에는 11.2%가 되었다(시장 점유율 3.3% 포인트 상승은 확실히 그리 대단한 수준은 아니지만 이는 뱅가드의 감독을 받는 자산 3,400억 달러 증가에 해당한다). 그리고 모멘텀이 감속되리라는 조짐도 없다. 사실은 모멘텀이 가속되고 있다. 지난 3년 동안 모든 장기 (채권형과 주식형) 뮤추얼 펀드에 유입된 4,200억 달러 중 거의 절반(1,920억 달러)이 뱅가드 펀드에 투자되었다. 펀드 투자자들이 뱅가드 구조를 강력하게 지지하고 있음에도 아직도 우리의 뒤를 따라오는 펀드가 없다.

우리의 성장을 견인한 것은 바로 앞에서 언급했던 정직한 뱅가드 구조, 효율적인 인덱스 투자 개념, 그리고 우리의 경제적인 운영 방식과 같은 엔지니어링 아이디어들이었다. 우리가 제공하는 펀드들은 인덱스 펀드, '가상' 인덱스 펀드(대체로 명확하게 정의된 만기, 높은 투자의 질, 그리고 매우 광범한 분산 투자를 갖춘 우량 확정 수익 포트폴리오), 그리고 시장 틈새(즉, 대형 성장주 펀드 등)의 수익률과 필적하도록 고안되어 비교적 예측 가능성이 높은 복수 매니저 주식형 펀드를 포함하는 '핵심' 펀드들에 의해 압도적으로 주도되었다. 우리가 이 목표를 달성하면(달성할 경우가 그렇지 않을 경우보다 훨씬 많다) 우리의 비용이 낮으므로 비교 대상 그룹들보다 높은 연 수익률을 올리게 된다. 그 결과 우리 회사 자산의 약 85%는 뱅가드의 투자 전략에 내재된 원래의 기업가적 개념을 반영한다.

뱅가드의 자산 구성

	자산(십억 달러)		
	1989년	1999년	2009년 중반
인덱스 펀드			
주식	2.3	229.1	413.1
채권	0.1	15.3	100.5
합계	2.4	244.3	513.6
가상 인덱스 펀드			
채권	8.1	43.5	156.2
단기 자금 시장	16.6	72.0	199.0
합계	24.6	115.5	355.1
복수 매니저 주식형 펀드	11.1	84.8	95.1
핵심 펀드 합계	38.1	444.7	963.9
관리형 펀드			
주식	4.1	66.5	124.0
채권	3.1	18.2	43.5
합계	7.1	84.7	167.5
총 자산	45.3	529.4	1,131.3

1) Gearhart Thatcher Lane, "The Entrepreneur in American Economic History," Yale University(Spring, 1997).

Chapter 21

On Leadership
A Sense of Purpose

리더십—목적의식

　뱅가드를 창설하게 한 것이 기업가의 비전과 대담함이었는지, 또는 훨씬 더 평범할지는 몰라도 '명백한 것들을 인식하는 불가사의한 능력'이었는지는 별로 중요하지 않다. 1974년에서 1981년까지의 투쟁이 끝나고 뱅가드의 완전한 범위와 구조가 발전된 뒤에도 이 구조에 따르는 전략 실행이라는 더 어려운 도전 과제가 남아 있었다. 어떤 리더십 속성들이 요구될 것인가? 그리고 그 리더십은 어느 방향을 취할 것인가?

　창조적인 리더십은 종종 새로운 기업에 목적의식을 불어넣는다. 어떤 종류의 리더십이 되어야 하는지는 그 기업의 특성뿐만 아니라 리더의 특성과도 관련이 있다. 리더는 어떤 태도를 지닌 사람인가? 여기서 나는 아주 솔직하게 이야기하고자 한다. 다른 사람들과 마찬가지로 내게도 모순되는 특성들이 있다. 자부심이 강하면서도 겸손하고, 상당히 영리하면서도 (사실은 그 이상이다) 가끔은 허점과 어리석음을 보이기도 하며, 강한 영향력과 함께 심원한 불안감을 보이고, 놀라울 정도로 자신감이 있으나 때로는 의심으로 끝나며, 지적인 성향이 있으나 학문적 깊이는 없고, 포부가 크고 열정적인 리더이지만 매니저로서의 기술(또는 그에 대한 관심)은 없다.

　이처럼 장황한 얘기를 늘어놓은 것은 내가 다른 사람보다 더 잘나거나 못나지 않았다고 말하기 위해서다. 나는 그저 보통 사람일 뿐이다. 그러나 나의 경험에 기초한 몇 가지 사례를 통해서 무엇이 내게 멋진 삶과 경력을 가져다주었는지 이야기할 수 있을 것 같다. 이 장에서 나는 내가 착상했고, 설립했고, 이름을 지었고, 거의 25년 동안 건전한 가치를 개발하기 위해 노력해 왔던 기업의 리더십 방향에 초점을 맞출 것이다.

백지 상태에서 새로운 이름의 회사를 시작할 때, 나의 포부는 오직 하나였다. 그것은 거대한 자산을 보유하고 시장을 지배하는 회사를 세운다거나, 내세울 만한 다른 어떤 것들과도 관계가 없었다. 내가 처음에 우리 회사 이사들에게 말한 것처럼 나의 목표는 명백했다. 그것은 뱅가드를 뮤추얼 펀드 업계에서 가장 자랑스러운 이름으로 만든다는 것이었다. 그리고 나는 뱅가드를 이 목표를 향해 이끌어나가기로 굳게 결심했다.

단순성의 위엄

회사의 사업적인 측면은 기본적이지만 장엄한 아이디어인 단순성에 기초를 둘 터였다. 우리 회사의 펀드들은 명확히 표명된 투자 목표, 명시적인 투자 정책, 정확한 성과 측정 기준을 가지게 될 터였다. 이 펀드들의 포트폴리오들은 광범위하게 분산되고, 보수적으로 관리되며, 주로 우량 증권에 투자될 예정이었다. 우리는 비용을 최소로 유지할 예정이었다. (나는 투자의 총수익률에서 관리 비용을 빼면 투자자들이 버는 순수익률이라는 사실을 발견했다. 그다지 복잡할 게 없음에도 불구하고 이를 알아차린 사람은 나뿐인 것 같다.)

이처럼 그리 대수롭지 않은 통찰력을 통해 뱅가드는 (몇 년 전에는 공공연하게 말할 수 없었지만) 투자의 핵심 과제는 선택된 자산 군(주식시장, 채권시장, 단기 자금 시장 모두 마찬가지임)에서 버는 연 수익률의 가능한 최고의 비율을 실현하는 것이라고 말할 수 있었다(그 비율은 100%에 미치지 못하리라는 점을 인식하고 이를 받아들이면서 말이다).*

---

* 나는 1997년 중반에 《LA 타임즈》지의 투자 전략 컨퍼런스에서 7,000명의 청중 앞에서 처음으로 공개적으로 이처럼 단순하고 대담한 진술을 했다. 이 말은 4장의 중심 내용으로 다시 제시되었다.

이러한 현실에 대한 인식은 금융시장 연 수익률의 거의 99%에 가까운 수익률을 제공하는 우리의 저비용 인덱스 펀드와 명확히 정의된 채권형 펀드에서 그 전형을 찾을 수 있다. 기록을 위해 얘기하자면 적극적으로 관리되는 평균적인 뮤추얼 펀드들(주식형, 채권형, MMF)에 의해 제공되는 수익률은 시장 수익률의 약 85%였다. (서비스 지향, 상호 소유 구조, 그리고 저비용에 대한 초점을 통해) 고객의 이익을 최우선으로 한다는 뱅가드의 근본 목표 덕분에 우리는 시장 수익률의 100%에 근접할 수 있는 가장 큰 기회를 가지고 있는데, 이는 단순성의 가치에 대한 확실한 입증이다.

　일단 가장 중요한 목표가 수립되고 나니 단순성은 우리 기업의 리더십 전략 결정에 도움이 되었다. 나는 내가 꿈꿨던 성장을 다루기 위해서는 한 명의 리더가 아니라 많은 리더들이 필요하다고 믿었다. 단지 '거물'이 아니라 대원들(갑판의 위아래에서 일하는 사람들, 포를 장착하는 사람들과 발사하는 사람들, 아딧줄(바람의 방향을 맞추기 위해 돛을 매어 쓰는 줄. 네이버 사전에서 인용함. 역자주)을 내리는 사람들과 대원들을 정렬시키는 사람들, 배가 앞으로 나가게 사람들과, 항로를 진행하도록 도움을 주는 사람들) 위의 리더들이 필요했다. 모두 장기적으로 기여해야 하고 그에 따른 인정을 받아야 한다. 그럼에도 키를 쥐고 있는 사람(선장)이 항해에 대한 궁극적인 책임을 지므로 나는 내게 가장 중요하다고 여겼던 리더십의 속성들 몇 가지를 간략히 언급하고자 한다. 나는 우리 회사의 몇 가지 중요한 경험을 사용해서 리더십이 기회, 준비, 예지력, 목적의식과 열정, 리더일 뿐 아니라 종이 되기, 실패와 결단력, 인내 및 용기와 어떻게 관련되어 있는지 논의할 것이다. 정도의 차이는 있지만 뱅가드의 모든 리더들은 (사실 대부분의 인간은) 이러한 속성들의 대부분을 공유한다. 아마도 이러한 속성들이 얼마나 강한가, 이 속성들이 어떻게 균형을 이루는가, 그리고 이러한 속성들이 적절한 때에 발휘될 수 있는가가 중요한 점일 것이다.

우연한 역사

큰 그림부터 시작하자면 25년 전 설립할 당시에 10억 달러의 투자자 자산을 관리하는 '구멍가게' 기업이었던 뱅가드는 어떻게 오늘날 4,500억 달러의 종합 펀드 그룹이 되었는가? 공정하게 말하자면 우리는 최악의 시기였던 1974년(대공황 이후 최악의 약세장의 바닥)에 시작했는데, 지금은 가장 좋은 시절(주식시장과, 이 점도 잊지 말아야 하는데 채권시장 모두 미국 역사상 가장 오래 계속된 강세장의 꼭대기)을 구가하고 있다. 나는 "천재를 행운 및 강세장과 혼동하지 말라"고 수천 번이나 말해 왔다. 우리에게는 확실히 두 가지 요소 모두가 있었다.

15장과 20장에서 나는 우연히 어떻게 나를 이 사업으로 이끌어 왔는지, 그리고 뱅가드 발전의 많은 요소들에 어떤 역할을 했는지 설명했다. 1949년 당시에는 아주 작았던 뮤추얼 펀드 산업에 대한《포춘》지의 기사, 나의 프린스턴 대학교 졸업논문, 나의 멘토 월터 모건, 『대영제국 해군의 업적』이라는 책과 뱅가드라는 회사 이름, 인덱스 펀드에 영감을 준 1975년, 1976년의 사무엘슨(Samuelson), 엘리스(Ellis), 이어바트(Ehrbar)의 논문들이 모두 우연이었다. 이처럼 우연한 사건들이 함께 이어져서 뱅가드의 역사에 스며든 운이 거의 전설적인 부분을 차지하게 됐다. 그러나 그것은 사실이다. 내가 기회라고 부름으로써 위엄을 갖춰줄 운은 종종(아마도 언제나) 리더십의 전조다. (우리 삶에서 운의 역할에 비추어 볼 때 리더로 부각된 사람들은 건강한 겸손함을 지닐 필요가 있다.)

준비, 예지력, 목적, 그리고 열정

그러나 운만으로 결코 충분하지 않다. 리더는 기회가 문을 두드릴 때 준비되어 있어야 한다. 인생에서 행운을 잡지 못하는 것은 슬픈 일이지만, 행운이 찾아와도 이를 알아차리지 못하는 것은 더 슬픈 일이다. 그러나 가장 슬픈 일은 행운을 활용할 준비가 되어 있지 않은 것이다. 프랑스의 훌륭한 과학자 루이 파스퇴르(Louis Pasteur)는 "행운은 준비된 사람을 선호한다"라고 말했다. 기회가 찾아왔을 때 나는 다가올 시대에 적합해질 전략을 제공할 준비가 되어 있었다. 미국에서 가구 소득과 재산이 증가하고, 금융에 대한 이해력이 증가하며, 투자자들에 대한 교육이 넘쳐나는 시대가 올 거라고 예상하는 일(실제로 그렇게 되었다)은 대단한 통찰력을 필요로 한 것은 아니었다. 분석적이고 현명한 투자자의 시대가 따라올 터였다. 그러니 준비를 리더십의 첫 번째(또는 최소한 가장 빠른) 속성으로 표시해 두자.

이 모든 초기의 행운들이 찾아와 자리 잡고 뱅가드가 설립되었을 때, 우리는 투자자들에게 우리가 할 수 있는 최고의 가치를 제공하기 시작했다. 그런 전략은 건전한 투자 정책, 이례적으로 낮은 운영비용, 그리고 판매 수수료 제거를 요구할 터였다. 우리의 아이디어들은 받아들여지게 되어 있었고, 뱅가드는 세계에서 가장 낮은 비용의 금융 서비스 제공자가 되었으며, 이를 통해 우리의 주주들에게 그만큼 높은 수익률을 제공할 수 있게 되었다. 그러한 투자 환경 변화는 오늘날에는 명백해 보일 수도 있다. 그 전략은 확실히 이러한 변화에 대한 명백한 대응이 될 터였다. 이러한 전략이 내게는 1974년에도 똑같이 명백해 보였다는 점만 덧붙이고자 한다. 예지력을 리더십의 두 번째 속성으로 표시해 두자.

세 번째 속성은 내가 처음에 언급한 것처럼 목적의식이다. 1974년에 우리는 어디로 가기를 원하는지 결정했고, 또한 그곳에 윤리적으로 도달하기로 결정했다. 강한 도덕적 나침반이 우리의 길잡이가 될 터였다. 우리의 유일한 목적은 우리의 주주들, 즉 자신들의 재무상의 미래를 우리에게 맡기게 될 사람들에게 봉사하는 것이었다. 우리는 우리 고객들이 문자 그대로 우리의 소유주가 된 회사 구조를 만들었는데, 이 구조는 오늘날까지 뮤추얼펀드 업계에 독특한 구조로 남아 있다. 내가 이미 언급한 것처럼 "당신의 고객을 당신의 소유주로 대하라"라는 격언은 우리에게 진정한 의미를 지니게 되었다. 우리 회사는 업계 관행대로 영리를 추구하는 상장 또는 비상장 회사에게가 아니라 뮤추얼 펀드의 주주들에게 소유권을 넘겨주었다. 나는 펀드 업계에 독특한 우리의 회사 구조를 만들었다는 이유로 바보, 공산주의자, 심지어 마르크스주의자라고 불리기도 했다. (그것도 공개적으로 말이다.) 그러나 내게는 그 구조가 자본주의의 정수(精髓)인 주주들에 의한 회사 지배다.

우리의 창립 목적으로부터 우리의 주주들을 위해 가능한 최고의 수익률을 올리고, 그들의 돈을 현명하게 투자하도록 주의를 기울이며, 우리 업계에서 가장 낮은 비용으로 운영한다는 단순한 비즈니스 전략이 나왔다. 우리는 낭비를 최소화하고 빠듯하게 운영해 왔다. 우리는 리더들에게 후한 복리후생, 일등급 좌석, 임원 식당을 제공하지 않는다. 외부 투자 자문사를 유지하는 뮤추얼 펀드들에 대해서는 공정하게 수수료를 협상하고, 그 결과 우리의 자문사들에게 공정하고 우리의 주주들에게도 공정한 수수료를 지불한다. 우리는 투자자들의 돈을 비싼 마케팅에 낭비하지 않는다. 이 업계에 종사하는 다른 이들은 비용을 별로 중요하지 않게 생각한다. 그러나 우리는 다른 요인들이 일정하게 유지된다면 비용이 낮아질수록 투자자들이 버는 수익률은 높아진다는 논리적이고 반박할 수 없는 명제를 날마다 제공한다. 비용은 중요하다.

목적의식은 우리에게 이 명제를 제공하고 이에 따라 살 뿐만 아니라 투자자들에게 이 메시지를 전달할 것도 요구한다. 영어라는 멋진 언어는 우리에게 이를 전달할 수 있는 놀라운 매체들과 수많은 방법으로 이를 전달할 수 있는 유연성을 제공한다. 나는 20년이 넘는 기간 동안 우리 펀드의 모든 연례보고서를 썼으며, 전 직원들에게 약 50번의 강연을 했고, 미국 전역과 대서양 및 태평양 건너편에서 연설을 했으며, 투자자들이 뱅가드의 사명을 견인하는 강력한 목적의식에 대하여 이해하도록 최선을 다했다.

그러나 열정이 없는 목적은 좀처럼 일을 해내지 못한다. 헤겔의 말로 표현하자면 "이 세상에서 열정 없이 이루어진 위대한 일은 없다." 그리고 나 또한 내가 언급한 네 번째 특징인 열정을 리더십의 중요한 특징 중 하나로 여기게 되었다. 열정을 화려하게 과시할 필요는 없다. 그 강도에 대하여 어떤 의심도 허용하지 않는 조용한 열정도 적절하며, 오히려 더 나을 수도 있다. 마찬가지로 열망과 에너지도 중요한 요소로 포함될 수 있을 것이다. 이 모든 것은 리더에 달렸다. 아무튼 열정은 사람들에게 영감을 줄 수 있는 능력에 필수적이다. 여기에 경영진(목표를 달성하고 일이 이루어지게 함)과 리더(목표를 수립하고, 비전을 품으며, 좋은 사람들이 자발적으로 그 대의를 받아들이도록 협력함)의 차이가 있다. 리더는 꿈을 현실화하고, 그 결실을 이루어내는 일을 주도한다는 점을 명확히 알아야 한다. 그러나 해당 기업의 원칙과 가치들이 시간의 시험을 통과했을 때, 그리고 회사가 계속 성장해서 성숙단계에 이르렀을 때에는 경영진이 주도해야 할 수도 있다(아마도 반드시 그래야 할 것이다). 열정적인 리더에게는 (그럴 가능성이 낮기는 하지만) 투쟁의 시기가 앞으로 나아가는 동력을 지니게 되는 시기보다 만족스러울 수도 있다. 확실히 이러한 초창기야말로 러시모어 산의 위대한 조각가 거츤 보글럼(Gutzon Borglum)이 "인생은 일종의 군사 작전이다. 사람들은 잘 싸워낼 때 자신의 영혼과 정신에 어떤 강인함이 찾아오는지 알지 못한다"라고 한 말에서 환기되는 것과 같은 종류의 열정이 요구되는 때다.

말의 힘

목적과 열정을 전달하고자 할 때 나는 올바른 말 사용에 크게 의존한다. 뱅가드에서는 다음과 같은 말을 사용하지 못하게 하고 있다. 종업원(employee)-주인과 하인의 정신을 암시한다. 고객(customer)-다른 많은 공급업자와 기회주의적으로 거래하는 구매자를 가리킨다.

상품(product)―당대의 취향을 충족시키기 위해 만들어진 치약, 맥주, 통조림, 수프 등과 같은 소비재와 동의어다. 대신 모든 성공적인 항해에 필요한 팀의 일원인 선원, 우리와 장기적인 재무 관계를 맺는 사람을 의미하는 의뢰인(client), 그리고 우리가 제공하는 서비스의 신임관계(fiduciary) 성격을 반영하는 뮤추얼 펀드라는 말을 사용한다. 이러한 단어 선택은 투자자들이 우리를 바라보는 시각과 우리가 자신을 바라보는 시각을 형성하는 데 도움이 되어 왔다.

적절한 단어를 찾지 못할 때면 나는 주저하지 않고 다른 사람들의 용어를 사용했다. 그 용어들이 항해와 관련이 있거나 영감을 주는 경우에는 특히 더 그랬다. 뱅가드의 본사를 헌정하던 때, 나는 워싱턴 성당의 교구장 프랜시스 세이어(Very Reverend Francis B. Sayre, Jr.)가 1976년 7월 4일에 '큰 배들'이 로드아일랜드 주의 뉴포트에 도착했을 때 했던 설교를 회상했다. 그의 말들은 내게 뱅가드를 상기시켰다. 뱅가드의 초창기에 우리는 강한 맞바람과 높은 파도에 직면했다. 성공이 불가능해 보였을 때, 우리는 그 맞바람을 뚫고 목적지를 향해 조금씩 나아가야 했다. 그러나 1983년의 본사 헌정 이후 오늘날까지 우리는 순풍에 돛을 달고 풍요롭고 안락한 시기를 경험하고 있다. 세이어 신부가 미국에 대해서 한 열정적인 말과 얼마나 유사한가.

선원들은 요즘에 일부 시민들이 잊어버리고 있는 사실들을 알고 있습니다. 신의 바다에서는 먼저 신의 바람과 신의 조류에 맞춰 돛을 조절하고 키를 조정하지 않으면, 어떤 목적도 이루어지지 않고 어떤 경로도 소용이 없어진다는 사실 말입니다.

항해사들의 눈은 예리해서 구름 위, 수평선 또는 물보라가 이는 물마루 위로부터 오는 신호들을 알아차릴 수 있고, 이를 통해 신이 그들을 위해 예비해 둔 날씨가 거칠지 잔잔할지 예측할 수 있습니다.

그리고 운 좋게도 그가 땅 위에서 가고자 하는 방향과 정확히 같은 방향으로 바람이 불어준다면, 선장은 모든 돛을 활짝 펴고 순풍과 함께 쉽고 쾌활하게 질주할 수 있을 것입니다. 최근의 미국 상황이 이렇습니다. 풍요롭고 어려움이 없으며, 그리 열심히 일하지 않아도 항해 일지를 다 채울 수 있습니다. 순풍을 받고 쌍 돛을 올려 항해하면서 선원들은 갑판에서 빈둥거립니다.

그러나 우리는 이 세상에서 역풍을 더 자주 만납니다. 이 경우 당신에게 목적지가 있다는 사실은 변함이 없지만, 뒤로 앞으로 자주 침로를 바꿔야 합니다. 돛을 활짝 펴고, 얼굴에 바람을 맞고, 다리에는 물보라가 튀면서, 아딧줄을 잡은 손가락은 파리해지고, 말을 듣지 않는 키를 제대로 잡기 위해 근육은 긴장하고, 장엄한 자연의 엄청난 힘에 맞춰 짐을 잘 조정해서 역풍을 뚫고 바라는 목적지에 가까스로 가게 될 것입니다.

이때야말로 당신의 배가 견고하고 아무 이상이 없어야 하며, 잘 만들어지고, 생물처럼 유연해야 할 시기입니다. 그리고 바로 그때, 항해사도 분발해야 하며 자신보다 훨씬 강력한 힘의 현존에 경외심을 보이면서도 상황을 지배해야 합니다.

종의 리더십

리더십의 다섯 번째 특징, 즉 리더를 종으로 보는 아이디어는 모순적으로 보일 수도 있다. 종의 리더십이라는 개념이 내게 빨리 또는 쉽게 다가오지는 않았다. 사실 최소한 뱅가드가 아주 작은 조직이었던 처음 10년 동안에 나는 아마도 독재자로 여겨졌을 것이다. 그러나 나는 힘 자체를 위해서가 아니라 나의 참신한 아이디어를 회의적인 시각으로 바라보는 세상에 알리고, 전형적인 상업적 기업들에게서 기대할 수 있는 것보다 높은 가치 감각을 가진 조직으로 발전시키기 위해 힘을 사용했다고 생각하고 싶다. 나는 새로운 투자 방법을 개발해서 실행하기 위해 내가 가진 모든 지적인 힘을 사용했으며, 경쟁이 매우 치열한 세계에서 살아남아 번영하게 될 기업에 고결성, 공정한 대우, 솔직함, 개인에 대한 존중 등과 같은 아이디어들을 심어주기 위해 내가 가진 모든 도덕적인 힘을 사용했다.

여러 해 동안 우리 조직 운영에 관한 나의 아이디어들은 조직되지 않았고, 심지어 완성되지도 않았다. 그러나 이러한 아이디어들이 발전해 감에 따라, 나는 수시로 열리는 회사 전체 회의에서 우리 승무원들에게 이 아이디어들을 명확히 발표했고, 1987년에는 구체적인 '뱅가드 가치 매뉴얼'을 펴내기도 했다. 그 당시 나는 미국 전신전화회사(American Telephone & Telegraph Corporation; ATT)의 고위 임원이자, MIT 경영대학원과 하버드 경영대학원의 초빙강사 로버트 그린리프(Robert Greenleaf)의 글을 읽기 시작했다. 그는 내게 종의 리더십과 모든 사람이 한편으로는 리더이면서 한편으로는 종인 모델 기업을 발전시킨다는 개념에 대해 소개해 줬다. 이처럼 헌신된 사람들의 목표는 그들이 섬기는 사람들과 그들과 더불어 섬기는 사람들의 부름에 응답하는 것이다.

그린리프는 그 안에서 "그 규율을 받아들이는 모든 사람들이 혼자서 성취할 가능성이 있는 것보다 더 고상한 지위에 오르고 더 효과적으로 일할 수 있는," 뛰어난 섬기는 기관 개념을 명확히 표명했다. 그는 "그 기관의 모든 사람들이 부분적으로는 리더이면서 부분적으로는 추종자"이기 때문에, 리더십과 팔로우십(foolowship)에 대한 이해가 요구된다고 말했다. 그러면서 그는 다음과 같은 중요한 생각을 덧붙였다. "어떤 기관이 종의 역할을 하려면(이는 뱅가드의 구조와 전략에 의해 요구되는 사명이었다.) 타고난 종들(다른 사람들을 끌어 올려주기 원하는 사람들)에게만 리더의 권한이 부여되어야 한다." 이 점에 대해서 나는 리더는 추종자들에게 힘을 주지만, 최상의 리더는 추종자가 되기로 한 사람들로부터 힘을 모은다는 점을 덧붙이고자 한다(나는 그린리프도 이에 동의할 것이라고 생각한다). 아무튼 이러한 철학과 자신의 생각이 일치하는 것이 순전한 우연(무작위적인 분자들이 밤에 부딪히는 행복한 사건)인지, 아니면 위대한 아이디어들은 신비한 보편성이 있다는 강력한 증거인지는 알기 어렵다. 아마도 두 요소 모두 조금씩 섞여 있을 것이다. 어쨌든 종의 리더십은 내가 뱅가드를 이끌어오기 위해 노력한 중요한 방법의 일부다.

종의 리더십에 관한 그린리프의 견해

그린리프(Greenleaf)는 재직 기간 동안 회사들의 초점을 보다 인간적으로 만드는 데 있어서뿐만 아니라 사업적으로 보다 성공적으로 만드는 데 있어서 그가 주장하는 종의 리더십 개념이 수행할 수 있다고 믿는 역할에 대해 수많은 연설과 강의와 글을 남겼다. 그의 아이디어는 내 심금을 울렸다. 『종의 리더십』(Servant Leadership)이라는 책에서 그는 다음과 같이 말했다. "리더십의 핵심은 앞서 가며 길을 보여주는 것으로서, 이는 영감에 대한 이례적인 개방성으로부터 도출되는 태도다. 리더는 그 길이 불확실하고 심지어 위험하다는 것을 알지라도 '나는 나아갈 것이다. 나를 따르라'고 말한다."[1] (여기에서 나는 그가 회사의 뛰어난 형태의 리더십에 관해서 뿐만 아니라 기업이 성공하기 위해 평범한 형태의 리더십이 요구되는 수많은 과업들에 대해서도 언급하고 있다고 확신한다.)

그가 강조한 바에 따르면 비즈니스는 지엽적인 것이 아니라 핵심적인 것이다. 그는 자유롭게 하는 비전을 가진 우수한 기업을 만드는 데에 깊은 관심을 가지고 있었다.

우수한 기업을 그 경쟁자들과 구분시키는 것은 우수한 기술, 더 명민한 시장 분석, 더 나은 재무구조 등과 같이 일반적으로 회사를 구분시키는 측면들이 아니다. 그것은 그 기업의 꿈(이 기업이 무엇이 되기를 원하는가, 우선순위가 어떻게 정해지는가, 섬기기 위해 어떻게 조직되는가)

에 관한 자유로운 사고다. 우수한 기업은 급진적인 철학과 자아상을 가지고 있다. 전통적인 사업상의 지혜에 따르면, 그런 기업은 절대 성공할 수 없다. 훨씬 덜 성공적인 경쟁자들은 다음과 같이 말하는 듯하다. "그 회사가 주장하는 아이디어들은 효과가 없을 것이기 때문에 우리는 거기서 아무것도 배우지 못할 것이다."

어떤 경우에는 회사의 꿈에 관한 관습에 얽매이지 않은 사고가 자유롭게 하는 비전에서 생기기도 한다. 그러나 우리 사회에는 자유롭게 하는 비전은 드물다. 자유롭게 하는 비전이 왜 이리 희귀한가? 이는 안정된 사회에서는 자유롭게 하는 강력한 비전은 전달하기 어려워야 한다고 요구하기 때문이다. 그럼에도 그러한 비전이 없다는 것은 우리의 운명을 막는 일이다. 전통적인 사회에 관해 생각하면 위로가 될지는 몰라도, 우리는 그리로 되돌아갈 수는 없다. 변화가 있어야 하며, 때로는 아주 큰 변화가 있어야 한다.

그러나 전달의 어려움은 절반의 답일 뿐이다. 나머지 반은 비전을 요약하는 재능, 설득력 있게 표현할 수 있는 힘이 있고 이를 위해 노력할 수 있는 열망과 용기가 있는 사람이 너무도 적다는 것이다. 그러나 돌봐주고 섬기는 사회의 기초가 되는 자유로운 사고를 낳을 아주 명확한 목소리를 내는 종의 리더들을 위한 공간이 있어야 한다.

나는 뱅가드가 우수한 기업의 정의를 충족하는지 여부에 대한 판단은 나보다 훨씬 현명하고 객관적인 사람들에게 맡기고자 한다. 나는 뱅가드가 이러한 정의를 충족한다고 믿는다. 그리고 이는 우리는 무엇이 되기를 원하는가, 우리는 우선순위를 어떻게 정하는가, 우리는 우리의 의뢰인들을 섬기기 위해 어떻게 조직하는가에 관한 관습에 얽매이지 않은 사고의 산물이라고 거리낌 없이 말할 수 있다. 우리는 감히 달라지기로 했는데 이것이 썩 잘 통하고 있는 것 같다.

뱅가드가 작은 회사에서 거대 기업으로 성장함에 따라, 리더십의 도전과제들이 급격히 변화해 왔다. 그린리프는 이 이슈에 대해서도 의견을 피력했다.

큰 기업과 작은 기업을 구분하는 선은 그 사업이 더 이상 한 개인의 지도하에 기능을 발휘하지 못하는 곳에 그어질 수 있다. 그 회사가 주로 한 사람의 주도, 상상력, 취향, 판단에 기초해서 설립되었다면, 언제 그 지점에 도달했는지 인식하기 어려울 수도 있다. 가장 큰 위험은 회사가 성장할 수 없고, 현재의 질을 유지하지 못하는 것일 수도 있다.

그 지점에서 리더는 일이 완수되게 하는 프로세스를 관리하는 기관을 만들어야 하는데, 이는 궁극적으로 수탁자들로 행동하는 이 사회에 의해 관리되는 대기업이라는 장기 최적 상태를 향한 첫 단계다. 그 결과로 소규모였을 때 잘할 수 있었던 일을 대규모로도 계속해서 잘할 수 있게 해줄 힘, 질, 연속성을 부여하는 데 요구될 유능한 많은 사람들을 유치하고 유지할 수 있는 기회를 지닌 기관이 탄생할 것이다.

성공적인 리더는 1인 기업을 유능한 많은 사람들의 집합체로서 자율성과 창조적 동인을 지닌 기관으로, 그리고 확장할 수 있고 이미 달성했다고 주장하고 있는 차별성을 더욱 강화할 수 있는 능력을 지닌 기관으로 전환시키는 흥미진진한 도전을 받아들여야 한다.

우리가 이 도전을 얼마나 충족했는지는 시간만이 말해 줄 것이다. 그러나 그 목표는 (그린리프의 말을 사용하자면) "목표가 명확하고 포괄적이며 그 기관의 직원들이 무엇을 해야 할지 알고 있기 때문에, 이들이 올바른 일을 적시에, 지시를 받지 않고 할 때에만 달성될 수 있다. 섬기는 사람들을 가장 우선시 하려면 강력한 리더를 필요로 하지만 그것이 바로 그들에게 사람이 할 수 있는 최대의 능력을 발휘하게 하는 방법이며, 그 기업이 자신의 분야에서 계속 선두를 유지하게 하는 방법이다."

실패와 결단력

다음번 특징은 놀라울 수도 있지만 나는 실패를 리더십의 또 다른 필수요소로 여기게 되었다. 인생에서는 일들이 너무 쉽게 이루어지지 않는 경우가 흔하다. 내가 1951년에 입사한 뮤추얼 펀드 회사의 사장 자리에서 1974년에 해고되었을 때, 아무튼 나는 실패한 셈이었다. 그러나 불사조처럼 그 고통스러운 경험의 잿더미 속에서 오늘날 뮤추얼 펀드 업계의 '선봉이 될' 회사가 태어났다. 실패는 또한 우리의 초기 단계의 모든 것들을 괴롭히는 듯했다. 우리는 우리의 새 회사가 관리했던 뮤추얼 펀드들로부터 80개월 연속 순 자금유출을 경험했지만(기분이 어떨지 상상해 보라!) 역경 속에서 우리는 힘을 얻었고, 중요한 규율들을 배웠다. 몇 년이 지난 지금도 우리는 계속 실패들을 다루곤 한다. 이러한 실패들이 우리의 성공에 비하면 매우 미미하다는 것은 요점을 벗어난다. 우리는 여전히 실패로부터 배워야 한다.

실패해야 한다면 싸워야 한다. 회사 구조와 비즈니스 전략이 만개하기까지는 시간이 걸렸기 때문에 리더십의 다음번 특질인 인내가 우리의 싸움에서 필수적이었다. 적절하게 조심스러운 이사들이 이러한 새로운 상호 소유 구조를 만들려 하지 않았기 때문에, 처음부터 상황은 우리에게 불리했다. 우리는 이러한 초창기를 견뎌내야 했고, 인내하면서 단지 펀드 사무 관리자에서 인덱스 펀드 매니저로, 그리고 펀드 판매자로 옮겨가는 노력이 최종 결실을 보게 되었다. 그러나 이는 의도는 좋았지만 잘못 인식한 증권거래위원회의 반대를 극복하고 난 이후에야 모두 가능했다. 우리는 1981년에 증권거래위원회 승인 즉시 전통적인 적극적 투자 관리에 대한 직접적인 책임을 떠맡음으로써, 오늘날과 같은 모든 구색을 갖춘 종합 뮤추얼 펀드 그룹이 되기 위한 마지막 조치를 취했다. 우리의 구조는 7년이라는 오랜 세월이 지난 후에야 자리 잡았다. (현재 우리가 내부적으로 관리하는 자산은 2,600억 달러로서, 이는 전체 자산의 약 60%를 차지한다.) 쉽지는 않았지만 나는 결단력을 (원한다면 이를 끈기라 불러도 된다) 리더십의 여섯 번째 특징으로 지목하고자 한다.

인내와 용기

역설적이게도 우리의 끈기에는 리더십의 또 다른 특징인 인내가 수반되어야 했다. 내가 가장 좋아하는 예는 우리가 선구자적으로 시장 인덱스 펀드로 진출한 일이었다(오늘날 인덱스 펀드는 '업계의 총아' 또는 당치 않은 '인기 상품'이 되어 있다). 최소의 비용으로 주식시장 수익률에 필적하면 소극적으로 관리되는 저비용 인덱스 펀드가 장기적으로 적극적으로 관리되는 고비용 펀드들의 대다수보다 나은 수익률을 제공할 것이 거의 확실하다는 아이디어에 심취된 뱅가드는 1975년에 최초의 인덱스 펀드를 설정했다. 다른 사람들은 이 위대하고 선구자적인 아이디어를 비웃었다. 그러나 우리의 끈기와 인내심이 결국 승리했다.

1976년 최초 모집 시에는 (1억 5,000만 달러를 예상했지만) 1,100만 달러밖에 달성하지 못했다. S&P 500 지수는 1977년~1982년 동안 대부분의 다른 펀드 매니저들보다 상당히 낮은 수익률을 보였는데, 이는 드문 경우였다. 우리의 인덱스 펀드가 최초 목표였던 1억 5,000만 달러를 달성하기까지 6년이 걸렸다. 펀드 업계가 활황을 보이던 시기조차 최초의 인덱스 펀드는 도입된 지 15년이 지난 1990년에 이를 때까지 10억 달러를 돌파하지 못했다. 그러나 우리는 그 펀드를 참을성 있게, 그리고 효율적으로 운영했고, 이 펀드가 적극적인 매니저들을 앞서기 시작하는 것을 보았으며, 적극적 펀드 대비 인덱스 펀드의 초과 수익이 꾸준히 증가하는 것을 목격했다. 인덱스 펀드가 우리가 약속한 대로 되리라는 자신감이 입증되었다. 인덱스 투자가 싹텄고, 뱅가드(다양한 시장지수에 맞춰진 28개의 펀드에 분산된 1,500억 달러의 인덱스화된 자산을 보유하고 있음)는 단연코 이 업계 선두가 되었다. 인내가 승리했다. (개인적 노트: 나는 어떤 주주로부터 나를 다음과 같이 묘사하는 편지를 받았다. "행동에는 참을성이 없지만 투자 결과에는 참을성이 있다." 그 말은 인덱스 투자에 대한 나의 접근법을 정확히 묘사한다.)

이 지루한 이야기를 마무리하기 위해 나는 리더십의 마지막 속성으로 (임시적으로, 그리고 겸손하게) 용기를 제시한다. 때로는 기업들은 역경이나 비웃음에도 불구하고 자신의 확신을 잘 살펴서 '밀고 나아가기'를 위한 용기가 있어야 한다. 뱅가드는 상호 소유 구조, 저비용과 투자자들에 대한 공정한 몫 추구, 보수적인 투자 철학, 시장 인덱스 펀드, 그리고 오늘날 이 업계에서 너무도 만연한 인기 상품 · 마케팅 꼼수 · 광고 융단 폭격 회피에 있어서 참으로 비주류였다. 변덕스러운 취향이 주도할 때 반대 경로를 유지하기 위해서는 엄청난 용기가 필요하지만 장기적으로는 인식과 실제 사이에 차이가 있을 때 실제가 승리하는 것은 단지 시간문제일 뿐이라는 우리의 확신을 고수했다.

미래의 리더십

성공적인 리더십의 요소들은 무엇인가? 『금융 서비스에서의 리더십』이라는 책에서 스티븐 데이비스(Steven I. Davis)는 20세기의 가장 성공적인 금융 산업 리더들의 특징들을 밝혀내기 위하여 전 세계의 금융 서비스 산업을 조사했다. 그의 견해는 나의 견해와 비슷하지만 내게 결여되었던 객관성을 갖추고 있다. 그의 조사에서 밝혀진 리더십의 속성들에 대한 의견을 들어 보자.

비전. 성공적인 리더들은 리더십의 역할에 대해 다음과 같이 포괄적인 관점을 지닌다. ─ 그들이 가고자 하는 비전, 혹은 방향, 이 목표들을 달성하기 위해 필요한 과정에 대한 감각, 이 과정에서 개인으로서 해야 할 일에 대한 명확한 견해.

핵심가치. 성공적인 리더십은 개인에 대한 존중과 개인적 고결성을 요구하는데, 이 속성들은 투자자들에 대한 가치 제공과 밀접하게 연결되어 있다. 공통의 가치와 문화를 개발하려면 장기간에 걸친 리더십의 연속성이 필수적이다.

리더십 실행. 방향과 가치를 정하고 나면 리더의 그 다음 과제는 그것이 일어나도록 한결같은 결단력을 제공하는 것이다. 리더들은 일대일 대화부터 많은 동료들에 대한 연설에 이르기까지 조직의 모든 직급의 직원들과의 소통에 상당한 시간을 보낸다. 리더는 그곳에 존재하면서 힘든 결정에 대해 책임을 지고, 자신의 인격과 특성을 명확히 전해서 그의 추종자들이 리더를 자신들과 동일시할 수 있는 사람이라는 것을 알 수 있게 해야 한다.

갈등 해결. 리더는 다른 사람들의 견해를 존중하고 조직 구성원들이 조화를 이루기를 원하지만 동료들의 견해와 상반되는 결정을 내려야 할 때도 있다. 기업의 창조자는 자신이 최상이라고 생각하는 방향을 취해야 한다.

에너지. 심신이 지칠 정도로 끊임없는 리더십 메시지 소통 노력을 기울일 때 리더는 다른 사람들에게 요구하는 것을 자신도 해야 한다. 이는 기관과 메시지에 대해 풀타임으로 헌신할 것을 요구하는데, 사명뿐 아니라 상당한 정도의 개인적인 에너지도 요구한다.[2]

물론 리더십의 몇 가지 속성들을 일련의 단순한 원칙들로 요약할 수는 없다. 이 속성들은 한 개인의 고유한 경험, 지성, 성격의 독특한 결과물이다. 그럼에도 데이비스는 미래의 리더들에게 길잡이가 되어줄 지침을 제시하고 있다.

10년 후 | 리더십

내가 뱅가드에서 의장과 최고 경영자로 재직한 시기는 1996년까지 였고, 1999년에는 시니어 의장직에서도 물러났다. 그러나 10년이 지난 지금에도 내가 초판에서 제시했던 리더십에 관한 교훈에 추가할 것이 거의 없다. 나의 공식적인 경영진 직책은 2000년에 창설한 보글 금융시장 리서치 센터(뱅가드의 한 부문)의 리더십에 한정되어 있다. (나를 포함해서) 4명의 직원을 둔 우리 센터는 뮤추얼 펀드, 증권 시장, 미국 기업, 경제, 금융 시스템 자체에 관한 리서치를 수행한다. 나는 이러한 리서치의 대부분을 계속 전달하고 있다. 400편이 넘는 이 리서치 결과들은 블로그(www.johncbogle.com)와 내가 계속 집필하고 있는 주요 매체들의 특집 기사(2009년의 2편을 포함해서 20편이 넘는다), 내 저서들(이 책의 개정 증보판을 포함해서 현재 8권이 나왔고, 몇 권을 더 계획 중이다)에서 찾아볼 수 있다.

80세가 넘었지만, 나는 투자자들에게 더 좋은 금융 세상을 만들기 위한 성전을 계속하고 있다. 나의 기력은 왕성하며, 13년 전에 받았던 기적 같은 심장 이식 수술에 의해 (아직까지) 섭리적으로 내게 주어진 생명을 최대로 이용하라는 깊은 의무감을 느낀다. 물론 싫든 좋든 나는 늙었다. 그러나 내가 2009년에 모닝스타 컨퍼런스에서 말했듯이, 최근에 내 몸의 심각한 건강 문제를 겪기는 했지만, 13년 이상의 생명을 추가로 받은 사람이 인간 존재의 작은 어려움들에 관해 씹어대는 것은(이렇게 말해서 미안하지만 나는 그 컨퍼런스에서 이 단어를 사용했다) 좋지 않다고 생각한다.

2009년에 증보판을 쓰면서 나는 초판의 마지막 단락에서 언급했던 지적 리더십과 윤리적 리더십은 거의 선견지명이었다고 생각한다. 물론 이러한 자질은 전형적인 회사 리더나 투자 리더에게서 기대되는 것과는 다른 종류의 리더십을 요구한다. 그럼에도 나는 이들 전통적인 리더십에서도 최고의 지도자들은 최고 수준의 지적 리더십과 윤리적 리더십을 보여줄 것으로 믿는다. 이러한 자질은 피해를 주지 않는다.

지난 10년 동안 내가 최선을 다해 보여주려 한 지적 리더십과 도덕적 리더십의 주요 형태는 나의 책에 나와 있다(나는 종이 위에 이 책들을 직접 썼다. 다른 사람이 쓴 글에 자기 이름을 올려놓는 것은 내게는 특히 비윤리적으로 보인다). 첫 번째 책인『뮤추얼 펀드에 관한 보글의 견해』(Bogle on Mutual Fund)는 1993년에 저술되었다. 이 책의 초판은 1999년에 출판되었고, 2001년에『존 보글 투자의 정석』(John Bogle on Investing: The First 50 Years; 발간 예정인 '금융의 위대한 아이디어' 시리즈의 일부다), 2003년에『성품은 중요하다』(Character Counts; 뱅가드 임직원들에게 한 연설 주석집), 2005년에『만국의 주주들이여, 단결하라』(The Battle for the Soul of Capitalism), 2007년에『상식 투자 소책자』(The Little Book of Common Sense Investing), 그리고 2008년에『월스트리트 성인의 부자 지침서』(True Measures of Money, Business, and Life)가 출판되었다.

나는 저술을 좋아한다! 나는 언어를 좋아한다. 나는 리서치를 좋아한다. 나는 내가 쓴 글을 (철저하게) 편집하기를 좋아하고 (대개는) 검토자, 언론 매체, 블로거, (특히) 독자들의 반응을 좋아한다. 그들이 항상 친절하고, 관대하며, 나를 지지하는 것은 아니다. 그리고 나의 책에 관심을 기울이지 않는 소수는 나를 실망시키며, 화나게 한다(나는 인간일 뿐이다). 그러나 압도적 다수의 독자들은 나의 모든 책에 상당히 높은 등급을 부여한다. 예를 들어 아마존에 올린 약 300건의 리뷰 중 90%는 별 4개 이상을 주었으며, 80%는 최고 등급인 별 다섯 개를 주었다. 전체적으로 약 80만 권이 팔렸으며, 아마도 언젠가는 백만 권 판매가 달성될 것이다(누가 아는가?). 그러나 내게 진정한 보상은 그러한 놀라운 수용(또는 내가 자선 단체에 기부하는 로열티 수입)이 아니라 내가 우리 국민들이 개발하도록 도움을 주고자 노력해 왔던 지적이고 도적적인 리더십이 미국에서만이 아니라 전 세계에서 널리 수용되고 있다는 사실이다.

운명이 관여하다

준비, 예지력, 목적의식, 열정, 리더를 종으로 보는 생각, 실패, 결단력, 인내, 그리고 용기. 나의 경험에 비추어 볼 때 이들은 효과적인 리더십에 필수적인 아홉 가지 주요 속성들이다. 내 경력의 후반기에 운명은 내게 이러한 속성들을 보다 개인적인 영역에서 발휘하게 했다. 인간적 실패(다소 다른 종류의 실패인 심장질환)를 다루기 위해 나는 1995년~1996년에 심장 이식 수술을 받기 전에 생명을 유지시키는 정맥주사를 맞으며 128일 동안 병원에서 기다릴 때 (다른 사람들도 그랬겠지만) 내가 끄집어낼 수 있는 모든 인내와 끈기, 그리고 용기를 발휘했다. 새로운 심장(기적적인 두 번째 삶의 기회)이 내게 가져다준 새로운 강인함과 순전한 기쁨을 아무도 상상하지 못할 것이다. 그 즐거움의 일부는 그 기적이 내게 몇 년 동안 더 리더로 활동하면서 뮤추얼 펀드 투자와 뮤추얼 펀드 산업 구조에 상식을 들여오도록 하는 나의 지적 추구와 회사라는 세계에 비즈니스 관리와 조직의 보다 높은 이상을 들여오도록 하는 윤리적 추구를 더 진전시킬 수 있도록 해준 데 있었다.

1) Robert K. Greenleaf, *Servant Leadership: A Journey into the Nature of Legitimate Power and Greatness* (Mahwah, NJ: Paulist Press, 1991). Reprinted with permission.
2) Steven I. Davis, *Leadership in Financial Services: Lessons for the Future*(London: Macmillan Press, 1997). Quotations excerpted from pp. 127-151. Reprinted with permission.

Chapter 22

On Human Beings
Clients and crew

사람—의뢰인들과 승무원

뱅가드가 설립된 1974년부터 1981년까지의 분투 기간 중에 요구되었던 리더십의 특질에 대한 나의 견해는 한편으로는 비극이고, 한편으로는 승리였다. 통렬한 실망들이 우연한 성공으로 바뀌었다. 지금과 같은 뱅가드의 모습이 완전히 형성된 1981년이 되어서야 우리는 안정된 항해를 시작했다. 그러나 수평선이 어둠에 쌓여 보이지 않고 생존 자체에 의구심이 들던 초기의 거친 바다에서도 우리 조직 안에서 누구를 섬길 것인가와 우리가 누구를 섬길 것인가에 관한 나의 개념을 유지했다. 그 대상은 바로 '사람'이었다.

단순성이 우리의 투자 원칙의 초점이었다면, 사람은 우리 경영의 초점이 될 터였다. 오랜 시간에 걸쳐서 나는 의뢰인들과 승무원들을 묘사하는 말로 사람이라는 단어를 좋아하고 존중하게 되었다. 1997년 12월에 나는 하버드 경영대학원에서 사람에 대한 우리의 초점이 어떻게 뱅가드를 하버드 대학에서 '서비스를 획기적으로 발전시킨 회사'로 불리게 되었는지에 관해서 강의를 했다. 나는 학생들에게 그들이 읽어 본 기업 전략에 관한 책에서 사람이라는 용어를 본 적이 있는지 물어 보았다. 나의 기억으로는 아무도 없었다. 그러나 '사람됨'이 뱅가드 발전의 열쇠들 중 하나였다.

이 오랜 세월 동안 나는 우리가 섬기는 사람들을 "각자 자신의 개인적 희망과 공포, 재정 목표를 가진 진실로 실제적인 인간들로 대우해야 한다"라고 수없이 말했다. 이 신조는 수십억 달러의 총자산, 수백만 명의 투자자, 시장 점유율, 기업 전략, 재무 관리, 기술 지원, 집중된 마케팅에 대해서는 한 마디도 하지 않는다. 이러한 요소들 모두가 어느 정도는 필요하지만 말이다. 이러한 요소들은 최선을 다해서 의뢰인들인 사람을 섬긴다는 주된 목표에 비해 이차적이다. 우리는 의뢰인들을 솔직하고, 성실하고, 공정하게 대우하고자 한다. 우리는 그들이 맡긴 자산의 청지기가 되고자 한다. 우리는 우리 자신의 자산을 맡아서 관리하는 청지기들이 우리에게 해주기를 바라는 대로 그들을 대우하고자 한다. 이 사명은 그리 복잡하지는 않지만, 이를 설교하는 사람은 날마다 말한 대로 살아야 할 것이다.

'사람됨'의 개념은 우리 뱅가드 선단에서 섬기는 사람들에게도 적용되어야 한다는 점은 말할 필요도 없다. 뱅가드에서 생활비를 버는 사람은 누구나 서로를 자신이 대우받기 원하는 대로 대우해야 한다. 여기서의 핵심은 다음과 같다. 개인에 대한 존중, '단 한 사람이라도 변화를 가져 올 수 있다'는 인식, 우리의 주주들을 위해 번 보상이 우리의 동료들이 번 보상에 비해 어느 수준인가에 기초한 각자 및 모든 승무원들의 재무적 동기부여. 지난 25년 동안 우리 승무원들은 나를 멋진 사람으로 보이도록 해주었는데, 나는 그들에게 이보다 훨씬 큰 빚들을 지고 있다.

이 마지막 장에서 나는 우리가 섬기는 사람들과 우리와 더불어 섬기는 사람들을 진실로 실제적인 인간으로 대우한다는 것이 무엇을 의미하는지에 대해 개인적인 생각 몇 가지를 나눈다. 별로 복잡한 생각은 아니지만 이는 우리 회사와 투자자들, 그리고 우리 승무원들과의 관계에 심원한 영향을 주었다. 투자자를 인간으로 대할 때에는 필연적으로 고객과의 사업 관계가 아니라 의뢰인과의 수임인 관계를 추구하게 된다. 그리고 조직을 위해 일하는 사람들을 특정 과제를 특정 기간 동안 실행하기 위해 고용된 용병으로 대우하지 않고 인간으로 대우할 때에는, 필연적으로 개인들을 존중하고 그들의 기여를 보상해 주는 정책과 관행이 뒤따른다. 즉, 인간에 대한 초점이 해당 기업의 모든 행동에 명백히 드러나야 한다는 것이다.

10년 후　보글헤드의 부상(浮上)

1999년에 이 책의 초판이 발간되었을 때 내게 이렇게 물어보는 사람들이 있었다. "투자에 관한 책에 왜 사람에 관한 장을 포함시키나요?" 이 질문에 대해 나는 다소 퉁명한 음성으로 이렇게 대꾸했다. "우리가 무엇을 위해 돈을 투자한다고 생각하십니까?" 어쨌든 내가 쓴 모든 책들에는 어떤 방식으로든 사람에 대한 초점이 표현되어 있는데, 나는 이에 대해 후회하지 않는다.

나는 이 책에 설명된 건전한 투자 원칙들을 따라서 좋은 결과를 얻었던 수백만 명의 투자자들의 전형이 되는 사람들을 많이 알고 있는데, 그들은 겸손하고 선량한 시민들이다.

1999년에 이 책의 초판이 출간된 지 얼마 지나지 않아서 모든 건전한 프로세스의 핵심은 바로 사람이라는 나의 확신이 확인되었다. 나는 2000년 3월 10일에 플로리다 주 올란도에서 개최된 '머니 쇼'에서 강연하다 타일러 레리모어(Taylor Larimore)를 처음 만났다. 그는 당시에 2차 세계대전에 참전했던 은퇴군인이었는데, 지금은 공동체적 정신을 갖추고 대체로 자습했으며, 올곧음으로 무장된 투자자 그룹의 비공식적인 리더로 불리고 있다. 그는 머지않아 보글헤드(Bogleheads; 보글의 두뇌. 원래는 '뱅가드 용사들'로 알려졌음)로 확고하게 자리 잡게 된다. 타일러와 나는 친구가 되었는데 10년이 지난 지금 우리의 우정은 더 깊어졌다.

보글헤드들은 개인적으로나 전체적으로 투자의 단순성(경제성, 효율성, 자산 할당, 잘 분산된 우량 자산 포트폴리오와 저비용, 그리고 무엇보다 장기투자의 지혜와 단기투자의 어리석음에 대한 상식적 초점)을 열정적으로 신봉하게 되었다. 그들은 또한 수탁인의 책무, 다른 무엇보다 주주들의 이익을 앞세우기라는 뱅가드 철학에 대한 확신을 공유한다.

몇 년 동안 모닝스타 웹사이트(Morningstar.com)의 한 부분을 할애받아 활동하던 이들은 2007년에 자신의 웹사이트(bogleheads.org)를 개설했는데, 사명을 가지고 하는 그들의 말은 들불처럼 퍼졌다. 보글헤드 웹사이트는 현재 하루에 약 9,000명이 다녀가고 있으며, 매월 10만 명이 넘는 투자자들이 이 사이트를 방문하고 있다. 총 방문객은 30만 명을 넘어섰으며, 텍스트는 백만 페이지가 넘는다. 이 포럼은 기여자들과 방문자들이 서로 도와주고 있고, 딴 속셈이 없으며, 투자의 모든 영역을 커버하는 주제들이 다루어지고 있는 정보의 보물 창고다.

2006년에 3명의 보글헤드들(타일러 레리모어, 멜 린다우어, 마이클 르보오프)이 멋진 투자자 자습서 『보글헤드들의 투자 가이드』(The Bogleheads' Guide to Investing)를 저술했는데, 이 책은 곧바로 베스트셀러가 되었다. 2009년에 원래 저자들 중 2명(타일러 레리모어와 멜 린다우어)이 동료 보글헤드 리처드 페리(Richard Ferri), 로라 도구(Laura Dogu)와 함께 후속작 『보글헤드의 퇴직 계획 가이드』(The Bogleheads' Guide to Retirement Planning)를 출간했는데, 이 책은 벌써부터 독자들의 찬사를 받고 있다. 보글헤드들의 이야기는 자신들의 단순한 투자 철학의 지혜를 확산시키고 투자 경험을 나누기 위해 모인 성공적인 투자자 공동체의 이야기다.

나는 2000년에 마이애미에 소재한 타일러 부부 소유의 콘도에서 타일러의 부인인 패트가 차려준 저녁식사를 하면서 약 20명의 보글헤드들과 처음으로 만났는데(보글헤드 I) 뱅가드 원칙 신봉자들은 그 후 해마다 모이고 있다. 예를 들어 2004년에는 덴버에서, 2006년에는 라스베가스에서, 2008년에는 샌디에고에서, 그리고 가장 최근에는 2009년에 달라스('보글헤드 VIII')에서 모였다. 다시 한 번 말하거니와 이처럼 현명하고 행복한 다양한 투자 전사 집단은 자신의 투자 지혜, 경험, 그리고 삶과 경력 이야기를 나누기 위해 모인다.

나는 병으로 여행을 할 수 없었던 2009년을 제외하고 이 모임에 참석했다. '실제 인물이고, 하나님께 정직하며, 현실적인 사람들로서 각자 자신의 희망과 두려움, 재무적 목표들을 지니고 있는'(내가 뱅가드 투자자들을 묘사하기 위해 사용하는 문구다) 사람들과 함께 시간을 보냈다는 사실은 나의 오랜 경력 중에서 가장 밝은 순간들 중 하나였다.

그렇다. 투자는 모두 사람에 관한 것이다.

인간으로서의 투자자

기업이 사람에 초점을 맞추면 특정 관행들이 자연스럽게 뒤따라온다. 주된 목표는 의뢰인이 투자 활동에서 성공하도록 도움을 주는 것인데, 너무도 인간적인 이 목표의 도달은 경제적 측면 못지않게 감정적 측면에도 의존하는 듯하다. 투자에 성공하면 의뢰인들은 주택 구입, 자녀 교육비 지급, 은퇴 후 안락한 삶 향유 등과 같은 목표를 달성할 수 있게 된다. 투자 실패는 이러한 기본적인 목표들이 충족되지 않으리라는 것을 의미한다. 현재와 같은 장기 활황 시장에서 뮤추얼 펀드 업계는 이러한 현실을 잊고 있는 것처럼 보인다. 신중한 장기투자 계획을 개발하도록 돕는 대신, 펀드 회사들은 투자의 우월성이라는 성배를 발견했다고 암시하는 공격적인 마케팅을 펼쳐왔다. 너무도 많은 펀드들이 신중하지 않은 정책을 따랐고, 장기 강세장에도 불구하고 주주들은 비싼 대가를 지불했다. 투자 수익률이 궁극적으로 보다 정상적인 수준으로 돌아갈 경우 더 많은 펀드들이 주주들을 실망시킬 것이다. 반면에 인간에 초점을 맞추는 회사들은 적극적으로 자산을 모으는 것이 아니라 수임인(fiduciary)으로 수임인의 가치인 솔직함, 고결성, 신뢰, 공정 대우를 유지하고자 한다. 그런 회사들은 금융시장에 어떠한 폭풍우가 몰아치더라도 이를 견뎌낼 가능성이 더 높다.

이러한 가치들은 뱅가드가 의뢰인들을 대우하는 방식에 어떻게 반영되고 있을까? 솔직함은 우리의 주주들과 소통함에 있어서 완전공개 정책, 즉 모든 진실을 말하고 진실만을 말한다는 정책을 따라야 한다는 것을 의미한다. 이런 정책은 주목할 만하지 않은 듯이 보인다. 그러나 뮤추얼 펀드 업계의 판촉물 자료들과 주주들과의 의사소통에서는 솔직함이 없는 것으로 유명하다. 주식시장 장기 수익률은 뮤추얼 펀드를 통한 주식 보유 비용이 조정되지 않은 채 제시된다. 펀드 광고들은 미래에는 반복되지 않을 과거의 성과를 떠들썩하게 선전한다. 펀드 투자 설명서는 비용의 중요성을 설명하지 않는다. 그리고 뮤추얼 펀드의 연례보고서들은 너무도 자주 특정 투자 전략에 내재하는 리스크에 대한 논의를 소홀히 한다. 그러나 투자자들을 목표 시장이 아니라 인간으로 보면 우리의 의뢰인들이 성공적으로 투자하려면 솔직한 말과 상식(리스크와 수익률에 대한 솔직한 논의, 펀드의 벤치마크와 비교 그룹과 같은 실적을 올렸는지(또는 올리지 못했는지)에 관한 정직한 설명, 균형 잡힌 투자라는 합리적인 프로그램의 기본 점검, 그리고 장기투자 수익률 형성에 있어서 비용의 결정적인 역할에 대한 주의)을 필요로 한다는 사실을 깨닫게 된다.

솔직함은 수임인과 의뢰인 관계에서 두 번째 요소인 올곧음(integrity)을 강화한다. 올곧음은 회사 매니저들의 자기 이익과 회사 의뢰인들의 이익이 충돌할 때, 의뢰인들의 이익을 우선시할 수 있는 능력으로 귀착된다. 성공의 금전적 혜택이 펀드 관리회사가 아니라 펀드 주주들에게 귀속되는 뱅가드의 독특한 회사 구조는 금융회사와 그 의뢰인 사이의 잠재적

이해 상충의 많은 요소들을 제거했다. 그러나 올곧음은 회사 구조로 결정되지 않을 수도 있는 다른 관행들도 요구한다. 올곧음은 관계의 모든 측면에서 의뢰인을 우선시하고, 특정 투자 목표를 충족한다는 목적만으로 신중하게 투자하며, 일반적으로 인정되는 비즈니스 수행 원칙에 따라 엄격하게 운영하는 것을 의미한다. 그런 관행들은 조직 구조나 정책 매뉴얼에서 나오는 것이 아니라 우리의 의뢰인들은 최고 수준의 존중을 받을 가치가 있는 인간이라는 인식에서 나온다.

수임인 관계의 세 번째 요소인 공정한 대우에 대한 전심전력은 올곧음과 깊은 관련이 있다. 우리는 최선을 다해 의뢰인들에게 봉사하고, 투자 비용이 낮게 유지되게 하며, 투자 수익률은 그들이 투자하는 자산군 또는 시장 부문 대비 가능한 한 높게 유지되도록 다짐한다. 어느 기업의 사업상 이해와 수임인 의무 사이에는 자주 갈등이 생기는데, 사람을 섬기는 조직은 수임인 의무가 우선시되도록 해야 한다. 다음과 같은 잠재적 갈등의 예를 생각해 보자. 1996년에 어느 기관 투자가가 뱅가드의 단기 확정 수익형 펀드에 4,000만 달러를 투자하려고 했는데, 이는 해당 펀드 자산의 약 10%에 달하는 금액이었다. 그 의뢰인은 이전에 맺은 재무계약을 지키기 위해 두 달 이내에 환매하고자 했고, 이 투자가 자신과 우리 회사 모두에 이익이 된다고 생각했다. 뱅가드로서는 상당한 자산을 보유한 새로운 주주를 확보할 수 있었을 것이다. 의뢰인 측에서는 상당히 큰 돈에 대해 매력적인 수익률을 올리고, 투자 포트폴리오 매입 및 청산에 아무런 거래 비용도 발생하지 않았을 것이다.

이익, 자산, 시장 점유율보다 의뢰인의 최상의 이익에 헌신하는 조직이라면 그처럼 일시적인 주주에 관심이 없을 것이다. 그러한 규모의 단기 거래는 포트폴리오 매수 및 매도에서 해당 펀드의 잔존 주주들에게 불필요한 거래 비용을 부과하게 된다. 우리는 그 주문을 받아들이지 않았다. 화가 난 이 투자자는 동료들에게 "다시는 뱅가드와 거래하지 말라"고 얘기하겠다고 했다. 더구나 그는 이 사건을 언론에 알렸고,《월스트리트 저널》의 자금 및 투자 섹션 머리 면에 "특히 뮤추얼 펀드 회사에 대략 3만 달러의 관리 수수료 수입을 가져다줄 정도의 투자 규모라면 틀림없이 이를 받아들이려는 다른 뮤추얼 펀드들을 발견할 것이다"라는 기사가 실렸다. 그러나 이 투자를 받아들여 수수료를 번다면, 해당 펀드 회사의 사업상 이익을 해당 펀드의 잔존 주주들에 대한 수임인 의무 위에 두는 처사였을 것이다. 우리가 이 4천만 달러 주문을 거절한 사건을 묘사한 기사에 대한 반응으로 나는 우리 펀드의 주주들로부터 수십 통의 편지를 받았는데, 그들은 모두 뱅가드의 입장을 지지했다. 주주들의 반응이 너무도 호의적이어서 나는 월스트리트 저널 편집인에게 "단순히 명예롭고 윤리적인 길을 택한 것이 이처럼 호의적인 대중의 반응을 불러일으킨 데 대해 다소 당황했다"는 편지를 보냈다.

10년 후 수임인의 가치

초판에서 올곧음(integrity)을 수임인의 핵심 가치 중 하나로 포함시킬 때, 나는 다음과 같은 2가지 이유로 이를 꺼렸었다. (1) 올곧음이 중요하기는 하지만 이에 관해 자랑하는 것은 다소 이기적인 것 같았다. (2) 내가 알고 있거나 글에서 읽은 리더들은 모두 올곧음을 리더십의 주요 특질이라고 묘사하면서도 모든 리더들이 비즈니스나 사생활에서 이를 실제로 실천하지는 않는다. 그러나 나는 솔직함, 신뢰, 공정한 처우와 함께 올곧음을 포함시켰다. 그런데 지난 10년 동안 우리의 금융 시스템에서 이들 전통적 수임인 가치 준수가 심각하게 악화되었다.

그래서 최근의 내 성전(聖戰)은 우리의 자금 매니저들에게 영국 관습법 아래에서 수세기 동안 존재해 왔던 전통적인 수임인 의무 기준에 따라 행동하도록 요구되어야 한다고 주장한다. 수임인 사회 (fiduciary society)는 최종 소유자들(주로 주식에 자신의 돈을 투입하고 자신의 저축이 위험에 처해지게 되는 뮤추얼 펀드 주주들과 연금 수익자들)에게 그들의 자금 관리자/대리인들이 적절히 존중하지 않고 있는 투자 본인으로서의 권리를 보장할 것이다(나는 내 의제를 18장에서 설명했다).

내가 착상하는 수임인 사회 창조를 촉진하기 위해서는 연방 정부의 조치가 필요할 것이다. 무엇보다도 정부가 자금 관리자들이 수탁자 지위와 수임인 의무 기준 하에서 전적으로 수익자의 이익에 봉사하는 목적으로 운영되게 할 의도가 있고 이를 강제할 능력이 있어야 한다. 간단히 말하자면 '아무도 두 주인을 섬기도록' 허용하지 않아야 한다.

주주들의 반응

모든 사람은 인간으로 대우받기를 원한다. 아무도 목표 시장의 일부로 취급받기를 원하지 않는다. 나는 최근 뱅가드의 성장은 부분적으로는 대중이 뱅가드가 투자자들을 돈벌이 대상이 아니라 가치 있는 개인으로 대접한다는 점을 인식한 결과라고 생각한다. 내가 주주들에게서 받은 많은 편지에 나타나는 공통 주제 하나는 우리가 그들을 솔직하고, 공정하고, 성실하게 대하려 하며, 그들에게 중요한 투자 목표를 달성하도록 돕기 위해 기울이는 노력에 대해 감사한다는 내용이다. 최근에 받은 편지들 중 발췌한 내용들을 살펴보자. 첫 번째 발췌문은 조금 전에 언급한 《월 스트리트 저널》지를 읽은 주주가 보내온 것이다.

나는 당신이 말을 번지르르하게 잘 한다는 것은 이미 알고 있었습니다. 이제 나는 당신이 행동으로 보여준다는 것도 압니다.

50대인 나와 내 아내는 지금 100만 달러가 넘는 자산이 있고, 빚도 없으며, 집값도 다 지불했습니다. 내가 30살에 거의 빈손으로 이 나라에 와서 처음 4년은 대학을 다녔고 1년에 4만 달러 이상을 벌어본 적이 없다는 것을 생각하면 나쁘지 않은 수준입니다. 당신이 우리 같은 사람들에게 아메리칸 드림을 실현하는 데 어떤 영향을 끼쳤는지 알았으면 합니다.

내가 뱅가드에 투자하는 이유 중 하나는 뱅가드가 보글 씨의 구약의 가부장 이미지에 의해 인도되고 있기 때문입니다. 연로한 보글씨를 천둥과 번개, 먹구름 한가운데에서 십계명을 들고 시나이 산을 내려온 모세에 비유해도 이상하지 않을 것입니다. 단순화하라, 단순화하라, 단순화하라. … 나는 뱅가드가 자신의 뿌리를 고수하기 바랍니다. 나는 보글 씨 밑에서 일하기는 어려울 것이라고 확신합니다. 그런 사람은 한결같습니다. 우리 가족 중에 그런 사람이 한 명 있었는데, 사망한 지 53년이 지났어도 그가 남긴 영향은 줄어들지 않았습니다. 이런 사람들은 선함과 순수함과 진실함을 대표하기 때문에 대중의 인정을 받습니다.

당신에 의해 야기된 충격의 물결은 펀드 업계에서 자신들의 행동에 대해 당황스러워 할 사람들에 의해 쉽게 가라앉지 않고, 앞으로 오랫동안 울려 퍼질 것입니다. 정말 고맙습니다.

당신은 "명백한 것을 인식하고, 강력한 아이디어를 신속히 실행하고, 나쁜 상황에도 불구하고 이를 밀고 나갑니다." … 이는 항해하는 바다의 상태가 어떠하든 올바른 경로로 나가게 하는 지혜의 말입니다. 나는 당신께 빚을 지고 있습니다.

당신은 사업가의 악수가 계약서보다 더 가치 있던 시절로 돌아간 사람입니다. 양질의 성과와 서비스보다는 높은 수수료에 초점을 맞추는 당대에 유행하는 동향에 저항해서 감사드립니다. 미국의 모든 노동자를 대표해서 다시 한 번 감사드립니다.

스타일과 내용 면에서, 당신은 나의 아버지를 상기시켜 줍니다. 아버지도 저비용, 실수 회피, 그리고 장기 매수 및 보유 철학에 대해 말씀하셨습니다. 아버지는 이를 통해 좋은 성과를 올렸었습니다. 상식 투자의 메시지를 계속 전파해 주십시오. 당신은 점점 더 돌팔이들이 판치는 이 업계에서 중요한 이성의 목소리를 명확히 드러내 왔습니다.

10년 후 │ 보다 많은 주주들의 반응

내가 뱅가드 경영에서 손을 뗀 지 여러 해가 되었지만 아직도 우리 캠퍼스에 있는 나의 사무실에서 매일 오랜 시간을 보내고 있다. 그리고 나는 거의 날마다 고객들로부터 멋진 편지들을 받고 있다. 아래에 예를 몇 개 들어 본다.

저는 당신이 일등석을 타리라고 생각했는데, 보통석을 타는 걸 보고 놀랐습니다. 저는 당신이 우리와 같은 사람으로서 우리와 함께한다는 사실에 기분이 좋았습니다. 옳은 일을 할 수 있는 꿋꿋한 성품을 가지고 우리가 따라야 할 본을 보여준 데 대해 감사드립니다. (이 편지는 내가 보글헤드 VII에 가는 도중에 비행기 안에서 만난 주주에게서 온 것이다.)

나는 당신이 내게 인덱스 펀드와 (보수적인) 자산 배분의 지혜를 확신시켜준 데 대해 빚을 지고 있습니다. 나의 저축액은 상상할 수 없는 규모로 키웠고, 최근의 시장 상황에도 비교적 영향을 덜 받았습니다. 저는 밤에 잠을 잘 잡니다. 그것은 모두 참으로 간단했습니다. 감사드립니다.

당신의 책들 여기저기에 오랜 세월에 걸쳐 우러난 지혜를 주신 데 대해 감사드립니다. 나는 당신 안에서 당신을 견인하는 힘들을 상 상할 수조차 없습니다. 당신은 엄청난 장애에도 불구하고 개인 투 자자들에게 금융 복지를 가져다줄 기회를 위한 투쟁을 결코 늦추 지 않았습니다.

이러한 일화들이 수많은 투자자들이 뱅가드를 어떻게 인식하고 있는지를 정확히 묘사하는가? 이에 대한 대답은 "그렇다"인 것 같 다. 코젠트 리서치(Cogent Research)에서 최근에 수행한 리서치는 "뱅 가드 그룹은 다른 어떤 펀드 회사들보다 높은 충성심을 창출하고 있 으며, … 모든 비교 대상 그룹들보다 빛이 난다"라고 결론을 내렸다. 코젠트가 사용한 방법은 펀드 고객들에게 그들이 투자한 뮤추얼 펀 드를 친구나 가족에게 추천할지 여부를 물어 본 조사 결과에 의존한 것이었다. 이때 '확실히 추천하겠다' 또는 '절대로 추천하지 않겠 다'를 10점(최상)에서 1점(최하)까지의 척도로 측정했다.

코젠트는 펀드 '지지자'(9등급에서 10등급)에서 펀드 '험담자'(1등급에 서 5등급)를 차감해서 '순 고객 충성도'를 계산했다. 뱅가드는 +44를 받아서 사실상 적수가 없었다. 그 뒤를 이은 3개의 회사들은 약 +25 점을 받았고, 38개 회사 중 11위에 오른 회사는 +1점을 받아서 간 신히 플러스를 기록했다. 나머지 27개 회사들은 모두 마이너스의 충성도 점수를 받았는데, -54점까지 받은 회사도 있었다. 뱅가드를 제외한 펀드 전체적으로는 충성도 점수 평균이 -13점이었는데, 이 는 펀드 업계에 대한 일반적인 불만족이 무시되어 온 듯해 보인다 는 놀라운 척도다. 그러나 이제 이러한 불만족을 영원히 무시할 수 는 없다.

뱅가드의 승무원

이러한 편지들은 솔직함, 고결성, 공정한 대우라는 수임인의 가치들에 대한 찬사일 뿐만 아니라 이 가치들을 지지하는 사람들, 곧 뱅가드의 승무원들에 대한 찬사이기도 하다. 우리가 1975년에 운영을 시작했을 때, 승무원이라는 단어 선택은 다소 진부해 보였다. 그러나 이 단어는 지금은 뱅가드 호의 다음과 같은 항해 전통을 계승한 것을 암시하는 단어로 잘 받아들여지고 있다. 즉, 우리는 동료로서 함께 일하며, 한 사람이라도 제 역할을 하지 못하면 배가 침몰할 수도 있는 항해에서 조금씩 전진해 나가기 위해 싸우며, 안전하고 건전하게 항해하기 위해 최선을 다하고, 거친 바다에서나 잔잔한 바다에서나 목적지를 향해 올바른 경로를 항해하는 전함의 승무원들이다.

전함이라는 상징의 기대에 부응하려는 기업은 승무원들의 충성심에 의존해야 한다는 것은 말할 필요도 없다. 그리고 공유가치를 통해서든, 보상 프로그램을 통해서든, 또는 심지어 공포 분위기를 통해서든 충성심의 필요성을 일깨우지 않는 리더들은 거의 없다. 그러나 충성심이 어떻게 한 회사의 가치와 특성에 새겨지든, 충성심은 일방통행로가 아니라는 사실을 알아야 한다. 기업이 추구하는 바가 무엇이든 간에, 어느 기업도 기업의 성공에 요구되는 힘든 일을 하는 사람들에게 회사에서도 자신의 충성심을 제공할 것이라는 상호 헌신 없이 충성심을 요구할 권리는 없다. 어느 기관이 자신의 의뢰인들을 돌보고자 한다면, 의뢰인들에게 봉사할 책임을 지고 있는 사람들도 돌봐야 한다. 승무원 한 사람 한 사람이 그 기업의 심장이고 정신이며, 그들의 돌봄과 노력이 없다면 기업은 실패할 것이다.

우리 승무원들에 대한 연설에서 나는 자주 MIT 전 학장 하워드 존슨(Howard M. Johnson)이 개인들이 속해 있는 기관을 돌볼 필요성에 대해 했던 멋진 말을 인용한다.

우리는 조직을 돌볼 사람을 필요로 한다. 나는 점점 인간미가 없어져 가는 세상에서 조직의 성공을 위해서는 강한 애사심이 필수 조건이라고 믿게 되었다.

조직은 강렬한 인간적 돌봄과 배양의 대상이어야 한다. 심지어 조직이 잘못을 저지르거나 비틀거릴 때에도 그 조직의 소유자, 근무자, 고객, 이사들 모두로부터 돌봄을 받아야 한다.

우리가 알고 있는 것과 같이 돌봄은 힘들고 큰 노력이 요구되는 일이다. 돌봄은 관심, 동정, 염려를 요구할 뿐 아니라 자기희생, 지혜, 강한 정신과 규율도 요구한다. 책임감이 있는 사람이라면 누구나 자신의 삶에 관계되는 조직을 정성껏 돌봐야 한다.

우리가 뱅가드에서 일하는 사람들에게 의뢰인으로서 돌보는 사람들의 필요를 충족하기 위해 이 회사를 애정을 가지고 대하도록 요구한다면, 우리도 우리 승무원들을 돌봐야 한다. 우리는 가장 지위가 높은 사람부터 가장 낮은 사람까지 모든 개인들을 존엄하게 대우함으로써 이곳에서 일하는 사람들에게 우리의 존중을 드러낸다. 우리는 '거물'이 '노동자'를 비하하는 것을 용납하지 않는다. (만일 내가 그러한 일이 일어났음을 알게 되면, 나는 그 거물에게 하루 동안 그 노동자의 일을 해보라고 하고 싶다. 그는 절대로 그들이 하는 일을 할 수 없을 것이다!) 이 정책은 '특권 미부여' 규칙으로 옮겨간다. 우리 회사에는 차량 제공, 지정 주차 공간, 일등석 항공권, 간부 식당이 없다. 나의 일과 중에서 가장 큰일 중 하나는 우리 주주들을 섬기고 있는 승무원 몇 명과 우리 '갤러리'에서 점심을 함께 하면서 환담하는 것이다. 그리고 우리는 우리 승무원들을 믿는다. 나는 오랫동안 우리 승무원들에게 우리에게는 "옳은 일을 하라. 잘 모르겠으면, 상사에게 물어보라"는 한 가지 비즈니스 수칙 밖에 없다고 말해 왔다.

이러한 가치들의 목록과 더불어 우리는 우리 승무원들의 노력을 인정하는 공식적인 의식을 만들었다. 이 중 가장 중요한 것은 우수직원상(The Award for Excellence)과 뱅가드 파트너 제도(Vanguard Partnership Plan)다. 우수직원상은 뛰어난 개인의 성과를 인정해 주고, 뱅가드 파트너 제도는 우리 승무원들의 집단적 노력을 보상한다. 이 두 제도는 의뢰인들에게 가치 있는 서비스를 제공하기 위해서는 우리의 가치, 회사의 특성 및 정신을 지지하는 우리 승무원들에게 봉사하는 사람들이 필요하다는 점을 인식한 결과다.

우수직원상: 한 사람이라도 차이를 만들 수 있다

나는 '뱅가드 정신'을 구현한 승무원들을 기리기 위해 1984년에 우수직원상을 제정했다. 그 이후 350명이 넘는 승무원들이 이 상을 받았다. 분기마다 자신의 직무에서 탁월한 성과를 보인 5명~10명의 개인들에게 이 상이 주어졌다. 이 상이 특별히 의미 있는 이유는 동료들이 수상자를 정하기 때문이다. 시상식 오찬에서 우리는 동료 승무원들이 제출한 지명 이유를 인용한다. 대표적인 추천 이유를 들자면 '능력의 110%를 발휘함' '속도, 결단력, 에너지와 영리함'을 보여줌, '차분하고, 의지할 수 있고, 책임감 있고, 지치지 아니함' 등이 있다. 사람을 섬기고, 사람에 의해 섬김을 받는 조직에서 이 의식은 개인 존중이라는 우리의 핵심 가치를 재확인하는 기회다.

관료주위와 기술이 개인으로서의 인간의 기여를 가려서 점점 더 비인간적으로 되어가는 이 시대에 우수직원상은 개인의 노력에 대한 찬사다. 이 상의 수상자들은 내가 지금까지 개별 인간의 잠재성을 인정해 주기 위해 사용해 왔던 "나는 단 한 사람이라도 차이를 만들 수 있다고 믿는다"라는 문구가 새겨진 명판을 받는다. 뱅가드에서는 참으로 한 사람이 차이를 만들 수 있고, 실제로 차이를 만들고 있다. 우리는 성장한 뒤에도

687

계속 우리 승무원들은 한 무리의 개별적인 인간들이며, 우리 함대의 규모와 무관하게 단 한 사람이라도 차이를 만들 수 있음을 인정한다.

파트너 제도: 노동의 결실 공유하기

우수직원상이 개인의 노력을 치하하는 개인 노력상이라면, 뱅가드 파트너 제도는 주주 가치 창출을 위한 우리 승무원들의 집단적인 노력을 인정하는 것이다. 뱅가드의 승무원들은 입사 첫날부터 파트너가 되며, 회사의 자본에 한 푼도 투자하지 않고서 뱅가드 그룹의 이익을 공유한다. 뱅가드 그룹은 사실상 제3의 주주들이 아니라 뱅가드의 뮤추얼 펀드 주주들에 의해 소유되고 있기 때문에 이익은 다음의 두 가지에 의해 우리 주주들의 수익에 더해진 가치의 합으로 정의된다. (1) 뱅가드의 실제 경비와 우리의 평균 경비율이 우리의 최대 경쟁자들의 경비율과 같을 경우 소요되었을 경비의 차액. (2) 우리 펀드들의 투자 전략과 우리 매니저들의 포트폴리오 감독 기술에 의해 주주들이 번 초과 수익(수익 미달분이 있을 경우 이를 공제함). 1998년 한 해 동안에 당시 우리가 관리하던 자산에 대해, 우리 의뢰인들의 수익에 30억 달러가 넘는 가치가 더해졌다. 나는 주주들을 위한 가치 창출에 대하여 우리 승무원들의 공헌을 인정해서 이 중 약간을 그들과 공유하면, 주주들의 이 지출은 우리의 운영의 효과성과 효율성, 그리고 생산성에 의해 여러 배의 보상을 받을 것임을 조금도 의심하지 않는다.

회사 창립 이후 우리는 지속적으로 우리의 평균 경비율을 낮춰왔다. 이러한 성과는 우리의 독특한 상호 소유 구조와 우리의 소유자들을 더 잘 섬기기 위해 지칠 줄 모르고 일하는 수천 명의 우리 승무원들의 에너지와 주도적인 노력의 결과다. 우리 승무원들은 우리 주주들에게 향상된 서비스를 제공해 주고 추가로 수백만 달러를 절감해 주는 방법을 계속 찾아낸다. 몇 가지 예를 들자면 비용이 절감된 인터넷 상의 서비스 도입,

보다 유용한 계좌 설명서 개발, 중복 우편물 제거, 보다 많은 정보를 전달하는 세금 보고서 등이 있다. 파트너 제도는 이러한 집단적 노력을 보상해 주도록 도움을 준다.

매년 봄에 우리는 뱅가드 파트너십 야유회에서 파트너십 수표를 나눠준다. 이 수표는 승무원 연봉의 30%에 달할 수도 있다. 그래서 수천 명의 승무원들은 포지 계곡(Valley Forge) 주차장에 설치된 커다란 천막 아래 모여 뱅가드의 기업 가치에 관한 정보와 영감을 주는 말을 듣고 싶어 한다. (그들은 나의 연설을 '설교' 라고 부르는데, 이 말이 칭찬의 의미로 쓰이는지는 모르겠다!) 나는 오랫동안 승무원들에게 우리는 우리의 주주-소유자들을 섬기는 중요한 일에 종사하고 있다는 사실과, 뱅가드 호에서 일하는 모든 사람들 각자의 노력이 차이를 만들 것이라는 사실을 정기적으로 환기시켜 왔다. 내가 현재와 이전의 승무원들에게서 받은 편지에서 발췌한 아래의 글들에 가치 있는 인간적인 기업에 참여하고 있다는 느낌이 잘 드러나 있다.*

… 이곳에서 일하는 우리 모두에게 자부심의 원천인 무엇인가를 만들어 내신 것에 대해 축하드리고 싶습니다. 이렇게 높은 윤리 및 정직성 기준을 가진 회사는 거의 없습니다. 당신의 말씀에서 가장 좋은 점은 … 당신이 항상 우리에게 우리가 다른 사람들의 삶에서 중요한 존재라는 점과 우리의 위대한 책임을 상기시켜 준다는 것입니다.

… 뱅가드를 떠난 지 4개월 된 지금, 나는 그 조직에 대해서 그리고 그곳에서 책임자와 승무원으로 섬긴다는 것이 무엇을 의미하는지에 대해 생각해 봤습니다. 승무원, 대의에 대한 헌신, 강하고 가시적인 리더의 존재가 그립습니다.

---

* 아마도 이런 말들은 어느 정도 에누리해서 받아들여야 할 것이다. 왜냐하면 승무원이 자신의 선장에게 보내는 편지 기저의 동기를 확신할 수 없기 때문이다.

나는 이 회사에서 관련된 모든 사람이 긍정적인 태도를 지니고 있는 데 대해 감명을 받았습니다…. 이곳의 분위기는 독특하며 오늘날의 기업들에서는 찾아보기 어렵습니다. 내가 만난 사람들은 모두 자신의 일을 즐기는 것 같습니다. 나는 왜 이 모든 사람들이 뱅가드에 만족하는지 자문해 봅니다. 왜냐하면 뱅가드는 승무원들의 복지에 높은 우선순위를 두기 때문입니다. 광범위한 복지 혜택 제공, 승진 기회, 우호적이고 도움이 되는 분위기 강화, 직원의 복지에 대한 경영진의 진정한 관심이 바로 그것입니다.

위대한 선장을 섬길 수 있는 기회와 영예를 주신 데 대해 감사드립니다. 당신의 리더십, 보살핌, 올곧음, 불굴의 정신은 내가 본받고자 하는 기준입니다. 당신이 매일 보여주는 모범들은 나의 삶에 큰 차이를 가져왔습니다.

뱅가드의 성공은 상당 부분 당신이 나와 수천 명의 전·현직 승무원들에게 가르쳐 온 가치들 덕분입니다. 당신의 가치들은 참으로 이 조직 안에 깊이 스며들었습니다. 승무원들에게 의뢰인을 위해 '옳은 일을 하고' 동시에 승무원들에게도 '옳은 일을 하라'는 요구는 우리 모두에게서 거의 매일 강력한 인생의 교훈을 강화합니다.

10년 후	뱅가드 직원들

뱅가드 경영진에서 물러난 뒤 나는 관행적으로 우수직원상(대개 분기마다 10명까지 시상함)을 받은 각각의 직원들을 만나서 개인사, 비즈니스, 투자 등 광범한 주제로 한 시간가량 대화를 시작하였다. 현재 이렇게 만난 직원 수가 300명을 넘기 때문에 직원들의 사기가 일반적으로 매우 높다는 나의 판단이 상당히 정확하다고 확신한다.

많은 동료 직원들은 투자에 대한 당신의 윤리적 접근을 강력하게 신봉합니다. 당신이 만든 문화가 이 회사를 일하기 좋은 회사로 만들고 있고, 무엇보다도 우리 의뢰인들에게 좋은 경험을 주고 있습니다.

내가 이 회사에서 일하고 있고, 이 회사의 일원인 것을 자랑스럽게 생각하는 회사를 만들어 주셔서 고맙습니다. 내가 (1988년에) 뱅가드에 입사했을 때 당신이 복도에서 걸음을 멈추고 자신을 소개하면서 악수로 나를 환영해 준 모습에 얼마나 큰 감동을 받았는지 결코 잊지 못할 것입니다.

10년 전에 내가 우수직원상을 받고 나서 우리는 점심을 함께 했었습니다. 우리는 내가 고고학을 좋아한다는 사실에 대해 얘기했고 당신은 스톤헨지에 가서 구름 사이로 해가 빛나는 것을 보았다는 얘기를 했습니다. 그 이후 나는 구름 사이로 햇빛이 비칠 때마다 그때의 대화를 생각할 수 있었습니다. 그때 나는 뱅가드에 오래 머물 계획이 없다고 말씀드렸는데, 당신은 내가 10년 후에도 뱅가드에서 일한다 해도 놀라지 않을 거라고 하셨습니다. 그런데 나는 지금도 뱅가드에서 일하고 있습니다. 나는 세 딸과 멋진 아내를 얻었고, 우리 그룹에서 재미있는 도전 과제들에 대해 일하고 있습니다. 그날의 대화, 지금까지의 기억, 그리고 좋은 회사를 만들어 주신 데 대해 감사드립니다.

물론 내가 우리 직원들에게서 받는 많은 편지들 중에서 이처럼 작은 표본을 인용하는 것은 이기적인 일이다. 그러나 나는 우리가 뱅가드라고 부르는 전함이 우리의 설립 가치를 충분히 이해하는 좋은 사람들로 구성된 승무원들을 보유하고 있음을 알리는 다른 방법은 없다고 생각한다. 신뢰하고 신뢰받는 것은 윤리적인 전략에 적절할 뿐만 아니라 승리하는 마케팅 전략이기도 하기 때문이다.

황금률

뱅가드 이야기는 20장, 21장에서 설명한 예측할 수 없는 상황과 이례적인 아이디어의 독특한 결합이었다. 그러나 나는 영감과 운명의 경이로운 얽힘과 더불어, 사람을 회사의 중심에 두겠다는 우리의 결정이 뱅가드가 이룬 모든 것의 열쇠라고 믿는다. 이 책에 제시된 다른 많은 지혜들과 마찬가지로 사람을 사람으로 대우한다는 아이디어도 상식이다. 이 아이디어는 "당신이 집사로서 섬기는 사람들을 당신의 집사가 당신에게 대우해 주기를 원하는 대로 대우해 주고, 당신이 더불어 섬기는 동료들을 그들이 당신에게 대우해 주기를 원하는 대로 대우하라"는 황금률의 축약판이다. 한 회사가 이런 생각을 조직 가치의 중심에 두고, 의뢰인들과 승무원들을 자신의 희망, 공포, 열망을 지닌 참으로 실제적인 인간으로 대우하면, 그 회사가 달성하는 모든 것들은 그렇게 대우한 결과에 합치하는 모습을 지니게 될 것이다.

이 비전을 몽상으로 여기는 사람들이 많을 것이다. 나조차도 뮤추얼 펀드 업계의 모든 회사들이 주로 단순성을 투자 전략의 초석으로 의존하고 황금률을 서비스 전략의 초석으로 의존하며, 자신의 미래를 너무도 오류를 범하기 쉬운 인간의 손에 맡기고 거친 바다와 잔잔한 바다라는 어떤 상황에서도 의뢰인들의 선의를 유지하는 엄격하고 규율된 금융 서비스 조직으로 운영될 준비가 되어 있다고 생각할 만큼 어리석지는 않다. 그러나 《더 네이션》지 칼럼니스트인 크리스토퍼 히킨스(Christopher Hitchens)가 최근에 언급했듯이 "사람은 이상향에서만 살 수는 없다. 그러나 오스카 와일드(Oscar Wilde)가 예리하게 지적했듯이, 이상향이 포함되지 않은 세계지도는 쳐다볼 가치조차 없다." 상식을 타고난 토머스 페인(Thomas Paine)도 확실히 이 말에 동의할 것이다.

10년 후 │ 아직도 이상향을 꿈꾼다

10년이면 강산도 변한다. 확실히 지난 10년은 즐거운 일들과 끔찍한 일들을 포함하여 놀라운 일들이 많았는데, 이들 중 많은 사건들이 역사책에 기록될 것이다. 그러나 내가 이 책을 쓰고 있는 2009년 현재, 1999년에 이 책의 초판을 쓸 때 맺는 말로 사용했던 이상향에 대한 꿈은 아직도 그대로 남아 있으며, 지혜와 희망의 표지는 아직 찾아오지 않았고, 이것이 실현되려면 몇 년이 걸릴 것이다. 그러나 뮤추얼 펀드 투자자들에게 더 나은 세상을 건설하라는 나의 사명은 약해지지 않았다.

맺음말

우리는 단순하고 합리적이며 효과적인 펀드 포트폴리오 확립에서 투자 전략, 투자 선택, 투자 성과라는 세계의 상식 여행을 모두 마쳤다. 이 책에 제시된 투자 원칙을 따르면 보다 성공적인 장기 투자자가 될 것이다. 마찬가지로 나는 뮤추얼 펀드 업계가 신중하고 규율된 전통적 포트폴리오 관리로 돌아갈 경우 뮤추얼 펀드를 훨씬 더 생산적인 투자로 만들 것이라는 점도 의심하지 않는다. 이 변화는 펀드 매니저의 이익이 아니라 이 업계가 그들에 대해 책임을 지고 있는 개별 인간인 펀드 주주들의 이익을 우선시하는 데 초점을 맞추는 구조 하에서 가장 잘 촉진될 수 있다.

이제 마지막으로 독자들에게 투자 프로그램과 투자 거버넌스 수립에 있어서 상식의 중요성에 대해 상기시키면서, '상식'이 너무나 중요하다 보니 이 책의 제목에 이 단어를 포함시켰다는 점도 상기시키고자 한다. 토마스 페인이 매우 강력하게 묘사한 미국 식민지 주민들이 겪은 부당한 대우와 뮤추얼 펀드 주주들이 불충분한 수익률로 손해를 본 것 사이에는 긴밀한 유사성이 있다. 토마스 페인의 다음과 같은 말은 뮤추얼 펀드와 그 주주들의 관계라는 맥락을 예견한 듯하다.

주민을 대표하는 정부에 관한 페인의 논리: "식민지 주민이 늘어날수록 대중의 관심사도 늘어날 텐데 구성원들이 멀리 떨어져 있다 보니 사안마다 모두 모이기는 너무 불편해질 수도 있다. 그래서 전체로부터 자신을 임명한 사람들과 같은 관심사를 가지고, 전체가 출석해서 행동했을 것과 같은 방식으로 행동할 일정한 수의 구성원들에 의해 관리될 입법부에 맡기기로 동의하면 편리하다는 사실을 알게 될 것이다. 나는 어떤 방법으로도 이를 뒤집을 수 없는 자연의 원리로부터 이러한 정부 형태에 대한 아이디어를 얻었다."

뮤추얼 펀드 업계의 거버넌스 구조에서도 유사한 상황이 발견된다. 이사회(이론상으로는 분산되어 있는 많은 펀드 주주들의 이익을 대표하라고 선택된 사람들)는 자신의 사명을 잊어버렸다. 이 제도는 감탄할 만큼 단순하지만 무질서한 결과를 낳았다. 뮤추얼 펀드가 외부 펀드 관리회사와 계약을 체결해서 자신의 모든 운영을 펀드 관리회사에 위임하면, 펀드가 매니저를 통제하는 것이 아니라 매니저가 펀드를 통제하는 것이 현실이다. 경험에 비춰보면 펀드 매니저들이나 펀드 매니저들에 의해 선임된 이사 모두 주주들과 '같은 이해관계'를 가지고 있지 않다. 이사회는 너무도 자주 펀드 관리회사의 필요를 첫 번째에 두고 펀드 주주들의 필요를 두 번째에 둔다.

독립에 반대하는 그럴듯한 주장에 대한 페인의 견해: "이 식민지 주민들은 영국에 연결되고 영국에 의존함으로써 많은 상처를 입었다. 나는 미국은 전에 영국과 연결되어서 번성했는데 미래의 행복을 위해서는 이전과 같은 정도의 연결이 필요하며 영국과의 연결은 언제나 같은 효과가 이어질 것이라고 단언하는 얘기를 들었다. 이런 주장보다 더 잘못된 것은 없을 것이다. 이는 아이가 우유를 먹고 잘 자랐다 해서 결코 고기가 필요 없다고 하거나 스무 살까지 살아온 인생이 다음 20년에도 똑같이 이어질 거라고 하는 것과 같다."

거의 20년 동안 뮤추얼 펀드 주주들은 뮤추얼 펀드에서 짭짤한 수익을 올려왔다. 그러나 고비용으로 인해 그들은 양호한 주식시장에서 거둘 수 있었던 훨씬 더 높은 수익률을 놓쳤다. 앞으로 직면하게 될 가능성이 높은 덜 우호적인 환경에서는 이러한 기회비용이 펀드 수익률에 미치는 영향이 더 커 보일 것이다. 더욱이 아이와 마찬가지로 뮤추얼 펀드는 지난 20년 동안 자산이 90배 증가할 정도로 성장했다. 뮤추얼 펀드는 이제 성년이 되었으므로 선한 부모의 감독도 필요 없는데 펀드의 수수료를 계속 올려 받는 펀드 관리회사들은 전혀 선하지 않다. 만일 지금이야말로 주주들이 독립할 때라면(나는 그렇다고 믿는다) 우리 업계의 과거가 미래에 대한 서막이 되도록 허용하지 않아야 주주들에게 도움이 될 것이다.

이상적인 정부의 비용에 관한 페인의 견해: "정부에 관한 현명한 관찰자 드라고네티(Dragonetti)의 『미덕과 보상에 관하여』(On Virtue and Rewards)에 나오는 다음과 같은 글을 인용한다. '정치가의 과학은 행복과 자유의 핵심을 확립하는 데 있다. 최소의 국가 비용으로 최대의 개인적 행복 총량을 담아내는 정부 형태를 발견해 내는 사람들은 오래도록 감사를 받을 자격이 있다.'"

뮤추얼 펀드 주주들도 그들의 투자에서 위와 같은 욕구에 따라 행동하기 시작했다. 정부가 최소의 국가 비용으로 최대의 개인적 행복 총량을 제공해야 하듯이 뮤추얼 펀드도 최소의 관리 비용으로 최대의 투자자 수익을 제공해야 한다.

리더와 부하 사이의 자연스러운 균형에 대한 페인의 견해: "자신을 보호할 수 없는 작은 섬들은 왕국의 보살핌 아래 둘 적절한 대상들이다. 그러나 대륙이 섬에 의해 영원히 지배된다고 가정하는 것은 매우 우스

696

꽝스러운 짓이다. 자연은 어떤 경우에도 위성을 본 행성보다 크게 만들지 않는다."*

　뮤추얼 펀드 업계에서도 자연 질서가 뒤집어졌다. 대개 소규모의 자본만을 요하는 펀드 관리회사는 사실상 작은 섬인데도 뮤추얼 펀드 주주들이 소유하는 거대한 자산이라는 커다란 대륙을 지배한다. 오늘날의 뮤추얼 펀드 세계에서는 주된 행성이 위성의 궤도를 돈다. 이 결과는 자연을 거스를 뿐만 아니라 상식에도 반한다.

　위의 각각의 발췌문들에서 토마스 페인은 훨씬 더 많은 부하들(화가 나서 변화를 요구하는 광활하고 번영하는 식민지의 주민들)의 희생 하에 자신의 이익에 봉사하는, 멀리 존재하면서 전능한 리더들을 통렬히 비판한다. 오늘날 뮤추얼 펀드 주주들의 기분이 200년 전 미국 식민지 주민들의 기분과 유사하다고 하면 너무 극단적인 주장이겠지만, 그 유사성은 뚜렷하다. 펀드 투자자들이 공정한 몫을 받는 가장 좋은 방법은 경영진의 초점, 마케팅 정책, 비용 구조면에서 투자자들의 이익만 마음에 두고 다스려지는 펀드를 직접 소유하는 것이다. 장기적으로 투자 성공은 투자 전략, 투자 선택, 투자 성과에 대해 상식을 적용하는 주주들, 그리고 펀드들이 이를 소유하는 사람들에 의해 지배되는 것이 상식이라는 점을 인식하는 주주들에게 돌아갈 가능성이 크다.

---

* 역설적이게도 나는 1951년의 프린스턴 대학 졸업 논문에서 이와 똑같은 형태의 주장을 펼쳤다. "뮤추얼 펀드 투자자들에게 우위를 제공하는 것이 중심에 있는 행성이라면, 다른 모든 것들은 그 주위를 도는 위성들이다." 보다 최근에는 『뮤추얼 펀드에 관한 보글의 견해』(Bogle on Mutual Fund)라는 책에서 나는 코페르니쿠스가 뮤추얼 펀드 업계에서는 '거대한 태양이 작은 위성들 주위를 회전하는' 것을 발견하면 얼마나 놀랄지에 대해 언급했다.

토마스 페인(Thomas Paine)의 상식, 특히 '단순할수록 잘못될 가능성이 적다'는 생각은 1999년 초판에 적절했던 것과 마찬가지로 2009년 개정판에도 적절하다. 뮤추얼 펀드 업계의 신기하고도 복잡한 구조(와 펀드 매니저들의 동기 혼합 및 충성 갈라짐)가 계속돼서 펀드 주주들이 거두는 수익률에 부정적인 영향을 끼쳤다.

펀드 업계의 처음 75년(1924년에서 1999년)동안 지배적이었던 관리 구조는 그 이후 10년 동안에도 사실상 보편적인 모델이었다. 더구나 나는 "미래의 환경이 덜 우호적으로 되면(우리는 확실히 그런 경험을 했다!) 이러한 상당한 기회비용이 펀드 수익률에 미치는 영향이 더 커질 것이다"라고 경고했었는데 실제로 그렇게 되었다.

자연스러운 질서(펀드 매니저들이 직접적으로 펀드 주주들을 위해 일하는 구조)가 뒤집히고 금융 그룹이 펀드 관리회사를 소유하는 경향이 가속되었다. 그러나 약간의 햇빛이 구름 사이로 비춰졌다. 펀드 투자자들은 점점 더 저비용 펀드들을 찾고 있는데 그들은 비상장 관리회사들을 통해, 그리고 뱅가드라는 이름으로 알려진 유일한 상호 소유 구조 뮤추얼 펀드에 의해 상식에 가장 잘 어울리는 저비용, 단순한 구조와 투자 철학을 이용할 수 있다.

Some Thoughts about the Current Stock
Market as 2010 Begins

2010년 초 현재 주식시장에 관한
몇 가지 생각들

    지금은 이 책의 초판이 출간되었던 1999년에 주식시장이 믿을 수 없을 정도로 활기를 띠었다는 사실을 상상하기 어렵다. 아마도 이에 대한 가장 좋은 예는 저널리스트 제임스 글래스먼(James K. Glassman)과 미국 기업 협회의 케빈 하셋(Kevin A. Hassett)이 월스트리트 저널에 기고한 특집 기사일 것이다. 이 특집은 나중에 나의 책이 출간된 지 몇 달 뒤인 1999년 말에 『다우 36,000』이라는 책으로 출간되었다. 당시 다우존스 산업 평균 지수는 10,273이었다. 다우 지수는 2000년 1월에 11,722로 최고를 기록한 뒤 2002년 7월까지는 7,286으로 떨어졌다가 다시 상승해서 강세장이 증발되기 전인 2007년 10월에 신고점 14,164를 기록했다. 다우 지수는 2009년 3월까지는 6,547로 추락한 뒤 이 책을 쓰고 있는 2009년 가을에는 10,000을 회복하였다.

    이제 다우 지수 36,000 수준은 허황된 꿈인 것 같다. 그러나 다우 지수가 언젠가는 그 수준에 도달할 것이다. 예를 들어 산업 평균 지수에 포함되어 있는 30개 회사들의 이익이 역사적 수준인 약 연 5%로 성장하고 (명목 성장률) 주가도 같은 비율로 상승할 경우(예측이 아니라 가정이다) 다우 지수는 28년 후인 2037년에 36,000에 도달할 것이다. 이는 글래스먼과 하셋이 상상한 것보다 거의 40년이 지난 뒤의 일이다. (실로 그들은 그 특집 기사에서 당시 25의 주가 이익 비율(RER)을 보이던 다우가 즉각적으로 두 배가 되어 PER 50을 기록할 것이라고 했다.)

물론 나는 이처럼 터무니없는 추정에 도전하지 않을 수 없다. 이 책의 초판에서 "나는 주식이 리스크 프리미엄을 받을 자격이 없다는 말에 동의하고 싶지 않다"라고 했다. 간단한 논리만으로도 나는 '향후 주식 수익률의 방향에 관해 크게 우려'하게 되었고, 향후 10년 동안 명목 주가 수익률은 평균 연 5%에서 8% 사이가 될 것으로 내다봤다. 존경받는 자금 매니저인 게리 브린슨(Gary Brinson)과 제레미 그랜섬(Jeremy Grantham)은 그 기간 동안 주식 수익률을 각각 7%와 3%로 예상했는데, 이는 나의 예상과 대략적으로 일치하는 수준이다.

그런데 강세장 시기의 '비이성적 과열' 상태에서는 이러한 예측들이 터무니없이 낮은 것으로 여겨졌다. 그러나 우리 세 명 모두 이후에 실제로 실현된 수준보다 낙관적이었음이 밝혀졌다. 그 후 10년 동안의 주식 수익률은 연 −1.5% 정도였고, 지난 200년 기간 중 두 번째로 낮은 10년 수익률을 기록했다. 그래서 우리 세 명의 반대 의견론자들은 주식 수익률이 마이너스로 변할 것이라고 정확히 예측하지 못한 점에 있어서는 틀렸지만, 수익률이 지난 20년 동안의 연 17%에서 급락할 것으로 예측한 점에서는 옳았다.

또한 우리는 다음과 같은 확신을 공유했다. 장기적으로 주가는 근저의 비즈니스 펀더멘털을 추종할 수밖에 없다. 나는 거의 10년 후에 찾아오게 될 충격적인 펀더멘털 악화, 특히 2007년에서 2009년의 금융 부문 붕괴를 예견하지 못했다. 실상 S&P 500 지수의 금융부문 주당 이익은 2006년에는 37.59달러였는데 2008년에는 −37.77달러로 200% 하락한 반면 S&P 500 지수의 나머지 부문은 '겨우' 31%만 떨어졌다.

나는 이 책의 초판에서 벤저민 그레이엄(Benjamin Graham)과 데이비드 도드(David Dodd)가 1934년에 발행한 『증권 분석』(Security Analysis)에서 배당률 및 자산 가치와 같은 펀더멘털을 무시하고 대신 회사가 향후 얼마나 벌 지에 관한 예측에 의존하는 어리석음에 대해 경고했다고 말했다. 『증권 분석』 이후 판에서는 '신 시대 이론'의 어리석음에 관한 이런 말들이 삭제되었다. 그리고 나는 1999년의 초판 마지막 부분에서 그러한 생략이 "가장 불길한 조짐일 수도 있다"라고 결론을 내렸다. 그리고 그것은 불길한 조짐이었음이 입증되었다.

전망

2009년 중반 현재 우리 경제는 여전히 위험한 상태다. 주식시장은 현대 역사에서 두 번째로 큰 하락폭을 경험했다. 2009년 3월의 저점은 2007년 10월의 고점 대비 57% 하락한 수준이다. 2009년 중반에는 주가가 57% 반등했다. (경고: 57% 하락한 뒤 57% 반등했더라도 투자자가 본전을 회복하는 것은 아니다. 그 경우 투자자는 거의 35%를 손해 보게 된다. 직접 계산해 보라!)

그러나 주가가 낮으면, 정의상 향후 예상 수익률이 높아진다. 이 효과를 측정하는 데에는 많은 방법이 있지만, 두 가지에만 집중하기로 하자. 첫째는 주식시장의 가치는 궁극적으로 우리 경제의 가치를 추종한다는 주장에 의존한다. [그림 1-1]에서 볼 수 있는 것처럼 시가 총액은 대개 미국 국내총생산(GDP)의 약 63%였다. 이 비율은 1929년에 72%와 1972년에 81%로 최고를 기록한 뒤(당시에 주가도 최고를 기록했다) 2000년에는 184%로 치솟았고(신 고점) 그 뒤 하락했다가 2006년에는 148%를 회복했다. 주가가 하락하고 난 뒤(GDP는 훨씬 소폭으로 하락했다) 오늘날 이 비율은 82%다. 여기에서 주는 메시지는 주가가 훨씬 싸졌다는 것이다(이보다 더 떨어질 수도 있다).

또 다른 테스트(그레이엄과 도드라면 이 테스트를 좋아할 것이다)는 주식시장 가격과 회사의 장부가(현금, 매출 채권, 공장과 장비, 프랜차이즈 가치, 연구개발 등) 사이의 관계다. [그림 1-2]에서 볼 수 있는 것처럼 데이터를 입수할 수 있는 과거 30년 동안 S&P 500에 포함되는 주식들의 시장가는 평균적으로

[그림 1-1] 미국 GDP 대비 주식 시가 총액 비율(1929~2008)

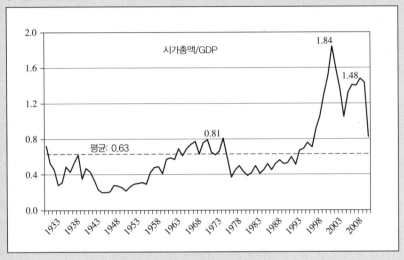

[그림 1-2] S&P 500 시장 가격 대 S&P 500 장부가 비율(1977~2009)

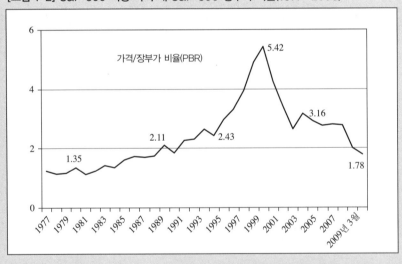

장부가 1달러 당 약 2.4달러였다. 이 비율은 1977년부터 1990년대 초까지는 상당히 안정적이었지만, 2000년의 고점에서는 평균 수준의 두 배가 넘는 5.42달러를 기록했다. (투자자들은 어떤 생각을 하고 있었을까?) 주가 자

산 비율(price-to-book ratio; PBR)은 몇 년 동안 더 떨어져서 약 3.0달러 수준을 보이다 2007년에서 2009년의 주가 추락 기간 동안에는 1.78달러로 하락했다. 여기에서의 메시지도 앞에서와 같다. 현재 주가는 훨씬 싸졌지만 더 떨어질 가능성도 배제할 수는 없다.

향후 투자 수익률

이제 2장에서 제공된 렌즈를 통하여 향후의 주가 수익률을 살펴보자. 앞에서 본 것처럼 우리는 (1) 현재의 배당 수익률과 (2) 미래의 이익 성장으로 구성된 투자 수익률로 시작한다. 미국 기업들의 배당률은 장기간에 걸쳐 상승해 왔고 급격하게 삭감한 적이 거의 없기 때문에 배당 수익률은 상당히 잘 알려진 요인이다. 2009년에 S&P 500 지수의 배당이 22% 하락할 것으로 예상되는데, 이는 과거 100년 동안 10회 밖에 없었던 상당한 배당 삭감(10% 초과) 중 하나이자 3대 삭감 중 하나가 될 것이다(이들은 주당 배당금 하락임에 주의하기 바란다).

2009년의 주당 배당 추정액 21.97달러에 기초하면 S&P 500 배당 수익률은 약 2.1%인데, 이는 우리의 펀더멘털 투자 수익률 분석의 첫걸음이다.[1] 그러나 2.1%의 배당 수익률은 배당금 1달러 당 47달러를 지급하는 것에 해당하는데, 이는 1999년의 사상 최고치 87달러에 비하면 약 절반에 불과하지만 장기 평균 26달러의 거의 두 배에 달하는 수준임을 인식하기 바란다([그림 1-3]을 보라). 배당 수익률은 장기적인 가치 확정에 있어서 매우 중요한 부분이기 때문에 이 차이는 불가피하게 과거 수익률 대비 미래 수익률에 손상을 입힐 것이다(지난 100년 동안 이 수익률은 평균 4.3% 였다).

우리는 향후 이익 성장률에 관해서 생각보다 더 많은 것을 알고 있다. 회사의 이익은 장기적으로뿐만 아니라(물론 우리는 그럴 거라고 예상한다) 매년 경제 성장률만큼 성장해 왔다. 실상 기업의 세후 이익은 GDP의 8%를

[그림 1-3] 배당금 1달러의 가격(1871~2009)

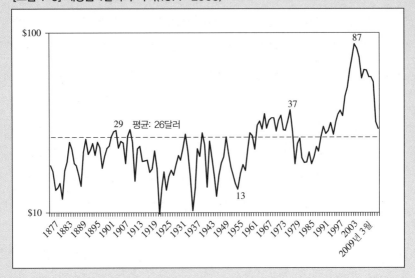

초과한 적이 거의 없으며 4% 아래로 떨어진 적도 별로 없이 좁은 범위를 유지하고 있는데 평균은 약 6%다. [그림 1-4]가 보여주듯이 회사 이익이 GDP에서 차지하는 비중은 장기 평균으로 회귀하는 강력한 경향이 있다. 따라서 기업 이익의 GDP에서 차지하는 비중이 2005년~2007년에 10%대로 기록적인 수준으로 올랐을 때, 우리는 암묵적으로 기업 이익이 곧 하락할 것이라는 주의를 받고 있었던 셈이다. 그리고 2007년에는 1.44조 달러였던 회사 이익은 2009년에는 9,700억 달러로 떨어질 것으로 추정된다.

이 수준에서 판단하건대 S&P 500의 이익은 장기 성장률 추세선 4.5% 또는 이를 약간 웃도는 수준으로 성장할 것으로 예상하는 것이 합리적일 것이다(이 이익 성장률은 [그림 1-4]에 묘사된 평균 5.8%의 회사 이익이 GDP에서 차지하는 비중과 다른 개념임을 주의하기 바란다). 그래서 이를 배당 수익률 2.1%와 합하면 향후 10년간 주식 투자 수익률이 6%에서 8% 수준일 것으로 전망할 수 있다.

[그림 1-4] 세후 기업 이익이 GDP에서 차지하는 비중(1929~2009)

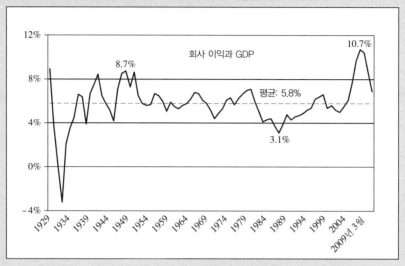

향후 투기 수익률

주식시장 자체의 총수익률을 간단히 얘기하자면 투자 수익률 플러스 또는 마이너스 투기 수익률이다. 투기 수익률은 주식에 대한 주가 수익 (price-earnings; P/E) 배율의 연 환산 백분비 변화로 정의된다(2장에서 설명한 것처럼 투자자들이 이익 1달러에 대해 지불할 용의가 있는 금액의 백분비 변화). P/E 비율이 25를 넘을 때에는 하락하는 경향이 더 많고, 이 비율이 10보다 낮을 때에는 상승하는 경향이 더 많기 때문에 P/E의 전 범위를 예측하는 것은 쉬워 보인다.

그러나 장기 P/E 수준 예측은 그보다 훨씬 복잡한 것으로 판명되었다. 왜 그럴까? 그 이유는 최근에는 너무도 많은 회사 경영진들이 이익을 관리해 왔고, 그 결과 과대평가되었기 때문이다. 이익 데이터를 왜곡하는 것은 금융 공학만이 아니다(예를 들어 회사들이 그들의 퇴직 연금에 달성할 가능성이 매우 희박한 향후 수익률을 가정할 경우에도 그렇다). 그리고 2장에서 언급한 것처럼 당기의 비즈니스 결과를 반영하는 영업 이익과 영업 이익에서 자산 또는 대차대조표의 가치 저하(예를 들어 2008년의 은행의 경우) 현명하지 않고 성공적이지 않은 인수 상각 등 경영진의 이전의 판단 착오를 뺀(언제나 빼낸다) 수치를 반영하는 회계 이익의 차이도 이유 중 하나다. 이 차이는 천문학적 숫자에 가깝다. 지난 10년 동안 S&P 500 회사의 영업 이익은 주당 평균 61달러였는데 회계 이익은 평균 49달러로 운영 이익보다 거의 25%나 적었다.

어떤 수치를 사용해야 하는가? 월가의 전략가들은 시장이 싸게 보이게 하려고 늘 좋은 쪽을 보면서 높은 수치(영업 이익)에 의존한다. 그러나 회사들은 불가피하게 잘못된 모든 재무 의사 결정에 대해 가혹한 대가를 치러야 하는 것이 현실이다. 그래서 장기적으로는 낮은 수치(회계 이익)가 지배한다. 그러니 과거 10년의 평균 이익을 사용해서 P/E를 계산한다면 투자자들은 현재 1달러의 이익에 대해 16달러 또는 20달러를 지불하고 있는 셈이다.[2] PER 16은 장기 평균을 상회하지만 합리적이다. PER 20은 P/E가 하락할 가능성이 있으며 향후 10년간 투기 수익률이 마이너스가 될 것이라고 제안한다.

그러나 오늘날의 회사 경영진들이 과거의 큰 실수로부터 교훈을 배워서 향후 10년 동안에는(1990년대에 그랬던 것처럼) 영업 이익과 회계 이익의 차이가 줄어들 것이다. 그럴 경우 P/E는 향후 10년 간 일정한 수준을 보이거나 상승 곡선을 보일 수도 있을 것이다. 나는 현재 수준에서 이익 성장률이 다소 높아지고 (또는) P/E가 다소 높아지며 (또는) 회사의 배당률이 신속하게 회복된다면 (투자 수익률과 투기 수익률을 포함한) 주식 명목 수익률은 2009년부터 2019년까지 10년 동안 7%에서 10% 사이가 될 것으로 추측한다(이는 단지 추측일 뿐이다).

무엇과 비교한 것인가

위의 추측은 과거 시장 수익률에 기초해서가 아니라 10년 이상의 주식 수익률의 원천에 기초한 한 사람의 합리적인 예상일 뿐이며, 내가 경제에 대해 예상하는 '새로운 규범'을 고려하지 않는다. 경기 침체가 장기간 계속될 수도 있으며, 경제 상태에 대한 여러 시나리오들 중 얼마나 많은 시나리오들이 현재의 시장 가치 산정에 반영되어 있는지 알기 어렵다. 다른 영리한 시장 수익률 분석가들은 어떻게 생각하는가? 제레미 그랜섬(Jeremy Grantham)은 가장 정확한 (그리고 가장 솔직한!) 사람 중 하나인데, 향후 7년 동안 미국 주식 실질 수익률을 3.5%로 예상하고 있다. 이는 아마도 인플레이션을 감안하기 전의 명목 수익률 6.5%에 해당하고, 내가 추정한 범위의 낮은 쪽에 비교될 수 있을 것이다.

"무엇과 비교한다는 말인가"라고 물어볼 수도 있다. 10년 미국 정부채 채권은 2009년 현재 3.7%의 수익률을 내고 있다. 이 책의 앞에서 언급한 것처럼 현재의 정부채 수익률은 향후 10년간 수익률에 대한 훌륭한 근사치다. 단기 정부채 수익률은 1.5%에도 못 미치며, 2년 정부채 수익률도 이보다 그리 높지 않은 약 1.5% 수준이다. 그래서 나의 판단으로는 현재 주가는 3장에서 제안한 자산 배분 비율과 일치하도록 대부분의 포트폴리오에서 상당 부분을 주식으로 유지하는 수준에서 형성되어 있다고 본다.

확실히 금융시장 수익률도 언제나 강력한 외부의 힘에 의해 형성될 것이다. 우리는 이라크와 이란이 전쟁을 벌이고 있고 핵무기 확산과 테러리즘의 위협이 상존해 있는 문제 많은 세상에 살고 있다. 미국 행정부는 경제를 부양하고, 사회 보장과 건강 보험, 유례없는 재정 적자를 다루고자 한다. 지구 온난화와 환경 문제가 있고, 세계 경제의 경쟁이 치열하며, 가장 부유한 나라들과 가장 가난한 나라들 사이의 부에 커다란 격차가 있다. 이러한 요소들은 우리가 '존재를 알고 있는 불확실성'들에 지나지 않으며, 우리의 시계 밖에는 '존재를 알지 못하는 불확실성'들도 있다.

이러한 리스크에도 불구하고 우리가 금융 안정성을 달성하고자 한다면, 향후 10년 그리고 그 이후에 무엇이 잘 되어가고 무엇이 잘못되어 갈지에 대한 확률을 주의 깊게 비교해서 투자해야 한다. 그러나 확률은 확률일 뿐 확실성이 아니다. 로버트 번즈(Robert Burns)의 말을 바꿔 써보자. "생쥐와 인간이 가장 정교하게 꾸민 계략도 종종 잘못된다." 그러니 향후 수익률에 대한 확률 고려는 의사 결정 프로세스의 시작일 뿐이라는 점을 잊지 마라. 의사 결정에는 결과가 따른다. 미래의 수익률에 대해 아주 잘못된 결정의 결과가 당신의 재무상의 미래를 위험에 빠뜨린다면, 보수적으로 결정하라.* 균형 잡힌 투자 프로그램에서 신중한 경로를 운전하라. 최저 비용을 추구하라. 고도로 분산 투자된 채권과 주식 인덱스 펀드에 의존하라. 세금 효율성을 요구하라. 트레이딩을 자주 하지 마라. 인기 있는 펀드 매니저의 과거 시장 수익률과 실적이 반복된다는 주장에 대해 의심하라. 장기적인 관점을 지녀라. 그리고 이 코스에 머물러 있으라.

---

* 파스칼이 경고했듯이, 그리고 내가 6장의 결론에서 확실히 했듯이 "결과가 확률보다 우선시되어야 한다."

1) 주의 깊은 독자들은 이 수익률과 내가 2장에서 언급한 현행 수익률(current yield)의 차이를 알아차릴 것이다. 현행 수익률은 이후 12개월 동안 지급된 배당금에 기초하는데, 이는 2009년 중 추정 배당 삭감을 완전히 반영하지 않는다. 나는 보수적 입장에서 향후 10년을 전망할 때 축소된 배당금을 사용한다.

2) 거듭 말하거니와 주도면밀한 독자들은 이들 P/E 비율들과 내가 2장에서 언급했던 현재 비율 25배와 차이가 있음을 알아차릴 것이다. 일반적으로 향후 12개월의 이익 또는 과거 10년의 평균 이익 중 어느 수치를 사용해서 시장 P/E를 계산하더라도 무방하다. 그러나 (2009년처럼) 회사 이익이 크게 감소했거나 (1999년처럼) 이익 수준이 이례적으로 높은 시기에는, 과거 10년 평균 이익을 사용하면 비정상적인 단기 결과의 영향을 완화시켜 줄 것이다.

부록 2

1999년 초 현재 주식시장에 관한
몇 가지 생각들

1990년대의 10년을 돌이켜보면 현명한 투자자들에게 많은 교훈을 준다. 그러나 우리 대부분은 앞에 놓여 있는 전 범위의 가능성을 알고 싶을 것이다. 그래서 나는 2장에 표현된 향후 수년간의 주식 수익률 고려라는 벅찬 과제에 대해 몇 가지 생각을 더하고자 이 부록을 썼다. 또한 2장에서 제시했던 향후 10년간의 주식 수익률 범위(일부 독자들에게는 너무 밋밋해 보였을 지도 모른다)를 주식시장이 훨씬 더 상승하자 현재 유행하게 된 주식시장에 관한 '새 시대'의 사고와도 비교해 보려 한다.

1998년에 주식시장이 치솟자 주식시장이 과대평가되었다고 선언했던 회의주의자들이 계속 감소했다. 예를 들어 주식형 뮤추얼 펀드의 현금 포지션은 사상 최저 수준에 머물렀다. 금융시장에서는 항상 그랬다. 1982년에 강세장이 시작되어 주식 가격이 이익의 8배 수준에 도달했을 때에는 조심하는 것이 당대의 대세였다. 16년 뒤에 주가수익배율이 27배가 되었을 때에는 풍요가 대세가 되었다. 이 한 가지 변화만으로 12.1%의 펀더멘털 수익률(4.5%의 최초 배당 수익률에 일반적으로 견고한 7.6%의 이익 성장률을 합한 수치)에 8% 포인트의 투기 수익률이 더해졌는데, 이러한 두 가지 요소가 지난 16년간 20%라는 놀라운 시장 수익률의 40%를 차지했다.

709

이익의 100배가 적절하게 평가된 것인가?

20세기가 저물어가는 시기에 시장이 사실상 과소평가되어 있다고 믿는 사람들은 굳건한 견해를 가지고 있었다. 1998년 3월의《월스트리트 저널》사설에 실린 한 기사에서 제임스 글래스먼(James K. Glassman)과 케빈 하셋(Kevin A. Hassett)은 긍정적인 면을 강조했다. 4칸짜리 표제는 "주식들이 과대평가되어 있는가?"라고 질문했다. "전혀 그렇지 않다"라는 답이 그 뒤를 따랐다. 저자들은 (당시 이익의 25배에 거래되고 있던) 주식들이 (이익의 50배로) 2배의 가격에 안착할 수 있다고 예상했다. "우리는 단기 주가 향방을 예측할 만큼 어리석지는 않지만, 이자율과 이익 수준에 대한 온건한 가정에 기초해서 현재의 주가 이익배율 수준이나 그보다 2배의 배율도 큰 우려가 아니라고 말하는 데 거리낌이 없다."

그들의 분석은 주로 두 가지 가정에 의존했다. 첫째, 주식은 채권에 비해 리스크 프리미엄을 받을 가치가 없다는 것이었다. 주식의 실질 수익률은 장기 채권이나 단기 채권보다 변동성이 적다는 와튼 대학교 제레미 시겔(Jeremy Siegel) 교수의 연구를 인용하면서, 글래스먼과 하셋은 주식이 채권에 대해 요구했던 3.5%의 역사적 리스크 프리미엄은 완전히 사라질 것이라고 주장했다. 리스크 프리미엄이 하락하면 주가가 상승한다.

그들의 두 번째 가정은 주식 투자자들에 대한 현금흐름은 장기적으로 볼 때 대략 경제 성장률과 같은 정도로 증가하리라는 것이었다. 이 두 가지 가정들이 기초적인 수학 모델에 대입되면, 그 결과는 어떤 주가 이익 배율에서도 주식이 과대평가되지 않는다고 시사한다. 그 기사에서 저자들은 "우리는 주식과 채권에서 나오는 현금흐름의 현재 가치를 동일하게 하는 PER은 약 100이라는 점을 발견했다. 이 기준에 의하면 주식시장은 약 4배 저평가되어 있다"라고 보고하면서 당시 이익의 약 25배 수준으로 가격이 형성되어 있던 주식시장은 4배 상승할 수 있음을 시사했다. 그 분석은 주식이 상승할 것이라는 강력한 견해였다.

그러나 머지않아 그 견해는 반박을 받았다. 몇 주 뒤에 《월스트리트 저널》에 '주가가 저평가되었다고? 전혀 그렇지 않다'라는 보다 작은 표제(2칸) 기사가 실렸다. 이 반박은 시겔 교수로부터 나왔는데, 시겔 교수의 연구는 원래 기사의 주장을 뒷받침하는 데 사용되었었다. 그는 주당 현금흐름 성장에 관한 글래스먼–하셋의 가정이 잘못임을 지적했다. "기업들의 총이익이 경제 성장률과 같은 비율로 성장할 것이라고 가정하는 것은 합리적이지만, 현재 또는 장래의 투자자들로부터 '차입'하지 않고서 주당 현금흐름이 경제성장률과 같은 비율로 성장할 것이라고 가정하는 것은 완전히 비현실적이고, 과거 데이터에도 어긋난다."[1]

시겔은 그 기사에 사용된 모델은 이익 성장이 계속되려면 공장과 설비와 같은 새로운 자산에 대한 신규 투자가 필요하다는 점을 인식하지 못했다고 지적한다. 그러한 투자에 소요되는 자금을 조달하기 위해서 회사는 신규 주식을 발행하거나 돈을 빌리거나, 재투자를 위해 이익을 유보해야 하는데, 이들은 모두 주당 현금흐름을 감소시킨다. 그래서 시겔은 다음과 같이 썼다. "현재 주식이 저평가되어 있다고 말하는 것은 옳지 않다. 과거 5년 또는 심지어 과거 15년의 높은 주식 수익률은 결코 지속될 수 없다."

글래스먼—하셋, 시겔, 그리고 오컴

어떤 주장이 우세하든 이러한 예측자들은 모두 오컴과 같은 방식으로 배당 수익률과 이익 성장률이라는 장기 펀더멘털에 의존해서 평가한다. 글래스먼과 하셋은 두 번째 논문에서 아주 간단한 변형을 추가했다. 그들은 펜을 한 번 놀려서 거의 무한한 변수인 리스크 프리미엄을 하나의 변하지 않는 기준인 제로 프리미엄으로 바꾸었다. 투자가 그처럼 쉽다면 얼마나 좋겠는가! 주식 수익률이 채권 수익률과 같아질 때까지 주가가 오를 여지가 있다고 가정함으로써 그들은 투기의 역할을 제거했다. 물론 그 지점이 되면 주식은 현재의 미국 국채 수익률과 동일한 미래 수익률을 제공하도록 가격이 결정될 것이다. 그들의 가정은 이렇게 단순하다.

글래스먼과 하셋의 주장에도 불구하고 나는 주식은 리스크 프리미엄을 받을 가치가 없다거나 주식과 채권의 현재 펀더멘털 투자 가치에 근거해 요구되는 아주 낮은 프리미엄조차도 받을 가치가 없다는 주장에 동의할 용의가 없다. 장기적으로 직선적으로 예측할 수 있는 최종 결과(예를 들어 이자 미지급 할인식 국채의 복리 수익률)가 그 결과에 도달하기 전에 변동 폭이 크면서 동일한 최종 결과에 도달하는 것(즉, 장기 수익률이 보장된 주식 포트폴리오)보다 매력적이라는 점은 당연한 이치다. 그럼에도 우리는 진실로 주식 리스크가 약해지고 주식 수익률이 보다 확실해지며 따라서 주식에 대한 리스크 프리미엄이 보다 밋밋해지는 새로운 경제 시대의 새벽을 맞이하고 있을 수도 있다.

옳든 그르든, 많은 기관 투자자들은 미래의 주식 수익률 행로에 대해 나보다 훨씬 더 신경을 쓰는 듯하다. GMO(Grantham, Mayo and Van Otterlo) 투자 기관의 설립 파트너인 제레미 그랜섬(Jeremy Grantham)은 양호한 펀더멘털과 약간의 주식 수익 배율 하락이 제안하는 바에 근거해서 향후 10년의 명목 주식 수익률을 내 예측치 5%에서 8%보다 훨씬 낮은 3%로 예측한다. 스위스 은행이 관리하는 약 1조 달러의 자산에 대한 투자 정책 담당 부서 수장(首長) 게리 브린슨(Gary Brinson)은 나보다 약간 낙관적이다. 그는 향후 미국 주식의 명목 수익률이 7%대를 기록할 것으로 예측한다. 게리가 사용한 오컴의 면도날은 다음과 같은 논리에 기초한다. "그것은 간단한 수학이다. 배당 수익률은 1.5%다. 실질 성장률은 역사적으로 2.8%였다. 대담하게 실질 성장률이 앞으로는 3.5%가 될 것으로 가정하자. 그러면 5%가 된다. 2%의 물가 상승률을 더하면 7%가 된다.

장기적으로 주가는 근저의 펀더멘털을 추종해야 한다."[2]

역사적 유사점?

마지막으로 생각할 한 가지: 오늘날의 투자에 관한 사고와 1929
년에 유행했던 투자에 관한 사고에는 놀라운 유사성이 있다. 1929
년의 분위기는 그레이엄과 도드의『증권 분석』(Security Analysis) 초판
(1934년)에 잘 나타나 있다. 27장에서 저자들은 1929년~1933년의
시장 붕괴 원인들을 회고적으로 조사한다. 아래의 발췌문을 고려해
보라.

새 시대 이론

1929년에 정점을 이룬 호황장의 후반부 기간 동안 일반 대중은
보통 주식의 투자 장점에 대해 완전히 다른 태도를 취했다. 새로
운 이론은 다음과 같은 문장으로 요약될 수 있다. '보통 주식의
가치는 오로지 그 주식이 미래에 얼마를 벌 것인지에 의존한다.'
따라서 배당 수익률과 자산 가치는 전혀 중요하지 않다. 사실상
주식을 사는 대중이 깨닫지 못하는 사이에 이러한 주식 투자 철
학의 완전한 혁명이 일어났다.

이익 추세라는 새로운 개념을 중시하게 되었다. 과거는 미래에
움직일 것으로 예상되는 방향을 보여주는 한에서만 중요했다. 이
러한 생각과 함께 보통주는 가장 수익성이 좋고 따라서 가장 바
람직한 장기투자 수단이라는 이론이 출현했다. 이 복음은 분산
투자된 보통주 주식들은 과거 여러 해에 걸친 특정 투자 기간 동
안 규칙적으로 가치가 증가했음을 보여주는 연구 결과에 기초했
다. 이 두 가지 아이디어가 결합해서 1927년~1929년의 주식시
장을 이끌어간 '투자 이론'이 제공되었다. 이 이론은 다음과 같이

전개되었다.

1. 보통주 주식의 가치는 미래의 이익에 의존한다.
2. 좋은 보통주 주식은 건전하고 수익성이 좋은 투자임이 밝혀질 것이다.
3. 좋은 보통주 주식들은 과거에 이익이 증가한 주식들이다.

이런 말들은 해롭지 않고 타당한 것으로 들린다. 그러나 이 말들은 언급되지 않은 재앙으로 귀결될 수도 있는 이론적 약점 두 가지를 숨기고 있다. 이러한 결함 중 첫 번째는 이 이론이 투자와 투기의 근본적인 구분을 폐지했다는 점이다. 두 번째는 이 이론이 특정 주식 매입이 바람직한지 결정할 때 해당 주식의 가격을 무시했다는 점이다.

대표적인 투자 신탁들이 실행한 '새 시대 투자'는 거의 투기와 같았다. 즉, (배당이나 이자) 수입보다 원금 가치 상승을 강조하고, 과거의 사실보다 미래의 변화를 강조하면서 채권 대신 주식을 매입했다. 새 시대 투자는 단지 만족스러운 이익 추세를 보이는 보통주로 투자 대상을 제한한 구식의 투기였을 뿐이다. 보통주가 바람직하다는 주장은 그 가격이 믿을 수 없을 정도로 불합리해 보인다는 점을 전혀 고려하지 않았다. 그럼에도 새 시대 이론이 직접적으로 이 논문으로 이어졌다.

주식시장에서 돈 벌기가 이제 세상에서 가장 쉬운 일이라는 게 이 원칙의 추론 중 하나였다. 가격과 무관하게 '좋은' 주식을 산 뒤에 그 가격이 올라가도록 놔두기만 하면 되었다. 그런 원칙의 결과는 비극이 되지 않을 수 없었다. 많은 사람들이 이렇게 자문했다. "일하지 않아도 월스트리트에서 큰돈을 벌 수 있는데, 뭐 하러 일하는가?" 이에 따른 산업 부문에서 금융 부문으로의 이동은 유명한 클론다이크(Klondike) 골드러시를 닮았는데, 클론다이크에는 실제로 금이 있었다는 차이는 그리 중요하지 않다.

투자 신탁은 훈련되지 않은 대중에게 전문가의 자금 관리라는 효용을 주기 위한 목적으로 형성되었는데 이는 그럴법한 아이디어였다. 초창기의 신탁들은 오랫동안 입증된 성공적인 투자 원칙들을 상당히 강조했다. 그러나 투자 신탁의 기법에서 이러한 전통적인 원칙들이 사라졌다. 투자 과정은 단지 이익이 상승하는 추세에 있는 탁월한 회사들의 주식을 매입하는 것으로 구성되었다. 그들은 가격 수준에 무관하게 '블루칩'으로 알려진 아주 인기가 높고 매우 비싼 주식 목록 중에서 매입 대상 주식을 선택했다.

투자 신탁들은 실제로 그들의 포트폴리오는 가장 인기가 높고 비싼 주식들로만 구성되어 있다고 자랑했다. 약간 과장하면 이처럼 편리한 투자 기법 아래에서는, 1천만 달러의 자산을 관리하는 투자 신탁의 사무를 주급 30달러를 받는 사원의 지능, 훈련, 그리고 작업만으로 관리할 수 있다고 주장할 수도 있었다. (상당한 보상을 주고서) 그의 자금을 투자 전문가의 우월한 기술에 맡기라는 권유를 받은 보통 사람은 곧 그 신탁이 자신이 사고 있는 주식 이외에는 아무것도 사지 않았다는 얘기를 듣게 될 터였다.

새 시대의 강세 시장에서 '합리적' 토대는 1924년에 출간된 에드거 로렌스 스미스(Edgar Lawrence Smith)의 『장기투자로서의 보통주 주식』(Common Stocks as Long-Term Investments)이라는 책에 예시된 바와 같은 분산 투자된 보통주 주식 보유에서 보인 장기 실적 개선 기록이었다. 이 책에서 보통주 주식들은 배당금으로 지급된 금액보다 더 많이 벌었는데 재투자된 이익들이 주식의 가치에 더해졌다는 단순한 이유로 해가 지남에 따라 가치가 상승하는 경향이 있음을 보여주었다. 그러나 이 역사적 사실의 새 시대적 적용에는 근본적인 오류가 있었다.

따라서 보통주 주식 보유의 매력은 본질적으로 주식은 매입비용 대비 채권 이자보다 더 많이 번다는 사실에 놓여 있었다. 즉, 주당 10달러의 이익을 내는 주식이 100달러에 팔린다. 그러나 가격이 이익 대비 훨씬 높게 상승하면 이 장점이 사라지며, 이에 따라 보통주 주식 투자의 이론적 근거 전체가 사라진다. 투자자가 10달러를 버는 주식에 200달러를 지급하면, 그들은 채권 보유자가 보유하는 (주주 대비) 추가적인 보호 없이 채권 이자율보다 높지 않은 수익 창출 능력을 구매하는 것이다. 따라서 보통주 주식의 과거 성과를 이익의 20배에서 40배의 가격을 지급하는 이유로 사용함으로써, 새 시대 이론 옹호자들은 건전한 가정에서 출발하고서는 이를 지독하게 불건전한 결론으로 왜곡한다.

그레이엄과 도드가 묘사한 1929년의 투자 환경이 (오늘날에는 8달러에도 미치지 못하는 이익을 200달러에 산다는 점을 제외하고) 오늘날의 환경처럼 들린다 해도 나는 놀라지 않는다. 에드가 로렌스 스미스 교수가 1924년 저서에서 한 말과 제레미 시겔 교수가 1998년 저서에서 표현한 아이디어의 유사성을 고려해 보라. 오늘날의 유사한 주가 이익 배율을 고려해 보라. 그당시의 투자 신탁들과 오늘날 뮤추얼 펀드들의 역할이 외관상 유사하다는 점을 고려해 보라. 1929년에 '한 명의 사원에 의해 관리되는' 투자신탁에서 가장 인기 있고 가장 비싼 블루칩들로 구성된 포트폴리오에 중점을 두던 경향이, 오늘날 시장에서 비싸게 평가되고 있는 성장주에 비중을 많이 두고 있는 S&P 500 지수를 모델로 만들어진 인덱스 펀드의 인기와 유사하지 않은지 고려해 보라.

그러나 상황은 변한다. 오늘날 1920년대 말과의 재미있는 역사적 유사성은 그 시대의 파괴적인 결과와 유사한 결과를 낳을 수도 있고, 그럴

지 않을 수도 있다. 그러나 과거가 줄 수도 있는 교훈을 모르고 있는 것
보다는 이를 아는 것이 낫다.

■ ■ ■

　흥미있는 후기: 『증권 분석』 초판의 27장은 현행 판에는 나오지 않는
다. 레그 메이슨 앤 컴퍼니(Legg, Mason&Company)의 레이몬드 드보우
(Raymond DeVoe) ('사라진 장이라는 이상한 사례(The Strange Case of the Missing
Chapter')에 의하면, 이 장은 판이 거듭될 때마다 점점 줄어들다가 최근
판에서 완전히 사라졌다. 그것은 가장 불길한 조짐일 수도 있다.

1) Jeremy J. Siegel, "Stocks Underpriced? Well, Not Quite," *Wall Street Journal*, April 14, 1998,
　A23.
2) Bruce Upbin, "Unrealistic Expectations," *Forbes*, July 6, 1998, pp. 266-268.
3) Benjamin Graham and David L. Dodd, *Security Analysis* (1934; New York: McGraw-Hill, 1997).
　Reproduced with permission of The McGraw-Hill Companies.
4) Raymond DeVoe, "The Strange Case of the Missing Chapter," *DeVoe Report* 20 (June 4, 1998).

"설득력 있고, 정직하며, 직설적인 조언들로 가득한 이 책은 모든 투자자들의 필독서다. 보글은 자신의 십자군을 운영함으로써 미국의 투자자들에게 진정한 도움을 주고 있다. 이 책은 아주 멋진 책인데, 제4부 '펀드 관리'가 특히 그렇다. 나는 일부 저널리스트들과 SEC가 이 책을 읽고 격려 받기를 원한다."

– 워렌 버핏(Warren E. Buffett)

"보글은 일반 대중에게 2가지 커다란 선물을 선사했다. 뱅가드 회사와 개인의 투자 포트폴리오를 어떻게 관리할지에 관해 쉽게 접근할 수 있는 지침서인 바로 이 책이다. 보글의 선물을 활용하고 이를 당신이 사랑하는 사람에게 전해 주라."

– 데이비드 스웬슨(David F. Swensen), 예일 대학교 최고투자책임자

"완벽함을 어떻게 향상시킬 수 있는가? 그런데 최고의 뮤추얼 펀드 입문서 『뮤추얼 펀드 상식』은 더 나아졌다. 보글의 책은 확실히 시간 검증을 거쳤다. 보글의 과거 기록 검증 결과는 그의 통찰력이 시대를 초월한 진리임을 강조해 준다. 이 책은 여전히 뮤추얼 펀드에 관심이 있는 모든 사람이 읽어야 할 책이다."

– 돈 필립스(Don Phillips), 모닝스타 상무

"내게 친구와 가족들에게 오직 한 권의 투자 관련 서적을 추천하라고 한다면, 나는『뮤추얼 펀드 상식』개정판을 추천하겠다. 다른 어느 곳에서도 금융시장의 막강한 힘을 이용하는 데 필요한 전문성과 통찰력을 이처럼 쉽고 재미있게 얻을 수 없을 것이다. 이 책은 투자업계에서는 독자들이 읽지 않기를 원하는 책이며, 10년 전의 초판보다 훨씬 나아진 책이다. 당신이 이 책을 읽으면 당신의 상속자들이 고마워할 것이다."

— 윌리엄 번스타인(William J. Bernstein),『투자자 선언』(The Investor's Manifesto),
『투자의 네 기둥』(The Four Pillars of Investing) 저자

"우리는 누가 최초로 바퀴를 발명했는지 모른다. 그러나 (분산 투자되고 투자자 친화적인) 최초의 인덱스 뮤추얼 펀드의 유일한 발명자는 존 보글이었다. 현명한 개인 투자에 관한 책을 한 권만 읽겠다고 한다면 워렌 버핏의 책을 고르지 마라. 버핏은 당신이나 나를 워렌 버핏으로 만들 수 없다. 이와 대조적으로, 존 보글은 우리 중 누구라도 낭비적인 포트폴리오 회전이나 무익한 판매 수수료를 최소화하는 현명한 투자자가 되도록 도움을 줄 수 있다. 보글의『뮤추얼 펀드 상식』초판보다 나은 유일한 책은 10주년 개정판이다. 이 책을 즐기기 바란다."

— 폴 사무엘슨(Paul A. Samuelson),
노벨 경제학상 수상자, MIT 명예교수, 경제학 명예교수

"보글은 평범한 미국인들을 열정적으로 돌보는데, 그 열정이 이 책의 곳곳에 명백히 드러나 있다.『뮤추얼 펀드 상식』은 당신이 필요로 하는 투자 지식을 갖춰주기만 하는 것이 아니라 당신에게 더 나은 투자자가 되게 하고, 당신이 일종의 사명감을 가지고 금융시장 안으로 들어가게 할 것이다."

— 조너선 클레먼츠(Jonathan Clements),
『메인 스트리트 자금에 관한 소책자』(The Little Book of Main Street Money) 저자

719

"『뮤추얼 펀드 상식』에 대한 시의적절한 개정판에서 보글은 지금까지 나온 뮤추얼 펀드 책들 중에서 가장 좋은 책을 향상시켰다. 이 개정판은 (모기지 금융 위기로 인한) 투자 와해를 다루며, 오늘날 제공되고 있는 금융상품의 정글을 헤쳐 나가도록 도와준다. 보글은 항상 평균적인 투자자들을 변호하는 극소수의 사람 중 한 명이다. 그의 암호들('단순함'과 '저비용')은 당신이 발견하게 될 가장 정교한 투자 방법이다."

– 제인 브라이언트 퀸(Jane Bryant Quinn),
금융 컬럼니스트, 『바쁜 사람들을 위한 똑똑하고 단순한 금융 전략』
(Smart and Simple Financial Strategies for Busy People) 저자

"보글은 반세기가 넘도록 개인 투자자들과 기관 투자자들 모두에게 도움을 준 투자 통찰력과 선구적인 상품들을 제공해 왔다. 현대 투자 관리 역사를 쓴다면, 그는 탁월한 사람 중 한 명으로 기록될 것이다."

– 바이런 윈(Byron R. Wien), 블랙스톤 자문 서비스 부사장

"『뮤추얼 펀드 상식』의 최근 개정판에서 보글은 새로운 리서치와 기발한 통찰력을 제공하며, 나아가 고(故) 피터 번스타인, 중세 학자 오컴의 윌리엄, 고대 히브리 탈무드 등 놀라운 원천에서 취한 지혜들을 결합해서, 현 시장 상황에서 개인 투자자들이 자신의 포트폴리오를 어떻게 짜야 할지에 관해 강력한 합리적 처방을 만들어 낸다."

– 마틴 라이보위츠(Martin Leibowitz), 모건 스탠리

"보글은 투자자들이 가장 필요로 할 때 다시 한 번 직언을 전해줬다. (필요할 경우 자신의 잘못에 대한 고백이 포함된) 이 개정판은 보글이 왜 뮤추얼 펀드 업계의 양심일 뿐 아니라 이 업계의 시인이자 예언자인지 보여준다."

– 타일러 마티슨(Tyler Mathisen), CNBC 비즈니스 뉴스 매니징 에디터